11개년  제 총정리

KB123757

조경국
경제학
워크북

거시편

조경국 편저

۹MۍG 박문각

이 책의 **머리말**

공무원 채용시험 및 자격시험에서 경제학이 차지하는 비중은 절대적이다. 각종 시험에서 경제학은 미시, 거시 및 국제경제학의 다양한 분야별로 출제가 되고 있기 때문에 다른 과목들과 비교하면 두 배 이상의 방대한 분량을 자랑한다. 또한 경제학은 수험생들이 매우 기피하는 수식 및 그래프와 같은 수학적 기법의 사용이 필수적이기 때문에 난이도 면에서도 다른 과목들을 가히 압도하고도 남음이 있다. 결국 경제학은 각종 시험 준비에 있어서 최대의 걸림돌일 뿐만 아니라 수험생들에게 수험기간 내내 괴로움과 좌절을 안겨 주는 존재가 되고 있다.

그러나 이를 다른 관점에서 바라보자. 만일 경제학을 정복할 수만 있다면 합격으로 가는 길에 있어서 최대 난관을 제거할 수 있게 되고 고통스러운 수험생활을 보다 수월하게 극복해 낼 수 있다는 뜻이 된다. 다양한 시험과목 중에서 무엇보다도 경제학을 잘 마스터해 놓을 경우 그로 인한 긍정적 효과는 타 과목 공부 및 전반적인 수험 과정으로 파급되어 합격의 가능성을 더욱 높여줄 수 있다. 본서는 수험생들이 경제학에 보다 쉽게 접근하고 이를 통해 목표로 삼고 있는 각종 시험에서 원하는 성과를 얻을 수 있도록 도움을 주기 위해 집필되었다.

저자는 과거 舊행정고등고시(現5급 공채시험) 재경직에 합격하여 미시경제정책의 핵심부서라고 할 수 있는 경쟁당국(공정거래위원회)에서 다양한 경험을 쌓았으며, 이후에는 숭실대학교 경제학과에서 교수로 근무하며 경제학을 강의해 왔다. 이를 통해 경제관료로서 경제정책 집행과 대학교수로서 경제이론 연구 및 강의라는 귀중한 경험을 쌓게 되었다. 본서는 그러한 과정에서 축적된 경제이론 및 정책에 대한 치열한 문제의식과 최선의 해법을 반영한 결과물임과 동시에 각종 시험을 준비하는 수험생들에게 합격으로 가는 길을 보여주는 가이드라인이다.

본서의 특징은 다음과 같다.

첫째, 본서는 기출간된 조경국 경제학 기본 교재에 뒤이은 "기출분석을 위한 워크북 교재"이다. 기본 교재를 통해서 경제학의 논리적인 체계와 흐름을 일목요연하게 테마 중심으로 제시하였다면, 본 워크북 교재를 통해서는 최근 11년간 공무원 시험의 모든 기출문제를 상세하게 풀면서 출제 이슈를 압축정리하여 기출분석의 올바른 길을 제시하였다.

둘째, 본서는 이론과 문제가 괴리되지 않도록 "이론과 문제를 이어주는 친절한 징검다리 역할"을 하는 교재이다. 많은 수험생들이 경제이론을 공부해도 막상 기출문제를 접하면 도대체 어떻게 풀어야 하는지 몰라서 혼란스러워하곤 한다. 결국 이론을 공부해도 문제를 못 푸는구나 하는 자괴감에 빠져서 급기야는 이론은 소홀히 하고 기출문제만 외우는 식의 최악의 공부법에서 빠져나오지 못하고 있다. 본 워크북 교재는 이론과 문제의 갭을 줄이고 이론으로부터 문제로 자연스럽게 연착륙하는 방법을 제시하고 있다.

셋째, 본서는 "공무원 기출 순수령"을 지향하고 있다. 본 워크북 교재에서는 오로지 국가직 7·9급, 지방직 7급, 서울시 7급 기출문제만을 분석 대상으로 삼고 있다. 많은 수험생들이 기출문제를 공부하면서 욕심을 부린 나머지 공인회계사, 공인노무사, 감정평가사, 보험계리사 등 타 자격시험과 국회 8급 기출문제들을 선별하지 않고 무차별적으로 너무 많은 시간 투입을 하고 있다. 이는 잘못된 접근방식이다. 국가직·지방직 공무원 기출문제와 타 시험 기출문제는 분명히 출제경향이 다르다. 따라서 수험생들은 먼저 공무원 기출문제를 중심으로 학습한 이후에 타 시험 기출문제를 단계적으로 학습해야 한다. 수험생들은 먼저 본 워크북 교재를 통해서 공무원 기출문제를 철저히 분석하는 것이 급선무다. 그리고 나서 곧이어 출간될 연습서 교재를 통해서 타 시험 기출문제 중에서 공무원 시험에 나올 수 있는 것들만을 현명하게 선별하여 효율적으로 공부해야 한다. 본 워크북 교재에는 11년 동안 출제된 모든 공무원 기출문제가 수록되어 있기 때문에 독자들은 그동안 시간이 흐름에 따라 공무원 시험 출제경향이 어떻게 바뀌고 난도는 어떻게 상승해 왔는지를 스스로 쉽게 유추해 내고 현명한 수험전략을 세울 수 있을 것이다. 그리고 연습서 교재는 공무원 기출문제를 넘어서 타 시험의 기출문제까지 난도와 범위를 보다 확장하여 다루고 있기 때문에 독자들의 경제학 실력을 한 단계 더 업그레이드해줄 것이다.

본서에서 기출문제를 푸는 방식은 다음과 같다.

첫째, 쉽고 상세하게 풀었다.
본서는 대다수의 독자들이 이론적 토대가 빈약하고 문제풀이에 익숙하지 않다고 전제한 후 모든 문제에 대한 상세한 풀이과정을 제시하여 강의를 듣지 않더라도 혼자서 쉽게 이해할 수 있도록 배려하였다. 특히 본서의 문제들 중에서 일부만 발췌하여 풀고자 하는 수험생들을 위하여서도 다른 문제의 풀이와 내용이 중복되더라도 모든 문제에 대하여 상세한 해설을 제시하였다. 앞 문제에서 이미 해설된 내용이라고 해서 해설을 임의로 생략하지 않고 처음 등장한 문제로 간주하여 자세하게 풀었다.

둘째, 이론을 그대로 적용하여 풀었다.
본서는 문제풀이에 필요한 필수 이론들을 먼저 일목요연하게 제시한 후 이를 이용하여 문제를 풀었다. 따라서 문제풀이에 필요한 이론들이 무엇인지 곧바로 파악할 수 있을 것이며, 그 이론들이 문제풀이에 어떻게 활용되는지를 알 수 있을 것이다. 만일 이론에 대한 이해가 미진하다면 기본 교재로 돌아가서 다시 복습하고 돌아와야 한다. 본서가 아무리 상세한 해설이 되어 있다고 하더라도 기본 교재를 소홀히 하는 우를 범해서는 안 된다. 거듭 강조하지만 기본 교재와 이론은 내팽개치고 문제집의 문제만 반복해서 풀고 외우는 방식—현재 노량진 수험가에 만연해 있는 바로 그 방식—은 가장 미련한 최악의 공부법이다. 문제를 풀면서 동시에 반드시 이론을 복습하여 그 이해의 폭과 깊이를 키운 후 보다 단단해진 실력으로 다시 또 문제를 풀어가는 과정이 끊임없이 상호작용으로서 이루어져야 한다. 이를 위해서 기본 교재와 워크북 교재·연습서 교재를 유기적으로 잘 활용하고 그 과정에서 큰 시너지 효과를 얻기를 바란다.

셋째, 오로지 동일한 방식으로 일관되게 풀었다.
이 문제는 이렇게, 저 문제는 또 저렇게, 늘 이렇게 새롭게 문제를 풀어서는 실력이 늘 수 없다. 흔들리지 않는 확실한 지식 하나로 모든 문제가 다 풀리도록 해야 한다. 이를 위해서 본서에서는 문제를 체계적으로 범주화하여 같은 유형의 문제는 오로지 동일한 이론적 접근을 통해서 일관되게 풀었다. 따라서 한 문제를 풀면 또 다른 여러 문제들이 곧바로 자연스럽게 풀리게 될 것이며. 이를 통해서 독자들은 기출문제 풀이에 있어서 이른바 규모의 경제 효과를 느낄 것이다.

넷째, 모든 선지에 대하여 빠짐없이 진위 판정을 내렸다.

본서는 정답이 되는 지문 한 개만 분석하고 그 풀이를 간단히 끝내버리는 것이 아니라 나머지 오답이 되는 지문들도 모두 분석하여 왜 옳고 그른지 자세하게 설명하였다. 저자 입장에서 보면 정답만 해설하면 되는데 오답까지 상세히 해설하자니 얼마나 피곤하고 힘들었겠는가? 그럼에도 독자들의 실력 향상을 위해서 하나도 빠짐없이 모두 철저하게 분석하고 해설하였다. 독자들도 단순히 정답만 확인하고 넘어갈 것이 아니라 오답도 꼼꼼히 확인하여 실력을 키우기 바란다. 금번 오답의 선지가 다음번에는 정답의 선지로 등장한다는 것은 주지의 사실이다.

지난 기본 교재 집필에 이어 또다시 한정된 짧은 시간 동안 책을 집필한다는 것은 변함없이 힘들면서도 희열 넘치는 일이다. 수험생들의 합격을 기원한다.

2021.5.

조경국

이 책의 **차례**

제1편 ＼ 거시경제학의 기초

issue 01 국내총생산(GDP)의 개념과 한계 ———————— 12

issue 02 국내총생산(GDP)의 측정방법 및 계산 ———————— 13

issue 03 국내총생산(GDP) 계산 시 포함 및 불포함 항목 ———— 24

issue 04 GDP vs GNP vs GNI ———————————————— 34

issue 05 명목GDP와 실질GDP ———————————————— 48

issue 06 물가지수 ———————————————————————— 53

issue 07 물가상승률 ————————————————————— 63

issue 08 국민소득과 물가 복합이슈 ——————————————— 68

제2편 ＼ 국민소득 결정이론

issue 01 케인즈 모형 ———————————————————— 76

issue 02 승수효과 ————————————————————————— 89

issue 03 고전학파 모형 ——————————————————— 105

제3편 ＼ 국민소득과 이자율 결정이론

issue 01 IS-LM 모형 ———————————————————— 110

issue 02 IS-LM 균형의 계산 ——————————————————— 117

issue 03 IS-LM 모형과 재정정책 ——————————————— 125

issue 04 IS-LM 모형과 통화정책 ——————————————— 131

issue 05 재정·통화정책의 상대적 유효성 및 학파별 견해 ——— 140

issue 06 IS-LM 모형과 유동성함정 ———————————— 148

제4편 \ 국민소득과 물가 결정이론

issue 01 AD곡선의 도출 ——————————————— 158

issue 02 AS곡선의 도출 ——————————————— 166

issue 03 AD-AS 모형의 균형과 이동요인 ——————— 174

issue 04 공급충격에 의한 거시경제균형의 변화 ————— 184

issue 05 수요충격과 복합충격에 의한 거시경제균형의 변화 —— 196

제5편 \ 실업과 인플레이션

issue 01 실업의 개념과 분류 ——————————————— 202

issue 02 실업률 계산 ——————————————————— 212

issue 03 자연실업률의 결정 ————————————————— 229

issue 04 비자발적 실업의 원인 ———————————————— 235

issue 05 인플레이션의 효과(비용) ————————————— 243

issue 06 인플레이션과 이자율 ———————————————— 254

issue 07 필립스곡선 ——————————————————— 264

issue 08 기타 ——————————————————————— 289

제6편 \ 경기변동이론

issue 01 경기변동의 단계와 특징 ——————————————— 296

issue 02 최신의 경기변동이론 ————————————————— 299

제7편 \ 경제정책과 경제학파

issue 01 학파별 이론 —————————— 312

issue 02 경기안정화정책 논쟁 —————————— 321

issue 03 테일러 준칙 —————————— 326

제8편 \ 거시경제의 미시적 기초

issue 01 절대소득이론 —————————— 334

issue 02 평생소득이론과 항상소득이론 —————————— 339

issue 03 랜덤워크가설, 상대소득가설 —————————— 354

issue 04 투자이론 —————————— 357

issue 05 리카도 동등성 정리 —————————— 366

issue 06 케인즈의 화폐수요이론 및 보몰-토빈에 의한 보완 — 383

issue 07 고전학파의 화폐수요이론 —————————— 389

issue 08 화폐일반 —————————— 405

issue 09 본원통화와 지급준비금 —————————— 408

issue 10 통화량과 통화승수 —————————— 416

issue 11 통화정책의 수단 —————————— 441

issue 12 통화정책의 경로 —————————— 466

제9편 \ 경제성장이론

issue 01 솔로우 모형 일반 —————————————— 476

issue 02 솔로우 모형: 균제상태 계산 —————————— 503

issue 03 솔로우 모형: 황금률 계산 —————————— 510

issue 04 성장회계 ———————————————————— 521

issue 05 내생적 성장이론 ————————————————— 536

제10편 \ 재무금융이론

issue 01 효율적 시장가설 ————————————————— 548

issue 02 채권평가 ————————————————————— 556

issue 03 이자율의 기간구조와 위험구조 ——————————— 574

issue 04 주식평가 ————————————————————— 587

issue 05 포트폴리오 이론 ————————————————— 589

issue 06 자본자산 가격결정 모형 —————————————— 603

제 1 편

거시경제학의 기초

issue 01 국내총생산(GDP)의 개념과 한계

issue 02 국내총생산(GDP)의 측정방법 및 계산

issue 03 국내총생산(GDP) 계산 시 포함 및 불포함 항목

issue 04 GDP vs GNP vs GNI

issue 05 명목GDP와 실질GDP

issue 06 물가지수

issue 07 물가상승률

issue 08 국민소득과 물가 복합이슈

조경국
경제학
워크북

거시편

국내총생산(GDP)의 개념과 한계

1 국내총생산(GDP)

1) 일정한 기간 동안 한 나라 안에서 생산되어 최종적인 용도로 사용되는 재화, 서비스의 가치를 모두 더한 것 [2011 지7]

2) 유량 기준, 국경 기준, 최종재 기준, 시장거래 기준 [2019 국9] [2018 지7]

2 국내총생산(GDP)의 개념의 한계

1) 시장거래기준의 문제
① 시장에서 거래되지 않는 주부 가사노동, 육아 등은 비고려

② 가사노동, 육아 등을 위한 도우미 고용 시 국내총생산 증가 [2017 국9]

2) 여가의 가치 문제
① 시간투입에 따른 상품생산만 고려할 뿐, 여가소비 비고려

② 여가소비에 따른 삶의 질을 반영하지 못하므로 후생측정지표로서 한계

3) 지하경제의 문제
① 밀수, 마약거래, 노점상, 포착되지 않는 사교육 등 지하경제부문 비고려

② 실제 생산 및 소비 규모를 과소평가하는 한계

4) 시장가치반영의 문제
① 시장가격이 상품의 진정한 가치를 제대로 반영하지 못하고 있는 경우의 문제

② 실제 생산 및 소비 규모를 과대 혹은 과소평가하는 한계

5) 생산에 따른 부작용의 문제
① 생산에 따른 부작용으로서 환경오염비용을 반영하지 않는 문제 [2017 국9]

② 생산규모는 늘더라도 후생 및 복지수준은 줄어들 수 있다는 한계

3 GDP 개념의 보완

1) 포괄 수정 : NEW(New Economic Welfare) - 여가가치, 지하경제, 환경오염 고려

2) 제한 수정 : 녹색 GDP - 환경오염비용을 고려

국내총생산(GDP)의 측정방법 및 계산

1 국내총생산(GDP)의 측정

1) 3면 등가의 법칙

① 생산 측면 GDP : 최종생산물의 시장가치(부가가치의 합계) 2017 지7   2011 국9

② 분배 측면 GDP : 생산과정에 참여한 주체들에 대한 대가(임금, 이자, 지대, 이윤)

③ 지출 측면 GDP : 생산물의 처분(소비, 투자, 정부지출, 순수출) 2020 지7   2012 국9

특히, 투자는 건설투자, 설비투자, 재고투자로 구성되며 건설투자에는 공장, 사무실, 주택의 신축 및 보수가 포함된다. 재고투자는 원재료, 재공품뿐만 아니라 완성품에 대한 기업보유량을 포함하므로 재고투자의 감소는 국내총생산의 감소를 의미한다.

2) 유의사항

① 3면 등가의 법칙은 사후적으로 항상 성립

② 사전적으로 성립하는 경우 이를 달성시키는 소득, 이자율의 조정이 필요

2 국내총생산(GDP)의 측정방법

1) 최종생산물의 시장가치의 합 2017 지7

2) 각 생산단계에서 새로이 창출된 부가가치의 합 2017 지7

3) 각 생산과정에 참여한 경제주체들이 수취한 요소소득의 합 2017 지7

4) 소비과정에 참여한 경제주체들의 소비의 합

3 구체적 계산사례

1) **주어진 데이터** : 밀, 밀가루, 빵의 중간재 및 최종재로서의 가치

→ 이때, 국내총생산? 2017 서7

→ 최종생산물 가치 혹은 생산단계별 부가가치의 합

2) 주어진 데이터 : 중간재 구입비용, 고용한 노동에 대한 임금, 최종재의 가격

→ 이때, 창출한 부가가치? 2011 국9

→ 중간재 비용 + 부가가치(임금 포함) = 최종재 가격

3) 주어진 데이터 : 민간소비, 정부지출, 투자지출, 수출입, 대외순수취 요소소득

→ 이때, 국내총생산? 2012 국9

→ 소비원별로 합산, 단 수출입의 경우 수출에서 수입을 차감한 순수출로 가산

ISSUE 문제 📝

01 | 2017년 지방직 7급

국내총생산(GDP)의 측정방법으로 옳지 않은 것은?

① 일정 기간 동안 국내에서 새로이 생산된 최종생산물의 시장가치를 합한다.
② 일정 기간 동안 국내 생산과정에서 새로이 창출된 부가가치를 합한다.
③ 일정 기간 동안 국내 생산과정에 참여한 경제주체들이 받은 요소소득을 합한다.
④ 일정 기간 동안 국내 생산과정에서 투입된 중간투입물의 시장가치를 합한다.

출제이슈 국내총생산(GDP)의 측정방법
핵심해설 정답 ④

국내총생산(GDP)이란 일정한 기간 동안 한 나라 안에서 생산되어 최종적인 용도로 사용되는 재화, 서비스의 가치를 모두 더한 것을 의미한다.

국내총생산은 생산 측면, 분배 측면, 지출 측면에서 각각 파악할 수 있는데 사후적으로 항상 같은 값을 가지게 되며 이를 3면 등가의 법칙 혹은 원리라고 한다. 그러나 사전적으로는 3면 등가의 법칙이 성립하지 않으며 3면 등가를 달성시키기 위해서는 소득이나 이자율 등의 적절한 조정이 요구된다.

국내총생산을 생산 측면에서 파악하는 경우 최종생산단계에서 최종생산물의 시장가치 혹은 생산단계별 부가가치의 합계로 측정된다. 분배 측면에서 파악하는 경우 생산과정에 참여한 경제주체들에 대해 지급된 대가(임금, 이자, 지대, 이윤)로 측정된다. 지출 측면에서 파악하는 경우 생산물이 처분된 유형별로 처분금액의 합계(소비, 투자, 정부지출, 순수출)로 측정된다.

정리하자면, 국내총생산(GDP)의 측정방법은 다음과 같이 여러 측면에서 접근 가능하다.

1) 최종생산물의 시장가치의 합
2) 각 생산단계에서 새로이 창출된 부가가치의 합
3) 각 생산과정에 참여한 경제주체들이 수취한 요소소득의 합
4) 소비과정에 참여한 경제주체들의 소비의 합

특히 국내총생산을 생산 측면에서 파악하여 최종생산물의 시장가치 혹은 생산단계별 부가가치의 합계로 측정하는 근거는 다음과 같다.

첫째, 최종생산물의 시장가치로 측정하는 이유는 중간생산물이 이중계산되는 것을 방지하기 위함이다. 중간생산물은 다른 생산물을 생산하는 데 투입되어 그 다른 생산물의 가치로 흡수되어 사라지는 것이다. 따라서 국내총생산을 측정할 때, 모든 생산물을 고려하는 경우, 즉 중간생산물을 따로 계산에 포함시킬 경우 중간생산물 단계에서 1번, 또 그 이후 단계에서, 예를 들어 최종생산물 단계에서 1번 이렇게 중복되어 계산이 된다. 최종생산물에 종국적으로 흡수되어 사라지는 것을 굳이 살려내어 또 계산할 필요가 없는 것이다. 이러한 중복계산을 피하기 위해서 최종생산물만 고려하고 중간생산물은 국내총생산 측정에서 제외하는 것이다.

둘째, 생산단계별 부가가치의 합계로 측정하는 이유는 최종생산물의 시장가치를 분해하는 작업에 해당한다. 최종생산물은 생산단계를 거치면서 점차 가치가 부가되고 증대되어 최종적인 시장가치를 가지게 된다. 따라서 생산단계별로 얼마나 가치가 부가되고 증대되었는지를 분해해 볼 수 있는데 이를 부가가치라고 한다. 각 생산단계별 부가가치는 각 생산단계에서 생산된 제품에서 중간투입물을 뺀 값이 된다.

위의 내용에 따라서 설문을 검토하면 다음과 같다.

① 옳은 내용이다. 국내총생산을 생산 측면에서 파악하는 경우 국내총생산을 최종생산물의 시장가치로 측정할 수 있다. 따라서 국내총생산은 일정 기간 동안 국내에서 새로이 생산된 최종생산물의 시장가치를 합한다.

② 옳은 내용이다. 국내총생산을 생산 측면에서 파악하는 경우 국내총생산을 생산단계별 부가가치의 합계로 측정할 수 있다. 따라서 국내총생산은 일정 기간 동안 국내 생산과정에서 새로이 창출된 부가가치를 합한다. 이는 최종생산물의 시장가치를 분해하는 작업에 해당한다.

③ 옳은 내용이다. 국내총생산을 분배 측면에서 파악하는 경우 생산과정에 참여한 경제주체들에 대해 지급된 대가(임금, 이자, 지대, 이윤)로 측정할 수 있다. 따라서 국내총생산은 일정 기간 동안 국내 생산과정에 참여한 경제주체들이 받은 요소소득을 합한다. 이는 생산단계별 부가가치를 분해하는 작업에 해당한다. 다만, 현실적으로 임금, 이자, 지대, 이윤 등으로 명확히 분류하여 집계하기는 사실상 어렵다. 따라서 국민소득 통계에서는 크게 피용자보수와 영업잉여 그리고 순간접세로 분류하고 있다. 피용자보수는 민간가계가 노동을 제공한 대가로 받는 노동임금을 의미하고 영업잉여는 민간기업이 생산에 참여하고 대가로 받는 이자, 지대, 이윤 등이 혼재되어 있다. 최종생산물의 가격에는 부가가치세, 특별소비세가 부과되어 있음을 고려하면, 국내총생산에 반드시 순간접세가 포함되어야 한다.

④ 틀린 내용이다. 국내총생산을 측정할 때, 모든 생산물을 고려하는 경우, 즉 중간생산물을 따로 계산에 포함시킬 경우 중간생산물 단계에서 1번, 또 그 이후 단계에서, 예를 들어 최종생산물 단계에서 1번 이렇게 중복되어 계산이 된다. 최종생산물에 종국적으로 흡수되어 사라지는 것을 굳이 살려내어 또 계산할 필요가 없는 것이다. 이러한 중복계산을 피하기 위해서 최종생산물만 고려하고 중간생산물은 국내총생산 측정에서 제외하는 것이다.

02 2011년 국가직 9급

갑 회사가 중간재를 300만 원에 구입하여, 최종재를 만들면서 임금으로 300만 원을 지불하고 최종재를 만든 후 소비자에게 700만 원에 팔았다. 갑 회사가 창출한 부가가치는 얼마인가?

① 100만 원　　　　② 300만 원
③ 400만 원　　　　④ 700만 원

출제이슈 국내총생산(GDP)의 측정방법과 부가가치의 계산
핵심해설 정답 ③

국내총생산(GDP)이란 일정한 기간 동안 한 나라 안에서 생산되어 최종적인 용도로 사용되는 재화, 서비스의 가치를 모두 더한 것을 의미한다.

국내총생산은 생산 측면, 분배 측면, 지출 측면에서 각각 파악할 수 있는데 사후적으로 항상 같은 값을 가지게 되며 이를 3면 등가의 법칙 혹은 원리라고 한다. 그러나 사전적으로는 3면 등가의 법칙이 성립하지 않으며 3면 등가를 달성시키기 위해서는 소득이나 이자율 등의 적절한 조정이 요구된다.

국내총생산을 생산 측면에서 파악하는 경우 최종생산단계에서 최종생산물의 시장가치 혹은 생산단계별 부가가치의 합계로 측정된다. 분배 측면에서 파악하는 경우 생산과정에 참여한 경제주체들에 대해 지급된 대가(임금, 이자, 지대, 이윤)로 측정된다. 지출 측면에서 파악하는 경우 생산물이 처분된 유형별로 처분금액의 합계(소비, 투자, 정부지출, 순수출)로 측정된다.

정리하자면, 국내총생산(GDP)의 측정방법은 다음과 같이 여러 측면에서 접근 가능하다.

1) 최종생산물의 시장가치의 합
2) 각 생산단계에서 새로이 창출된 부가가치의 합
3) 각 생산과정에 참여한 경제주체들이 수취한 요소소득의 합
4) 소비과정에 참여한 경제주체들의 소비의 합

특히 국내총생산을 생산 측면에서 파악하는 경우 최종생산단계에서 최종생산물의 시장가치 혹은 생산단계별 부가가치의 합계로 측정된다. 그 근거는 다음과 같다.

첫째, 최종생산물의 시장가치로 측정하는 이유는 중간생산물이 이중계산되는 것을 방지하기 위함이다. 중간생산물은 다른 생산물을 생산하는 데 투입되어 그 다른 생산물의 가치로 흡수되어 사라지는 것이다. 따라서 국내총생산을 측정할 때, 모든 생산물을 고려하는 경우, 즉 중간생산물을 따로 계산에 포함시킬 경우 중간생산물 단계에서 1번, 또 그 이후 단계에서, 예를 들어 최종생산물 단계에서 1번 이렇게 중복되어 계산이 된다. 최종생산물에 종국적으로 흡수되어 사라지는 것을 굳이 살려내어 또 계산할 필요가 없는 것이다. 이러한 중복계산을 피하기 위해서 최종생산물만 고려하고 중간생산물은 국내총생산 측정에서 제외하는 것이다.

둘째, 생산단계별 부가가치의 합계로 측정하는 이유는 최종생산물의 시장가치를 분해하는 작업에 해당한다. 최종생산물은 생산단계를 거치면서 점차 가치가 부가되고 증대되어 최종적인 시장가치를 가지게 된다. 따라서 생산단계별로 얼마나 가치가 부가되고 증대되었는지를 분해해 볼 수 있는데 이를 부가가치라고 한다. 각 생산단계별 부가가치는 각 생산단계에서 생산된 제품에서 중간투입물을 뺀 값이 된다.

위의 내용에 따라서 설문에서 요구한 부가가치를 구해보면 다음과 같다.

설문에서 갑 회사가 만든 최종재 가격은 700만 원이고 이를 생산하기 위해서 중간재 300만 원어치를 투입하였다. 따라서 갑 회사단계에서 생산된 제품은 700만 원이고 중간투입물은 300만 원이므로 갑 회사단계에서의 부가가치 즉, 갑 회사가 창출한 부가가치는 700만 원에서 300만 원을 차감한 400만 원이 된다.

이 문제에서 주의해야 할 것은 부가가치를 구하는 과정에서 중간생산물 300만 원뿐만 아니라 노동투입에 대한 대가로서 임금 100만 원을 차감하여 갑 회사의 부가가치를 구하는 실수를 저지르지 않도록 해야 한다. 임금 100만 원은 중간투입물이 아니라 회사가 창출한 부가가치에 포함이 되며 다만, 그 부가가치를 노동자에 분배한 것에 불과함을 명심해야 한다.

03 2017년 서울시 7급

2020년도에 어떤 나라의 밀 생산 농부들은 밀을 생산하여 그 중 반을 소비자에게 1,000억 원에 팔고, 나머지 반을 1,000억 원에 제분회사에 팔았다. 제분회사는 밀가루를 만들어 그 중 절반을 800억 원에 소비자에게 팔고 나머지를 제빵회사에 800억 원에 팔았다. 제빵회사는 빵을 만들어 3,200억 원에 소비자에게 모두 팔았다. 이 나라의 2020년도 GDP는? (단, 이 경제에서는 밀, 밀가루, 빵 만을 생산한다)

① 1,600억 원
② 2,000억 원
③ 3,200억 원
④ 5,000억 원

출제이슈 국내총생산(GDP)의 측정방법
핵심해설 정답 ④

국내총생산(GDP)이란 일정한 기간 동안 한 나라 안에서 생산되어 최종적인 용도로 사용되는 재화, 서비스의 가치를 모두 더한 것을 의미한다.

국내총생산은 생산 측면, 분배 측면, 지출 측면에서 각각 파악할 수 있는데 사후적으로 항상 같은 값을 가지게 되며 이를 3면 등가의 법칙 혹은 원리라고 한다. 그러나 사전적으로는 3면 등가의 법칙이 성립하지 않으며 3면 등가를 달성시키기 위해서는 소득이나 이자율 등의 적절한 조정이 요구된다.

국내총생산을 생산 측면에서 파악하는 경우 최종생산단계에서 최종생산물의 시장가치 혹은 생산단계별 부가가치의 합계로 측정된다. 분배 측면에서 파악하는 경우 생산과정에 참여한 경제주체들에 대해 지급된 대가(임금, 이자, 지대, 이윤)로 측정된다. 지출 측면에서 파악하는 경우 생산물이 처분된 유형별로 처분금액의 합계(소비, 투자, 정부지출, 순수출)로 측정된다.

정리하자면, 국내총생산(GDP)의 측정방법은 다음과 같이 여러 측면에서 접근 가능하다.

1) 최종생산물의 시장가치의 합
2) 각 생산단계에서 새로이 창출된 부가가치의 합
3) 각 생산과정에 참여한 경제주체들이 수취한 요소소득의 합
4) 소비과정에 참여한 경제주체들의 소비의 합

특히 국내총생산을 생산 측면에서 파악하는 경우 최종생산단계에서 최종생산물의 시장가치 혹은 생산단계별 부가가치의 합계로 측정된다. 그 근거는 다음과 같다.

첫째, 최종생산물의 시장가치로 측정하는 이유는 중간생산물이 이중계산되는 것을 방지하기 위함이다. 중간생산물은 다른 생산물을 생산하는 데 투입되어 그 다른 생산물의 가치로 흡수되어 사라지는 것이다. 따라서 국내총생산을 측정할 때, 모든 생산물을 고려하는 경우, 즉 중간생산물을 따로 계산에 포함시킬 경우 중간생산물 단계에서 1번, 또 그 이후 단계에서, 예를 들어 최종생산물 단계에서 1번 이렇게 중복되어 계산이 된다. 최종생산물에 종국적으로 흡수되어 사라지는 것을 굳이 살려 내어 또 계산할 필요가 없는 것이다. 이러한 중복계산을 피하기 위해서 최종생산물만 고려하고 중간생산물은 국내총생산 측정에서 제외하는 것이다.

둘째, 생산단계별 부가가치의 합계로 측정하는 이유는 최종생산물의 시장가치를 분해하는 작업에 해당한다. 최종생산물은 생산단계를 거치면서 점차 가치가 부가되고 증대되어 최종적인 시장가치를 가지게 된다. 따라서 생산단계별로 얼마나 가치가 부가되고 증대되었는지를 분해해 볼 수 있는데 이를 부가가치라고 한다. 각 생산단계별 부가가치는 각 생산단계에서 생산된 제품에서 중간투입물을 뺀 값이 된다.

위의 내용에 따라서 설문의 자료를 이용하여 국내총생산을 구하면 다음과 같다.

1) 최종생산물의 시장가치의 합

최종생산물의 가치를 구해보면, 밀 생산 농부가 소비자에게 판매한 밀은 1,000억 원, 제분회사가 소비자에게 판매한 밀가루는 800억 원, 제빵회사가 소비자에게 판매한 빵은 3,200억 원이다. 따라서 이를 모두 더하면 5,000억 원으로 이는 국내총생산이 된다.

2) 각 생산단계에서 새로이 창출된 부가가치의 합

밀 생산 농부가 창출한 부가가치는 2,000억 원, 제분회사가 창출한 부가가치는 600억 원, 제빵회사가 창출한 부가가치는 2,400억 원이다. 따라서 이를 모두 더하면 5,000억 원으로 이는 국내총생산이 된다.

04 2012년 국가직 9급

A국가의 올해 민간 소비지출이 400조 원, 정부지출이 100조 원, 투자가 200조 원, 수출이 250조 원, 수입이 200조 원, 대외순수취 요소소득이 10조 원이라고 할 때, A국가의 국내총생산(GDP)은?

① 600조 원　　　　② 750조 원
③ 760조 원　　　　④ 950조 원

출제이슈 국내총생산(GDP)의 측정방법
핵심해설 정답 ②

국내총생산(GDP)이란 일정한 기간 동안 한 나라 안에서 생산되어 최종적인 용도로 사용되는 재화, 서비스의 가치를 모두 더한 것을 의미한다.

국내총생산은 생산 측면, 분배 측면, 지출 측면에서 각각 파악할 수 있는데 사후적으로 항상 같은 값을 가지게 되며 이를 3면 등가의 법칙 혹은 원리라고 한다. 그러나 사전적으로는 3면 등가의 법칙이 성립하지 않으며 3면 등가를 달성시키기 위해서는 소득이나 이자율 등의 적절한 조정이 요구된다.

국내총생산을 생산 측면에서 파악하는 경우 최종생산단계에서 최종생산물의 시장가치 혹은 생산단계별 부가가치의 합계로 측정된다. 분배 측면에서 파악하는 경우 생산과정에 참여한 경제주체들에 대해 지급된 대가(임금, 이자, 지대, 이윤)로 측정된다. 지출 측면에서 파악하는 경우 생산물이 처분된 유형별로 처분금액의 합계(소비, 투자, 정부지출, 순수출)로 측정된다.

정리하자면, 국내총생산(GDP)의 측정방법은 다음과 같이 여러 측면에서 접근 가능하다.

1) 최종생산물의 시장가치의 합
2) 각 생산단계에서 새로이 창출된 부가가치의 합
3) 각 생산과정에 참여한 경제주체들이 수취한 요소소득의 합
4) 소비과정에 참여한 경제주체들의 소비의 합

위의 국내총생산 측정방법 중 4)에 의하여 문제를 풀면 다음과 같다.

먼저 소비과정에 참여한 경제주체들의 소비는 민간가계의 소비지출, 민간기업의 투자지출, 정부의 정부지출과 해외소비자들의 소비지출로서 우리나라 입장에서는 수출로 이루어진 것으로 볼 수 있다. 단, 이때 국내소비 중에는 해외생산자들이 공급한 것이 일부 포함되어 있으므로 이를 제외해야 한다. 따라서 민간소비지출 400조 원, 정부지출 100조 원, 투자 200조 원, 순수출 50조 원의 합으로 구성되므로, 750조 원이 된다.

참고로, 만일 문제를 엄격히 해석함에 있어서 소비, 투자, 수출 등의 경우 외국에 있는 한국인 노동자, 한국에 있는 외국인 노동자 등에게 지불된 보수가 포함 혹은 제외되었다고 보는 견해도 있을 수 있다. 이 경우 대외순수취 요소소득을 고려해야 한다. 따라서 문제를 해석하는 관점에 따라서 논란이 있을 수 있다.

05 2020년 지방직 7급

국민소득계정 항등식의 투자에 대한 설명으로 옳은 것은?

① 생산에 사용될 소프트웨어 구매는 고정투자에 포함되지 않는다.
② 음(−)의 값을 갖는 재고투자는 해당 시기의 GDP를 감소시킨다.
③ 신축 주거용 아파트의 구매는 고정투자에서 제외되고 소비지출에 포함된다.
④ 재고투자는 유량(flow)이 아니라 저량(stock)이다.

출제이슈 국내총생산(GDP)의 측정방법 − GDP의 구성요소
핵심해설 정답 ②

국내총생산(GDP)이란 일정한 기간 동안 한 나라 안에서 생산되어 최종적인 용도로 사용되는 재화, 서비스의 가치를 모두 더한 것을 의미한다.

국내총생산은 생산 측면, 분배 측면, 지출 측면에서 각각 파악할 수 있는데 사후적으로 항상 같은 값을 가지게 되며 이를 3면 등가의 법칙 혹은 원리라고 한다. 그러나 사전적으로는 3면 등가의 법칙이 성립하지 않으며 3면 등가를 달성시키기 위해서는 소득이나 이자율 등의 적절한 조정이 요구된다.

국내총생산을 생산 측면에서 파악하는 경우 최종생산단계에서 최종생산물의 시장가치 혹은 생산단계별 부가가치의 합계로 측정된다. 분배 측면에서 파악하는 경우 생산과정에 참여한 경제주체들에 대해 지급된 대가(임금, 이자, 지대, 이윤)로 측정된다. 지출 측면에서 파악하는 경우 생산물이 처분된 유형별로 처분금액의 합계(소비, 투자, 정부지출, 순수출)로 측정된다.

국민소득계정에서 투자는 건설투자, 설비투자, 재고투자로 구분된다.

건설투자는 공장, 사무실, 주택을 신축하고 개보수하는 기업의 지출이며, 설비투자는 기계, 차량운반구, 전산장비 등을 확충하는 기업의 지출이며 마지막으로 재고투자는 기업이 생산을 위해 보유하는 원자재, 재공품(생산 중에 있는 중간 산물)과 생산이 완료되어 보유하고 있는 최종생산물을 의미한다.

이때, 고정투자란 건설투자와 설비투자를 합하여 지칭하는 용어이며, 건설투자 중 주택신축에 의한 주택투자를 제외한 공장, 사무실의 신축과 설비투자를 합쳐서 기업고정투자라고 하기도 한다. 투자를 이렇게 고정투자(fixed investment)와 재고투자(inventory investment)로 나누는 것은 재고투자는 곧 판매되어 사용될 것을 의미하고 고정투자는 상당한 기간 동안 내구적으로 사용될 것을 의미하기 때문에 그렇다.

설문을 검토하면 다음과 같다.

① 틀린 내용이다.
국민소득계정상 투자는 건설투자, 설비투자, 재고투자로 나뉘며 설비투자는 기계, 차량운반구, 전산장비 등을 확충하는 기업의 지출을 의미한다. 따라서 설문에서 생산에 사용될 소프트웨어 구매는 고정투자에 포함된다.

② 옳은 내용이다.
재고는 최종생산은 되었지만, 다만 아직 판매되지 않은 것으로서 기업이 보유하고 있는 것이다. 따라서 재고는 국내총생산에 당연히 포함되며 그 귀속항목은 최종생산물을 마치 기업이 투자 목적으로 사들인 것으로 취급하여 기업의 투자로 본다. 주의할 것은 기존의 재고를 이제 기업이 시장에 판매하는 경우에는 이미 처음에 국내총생산에 포함되었으므로 이때는 국내총생산에 포함되지 않는다. 설문에서 특정 기에 있어서 음의 값을 갖는 재고투자의 경우 만일 다른 조건이 일정하다면, 기업의 최종생산물 산출이 감소하였음을 의미하므로 그 기간의 국내총생산을 감소시킨다.

③ 틀린 내용이다.

여기서는 두 가지를 유의할 필요가 있다. 먼저 신축 주거용 아파트가 국내총생산에 포함되는지 여부 그리고 포함된다면, 국민소득계정 중 어느 항목으로 귀속시켜야 하는지이다.

먼저 신축된 분양아파트는 국내총생산에 포함되지만, 구축아파트는 최종생산물에 최초 포함된 이후 다시 매매되어 단지 소유권만 이전되는 것이므로 국내총생산에서 제외된다. 같은 논리로 새로이 생산된 자동차는 국내총생산에 포함되지만, 중고 자동차는 최종생산물에 최초 포함된 이후 다시 매매되어 단지 소유권만 이전되는 것이므로 국내총생산에서 제외된다.

그렇다면, 신축 주거용 아파트를 국민소득계정 중 어느 항목에 귀속시켜야 할까? 얼핏 생각하면 가계부문이 주거 목적으로 신축 아파트를 구입하므로 소비지출이 아닌가 하고 착각할 수 있다. 그러나 국민소득계정상 투자는 건설투자, 설비투자, 재고투자로 나뉘며 건설투자는 공장, 사무실, 주택을 신축하고 개보수하는 지출을 의미한다.

따라서 신축 주거용 아파트의 구매는 소비지출이 아니라 투자에 해당하며, 특히 기업고정투자와 함께 당해 주택투자는 고정투자를 구성한다.

④ 틀린 내용이다.

재고투자는 재고의 증가로서 특정 기간을 대상으로 측정되는 유량변수이지 특정 시점에서 측정되는 저량변수가 아니다.

06 2017년 국가직 9급

다음 설명에 부합하는 GDP의 변화로 옳게 짝지어진 것은?

> (가) 기업 A는 기존의 기술을 이용하여 제품을 생산해 오다가, 대기 오염물질을 적게 배출하는 새로운 기술로 바꾸었다. 그 결과 생산된 제품의 양은 같은데 대기오염물질의 배출량은 절반 이하로 줄었다.
>
> (나) 주부 B는 자신의 아이를 직접 돌봐 왔는데, 육아가 너무 힘이 들어 보모를 고용하고 임금을 지불하기 시작하였다. 보모는 이를 소득으로 인식하여 세금을 신고하였다.

	(가)	(나)
①	GDP는 변함이 없다.	GDP는 증가한다.
②	GDP는 변함이 없다.	GDP는 감소한다.
③	GDP는 증가한다.	GDP는 증가한다.
④	GDP는 증가한다.	GDP는 감소한다.

출제이슈 국내총생산(GDP) 개념의 한계

핵심해설 정답 ②

국내총생산(GDP)이란 일정한 기간 동안 한 나라 안에서 생산되어 최종적인 용도로 사용되는 재화, 서비스의 가치를 모두 더한 것을 의미한다.

국내총생산(GDP) 개념은 설문과 관련하여 특히 오염 관련 비용, 주부의 육아는 국민총생산에 포함되지 않는다는 문제가 있다. 국내총생산 개념의 문제점은 다음과 같다.

1) 시장거래기준의 문제

① 시장에서 거래되지 않는 주부 가사노동, 육아 등은 비고려
② 가사노동, 육아 등을 위한 도우미 고용 시 국내총생산 증가

2) 생산에 따른 부작용의 문제

① 생산에 따른 부작용으로서 환경오염비용을 반영하지 않는 문제
② 생산규모는 늘더라도 후생 및 복지수준은 줄어들 수 있다는 한계

3) 여가 가치 문제, 지하경제의 문제, 진정한 시장가치반영의 문제 등

설문을 검토하면 다음과 같다.

(가) 오염물질로 인한 피해는 국내총생산의 측정에 고려되지 않는다. 따라서 기업 A가 오염물질을 줄이는 기술을 변경하든 안하든 국내총생산에 미치는 영향은 없다.

(나) 가정주부의 육아나 가사노동은 국내총생산에 반영되지 않는다. 그러나 보모를 고용하고 임금을 지불하게 되면, 보모의 육아서비스에 대한 지출이 되므로 국내총생산은 증가한다.

1 *GDP* 계산 시 주의사항

1) **유량 기준** : 일정 기간 측정하며 일정 시점에서의 측정이 아님

2) **국경 기준** : 국경 내 생산을 의미하며 국민 기준이 아님

3) **최종재 기준** : 최종재를 의미하며 중간투입물은 제외됨

4) **시장거래기준** : 시장에서 거래되는 것만 의미하며 비시장거래, 지하경제는 제외됨

2 *GDP* 계산 시 포함 항목 2018 지7 2017 국7 2015 지7 2010 지7

1) 파출부의 임금, 식당에서 판매하는 식사

2) 서로 아이를 돌봐주고 각각 상대에게 지불한 임금

3) 임대주택의 주거서비스

4) 자가주택의 주거서비스(귀속가치), 농가의 자가소비농산물

5) 은행예금의 이자소득

6) 신항만건설을 위한 국고지출, 전투기 도입비

7) 행정서비스(공무원 인건비)

8) 중고차업자의 중개서비스 가치

9) 판매되지 않고 남은 재고의 증가

10) 기업의 연구개발비

3 *GDP* 계산 시 불포함 항목 2018 지7 2017 국7 2015 지7 2010 지7

1) 주부의 가사노동, 아내가 가족을 위해 제공하는 식사

2) 마약, 밀수거래 등 지하경제

3) 아파트 매매 대금, 아파트 매매차익, 아파트 가격 상승, 중고차 매매가

4) 지난해 생산되었으나 팔리지 않았던 재고의 판매

5) 도시가계의 자가소비농산물

6) 실업수당, 국공채 이자, 로또복권 당첨금, 출산장려금

7) 공해의 시장가치

8) 주식가격 상승

ISSUE 문제 📝

01 2010년 지방직 7급

국민소득에 포함되는 사항을 모두 고른 것은?

ㄱ. 기업의 연구개발비
ㄴ. 파출부의 임금
ㄷ. 신항만 건설을 위한 국고지출
ㄹ. 아파트의 매매차익
ㅁ. 로또복권 당첨금
ㅂ. 은행예금의 이자소득
ㅅ. 전투기 도입비
ㅇ. 주부의 가사노동

① ㄱ, ㄴ, ㄷ, ㅁ, ㅂ
② ㄱ, ㄴ, ㄷ, ㅂ, ㅅ
③ ㄱ, ㄴ, ㄹ, ㅂ, ㅅ
④ ㄱ, ㄷ, ㅂ, ㅅ, ㅇ

출제이슈 GDP 계산 시 포함 및 불포함 항목의 구분
핵심해설 정답 ②

국내총생산(GDP)이란 일정한 기간 동안 한 나라 안에서 생산되어 최종적인 용도로 사용되는 재화, 서비스의 가치를 모두 더한 것을 의미한다.

GDP 계산 시 주의할 사항은 다음과 같다.

1) **유량 기준** : 일정 기간 측정하며 일정 시점에서의 측정이 아니다.
2) **국경 기준** : 국경 내 생산을 의미하며 국민 기준이 아니다.
3) **최종재 기준** : 최종재를 의미하며 중간투입물은 제외된다.
4) **시장거래기준** : 시장에서 거래되는 것만 의미하며 비시장거래, 지하경제는 제외된다.

특히 GDP 계산 시 포함되지 않는 다음과 같은 항목에 유의해야 한다.

1) 주부의 가사노동, 아내가 가족을 위해 제공하는 식사
2) 마약, 밀수거래 등 지하경제
3) 아파트 매매 대금, 아파트 매매차익, 아파트 가격 상승, 중고차 매매가
4) 지난해 생산되었으나 팔리지 않았던 재고의 판매
5) 도시가계의 자가소비농산물
6) 실업수당, 국공채 이자, 로또복권 당첨금, 출산장려금
7) 공해의 시장가치
8) 주식가격 상승

설문을 검토하면 다음과 같다.

ㄹ. 아파트의 매매차익은 이미 생산되어 존재하고 있었던 아파트를 매매하여 차익을 실현한 것이므로 새로운 생산물이 산출된 것이 아니므로 국민소득에서 제외된다.

ㅁ. 로또복권 당첨금도 역시 새로운 재화나 서비스의 산출이 아니라 단순한 소득의 이전에 불과하여 이전소득 혹은 이전지출적 성격으로서 국민소득에서 제외된다.

ㅇ. 국민소득은 시장에서 거래되는 상품을 대상으로 하므로 비시장재화나 지하경제의 경우 국내총생산에 포착되지 않는다. 다만, 시장에서 거래되지 않는다고 하더라도 일부 생산물에 대하여는 추산을 통하여 귀속시키는 경우도 있으니 주의해야 한다. 예를 들어 자가소유주택으로부터의 주거서비스의 가치를 추산하는 것이라든지, 군인, 경찰, 공무원들로부터의 국방서비스, 치안서비스, 행정서비스의 가치를 추산하는 것이 좋은 예가 된다. 또한 농가에서 자신이 소비하기 위해서 생산하는 자가소비용 농산물도 추산을 통해서 국내총생산에 포함된다.

그러나 설문의 주부의 가사노동은 시장에서 거래되지 않고 자가에서 생산되고 소비되어 소멸되는 것으로서 사실상 추산이 불가능하기 때문에 국민소득에서 제외된다는 것에 유의해야 한다.

02 　2015년 지방직 7급

국내총생산(GDP)에 대한 설명으로 옳은 것은?

① 국내총생산이 상승하면 소득불평등이 심화된다.
② 실질국내총생산은 명목국내총생산보다 항상 작다.
③ 밀수, 마약거래 등 지하경제(underground economy)에서 생산되는 것은 국내총생산에 포함된다.
④ 자가 주택의 경우, 귀속가치(imputed value)를 계산하여 국내총생산에 포함시킨다.

출제이슈　GDP 계산 시 포함 및 불포함 항목의 구분
핵심해설　정답 ④

국내총생산(GDP)이란 일정한 기간 동안 한 나라 안에서 생산되어 최종적인 용도로 사용되는 재화, 서비스의 가치를 모두 더한 것으로서 특히 계산 시 포함되지 않는 다음과 같은 항목에 유의해야 한다.

1) 주부의 가사노동, 아내가 가족을 위해 제공하는 식사
2) 마약, 밀수거래 등 지하경제
3) 아파트 매매 대금, 아파트 매매차익, 아파트 가격 상승, 중고차 매매가
4) 지난해 생산되었으나 팔리지 않았던 재고의 판매
5) 도시가계의 자가소비농산물
6) 실업수당, 국공채 이자, 로또복권 당첨금, 출산장려금
7) 공해의 시장가치
8) 주식가격 상승

설문을 검토하면 다음과 같다.

① 틀린 내용이다.
국내총생산이 증가한다고 해서 반드시 소득불평등이 심화되는 것은 아니다.

② 틀린 내용이다.
실질국내총생산은 비교연도의 수량을 기준연도의 가격으로 평가한 것이고 명목국내총생산은 비교연도의 수량을 비교연도의 가격으로 평가한 것이다. 따라서, 기준연도와 비교연도가 동일할 경우 실질국내총생산은 명목국내총생산과 일치한다.

③ 틀린 내용이다.
국내총생산은 시장에서 거래되는 상품을 대상으로 하므로 비시장재화나 지하경제의 경우 국내총생산에 포함되지 않는다. 다만, 시장에서 거래되지 않는다고 하더라도 일부 생산물에 대하여는 추산을 통하여 귀속시키는 경우도 있으니 주의해야 한다. 이에 대하여는 바로 아래에서 설명한다.

④ 옳은 내용이다.
국민소득은 시장에서 거래되는 상품을 대상으로 하므로 비시장재화나 지하경제의 경우 국내총생산에 포함되지 않는다. 다만, 시장에서 거래되지 않는다고 하더라도 일부 생산물에 대하여는 추산을 통하여 귀속시키는 경우도 있으니 주의해야 한다. 예를 들어 자가소유주택으로부터의 주거서비스의 가치를 추산하는 것이라든지, 군인, 경찰, 공무원들로부터의 국방서비스, 치안서비스, 행정서비스의 가치를 추산하는 것이 좋은 예가 된다. 또한 농가에서 자신이 소비하기 위해서 생산하는 자가소비용 농산물도 추산을 통해서 국내총생산에 포함된다.

03 2014년 서울시 7급

근로자의 실업수당이 현재 GDP에 미치는 영향으로 올바른 것을 고르시오.

① 실업수당은 일종의 소득이기 때문에 GDP에 포함된다.
② 실업수당은 과거 소득의 일부이므로 GDP에 포함되지 않는다.
③ 실업수당은 부가가치를 발생하므로 GDP에 포함된다.
④ 실업수당은 정부지출이기 때문에 GDP에 포함된다.
⑤ 실업수당은 이전지출이기 때문에 GDP에 포함되지 않는다.

출제이슈 GDP 계산 시 포함 및 불포함 항목의 구분
핵심해설 정답 ⑤

국내총생산(GDP)이란 일정한 기간 동안 한 나라 안에서 생산되어 최종적인 용도로 사용되는 재화, 서비스의 가치를 모두 더한 것을 의미한다.

국내총생산은 생산 측면, 분배 측면, 지출 측면에서 각각 파악할 수 있는데 사후적으로 항상 같은 값을 가지게 되며 이를 3면 등가의 법칙 혹은 원리라고 한다. 그러나 사전적으로는 3면 등가의 법칙이 성립하지 않으며 3면 등가를 달성시키기 위해서는 소득이나 이자율 등의 적절한 조정이 요구된다.

국내총생산을 생산 측면에서 파악하는 경우 최종생산단계에서 최종생산물의 시장가치 혹은 생산단계별 부가가치의 합계로 측정된다. 분배 측면에서 파악하는 경우 생산과정에 참여한 경제주체들에 대해 지급된 대가(임금, 이자, 지대, 이윤)로 측정된다. 지출 측면에서 파악하는 경우 생산물이 처분된 유형별로 처분금액의 합계(소비, 투자, 정부지출, 순수출)로 측정된다.

특히 지출 측면에서 파악할 때의 정부지출이란 정부가 국방, 치안, 외교, 복지, 일반행정 등 공익을 위한 업무를 수행하기 위한 지출을 의미한다. 이를 측정하기 위하여 명시적인 최종생산물에 대한 지출비용뿐만 아니라 각종 서비스 산출 비용을 인건비로 추산하여 반영하는 방법을 사용함에 유의해야 한다.

또한 이러한 정부지출과 구별해야 할 개념으로서 정부의 이전지출(transfer payments)이 있다. 이전지출이란 정부가 생산물의 산출과 관계없이, 반대급부 없이 무상으로 구매력 혹은 소득을 이전하는 것을 의미한다. 이전지출의 예로는 실업수당, 재해보상금 등을 들 수 있다. 이전지출은 새로운 생산물의 산출이 아니라 기존에 존재하던 소득을 다시 분배하는 것에 지나지 않는다. 따라서 국내총생산의 측정 시 포함되지 않는다.

설문을 검토하면 다음과 같다.

① 틀린 내용이다.
실업수당은 이전지출로서 새로운 생산물의 산출이 아니라 기존에 존재하던 소득을 다시 분배하는 것에 지나지 않는다. 따라서 국내총생산의 측정 시 포함되지 않는다.

② 틀린 내용이다.
실업수당이 과거 소득이기 때문에 현재 GDP에 포함되지 않는 것이 아니라 실업수당은 단순한 구매력의 이전이기 때문에 현재의 GDP가 아니다. 엄밀하게는 과거 소득이 아니므로 과거 소득의 집계에 포함되지는 않지만, 이미 집계된 소득으로부터 재분배된 것에 불과하다.

③ 틀린 내용이다.
실업수당은 이전지출로서 새로운 생산물의 산출이 아니라 기존에 존재하던 소득을 다시 분배하는 것에 지나지 않는다. 따라서 부가가치를 발생시키지 않는다.

④ 틀린 내용이다.
정부지출이란 정부가 국방, 치안, 외교, 복지, 일반행정 등 공익을 위한 업무를 수행하기 위한 지출을 의미한다. 이를 측정하기 위하여 명시적인 최종생산물에 대한 지출비용뿐만 아니라 각종 서비스 산출 비용을 인건비로 추산하여 GDP에 반영한다. 그러나 실업수당은 이전지출로서 새로운 생산물의 산출이 아니라 기존에 존재하던 소득을 다시 분배하는 것에 지나지 않는다. 따라서 국내총생산의 측정 시 포함되지 않는다.

⑤ 옳은 내용이다.
실업수당은 단순히 정부부문에서 민간부문으로의 구매력의 이전에 해당하는 이전지출로서 국내총생산에 포함되지 않는다.

참고로 실업수당은 보조금 계정에도 포함되지 않는다. 보조금은 기업의 생산 활동에 지급되는 것으로서 시장가격을 낮추는 역할을 하므로 국내총생산에서 제외되는 것이다. 즉, 마이너스 보조금으로서 순간접세(간접세−보조금)의 형태로 국내총생산 집계 시 반영된다고 해석 가능하다.

04 | 2017년 국가직 7급

GDP(Gross Domestic Product)의 측정에 대한 설명으로 옳은 것은?

① 식당에서 판매하는 식사는 GDP에 포함되지만, 아내가 가족을 위해 제공하는 식사는 GDP에 포함되지 않는다.

② 발전소가 전기를 만들면서 공해를 발생시키는 경우, 전기의 시장가치에서 공해의 시장가치를 뺀 것이 GDP에 포함된다.

③ 임대 주택이 제공하는 주거서비스는 GDP에 포함되지만, 자가 주택이 제공하는 주거서비스는 GDP에 포함되지 않는다.

④ A와 B가 서로의 아이를 돌봐주고 각각 임금을 상대방에게 지불한 경우, A와 B 중 한 사람의 임금만 GDP에 포함된다.

출제이슈 GDP 계산 시 포함 및 불포함 항목의 구분
핵심해설 정답 ①

국내총생산(GDP)이란 일정한 기간 동안 한 나라 안에서 생산되어 최종적인 용도로 사용되는 재화, 서비스의 가치를 모두 더한 것을 의미한다.

GDP 계산 시 주의할 사항은 다음과 같다.

1) **유량 기준**: 일정 기간 측정하며 일정 시점에서의 측정이 아니다.
2) **국경 기준**: 국경 내 생산을 의미하며 국민 기준이 아니다.
3) **최종재 기준**: 최종재를 의미하며 중간투입물은 제외된다.
4) **시장거래기준**: 시장에서 거래되는 것만 의미하며 비시장거래, 지하경제는 제외된다.

특히 GDP 계산 시 포함되지 않는 다음과 같은 항목에 유의해야 한다.

1) 주부의 가사노동, 아내가 가족을 위해 제공하는 식사
2) 마약, 밀수거래 등 지하경제
3) 아파트 매매 대금, 아파트 매매차익, 아파트 가격 상승, 중고차 매매가
4) 지난해 생산되었으나 팔리지 않던 재고의 판매
5) 도시가계의 자가소비농산물
6) 실업수당, 국공채 이자, 로또복권 당첨금, 출산장려금
7) 공해의 시장가치
8) 주식가격 상승

설문을 검토하면 다음과 같다.

① 옳은 내용이다.
식당에서 판매하는 식사는 시장가격이 책정되고 대가의 지불이 이루어지기 때문에 GDP에 포함되지만, 아내가 가족을 위해 제공하는 식사는 자가소비용으로서 시장에서 거래되는 것이 아니며 그 추산이 곤란하기 때문에 GDP에 포함되지 않는다.

② 틀린 내용이다.

공해와 같은 환경오염 관련비용은 GDP 계산 시 고려되지 않는다. 따라서 환경오염과 관련된 비용을 차감한 녹색 GDP를 도입하자는 의견도 있다.

③ 틀린 내용이다.

GDP는 시장에서 거래되는 상품을 대상으로 하므로 비시장재화나 지하경제의 경우 국내총생산에 포함되지 않는다. 다만, 시장에서 거래되지 않는다고 하더라도 일부 생산물에 대하여는 추산을 통하여 귀속시키는 경우도 있으니 주의해야 한다. 예를 들어 자가소유주택으로부터의 주거서비스의 가치를 추산하는 것이라든지, 군인, 경찰, 공무원들로부터의 국방서비스, 치안서비스, 행정서비스의 가치를 추산하는 것이 좋은 예가 된다. 또한 농가에서 자신이 소비하기 위해서 생산하는 자가소비용 농산물도 추산을 통해서 국내총생산에 포함된다. 설문의 자가주택이 제공하는 주거서비스는 귀속임대료로서 GDP 계산 시 포함된다.

④ 틀린 내용이다.

A와 B가 서로의 아이를 돌봐주고 각각 임금을 상대방에게 지불한 경우, 육아서비스가 창출되고 그에 대한 대가가 지불된 것이므로 A와 B의 임금 모두 GDP에 포함된다.

05 2012년 국가직 7급

자동차 중고매매업체가 출고된 지 1년이 지난 중고차(출고 시 신차가격은 2,000만 원) 1대를 2011년 1월 초 1,300만 원에 매입하여 수리한 후, 2011년 5월 초 甲에게 1,500만 원에 판매하였다. 이론상 이 과정에서 2011년 GDP 증가 규모는?

① 증가하지 않았다.　　　② 200만 원

③ 1,300만 원　　　④ 1,500만 원

출제이슈 GDP 계산 시 포함 및 불포함 항목의 구분
핵심해설 정답 ②

국내총생산(GDP)이란 일정한 기간 동안 한 나라 안에서 생산되어 최종적인 용도로 사용되는 재화, 서비스의 가치를 모두 더한 것을 의미하며 GDP 계산 시 주의할 사항은 다음과 같다.

1) **유량 기준** : 일정 기간 측정하며 일정 시점에서의 측정이 아니다.
2) **국경 기준** : 국경 내 생산을 의미하며 국민 기준이 아니다.
3) **최종재 기준** : 최종재를 의미하며 중간투입물은 제외된다.
4) **시장거래기준** : 시장에서 거래되는 것만 의미하며 비시장거래, 지하경제는 제외된다.

특히 계산 시 포함되지 않는 다음과 같은 항목에 유의해야 한다.

1) 주부의 가사노동, 아내가 가족을 위해 제공하는 식사
2) 마약, 밀수거래 등 지하경제
3) 아파트 매매 대금, 아파트 매매차익, 아파트 가격 상승, 중고차 매매가
4) 지난해 생산되었으나 팔리지 않았던 재고의 판매
5) 도시가계의 자가소비농산물
6) 실업수당, 국공채 이자, 로또복권 당첨금, 출산장려금
7) 공해의 시장가치
8) 주식가격 상승

설문을 검토하면 다음과 같다.

중고자동차의 거래대금 자체는 새롭게 생산된 산출물이 아니기 때문에 GDP 계산 시 제외된다. 다만, 중고매매업체가 자동차를 매입한 후에 수리하고 적절한 이윤을 붙여서 판매하는 경우 중고매매업체의 서비스는 GDP 계산에 포함된다. 설문에서 중고매매업체의 수리 및 매매서비스 대금은 중고차 판매가격에서 매입가격을 차감한 200만 원이며 이는 2011년도 GDP에 포함되어 GDP를 증가시킨다.

정리하면, 새로이 생산된 자동차는 국내총생산에 포함되지만, 중고자동차는 최종생산물에 최초 포함된 이후 다시 매매되어 단지 소유권만 이전되는 것이므로 국내총생산에서 제외된다. 같은 논리로 신축된 분양아파트는 국내총생산에 포함되지만, 구축아파트는 최종생산물에 최초 포함된 이후 다시 매매되어 단지 소유권만 이전되는 것이므로 국내총생산에서 제외된다.

06   2018년 지방직 7급

국내총생산(Gross Domestic Product)에 포함되지 않는 것은?

① 자국기업이 해외 공장에서 생산하여 국내에 들여온 재화의 양
② 자국기업이 국내 공장에서 생산하여 외국 지사에 중간재로 보낸 재화의 양
③ 외국기업이 국내 공장에서 생산하여 제3국에 수출한 재화의 양
④ 외국기업이 국내 공장에서 생산하여 국내 소비자에게 판매한 재화의 양

출제이슈 GDP 계산 시 포함 및 불포함 항목의 구분
핵심해설   정답 ①

국내총생산(GDP)이란 일정한 기간 동안 한 나라 안에서 생산되어 최종적인 용도로 사용되는 재화, 서비스의 가치를 모두 더한 것을 의미하며 GDP 계산 시 주의할 사항은 다음과 같다.

1) **유량 기준** : 일정 기간 측정하며 일정 시점에서의 측정이 아니다.
2) **국경 기준** : 국경 내 생산을 의미하며 국민 기준이 아니다.
3) **최종재 기준** : 최종재를 의미하며 중간투입물은 제외된다.
4) **시장거래기준** : 시장에서 거래되는 것만 의미하며 비시장거래, 지하경제는 제외된다.

설문을 검토하면 다음과 같다.

특히 GDP는 국경 기준으로서 한 나라의 국경 내에서 생산되는 것만 포함되므로 ①에서 제시하는 바와 같이 해외 공장에서 생산한 것은 포함되지 않는다. 나머지 ②, ③, ④는 모두 국내공장에서 생산된 것이므로 GDP에 포함된다. 이때, 자국기업이 국내 공장에서 생산하여 외국 지사에 중간재로 보낸 재화의 경우 착각하기 쉬우므로 주의를 요한다. 이를 중간재로 생각하여 국내총생산에 포함되지 않는다고 오해할 수 있다. 그러나 이는 자국기업이 국내에서 생산하여 최종적인 용도로 사용하여 외국으로 보내는 것이며, 이것이 외국으로 보내져서 중간재 용도로 사용되든 최종재 용도로 사용되든 그것은 이미 우리나라 국경을 벗어난 일이므로 당연히 우리나라 입장에서는 최종적인 용도가 되는 것이다.

ISSUE 04 GDP vs GNP vs GNI

1 국내총생산(GDP) vs 국민총생산(GNP)

1) 산식

① 국내총생산(GDP) − 대외지급 요소소득 + 대외수취 요소소득 = 국민총생산(GNP)

② 국내총생산(GDP) + 대외순수취 요소소득 = 국민총생산(GNP)

2) 특징

① 고용수준에 중점, 국내총생산(GDP) 지표가 생산지표로서 우월 [2014 국9]

② 후생수준에 중점, 국민총생산(GNP) 지표가 소득지표로서 우월 [2014 국9]

③ 해외직접투자가 증가함에 따라서 국내총생산(GDP) 지표가 중요 [2013 국7]

④ 실질무역손익에 따라 국민총생산(GNP) 지표의 소득지표로서 한계, GNI 도입

3) 사례

① 미국회사에 취직한 한국인이 실직한 경우
→ 한국 GNP, GNI 감소, 미국 GDP 감소 [2013 서7]

② 대외지불 요소소득이 대외수취 요소소득보다 큰 경우
→ GDP가 GNP보다 큼 [2010 지7]

③ 대외지불 요소소득이 대외수취 요소소득보다 작은 경우
→ GDP가 GNP보다 작음 [2019 국9]

④ 미국인이 한국에서 취직, 연봉을 받았고, 한국 어학원에서 한국어를 배운 경우
→ 미국인 연봉과 한국어 교습비는 GDP에 포함, 한국어 교습비는 GNI에 포함 [2017 지7]

⑤ 한국회사가 미국에 공장을 설립하여 대부분 미국인을 고용한 경우
→ 미국 GDP와 GNP 모두 증가, 그러나 미국 GDP 증가분 > 미국 GNP 증가분
→ 새로 미국에 공장을 설립: 한국 GDP 불변, 한국 GNP 증가
→ 원래 한국에 있던 공장이 이전: 한국 GDP 감소분 < 한국 GNP 감소분 [2013 지7]

⑥ A국에서 작년 생산된 재고를 올해 B국이 수입하여 B국 내에서 판매한 경우
→ A국: 올해 재고투자 감소, 수출 증가, GDP 불변
→ B국: 올해 수입 증가, 소비 증가, GDP 불변 [2014 서7]

2 국내총생산(GDP) vs 국내총소득(GDI)

1) 산식

① 국내총생산(GDP) + 실질 무역손익 = 국내총소득(GDI) 2019 국9

② 국민총생산(GNP) − 대외순수취 요소소득 + 실질 무역손익 = 국내총소득(GDI)

2) 특징

① 수출품 가격이 하락하면, 실질 무역손실이 발생 2019 국9

② 수출품 가격이 상승하면, 실질 무역이득이 발생

3 국민총생산(GNP) vs 국민총소득(GNI) 2017 지7

1) 산식

① 국민총생산(GNP) + 실질무역손익 = 국민총소득(GNI)

② 국내총생산(GDP) + 대외순수취 요소소득 = 국민총생산(GNP)

③ 국내총생산(GDP) + 실질무역손익 = 국내총소득(GDI)

④ 국내총소득(GDI) + 대외순수취 요소소득 = 국민총소득(GNI)

2) 특징

① 국내외 생산과정에 참여한 대가를 의미 2014 국9

② 일국 국민의 복지수준을 측정한다는 점에서 국내총생산보다는 국민총소득 우월

③ 명목값의 경우 둘은 일치 → 명목GNP = 명목GNI 2014 국9   2013 서7

ISSUE 문제 📝

01 2014년 국가직 9급

국민총소득(GNI), 국내총생산(GDP), 국민총생산(GNP)에 대한 설명으로 옳지 않은 것은?

① GNI는 한 나라의 국민이 국내외 생산활동에 참여한 대가로 받은 소득의 합계이다.
② 명목 GNI는 명목 GNP와 명목 국외순수취득 요소소득의 합이다.
③ 실질GDP는 생산활동의 수준을 측정하는 생산지표인 반면, 실질 GNP는 생산활동을 통하여 획득한 소득의 실질 구매력을 나타내는 소득지표이다.
④ 원화표시 GNI에 아무런 변동이 없더라도 환율 변동에 따라 달러화표시 GNI는 변동될 수 있다.

출제이슈 GDP vs GNP vs GNI
핵심해설 정답 ②

국내총생산(GDP)이란 일정한 기간 동안 한 나라 안에서 생산되어 최종적인 용도로 사용되는 재화, 서비스의 가치를 모두 더한 것을 의미한다. 국내총생산 지표는 장기적으로 한나라의 부를 결정하는 것은 생산이라는 사고에 기초해 있다.

국민총생산(GNP)이란 일정한 기간 동안 국민에 의해서 생산되어 최종적인 용도로 사용되는 재화, 서비스의 가치를 모두 더한 것을 의미한다.

국민총소득(GNI)이란 일정한 기간 동안 국민에 의하여 획득된 소득으로서 이는 생산과정에 참여한 대가로 지불되는 것을 의미한다. 국민총소득 지표는 한나라의 복지수준을 측정하는 점에서 생산이 아니라 소득이 더 우월하다는 사고에 기초해 있다.

지표 간 관계를 보면 다음과 같다.

① 국내총생산(GDP) + 대외순수취 요소소득 = 국민총생산(GNP)
국내총생산에서 대외지불 요소소득을 제외하고 대외수취 요소소득을 가산하면 국민총생산이 된다.

② 국민총생산(GNP) + 실질무역손익 = 국민총소득(GNI)
국민총생산에서 실질무역손익을 고려하면 국민총소득이 된다.
명목개념으로 파악하는 경우, 명목국민총생산은 명목국민총소득과 일치한다.

③ 국내총생산(GDP) + 실질무역손익 = 국내총소득(GDI)
국내총생산에서 실질무역손익을 고려하면 국내총소득이 된다.
역시 명목개념으로 파악하는 경우 명목국내총생산과 명목국내총소득은 일치한다.

④ 국내총소득(GDI) + 대외순수취 요소소득 = 국민총소득(GNI)
국내총소득에서 대외지불 요소소득을 제외하고 대외수취 요소소득을 가산하면 국민총소득이 된다.

설문을 검토하면 다음과 같다.

① 옳은 내용이다.

GNI는 일정한 기간 동안 한 나라의 국민에 의하여 획득된 소득으로서 이는 그 국민이 국내뿐만 아니라 국외에서의 생산과정에 참여한 대가로 지불되는 것을 의미한다.

② 틀린 내용이다.

명목GNI는 명목GNP와 명목 국외순수취 요소소득의 합이 아니라 명목 GNP와 동일하다. 명목 $GNP =$ 명목 GNI이므로 틀린 내용이다.

③ 옳은 내용이다.

실질GDP는 일정한 기간 동안 한 나라 안에서 생산된 최종생산물로서 한 나라의 생산활동의 수준을 측정하는 생산지표이다. 실질GNP는 일정한 기간 동안 국민에 의해서 생산되어 최종적인 용도로 사용되는 재화, 서비스의 가치를 모두 더한 것으로서 국내총생산에서 대외지불 요소소득을 차감하고 대외수취 요소소득을 가산함으로써 국민들의 소득과 실질적인 구매력을 나타내는 소득지표가 된다.

④ 옳은 내용이다.

원화표시 GNI에 아무런 변동이 없더라도 환율이 변동하면 이에 따라 원화표시 GNI를 달러화표시로 환산하는 과정에서 GNI는 변동될 수 있다.

02 2019년 국가직 9급

국내총생산에 대한 설명으로 옳은 것은?

① 어떤 한 시점에서 측정되는 저량(stock)의 성격을 갖는다.
② 중간재(intermediate goods)의 가치는 국내총생산의 계산에 포함된다.
③ 어떤 나라의 수출품 가격이 하락하면 실질무역손실이 발생하기 때문에 국내총생산은 국내총소득보다 작아진다.
④ 대외수취 요소소득이 대외지급 요소소득보다 클 경우, 국내총생산은 국민총생산보다 작다.

출제이슈 GDP vs GNP vs GNI
핵심해설 정답 ④

국내총생산(GDP)이란 일정 기간 동안 한 나라 안에서 생산되어 최종적인 용도로 사용되는 재화, 서비스의 가치를 모두 더한 것을 의미한다. 국내총생산 지표는 장기적으로 한나라의 부를 결정하는 것은 생산이라는 사고에 기초해 있다.

국민총생산(GNP)이란 일정 기간 동안 국민에 의해서 생산되어 최종적인 용도로 사용되는 재화, 서비스의 가치를 모두 더한 것을 의미한다.

국민총소득(GNI)이란 일정 기간 동안 국민에 의하여 획득된 소득으로서 이는 생산과정에 참여한 대가로 지불되는 것을 의미한다. 국민총소득 지표는 한나라의 복지수준을 측정하는 점에서 생산이 아니라 소득이 더 우월하다는 사고에 기초해 있다.

지표 간 관계를 보면 다음과 같다.

① 국내총생산(GDP) + 대외순수취 요소소득 = 국민총생산(GNP)
국내총생산에서 대외지불 요소소득을 제외하고 대외수취 요소소득을 가산하면 국민총생산이 된다.

② 국민총생산(GNP) + 실질무역손익 = 국민총소득(GNI)
국민총생산에서 실질무역손익을 고려하면 국민총소득이 된다.
명목개념으로 파악하는 경우, 명목국민총생산은 명목국민총소득과 일치한다.

③ 국내총생산(GDP) + 실질무역손익 = 국내총소득(GDI)
국내총생산에서 실질무역손익을 고려하면 국내총소득이 된다.
역시 명목개념으로 파악하는 경우 명목국내총생산과 명목국내총소득은 일치한다.

④ 국내총소득(GDI) + 대외순수취 요소소득 = 국민총소득(GNI)
국내총소득에서 대외지불 요소소득을 제외하고 대외수취 요소소득을 가산하면 국민총소득이 된다.

설문을 검토하면 다음과 같다.

① 틀린 내용이다.
국내총생산(GDP)이란 일정 기간 동안 한 나라 안에서 생산되어 최종적인 용도로 사용되는 재화, 서비스의 가치를 모두 더한 것을 의미한다. 따라서 일정 기간 동안 측정되는 유량변수이지, 어떤 한 시점에서 측정되는 저량(stock)변수가 아니다.

② 틀린 내용이다.

국내총생산(GDP)이란 일정한 기간 동안 한 나라 안에서 생산되어 최종적인 용도로 사용되는 재화, 서비스의 가치를 모두 더한 것을 의미한다. 따라서 중간재(intermediate goods)의 가치는 국내총생산의 계산에 포함되지 않는다.

③ 틀린 내용이다.

국내총생산에서 실질무역손익을 고려하면 국내총소득이 된다. 실질무역손익이란 국가 간 교역조건의 변동으로 인하여 발생한 무역으로부터의 손익이다. 만일 어떤 나라의 수출품 가격이 하락하면 동일한 양을 수출하더라도 교환해 들여오는 수입량이 감소하여 실질무역손실이 발생하고 결국 국내총소득은 국내총생산보다 작아진다.

④ 옳은 내용이다.

국내총생산에서 대외지불 요소소득을 제외하고 대외수취 요소소득을 가산하면 국민총생산이 된다. 따라서 대외수취 요소소득이 대외지급 요소소득보다 클 경우, 국민총생산은 국내총생산보다 크다.

03 | 2010년 지방직 7급

해외에 지불하는 요소소득이 해외에서 수취하는 요소소득보다 큰 경우 GDP와 GNP의 관계는?

① GDP가 GNP보다 크다.
② GDP는 GNP와 같거나 작다.
③ GDP는 GNP와 같거나 크다
④ GDP가 GNP보다 작다.

출제이슈 GDP vs GNP vs GNI
핵심해설 정답 ①

국내총생산(GDP)이란 일정한 기간 동안 한 나라 안에서 생산되어 최종적인 용도로 사용되는 재화, 서비스의 가치를 모두 더한 것을 의미한다. 국내총생산 지표는 장기적으로 한나라의 부를 결정하는 것은 생산이라는 사고에 기초해 있다.

국민총생산(GNP)이란 일정한 기간 동안 국민에 의해서 생산되어 최종적인 용도로 사용되는 재화, 서비스의 가치를 모두 더한 것을 의미한다.

국내총생산과 국민총생산 간 관계를 보면 다음과 같다.

국내총생산(GDP) + 대외순수취 요소소득 = 국민총생산(GNP)
국내총생산에서 대외지불 요소소득을 제외하고 대외수취 요소소득을 가산하면 국민총생산이 된다.

해외에 지불하는 요소소득이 해외에서 수취하는 요소소득보다 큰 경우 국내총생산(GDP)이 국민총생산(GNP)보다 더 큼을 의미한다.

04 | 2013년 서울시 7급

미국 뉴욕 소재 해외법인에 취직되어 있던 한국인 김씨는 회사의 인력감축계획에 따라 실직하고 귀국하였다. 김씨의 실직 귀국이 두 나라의 국민소득에 미치는 영향은?

① 한국과 미국의 GDP 모두 감소
② 한국과 미국의 GDI 모두 감소
③ 한국 GDP와 미국 GDI 감소
④ 한국 GNI와 미국 GDP 감소
⑤ 한국 GNI 감소, 미국은 영향 없음

출제이슈 GDP vs GNP vs GNI
핵심해설 정답 ④

국내총생산(GDP)이란 일정한 기간 동안 한 나라 안에서 생산되어 최종적인 용도로 사용되는 재화, 서비스의 가치를 모두 더한 것을 의미한다. 국내총생산 지표는 장기적으로 한나라의 부를 결정하는 것은 생산이라는 사고에 기초해 있다.

국민총생산(GNP)이란 일정한 기간 동안 국민에 의해서 생산되어 최종적인 용도로 사용되는 재화, 서비스의 가치를 모두 더한 것을 의미한다.

국민총소득(GNI)이란 일정한 기간 동안 국민에 의하여 획득된 소득으로서 이는 생산과정에 참여한 대가로 지불되는 것을 의미한다. 국민총소득 지표는 한나라의 복지수준을 측정하는 점에서 생산이 아니라 소득이 더 우월하다는 사고에 기초해 있다.

지표 간 관계를 보면 다음과 같다.

① 국내총생산(GDP) + 대외순수취 요소소득 = 국민총생산(GNP)
국내총생산에서 대외지불 요소소득을 제외하고 대외수취 요소소득을 가산하면 국민총생산이 된다.

② 국민총생산(GNP) + 실질무역손익 = 국민총소득(GNI)
국민총생산에서 실질무역손익을 고려하면 국민총소득이 된다.
명목개념으로 파악하는 경우, 명목국민총생산은 명목국민총소득과 일치한다.

③ 국내총생산(GDP) + 실질무역손익 = 국내총소득(GDI)
국내총생산에서 실질무역손익을 고려하면 국내총소득이 된다.
역시 명목개념으로 파악하는 경우 명목국내총생산과 명목국내총소득은 일치한다.

④ 국내총소득(GDI) + 대외순수취 요소소득 = 국민총소득(GNI)
국내총소득에서 대외지불 요소소득을 제외하고 대외수취 요소소득을 가산하면 국민총소득이 된다.

설문을 검토하면 다음과 같다.

한국인 김씨는 미국에서 실직하여 더 이상 소득이 없다. 따라서 김씨는 미국의 국내총생산과 국내총소득을 감소시킬 뿐만 아니라 한국의 국민총소득도 감소시키고 있다. 그러나 김씨의 원래 생산에의 참여활동이 미국에서 이루어지고 있었으므로 김씨가 생산에 참여하든 말든 한국의 국내총생산과 국내총소득에 미치는 영향은 없다. 그리고 김씨는 한국 국적이므로 김씨가 생산에 참여하든 말든 미국의 국민총소득에 미치는 영향은 없다.

따라서 한국인 김씨의 미국에서의 실직 효과를 정리하면 다음과 같다.

첫째, 미국의 국내총생산·국내총소득은 감소하지만, 한국의 국내총생산·국내총소득은 불변이다.
둘째, 한국의 국민총소득은 감소하지만, 미국의 국민총소득은 불변이다.

설문을 검토하면 다음과 같다.

① 틀린 내용이다.
미국의 국내총생산은 감소하지만, 한국의 국내총생산은 불변이다. 따라서 한국과 미국의 GDP 모두 감소한다는 것은 틀렸다.

② 틀린 내용이다.
미국의 국내총소득은 감소하지만, 한국의 국내총소득은 불변이다. 따라서 한국과 미국의 GDI 모두 감소한다는 것은 틀렸다.

③ 틀린 내용이다.
미국의 국내총소득은 감소하고 한국의 국내총생산은 불변이다. 따라서 한국 GDP와 미국 GDI가 감소한다는 것은 틀렸다.

④ 옳은 내용이다.
한국의 국민총소득은 감소하고 미국의 국내총생산도 감소하므로 옳은 내용이다.

⑤ 틀린 내용이다.
한국의 국민총소득은 감소하고 미국의 국내총생산·국내총소득은 감소한다. 따라서 김씨의 실직이 미국의 소득지표에 미치는 영향이 있다.

05 2017년 지방직 7급

미국 국적의 A는 2016년 1년 동안 한국에 거주하며 일했다. A는 한국 소재 기업에서 총 5,000만 원의 연봉을 받았으며, 한국 소재 어학원에 연 500만 원을 지불하고 한국어를 배웠다. 이 두 금액이 한국의 2016년 GDP와 GNI에 미친 영향의 차이는?

① 5,500만 원

② 5,000만 원

③ 4,500만 원

④ 500만 원

출제이슈 GDP vs GNP vs GNI

핵심해설 정답 ②

국내총생산(GDP)이란 일정한 기간 동안 한 나라 안에서 생산되어 최종적인 용도로 사용되는 재화, 서비스의 가치를 모두 더한 것을 의미한다. 국내총생산 지표는 장기적으로 한나라의 부를 결정하는 것은 생산이라는 사고에 기초해 있다.

국민총생산(GNP)이란 일정한 기간 동안 국민에 의해서 생산되어 최종적인 용도로 사용되는 재화, 서비스의 가치를 모두 더한 것을 의미한다.

국민총소득(GNI)이란 일정한 기간 동안 국민에 의하여 획득된 소득으로서 이는 생산과정에 참여한 대가로 지불되는 것을 의미한다. 국민총소득 지표는 한나라의 복지수준을 측정하는 점에서 생산이 아니라 소득이 더 우월하다는 사고에 기초해 있다.

지표 간 관계를 보면 다음과 같다.

① 국내총생산(GDP) + 대외순수취 요소소득 = 국민총생산(GNP)
국내총생산에서 대외지불 요소소득을 제외하고 대외수취 요소소득을 가산하면 국민총생산이 된다.

② 국민총생산(GNP) + 실질무역손익 = 국민총소득(GNI)
국민총생산에서 실질무역손익을 고려하면 국민총소득이 된다.
명목개념으로 파악하는 경우, 명목국민총생산은 명목국민총소득과 일치한다.

③ 국내총생산(GDP) + 실질무역손익 = 국내총소득(GDI)
국내총생산에서 실질무역손익을 고려하면 국내총소득이 된다.
역시 명목개념으로 파악하는 경우 명목국내총생산과 명목국내총소득은 일치한다.

④ 국내총소득(GDI) + 대외순수취 요소소득 = 국민총소득(GNI)
국내총소득에서 대외지불 요소소득을 제외하고 대외수취 요소소득을 가산하면 국민총소득이 된다.

설문을 검토하면 다음과 같다.

설문에서 미국인 A가 한국에서 일하면서 연봉 5,000만 원을 받은 경우 한국의 GDP에는 포함되지만, 한국의 GNI에는 포함되지 않는다.

설문에서 미국인 A가 한국에서 어학원을 다니며 연 500만 원을 지출한 경우 한국의 GDP에 포함되고, 한국의 GNI에도 포함된다.

따라서 한국의 GDP는 총 5,500만 원 증가하고 한국의 GNI는 500만 원 증가하므로 그 차이는 5,000만 원이 된다.

06 2013년 국가직 7급

한국 법인이 100% 지분을 소유하고 있는 자동차 회사 A가 한국 대신에 미국에 생산 공장을 설립하여 직원을 대부분 현지인으로 고용할 경우, 한국과 미국의 경제에 미치는 영향에 대한 설명으로 옳지 않은 것은?

① 미국의 GDP 증가분은 GNP 증가분보다 크다.
② 미국의 GDP와 GNP가 모두 증가한다.
③ 한국의 해외직접투자가 증가하면서 GNP가 더욱 중요해진다.
④ 한국의 GDP 감소분은 GNP 감소분보다 크다.

출제이슈 GDP vs GNP vs GNI
핵심해설 정답 ③

국내총생산(GDP)이란 일정한 기간 동안 한 나라 안에서 생산되어 최종적인 용도로 사용되는 재화, 서비스의 가치를 모두 더한 것을 의미한다. 국내총생산 지표는 장기적으로 한나라의 부를 결정하는 것은 생산이라는 사고에 기초해 있다.

국민총생산(GNP)이란 일정한 기간 동안 국민에 의해서 생산되어 최종적인 용도로 사용되는 재화, 서비스의 가치를 모두 더한 것을 의미한다.

국민총소득(GNI)이란 일정한 기간 동안 국민에 의하여 획득된 소득으로서 이는 생산과정에 참여한 대가로 지불되는 것을 의미한다. 국민총소득 지표는 한나라의 복지수준을 측정하는 점에서 생산이 아니라 소득이 더 우월하다는 사고에 기초해 있다.

지표 간 관계를 보면 다음과 같다.

① 국내총생산(GDP) + 대외순수취 요소소득 = 국민총생산(GNP)
국내총생산에서 대외지불 요소소득을 제외하고 대외수취 요소소득을 가산하면 국민총생산이 된다.

② 국민총생산(GNP) + 실질무역손익 = 국민총소득(GNI)
국민총생산에서 실질무역손익을 고려하면 국민총소득이 된다.
명목개념으로 파악하는 경우, 명목국민총생산은 명목국민총소득과 일치한다.

③ 국내총생산(GDP) + 실질무역손익 = 국내총소득(GDI)
국내총생산에서 실질무역손익을 고려하면 국내총소득이 된다.
역시 명목개념으로 파악하는 경우 명목국내총생산과 명목국내총소득은 일치한다.

④ 국내총소득(GDI) + 대외순수취 요소소득 = 국민총소득(GNI)
국내총소득에서 대외지불 요소소득을 제외하고 대외수취 요소소득을 가산하면 국민총소득이 된다.

한국 자동차회사가 미국에 공장을 설립하여 직원의 대부분을 미국인으로 고용하고 일부는 한국으로 고용할 경우 한국과 미국의 경제에 미치는 영향은 다음과 같다.

첫째, 미국 GDP와 미국 GNP는 모두 증가한다. (지문 ②)

둘째, 그러나 미국 GDP의 증가가 미국 GNP의 증가보다 더 크다. 왜냐하면, 미국 국내총생산의 증가에는 미국직원뿐만 아니라 미국 내 한국직원들의 역할도 포함되어 있기 때문이다. (지문 ①)

셋째, 만일 한국에 공장이 설립되었더라면, 한국의 국내총생산과 국민총생산이 그만큼 증가하였을 텐데 미국에 공장이 설립되었기 때문에 한국에 공장을 설립하는 경우에 비하여 한국 GDP와 한국 GNP 모두 감소한다.

넷째, 그러나 한국 GDP의 감소가 한국 GNP의 감소보다 더 크다. 왜냐하면, 한국 국내총생산의 감소에는 한국직원뿐만 아니라 한국 내 미국직원들의 역할도 포함되어 있기 때문이다. (지문 ④)

다섯째, 폐쇄경제에서 개방경제로 변모하면서 해외 교류 및 해외 직접투자가 증가하게 되어 한 나라의 생산규모나 실업 등을 측정함에 있어서 GNP보다 GDP가 더 중요해지고 있다. (지문 ③)

07 | 2014년 서울시 7급 |

2013년에 A국에서 생산되어 재고로 있던 제품을 2014년 초에 B국에서 수입해 자국에서 판매했다고 할 때 이것의 효과에 대한 설명으로 옳은 것은?

① A국의 2014년 GDP와 GNP가 모두 증가한다.
② A국의 2014년 수출은 증가하고 GDP는 불변이다.
③ B국의 2014년 GNP는 증가하고 GDP는 불변이다.
④ B국의 2013년 GDP와 2014년 투자가 증가한다.
⑤ B국의 2013년 수입은 증가하고 2014년 수입은 불변이다.

출제이슈 GDP vs GNP vs GNI, 재고 및 수출입
핵심해설 정답 ②

국내총생산(GDP)이란 일정한 기간 동안 한 나라 안에서 생산되어 최종적인 용도로 사용되는 재화, 서비스의 가치를 모두 더한 것을 의미한다. 국내총생산 지표는 장기적으로 한나라의 부를 결정하는 것은 생산이라는 사고에 기초해 있다.

국민총생산(GNP)이란 일정한 기간 동안 국민에 의해서 생산되어 최종적인 용도로 사용되는 재화, 서비스의 가치를 모두 더한 것을 의미한다.

국민총소득(GNI)이란 일정한 기간 동안 국민에 의하여 획득된 소득으로서 이는 생산과정에 참여한 대가로 지불되는 것을 의미한다. 국민총소득 지표는 한나라의 복지수준을 측정하는 점에서 생산이 아니라 소득이 더 우월하다는 사고에 기초해 있다.

지표 간 관계를 보면 다음과 같다.

① 국내총생산(GDP) + 대외순수취 요소소득 = 국민총생산(GNP)
국내총생산에서 대외지불 요소소득을 제외하고 대외수취 요소소득을 가산하면 국민총생산이 된다.

② 국민총생산(GNP) + 실질무역손익 = 국민총소득(GNI)
국민총생산에서 실질무역손익을 고려하면 국민총소득이 된다.
명목개념으로 파악하는 경우, 명목국민총생산은 명목국민총소득과 일치한다.

③ 국내총생산(GDP) + 실질무역손익 = 국내총소득(GDI)
국내총생산에서 실질무역손익을 고려하면 국내총소득이 된다.
역시 명목개념으로 파악하는 경우 명목국내총생산과 명목국내총소득은 일치한다.

④ 국내총소득(GDI) + 대외순수취 요소소득 = 국민총소득(GNI)
국내총소득에서 대외지불 요소소득을 제외하고 대외수취 요소소득을 가산하면 국민총소득이 된다.

설문을 정리하면 다음과 같다.

2013년 A국에서 생산된 재고가 2014년 B국에서 수입해 자국에서 판매된 경우,

첫째, 당해 재고는 2013년 A국의 GDP에 포함된다.
둘째, 재고의 판매가 수출을 통해 이루어졌으므로 A국의 2014년 수출은 증가한다.
셋째, 2014년 A국의 수출은 기존의 재고를 판매한 것이므로 2014년 A국의 GDP에 영향을 미치지 않는다.
넷째, 2014년 B국의 수입은 B국의 수입과 그로 인한 소비지출이 증가하게 되어 GDP에 영향을 미치지 않는다.

설문을 검토하면 다음과 같다.

① 틀린 내용이다.
당해 재고는 2013년 A국의 GDP와 GNP에 포함된다. 따라서 A국의 2013년 GDP와 GNP가 모두 증가하며 2014년의 경우 불변이다.

② 옳은 내용이다.
A국의 2014년 수출은 증가하고 2013년에 생산하여 재고투자로 보유하고 있던 수량만큼이 감소하므로 GDP는 불변이다.

③ 틀린 내용이다.
2014년 B국의 수입은 B국의 수입과 그로 인한 소비지출이 증가하게 되어 GDP에 영향을 미치지 않는다. 한편, 대외순수취요소소득이 불변인 경우 그에 따라서 GNP도 불변이다.

④ 틀린 내용이다.
B국의 2013년 GDP와는 관계없으며 2014년 수입 및 소비가 증가한다.

⑤ 틀린 내용이다.
2013년 A국에서 생산된 재고가 2014년 B국에서 수입해 자국에서 판매된 경우이므로 2014년 B국의 수입이 증가한다.

명목GDP와 실질GDP

1 명목GDP와 실질GDP

1) 명목국내총생산(명목GDP) = 비교시점가격 × 비교시점수량

2) 실질국내총생산(실질GDP) = 기준시점가격 × 비교시점수량

3) 기준시점의 경우 명목GDP와 실질GDP가 일치 [2011 지7]

4) 실질국내총생산은 물가변동의 효과를 제거한 개념으로서 미리 정해진 기준시점의 가격을 기초로 하여 구해지기 때문에 시점 간 생산량의 변화 추이만 반영

5) 기준시점 이후 물가가 상승하는 기간에는 명목GDP가 실질GDP보다 크다. [2011 지7]

6) 경제의 전반적인 생산활동의 수준을 나타내는 지표로서 명목국내총생산보다 실질국내총생산이 더욱 적합

7) 경제성장률을 구하거나 대부분의 경우에 사용되는 지표는 실질GDP

2 명목GDP와 실질GDP의 활용

1) 경제성장률 계산에 활용

① 실질GDP는 비교시점의 물량을 기준시점의 가격을 기준으로 하여 계산 [2015 지7]

② 실질GDP성장률(경제성장률)은 기준시점의 실질GDP와 비교시점의 실질GDP를 각각 구하여 그 증가율을 계산 [2016 국9]

2) 물가상승률 계산에 활용

① 대표적인 물가상승률 지표인 GDP 디플레이터는 명목GDP와 실질GDP의 비율

② 현재시점의 상품바스켓을 기준시점 가격과 비교시점 가격으로 평가한 비율

ISSUE 문제 📝

01 | 2011년 지방직 7급

GDP(국내총생산)에 대한 설명으로 옳지 않은 것은?

① GDP는 한 국가 내에서 모든 경제주체가 일정 기간 동안에 창출한 부가가치(value added)의 합이다.

② GDP는 한 국가 내에서 일정 기간 동안에 생산된 모든 생산물의 시장가치이다.

③ 기준연도 이후 물가가 상승하는 기간에는 명목GDP가 실질GDP보다 크다.

④ 기준연도의 실질GDP와 명목GDP는 항상 같다.

출제이슈 명목GDP vs 실질GDP

핵심해설 정답 ②

설문을 검토하면 다음과 같다.

① 옳은 내용이다.

국내총생산(GDP)이란 일정한 기간 동안 한 나라 안에서 생산되어 최종적인 용도로 사용되는 재화, 서비스의 가치를 모두 더한 것을 의미하며 이는 부가가치의 합계로 측정된다.

국내총생산은 생산 측면, 분배 측면, 지출 측면에서 각각 파악할 수 있는데 사후적으로 항상 같은 값을 가지게 되며 이를 3면 등가의 법칙 혹은 원리라고 한다.

국내총생산을 생산 측면에서 파악하는 경우 최종생산단계에서 최종생산물의 시장가치 혹은 생산단계별 부가가치의 합계로 측정된다. 분배 측면에서 파악하는 경우 생산과정에 참여한 경제주체들에 대해 지급된 대가(임금, 이자, 지대, 이윤)로 측정된다. 지출 측면에서 파악하는 경우 생산물이 처분된 유형별로 처분금액의 합계(소비, 투자, 정부지출, 순수출)로 측정된다.

특히 생산단계별 부가가치의 합계로 국내총생산을 측정하는 것은 최종생산물의 시장가치를 분해하는 작업에 해당한다. 최종 생산물은 생산단계를 거치면서 점차 가치가 부가되고 증대되어 최종적인 시장가치를 가지게 된다. 따라서 생산단계별로 얼마나 가치가 부가되고 증대되었는지를 분해해 볼 수 있는데 이를 부가가치라고 한다. 각 생산단계별 부가가치는 각 생산단계에서 생산된 제품에서 중간투입물을 뺀 값이 된다.

② 틀린 내용이다.

국내총생산(GDP)이란 일정한 기간 동안 한 나라 안에서 생산되어 최종적인 용도로 사용되는 재화, 서비스의 가치를 모두 더한 것을 의미하며 중간투입물은 제외되며 최종생산물만이 측정에 포함된다.

최종생산물의 시장가치로 측정하는 이유는 중간생산물이 이중계산되는 것을 방지하기 위함이다. 중간생산물은 다른 생산물을 생산하는 데 투입되어 그 다른 생산물의 가치로 흡수되어 사라지는 것이다. 따라서 국내총생산을 측정할 때, 모든 생산물을 고려하는 경우, 즉 중간생산물을 따로 계산에 포함시킬 경우 중간생산물 단계에서 1번, 또 그 이후 단계에서, 예를 들어 최종생산물 단계에서 1번 이렇게 중복되어 계산이 된다. 최종생산물에 종국적으로 흡수되어 사라지는 것을 굳이 살려내어 또 계산할 필요가 없는 것이다. 이러한 중복계산을 피하기 위해서 최종생산물만 고려하고 중간생산물은 국내총생산 측정에서 제외하는 것이다.

③ 옳은 내용이다.

실질국내총생산은 비교연도의 수량을 기준연도의 가격으로 평가한 것으로서 산식은 다음과 같다.

실질국내총생산(실질GDP) = 기준시점가격 × 비교시점수량

명목국내총생산은 비교연도의 수량을 비교연도의 가격으로 평가한 것으로서 산식은 다음과 같다.

명목국내총생산(명목GDP) = 비교시점가격 × 비교시점수량

따라서 기준연도 이후 물가가 상승하는 기간에는 명목 및 실질국내총생산을 측정함에 있어서 비교연도의 수량은 동일하지만, 가격은 기준연도에 비해 비교연도가 더 높음을 의미한다. 즉, 명목국민소득이 실질국민소득보다 크게 된다.

④ 옳은 내용이다.

실질국내총생산은 비교연도의 수량을 기준연도의 가격으로 평가한 것으로서 산식은 다음과 같다.

실질국내총생산 (실질GDP) = 기준시점가격 × 비교시점수량

명목국내총생산은 비교연도의 수량을 비교연도의 가격으로 평가한 것으로서 산식은 다음과 같다.

명목국내총생산 (명목GDP) = 비교시점가격 × 비교시점수량

따라서, 위의 산식에서 기준연도와 비교연도가 동일한 경우 실질국내총생산은 명목국내총생산과 같다.

02 2015년 지방직 7급

폐쇄경제인 A국은 스마트폰과 택배 서비스만을 생산하며, 생산량과 가격은 다음 표와 같을 때, 2013년 실질GDP와 2014년 실질GDP는? (단, 기준연도는 2013년이다)

구분	2013년	2014년
스마트폰 생산량	10	10
택배 서비스 생산량	100	120
스마트폰 개당 가격	10만 원	9만 원
택배 서비스 개당 가격	1만 원	1.2만 원

	2013년 실질GDP	2014년 실질GDP
①	200만 원	234만 원
②	200만 원	220만 원
③	210만 원	234만 원
④	230만 원	260만 원

출제이슈 실질 GDP 의 계산

핵심해설 정답 ②

실질국내총생산은 비교연도의 수량을 기준연도의 가격으로 평가한 것으로서 산식은 다음과 같다.
실질국내총생산(실질 GDP) = 기준시점가격 × 비교시점수량

명목국내총생산은 비교연도의 수량을 비교연도의 가격으로 평가한 것으로서 산식은 다음과 같다.
명목국내총생산(명목 GDP) = 비교시점가격 × 비교시점수량

현재 기준연도는 2013년이므로 위의 산식을 활용하여 2013년 실질 GDP, 2014년 실질 GDP 를 구하면 다음과 같다.

1) 2013년 실질 GDP (기준연도 2013년)
= (2013년도 가격) × (2013년도 수량)
= (10만 원/개×10개) + (1만 원/개×100개) = 200만 원

2) 2014년 실질 GDP (기준연도 2013년)
= (2013년도 가격) × (2014년도 수량)
= (10만 원/개×10개) + (1만 원/개×120개) = 220만 원

따라서 2013년 실질 GDP 는 200만 원, 2014년 실질 GDP 는 220만 원이 된다.

03 | 2016년 국가직 9급 |

A국은 X재와 Y재만을 생산하는 국가이다. 두 재화의 생산량과 가격이 다음 표와 같을 때, A국의 기준연도 대비 비교연도의 실질GDP 성장률은?

	기준연도		비교연도	
	생산량(개)	가격(원)	생산량(개)	가격(원)
X재	100	10	100	11
Y재	200	20	210	20

① 10%

② 7%

③ 4%

④ 1%

출제이슈   실질GDP 및 실질GDP 성장률의 계산

핵심해설   정답 ③

실질국내총생산은 비교연도의 수량을 기준연도의 가격으로 평가한 것으로서 산식은 다음과 같다.
실질국내총생산(실질GDP) = 기준시점가격 × 비교시점수량

명목국내총생산은 비교연도의 수량을 비교연도의 가격으로 평가한 것으로서 산식은 다음과 같다.
명목국내총생산(명목GDP) = 비교시점가격 × 비교시점수량

설문에서 기준연도 대비 비교연도 실질GDP 성장률을 구하라고 하였으므로 먼저 위의 산식을 활용하여 기준연도 실질GDP, 비교연도 실질GDP를 구하면 다음과 같다.

1) 기준연도 실질GDP
= (기준연도 가격) × (기준연도=비교연도 수량)
= (10원/개×100개) + (20원/개×200개) = 5,000원

2) 비교연도 실질GDP
= (기준연도 가격) × (비교연도 수량)
= (10원/개×100개) + (20원/개×210개) = 5,200원

3) 실질GDP 성장률
따라서 실질GDP가 5,000원에서 5,200원으로 증가하였으므로 실질GDP 성장률은 4%가 된다.

1 소비자물가지수와 생산자물가지수 [2017 지7] [2011 국9]

1) **산식**: $CPI = \dfrac{\Sigma P_t \, Q_0}{\Sigma P_0 \, Q_0} = \dfrac{\text{비교시점가격} \times \text{기준시점수량}}{\text{기준시점가격} \times \text{기준시점수량}}$

2) **방식**

① 기준시점의 물가를 100으로 두고, 비교시점의 물가를 구하므로 물가 상승도 포함

② 기준시점의 수량을 가중치로 두는 라스파이레스 방식

3) **특징**

① 기준연도가 바뀌지 않는 한, 가중치가 고정

② 가격 상승 시 대체효과를 반영하지 못하므로 물가지수 과장 [2017 국7]

③ 거래량 증가, 가격 하락, 성능 향상이 나타날 경우 물가지수 과장 [2017 국7]

④ 소비재 500여 개, 원자재 및 자본재 1,000여 개를 대상으로 하며 수입품도 포함

⑤ 대표적 소비자와 특정가계 간 생계비 변화 괴리 가능성 [2017 국7]

2 *GDP* 디플레이터 [2020 국9] [2015 서7] [2013 국7]

1) **산식**: $GDP \text{ 디플레이터} = \dfrac{\text{명목}GDP}{\text{실질}GDP} = \dfrac{\Sigma P_t \, Q_t}{\Sigma P_0 \, Q_t} = \dfrac{\text{비교시점가격} \times \text{비교시점수량}}{\text{기준시점가격} \times \text{비교시점수량}}$

2) **방식**

① 기준시점의 물가를 100으로 두고, 비교시점의 물가를 구하므로 물가 상승도 포함

② 비교시점의 수량을 가중치로 두는 파쉐 방식

3) **특징**

① 국내에서 생산된 모든 상품을 고려하는 총체적 물가지수 [2016 지7]

② 비교연도가 바뀜에 따라서 가중치가 변동

③ 국내에서 생산된 상품만을 대상으로 하기 때문에 수입재는 미포함

④ 생산량 변화 효과는 제거하고 기준가격과 경상가격 변화만 측정 [2016 지7]

⑤ *GDP* 디플레이터 상승은 생산량 증가가 아니라 가격 상승의 효과 [2016 지7]

⑥ 실질*GDP* 1단위에 대한 명목*GDP*의 값 [2016 지7]

ISSUE 문제 📝

01 2017년 국가직 7급

경제의 여러 측면을 측정하는 지표들의 문제점에 대한 비판 중에서 가장 옳지 않은 것은?

① 소비자물가지수는 대체효과, 품질변화 등으로 인해 실제 생활비 측정에 왜곡을 초래할 수 있다.
② 국민소득 지표로 가장 널리 사용되는 국내총생산은 시장경제에서 거래되지 않고 공급되는 정부 서비스의 가치를 모두 제외하고 있기 때문에 문제점이 있다.
③ 실업률 지표는 잠재적으로 실업자에 가까운 실망실업자(discouraged worker)를 실업자에 포함하지 않기 때문에 문제점이 있다.
④ 소비자물가지수는 대표적인 소비자가 구입하는 재화와 서비스의 전반적인 비용을 나타내는 지표이므로 특정 가계의 생계비 변화와 괴리가 발생할 수 있다.

출제이슈 물가지수 등 각종 거시경제지표의 특징
핵심해설 정답 ②

설문을 검토하면 다음과 같다.

①, ④ 옳은 내용이다.
소비자물가지수는 소비재 500여 개, 원자재 및 자본재 1,000여 개를 대상으로 하며 수입품도 포함하여 측정하는 물가지수로서 그 산식은 다음과 같다.

$$CPI = \frac{\Sigma P_t Q_0}{\Sigma P_0 Q_0} = \frac{\text{비교시점가격} \times \text{기준시점수량}}{\text{기준시점가격} \times \text{기준시점수량}}$$

현행 소비자물가지수는 기준시점의 물가를 100으로 두고, 비교시점의 물가를 구하므로 물가 상승의 개념을 당연히 포함하며 기준시점의 수량을 가중치로 두기 때문에 라스파이레스 방식이라고 할 수 있다.

기준시점의 수량이 가중치이므로 이는 기준연도가 바뀌지 않는 한 가중치가 고정되므로 만일 거래량이 증가하고 가격이 하락하고 성능이 향상되는 경우에는 물가지수를 과장하는 문제가 있다. 또한 가격이 상승하는 경우 대체효과가 나타날 텐데 이 지수는 여전히 가중치 수량이 고정되어 있기 때문에 역시 물가지수가 과장된다. 소비재 500여 개, 원자재 및 자본재 1,000여 개를 대상으로 하여 대표적 소비자를 상정하여 구해진 물가지수이므로 특정 가계의 소비품목과 괴리가 있을 수밖에 없어서 가계의 생계비 변화를 제대로 측정하지 못할 수 있다.

② 틀린 내용이다.
국내총생산(GDP)이란 일정한 기간 동안 한 나라 안에서 생산되어 최종적인 용도로 사용되는 재화, 서비스의 가치를 모두 더한 것을 의미한다. 국민소득지표로서 국내총생산은 시장에서 거래되는 상품을 대상으로 하므로 비시장재화나 지하경제의 경우 국내총생산에 포함되지 않는다.

다만, 시장에서 거래되지 않는다고 하더라도 일부 생산물에 대하여는 추산을 통하여 귀속시키는 경우도 있으니 주의해야 한다. 예를 들어 자가소유주택으로부터의 주거서비스의 가치를 추산하는 것이라든지, 군인, 경찰, 공무원들로부터의 국방서비스, 치안서비스, 행정서비스의 가치를 추산하는 것이 좋은 예가 된다. 또한 농가에서 자신이 소비하기 위해서 생산하는 자가소비용 농산물도 추산을 통해서 국내총생산에 포함된다. 설문에서 국내총생산에는 정부서비스의 가치가 인건비를 통하여 반영되어 있기 때문에 틀린 내용이다.

③ 옳은 내용이다.

실업률이란 경제활동인구 중에서 실업자가 차지하는 비율을 말한다. 경제활동인구는 실업자와 취업자를 더한 개념이다. 그런데 주의할 점은 일할 능력이 없거나 의사가 없는 고령자, 환자, 주부, 학생, 실망실업자(구직단념자) 등 비경제활동인구는 실업자가 아니라는 것이다. 특히 실망실업자를 실업률 계산에서 제외하기 때문에 실업률이 실제 실업상태를 과소평가하는 문제가 있다. 만일 실망실업자를 실업자로 분류할 경우 실업률이 더 높아진다. 반대로 실업자가 구직활동을 포기하고 실망실업자로 되는 경우 실업률은 하락한다.

참고로 실업률 계산 Frame은 다음과 같다.

			임금근로자
15세 이상 생산가능인구(P)	경제활동인구(L)	취업자(E)	질병휴직자
			무급가족종사자 (18시간 이상)
		실업자(U)	
	비경제활동인구(NL)	주부	
		학생 (대학원생, 진학준비생, 취업준비생)	

1) 경제활동참가율

= 경제활동인구 / 생산가능인구 = 경제활동인구 / 경제활동인구 + 비경제활동인구

2) 실업률

= 실업자 / 경제활동인구 = 실업자 / 실업자+취업자

3) 고용률

= 취업자 / 생산가능인구 = 취업자 / 실업자 + 취업자 + 비경제활동인구

4) 경제활동참가율, 실업률, 고용률 간 관계

고용률 = 경제활동참가율(1−실업률)

02 [2011년 국가직 9급]

다음 자료를 활용하여 2005년을 기준으로 한 2010년의 물가지수를 라스파이레스 지수(Laspeyres index)방식으로 계산하면 얼마인가?

구분	2005년		2010년	
	생산량(만톤)	가격(만원/톤)	생산량(만톤)	가격(만원/톤)
쌀	500	100	600	80
면화	40	250	50	500

① 90　　　　　　② 100

③ 110　　　　　　④ 120

출제이슈 라스파이레스 물가지수
핵심해설 정답 ②

라스파이레스 물가지수는 비교시점가격과 기준시점의 가격을 비교함에 있어서 가중치를 기준시점 수량을 사용하고 있으며 그 산식은 다음과 같다.

$$\text{라스파이레스 물가지수} = \frac{\Sigma P_t Q_0}{\Sigma P_0 Q_0} = \frac{\text{비교시점가격} \times \text{기준시점수량}}{\text{기준시점가격} \times \text{기준시점수량}}$$

설문에서 주어진 자료를 산식에 대입하여 구하면 다음과 같다.

$$\frac{\Sigma P_t Q_0}{\Sigma P_0 Q_0} = \frac{\text{비교시점가격} \times \text{기준시점수량}}{\text{기준시점가격} \times \text{기준시점수량}} = \frac{(80 \times 500) + (500 \times 40)}{(100 \times 500) + (250 \times 40)} = 1$$

참고로, 대표적인 라스파이레스 물가지수로서의 소비자물가지수는 소비재 500여 개, 원자재 및 자본재 1,000여 개를 대상으로 하며 수입품도 포함하여 측정하는 물가지수로서 현행 소비자물가지수는 기준시점의 물가를 100으로 두고, 비교시점의 물가를 구하므로 물가 상승의 개념을 당연히 포함하며 기준시점의 수량을 가중치로 두기 때문에 라스파이레스 방식이라고 할 수 있다.

기준시점의 수량이 가중치이므로 이는 기준연도가 바뀌지 않는 한 가중치가 고정되므로 만일 거래량이 증가하고 가격이 하락하고 성능이 향상되는 경우에는 물가지수를 과장하는 문제가 있다. 또한 가격이 상승하는 경우 대체효과가 나타날 텐데 이 지수는 여전히 가중치 수량이 고정되어 있기 때문에 역시 물가지수가 과장된다. 소비재 500여 개, 원자재 및 자본재 1,000여 개를 대상으로 하여 대표적 소비자를 상정하여 구해진 물가지수이므로 특정 가계의 소비품목과 괴리가 있을 수밖에 없어서 가계의 생계비 변화를 제대로 측정하지 못할 수 있다.

03 2019년 지방직 7급

작년에 쌀 4가마니와 옷 2벌을 소비한 영희는 올해는 쌀 3가마니와 옷 6벌을 소비하였다. 작년에 쌀 1가마니의 가격은 10만 원, 옷 1벌의 가격은 5만 원이었는데 올해는 쌀 가격이 15만 원, 옷 가격이 10만 원으로 각각 상승하였다. 우리나라의 소비자물가지수 산정방식을 적용할 때, 작년을 기준으로 한 올해의 물가지수는?

① 120

② 160

③ 175

④ 210

출제이슈 라스파이레스 물가지수
핵심해설 정답 ②

라스파이레스 물가지수는 비교시점가격과 기준시점의 가격을 비교함에 있어서 가중치를 기준시점 수량을 사용하고 있으며 그 산식은 다음과 같다.

$$\text{라스파이레스 물가지수} = \frac{\Sigma P_t Q_0}{\Sigma P_0 Q_0} = \frac{\text{비교시점가격} \times \text{기준시점수량}}{\text{기준시점가격} \times \text{기준시점수량}}$$

설문에서 주어진 자료를 산식에 대입하여 구하면 다음과 같다.

$$\frac{\Sigma P_t Q_0}{\Sigma P_0 Q_0} = \frac{\text{비교시점가격} \times \text{기준시점수량}}{\text{기준시점가격} \times \text{기준시점수량}} = \frac{(15 \times 4) + (10 \times 2)}{(10 \times 4) + (5 \times 2)} = 1.6$$

참고로, 대표적인 라스파이레스 물가지수로서의 소비자물가지수는 소비재 500여 개, 원자재 및 자본재 1,000여 개를 대상으로 하며 수입품도 포함하여 측정하는 물가지수로서 현행 소비자물가지수는 기준시점의 물가를 100으로 두고, 비교시점의 물가를 구하므로 물가 상승의 개념을 당연히 포함하며 기준시점의 수량을 가중치로 두기 때문에 라스파이레스 방식이라고 할 수 있다.

기준시점의 수량이 가중치이므로 이는 기준연도가 바뀌지 않는 한 가중치가 고정되므로 만일 거래량이 증가하고 가격이 하락하고 성능이 향상되는 경우에는 물가지수를 과장하는 문제가 있다. 또한 가격이 상승하는 경우 대체효과가 나타날 텐데 이 지수는 여전히 가중치 수량이 고정되어 있기 때문에 역시 물가지수가 과장된다. 소비재 500여 개, 원자재 및 자본재 1,000여 개를 대상으로 하여 대표적 소비자를 상정하여 구해진 물가지수이므로 특정 가계의 소비품목과 괴리가 있을 수밖에 없어서 가계의 생계비 변화를 제대로 측정하지 못할 수 있다.

04 　2013년 국가직 7급

명목GDP가 100이고 GDP 디플레이터(Deflator)가 125일 때, 실질GDP는?

① 80　　　　　　　　　② 90

③ 100　　　　　　　　④ 125

출제이슈　GDP 디플레이터
핵심해설　정답 ①

GDP 디플레이터는 국내에서 생산된 모든 상품을 고려하여 측정하는 물가지수로서 그 산식은 다음과 같다.

$$GDP \text{ 디플레이터} = \frac{\Sigma P_t Q_t}{\Sigma P_0 Q_t} = \frac{\text{비교시점가격} \times \text{비교시점수량}}{\text{기준시점가격} \times \text{비교시점수량}} = \frac{\text{명목}GDP}{\text{실질}GDP}$$

GDP 디플레이터는 기준시점의 물가를 100으로 두고, 비교시점의 물가를 구하므로 물가 상승의 개념을 당연히 포함하며 비교시점의 수량을 가중치로 두기 때문에 파쉐 방식이라고 할 수 있다. 따라서 비교연도가 바뀜에 따라서 가중치가 변동하게 된다.

한편, GDP 디플레이터는 국내에서 생산된 모든 상품을 고려하는 총체적 물가지수이지만 국내에서 생산된 상품만을 대상으로 하기 때문에 수입재는 미포함된다는 점에 유의해야 한다.

또한 GDP 디플레이터는 가중치로서 비교연도 수량을 분모와 분자에 동일하게 사용하기 때문에 생산량 변화 효과는 제거하고 기준가격과 경상가격 변화만 측정하게 되며, GDP 디플레이터 상승은 생산량 증가가 아니라 가격 상승의 효과를 의미한다. 끝으로 GDP 디플레이터는 $\frac{\text{명목}GDP}{\text{실질}GDP}$로 나타낼 수 있으므로 실질$GDP$ 1단위에 대한 명목GDP의 값을 의미하게 된다.

이제 설문에서 주어진 자료를 산식에 대입하여 GDP 디플레이터를 구하면 다음과 같다.

$$GDP \text{ 디플레이터} = \frac{\Sigma P_t Q_t}{\Sigma P_0 Q_t} = \frac{\text{비교시점가격} \times \text{비교시점수량}}{\text{기준시점가격} \times \text{비교시점수량}} = \frac{\text{명목}GDP}{\text{실질}GDP} \text{ 이며}$$

설문에서 주어진대로 명목$GDP = 100$ 이고 GDP 디플레이터가 125이므로

$125 = \dfrac{100}{\text{실질}GDP} \times 100$ 이므로 실질$GDP = \dfrac{100}{125} \times 100 = 80$ 이 된다.

05 | 2015년 서울시 7급

쌀과 자동차만 생산하는 어떤 나라의 상품가격과 생산량이 다음 표와 같다. 2010년을 기준연도로 할 때 2011년과 2012년의 GDP 디플레이터는 각각 얼마인가?

연도	쌀		자동차	
	가격	생산량	가격	생산량
2010년	20만 원/가마	100가마	1,000만 원/대	2대
2011년	24만 원/가마	100가마	1,200만 원/대	4대
2012년	30만 원/가마	200가마	1,500만 원/대	4대

	2011년	2012년		2011년	2012년
①	83.33%	66.67%	②	120%	150%
③	150%	200%	④	180%	300%

출제이슈 GDP 디플레이터
핵심해설 정답 ②

GDP 디플레이터는 국내에서 생산된 모든 상품을 고려하여 측정하는 물가지수로서 그 산식은 다음과 같다.

$$GDP \text{ 디플레이터} = \frac{\Sigma P_t Q_t}{\Sigma P_0 Q_t} = \frac{\text{비교시점가격} \times \text{비교시점수량}}{\text{기준시점가격} \times \text{비교시점수량}} = \frac{\text{명목}GDP}{\text{실질}GDP}$$

GDP 디플레이터는 기준시점의 물가를 100으로 두고, 비교시점의 물가를 구하므로 물가 상승의 개념을 당연히 포함하며 비교시점의 수량을 가중치로 두기 때문에 파쉐 방식이라고 할 수 있다. 따라서 비교연도가 바뀜에 따라서 가중치가 변동하게 된다.

한편, GDP 디플레이터는 국내에서 생산된 모든 상품을 고려하는 총체적 물가지수이지만 국내에서 생산된 상품만을 대상으로 하기 때문에 수입재는 미포함된다는 점에 유의해야 한다.

또한 GDP 디플레이터는 가중치로서 비교연도 수량을 분모와 분자에 동일하게 사용하기 때문에 생산량 변화 효과는 제거하고 기준가격과 경상가격 변화만 측정하게 되며, GDP 디플레이터 상승은 생산량 증가가 아니라 가격 상승의 효과를 의미한다. 끝으로 GDP 디플레이터는 $\frac{\text{명목}GDP}{\text{실질}GDP}$로 나타낼 수 있으므로 실질$GDP$ 1단위에 대한 명목GDP의 값을 의미하게 된다.

이제 설문에서 주어진 자료를 산식에 대입하여 구하면 다음과 같다.

먼저 2011년의 GDP 디플레이터는 $\frac{(24 \times 100) + (1,200 \times 4)}{(20 \times 100) + (1,000 \times 4)} \times 100 = 120$이 된다.

그리고 2012년의 GDP 디플레이터는 $\frac{(30 \times 200) + (1,500 \times 4)}{(20 \times 200) + (1,000 \times 4)} \times 100 = 150$이 된다.

06 2020년 국가직 7급

甲국은 사과와 배 두 재화만 생산한다. 2018년과 2019년에 생산된 두 재화의 가격과 수량은 다음 표와 같다. 甲국의 2019년 실질GDP와 GDP 디플레이터를 옳게 짝지은 것은? (단, 2018년은 실질 GDP 산출을 위한 기준연도이다)

	사과 (가격, 수량)	배 (가격, 수량)
2018년	(20원, 200개)	(20원, 100개)
2019년	(20원, 200개)	(30원, 200개)

	2019년 실질GDP	2019년 GDP 디플레이터
①	6,000원	125
②	6,000원	150
③	8,000원	125
④	8,000원	150

출제이슈 GDP 디플레이터
핵심해설 정답 ③

GDP 디플레이터는 국내에서 생산된 모든 상품을 고려하여 측정하는 물가지수로서 그 산식은 다음과 같다.

$$GDP \text{ 디플레이터} = \frac{\Sigma P_t Q_t}{\Sigma P_0 Q_t} = \frac{\text{비교시점가격} \times \text{비교시점수량}}{\text{기준시점가격} \times \text{비교시점수량}} = \frac{\text{명목}GDP}{\text{실질}GDP}$$

GDP 디플레이터는 기준시점의 물가를 100으로 두고, 비교시점의 물가를 구하므로 물가 상승의 개념을 당연히 포함하며 비교시점의 수량을 가중치로 두기 때문에 파쉐 방식이라고 할 수 있다. 따라서 비교연도가 바뀜에 따라서 가중치가 변동하게 된다.

한편, GDP 디플레이터는 국내에서 생산된 모든 상품을 고려하는 총체적 물가지수이지만 국내에서 생산된 상품만을 대상으로 하기 때문에 수입재는 미포함된다는 점에 유의해야 한다.

또한 GDP 디플레이터는 가중치로서 비교연도 수량을 분모와 분자에 동일하게 사용하기 때문에 생산량 변화 효과는 제거하고 기준가격과 경상가격 변화만 측정하게 되며, GDP 디플레이터 상승은 생산량 증가가 아니라 가격 상승의 효과를 의미한다. 끝으로 GDP 디플레이터는 $\frac{\text{명목}GDP}{\text{실질}GDP}$로 나타낼 수 있으므로 실질$GDP$ 1단위에 대한 명목GDP의 값을 의미하게 된다.

이제 설문에서 주어진 자료를 산식에 대입하여 구하면 다음과 같다.

1) 2019년의 명목GDP는 $(20 \times 200) + (30 \times 200) = 10,000$(원)이 된다.
2) 2019년의 실질GDP는 $(20 \times 200) + (20 \times 200) = 8,000$(원)이 된다.
3) 2019년의 GDP 디플레이터는 $\dfrac{2019\text{년 명목}GDP}{2019\text{년 실질}GDP} = \dfrac{10,000}{8,000} = 1.25$가 된다.

07 2016년 지방직 7급

GDP 디플레이터(deflator)에 대한 설명으로 옳은 것은?

① GDP 디플레이터는 소비자물가지수(CPI)에 비해 국가의 총체적인 물가변동을 측정하는데 불리한 지표이다.
② GDP 디플레이터는 명목 GDP를 실질GDP로 나눈다는 점에서 명목 GDP 1단위에 대한 실질 GDP의 값을 확인하는 지표이다.
③ GDP 디플레이터는 생산량 변화효과는 제거하고 기준가격에 대한 경상가격의 변화분만 나타내는 지표이다.
④ 우리나라의 GDP 디플레이터는 장기간 증가하는 경향을 보이고 있는데 이는 국내 기업들의 생산량 증가에 기인한다.

출제이슈 GDP 디플레이터
핵심해설 정답 ③

GDP 디플레이터는 국내에서 생산된 모든 상품을 고려하여 측정하는 물가지수로서 그 산식은 다음과 같다.

$$GDP \ \text{디플레이터} = \frac{\Sigma P_t Q_t}{\Sigma P_0 Q_t} = \frac{\text{비교시점가격} \times \text{비교시점수량}}{\text{기준시점가격} \times \text{비교시점수량}} = \frac{\text{명목}\,GDP}{\text{실질}\,GDP}$$

GDP 디플레이터는 기준시점의 물가를 100으로 두고, 비교시점의 물가를 구하므로 물가 상승의 개념을 당연히 포함하며 비교시점의 수량을 가중치로 두기 때문에 파쉐 방식이라고 할 수 있다. 따라서 비교연도가 바뀜에 따라서 가중치가 변동하게 된다.

한편, GDP 디플레이터는 국내에서 생산된 모든 상품을 고려하는 총체적 물가지수이지만 국내에서 생산된 상품만을 대상으로 하기 때문에 수입재는 미포함된다는 점에 유의해야 한다.

또한 GDP 디플레이터는 가중치로서 비교연도 수량을 분모와 분자에 동일하게 사용하기 때문에 생산량 변화 효과는 제거하고 기준가격과 경상가격 변화만 측정하게 되며, GDP 디플레이터 상승은 생산량 증가가 아니라 가격 상승의 효과를 의미한다. 끝으로 GDP 디플레이터는 $\dfrac{\text{명목}\,GDP}{\text{실질}\,GDP}$로 나타낼 수 있으므로 실질$GDP$ 1단위에 대한 명목GDP의 값을 의미하게 된다.

설문을 검토하면 다음과 같다.

① 틀린 내용이다.
소비자물가지수는 소비재 500여 개, 원자재 및 자본재 1,000여 개를 대상으로 하며 수입품도 포함하여 측정하는 물가지수이다. 그러나 GDP 디플레이터는 소비자물가지수처럼 특정품목을 대상으로 물가를 측정하는 것이 아니라 전반적인 물가를 측정한다. 단, 국내에서 생산된 모든 상품을 고려하는 총체적 물가지수이지만 국내에서 생산된 상품만을 대상으로 하기 때문에 수입재는 미포함된다는 점에 유의해야 한다.

② 틀린 내용이다.

GDP 디플레이터의 산식은 다음과 같다.

$$GDP \text{ 디플레이터} = \frac{\Sigma P_t Q_t}{\Sigma P_0 Q_t} = \frac{\text{비교시점가격} \times \text{비교시점수량}}{\text{기준시점가격} \times \text{비교시점수량}} = \frac{\text{명목} GDP}{\text{실질} GDP}$$

따라서 GDP 디플레이터는 명목GDP를 실질GDP로 나눈 값이므로, 실질GDP 1단위당 명목GDP의 값을 확인하는 지표이다.

③ 옳은 내용이다.

GDP 디플레이터는 가중치로서 비교연도 수량을 분모와 분자에 동일하게 사용하기 때문에 생산량 변화 효과는 제거하고 기준가격과 경상가격 변화만 측정하기 때문에 GDP 디플레이터 상승은 생산량 증가가 아니라 가격 상승의 효과를 의미한다.

④ 틀린 내용이다.

GDP 디플레이터가 장기간 증가하는 것은 생산량 증가가 아니라 가격 상승에 기인한 것이다. 왜냐하면, 앞에서 본 바와 같이 GDP 디플레이터는 가중치로서 비교연도 수량을 분모와 분자에 동일하게 사용하기 때문에 생산량 변화 효과는 제거하고 기준가격과 경상가격 변화만 측정하기 때문에 GDP 디플레이터 상승은 생산량 증가가 아니라 가격 상승의 효과를 의미한다.

1 물가상승률(인플레이션율)

1) 물가가 변화하는 정도를 나타내는 지표

2) 주어진 기간 동안의 물가의 변화율

3) 비교시점 물가지수와 기준시점 물가지수 간 차이를 기준시점 물가지수로 나눈 값

4) 산식 $\pi_t = \dfrac{P_t - P_{t-1}}{P_{t-1}}$

5) 계산유형

① 연도별 소비자물가지수 데이터 주어짐 → 특정 기간의 물가상승률 계산 $\boxed{\text{2011 국9}}$

② 연도별 거래가격, 거래량 데이터 주어짐 → 연도별 명목GDP, 실질GDP 구하기
→ 연도별 GDP 디플레이터 구하기 → 특정 기간의 물가상승률 계산 $\boxed{\text{2014 국7}}$

③ 연도별 거래가격, 거래량 데이터 주어짐 → 연도별 소비자물가지수 구하기
→ 특정 기간의 물가상승률 계산 $\boxed{\text{2017 국7}}$

2 물가상승률과 물가와의 관계

1) 물가수준이 높아도 물가상승률은 낮을 수 있으며 그 역도 성립함

2) 1990년대 일본은 물가수준은 높지만, 물가상승률은 매우 낮은 수준

3 대표적인 물가상승률

1) 소비자물가상승률 : 가장 표준적, 경제주체의 생활비 관점

2) 근원인플레이션

① 예상치 못한 외부충격(석유파동, 이상 기후 등)에 의한 물가변화분을 제거

② 우리나라는 소비자물가에서 곡물 이외 농산물과 석유류의 가격변동을 제외

ISSUE 문제 📝

01 │ 2011년 국가직 7급 │

다음 표를 기초로 산출한 2000년의 인플레이션율은? (단, 소수점 이하는 반올림한다)

연도	소비자물가지수(CPI)
1999년	90
2000년	100
2001년	110

① 10%

② 11%

③ 100%

④ 110%

출제이슈 소비자물가지수와 물가상승률

핵심해설 정답 ②

물가상승률(인플레이션율)은 물가가 변화하는 정도를 나타내는 지표로서 주어진 기간 동안의 물가의 변화율을 의미한다. 이는 비교시점 물가지수와 기준시점 물가지수 간 차이를 의미하므로 기준시점 물가지수로 나눈 값으로 나타낼 수 있으며 그 산식은 다음과 같다.

$$\pi_t = \frac{P_t - P_{t-1}}{P_{t-1}}$$

설문의 자료를 위의 산식에 대입하여 2000년의 물가상승률을 구하면 다음과 같다.

$$\pi_{2000} = \frac{P_{2000} - P_{1999}}{P_{1999}} = \frac{100-90}{90} = 0.11$$

02 2014년 국가직 7급

다음 표는 빵과 옷만을 생산하는 경제의 연도별 생산 현황이다. 2011년을 기준 연도로 할 때, 2013년의 GDP 디플레이터(㉠)와 물가상승률(㉡)은? (단, 물가상승률은 GDP 디플레이터를 이용하여 구한다)

연도 \ 재화	빵		옷	
	가격(원)	생산량(개)	가격(원)	생산량(개)
2011	30	100	100	50
2012	40	100	110	70
2013	40	150	150	80

	㉠	㉡
①	144	18.2%
②	144	23.1%
③	157	18.2%
④	157	23.1%

출제이슈 GDP 디플레이터와 물가상승률

핵심해설 정답 ②

1) GDP 디플레이터 구하기

GDP 디플레이터는 국내에서 생산된 모든 상품을 고려하여 측정하는 물가지수로서 그 산식은 다음과 같다.

$$GDP \text{ 디플레이터} = \frac{\Sigma P_t Q_t}{\Sigma P_0 Q_t} = \frac{\text{비교시점가격} \times \text{비교시점수량}}{\text{기준시점가격} \times \text{비교시점수량}} = \frac{\text{명목} GDP}{\text{실질} GDP}$$

GDP 디플레이터는 기준시점의 물가를 100으로 두고, 비교시점의 물가를 구하므로 물가 상승의 개념을 당연히 포함하며 비교시점의 수량을 가중치로 두기 때문에 파쉐 방식이라고 할 수 있다. 따라서 비교연도가 바뀜에 따라서 가중치가 변동하게 된다.

설문의 자료를 위의 산식에 대입하여 GDP 디플레이터를 구하면 다음과 같다.

2013년의 GDP 디플레이터 $\dfrac{\text{명목} GDP}{\text{실질} GDP} = \dfrac{\Sigma P_t Q_t}{\Sigma P_0 Q_t} = \dfrac{(40 \times 150) + (150 \times 80)}{(30 \times 150) + (100 \times 80)} = 1.44$

2) GDP 디플레이터를 이용한 물가상승률 구하기

물가상승률(인플레이션율)은 물가가 변화하는 정도를 나타내는 지표로서 주어진 기간 동안의 물가의 변화율을 의미한다. 이는 비교시점 물가지수와 기준시점 물가지수 간 차이를 의미하므로 기준시점 물가지수로 나눈 값으로 나타낼 수 있으며 그 산식은 다음과 같다.

$$\pi_t = \frac{P_t - P_{t-1}}{P_{t-1}}$$

그런데 설문에서 2013년도의 물가상승률을 구하라고 하고 있으므로 $\pi_{2013} = \dfrac{P_{2013} - P_{2012}}{P_{2012}}$ 를 구해야 한다.

이를 위해서는 2013년의 GDP 디플레이터와 2012년의 GDP 디플레이터가 모두 필요하다.
앞에서 2013년의 GDP 디플레이터는 구했으므로 이제 2012년의 GDP 디플레이터를 구해보자.

설문의 자료를 위의 GDP 디플레이터 산식에 대입하여 구하면 다음과 같다.

2012년의 GDP 디플레이터 $\dfrac{\text{명목}GDP}{\text{실질}GDP} = \dfrac{\Sigma P_t Q_t}{\Sigma P_0 Q_t} = \dfrac{(40 \times 100) + (110 \times 70)}{(30 \times 100) + (100 \times 70)} = 1.17$

따라서 2013년의 물가상승률은 다음과 같다.

2013년의 물가상승률 $\pi_{2013} = \dfrac{P_{2013} - P_{2012}}{P_{2012}} = \dfrac{144 - 117}{117} = 0.2307$

03 2017년 국가직 7급

다음 표는 A국이 소비하는 빵과 의복의 구입량과 가격을 나타낸다. 물가지수가 라스파이레스 지수 (Laspeyres index)인 경우, 2010년과 2011년 사이의 물가상승률은? (단, 기준연도는 2010년이다)

연도	빵		의복	
	구입량	가격	구입량	가격
2010년	10만 개	1만 원	5만 벌	3만 원
2011년	12만 개	3만 원	6만 벌	6만 원

① 140%　　　　　　　② 188%

③ 240%　　　　　　　④ 288%

출제이슈 라스파이레스 물가지수와 물가상승률

핵심해설 정답 ①

1) 물가상승률

물가상승률(인플레이션율)은 물가가 변화하는 정도를 나타내는 지표로서 주어진 기간 동안의 물가의 변화율을 의미한다. 이는 비교시점 물가지수와 기준시점 물가지수 간 차이를 의미하므로 기준시점 물가지수로 나눈 값으로 나타낼 수 있으며 그 산식은 다음과 같다.

$$\pi_t = \frac{P_t - P_{t-1}}{P_{t-1}}$$

그런데 설문에서 2010년도와 2011년 사이의 물가상승률을 구하라고 하고 있으므로 $\pi_{2011} = \dfrac{P_{2011} - P_{2010}}{P_{2010}}$ 를 구해야 한다.

이를 위해서는 2011년의 라스파이레스 물가지수와 2010년의 라스파이레스 물가지수가 모두 필요하다.

2) 물가지수

라스파이레스 물가지수는 비교시점가격과 기준시점의 가격을 비교함에 있어서 가중치를 기준시점 수량을 사용하고 있으며 그 산식은 다음과 같다.

$$\text{라스파이레스 물가지수} = \frac{\Sigma P_t Q_0}{\Sigma P_0 Q_0} = \frac{\text{비교시점가격} \times \text{기준시점수량}}{\text{기준시점가격} \times \text{기준시점수량}}$$

설문에서 주어진 자료를 산식에 대입하여 구하면 다음과 같다.

① 2011년 물가지수 $\dfrac{\Sigma P_t Q_0}{\Sigma P_0 Q_0} = \dfrac{\text{비교시점가격} \times \text{기준시점수량}}{\text{기준시점가격} \times \text{기준시점수량}} = \dfrac{(3 \times 10) + (6 \times 5)}{(1 \times 10) + (3 \times 5)} = 2.4$

② 2010년 물가지수 $\dfrac{\Sigma P_t Q_0}{\Sigma P_0 Q_0} = \dfrac{\text{비교시점가격} \times \text{기준시점수량}}{\text{기준시점가격} \times \text{기준시점수량}} = 1$ (왜냐하면, 2010년이 기준시점)

3) 이제 설문에서 요구하는 물가상승률을 위에서 구한 물가지수를 이용하여 구하면 다음과 같다.

2011년의 물가상승률 $\pi_t = \dfrac{P_{2011} - P_{2010}}{P_{2010}} = \dfrac{240 - 100}{100} = 1.4$

1 GDP와 GDP 디플레이터

1) GDP

① 명목국내총생산(명목GDP) = 비교시점가격 × 비교시점수량

② 실질국내총생산(실질GDP) = 기준시점가격 × 비교시점수량

2) GDP 디플레이터

$$GDP \text{ 디플레이터} = \frac{\text{명목}GDP}{\text{실질}GDP} = \frac{\Sigma P_t Q_t}{\Sigma P_0 Q_t} = \frac{\text{비교시점가격} \times \text{비교시점수량}}{\text{기준시점가격} \times \text{비교시점수량}}$$

2 물가상승률과 GDP 성장률과의 관계

1) Issue 06에서 GDP 디플레이터$= \dfrac{\text{명목}GDP}{\text{실질}GDP}$를 아래와 같이 변형

2) 인플레이션율(물가상승률) = 명목GDP 성장률 − 실질GDP 성장률

2 복합이슈 유형

1) 명목GDP, GDP 디플레이터 주어짐 → 실질GDP 계산 ⬚2017 국9⬚

2) 명목GDP와 실질GDP 그래프 주어짐 → 그래프에 대한 해석 ⬚2017 국7⬚

① 명목GDP와 실질GDP 그래프는 우상향

② 명목GDP와 실질GDP 그래프가 교차하는 경우는 기준연도

③ 명목GDP > 실질GDP 구간: GDP 디플레이터가 100보다 크며 물가 상승

④ 우상향하는 실질GDP는 경제성장률이 양(+)임을 의미

3) 실질GDP 증가의 해석 ⬚2016 서7⬚

→ 명목GDP의 증가 혹은 GDP 디플레이터의 감소

4) 특정 연도 명목GDP, 특정 기간 명목GDP증가율, 인플레이션율 주어짐

→ 실질GDP 계산 ⬚2014 지7⬚

ISSUE 문제 📝

01 2017년 국가직 7급

다음 표는 A국의 명목 GDP와 GDP 디플레이터를 나타낸 것이다. 실질GDP가 가장 큰 연도와 가장 작은 연도가 옳게 짝지어진 것은?

연도	명목 GDP(단위 : 억 원)	GDP 디플레이터
2010	5,000	100
2011	5,200	105
2012	5,600	110

	실질GDP가 가장 큰 연도	실질GDP가 가장 작은 연도
①	2012년도	2011년도
②	2012년도	2010년도
③	2011년도	2010년도
④	2010년도	2011년도

출제이슈 GDP 와 GDP 디플레이터
핵심해설 정답 ①

1) GDP

실질국내총생산은 비교연도의 수량을 기준연도의 가격으로 평가한 것으로서 산식은 다음과 같다.
실질국내총생산(실질GDP) = 기준시점가격 × 비교시점수량

명목국내총생산은 비교연도의 수량을 비교연도의 가격으로 평가한 것으로서 산식은 다음과 같다.
명목국내총생산(명목GDP) = 비교시점가격 × 비교시점수량

2) GDP 디플레이터

GDP 디플레이터는 국내에서 생산된 모든 상품을 고려하여 측정하는 물가지수로서 그 산식은 다음과 같다.

$$GDP \text{ 디플레이터} = \frac{\Sigma P_t Q_t}{\Sigma P_0 Q_t} = \frac{\text{비교시점가격} \times \text{비교시점수량}}{\text{기준시점가격} \times \text{비교시점수량}} = \frac{\text{명목} GDP}{\text{실질} GDP}$$

3) 명목GDP, 실질GDP와 GDP 디플레이터 간 관계

위의 산식에 따라서 실질GDP는 명목GDP를 GDP 디플레이터로 나눈 값이 된다.

즉, $GDP \text{ 디플레이터} = \dfrac{\text{명목} GDP}{\text{실질} GDP}$가 된다.

4) 설문에서는 실질GDP를 구하라고 요구하고 있으며 주어진 자료로는 명목GDP와 GDP 디플레이터가 제시되어 있다.

따라서 명목 GDP 를 GDP 디플레이터로 나누어 실질 GDP 를 아래와 같이 구할 수 있다.

① 2010년 실질 $GDP = \dfrac{\text{2010년 명목}\,GDP}{\text{2010년}\,GDP\,\text{디플레이터}} = \dfrac{5,000}{100} = 50$

② 2011년 실질 $GDP = \dfrac{\text{2011년 명목}\,GDP}{\text{2011년}\,GDP\,\text{디플레이터}} = \dfrac{5,200}{105} = 49.5$

③ 2012년 실질 $GDP = \dfrac{\text{2012년 명목}\,GDP}{\text{2012년}\,GDP\,\text{디플레이터}} = \dfrac{5,600}{110} = 50.9$

5) 따라서 실질 GDP 가 가장 큰 연도는 2012년의 50.9이며, 가장 작은 연도는 2011년의 49.50이다.

02 | 2017년 국가직 7급 |

다음 그림은 A국의 명목GDP와 실질GDP를 나타낸다. 이에 대한 설명으로 옳지 않은 것은? (단, A국의 명목GDP와 실질GDP는 우상향하는 직선이다)

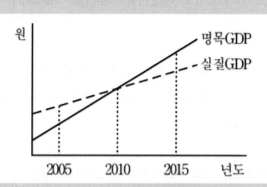

① 기준연도는 2010년이다.
② 2005년의 GDP디플레이터는 100보다 큰 값을 가진다.
③ 2010년에서 2015년 사이에 물가는 상승하였다.
④ 2005년에서 2015년 사이에 경제성장율은 양(+)의 값을 가진다.

출제이슈 GDP 와 GDP 디플레이터
핵심해설 정답 ②

1) GDP

실질국내총생산은 비교연도의 수량을 기준연도의 가격으로 평가한 것으로서 산식은 다음과 같다.
실질국내총생산(실질GDP) = 기준시점가격 × 비교시점수량

명목국내총생산은 비교연도의 수량을 비교연도의 가격으로 평가한 것으로서 산식은 다음과 같다.
명목국내총생산(명목GDP) = 비교시점가격 × 비교시점수량

2) GDP 디플레이터

GDP 디플레이터는 국내에서 생산된 모든 상품을 고려하여 측정하는 물가지수로서 그 산식은 다음과 같다.

$$GDP \text{ 디플레이터} = \frac{\Sigma P_t Q_t}{\Sigma P_0 Q_t} = \frac{\text{비교시점가격} \times \text{비교시점수량}}{\text{기준시점가격} \times \text{비교시점수량}} = \frac{\text{명목}GDP}{\text{실질}GDP}$$

3) 명목GDP, 실질GDP와 GDP 디플레이터 간 관계

위의 산식에 따라서 GDP 디플레이터는 명목GDP 를 실질GDP 로 나눈 값이 된다.

즉, GDP 디플레이터 $= \dfrac{\text{명목}GDP}{\text{실질}GDP}$가 된다.

특히 기준연도와 비교연도가 같을 경우 명목GDP =실질GDP 이기 때문에 GDP 디플레이터 = 1이 된다.
설문에서 주어진 그래프에서 명목GDP =실질GDP 인 연도는 2010년이며 따라서 이때가 기준연도임을 알 수 있다.

4) 설문을 검토하면 다음과 같다.

① 옳은 내용이다.
설문에서 주어진 그래프를 보면 2010년의 경우 명목 GDP 가 실질 GDP 와 같다.
바로 앞서 본 바와 같이 2010년의 경우 명목 GDP =실질 GDP 이므로 GDP 디플레이터 = 1이 되어 기준연도는 2010년이 된다.

② 틀린 내용이다.
설문에서 주어진 그래프를 보면 2005년의 경우 명목 GDP 가 실질 GDP 보다 작다.
GDP 디플레이터 $= \dfrac{\text{명목} GDP}{\text{실질} GDP}$ 이므로 명목 GDP 가 실질 GDP 보다 작은 경우 GDP 디플레이터가 1보다 작음을 의미한다. 100으로 환산할 경우 100보다 작음을 의미한다.

③ 옳은 내용이다.
설문에서 주어진 그래프를 보면 2015년의 경우 명목 GDP 가 실질 GDP 보다 크다.
GDP 디플레이터 $= \dfrac{\text{명목} GDP}{\text{실질} GDP}$ 이므로 명목 GDP 가 실질 GDP 보다 큰 경우 GDP 디플레이터가 1보다 큼을 의미한다. 100으로 환산할 경우 100보다 큼을 의미한다.

결국 2010년의 GDP 디플레이터는 100보다 작고, 2015년의 GDP 디플레이터는 100보다 크기 때문에 2010년에서 2015년 사이에 물가가 상승하였음을 나타낸다.

④ 옳은 내용이다.
경제성장이란 실질 GDP 의 증가를 의미하며 설문에서 주어진 그래프를 보면, 2005년에서 2015년 사이에 지속적으로 실질 GDP 는 증가하고 있다. 따라서 경제성장률은 양의 값을 가진다.

03 2016년 서울시 7급

작년에 비해 실질GDP(Gross Domestic Product)가 상승하였다. 다음 중 가장 옳은 것은?

① 작년에 비해 명목 GDP와 GDP 디플레이터 모두 증가하였다.
② 작년에 비해 명목 GDP가 증가하였거나 GDP 디플레이터가 감소하였다.
③ 작년에 비해 명목 GDP는 감소하였고 GDP 디플레이터는 증가하였다.
④ 작년에 비해 명목 GDP와 GDP 디플레이터 모두 감소하였다.

출제이슈 GDP 와 GDP 디플레이터
핵심해설 정답 ②

1) GDP

실질국내총생산은 비교연도의 수량을 기준연도의 가격으로 평가한 것으로서 산식은 다음과 같다.
실질국내총생산(실질GDP) = 기준시점가격 × 비교시점수량

명목국내총생산은 비교연도의 수량을 비교연도의 가격으로 평가한 것으로서 산식은 다음과 같다.
명목국내총생산(명목GDP) = 비교시점가격 × 비교시점수량

2) GDP 디플레이터

GDP 디플레이터는 국내에서 생산된 모든 상품을 고려하여 측정하는 물가지수로서 그 산식은 다음과 같다.

$$GDP \text{ 디플레이터} = \frac{\Sigma P_t Q_t}{\Sigma P_0 Q_t} = \frac{\text{비교시점가격} \times \text{비교시점수량}}{\text{기준시점가격} \times \text{비교시점수량}} = \frac{\text{명목}GDP}{\text{실질}GDP}$$

3) 명목GDP, 실질GDP 와 GDP 디플레이터 간 관계

위의 산식에 따라서 GDP 디플레이터는 명목GDP 를 실질GDP 로 나눈 값이 된다.

즉, $GDP \text{ 디플레이터} = \frac{\text{명목}GDP}{\text{실질}GDP}$ 이 된다.

특히 기준연도와 비교연도가 같을 경우 명목GDP =실질GDP 이기 때문에 GDP 디플레이터 = 1이 된다.

4) 설문을 검토하면 다음과 같다.

$GDP \text{ 디플레이터} = \frac{\text{명목}GDP}{\text{실질}GDP}$ 의 산식을 변형하면, 실질$GDP = \frac{\text{명목}GDP}{GDP \text{ 디플레이터}}$ 이므로

설문에서 작년에 비해 실질GDP 가 상승하였다고 하였으므로 명목 GDP 가 증가하였거나 GDP 디플레이터가 감소한 것과 같은 의미이다.

04 2014년 지방직 7급

A국의 2012년도 명목 GDP가 200억 달러였다. 그 후 일 년 동안 명목 GDP는 3% 증가하였고, 같은 기간 동안의 인플레이션율은 3%였다. 2012년을 기준 연도로 할 때, A국의 2013년도 실질GDP는?

① 200억 달러   ② 203억 달러

③ 206억 달러   ④ 209억 달러

출제이슈 GDP 와 GDP 디플레이터
핵심해설 정답 ①

1) GDP

실질국내총생산은 비교연도의 수량을 기준연도의 가격으로 평가한 것으로서 산식은 다음과 같다.
실질국내총생산(실질 GDP) = 기준시점가격 × 비교시점수량

명목국내총생산은 비교연도의 수량을 비교연도의 가격으로 평가한 것으로서 산식은 다음과 같다.
명목국내총생산(명목 GDP) = 비교시점가격 × 비교시점수량

2) GDP 디플레이터

GDP 디플레이터는 국내에서 생산된 모든 상품을 고려하여 측정하는 물가지수로서 그 산식은 다음과 같다.

$$GDP \text{ 디플레이터} = \frac{\Sigma P_t Q_t}{\Sigma P_0 Q_t} = \frac{\text{비교시점가격} \times \text{비교시점수량}}{\text{기준시점가격} \times \text{비교시점수량}} = \frac{\text{명목} GDP}{\text{실질} GDP}$$

3) 명목 GDP, 실질 GDP 와 GDP 디플레이터 간 관계

위의 산식에 따라서 GDP 디플레이터는 명목 GDP 를 실질 GDP 로 나눈 값이 된다.

즉, GDP 디플레이터 $= \dfrac{\text{명목} GDP}{\text{실질} GDP}$ 이 된다.

특히, 증가율 형태로 변형하면 다음과 같다.

물가상승률 $= GDP$ 디플레이터 상승률 = 명목 GDP 증가율 - 실질 GDP 증가율

따라서 명목 GDP 의 증가율은 실질 GDP 의 증가율에 물가상승률을 더한 값이다.

4) 설문을 검토하면 다음과 같다.

① 설문에서 주어진 기간 동안 명목 GDP 는 3% 증가하였고, 물가상승률도 3%이므로 결국 실질 GDP 증가율이 0%이며 실질 GDP 는 변화가 없음을 의미한다.

② 설문에서 2012년도가 기준연도이므로 2012년의 GDP 디플레이터는 1임을 의미하며 결국 2012년의 실질 GDP 는 명목 GDP 와 같게 된다. 2012년의 명목 GDP 가 200억 달러로 주어져 있으므로 2012년의 실질 GDP 도 200억 달러가 된다.

③ 앞서 본 ①에서 실질 GDP 증가율이 0%이며 실질 GDP 는 변화가 없으므로 2012년의 실질 GDP 200억 달러가 그대로 2013년의 실질 GDP 가 된다.

제 2 편

국민소득 결정이론

issue 01 케인즈 모형

issue 02 승수효과

issue 03 고전학파 모형

조경국
경제학
워크북

거시편

ISSUE 01 케인즈 모형

1 총수요 $Y^D = C + I + G$ [2019 국9]

1) **소비** $C = a + b(Y - T), 0 < b < 1$, $T = T_0$ (정액세의 경우), $T = T_0 + tY$ (비례세의 경우)

2) **투자** $I = I_0$ (동기간에 발생한 재고 포함)

3) **정부** $G = G_0$

① 최종재에 대한 정부지출을 의미하며 이전지출은 포함되지 않는다.

② 이전지출은 가처분소득의 구성요인이다. (가처분소득 $= Y - T + TR$)

4) **개방경제의 경우, 순수출** $X - M = X_0 - M_0 - mY$

① 개방경제를 고려할 경우 총수요에 외국수입재화에 대한 수요가 포함되어 있다.

② 자국생산재화에 대한 수요를 구하기 위해서 외국수입재화에 대한 수요를 차감한다.

③ 자국생산재화에 대한 외국으로부터의 수요를 포함해야 하므로 수출수요를 가산한다.

2 국민소득의 결정 $Y = C + I + G$ [2019 국7] [2017 서7] [2016 서7] [2015 지7] [2015 서7] [2014 서7] [2014 국9] [2013 서7] [2013 지7]

1) $Y^D = C + I + G$, $Y^S = Y$, $Y^D = Y^S$

2) **균형국민소득**

① 균형조건식에 따라서 $Y = C + I + G$이며 $Y = a + b(Y - T_0) + I_0 + G_0$이 된다.

② $\therefore (1 - b)Y = a - bT_0 + I_0 + G_0$ $\therefore Y = \dfrac{a - bT_0 + I_0 + G_0}{(1 - b)}$

3 인플레이션갭과 디플레이션갭 [2015 서7] [2017 서7]

1) **인플레이션갭**

① 균형국민소득이 완전고용국민소득을 초과하고 있는 상황(인플레이션)을 의미한다.

② 이 경제가 완전고용을 달성하려면, 총수요가 감소하여 총수요곡선이 하방 이동하여야 한다.

③ 완전고용을 달성하기 위해서 감소하여야 하는 총수요의 크기를 인플레이션갭이라고 한다.

2) **디플레이션갭**

① 균형국민소득이 완전고용국민소득에 미치지 못하고 있는 상황(실업)을 의미한다.

② 이 경제가 완전고용을 달성하려면, 총수요가 증대하여 총수요곡선이 상방 이동하여야 한다.

③ 완전고용을 달성하기 위해서 증가하여야 하는 총수요의 크기를 디플레이션갭이라고 한다.

ISSUE 문제 📝

01 2019년 국가직 9급

다음은 한 국민경제의 총수요를 정의한 것이다. ㉠~㉣에 대한 설명으로 옳은 것은?

> 총수요 = ㉠ 소비 + ㉡ 투자 + ㉢ 정부지출 + ㉣ 순수출

① ㉠에는 수입 소비재에 대한 지출이 제외된다.
② 당해에 발생한 재고는 ㉡에 포함되어 국내총생산의 일부가 된다.
③ ㉢에는 이전지출(transfer payments)이 포함된다.
④ ㉣은 개방경제에서 0이 될 수 없다.

출제이슈 총수요의 구성요소
핵심해설 정답 ②

국민경제의 총수요 및 그 구성요소는 다음과 같다.

총수요 $Y^D = C + I + G$
1) 소비 $C = a + b(Y - T), 0 < b < 1$
2) 투자 $I = I_0$ (동기간에 발생한 재고 포함)
3) 정부 $G = G_0$ (이전지출은 제외)
4) 개방경제의 경우, 순수출 $X - M = X_0 - M_0 - mY$

설문을 검토하면 다음과 같다.

① 틀린 내용이다.
개방경제를 고려할 경우 총수요에 외국수입재화에 대한 수요가 포함되어 있다. 자국생산재화에 대한 수요를 구하기 위해서 외국수입재화에 대한 수요를 차감한다. 또한 자국생산재화에 대한 외국으로부터의 수요를 포함해야 하므로 수출수요를 가산한다.

② 옳은 내용이다.
당해에 발생한 재고는 투자의 항목으로서 재고투자에 포함되어 국내총생산의 일부가 된다. 재고는 최종생산은 되었지만, 다만 아직 판매되지 않은 것으로서 기업이 보유하고 있는 것이다. 따라서 재고는 국내총생산에 당연히 포함되며 그 귀속항목은 최종생산물을 마치 기업이 투자목적으로 사들인 것으로 취급하여 기업의 투자로 본다.

③ 틀린 내용이다.
총수요를 이루는 구성요소로서의 정부지출에는 이전지출은 포함되지 않는다. 이전지출은 단순한 소득의 이전 혹은 구매력의 이전이기 때문이다. 이는 마치 신차가 아닌 중고차, 신규아파트가 아닌 기존 아파트의 단순한 소유권 이전은 국내총생산에 포함되지 않는 것과 유사한 논리이다.

④ 틀린 내용이다.
개방경제라고 하더라도 극단적으로 수출과 수입이 동일할 경우에는 총수요의 구성요소로서의 순수출이 0이 될 수는 있다.

02 2013년 서울시 7급

소비지출 C＝100＋0.8Y, 투자지출 I＝500, 정부지출 G＝200일 때 균형국민소득은?

① 1,000   ② 4,000

③ 5,000   ④ 7,000

⑤ 10,000

출제이슈 균형국민소득의 결정
핵심해설 정답 ②

케인즈 모형과 그에 따른 국민소득의 결정은 다음과 같다.

1) 총수요의 구성요소 $Y^D = C + I + G$

① 소비 $C = a + b(Y - T)$, $0 < b < 1$
② 투자 $I = I_0$(동기간에 발생한 재고 포함)
③ 정부 $G = G_0$(이전지출은 제외)
④ 개방경제의 경우, 순수출 $X - M = X_0 - M_0 - mY$

2) 케인즈 국민소득 결정모형(수요 측 결정모형)

① $Y^D = C + I + G$
② $Y^S = Y$
③ $Y^D = Y^S$

3) 균형국민소득의 결정

① 균형조건식에 따라서 $Y = C + I + G$이며 $Y = a + b(Y - T_0) + I_0 + G_0$이 된다.

② $\therefore (1 - b)Y = a - bT_0 + I_0 + G_0$ $\therefore Y = \dfrac{a - bT_0 + I_0 + G_0}{(1 - b)}$

4) 설문에서 주어진 자료를 위의 산식에 대입하여 풀면 다음과 같다.

① 균형조건식은 $Y = 100 + 0.8Y + 500 + 200$이 된다.
② 따라서 균형국민소득 $Y = 4,000$이 된다.

03 2013년 지방직 7급

소비 및 저축을 하는 가계부문과 생산 및 투자를 하는 기업부문만 존재하는 단순한 거시경제에서 소비함수와 투자함수가 다음과 같을 때, 이 경제의 균형 국민소득은? (단, C는 소비지출, I는 투자지출, Y는 국민소득을 나타낸다)

- 소비함수: $C = 30 + 0.8Y$
- 투자함수: $I = 10 + 0.1Y$

① 100   ② 200

③ 300   ④ 400

출제이슈 균형국민소득의 결정

핵심해설 정답 ④

케인즈 모형과 그에 따른 국민소득의 결정은 다음과 같다.

1) 총수요의 구성요소 $Y^D = C + I + G$

① 소비 $C = a + b(Y - T)$, $0 < b < 1$

② 투자 $I = I_0$(동기간에 발생한 재고 포함)

③ 정부 $G = G_0$(이전지출은 제외)

④ 개방경제의 경우, 순수출 $X - M = X_0 - M_0 - mY$

2) 케인즈 국민소득 결정모형(수요 측 결정모형)

① $Y^D = C + I + G$

② $Y^S = Y$

③ $Y^D = Y^S$

3) 균형국민소득의 결정

① 균형조건식에 따라서 $Y = C + I + G$이며 $Y = a + b(Y - T_0) + I_0 + G_0$이 된다.

② $\therefore (1-b)Y = a - bT_0 + I_0 + G_0$ $\therefore Y = \dfrac{a - bT_0 + I_0 + G_0}{(1-b)}$

4) 설문에서 주어진 자료를 위의 산식에 대입하여 풀면 다음과 같다.

① 균형조건식은 $Y = 30 + 0.8Y + 10 + 0.1Y$가 된다.

② 따라서 균형국민소득 $Y = 400$이 된다.

04 2016년 서울시 7급

정부부문 및 대외부문이 존재하지 않는 경제의 소비함수와 투자함수가 다음과 같을 때, (가) '현재의 균형국민소득'과 (나) '독립투자가 400조 원 증가할 경우의 균형국민소득의 증감분'을 올바르게 짝 지은 것은? (단, C, I, Y는 각각 소비, 투자, 국민소득을 의미한다)

소비함수 $C = 600 + 0.6Y$
투자함수 $I = 2,400$

	(가)	(나)
①	7,000조 원	1,000조 원
②	7,000조 원	1,200조 원
③	7,500조 원	1,000조 원
④	7,500조 원	1,200조 원

출제이슈 균형국민소득의 결정
핵심해설 정답 ③

케인즈 모형과 그에 따른 국민소득의 결정은 다음과 같다.

1) 총수요의 구성요소 $Y^D = C + I + G$

① 소비 $C = a + b(Y-T), 0 < b < 1$ ② 투자 $I = I_0$(동기간에 발생한 재고 포함)
③ 정부 $G = G_0$(이전지출은 제외)   ④ 개방경제의 경우, 순수출 $X - M = X_0 - M_0 - mY$

2) 케인즈 국민소득 결정모형(수요 측 결정모형)

① $Y^D = C + I + G$ ② $Y^S = Y$ ③ $Y^D = Y^S$

3) 균형국민소득의 결정

① 균형조건식에 따라서 $Y = C + I + G$이며 $Y = a + b(Y - T_0) + I_0 + G_0$이 된다.

② ∴ $(1-b)Y = a - bT_0 + I_0 + G_0$ ∴ $Y = \dfrac{a - bT_0 + I_0 + G_0}{(1-b)}$

4) 설문에서 주어진 자료를 위의 산식에 대입하여 풀면 다음과 같다.

(가) 현재의 균형국민소득 구하기(단위 : 조 원)

① 균형조건식은 $Y = 600 + 0.6Y + 2,400$이 된다.
② 따라서 균형국민소득 $Y = 7,500$이 된다.

(나) 독립투자가 400조 원 증가한 경우 균형국민소득의 증감 구하기(단위 : 조 원)

① 균형조건식은 $Y = 600 + 0.6Y + 2,400 + 400$이 된다.
② 따라서 균형국민소득 $Y = 8,500$이 되어 소득의 증가 $\Delta Y = 1,000$이 된다.

05 │ 2014년 국가직 7급 │

주어진 모형경제의 거시경제 균형상태에 대한 설명으로 옳은 것만을 〈보기〉에서 모두 고르면? (단, 모형경제에서 국외순수취 요소소득은 0이고 교역조건 변화는 없다)

- 소비함수　　　: $C = 220 + b \times Y^d$
- 한계소비성향　: $b = 0.9$
- 가처분소득　　: $Y^d = (1-t) \times Y$
- 한계소득세율　: $t = 0.3$
- 투자함수　　　: $I = 900$
- 정부지출　　　: $G = 1,200$
- 순수출함수　　: $NX = 500 - 0.1 \times Y$

<보기>

ㄱ. 조세수입이 정부지출보다 많다.
ㄴ. 순수출은 음(−)의 값이다.
ㄷ. 국내의 투자는 저축보다 많다.

① ㄱ
② ㄱ, ㄴ
③ ㄱ, ㄷ
④ ㄱ, ㄴ, ㄷ

출제이슈 균형국민소득의 결정
핵심해설 정답 ④

케인즈 모형과 그에 따른 국민소득의 결정은 다음과 같다.

1) 총수요의 구성요소 $Y^D = C + I + G$

① 소비 $C = a + b(Y - T)$, $0 < b < 1$
② 투자 $I = I_0$(동기간에 발생한 재고 포함)
③ 정부 $G = G_0$(이전지출은 제외)
④ 개방경제의 경우, 순수출 $X - M = X_0 - M_0 - mY$

2) 케인즈 국민소득 결정모형(수요 측 결정모형)

① $Y^D = C + I + G$
② $Y^S = Y$
③ $Y^D = Y^S$

3) 균형국민소득의 결정

① 균형조건식에 따라서 $Y = C + I + G + NX$이며 $Y = a + b(Y - T_0) + I_0 + G_0 + X_0 - M_0 - mY$가 된다.

② $\therefore (1 - b + m)Y = a - bT_0 + I_0 + G_0 + X_0 - M_0 \quad \therefore Y = \dfrac{a - bT_0 + I_0 + G_0 + X_0 - M_0}{(1 - b + m)}$

③ 참고로 설문에서는 정액세 대신 정률세로 주어져 있는 바, 이는 아래에서 고려하기로 한다.

4) 설문에서 주어진 자료를 위의 산식에 대입하여 풀면 다음과 같다.

① 균형조건식은 $Y = 220 + 0.9(1 - 0.3)Y + 900 + 1,200 + 500 - 0.1Y$가 된다.

② 따라서 균형국민소득 $Y = 6,000$이 된다.

5) 설문의 내용을 검토하면 다음과 같다.

ㄱ. 옳은 내용이다.
조세수입을 구해보면, 조세수입 $T = 0.3Y$로서 1,800이 되므로 정부지출 1,200보다 많다.

ㄴ. 옳은 내용이다.
순수출을 구해보면, 순수출 $NX = 500 - 0.1 \times Y$로서 −100이 되므로 음수이다.

ㄷ. 옳은 내용이다.
소비를 구해보면, 소비 $C = 220 + b \times Y^d$, $Y^d = (1 - t) \times Y$로서 가처분소득이 4,200이고 소비는 4,000이 된다. 민간저축은 소득 6,000에서 소비 4,000과 조세 1,800을 차감한 200이 되고, 정부저축은 조세 1,800에서 정부지출 1,200을 차감한 600이다. 그러므로 국내저축은 민간저축 200과 정부저축 600을 더한 800이 된다. 따라서 저축은 800, 투자는 900이므로 투자는 저축보다 많다.

06 2015년 지방직 7급

A국의 경제는 C = 0.7(Y − T) + 25, I=32, T = tY + 10으로 표현된다. 완전고용 시의 국민소득은 300이며, 재정지출은 모두 조세로 충당할 때, 완전고용과 재정지출의 균형을 동시에 달성하는 t는?
(단, Y는 국민소득, C는 소비, I는 투자, G는 정부지출, T는 조세, t는 소득세율을 나타낸다)

① 1/5   ② 1/4
③ 1/3   ④ 1/2

출제이슈 균형국민소득의 결정
핵심해설 정답 ③

케인즈 모형과 그에 따른 국민소득의 결정은 다음과 같다.

1) 총수요의 구성요소 $Y^D = C + I + G$

① 소비 $C = a + b(Y - T), 0 < b < 1$
② 투자 $I = I_0$(동기간에 발생한 재고 포함)
③ 정부 $G = G_0$(이전지출은 제외)
④ 개방경제의 경우, 순수출 $X - M = X_0 - M_0 - mY$

2) 케인즈 국민소득 결정모형(수요 측 결정모형)

① $Y^D = C + I + G$
② $Y^S = Y$
③ $Y^D = Y^S$

3) 균형국민소득의 결정

① 균형조건식에 따라서 $Y = C + I + G$이며 $Y = a + b(Y - T_0) + I_0 + G_0$이 된다.
② $\therefore (1-b)Y = a - bT_0 + I_0 + G_0$ $\therefore Y = \dfrac{a - bT_0 + I_0 + G_0}{(1-b)}$ (단, 설문에서는 정률세임에 유의)

4) 설문에서 주어진 자료를 위의 산식에 대입하여 풀면 다음과 같다.

① 균형조건식은 $Y = 25 + 0.7(Y - tY - 10) + 32 + G$ 이 된다.
② 이때, $Y = 300$이며 정부지출과 조세수입이 동일하므로 $G = T = t \times 300 + 10$이 된다.

이를 위의 균형조건식에 대입하여 풀면 $t = \dfrac{1}{3}$ 이 된다.

07 2017년 서울시 7급

자본이동이 완전한 소규모 개방경제가 있다. 정부재정이 균형예산이고 상품수지(무역수지)가 균형일 때, a값은? (단, Y는 국민소득, C는 소비, I는 투자, G는 정부구매, NX는 순수출, T는 조세이다)

- $Y = C + I + G + NX$
- $C = 250 + 0.75(Y - T),\ T = aY,\ I = 750,\ Y = 5,000$

① 0.1   ② 0.2
③ 0.3   ④ 5,000

출제이슈 균형국민소득의 결정
핵심해설 정답 ②

케인즈 모형과 그에 따른 국민소득의 결정은 다음과 같다.

1) 총수요의 구성요소 $Y^D = C + I + G$

① 소비 $C = a + b(Y - T), 0 < b < 1$
② 투자 $I = I_0$(동기간에 발생한 재고 포함)
③ 정부 $G = G_0$(이전지출은 제외)
④ 개방경제의 경우, 순수출 $X - M = X_0 - M_0 - mY$

2) 케인즈 국민소득 결정모형(수요 측 결정모형)

① $Y^D = C + I + G$
② $Y^S = Y$
③ $Y^D = Y^S$

3) 균형국민소득의 결정

① 균형조건식에 따라서 $Y = C + I + G$이며 $Y = a + b(Y - T_0) + I_0 + G_0$이 된다.
② $\therefore (1 - b)Y = a - bT_0 + I_0 + G_0$ $\therefore Y = \dfrac{a - bT_0 + I_0 + G_0}{(1 - b)}$ (단, 설문에서는 정률세임에 유의)

4) 설문에서 주어진 자료를 위의 산식에 대입하여 풀면 다음과 같다.

① 균형조건식은 $Y = 250 + 0.75(Y - aY) + 900 + 750 + aY$가 된다.
② 이때, $Y = 5,000$이며 정부지출과 조세수입이 동일하므로 $G = T = aY = a \times 3,000$이 된다.
  이를 위의 균형조건식에 대입하여 풀면 $a = 0.2$가 된다.

08 | 2015년 서울시 7급

어느 나라의 거시경제모형이 다음과 같다고 하자. 이 경제의 실질GDP(Y)가 5,000인 경우, 균형 실질 금리는 몇 %인가?

$Y = C + I,\ C = 500 + 0.6\,Y,\ I = 2,000 - 100r$ (r은 실질금리이며 %로 표시)

① 2%

② 5%

③ 10%

④ 20%

출제이슈 균형국민소득 결정모형의 적용

핵심해설 정답 ②

이 문제는 고전학파의 견해에 따라 풀 수도 있고 케인즈이론으로도 풀 수 있다. 다만, 어떤 방식으로 풀더라도 이런 유형의 문제에 한해서는 무방하다. 왜냐하면, 이런 문제에 한해서 현재 균형국민소득이 정해진 상황이므로 마치 국민소득이 고정된 완전고용국민소득의 논리와 유사하기 때문이다. 고전학파와 케인즈이론에 공통적으로 사용될 수 있는 것은 국민소득과 그 처분에 관한 식들이며 이를 이용하여 문제를 푸는 것이다.

따라서 고전학파와 케인즈에 공통적인 국민소득과 그 처분에 관한 $Y = C + I + G$ 를 이용한다.

설문에서 제시된 자료들을 위의 산식에 대입하여 풀면 다음과 같다.

$Y = C + I + G$
$5,000 = 3,500 + 2,000 - 100r$
따라서 이자율 $r = 5(\%)$ 가 된다.

09 | 2019년 국가직 7급 |

다음과 같이 주어진 폐쇄경제에서 균형 실질이자율(r)은? (단, Y는 총소득, C는 소비, G는 정부지출, T는 조세, I는 투자이다)

$$Y = 1000, \ C = 600, \ G = 100, \ T = 50, \ I = 400 - 50r$$

① 1 ② 2
③ 3 ④ 4

출제이슈 균형국민소득 결정모형의 적용
핵심해설 정답 ②

이 문제는 고전학파의 견해에 따라 풀 수도 있고 케인즈이론으로도 풀 수 있다. 다만, 어떤 방식으로 풀더라도 이런 유형의 문제에 한해서는 무방하다. 왜냐하면, 이런 문제에 한해서 현재 균형국민소득이 정해진 상황이므로 마치 국민소득이 고정된 완전고용국민소득의 논리와 유사하기 때문이다. 고전학파와 케인즈이론에 공통적으로 사용될 수 있는 것은 국민소득과 그 처분에 관한 식들이며 이를 이용하여 문제를 푸는 것이다.

따라서 고전학파와 케인즈에 공통적인 국민소득과 그 처분에 관한 $Y = C + I + G$를 이용한다.

설문에서 제시된 자료들을 위의 산식에 대입하여 풀면 다음과 같다.

$Y = C + I + G$
$1,000 = 600 + 400 - 50r + 100$
따라서 이자율 $r = 2$가 된다.

10 | 2014년 서울시 7급

균형국민소득(Y)이 4,000이고, 소비는 $C = 300 + 0.8(Y - T)$, 조세(T)는 500, 정부지출(G)은 500이다. 또 투자는 $I = 1,000 - 100r$인데, r은 % 단위로 표시된 이자율이다. 이때 균형이자율은 얼마인가?

① 1%　　　　　　　② 3%

③ 6%　　　　　　　④ 8%

⑤ 10%

출제이슈 균형국민소득 결정모형의 적용

핵심해설 정답 ③

이 문제는 고전학파의 견해에 따라 풀 수도 있고 케인즈이론으로도 풀 수 있다. 다만, 어떤 방식으로 풀더라도 이런 유형의 문제에 한해서는 무방하다. 왜냐하면, 이런 문제에 한해서 현재 균형국민소득이 정해진 상황이므로 마치 국민소득이 고정된 완전고용국민소득의 논리와 유사하기 때문이다. 고전학파와 케인즈이론에 공통적으로 사용될 수 있는 것은 국민소득과 그 처분에 관한 식들이며 이를 이용하여 문제를 푸는 것이다.

따라서 고전학파와 케인즈에 공통적인 국민소득과 그 처분에 관한 $Y = C + I + G$를 이용한다.

설문에서 제시된 자료들을 위의 산식에 대입하여 풀면 다음과 같다.

$Y = C + I + G$
$4,000 = 300 + 0.8(4,000 - 500) + (1,000 - 100r) + 500$
따라서 이자율 $r = 6(\%)$이 된다.

11 2015년 서울시 7급

A국의 총수요는 200억 달러이며 장기생산량 수준은 300억 달러이다. A국 총수요 구성 항목 중 소비를 제외한 구성항목은 독립 지출이다. 소비는 가처분 소득에 영향을 받으며 한계소비성향은 1/2 이다. 아울러 물가수준은 고정되어 있다. 정부가 장기생산량 수준을 달성하고자 할 때, 증가시켜야 할 재정지출 규모는? (단, 조세는 정액세로 가정한다)

① 25억 달러　　　　② 50억 달러
③ 100억 달러　　　　④ 200억 달러

출제이슈 인플레이션갭과 디플레이션갭
핵심해설 정답 ②

인플레이션갭과 디플레이션갭은 다음과 같다.

1) 인플레이션갭
① 균형국민소득이 완전고용국민소득을 초과하고 있는 상황(인플레이션)
② 이 경제가 완전고용을 달성하려면, 총수요가 감소하여 총수요곡선이 하방 이동하여야 한다.
③ 완전고용을 달성하기 위해서 감소하여야 하는 총수요의 크기를 인플레이션갭이라고 한다.

2) 디플레이션갭
① 균형국민소득이 완전고용국민소득에 미치지 못하고 있는 상황(실업)
② 이 경제가 완전고용을 달성하려면, 총수요가 증대하여 총수요곡선이 상방 이동하여야 한다.
③ 완전고용을 달성하기 위해서 증가하여야 하는 총수요의 크기를 디플레이션갭이라고 한다.

설문에서 주어진 자료를 이용하여 디플레이션갭 dfg를 구하면 다음과 같다.

설문에서 총수요의 구성은 $Y^D = a + 0.5(Y - T) + A_0$ 이다. (T 정액세, A_0 독립지출)

총수요가 200억이므로 $Y^D = a + 0.5(Y - T) + A_0 = 200$으로 균형국민소득이 200이 된다.

따라서 장기생산량 300억에 미달하므로 디플레이션갭 dfg가 존재한다.

장기생산량 300억의 달성은 다음과 같은 경우 가능하다.

$a + 0.5(300 - T) + A_0 + dfg = 300$

그런데 위에서 $a + 0.5(Y - T) + A_0 = 200$이며 이는 $a + 100 - 0.5T + A_0 = 200$이 되므로
$a - 0.5T + A_0 = 100$가 된다. 이를 $a + 0.5(300 - T) + A_0 + dfg = 300$에 대입하면 다음과 같다.

$a + 150 - 0.5T + A_0 + dfg = 300$
따라서 $100 + 150 + dfg = 300$이 된다. dfg는 50(억 달러)가 된다.

ISSUE 02 승수효과

1 승수효과의 수리적 분석

1) $Y = \dfrac{a - bT_0 + bTR_0 + I_0 + G_0}{(1-b)}$

2) $\Delta Y = \dfrac{1}{1-b}\Delta I + \dfrac{1}{1-b}\Delta G - \dfrac{b}{1-b}\Delta T + \dfrac{b}{1-b}\Delta TR$

2 다양한 승수 2018 지7 2017 지7 2017 서7 2016 서7 2016 국9 2011 지7 2011 국9

1) 투자승수 $\dfrac{1}{1-b}$

2) 정부지출승수 $\dfrac{1}{1-b}$, 이전지출승수 $\dfrac{b}{1-b}$

3) 조세승수 $-\dfrac{b}{1-b}$

4) 비례세의 경우 $1-b$(한계저축성향) 대신 $1-b+bt$
   개방경제의 경우 $1-b$ 대신 $1-b+m$

5) 한계저축성향$(1-b)$이 크면 승수 감소

6) **균형재정승수** 2017 국7 2013 지7 2017 국9

   ① 정부지출과 조세를 동일한 크기로 늘리게 되면, 현재의 재정상태 유지

   ② 늘어난 정부지출액(=늘어난 조세액)만큼 국민소득 증가($\Delta G = \Delta T = \Delta Y$)

   $\Delta Y = \dfrac{1}{1-b}\Delta G - \dfrac{b}{1-b}\Delta T = (\dfrac{1}{1-b} - \dfrac{b}{1-b})\Delta G = \Delta G = \Delta T$

   ③ 정부지출 1원 증가, 조세 1원 증가, 재정상태 유지, 국민소득 1원 증가

3 현실에서의 승수효과

1) 비례세(정률세)의 도입은 승수를 감소시킴으로써 승수효과 제약(승수에서 $1-b$ 대신 $1-b+bt$)

2) 수입을 고려할 경우 국내생산에 대한 소비지출의 증가가 감소하므로 승수효과가 감소(승수에서 $1-b$ 대신 $1-b+m$)

3) 이자율과 물가의 변동을 고려할 경우, 이자율 상승 및 물가 상승에 따라 투자가 감소하므로 승수효과가 감소

4 재정의 자동안정화장치 [2020 국7] [2012 지7]

1) 경기변동 시 국민소득의 변동성을 줄여 주는 자동안정장치(automatic stabilizer) 역할을 함

2) 비례세 수입의 소득탄력성이 클수록, 실업보험이 갖춰질수록 효과가 큼

ISSUE 문제 📝

01 ｜2017년 국가직 7급｜

정부의 총수요 확대 정책 수단에는 정부지출 확대 및 조세 감면 정책이 있다. 균형 국민소득결정 모형에서 2,000억 원의 정부지출 확대와 2,000억 원의 조세 감면 효과에 대한 설명으로 옳은 것은? (단, 밀어내기 효과(crowding-out effect)는 없으며 한계소비성향은 $\frac{3}{4}$ 이다)

① 정부지출 확대는 6,000억 원, 조세 감면은 8,000억 원의 총수요 확대효과가 있다.
② 정부지출 확대는 6,000억 원, 조세 감면은 8,000억 원의 총수요 확대효과가 있다.
③ 정부지출 확대는 8,000억 원, 조세 감면은 6,000억 원의 총수요 확대효과가 있다.
④ 정부지출 확대는 8,000억 원, 조세 감면은 8,000억 원의 총수요 확대효과가 있다.

출제이슈 승수효과
핵심해설 정답 ③

케인즈 모형과 그에 따른 승수효과는 다음과 같다.

1) 케인즈 국민소득 결정모형(수요 측 결정모형)
$Y^D = C + I + G, \ Y^S = Y, \ Y^D = Y^S$

2) 균형국민소득의 결정
① 균형조건식에 따라서 $Y = C + I + G$이며 $Y = a + b(Y - T_0) + I_0 + G_0$이 된다.
② $\therefore (1-b)Y = a - bT_0 + I_0 + G_0 \quad \therefore Y = \dfrac{a - bT_0 + I_0 + G_0}{(1-b)}$

3) 승수효과
$\Delta Y = \dfrac{1}{1-b}\Delta I + \dfrac{1}{1-b}\Delta G - \dfrac{b}{1-b}\Delta T$

설문에서 주어진 자료를 위의 산식에 대입하여 풀면 다음과 같다.

1) 정부지출승수 $\dfrac{1}{1-b}$

설문에서 한계소비성향이 0.75이므로 정부지출승수는 4가 된다.
따라서 정부지출을 2,000억 증가시키면, 국민소득은 8,000억 증가한다(총수요확대효과).

2) 조세승수 $-\dfrac{b}{1-b}$

설문에서 한계소비성향이 0.75이므로 조세승수는 -3, 또는 반대로 감세승수는 3이 된다.
따라서 조세를 2,000억 감면하면, 국민소득은 6,000억 증가한다(총수요확대효과).

02 2017년 국가직 7급

다음은 재화시장만을 고려한 케인지안 폐쇄경제 거시모형이다. 이에 대한 설명으로 옳지 않은 것은?

총지출은 $E = C + I + G$이며, 여기서 E는 총지출, C는 소비, I는 투자, G는 정부지출이다. 생산물 시장의 균형은 총소득(Y)과 총지출(E)이 같아지는 것을 의미한다. 투자와 정부지출은 외생적으로 고정되어 있다고 가정한다. 즉, $I = \bar{I}$이고 $G = \bar{G}$이다. 소비함수는 $C = 0.8(Y - \bar{T})$이고 $\bar{T}$는 세금이며, 고정되어 있다고 가정한다.

---

① $\bar{I} = 100$, $\bar{G} = 50$, $\bar{T} = 50$이면 총소득은 550이다.
② 정부지출을 1 단위 증가시키면 발생하는 총소득 증가분은 5이다.
③ 세금을 1단위 감소시키면 발생하는 총소득 증가분은 4이다.
④ 투자를 1단위 증가시키면 발생하는 총소득 증가분은 4이다.

출제이슈 승수효과
핵심해설 정답 ④

케인즈 모형과 그에 따른 승수효과는 다음과 같다.

1) 케인즈 국민소득 결정모형(수요 측 결정모형)
$Y^D = C + I + G$, $Y^S = Y$, $Y^D = Y^S$

2) 균형국민소득의 결정
① 균형조건식에 따라서 $Y = C + I + G$이며 $Y = a + b(Y - T_0) + I_0 + G_0$이 된다.

② $\therefore (1 - b)Y = a - bT_0 + I_0 + G_0$ $\therefore Y = \dfrac{a - bT_0 + I_0 + G_0}{(1 - b)}$

3) 승수효과
$\Delta Y = \dfrac{1}{1 - b}\Delta I + \dfrac{1}{1 - b}\Delta G - \dfrac{b}{1 - b}\Delta T$

설문에서 주어진 자료를 이용하여 분석하면 다음과 같다.

① 옳은 내용이다. $Y = 0.8(Y - 50) + 100 + 50$, $Y = 550$

② 옳은 내용이다. 정부지출승수 $\dfrac{1}{1 - b} = 5$, 정부지출을 1단위 증가시키면 국민소득 증가분은 5이다.

③ 옳은 내용이다. 조세승수 $-\dfrac{b}{1 - b} = -4$, 세금을 1단위 감소시키면 국민소득 증가분은 4이다.

④ 틀린 내용이다. 투자승수 $\dfrac{1}{1 - b} = 5$, 투자를 1단위 증가시키면 국민소득 증가분은 5이다.

03 | 2018년 지방직 7급

다음은 가계, 기업, 정부로 구성된 케인즈 모형이다. 이때 투자지출은 120으로, 정부지출은 220으로, 조세수입은 250으로 각각 증가할 경우 균형국민소득의 변화는?

소비함수: $C = 0.75(Y - T) + 200$

투자지출: $I = 100$

정부지출: $G = 200$

조세수입: $T = 200$

① 10 감소   ② 10 증가

③ 20 감소   ④ 20 증가

출제이슈 승수효과(*2016년 국가직 9급 동일출제)

핵심해설 정답 ②

케인즈 모형과 그에 따른 승수효과는 다음과 같다.

1) 케인즈 국민소득 결정모형(수요 측 결정모형)

$Y^D = C + I + G$, $Y^S = Y$, $Y^D = Y^S$

2) 균형국민소득의 결정

① 균형조건식에 따라서 $Y = C + I + G$이며 $Y = a + b(Y - T_0) + I_0 + G_0$이 된다.

② $\therefore (1-b)Y = a - bT_0 + I_0 + G_0$ $\therefore Y = \dfrac{a - bT_0 + I_0 + G_0}{(1-b)}$

3) 승수효과

$\Delta Y = \dfrac{1}{1-b}\Delta I + \dfrac{1}{1-b}\Delta G - \dfrac{b}{1-b}\Delta T$

4) 다양한 승수

투자승수 $\dfrac{1}{1-b}$, 정부지출승수 $\dfrac{1}{1-b}$, 조세승수 $-\dfrac{b}{1-b}$

설문에서 주어진 자료를 위의 산식에 대입하여 풀면 다음과 같다.

$\Delta Y = \dfrac{1}{1-b}\Delta I + \dfrac{1}{1-b}\Delta G - \dfrac{b}{1-b}\Delta T$

$= (4 \times 20) + (4 \times 20) - (3 \times 50) = 10$

따라서 균형국민소득의 변화는 +10이 된다.

04 2016년 국가직 7급

다음과 같은 국민소득 결정모형에서 투자지출이 220, 정부지출이 220, 조세수입이 250으로 각각 증가할 경우, 균형국민소득의 변화는?

- 소비함수: $C = 0.75(Y - T) + 200$ * Y는 국민소득
- 투자지출: $I = 200$
- 정부지출: $G = 200$
- 조세수입: $T = 200$

① 10 감소
② 10 증가
③ 20 감소
④ 20 증가

출제이슈 승수효과
핵심해설 정답 ②

케인즈 모형과 그에 따른 승수효과는 다음과 같다.

1) 케인즈 국민소득 결정모형(수요 측 결정모형)
$Y^D = C + I + G$, $Y^S = Y$, $Y^D = Y^S$

2) 균형국민소득의 결정
① 균형조건식에 따라서 $Y = C + I + G$이며 $Y = a + b(Y - T_0) + I_0 + G_0$이 된다.

② $\therefore (1 - b)Y = a - bT_0 + I_0 + G_0$ $\therefore Y = \dfrac{a - bT_0 + I_0 + G_0}{(1 - b)}$

3) 승수효과
$\Delta Y = \dfrac{1}{1 - b} \Delta I + \dfrac{1}{1 - b} \Delta G - \dfrac{b}{1 - b} \Delta T$

4) 다양한 승수
투자승수 $\dfrac{1}{1 - b}$, 정부지출승수 $\dfrac{1}{1 - b}$, 조세승수 $-\dfrac{b}{1 - b}$

설문에서 주어진 자료를 위의 산식에 대입하여 풀면 다음과 같다.

$\Delta Y = \dfrac{1}{1 - b} \Delta I + \dfrac{1}{1 - b} \Delta G - \dfrac{b}{1 - b} \Delta T$

$= (4 \times 20) + (4 \times 20) - (3 \times 50) = 10$

따라서 균형국민소득의 변화는 +10이 된다.

05 2013년 지방직 7급

균형국민소득결정식과 소비함수가 다음과 같을 때, 동일한 크기의 정부지출 증가, 투자액 증가 또는 감세에 의한 승수효과에 대한 설명으로 옳은 것은?

- 균형국민소득결정식: $Y = C + I + G$
- 소비함수: $C = B + a(Y - T)$

(단, Y는 소득, C는 소비, I는 투자, G는 정부지출, T는 조세이고, I, G, T는 외생변수이며, $B > 0$, $0 < a < 1$이다)

① 정부지출 증가에 의한 승수효과는 감세에 의한 승수효과와 같다
② 투자액 증가에 의한 승수효과는 감세에 의한 승수효과보다 작다.
③ 정부지출 증가에 의한 승수효과는 감세에 의한 승수효과보다 크다.
④ 투자액 증가에 의한 승수효과는 정부지출의 증가에 의한 승수효과보다 크다.

출제이슈 승수효과
핵심해설 정답 ③

케인즈 모형과 그에 따른 승수효과는 다음과 같다.

1) 케인즈 국민소득 결정모형(수요 측 결정모형)
$Y^D = C + I + G$, $Y^S = Y$, $Y^D = Y^S$

2) 균형국민소득의 결정
① 균형조건식에 따라서 $Y = C + I + G$이며 $Y = a + b(Y - T_0) + I_0 + G_0$이 된다.

② $\therefore (1-b)Y = a - bT_0 + I_0 + G_0$ $\therefore Y = \dfrac{a - bT_0 + I_0 + G_0}{(1-b)}$

3) 승수효과 $\Delta Y = \dfrac{1}{1-b}\Delta I + \dfrac{1}{1-b}\Delta G - \dfrac{b}{1-b}\Delta T$

4) 다양한 승수: 투자승수 $\dfrac{1}{1-b}$, 정부지출승수 $\dfrac{1}{1-b}$, 조세승수 $-\dfrac{b}{1-b}$

위의 다양한 승수 산식에 따라서 설문을 검토하면 다음과 같다.

① 틀린 내용이다. 정부지출승수 $\dfrac{1}{1-b}$는 감세승수 $\dfrac{b}{1-b}$보다 크다.

② 틀린 내용이다. 투자승수 $\dfrac{1}{1-b}$는 감세승수 $\dfrac{b}{1-b}$보다 크다.

③ 옳은 내용이다. 정부지출승수 $\dfrac{1}{1-b}$는 감세승수 $\dfrac{b}{1-b}$보다 크다.

④ 틀린 내용이다. 투자승수 $\dfrac{1}{1-b}$는 정부지출승수 $\dfrac{1}{1-b}$와 같다.

06 2011년 지방직 7급

다음과 같은 케인즈의 경제모형을 가정할 때, 정부지출승수, 투자승수, 정액조세승수를 순서대로 바르게 배열한 것은?

$$Y = C + I + G$$
$$C = 0.75(Y - T) + 200$$
$$I = 200$$
$$G = 200$$
$$T = 200$$

(단, Y는 국민소득, C는 소비지출, I는 투자지출, G는 정부지출, T는 정액조세를 나타낸다)

① 3, 3, -3　　　　　　② 3, 4, -2

③ 4, 3, -2　　　　　　④ 4, 4, -3

출제이슈 승수효과
핵심해설 정답 ④

케인즈 모형과 그에 따른 승수효과는 다음과 같다.

1) 케인즈 국민소득 결정모형(수요 측 결정모형)
$Y^D = C + I + G$, $Y^S = Y$, $Y^D = Y^S$

2) 균형국민소득의 결정
① 균형조건식에 따라서 $Y = C + I + G$이며 $Y = a + b(Y - T_0) + I_0 + G_0$이 된다.

② ∴ $(1-b)Y = a - bT_0 + I_0 + G_0$ ∴ $Y = \dfrac{a - bT_0 + I_0 + G_0}{(1-b)}$

3) 승수효과
$$\Delta Y = \frac{1}{1-b}\Delta I + \frac{1}{1-b}\Delta G - \frac{b}{1-b}\Delta T$$

4) 다양한 승수

투자승수 $\dfrac{1}{1-b}$, 정부지출승수 $\dfrac{1}{1-b}$, 조세승수 $-\dfrac{b}{1-b}$

위의 다양한 승수 산식에 따라서 설문을 검토하면 다음과 같다. (한계소비성향 0.75)

① 정부지출승수 $\dfrac{1}{1-b} = 4$　　② 투자승수 $\dfrac{1}{1-b} = 4$　　③ (정액)조세승수 $-\dfrac{b}{1-b} = -3$

07 2011년 국가직 9급

소비(C)함수, 투자지출(I), 정부지출(G), 조세징수액(T)이 다음과 같다. 여기서 I가 120으로 증가하고 동시에 G가 40으로 감소할 때 균형국민소득의 변화는? (단, I, G, T는 Y의 변화에 영향을 받지 않으며 화폐부문, 총공급부문 및 해외부문은 고려하지 않는다)

$C = 700 + 0.8(Y - T)$
$I = 100, \ G = 50, \ T = 50$

① 10만큼 증가   ② 10만큼 감소
③ 50만큼 증가   ④ 50만큼 감소

출제이슈 승수효과
핵심해설 정답 ③

케인즈 모형과 그에 따른 승수효과는 다음과 같다.

1) 케인즈 국민소득 결정모형(수요 측 결정모형)
$Y^D = C + I + G, \ Y^S = Y, \ Y^D = Y^S$

2) 균형국민소득의 결정
① 균형조건식에 따라서 $Y = C + I + G$이며 $Y = a + b(Y - T_0) + I_0 + G_0$이 된다.

② ∴ $(1-b)Y = a - bT_0 + I_0 + G_0$ ∴ $Y = \dfrac{a - bT_0 + I_0 + G_0}{(1-b)}$

3) 승수효과
$\Delta Y = \dfrac{1}{1-b} \Delta I + \dfrac{1}{1-b} \Delta G - \dfrac{b}{1-b} \Delta T$

4) 다양한 승수
투자승수 $\dfrac{1}{1-b}$, 정부지출승수 $\dfrac{1}{1-b}$, 조세승수 $-\dfrac{b}{1-b}$

설문에서 주어진 자료를 위의 산식에 대입하여 풀면 다음과 같다.

1) 한계소비성향이 0.8이므로 투자승수와 정부지출승수는 모두 5가 된다.

2) 투자가 100에서 120으로 20만큼 증가한 효과: 승수효과에 의해 국민소득 100 증가한다.

3) 정부지출이 50에서 40으로 10만큼 감소한 효과: 승수효과에 의해 국민소득 50 감소한다.

4) 전체효과: 따라서 균형국민소득의 변화는 +50이 된다.

08 2017년 지방직 7급

다음은 개방경제의 국민소득결정 모형이다. 정부지출이 100에서 200으로 증가할 경우, 균형국민소득의 변화량은? (단, Y, C, I, G, X, M은 각각 국민소득, 소비, 투자, 정부지출, 수출, 수입이다)

$$Y = C + I + G + (X - M)$$
$$C = 200 + 0.5Y$$
$$I = 100$$
$$G = 100$$
$$X = 100$$
$$M = 50 + 0.3Y$$

① 100
② 125
③ 150
④ 500

출제이슈 승수효과

핵심해설 정답 ②

케인즈 모형과 그에 따른 승수효과는 다음과 같다.

1) 케인즈 국민소득 결정모형(수요 측 결정모형)
$Y^D = C + I + G$, $Y^S = Y$, $Y^D = Y^S$

2) 균형국민소득의 결정
① 균형조건식에 따라서 $Y = C + I + G$이며 $Y = a + b(Y - T_0) + I_0 + G_0 + X_0 - M_0 - mY$가 된다.

② $\therefore (1 - b + m)Y = a - bT_0 + I_0 + G_0 + X_0 - M_0$ $\therefore Y = \dfrac{a - bT_0 + I_0 + G_0 + X_0 - M_0}{(1 - b + m)}$

3) 승수효과
$$\Delta Y = \frac{1}{1-b+m}\Delta I + \frac{1}{1-b+m}\Delta G - \frac{b}{1-b+m}\Delta T + \frac{1}{1-b+m}\Delta X - \frac{1}{1-b+m}\Delta M$$

4) 다양한 승수
투자승수 $\dfrac{1}{1-b+m}$, 정부지출승수 $\dfrac{1}{1-b+m}$, 조세승수 $-\dfrac{b}{1-b+m}$

설문에서 한계소비성향 b가 0.5, 한계수입성향 m이 0.3임을 고려하면 정부지출승수는 1.25가 된다.

따라서 정부지출이 100에서 200으로 100만큼 증가하였으므로 승수효과에 의해서 균형국민소득은 125만큼 증가하게 된다.

09 2017년 국가직 9급

국민소득, 소비, 투자, 정부지출, 순수출, 조세를 각각 Y, C, I, G, NX, T라 표현하자. 국민경제의 균형이 다음과 같이 결정될 때, 균형재정승수(balanced budget multiplier)는?

$$C = 100 + 0.8(Y - T)$$
$$Y = C + I + G + NX$$

① 0.8   ② 1

③ 4   ④ 5

출제이슈 균형재정승수
핵심해설 정답 ②

케인즈 모형과 그에 따른 승수효과는 다음과 같다.

1) 케인즈 국민소득 결정모형(수요 측 결정모형)
$Y^D = C + I + G,\ Y^S = Y,\ Y^D = Y^S$

2) 균형국민소득의 결정
① 균형조건식에 따라서 $Y = C + I + G$이며 $Y = a + b(Y - T_0) + I_0 + G_0 + X_0 - M_0 - mY$가 된다.

② ∴ $(1 - b + m)Y = a - bT_0 + I_0 + G_0 + X_0 - M_0$ ∴ $Y = \dfrac{a - bT_0 + I_0 + G_0 + X_0 - M_0}{(1 - b + m)}$

3) 승수효과 : 순수출은 불변이라고 가정한다(왜냐하면 균형재정승수의 상황은 정부지출과 조세만 변화).
$\Delta Y = \dfrac{1}{1-b}\Delta I + \dfrac{1}{1-b}\Delta G - \dfrac{b}{1-b}\Delta T$

4) 균형재정승수

① 균형재정
현재 상태에서 정부지출과 조세를 동일한 크기로 늘리게 되면, 현재의 재정상태가 유지되는데 이를 균형재정이라고 한다. (일반적인 의미에서의 균형재정과 상이하므로 주의하자.)

② 균형재정승수란 정부지출의 증가와 조세의 증가가 동일할 때의 승수를 의미한다.

③ 균형재정승수의 도출

ⅰ) 정부지출이 1원 증가하면, 국민소득은 정부지출승수에 의해 $\dfrac{1}{1-b}$ 원 증가

ⅱ) 조세가 1원 증가하면, 국민소득은 조세승수에 의해 $-\dfrac{b}{1-b}$ 원 증가

ⅲ) 따라서 정부지출이 1원 증가하고 동시에 조세가 1원 증가하면, 국민소득은 1원 증가

ⅳ) 즉, 늘어난 정부지출액(=늘어난 조세액)만큼 국민소득 증가($\Delta G = \Delta T = \Delta Y$)
$\Delta Y = \dfrac{1}{1-b}\Delta G - \dfrac{b}{1-b}\Delta T = (\dfrac{1}{1-b} - \dfrac{b}{1-b})\Delta G = \Delta G = \Delta T$

ⅴ) $\Delta G = \Delta T = \Delta Y$이므로 사실상 승수가 1임을 의미하며 이를 균형재정승수라고 한다.

참고로 균형재정승수의 의미를 좀 더 자세히 검토하면 다음과 같다.

정부지출의 증가는 그 자체가 총수요의 구성부분을 이루고 있기 때문에 직접적으로 유효수요를 증가시키고 한편, 증가한 유효수요가 소득을 늘리기 때문에 그로 인해 소비가 증가하여 소득의 증대효과가 증폭된다. 이것이 바로 정부지출 증가의 승수효과이다. 정부지출 증가는 총수요에 미치는 직접적인 효과를 반영하기 때문에 정부지출승수는 $\frac{1}{1-b}$ 이 된다. 이는 간단한 무한등비급수를 통해서 확인할 수 있다.

반면 조세의 증가는 그 자체는 총수요의 구성부분이 아니기 때문에 직접적으로 유효수요를 감소시키는 것은 아니다. 대신 조세의 증가로 인해 가처분소득이 감소하고 소비가 감소하여 총수요가 감소하게 되는 것이다. 한편 감소한 유효수요가 소득을 줄이기 때문에 그로 인해 소비가 또 감소하여 소득의 감소효과가 증폭된다. 이것이 바로 조세증가의 승수효과이다. 조세 증가는 총수요에 미치는 간접적인 효과만을 반영하기 때문에 조세승수는 $-\frac{b}{1-b}$ 가 된다. 역시 간단한 무한등비급수를 통해서 확인할 수 있다.

따라서 정부지출의 증가와 조세의 증가가 동일한 액수만큼 발생하는 균형재정의 상황에서 정부지출의 증가로 인한 국민소득의 증가가 조세의 증가로 인한 국민소득의 감소를 상쇄하고도 남기 때문에 국민소득은 증가하게 된다. 그리고 그 국민소득의 변화분은 정부지출의 증가분과 조세의 증가분과 완전히 동일하게 되는 것이다.

10 　2012년 지방직 7급

재정의 자동안정화장치가 효과를 잘 발휘할 수 있는 조건으로 가장 거리가 먼 것은?

① 중앙정부의 지방정부에 대한 교부세제도가 잘 확립되어 있다.
② 누진세 등이 발달되어 세수수입의 소득탄력성이 높다.
③ 정부예산의 조세의존도가 높고 국민경제에서 차지하는 비중이 크다.
④ 실업수당 등 사회보장제도가 잘 되어있다.

출제이슈 　재정의 자동안정화장치
핵심해설 　정답 ①

케인즈 모형과 그에 따른 승수효과는 다음과 같다.

1) 케인즈 국민소득 결정모형(수요 측 결정모형)

$Y^D = C + I + G + X - M$, $Y^S = Y$, $Y^D = Y^S$

2) 균형국민소득의 결정

① 균형조건식에 따라서 $Y = C + I + G + X - M$이며 $Y = a + b(Y - T_0 - tY) + I_0 + G_0 + X_0 - M_0 - mY$가 된다.

② $\therefore (1 - b + bt + m)Y = a - bT_0 + I_0 + G_0 + X_0 - M_0$ $\therefore Y = \dfrac{a - bT_0 + I_0 + G_0 + X_0 - M_0}{(1 - b + bt + m)}$

3) 승수효과

$$\Delta Y = \frac{1}{1-b+bt+m}\Delta I + \frac{1}{1-b+bt+m}\Delta G - \frac{b}{1-b+bt+m}\Delta T + \frac{1}{1-b+bt+m}\Delta X - \frac{1}{1-b+bt+m}\Delta M$$

설문을 검토하면 다음과 같다.

① 틀린 내용이다.
지방교부세 제도는 자치단체 간 재정력 격차를 해소하고 지방재정의 균형화를 위하여 국세 중 일정액을 법정화하여 자치단체별 재정력을 반영하여 산정, 배정하는 제도로서 재정의 자동안정화장치와 직접적인 관련이 없다.

② 옳은 내용이다.
누진세 등이 발달되어 세수수입의 소득탄력성이 높을수록 경기확장에 따른 소득 증가 시 세수입이 많이 늘어서 가처분소득을 줄이고 소비에 영향을 줘서 경기가 과열되는 것을 진정시키는 효과가 있다.

③ 옳은 내용이다.
정부예산의 조세의존도가 높고 국민경제에서 차지하는 비중이 클수록 경기변동에 따른 소득 증감 시 자동적으로 가처분소득에 큰 영향을 미칠 수 있게 되어 재정의 자동안정화장치가 잘 작동하게 된다.

④ 옳은 내용이다.
실업수당 등 사회보장제도가 잘 되어 있을수록 경기변동에 대하여 자동적으로 그 진폭을 완화시키는 역할을 잘 할 수 있게 되므로 이는 재정의 자동안정화장치가 잘 작동하는 것을 의미한다.

11 2020년 국가직 7급

재정의 자동안정장치(automatic stabilizer)에 대한 설명으로 옳은 것만을 모두 고르면?

> ㄱ. 경제정책의 내부시차를 줄여주는 역할을 한다.
> ㄴ. 경기회복기에는 경기회복을 더디게 만들 수 있다.
> ㄷ. 누진적 소득세제와 실업보험제도는 자동안정장치이다.

① ㄱ, ㄴ   ② ㄱ, ㄷ
③ ㄴ, ㄷ   ④ ㄱ, ㄴ, ㄷ

출제이슈 재정의 자동안정화장치
핵심해설 정답 ④

설문을 검토하면 다음과 같다.

ㄱ. 옳은 내용이다.
정책의 시차에는 내부시차와 외부시차가 있다. 내부시차(inside lag)는 정책의 필요성을 인지하고 적절한 정책을 시행하는 데 걸리는 시간으로서 일반적으로 재정정책의 경우 내부시차가 상대적으로 길다. 외부시차(outside lag)는 정책이 시행된 후 기대되는 효과가 발생하는 데 걸리는 시간으로서 일반적으로 통화정책의 경우 외부시차가 상대적으로 길다.

그런데 재정의 자동안정화장치로서 누진소득세나 실업보험의 경우 특정한 과세표준이나 실업 조건을 충족하게 되면 자동적으로 소득의 이전이 발생한다는 특징이 있다. 따라서 재정의 자동안정화장치는 정책의 내부시차를 줄이는 역할을 하고 있다고 볼 수 있다.

ㄴ. 옳은 내용이다.
재정의 자동안정화장치는 자동적으로 경기변동을 완화시키는 역할을 하는데 예를 들어 경기 호황기에는 과열된 경기를 진정시키며, 경기 침체기에는 경기를 자동적으로 진작시키게 된다. 그런데 침체기를 벗어나 이제 회복국면에 접어드는 경우, 재정의 자동안정화장치에 의하여 자동적으로 소득 증가를 억제하는 메커니즘이 작동되어 오히려 회복을 더디게 하거나 저해하는 부작용이 있을 수 있다.

ㄷ. 옳은 내용이다.
누진소득세와 실업보험은 경기변동에 대응하여 어떤 특별한 정책을 도입하지 않더라도 그 자체적으로 자동적으로 경기변동을 완화시키는 역할을 할 수 있다. 누진소득세는 경기 호황기에 가계의 가처분소득을 줄여 소비지출을 억제하게 되고 경기 침체기에 가계의 소득세 부담을 줄여주어서 경기변동을 완화시킨다. 특히 누진소득세와 같은 정률세는 승수를 감소시킴으로써 국민소득의 변동성을 완화시킨다. 실업보험은 경기 침체기에 일정한 요건을 충족하는 경우 자동적으로 가계로 소득의 이전을 발생시켜서 급격한 소비 감소를 막고 경기변동을 완화시킨다. 이러한 실업보험은 경기역행적 성격이기 때문에 소득의 안정화에 기여하게 된다.

12 2017년 서울시 7급

케인즈(J. M. Keynes)의 단순 국민소득 결정모형(소득－지출 모형)에 대한 설명으로 가장 옳지 않은 것은?

① 한계저축성향이 클수록 투자의 승수효과는 작아진다.
② 디플레이션갭(deflation gap)이 존재하면 일반적으로 실업이 유발된다.
③ 임의의 국민소득 수준에서 총수요가 총공급에 미치지 못할 때, 그 국민소득 수준에서 디플레이션 갭이 존재한다고 한다.
④ 정부지출 증가액과 조세감면액이 동일하다면 정부지출 증가가 조세감면보다 국민소득 증가에 미치는 영향이 더 크다.

출제이슈 케인즈의 국민소득 결정모형과 승수효과
핵심해설 정답 ③

설문을 검토하면 다음과 같다.

① 옳은 내용이다.

케인즈 모형과 그에 따른 승수효과는 다음과 같다.

1) 케인즈의 수요 측 결정모형
$Y^D = C + I + G, \ Y^S = Y, \ Y^D = Y^S$

2) 균형국민소득의 결정
① 균형조건식에 따라서 $Y = C + I + G$이며 $Y = a + b(Y - T_0) + I_0 + G_0$가 된다.
② $\therefore (1-b)Y = a - bT_0 + I_0 + G_0 \ \therefore Y = \dfrac{a - bT_0 + I_0 + G_0}{(1-b)}$

3) 승수효과
$\Delta Y = \dfrac{1}{1-b}\Delta I + \dfrac{1}{1-b}\Delta G - \dfrac{b}{1-b}\Delta T$

① 옳은 내용이다.
승수효과는 한계저축성향이 클수록 작아지므로 옳은 내용이다.

② 옳은 내용이다.
균형국민소득이 완전고용국민소득에 미치지 못하고 있는 상황, 즉 실업상태에서 이 경제가 완전고용을 달성하려면, 총수요가 증대하여 총수요곡선이 상방 이동하여야 한다. 이렇게 완전고용을 달성하기 위해서 증가하여야 하는 총수요의 크기를 디플레이션갭이라고 한다. 따라서 디플레이션갭의 존재는 실업상황을 의미한다.

③ 틀린 내용이다.

위에서 살펴본 디플레이션갭은 총수요가 부족하여 완전고용국민소득의 달성에 실패하고 있는 상황으로서 수요가 상대적으로 완전고용수준의 공급에 비해 작은 상황에서 발생한다. 임의의 국민소득 수준에서도 수요에 따른 공급의 조절에 의하여 균형이 달성될 수 있으며, 다만 이렇게 달성된 균형국민소득이 완전고용국민소득에 미달한 경우 디플레이션갭이 존재한다고 함에 유의하자. 디플레이션갭은 균형국민소득이 완전고용국민소득에 미치지 못하고 있는 상황이지 총수요가 총공급에 미치지 못하는 상황이 아니므로 틀린 내용이다.

④ 옳은 내용이다.

앞에서 도출한 승수를 보면 정부지출승수 $\dfrac{1}{1-b}$ 가 조세승수 $-\dfrac{b}{1-b}$ 보다 그 절대적인 크기가 더 크다. 따라서 정부지출증가액과 조세감면액이 동일하다면 정부지출증가가 조세감면보다 국민소득에 미치는 영향이 더 크다고 할 수 있다.

ISSUE **03** 고전학파 모형

1 **총공급**: $Y^S = Y = Y_F$

　1) 노동시장의 균형과 총생산함수

　2) 완전고용국민소득

2 **국민소득의 결정**: $Y_F = C + I + G$ ┌ 2019 국7 ┐ ┌ 2015 서7 ┐ ┌ 2014 서7 ┐

　1) $Y^S = Y = Y_F$, $Y^D = C + I + G = C(r) + I(r) + G_0$, $Y^S = Y^D$

　2) 균형국민소득

　　① 균형국민소득은 노동시장과 총생산함수에 따라 완전고용국민소득으로 결정

　　② 정부지출이 증가할 경우 민간의 소비나 투자를 감소시키는 구축효과가 발생

3 **대부자금시장** ┌ 2013 서7 ┐

　1) $Y_F = C + I + G$ 를 변형하면, $(Y_F - T - C) + (T - G) = I$ 가 된다.

　2) **대부자금공급**: 총저축 $S = S(r) = (Y_F - T - C) + (T - G)$

　　① **민간저축**$(Y_F - T - C)$: 소비가 외생적으로 감소하면 민간저축 증가

　　② **정부저축**$(T - G)$: 정부지출이 외생적으로 증가하면 정부저축 감소

　3) **대부자금수요**: 총투자 $I = I(r)$

4 **정부지출 증가의 효과** ┌ 2016 서7 ┐

　1) 정부지출 증가는 정부 저축의 감소로서 총저축의 감소를 가져온다.

　2) 총저축이 감소하면 대부자금시장의 이자율이 상승한다.

　3) 이자율 상승으로 민간저축이 증가하여 소비가 감소하고 투자가 감소한다.

　4) 정부지출의 증가는 소비 감소, 투자 감소를 가져와서 완전 구축의 효과를 갖는다.

ISSUE 문제 📝

01 2016년 서울시 7급

폐쇄경제 하에서 소비(C)는 감소하고 정부지출(G)은 증가할 경우 민간저축과 정부저축에 대한 설명으로 가장 옳은 것은? (단, 국민소득과 세금은 고정되어 있다고 가정한다)

① 민간저축과 정부저축 모두 증가한다.
② 민간저축과 정부저축 모두 감소한다.
③ 민간저축은 증가하고 정부저축은 감소한다.
④ 민간저축은 감소하고 정부저축은 증가한다.

출제이슈 고전학파의 균형국민소득 결정모형
핵심해설 정답 ③

고전학파의 균형국민소득 결정모형은 다음과 같다.

1) 총공급 $Y^S = Y = Y_F$
① 노동시장의 균형과 총생산함수로부터 공급량을 도출
② 완전고용국민소득을 달성

2) 국민소득의 결정 $Y^S = Y = Y_F$, $Y^D = C + I + G = C(r) + I(r) + G_0$, $Y^S = Y^D$
따라서 $Y_F = C + I + G$ 가 된다.

3) 대부자금시장모형
① 위의 식을 변형하면, $(Y_F - T - C) + (T - G) = I$ 가 되며 이는 다음과 같은 의미이다.
② 대부자금공급 : 총저축 $S = S(r) = (Y_F - T - C) + (T - G)$
ⅰ) 민간저축($Y_F - T - C$) : 소비가 외생적으로 감소하면 민간저축 증가
ⅱ) 정부저축($T - G$) : 정부지출이 외생적으로 증가하면 정부저축 감소
③ 대부자금수요 : 총투자 $I = I(r)$

4) 대부자금시장모형을 이용하여 정부지출의 증가의 효과를 분석하면 다음과 같다.
① 정부지출 증가는 정부 저축의 감소로서 총저축의 감소를 가져온다.
② 총저축이 감소하면 대부자금시장의 이자율이 상승한다.
③ 이자율 상승으로 민간저축이 증가하여 소비가 감소하고 투자가 감소한다.
④ 따라서 정부지출의 증가는 소비 감소, 투자 감소를 가져와서 완전 구축의 효과를 가지며, 이를 구축효과(crowding out effect)라고 한다.

따라서 정부지출 증가에 대한 위와 같은 효과를 고려할 때, ③만이 옳은 내용이 된다.

02 | 2011년 국가직 9급 |

구축효과(Crowding Out Effect)에 대한 설명으로 옳지 않은 것은?

① 정부의 재정지출 증가
② 가계의 소비지출 감소
③ 기업의 투자지출 감소
④ 중앙은행의 통화량 감소

출제이슈 고전학파의 균형국민소득 결정모형
핵심해설 정답 ④

고전학파의 균형국민소득 결정모형은 다음과 같다.

1) 총공급 $Y^S = Y = Y_F$
① 노동시장의 균형과 총생산함수로부터 공급량을 도출
② 완전고용국민소득을 달성

2) 국민소득의 결정 $Y^S = Y = Y_F$, $Y^D = C + I + G = C(r) + I(r) + G_0$, $Y^S = Y^D$
따라서 $Y_F = C + I + G$ 가 된다.

3) 대부자금시장모형

① 위의 식을 변형하면, $(Y_F - T - C) + (T - G) = I$ 가 되며 이는 다음과 같은 의미이다.
② 대부자금공급 : 총저축 $S = S(r) = (Y_F - T - C) + (T - G)$
ⅰ) 민간저축($Y_F - T - C$) : 소비가 외생적으로 감소하면 민간저축 증가
ⅱ) 정부저축($T - G$) : 정부지출이 외생적으로 증가하면 정부저축 감소
③ 대부자금수요 : 총투자 $I = I(r)$

4) 대부자금시장모형을 이용하여 정부지출의 증가의 효과를 분석하면 다음과 같다.

① 정부지출 증가는 정부 저축의 감소로서 총저축의 감소를 가져온다.
② 총저축이 감소하면 대부자금시장의 이자율이 상승한다.
③ 이자율 상승으로 민간저축이 증가하여 소비가 감소하고 투자가 감소한다.
④ 따라서 정부지출의 증가는 소비 감소, 투자 감소를 가져와서 완전 구축의 효과를 가지며, 이를 구축효과(crowding out effect)라고 한다.

따라서 정부지출 증가에 대한 위와 같은 효과를 고려할 때, ④의 통화량 감소는 관련이 없다.

03 2013년 서울시 7급

B 국가는 전세계 어느 국가와도 무역을 하지 않으며, 현재 GDP는 300억 달러라고 가정하자. 매년 B 국가의 정부는 50억 달러 규모로 재화와 서비스를 구매하며, 세금수입은 70억 달러인 반면 가계로의 이전지출은 30억 달러이다. 민간저축이 50억 달러일 경우 민간소비와 투자는 각각 얼마인가?

① 180억 달러, 50억 달러
② 210억 달러, 40억 달러
③ 130억 달러, 70억 달러
④ 150억 달러, 60억 달러
⑤ 추가 정보가 필요하다.

출제이슈 고전학파 균형국민소득 결정모형의 적용
핵심해설 정답 ②

이 문제는 완전한 고전학파의 소득 결정모형은 아니며, 케인즈이론과 혼재되어 있다. 따라서 주어진 균형국민소득을 완전고용국민소득 수준으로 보고 고전학파의 견해에 따라 풀 수도 있고 케인즈이론으로도 풀 수 있다. 여기서는 고전학파의 견해로 선해하기로 한다. 다만, 어떤 방식으로 풀더라도 이런 유형의 문제에 한해서는 무방하다. 왜냐하면, 이런 문제에 한해서 현재 균형국민소득이 정해진 상황이므로 마치 국민소득이 고정된 완전고용국민소득의 논리와 유사하기 때문이다. 결론적으로 말해서 고전학파와 케인즈이론에 공통적으로 사용될 수 있는 것은 국민소득과 그 처분에 관한 식들이며 이를 이용하여 문제를 푸는 것이다.

1) 총공급 $Y^S = Y$
① 노동시장의 균형과 총생산함수로부터 공급량을 도출
② 완전고용국민소득을 달성

2) 국민소득의 결정 $Y^S = Y$, $Y^D = C + I + G = C(r) + I(r) + G_0$, $Y^S = Y^D$
따라서 $Y = C + I + G$ 가 된다.

3) 변형식
위의 $Y = C + I + G$ 를 변형하면, $(Y - T - C) + (T - G) = I$ 가 된다.
단, 이 문제에서는 이전지출 TR 이 있으므로 유의하자.

설문에서 제시된 자료들을 위의 산식에 대입하여 풀면 다음과 같다. (단위 : 억 달러)

$$(Y - T + TR - C) + (T - G - TR) = I$$
$$(300 - 70 + 30 - C) + (70 - 50 - 30) = I$$

따라서 위의 식에서 $(300 - 70 + 30 - C)$가 민간저축 50(억 달러)이므로 소비는 210(억 달러), 투자는 40(억 달러)이다.

제 3 편

국민소득과
이자율 결정이론

issue 01 IS–LM 모형

issue 02 IS–LM 균형의 계산

issue 03 IS–LM 모형과 재정정책

issue 04 IS–LM 모형과 통화정책

issue 05 재정·통화정책의 상대적 유효성 및 학파별 견해

issue 06 IS–LM 모형과 유동성함정

조경국
경제학
워크북

거시편

ISSUE 01 IS-LM 모형

1 $IS-LM$ 모형

1) IS곡선

① 생산물 시장의 균형조건식에서 도출

② $Y^D = Y^S$ ∴ $a + bY + I_0 + cr + G_0 = Y$ ∴ $r = \dfrac{(1-b)}{c}Y - \dfrac{(a + I_0 + G_0)}{c}$

2) LM곡선

① 화폐시장의 균형조건식에서 도출

② $\dfrac{M^D}{P} = \dfrac{M^S}{P}$ ∴ $kY - lr = \dfrac{M_0}{P}$ ∴ $r = \dfrac{k}{l}Y - \dfrac{M_0}{Pl}$

2 IS곡선의 기울기 [2013 지7]

1) IS곡선의 기울기: $\dfrac{(1-b)}{c}$ (b : 한계소비성향, c : 투자의 이자율탄력성)

2) IS곡선의 기울기에 영향을 미치는 요인

① 투자의 이자율탄력성이 작을수록 IS곡선은 가파름

② 한계소비성향이 작을수록 IS곡선은 가파름

3 IS곡선의 이동 [2014 국7]

1) IS곡선의 절편: $-\dfrac{(a + I_0 + G_0)}{c}$ (a : 독립소비, I_0 : 독립투자, G_0 : 정부지출)

2) IS곡선의 이동에 영향을 미치는 요인

① 독립소비, 독립투자, 정부지출, 수출이 증가하면 IS곡선은 우측으로 이동

② 조세, 수입(import)이 증가하면 IS곡선은 좌측으로 이동

4 LM곡선의 기울기

1) LM곡선의 기울기: $\dfrac{k}{l}$ (k : 화폐수요의 소득탄력성, l : 화폐수요의 이자율탄력성)

제3편

2) *LM*곡선의 기울기에 영향을 미치는 요인 ｜2014 국7｜ ｜2013 지7｜

① 화폐수요의 소득탄력성이 작을수록 *LM*곡선은 완만

② 화폐수요의 이자율탄력성이 클수록 *LM*곡선은 완만

③ 특히 유동성함정에서 *LM*곡선은 수평이 됨

5 *LM*곡선의 이동 ｜2014 국7｜

1) *LM*곡선의 절편 : $-\dfrac{M_0}{Pl}$ (M_0 : 화폐공급량, l : 화폐수요의 이자율탄력성)

2) *LM*곡선의 이동에 영향을 미치는 요인

① 화폐공급이 증가하면 *LM*곡선은 우측으로 이동

② 화폐수요가 증가하면 *LM*곡선은 좌측으로 이동

6 *IS-LM* 모형의 불균형

1) *IS*곡선, *LM*곡선과 불균형

① *IS*곡선의 상방 : 재화시장 초과공급

② *IS*곡선의 하방 : 재화시장 초과수요

③ *LM*곡선의 좌방 : 화폐시장 초과공급

④ *LM*곡선의 우방 : 화폐시장 초과수요

2) 불균형의 상태 ｜2014 지7｜

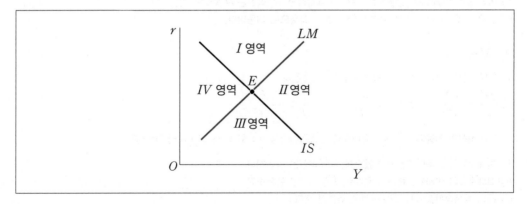

① Ⅰ영역 : 재화시장 초과공급, 화폐시장 초과공급

② Ⅱ영역 : 재화시장 초과공급, 화폐시장 초과수요

③ Ⅲ영역 : 재화시장 초과수요, 화폐시장 초과수요

④ Ⅳ영역 : 재화시장 초과수요, 화폐시장 초과공급

ISSUE 문제 📝

01 2014년 국가직 7급

폐쇄경제 하에서 $IS-LM$곡선에 대한 설명으로 옳지 않은 것은?

① 유동성함정에서 LM곡선은 수직이 된다.

② 민간수요가 줄어들면 IS곡선은 좌측으로 이동한다.

③ 정부가 재정지출을 늘리면 IS곡선은 우측으로 이동한다.

④ LM곡선의 이동은 거래적 화폐수요에 의하여 영향을 받는다.

출제이슈 $IS-LM$ 기울기와 이동, 유동성함정

핵심해설 정답 ①

IS 곡선과 LM 곡선의 산식, 기울기, 이동은 다음과 같다.

1) IS 곡선

① IS 곡선은 생산물 시장의 균형조건식에서 도출된다.

② $Y^D = Y^S$ ∴ $a+bY+I_0+cr+G_0 = Y$ ∴ $r = \dfrac{(1-b)}{c}Y - \dfrac{(a+I_0+G_0)}{c}$

③ IS 곡선의 기울기 : $\dfrac{(1-b)}{c}$ (b : 한계소비성향, c : 투자의 이자율탄력성)

ⅰ) 투자의 이자율탄력성이 작을수록 IS 곡선은 가파르다.

ⅱ) 한계소비성향이 작을수록 IS 곡선은 가파르다.

④ IS 곡선의 이동

ⅰ) 독립소비, 독립투자, 정부지출, 수출이 증가하면 IS 곡선은 우측으로 이동한다.

ⅱ) 조세, 수입(import)이 증가하면 IS 곡선은 좌측으로 이동한다.

2) LM 곡선

① LM 곡선은 화폐시장의 균형조건식에서 도출된다.

② $\dfrac{M^D}{P} = \dfrac{M^S}{P}$ ∴ $kY-lr = \dfrac{M_0}{P}$ ∴ $r = \dfrac{k}{l}Y - \dfrac{M_0}{Pl}$

③ LM 곡선의 기울기 : $\dfrac{k}{l}$ (k : 화폐수요의 소득탄력성, l : 화폐수요의 이자율탄력성)

ⅰ) 화폐수요의 소득탄력성이 작을수록 LM곡선은 완만하다.

ⅱ) 화폐수요의 이자율탄력성이 클수록 LM곡선은 완만하다.

ⅲ) 특히 유동성함정에서 LM곡선은 수평이 된다.

④ LM 곡선의 이동

ⅰ) 화폐공급이 증가하면 LM곡선은 우측으로 이동한다.

ⅱ) 화폐수요가 증가하면 LM곡선은 좌측으로 이동한다.

위의 내용에 따라서 설문을 검토하면 다음과 같다.

① 틀린 내용이다. 유동성함정에서 LM곡선은 수직이 아니라 수평이 된다.
한 경제의 이자율이 매우 낮은 수준이라고 경제주체들이 공통적으로 생각할 때, 통화당국이 통화량을 증가시킬 경우 그 증가된 통화량은 모두 투기적 화폐수요로 흡수된다(화폐수요의 이자율탄력성이 무한대). 따라서 LM곡선이 수평이 되는데 이러한 영역을 유동성함정이라고 한다. 즉, 유동성함정은 이자율이 매우 낮은 수준일 경우, 화폐수요가 무한히 증가하는 영역이다.

유동성함정에서는 LM곡선이 수평이기 때문에 정부지출이 증가하더라도 이자율 상승이 나타나지 않는다. 그렇기 때문에 구축효과가 나타나지 않고 승수효과만 나타난다. 따라서 유동성함정에서는 재정정책이 최대로 그 효과를 발휘하게 된다.

② 옳은 내용이다.
소비, 투자, 정부지출 등이 감소하면 총수요가 감소하여 소득을 감소시키므로 IS곡선을 좌측으로 이동시킨다. 소비, 투자, 정부지출 모두 총수요를 이루는 구성요소로서 그 값이 감소하면 총수요가 감소한다.

③ 옳은 내용이다.
소비, 투자, 정부지출 등이 증가하면 총수요가 증가하여 소득을 증가시키므로 IS곡선을 우측으로 이동시킨다. 소비, 투자, 정부지출 모두 총수요를 이루는 구성요소로서 그 값이 증가하면 총수요가 증가한다.

④ 옳은 내용이다.
거래적 화폐수요가 증가하면 화폐시장에서 화폐에 대한 초과수요가 발생하여 이를 해소하기 위해서 이자율이 상승하게 된다. 이에 따라서 LM곡선은 좌측으로 이동한다.

02 2013년 지방직 7급

IS곡선이나 LM곡선의 기울기를 가파르게 하는 것만을 모두 고른 것은?

> ㄱ. 화폐수요의 소득에 대한 탄력성이 커졌다.
> ㄴ. 화폐수요의 이자율에 대한 탄력성이 작아졌다.
> ㄷ. 투자의 이자율에 대한 탄력성이 커졌다.

① ㄱ, ㄴ   ② ㄱ, ㄷ
③ ㄴ, ㄷ   ④ ㄱ, ㄴ, ㄷ

출제이슈 $IS-LM$ 기울기
핵심해설 정답 ①

IS곡선과 LM곡선의 산식과 기울기는 다음과 같다.

1) IS곡선

① IS곡선은 생산물 시장의 균형조건식에서 도출된다.

② $Y^D = Y^S$ ∴ $a + bY + I_0 + cr + G_0 = Y$ ∴ $r = \dfrac{(1-b)}{c} Y - \dfrac{(a + I_0 + G_0)}{c}$

③ IS곡선의 기울기 : $\dfrac{(1-b)}{c}$ (b : 한계소비성향, c : 투자의 이자율탄력성)

ⅰ) 투자의 이자율탄력성이 작을수록 IS곡선은 가파르다.
ⅱ) 한계소비성향이 작을수록 IS곡선은 가파르다.

2) LM곡선

① LM곡선은 화폐시장의 균형조건식에서 도출된다.

② $\dfrac{M^D}{P} = \dfrac{M^S}{P}$ ∴ $kY - lr = \dfrac{M_0}{P}$ ∴ $r = \dfrac{k}{l} Y - \dfrac{M_0}{Pl}$

③ LM곡선의 기울기 : $\dfrac{k}{l}$ (k : 화폐수요의 소득탄력성, l : 화폐수요의 이자율탄력성)

ⅰ) 화폐수요의 소득탄력성이 작을수록 LM곡선은 완만하다.
ⅱ) 화폐수요의 이자율탄력성이 클수록 LM곡선은 완만하다.
ⅲ) 특히 유동성함정에서 LM곡선은 수평이 된다.

위의 내용에 따라서 설문을 검토하면 다음과 같다.

ㄱ. 화폐수요의 소득에 대한 탄력성이 커졌다. LM곡선은 가파르고 기울기는 커짐을 의미한다.
ㄴ. 화폐수요의 이자율에 대한 탄력성이 작아졌다. LM곡선은 가파르고 기울기는 커짐을 의미한다.
ㄷ. 투자의 이자율에 대한 탄력성이 커졌다. IS곡선은 완만하고 기울기는 작아짐을 의미한다.
따라서 ㄱ,ㄴ의 경우 LM곡선의 기울기를 가파르게 하는 것으로 옳다.

03 2014년 지방직 7급

다음 그림에서 *IS* 곡선은 생산물시장의 균형을, *LM* 곡선은 화폐시장의 균형을 나타내는 곡선이다. A점에서의 생산물시장과 화폐시장에 대한 설명으로 옳은 것은?

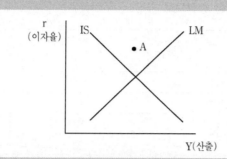

	생산물시장	화폐시장
①	초과공급	초과공급
②	초과수요	초과공급
③	초과공급	초과수요
④	초과수요	초과수요

출제이슈 *IS*−*LM* 균형과 불균형
핵심해설 정답 ①

IS−*LM* 모형의 불균형 상태는 다음과 같다.

1) *IS*곡선, *LM*곡선과 불균형

① *IS*곡선의 상방 : 재화시장 초과공급   ② *IS*곡선의 하방 : 재화시장 초과수요
③ *LM*곡선의 좌방 : 화폐시장 초과공급   ④ *LM*곡선의 우방 : 화폐시장 초과수요

2) 불균형의 상태

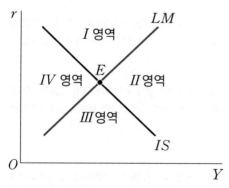

① Ⅰ영역 : 재화시장 초과공급, 화폐시장 초과공급 ② Ⅱ영역 : 재화시장 초과공급, 화폐시장 초과수요
③ Ⅲ영역 : 재화시장 초과수요, 화폐시장 초과수요 ④ Ⅳ영역 : 재화시장 초과수요, 화폐시장 초과공급

04 2019년 서울시 7급

어떤 경제의 완전고용국민소득이 400조 원이며, 중앙은행이 결정하는 이 경제의 총화폐공급은 현재 30조 원이다. 다음 표는 이 경제의 이자율에 따른 총화폐수요, 총투자, 실질국민소득의 변화를 나타낸 것이다. 이 경제에 대한 설명으로 가장 옳은 것은?

이자율(%)	총화폐수요(조 원)	총투자(조 원)	실질국민소득(조 원)
1	70	120	440
2	60	110	420
3	50	100	400
4	40	80	360
5	30	50	320

① 실질국민소득이 완전고용수준과 같아지려면 중앙은행은 총화폐공급을 20조 원만큼 증가시켜야 한다.
② 현재 이 경제의 실질국민소득은 완전고용수준보다 40조 원만큼 작다.
③ 중앙은행이 총화폐공급을 지금보다 30조 원만큼 증가시키면 균형이자율은 1%가 된다.
④ 현재 이 경제의 균형이자율은 4%이다.

출제이슈 $IS-LM$ 모형의 이해
핵심해설 정답 ①

설문을 검토하면 다음과 같다.

① 옳은 내용이다.
완전고용국민소득이 400조 원으로 주어져 있으며 이를 위해서 위의 표를 보면, 화폐수요가 50조 원이어야 한다. 그런데 현재의 화폐공급은 30조 원으로서 화폐시장이 불균형 상태이다. 따라서 균형상태이면서 완전고용국민소득을 달성하기 위해서는 화폐공급을 50조 원으로 즉 20조 원 더 늘려야 한다.

② 틀린 내용이다.
현재 이 경제는 화폐공급이 30조 원이므로 화폐시장의 균형은 화폐수요가 30조 원일 때 달성되며 이때 위의 표에서 이자율은 5%이며 국민소득은 320조 원임을 알 수 있다. 따라서 완전고용국민소득 400조 원에 비하여 80조가 부족한 상태이다.

③ 틀린 내용이다.
현재 이 경제는 화폐공급이 30조 원이므로 화폐시장의 균형은 화폐수요가 30조 원일 때 달성되며 이때 위의 표에서 이자율은 5%이다. 이때, 화폐공급을 지금보다 30조 원만큼 증가시키면 화폐공급이 60조가 되며 화폐수요와 화폐공급이 일치하는 화폐시장의 균형에서 이자율은 2%임을 알 수 있다.

④ 틀린 내용이다.
현재 이 경제는 화폐공급이 30조 원이므로 화폐시장의 균형은 화폐수요가 30조 원일 때 달성되며 이때 위의 표에서 이자율은 5%가 된다.

IS-LM 균형의 계산

1 생산물시장과 화폐시장의 동시균형

1) 의의: 생산물시장 및 화폐시장에서 균형국민소득, 균형이자율의 동시적 결정

2) 기하적 도출: IS곡선과 LM곡선의 교점

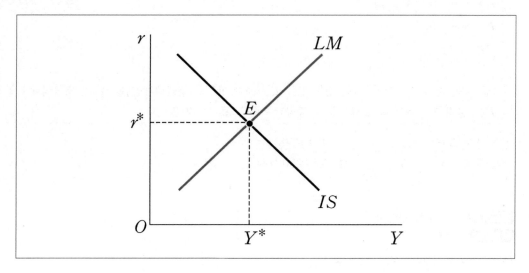

2 균형의 수리적 도출 | 2019 국7 | 2014 국7 | 2014 국9 | 2013 국9 | 2012 국9 | 2010 국7 |

1) IS곡선의 방정식, LM곡선의 방정식으로 이루어진 연립방정식의 해집합

① IS곡선: $r = \dfrac{(1-b)}{c}Y - \dfrac{(a+I_0+G_0)}{c}$ (b: 한계소비성향, c: 투자의 이자율탄력성)

② LM곡선: $r = \dfrac{k}{l}Y - \dfrac{M_0}{Pl}$ (k: 화폐수요의 소득탄력성, l: 화폐수요의 이자율탄력성)

③ 이를 연립하여 풀면 된다.

2) 균형

① 균형국민소득과 균형이자율 계산

② 특정한 균형국민소득과 균형이자율을 달성시키는 화폐공급 계산

③ 정부지출의 변화에 따른 균형의 변화분 계산

ISSUE 문제 📝

01 2014년 국가직 7급

다음과 같이 생산물시장과 화폐시장이 주어졌을 때, $G = 100$, $M^S = 500$, $P = 1$ 이고 균형재정일 경우, 균형국민소득(Y)과 균형이자율(r)은?

> $Y = C + I + G$
>
> $C = 100 + 0.8(Y - T)$
>
> $I = 80 - 10r$
>
> $\dfrac{M^d}{P} = Y - 50r$
>
> (단, C는 소비, I는 투자, G는 정부지출, T는 조세, M^S는 명목화폐공급, M^d는 명목화폐수요, P는 물가를 나타내고, 해외부문과 총공급부문은 고려하지 않는다)

① $Y = 750$, $r = 5$ ② $Y = 750$, $r = 15$

③ $Y = 250$, $r = 5$ ④ $Y = 250$, $r = 15$

출제이슈 $IS - LM$ 균형 계산

핵심해설 정답 ①

IS 곡선과 LM 곡선의 산식은 다음과 같다.

1) IS 곡선

① IS 곡선은 생산물 시장의 균형조건식에서 도출된다.

② $Y^D = Y^S$ ∴ $a + bY + I_0 + cr + G_0 = Y$ ∴ $r = \dfrac{(1-b)}{c}Y - \dfrac{(a + I_0 + G_0)}{c}$

2) LM 곡선

① LM 곡선은 화폐시장의 균형조건식에서 도출된다.

② $\dfrac{M^D}{P} = \dfrac{M^S}{P}$ ∴ $kY - lr = \dfrac{M_0}{P}$ ∴ $r = \dfrac{k}{l}Y - \dfrac{M_0}{Pl}$

위의 IS 곡선과 LM 곡선의 방정식에 설문의 자료를 대입하면 다음과 같다.
(단, 균형재정이므로 $G = T = 100$에 유의한다.)

1) IS곡선의 방정식: $Y = 100 + 0.8(Y - 100) + (80 - 10r) + 100$ ∴ $Y = 1,000 - 50r$

2) LM곡선의 방정식: $Y - 50r = \dfrac{500}{1}$ ∴ $Y = 500 + 50r$

3) $IS - LM$ 균형: 위의 두 식을 연립하여 풀면 $Y = 750$, $r = 5$가 된다.

02 2012년 국가직 7급

다음 식들로 구성된 경제에서, 생산물시장과 화폐시장을 고려한 균형국민소득은?

$$C = 100 + 0.5(Y - T)$$
$$I = 70 - 50r$$
$$G = T = 60$$
$$M^s = 700$$
$$P = 2$$
$$\frac{M^d}{P} = Y - 150r$$

(단, Y는 국민소득, C는 소비, I는 투자, G는 정부지출, T는 조세, M^s는 명목화폐공급, M^d는 명목화폐수요, P는 물가수준, r은 이자율을 나타내고, 총공급부문과 해외부문은 고려하지 않는다.)

① 120   ② 380
③ 460   ④ 500

출제이슈 $IS-LM$ 균형 계산
핵심해설 정답 ②

IS 곡선과 LM 곡선의 산식은 다음과 같다.

1) IS 곡선

① IS 곡선은 생산물 시장의 균형조건식에서 도출된다.

② $Y^D = Y^S$ $\therefore$ $a + bY + I_0 + cr + G_0 = Y$ $\therefore$ $r = \frac{(1-b)}{c}Y - \frac{(a + I_0 + G_0)}{c}$

2) LM 곡선

① LM 곡선은 화폐시장의 균형조건식에서 도출된다.

② $\frac{M^D}{P} = \frac{M^S}{P}$ $\therefore$ $kY - lr = \frac{M_0}{P}$ $\therefore$ $r = \frac{k}{l}Y - \frac{M_0}{Pl}$

위의 IS 곡선과 LM 곡선의 방정식에 설문의 자료를 대입하면 다음과 같다.

1) IS곡선의 방정식: $Y = 100 + 0.5(Y - 60) + (70 - 50r) + 60$ $\therefore$ $Y = 400 - 100r$

2) LM곡선의 방정식: $Y - 10r = \frac{700}{2}$ $\therefore$ $Y = 350 + 150r$

3) $IS-LM$ 균형: 위의 두 식을 연립하여 풀면 $Y = 380$이 된다.

03 2014년 국가직 9급

국민소득(Y)이 소비(C)와 투자(I)로 구성된 모형경제에서 물가수준(P)이 2라면 균형이자율(r)은?

- 소비함수   : $C = 100 + 0.75 \times Y$
- 투자함수   : $I = 20 - 4.5 \times r$
- 명목화폐수요함수 : $M^d = 0.5 \times Y - 1 \times r$
- 명목화폐공급함수 : $M^s = 200$

① 4.0   ② 3.5
③ 3.0   ④ 2.5

출제이슈 $IS-LM$ 균형 계산
핵심해설 정답 ①

IS 곡선과 LM 곡선의 산식은 다음과 같다.

1) IS 곡선

① IS 곡선은 생산물 시장의 균형조건식에서 도출된다.

② $Y^D = Y^S$ ∴ $a + bY + I_0 + cr + G_0 = Y$ ∴ $r = \dfrac{(1-b)}{c} Y - \dfrac{(a + I_0 + G_0)}{c}$

2) LM 곡선

① LM 곡선은 화폐시장의 균형조건식에서 도출된다.

② $\dfrac{M^D}{P} = \dfrac{M^S}{P}$ ∴ $kY - lr = \dfrac{M_0}{P}$ ∴ $r = \dfrac{k}{l} Y - \dfrac{M_0}{Pl}$

위의 IS 곡선과 LM 곡선의 방정식에 설문의 자료를 대입하면 다음과 같다.

1) IS곡선의 방정식: $Y = 100 + 0.75Y + (20 - 4.5r)$ ∴ $Y = 480 - 18r$

2) LM곡선의 방정식: $0.5Y - r = 200$ ∴ $Y = 400 + 2r$

3) $IS-LM$ 균형: 위의 두 식을 연립하여 풀면 $r = 4$가 된다.

04 [2013년 국가직 7급]

폐쇄경제인 A국의 다음 $IS-LM$ 모형에서 화폐공급 $M=600$일 경우, 균형소득과 균형이자율의 조합은?

$C = 200 + 0.8Y$
$I = 1,600 - 100r$
$L = 0.5Y - 250r + 100$
$G = T = 0$
(단, Y는 국민소득, C는 소비지출, I는 투자지출, r은 이자율(단위는 %), L은 화폐수요, G는 정부지출, T는 조세)

① (4,000, 6)   ② (4,000, 8)
③ (5,000, 8)   ④ (5,000, 6)

출제이슈 $IS-LM$ 균형 계산
핵심해설   정답 ③

IS곡선과 LM곡선의 산식은 다음과 같다.

1) IS곡선

① IS곡선은 생산물 시장의 균형조건식에서 도출된다.

② $Y^D = Y^S$ $\therefore$ $a + bY + I_0 + cr + G_0 = Y$ $\therefore$ $r = \dfrac{(1-b)}{c}Y - \dfrac{(a + I_0 + G_0)}{c}$

2) LM곡선

① LM곡선은 화폐시장의 균형조건식에서 도출된다.

② $\dfrac{M^D}{P} = \dfrac{M^S}{P}$ $\therefore$ $kY - lr = \dfrac{M_0}{P}$ $\therefore$ $r = \dfrac{k}{l}Y - \dfrac{M_0}{Pl}$

위의 IS곡선과 LM곡선의 방정식에 설문의 자료를 대입하면 다음과 같다.

1) IS곡선의 방정식: $Y = (200 + 0.8Y) + (1,600 - 100r)$ $\therefore$ $Y = 9,000 - 500r$

2) LM곡선의 방정식: $0.5Y - 250r + 100 = 600$ $\therefore$ $Y = 1,000 + 500r$

3) $IS-LM$ 균형: 위의 두 식을 연립하여 풀면 $Y = 5,000$, $r = 8$이 된다.

05 [2010년 국가직 7급]

폐쇄경제하에서 다음의 $IS-LM$ 모형을 기초로 할 때 균형이자율(r^*)이 6이 되는$(r^*=6)$ 화폐공급(K)은?

> $C = 200 + 0.8(Y-T)$
> $I = 1,600 - 100r$
> $G = T = 1,000$
> $M = K$
> $L = 0.5Y - 250r + 500$
> (단, Y는 국민소득, C는 소비지출, T는 세금, I는 투자지출, r은 이자율, G는 정부지출, M은 화폐공급, L은 화폐수요이다. 이때 r의 균형값인 균형이자율은 r^*로 표시한다.)

① 2,300　　　② 2,500　　　③ 2,700　　　④ 3,000

출제이슈 $IS-LM$ 균형 계산
핵심해설 정답 ②

IS 곡선과 LM 곡선의 산식은 다음과 같다.

1) IS 곡선

① IS 곡선은 생산물 시장의 균형조건식에서 도출된다.

② $Y^D = Y^S$ ∴ $a + bY + I_0 + cr + G_0 = Y$ ∴ $r = \dfrac{(1-b)}{c}Y - \dfrac{(a+I_0+G_0)}{c}$

2) LM 곡선

① LM 곡선은 화폐시장의 균형조건식에서 도출된다.

② $\dfrac{M^D}{P} = \dfrac{M^S}{P}$ ∴ $kY - lr = \dfrac{M_0}{P}$ ∴ $r = \dfrac{k}{l}Y - \dfrac{M_0}{Pl}$

위의 IS 곡선과 LM 곡선의 방정식에 설문의 자료를 대입하면 다음과 같다.

1) IS 곡선의 방정식 : $200 + 0.8(Y-1,000) + 1,600 - 100r + 1,000 = Y$ ∴ $r = 20 - 0.002Y$

2) LM 곡선의 방정식 : $0.5Y - 250r + 500 = K$ ∴ $Y = 500r + (2K-1,000)$

3) $IS-LM$ 균형

① 위의 두식을 풀면 $r = 6$이므로 이를 위의 IS 방정식에 바로 대입한다.
IS 곡선 : $r = 20 - 0.002Y$, $r = 6$ ∴ $Y = 7,000$이 된다.

② $r = 6$와 $Y = 7,000$ 를 위의 LM방정식에 대입한다.
LM 곡선 : $Y = 500r + (2K-1,000)$, $r = 6$ ∴ $Y = 7,000$ 이므로 $K = 2,500$이 된다.
단, 주의할 점은 여기서 화폐공급은 실질화폐공급이라는 점이다.

06   2019년 국가직 7급

다음과 같이 주어진 IS-LM 모형에서 정부지출(G)이 600에서 700으로 증가할 때, 균형 총소득의 증가 폭은? (단, Y는 총소득, C는 소비, I는 투자, T는 조세, M은 명목통화공급, P는 물가, r은 이자율, $(\frac{M}{P})^d$는 실질화폐수요량이다)

- 소비함수   : $C = 100 + 0.6(Y - T)$
- 투자함수   : $I = 200 - 10r$
- 화폐수요함수   : $(\frac{M}{P})^d = Y - 100r$
- $T = 1,000$, $M = 1,000$, $P = 2$

① 200   ② 300

③ 400   ④ 500

제3편

출제이슈 $IS-LM$ 균형 계산
핵심해설   정답 ①

IS 곡선과 LM 곡선의 산식은 다음과 같다.

1) IS 곡선

① IS 곡선은 생산물 시장의 균형조건식에서 도출된다.

② $Y^D = Y^S$ $\therefore a + bY + I_0 + cr + G_0 = Y$ $\therefore r = \dfrac{(1-b)}{c}Y - \dfrac{(a + I_0 + G_0)}{c}$

2) LM 곡선

① LM 곡선은 화폐시장의 균형조건식에서 도출된다.

② $\dfrac{M^D}{P} = \dfrac{M^S}{P}$ $\therefore kY - lr = \dfrac{M_0}{P}$ $\therefore r = \dfrac{k}{l}Y - \dfrac{M_0}{Pl}$

위의 IS 곡선과 LM 곡선의 방정식에 설문의 자료를 대입하면 다음과 같다.

먼저 정부지출이 600일 때, $IS-LM$ 균형을 통해 균형국민소득을 구하면 다음과 같다.

1) IS 곡선의 방정식
$100 + 0.6(Y - 1,000) + 200 - 10r + 600 = Y$ 따라서 정리하면, $r = 30 - 0.04Y$가 된다.

2) LM 곡선의 방정식
$Y - 100r = \dfrac{1,000}{2}$ 따라서 정리하면, $Y = 100r + 500$이 된다.

3) $IS-LM$ 균형
위의 두 식을 연립하여 풀면 $Y=700$이 된다.

이제 정부지출이 700으로 증가할 때, $IS-LM$ 균형을 통해 균형국민소득을 구하면 다음과 같다.

1) IS 곡선
$100+0.6(Y-1,000)+200-10r+700=Y$ 따라서 정리하면, $r=40-0.04Y$가 된다.

2) LM 곡선
$Y-100r=\dfrac{1,000}{2}$ 따라서 정리하면, $Y=100r+500$이 된다.

3) $IS-LM$ 균형
위의 두 식을 연립하여 풀면 $Y=900$이 된다.

따라서 위의 내용에 의하면, 정부지출이 600에서 700으로 증가하면, 총소득은 700에서 900으로 200만큼 증가함을 알 수 있다.

IS-LM 모형과 재정정책

1 **정부지출 증가의 효과**: 국민소득 증가, 이자율 상승 　2018 국9

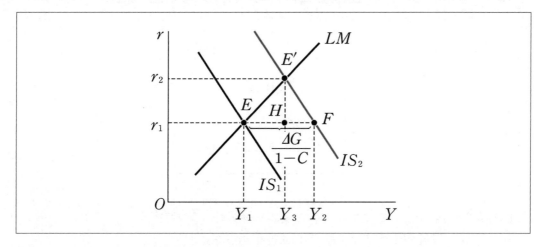

1) 확장적 통화정책과 달리 정책의 집행에 긴 시간이 소요될 수 있다.

2) 확장적 재정정책을 통해 이자율이 상승, 원화가치가 상승하여 수출에 부정적 효과를 준다.

2 **구축효과** 　2015 국7

1) 정부지출의 증가가 이자율을 상승시켜 투자와 국민소득을 감소시키는 효과를 의미한다.

2) IS곡선이 가파를수록, LM곡선이 완만할수록 구축효과는 작다.

3 **재정정책의 유효성과 IS, LM곡선의 기울기** 　2014 국9　　2011 지7

1) IS곡선이 가파를수록 구축효과는 작고 재정정책의 효과는 크다.

① IS곡선의 기울기: $\dfrac{(1-b)}{c}$ (b: 한계소비성향, c: 투자의 이자율탄력성)

② 투자의 이자율탄력성이 작을수록 IS곡선은 가파르다.

③ 한계소비성향이 작을수록 IS곡선은 가파르다.

2) LM곡선이 완만할수록 구축효과는 작고 재정정책의 효과는 크다.

① LM곡선의 기울기: $\dfrac{k}{l}$ (k: 화폐수요의 소득탄력성, l: 화폐수요의 이자율탄력성)

② 화폐수요(거래적 수요)의 소득탄력성이 작을수록 LM곡선은 완만하다.

③ 화폐수요(투기적 수요)의 이자율탄력성이 클수록 LM곡선은 완만하다.

16384

ISSUE 문제

01 2018년 국가직 9급

A국에서는 IS, LM 곡선이 만나는 점 B에서 균형을 이루고 있다. A국 정부가 정부지출을 증가시켰을 때, 총수요에 대한 정부지출 증대 효과에 대한 설명으로 옳지 않은 것은?

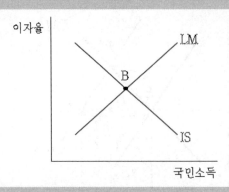

① 정부지출승수가 클수록 정부지출 증대 효과가 커진다.
② 한계소비성향이 클수록 정부지출 증대 효과가 커진다.
③ 투자의 이자율탄력성이 클수록 정부지출 증대 효과가 적어진다.
④ 화폐수요의 이자탄력성이 클수록 정부지출 증대 효과가 적어진다.

출제이슈 재정정책의 효과
핵심해설 정답 ④

재정정책의 효과로서 승수효과와 이를 상쇄하는 구축효과는 다음과 같다.

1) 정부지출이 증가하는 경우 IS곡선이 우측으로 이동하여 균형국민소득이 증가, 이자율은 상승한다.

2) 한편, 정부지출 증가는 이자율을 상승시켜 투자와 국민소득을 감소시키는데, 이를 구축효과라고 한다. 이러한 구축효과는 IS곡선이 가파를수록, LM곡선이 완만할수록 작으므로 정부지출의 효과가 커진다.

3) IS곡선과 재정정책의 효과: IS곡선이 가파를수록 구축효과는 작고 재정정책의 효과는 크다.
① IS곡선의 기울기 $\dfrac{(1-b)}{c}$ (b: 한계소비성향, c: 투자의 이자율탄력성)
② 투자의 이자율탄력성이 작을수록 IS곡선은 가파르다.

4) LM곡선과 재정정책의 효과: LM곡선이 완만할수록 구축효과는 작고 재정정책의 효과는 크다.
① LM곡선의 기울기 $\dfrac{k}{l}$ (k: 화폐수요의 소득탄력성, l: 화폐수요의 이자율탄력성)
② 화폐수요(거래적 수요)의 소득탄력성이 작을수록 LM곡선은 완만하다.
③ 화폐수요(투기적 수요)의 이자율탄력성이 클수록 LM곡선은 완만하다.

위의 내용에 따라서 설문의 내용을 검토하면 다음과 같다.

① 옳은 내용이다.
정부지출승수는 정부지출 증가의 효과로서 승수효과를 나타내는 것으로서 정부지출승수가 클수록 정부지출 증대 효과는 커진다.

② 옳은 내용이다.
정부지출승수는 한계소비성향이 클수록 커진다. 따라서 한계소비성향이 클수록 정부지출 증대의 효과는 커진다.

③ 옳은 내용이다.
정부지출 증가는 이자율을 상승시켜 투자와 국민소득을 감소시키는데, 이를 구축효과라고 한다. 이러한 구축효과는 IS곡선이 가파를수록, LM곡선이 완만할수록 작으므로 정부지출의 효과가 커진다. 투자의 이자율탄력성이 클수록 IS곡선이 완만해지며, 구축효과가 커지기 때문에 정부지출 증대의 효과는 줄어들게 된다.

④ 틀린 내용이다.
화폐수요의 이자탄력성이 클수록 LM곡선이 완만해져서 구축효과는 작으므로 정부지출의 효과가 커진다. 따라서 틀린 내용이다.

02 2011년 지방직 7급

생산물시장의 균형을 나타내는 IS곡선과 화폐시장의 균형을 나타내는 LM곡선을 활용한 폐쇄경제 하의 $IS-LM$모형에서 재정정책이 가장 효과적인 경우는?

① 투자적 화폐수요가 이자율에 탄력적이고, 투자가 이자율에 탄력적일 때
② 투자적 화폐수요가 이자율에 탄력적이고, 투자가 이자율에 비탄력적일 때
③ 투자적 화폐수요가 이자율에 비탄력적이고, 투자가 이자율에 탄력적일 때
④ 투자적 화폐수요가 이자율에 비탄력적이고, 투자가 이자율에 비탄력적일 때

출제이슈 재정정책의 효과
핵심해설 정답 ②

재정정책의 효과로서 승수효과와 이를 상쇄하는 구축효과는 다음과 같다.

1) 정부지출 증가는 이자율을 상승시켜 투자와 국민소득을 감소시키는데, 이를 구축효과라고 한다. 이러한 구축효과는 IS곡선이 가파를수록, LM곡선이 완만할수록 작으므로 정부지출의 효과가 커진다.

2) IS곡선과 재정정책의 효과: IS곡선이 가파를수록 구축효과는 작고 재정정책의 효과는 크다.
① IS곡선의 기울기 $\dfrac{(1-b)}{c}$ (b: 한계소비성향, c: 투자의 이자율탄력성)
② 투자의 이자율탄력성이 작을수록 IS곡선은 가파르다.
③ 한계소비성향이 작을수록 IS곡선은 가파르다.

3) LM곡선과 재정정책의 효과: LM곡선이 완만할수록 구축효과는 작고 재정정책의 효과는 크다.
① LM곡선의 기울기 $\dfrac{k}{l}$ (k: 화폐수요의 소득탄력성, l: 화폐수요의 이자율탄력성)
② 화폐수요(거래적 수요)의 소득탄력성이 작을수록 LM곡선은 완만하다.
③ 화폐수요(투기적 수요)의 이자율탄력성이 클수록 LM곡선은 완만하다.

위의 내용에 따라서 설문의 내용을 검토하면 다음과 같다.

재정정책의 효과가 가장 효과적이기 위해서는 IS곡선이 가파르고 LM곡선이 완만한 경우라야 한다.
이때, 투자의 이자율탄력성과 한계소비성향이 작을수록 IS곡선이 가파르다.
화폐수요(거래적 수요)의 소득탄력성이 작을수록, 화폐수요(투기적 수요)의 이자율탄력성이 클수록 LM곡선은 완만하다.
따라서 ② 투자적(투기적) 화폐수요가 이자율에 대해 탄력적이고 투자가 이자율에 대해 비탄력적일 때가 해당한다.

03 2015년 국가직 7급

$IS-LM$ 모형 하에서 재정지출 확대에 따른 구축효과(crowding-out effect)에 대한 설명으로 옳지 않은 것은?

① 다른 조건이 일정한 경우 LM곡선의 기울기가 커질수록 구축효과는 커진다.
② 다른 조건이 일정한 경우 투자의 이자율탄력성이 낮을수록 구축효과는 커진다.
③ 다른 조건이 일정한 경우 화폐수요의 이자율탄력성이 낮을수록 구축효과는 커진다.
④ 다른 조건이 일정할 경우 한계소비성향이 클수록 구축효과는 커진다.

출제이슈 재정정책의 효과
핵심해설 정답 ②

재정정책의 효과로서 승수효과와 이를 상쇄하는 구축효과는 다음과 같다.

1) 정부지출 증가는 이자율을 상승시켜 투자와 국민소득을 감소시키는데, 이를 구축효과라고 한다. 이러한 구축효과는 IS곡선이 가파를수록, LM곡선이 완만할수록 작으므로 정부지출의 효과가 커진다.

2) IS곡선과 구축효과: IS곡선이 가파를수록 구축효과는 작고 재정정책의 효과는 크다.
① IS곡선의 기울기 $\dfrac{(1-b)}{c}$ (b : 한계소비성향, c : 투자의 이자율탄력성)
② 투자의 이자율탄력성이 작을수록 IS곡선은 가파르다.
③ 한계소비성향이 작을수록 IS곡선은 가파르다.

3) LM곡선과 구축효과: LM곡선이 완만할수록 구축효과는 작고 재정정책의 효과는 크다.
① LM곡선의 기울기 $\dfrac{k}{l}$ (k : 화폐수요의 소득탄력성, l : 화폐수요의 이자율탄력성)
② 화폐수요(거래적 수요)의 소득탄력성이 작을수록 LM곡선은 완만하다.
③ 화폐수요(투기적 수요)의 이자율탄력성이 클수록 LM곡선은 완만하다.

위의 내용에 따라서 설문의 내용을 검토하면 다음과 같다.

구축효과가 가장 커지는 경우는 IS곡선이 완만하고 LM곡선이 가파른 경우(①)라야 한다.
이때, 투자의 이자율탄력성과 한계소비성향이 클수록(④) IS곡선이 완만하다.
그리고 화폐수요(거래적 수요)의 소득탄력성이 클수록, 화폐수요(투기적 수요)의 이자율탄력성이 작을수록(③) LM곡선은 가파르다. 따라서 ② 투자가 이자율에 대해 비탄력적일 때는 구축효과가 작고 재정정책의 효과가 큰 경우이므로 틀린 내용이다.

04 2014년 국가직 7급

A국이 B국에 비해 투자의 이자율에 대한 반응이 더욱 민감할 때, 양국이 같은 규모로 정부지출을 증가시킬 경우 옳은 것은? (단, 투자의 이자율에 대한 반응 정도를 제외한 다른 조건은 양국 모두 동일하다)

① 양국 모두 국민소득이 감소하고, A국이 B국에 비해 국민소득이 더 큰 폭으로 감소한다.
② 양국 모두 국민소득이 감소하고, B국이 A국에 비해 국민소득이 더 큰 폭으로 감소한다.
③ 양국 모두 국민소득이 증가하고, A국이 B국에 비해 국민소득이 더 큰 폭으로 증가한다.
④ 양국 모두 국민소득이 증가하고, B국이 A국에 비해 국민소득이 더 큰 폭으로 증가한다.

출제이슈 재정정책의 효과
핵심해설 정답 ④

재정정책의 효과로서 승수효과와 이를 상쇄하는 구축효과는 다음과 같다.

1) 정부지출 증가는 이자율을 상승시켜 투자와 국민소득을 감소시키는데, 이를 구축효과라고 한다. 이러한 구축효과는 IS곡선이 가파를수록, LM곡선이 완만할수록 작으므로 정부지출의 효과가 커진다.

2) IS곡선과 재정정책의 효과 : IS곡선이 가파를수록 구축효과는 작고 재정정책의 효과는 크다.
① IS곡선의 기울기 $\dfrac{(1-b)}{c}$ (b : 한계소비성향, c : 투자의 이자율탄력성)
② 투자의 이자율탄력성이 작을수록 IS곡선은 가파르다.
③ 한계소비성향이 작을수록 IS곡선은 가파르다.

3) LM곡선과 재정정책의 효과 : LM곡선이 완만할수록 구축효과는 작고 재정정책의 효과는 크다.
① LM곡선의 기울기 $\dfrac{k}{l}$ (k : 화폐수요의 소득탄력성, l : 화폐수요의 이자율탄력성)
② 화폐수요(거래적 수요)의 소득탄력성이 작을수록 LM곡선은 완만하다.
③ 화폐수요(투기적 수요)의 이자율탄력성이 클수록 LM곡선은 완만하다.

위의 내용에 따라서 설문의 내용을 검토하면 다음과 같다.

설문에서 A국이 B국에 비해 투자의 이자율에 대한 반응이 더욱 민감하다는 것은 다음을 의미한다.

A국은 B국에 비해 IS곡선이 상대적으로 완만하고 재정정책의 효과가 상대적으로 작고 B국은 A국에 비해 IS곡선이 상대적으로 가파르고 재정정책의 효과가 상대적으로 크다.

따라서 정부지출을 늘리는 확대재정정책에 의해서 양국 모두 소득은 증가하지만, B국이 A국에 비해 재정정책의 효과가 더 크기 때문에 상대적으로 소득증가폭이 더 크다고 할 수 있다.

IS-LM 모형과 통화정책

제3편

1 통화량 증가의 효과: 국민소득 증가, 이자율 하락 [2016 서7] [2013 지7]

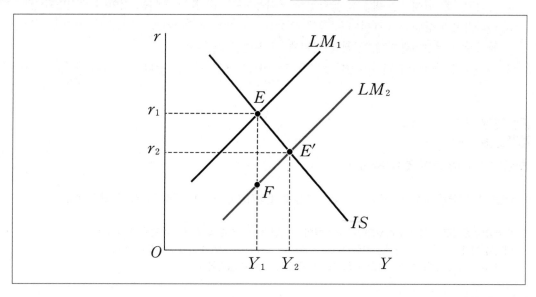

1) 확장적 재정정책과 달리 정책의 집행에 긴 시간이 소요되지는 않지만, 전달에 시간이 소요될 수 있다.

2) 확장적 통화정책을 통해 이자율이 하락, 투자가 증가하여 총수요가 증가한다. [2018 국7]

3) 확장적 통화정책을 통해 이자율이 하락, 원화가치 하락, 순수출이 증가하여 총수요가 증가한다.

2 통화정책의 유효성과 IS, LM곡선의 기울기 [2020 국7] [2015 서7]

1) IS곡선이 완만할수록 통화정책의 효과는 크다.

　① IS곡선의 기울기: $\dfrac{(1-b)}{c}$ (b: 한계소비성향, c: 투자의 이자율탄력성)

　② 투자의 이자율탄력성이 클수록 IS곡선은 완만하다.

　③ 한계소비성향이 클수록 IS곡선은 완만하다.

2) LM곡선이 가파를수록 통화정책의 효과는 크다.

　① LM곡선의 기울기: $\dfrac{k}{l}$ (k: 화폐수요의 소득탄력성, l: 화폐수요의 이자율탄력성)

　② 화폐수요(거래적 수요)의 소득탄력성이 클수록 LM곡선은 가파르다.

　③ 화폐수요(투기적 수요)의 이자율탄력성이 작을수록 LM곡선은 가파르다.

ISSUE 문제 📝

01 2016년 서울시 7급

확장적 통화정책의 효과에 대한 서술 중 가장 옳은 것은?

① 경기회복을 위해서는 확장적 통화정책을 사용하여 이자율을 높이는 것이 효과적이다.
② 원화가치의 상승을 초래하여 수출에 부정적으로 작용할 수 있다.
③ 확장적 재정정책과 달리 정책의 집행에 긴 시간이 소요된다.
④ 이자율이 하락하여 민간지출이 증가함으로써 경기회복에 기여한다.

출제이슈 통화정책의 효과
핵심해설 정답 ④

통화정책의 효과를 분석하면 다음과 같다.

1) 확장적 통화정책을 통해 LM곡선이 우측으로 이동하여 이자율이 하락하고 균형국민소득은 증가한다.

① 통화량의 증가로 인하여 화폐시장에서 이자율이 하락하여 실물부분의 소비와 투자가 증가한다.
② 이자율 하락은 또한 원화가치를 하락시키고 환율 상승을 가져와 순수출이 증가하도록 한다.
③ 투자 증가 및 순수출 증가로 수요가 증가하여 균형국민소득은 증가한다.

2) 기하적 분석

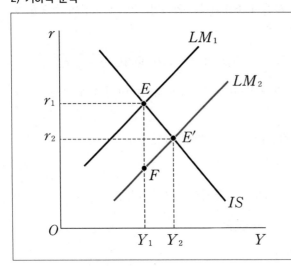

① 통화량 증가 → 화폐시장에서 이자율 하락
② 이자율 하락 → 생산물시장에서 소비, 투자수요 증가(생산물시장의 초과수요)
③ 투자수요 증가 → 국민소득 증가
④ 국민소득 증가 → 화폐수요 증가
⑤ 화폐수요 증가 → 이자율 상승
 → 앞에서의 이자율 하락을 일정 부분 상쇄
⑥ 이자율 상승 → 투자수요 감소
⑦ 투자수요 감소
 → 앞에서의 국민소득 증가를 일정 부분 상쇄
⑧ 새로운 균형 E'에 도달(국민소득증가, 이자율 하락)

위의 내용에 따라서 설문의 내용을 검토하면 다음과 같다.

① 틀린 내용이다.
경기회복을 위해서는 확장적 통화정책을 사용하여 이자율을 낮춰서 투자가 늘어나면서 총수요로 이어지도록 하는 것이 효과적이다.

② 틀린 내용이다.

확장적 통화정책에 의하여 이자율이 하락하면 자본이 해외로 유출되면서 환율이 상승하고 원화가치가 하락하여 수출에 긍정적으로 작용할 수 있다.

③ 틀린 내용이다.

확장적 통화정책은 확장적 재정정책과 달리 정책의 집행에 긴 시간이 소요되지 않는다. 다만, 그 전달이 불확실하고 긴 시간이 소요될 수 있다. 정책의 시차에는 내부시차와 외부시차가 있다. 내부시차(inside lag)는 정책의 필요성을 인지하고 적절한 정책을 시행하는 데 걸리는 시간으로서 일반적으로 재정정책의 경우 내부시차가 상대적으로 길다. 외부시차(outside lag)는 정책이 시행된 후 기대되는 효과가 발생하는 데 걸리는 시간으로서 일반적으로 통화정책의 경우 외부시차가 상대적으로 길다.

④ 옳은 내용이다.

확장적 통화정책으로 이자율이 하락하면 민간의 소비와 투자가 증가하여 경기회복에 기여할 수 있다.

02 2015년 서울시 7급

통화정책의 단기효과에 대한 설명 중 옳은 것은?

① 화폐수요의 이자율탄력성이 클수록 통화정책의 효과가 크다.
② 투자의 이자율탄력성이 클수록 통화정책의 효과가 크다.
③ 임금조정의 신축성이 클수록 통화정책의 효과가 크다.
④ 한계소비성향이 작을수록 통화정책의 효과가 크다.

출제이슈 통화정책의 효과
핵심해설 정답 ②

통화정책의 효과는 다음과 같다.

1) 확장적 통화정책을 통해 LM곡선이 우측으로 이동하여 이자율이 하락하고 균형국민소득은 증가한다.

① 통화량의 증가로 인하여 화폐시장에서 이자율이 하락하여 실물부분의 소비 및 투자가 증가한다.
② 이자율 하락은 또한 원화가치를 하락시키고 환율 상승을 가져와 순수출이 증가하도록 한다.
③ 투자 증가 및 순수출 증가로 수요가 증가하여 균형국민소득은 증가한다.

2) IS곡선과 통화정책의 효과 : IS곡선이 완만할수록 통화정책의 효과는 크다.
① IS곡선의 기울기 $\dfrac{(1-b)}{c}$ (b : 한계소비성향, c : 투자의 이자율탄력성)
② 투자의 이자율탄력성이 클수록 IS곡선은 완만하다.
③ 한계소비성향이 클수록 IS곡선은 완만하다.

3) LM곡선과 통화정책의 효과 : LM곡선이 가파를수록 통화정책의 효과는 크다.
① LM곡선의 기울기 $\dfrac{k}{l}$ (k : 화폐수요의 소득탄력성, l : 화폐수요의 이자율탄력성)
② 화폐수요(거래적 수요)의 소득탄력성이 클수록 LM곡선은 가파르다.
③ 화폐수요(투기적 수요)의 이자율탄력성이 작을수록 LM곡선은 가파르다.

위의 내용에 따라서 설문의 내용을 검토하면 다음과 같다.

① 틀린 내용이다.
화폐수요의 이자율탄력성이 작을수록 LM곡선은 가파르고 통화정책의 효과가 크다. 화폐수요의 이자율탄력성이 작으면 화폐시장에서 화폐공급이 증가할 경우 이자율 하락의 폭이 매우 크게 된다. 따라서 이자율의 큰 하락은 투자의 큰 증가를 가져와서 소득을 크게 늘릴 수 있어서 통화정책의 효과가 큼을 의미한다.

② 옳은 내용이다.
투자의 이자율탄력성이 클수록 IS곡선은 완만하고 통화정책의 효과가 크다. 투자의 이자율탄력성이 크면 화폐시장에서 화폐공급이 증가할 경우 이자율 하락으로 인한 투자증가의 폭이 매우 크게 된다. 따라서 이자율의 하락은 투자의 큰 증가를 가져와서 소득을 크게 늘릴 수 있어서 통화정책의 효과가 큼을 의미한다.

③ 틀린 내용이다.

임금조정의 신축성이 클수록 총공급곡선이 수직에 가까워지며 이 경우에는 통화정책과 같은 총수요관리정책의 효과가 작다. 반대로 임금조정이 원활치 않아서 임금이 경직성을 보일 경우 총공급곡선이 우상향하는 모습을 보이며 이 경우 총수요관리정책의 효과는, 학파에 따라 견해는 다르지만, 어느 정도 유효할 수 있다.

④ 틀린 내용이다.

한계소비성향이 작을수록 IS곡선은 가파르고 통화정책의 효과가 작다. 확대통화정책으로 이자율이 하락하면, 재화시장에서 투자가 촉진되어 총수요와 소득이 증가한다. 이에 따라서 거래적 화폐수요가 증가하면서 하락한 이자율이 일부 다시 상승하게 된다. 이때 소득이 대폭 증가하고 거래적 화폐수요도 크게 증가하고 이자율도 상승하는 것은 IS곡선이 완만할수록 가능해진다. 반대로 IS곡선이 가파를수록 소득이 소폭 증가하게 되어 통화정책의 효과가 작음을 나타낸다. 이자율 하락에 따라 소득이 증가하는 과정에서 한계소비성향이 작을수록 소득 증가에 제약이 걸리게 되어 통화정책의 유효성을 저해하게 되는 메카니즘이다. IS곡선이 가파른 것은 한계소비성향이 작음을 나타내는 것은 주지의 사실이다.

03 2018년 국가직 7급

다음은 통화정책의 전달 경로를 나타낸 것이다. 이에 대한 설명으로 옳은 것은?

> 통화량 변화 → 이자율 변화 → 투자 변화 → 총수요 변화 → 국민소득 변화

① 화폐수요의 이자율탄력성이 클수록 정책효과가 크다.
② 투자의 이자율탄력성이 클수록 정책효과가 작다.
③ IS곡선이 수평선에 가까울수록 정책효과가 크다.
④ 한계소비성향이 클수록 정책효과가 작다.

출제이슈 통화정책의 효과
핵심해설 정답 ③

통화정책의 효과는 다음과 같다.

1) 확장적 통화정책을 통해 LM곡선이 우측으로 이동하여 이자율이 하락하고 균형국민소득은 증가한다.

① 통화량의 증가로 인하여 화폐시장에서 이자율이 하락하여 실물부분의 투자가 증가한다.
② 이자율 하락은 또한 원화가치를 하락시키고 환율 상승을 가져와 순수출이 증가하도록 한다.
③ 투자 증가 및 순수출 증가로 수요가 증가하여 균형국민소득은 증가한다.

2) IS곡선과 통화정책의 효과: IS곡선이 완만할수록 통화정책의 효과는 크다.

① IS곡선의 기울기 $\dfrac{(1-b)}{c}$(b: 한계소비성향, c: 투자의 이자율탄력성)
② 투자의 이자율탄력성이 클수록 IS곡선은 완만하다.
③ 한계소비성향이 클수록 IS곡선은 완만하다.

3) LM곡선과 통화정책의 효과: LM곡선이 가파를수록 통화정책의 효과는 크다.

① LM곡선의 기울기 $\dfrac{k}{l}$(k: 화폐수요의 소득탄력성, l: 화폐수요의 이자율탄력성)
② 화폐수요(거래적 수요)의 소득탄력성이 클수록 LM곡선은 가파르다.
③ 화폐수요(투기적 수요)의 이자율탄력성이 작을수록 LM곡선은 가파르다.

위의 내용에 따라서 설문의 내용을 검토하면 다음과 같다.

① 틀린 내용이다.
화폐수요의 이자율탄력성이 작을수록 LM곡선은 가파르고 통화정책의 효과가 크다. 화폐수요의 이자율탄력성이 작으면 화폐시장에서 화폐공급이 증가할 경우 이자율 하락의 폭이 매우 크게 된다. 따라서 이자율의 큰 하락은 투자의 큰 증가를 가져와서 소득을 크게 늘릴 수 있어서 통화정책의 효과가 큼을 의미한다.

② 틀린 내용이다.
투자의 이자율탄력성이 클수록 IS곡선은 완만하고 통화정책의 효과가 크다. 투자의 이자율탄력성이 크면 화폐시장에서 화폐공급이 증가할 경우 이자율 하락으로 인한 투자증가의 폭이 매우 크게 된다. 따라서 이자율의 하락은 투자의 큰 증가를 가져와서 소득을 크게 늘릴 수 있어서 통화정책의 효과가 큼을 의미한다.

③ 옳은 내용이다.

*IS*곡선이 수평선에 가까울수록 통화정책 효과가 크다. 선지 ②에서 투자의 이자율탄력성이 클수록 ④에서 한계소비성향이 클수록 *IS*곡선은 완만하고 극단적으로 수평선에 가까울수록 통화정책의 효과는 크게 나타난다. 자세한 메커니즘은 ②와 ④의 설명을 참고하라.

④ 틀린 내용이다. 한계소비성향이 클수록 통화정책효과가 크므로 틀린 지문이다.

한계소비성향이 클수록 *IS*곡선은 완만하고 통화정책의 효과가 크다. 확대통화정책으로 이자율이 하락하면, 재화시장에서 투자가 촉진되어 총수요와 소득이 증가한다. 이에 따라서 거래적 화폐수요가 증가하면서 하락한 이자율이 일부 다시 상승하게 된다. 이때 소득이 대폭 증가하고 거래적 화폐수요도 크게 증가하고 이자율도 상승하는 것은 *IS*곡선이 완만할수록 가능해진다. 반대로 *IS*곡선이 가파를수록 소득이 소폭 증가하게 되어 통화정책의 효과가 작음을 나타낸다. 이자율 하락에 따라 소득이 증가하는 과정에서 한계소비성향이 작을수록 소득 증가에 제약이 걸리게 되어 통화정책의 유효성을 저해하게 되는 메커니즘이다. *IS*곡선이 가파른 것은 한계소비성향이 작음을 나타내는 것은 주지의 사실이다.

제3편

04 2020년 국가직 7급

$IS-LM$ 모형에서 확장적 통화정책에 대한 설명이다. ㉠, ㉡에 들어갈 내용으로 옳게 짝지은 것은? (단, IS 곡선은 우하향, LM 곡선은 우상향한다)

- IS 곡선의 기울기가 완만할수록 확장적 통화정책으로 인한 국민소득의 증가폭이 (㉠).
- LM 곡선의 기울기가 완만할수록 확장적 통화정책으로 인한 국민소득의 증가폭이 (㉡).

	㉠	㉡
①	커진다	커진다
②	커진다	작아진다
③	작아진다	커진다
④	작아진다	작아진다

출제이슈 통화정책의 효과
핵심해설 정답 ②

통화정책의 효과는 다음과 같다.

1) 확장적 통화정책을 통해 LM곡선이 우측으로 이동하여 이자율이 하락하고 균형국민소득은 증가한다.

① 통화량의 증가로 인하여 화폐시장에서 이자율이 하락하여 실물부분의 소비 및 투자가 증가한다.
② 이자율 하락은 또한 원화가치를 하락시키고 환율 상승을 가져와 순수출이 증가하도록 한다.
③ 투자 증가 및 순수출 증가로 수요가 증가하여 균형국민소득은 증가한다.

2) IS곡선과 통화정책의 효과 : IS곡선이 완만할수록 통화정책의 효과는 크다.

① IS곡선의 기울기 $\frac{(1-b)}{c}$ (b : 한계소비성향, c : 투자의 이자율탄력성)
② 투자의 이자율탄력성이 클수록 IS곡선은 완만하다.
③ 한계소비성향이 클수록 IS곡선은 완만하다.

3) LM곡선과 통화정책의 효과 : LM곡선이 가파를수록 통화정책의 효과는 크다.

① LM곡선의 기울기 $\frac{k}{l}$ (k : 화폐수요의 소득탄력성, l : 화폐수요의 이자율탄력성)
② 화폐수요(거래적 수요)의 소득탄력성이 클수록 LM곡선은 가파르다.
③ 화폐수요(투기적 수요)의 이자율탄력성이 작을수록 LM곡선은 가파르다.

위의 내용에 따라서 설문의 내용을 검토하면 다음과 같다.

- IS 곡선의 기울기가 완만할수록 확장적 통화정책으로 인한 국민소득의 증가폭이 (㉠ 커진다).
- LM 곡선의 기울기가 완만할수록 확장적 통화정책으로 인한 국민소득의 증가폭이 (㉡ 작아진다).

05 ｜2013년 지방직 7급｜

㉠~㉢에 들어갈 내용으로 옳은 것은?

> 정부가 경기침체 상황에 대응하여 확장적인 통화정책을 실시하려고 한다. 폐쇄경제에서 우하향하는 *IS*곡선을 갖는 경제를 가정할 때, 다른 조건이 일정하다면 단기적으로 총생산은 (㉠)하며, 물가는 (㉡)하고, 금리는 (㉢)할 것이라는 예측이 가능하다.

	㉠	㉡	㉢
①	증가	하락	상승
②	증가	상승	하락
③	감소	상승	하락
④	감소	하락	상승

출제이슈 통화정책의 효과
핵심해설 정답 ②

통화정책의 효과를 분석하면 다음과 같다.

1) 확장적 통화정책을 통해 *LM*곡선이 우측으로 이동하여 이자율이 하락하고 균형국민소득은 증가한다.

① 통화량의 증가로 인하여 화폐시장에서 이자율이 하락하여 실물부분의 소비와 투자가 증가한다.
② 이자율 하락은 또한 원화가치를 하락시키고 환율 상승을 가져와 순수출이 증가하도록 한다.
③ 투자 증가 및 순수출 증가로 수요가 증가하여 균형국민소득은 증가한다.

2) 기하적 분석

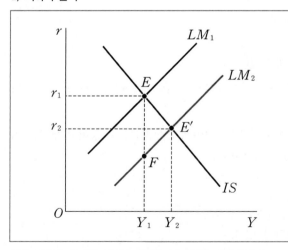

① 통화량 증가 → 화폐시장에서 이자율 하락
② 이자율 하락 → 생산물시장에서 투자수요 증가
   (생산물시장의 초과수요)
③ 투자수요 증가 → 국민소득 증가
④ 국민소득 증가 → 화폐수요 증가
⑤ 화폐수요 증가 → 이자율 상승
   → 앞에서의 이자율 하락을 일정 부분 상쇄
⑥ 이자율 상승 → 투자수요 감소
⑦ 투자수요 감소
   → 앞에서의 국민소득 증가를 일정 부분 상쇄
⑧ 새로운 균형 *E′*에 도달(국민소득증가, 이자율 하락)

위의 내용에 따라서 설문의 내용을 검토하면 다음과 같다.

확장적 통화정책이 실시될 경우 이자율이 하락함에 따라 투자가 증가하여 총수요가 증가하므로 총생산은 증가한다. *IS*-*LM* 모형은 물가의 경직성을 가정하지만, 만일 물가가 변동한다고 할 경우 확장적 통화정책으로 총수요가 증가하므로 물가는 상승한다.

재정 · 통화정책의 상대적 유효성 및 학파별 견해

ISSUE 05

1 $IS-LM$ 모형과 재정 및 통화정책의 상대적 유효성 2017 국9 2016 서7 2012 국7

구 분	재정정책이 상대적으로 유효	통화정책이 상대적으로 유효
IS곡선의 기울기 $\dfrac{(1-b)}{c}$	$(1-b)$ 클수록, b 작을수록 c 작을수록	$(1-b)$ 작을수록, b 클수록 c 클수록
LM곡선의 기울기 $\dfrac{k}{l}$	k 작을수록 l 클수록	k 클수록 l 작을수록

1) 확대재정정책은 정부재정적자 누적 문제를 고려할 필요가 있다.

2) 재정정책은 또한 리카도 동등성 정리 및 항상소득가설의 문제도 중요하다.

3) 확대통화정책은 통화량 증대 및 인플레이션 문제를 고려할 필요가 있다.

4) 통화정책은 또한 재량·준칙의 문제, 통화량 준칙·이자율 준칙의 문제도 중요하다.

2 정책 믹스 2019 서7 2012 지7

1) 확대재정정책과 확대통화정책은 이자율에 미치는 영향이 상이하다.

2) 어느 한 정책이 이자율·소득에 미치는 영향을 줄이려고 한다면 정책혼합(Mix)도 가능하다.

3 케인즈학파

1) 재정정책은 효과가 크지만, 통화정책은 효과가 없다.

2) 정부지출 증가는 승수효과를 통해 국민소득을 증가시키지만 통화량 증가는 이자율만 하락시키고 국민소득에 영향을 주지 못한다.

3) 극단적인 경우, 화폐수요는 이자율에 대하여 완전탄력적이어서 LM곡선은 수평이고 투자는 이자율에 대하여 완전비탄력적이어서 IS곡선은 수직이다.

4 통화주의학파

1) 통화정책은 효과가 크지만, 재정정책은 효과가 없다.

2) 정부지출 증가는 이자율을 상승시켜 구축되므로 국민소득을 증가시키지 못하지만, 통화량 증가는 이자율을 하락시켜 투자를 증가시키므로 국민소득을 증가시킨다.

3) 극단적인 경우, 화폐수요는 이자율에 대하여 완전비탄력적이어서 LM곡선은 수직이고 투자는 이자율에 대하여 완전탄력적이어서 IS곡선은 수평이다.

ISSUE 문제 📝

01 | 2016년 서울시 7급

재정정책과 통화정책에 대한 설명으로 가장 옳은 것은?

① 투자가 이자율 변화에 민감하면, 그렇지 않을 때보다 재정정책의 효과가 감소한다.
② 화폐수요가 이자율 변화에 민감하면, 그렇지 않을 때보다 재정정책의 효과가 감소한다.
③ 화폐수요가 이자율 변화에 둔감하면, 그렇지 않을 때보다 통화정책의 효과가 감소한다.
④ 투자가 이자율 변화에 둔감하면, 그렇지 않을 때보다 통화정책의 효과가 증가한다.

출제이슈 재정정책 및 통화정책의 효과
핵심해설 정답 ①

$IS-LM$ 모형에 따른 재정정책과 통화정책의 효과는 IS, LM 곡선의 기울기에 따라 달라질 수 있으며, 이는 다음과 같이 구분할 수 있다.

구 분	재정정책이 상대적으로 유효	통화정책이 상대적으로 유효
IS곡선의 기울기 $\dfrac{(1-b)}{c}$	$\dfrac{(1-b) \text{ 클수록, } b \text{ 작을수록}}{c \text{ 작을수록}}$	$\dfrac{(1-b) \text{ 작을수록, } b \text{ 클수록}}{c \text{ 클수록}}$
LM곡선의 기울기 $\dfrac{k}{l}$	$\dfrac{k \text{ 작을수록}}{l \text{ 클수록}}$	$\dfrac{k \text{ 클수록}}{l \text{ 작을수록}}$

먼저 재정정책의 경우 정책의 효과에 영향을 주는 요인은 다음과 같다.

1) IS곡선과 재정정책의 효과 : IS곡선이 가파를수록 구축효과는 작고 재정정책의 효과는 크다.

① IS곡선의 기울기 $\dfrac{(1-b)}{c}$ (b : 한계소비성향, c : 투자의 이자율탄력성)

② 투자의 이자율탄력성이 작을수록 IS곡선은 가파르다.
③ 한계소비성향이 작을수록 IS곡선은 가파르다.

2) LM곡선과 재정정책의 효과 : LM곡선이 완만할수록 구축효과는 작고 재정정책의 효과는 크다.

① LM곡선의 기울기 $\dfrac{k}{l}$ (k : 화폐수요의 소득탄력성, l : 화폐수요의 이자율탄력성)

② 화폐수요(거래적 수요)의 소득탄력성이 작을수록 LM곡선은 완만하다.
③ 화폐수요(투기적 수요)의 이자율탄력성이 클수록 LM곡선은 완만하다.

반면, 통화정책의 경우 정책의 효과에 영향을 주는 요인은 다음과 같다.

1) IS곡선과 통화정책의 효과 : IS곡선이 완만할수록 통화정책의 효과는 크다.

① IS곡선의 기울기 $\dfrac{(1-b)}{c}$ (b : 한계소비성향, c : 투자의 이자율탄력성)

② 투자의 이자율탄력성이 클수록 IS곡선은 완만하다.
③ 한계소비성향이 클수록 IS곡선은 완만하다.

2) *LM*곡선과 통화정책의 효과 : *LM*곡선이 가파를수록 통화정책의 효과는 크다.

① *LM*곡선의 기울기 $\frac{k}{l}$ (k : 화폐수요의 소득탄력성, l : 화폐수요의 이자율탄력성)

② 화폐수요(거래적 수요)의 소득탄력성이 클수록 *LM*곡선은 가파르다.

③ 화폐수요(투기적 수요)의 이자율탄력성이 작을수록 *LM*곡선은 가파르다.

위의 내용에 따라서 설문을 검토하면 다음과 같다.
(참고로 이 문제 이전의 다른 문제들에서 재정정책과 통화정책이 왜 여러 변수들에 의해서 그리고 어떻게 영향을 받는지 그 메커니즘을 자세히 설명하였으므로 반드시 같이 숙지해야 한다. 다만, 여기서는 기계적으로 결론만을 압축하여 제시하며 문제를 풀기로 한다.)

① 옳은 내용이다.
투자가 이자율변화에 민감하여 투자의 이자율탄력성이 클수록 *IS*곡선은 완만하다. 따라서 재정정책의 효과는 작고 통화정책의 효과는 크다.

② 틀린 내용이다.
화폐수요가 이자율 변화에 민감하여 화폐수요(투기적 수요)의 이자율탄력성이 클수록 *LM*곡선은 완만하다. 따라서 재정정책의 효과는 크고 통화정책의 효과는 작다.

③ 틀린 내용이다.
화폐수요가 이자율 변화에 둔감하여 화폐수요(투기적 수요)의 이자율탄력성이 작을수록 *LM*곡선은 가파르다. 따라서 재정정책의 효과는 작고 통화정책의 효과는 크다.

④ 틀린 내용이다.
투자가 이자율변화에 둔감하여 투자의 이자율탄력성이 작을수록 *IS*곡선은 가파르다. 따라서 재정정책의 효과는 크고 통화정책의 효과는 작다.

02 2019년 서울시 7급

경기부양을 위해 재정정책과 통화정책의 사용을 고려한다고 하자. 이와 관련된 서술로 가장 옳지 않은 것은?

① 두 정책의 상대적 효과는 소비와 투자 등 민간지출의 이자율탄력성 크기와 관련이 있다.
② 두 정책이 이자율에 미치는 영향은 동일하다.
③ 이자율에 미치는 영향을 줄이고자 한다면 두 정책을 함께 사용할 수 있다.
④ 두 정책 간의 선택에는 재정적자의 누적이나 인플레이션 중 상대적으로 어느 것이 더 심각한 문제일 지에 대한 고려가 필요하다.

제3편

출제이슈 재정정책 및 통화정책의 효과
핵심해설 정답 ②

설문을 검토하면 다음과 같다.

① 옳은 내용이다.
투자의 이자율탄력성이 작을수록 IS곡선은 가파르며 재정정책의 효과는 큰 반면, 통화정책의 효과는 작다. 반대로 투자의 이자율탄력성이 클수록 IS곡선은 완만하며 재정정책의 효과는 작은 반면, 통화정책의 효과는 크다. 따라서 두 정책의 상대적 효과는 소비, 투자 등의 이자율탄력성의 크기와 밀접한 관련이 있다.

② 틀린 내용이다.
경기부양을 위한 확대재정정책은 총수요를 진작시켜서 국민소득을 늘리고 이에 따라 화폐수요가 늘면서 이자율이 상승한다. 상승한 이자율로 인해서 투자가 감소하면서 앞서 증가했던 국민소득을 일정부분 상쇄한다. 결국 확대재정정책이 이자율에 미치는 영향에 국한해서 보면 이자율을 상승시킨다고 할 수 있다. 한편 경기부양을 위한 확대통화정책은 화폐시장에서 통화량 증대로 인해 이자율이 하락하고 이를 통해 실물부문의 투자가 증가하여 국민소득이 증가한다. 결국 확대통화정책이 이자율에 미치는 영향에 국한해서 보면 이자율을 하락시킨다고 할 수 있다. 따라서 두 정책이 이자율이 미치는 영향은 상이하다.

③ 옳은 내용이다.
앞에서 확대재정정책은 국민소득 증가와 이자율 상승을 가져오고 확대통화정책은 국민소득 증가와 이자율 하락을 가져온다. 따라서 두 정책을 동시에 사용할 경우, 이자율의 변화를 줄이면서 국민소득의 증가를 가져올 수 있다. 예를 들어 확대재정정책과 확대통화정책을 동시에 사용할 경우 확대재정정책에 의한 이자율 상승을 확대통화정책에 의한 이자율 하락으로 상쇄할 수 있기 때문에 이자율의 변화는 최소화시키면서도 국민소득은 큰 폭으로 증가시킬 수 있다.

④ 옳은 내용이다.
만일 재정적자의 누적이 심각한 상태라면, 경기부양을 위해서 확대재정정책을 사용하는 것이 쉽지 않을 것이다. 한편, 인플레이션이 심각한 상태라면, 경기부양을 위해서 확대통화정책을 사용하는 것이 어려울 수 있다. 만일 두 정책 중에 반드시 선택을 하여야만 하는 상황을 가정하면, 재정적자 누적 문제와 인플레이션 문제 중에서 어느 문제가 상대적으로 더 심각한지에 대한 정책적 판단이 선행되어야 한다.

03 2012년 국가직 7급

재정정책 및 금융정책의 효과에 대한 설명으로 옳은 것은?

① 단기 $IS-LM$ 분석 시 화폐수요가 이자율에 탄력적일수록 재정정책의 효과는 약해진다.
② 단기 $IS-LM$ 분석 시 투자가 이자율에 비탄력적일수록 통화정책의 효과는 강해진다.
③ 통화주의자들은 재량적 통화정책을 주장한다.
④ 풀(W. Poole)에 따르면 실물 부문보다 금융 부문의 불확실성이 클 때는 금융 정책의 지표로 이자율이 통화량보다 바람직하다.

출제이슈 재정정책 및 통화정책의 효과
핵심해설 정답 ④

설문을 검토하면 다음과 같다.

① 틀린 내용이다.
화폐수요가 이자율 변화에 민감하면, 그렇지 않을 때보다 재정정책의 효과는 커진다. 화폐수요가 이자율 변화에 민감하여 화폐수요(투기적 수요)의 이자율탄력성이 클수록 LM곡선은 완만하다. 따라서 재정정책의 효과는 크고 통화정책의 효과는 작다.

② 틀린 내용이다.
투자가 이자율 변화에 둔감하면, 그렇지 않을 때보다 통화정책의 효과는 작아진다. 투자가 이자율 변화에 둔감하여 투자의 이자율탄력성이 작을수록 IS곡선은 가파르다. 따라서 재정정책의 효과는 크고 통화정책의 효과는 작다.

재정정책과 통화정책의 상대적 유효성은 아래와 같이 간단히 정리할 수 있으니 참고하라.

구분	재정정책이 상대적으로 유효	통화정책이 상대적으로 유효
IS곡선의 기울기 $\dfrac{(1-b)}{c}$	$(1-b)$ 클수록, b 작을수록 c 작을수록	$(1-b)$ 작을수록, b 클수록 c 클수록
LM곡선의 기울기 $\dfrac{k}{l}$	k 작을수록 l 클수록	k 클수록 l 작을수록

③ 틀린 내용이다.
통화주의자들은 재량에 의한 통화정책이 경기변동을 오히려 심화시킨다고 비판하면서 준칙에 의한 통화정책을 주장한다.

④ 옳은 내용이다.
먼저 통화정책의 중간목표로는 이자율과 통화량을 대표적으로 들 수 있다. 통화당국은 공개시장 개입, 재할인율 조절 등과 같은 통화정책수단을 통해서 물가안정, 완전고용과 같은 정책목표를 달성하려고 한다. 그런데 문제는 이러한 통화정책수단들이 정책목표에 영향을 미치기까지는 상당히 시간이 걸린다는 것이다. 만일 상당한 시간이 흐른 후에도 정책목표가 달성되지 못한 문제점이 발견될 경우 정책수단을 재조정해야 하는데 이는 너무 늦은 것이다. 이와 같이 정책시차의 문제를 극복하기 위해서 통화정책수단과 정책목표 사이에 중간목표를 설정한다. 중간목표를 이용함으로써 통화당국은 통화정책이 올바른 방향으로 가고 있는지 여부를 신속하게 판단하고 정책방향을 재조정할 수 있다.

그런데 통화량과 이자율은 매우 밀접하게 관련이 되어 있어서 화폐시장에서 동시에 결정되므로 이 두 개를 각각 다른 값으로 동시에 통제할 수는 없으며 어느 하나를 선택해야 한다. 이때 중간목표의 선정과 관련하여 풀(W. Poole)에 따르면 실물과 화폐부문의 불안정성 정도에 따라 선정해야 한다고 하였다.

ⅰ) 실물부문이 불안정하여(예: 투자수요변화) 경기변동의 원인일 경우 통화량 목표가 우월
ⅱ) 화폐부문이 불안정하여(예: 화폐수요변화) 경기변동의 원인일 경우 이자율 목표가 우월

04 2017년 국가직 7급

$IS - LM$ 모형에서 재정정책과 통화정책에 대한 설명으로 옳은 것은?

① LM곡선이 수직선일 때, 재정정책은 통화정책보다 더 효과적이다.
② IS곡선의 기울기가 가파를수록 재정정책으로 인한 국민소득의 증가폭이 작아진다.
③ LM곡선의 기울기가 가파를수록 재정정책으로 인한 국민소득의 증가폭이 작아진다.
④ 유동성함정에서는 통화정책이 재정정책보다 더 효과적이다.

출제이슈 재정정책 및 통화정책의 효과
핵심해설 정답 ③

먼저 재정정책의 경우 정책의 효과에 영향을 주는 요인은 다음과 같다.

1) IS곡선과 재정정책의 효과 : IS곡선이 가파를수록 구축효과는 작고 재정정책의 효과는 크다.

① IS곡선의 기울기 $\dfrac{(1-b)}{c}$ (b : 한계소비성향, c : 투자의 이자율탄력성)

② 투자의 이자율탄력성이 작을수록 IS곡선은 가파르다.

③ 한계소비성향이 작을수록 IS곡선은 가파르다.

2) LM곡선과 재정정책의 효과 : LM곡선이 완만할수록 구축효과는 작고 재정정책의 효과는 크다.

① LM곡선의 기울기 $\dfrac{k}{l}$ (k : 화폐수요의 소득탄력성, l : 화폐수요의 이자율탄력성)

② 화폐수요(거래적 수요)의 소득탄력성이 작을수록 LM곡선은 완만하다.

③ 화폐수요(투기적 수요)의 이자율탄력성이 클수록 LM곡선은 완만하다.

위의 내용에 따라서 설문을 검토하면 다음과 같다.

① 틀린 내용이다.
LM곡선이 완만할수록 구축효과는 작고 재정정책의 효과는 크다. 극단적으로 LM곡선이 수직일 경우, 재정정책은 아무런 효과가 없게 된다.

② 틀린 내용이다.
IS곡선이 가파를수록 구축효과는 작고 재정정책의 효과는 크다. 따라서 재정정책으로 인한 국민소득의 증가폭이 커진다.

③ 옳은 내용이다.
LM곡선이 완만할수록 구축효과는 작고 재정정책의 효과는 크다. 반대로 LM곡선이 가파를수록, 재정정책은 효과가 없게 되므로 재정정책으로 인한 국민소득의 증가폭이 작아진다.

④ 틀린 내용이다.
유동성함정에서는 LM곡선이 극단적으로 수평인 상태이므로 구축효과는 없으며 재정정책의 효과가 최대로 나타난다. 따라서 통화정책이 재정정책보다 더 효과적이다는 설명은 틀렸다.

05 2020년 국가직 7급

확장적 통화정책과 확장적 재정정책의 장·단기 효과에 대한 설명으로 옳은 것은?

① 확장적 통화정책은 단기적으로 이자율의 하락을 통해 투자를 증가시키지만, 장기적으로 물가상승만을 초래한다.
② 확장적 통화정책은 단기적으로 이자율을 상승시켜 자산가격을 안정화시키고, 장기적으로 소비와 투자를 증가시킨다.
③ 확장적 재정정책은 단기적으로 총공급을 증가시켜 경기를 활성화시키고, 장기적으로 민간투자를 활성화시킨다.
④ 확장적 재정정책은 단기적으로 외부 정책 시차가 길어 효과가 없지만, 장기적으로 경기를 활성화시킨다.

출제이슈 재정정책 및 통화정책의 효과
핵심해설 정답 ①

설문을 각각 검토하면 다음과 같다.

① 옳은 내용이다.
확장적 통화정책은 단기적으로 통화공급을 증가시켜 화폐시장에서 이자율이 하락하게 되므로 재화시장에서 투자가 증가한다. 이로 인해 총수요가 증가하고 소득이 증가하지만, 장기에는 물가가 신축적이므로 물가가 상승하게 된다. 극단적으로 장기에는 소득은 원래 수준으로 회귀하고 물가만 상승한다.

② 틀린 내용이다.
확장적 통화정책은 단기적으로 통화공급을 증가시켜 화폐시장에서 이자율이 하락하여 소비와 투자가 증가한다. 장기에는 물가가 상승하므로 자산가격이 상승할 우려가 있다.

③ 틀린 내용이다.
확장적 재정정책은 단기적으로 총공급이 아니라 총수요를 증가시켜 경기를 활성화시키지만, 이 과정에서 이자율이 상승하면서 민간투자를 구축할 수도 있다.

④ 틀린 내용이다.
확장적 재정정책은 정책의 필요성을 인지하고 정책을 수립하기까지의 내부시차가 상당히 길지만, 정책의 효과는 곧바로 나타날 수 있기 때문에 외부시차는 짧다. 반대로 확장적 통화정책은 내부시차는 상당히 짧은 편이지만, 통화정책이 실물로 파급되기까지 과정이 복잡하고 시간이 많이 걸려서 외부시차가 길다고 할 수 있다.

06 | 2012년 지방직 7급

정부가 세금을 증가시켰을 때, 중앙은행의 정책효과를 분석하려고 한다. IS-LM 분석에서 중앙은행이 통화공급을 증가시켜 소득을 일정하게 유지하는 경우에는 이자율이 (㉠)하고, 중앙은행이 통화공급을 감소시켜 이자율을 일정하게 유지하는 경우에는 소득이 (㉡)한다. ㉠과 ㉡에 들어갈 말을 바르게 짝지은 것은? (단, IS곡선은 우하향하고, LM곡선은 우상향하며, 폐쇄경제를 가정한다)

	㉠	㉡
①	상승	증가
②	상승	감소
③	하락	증가
④	하락	감소

출제이슈 재정정책과 통화정책의 효과
핵심해설 정답 ④

설문에 따라서 두 가지로 나누어 검토한다.

1) 정부가 세금을 증가시켰을 때, 중앙은행이 통화공급을 증가시켜 소득을 일정하게 유지하는 경우

① 정부가 세금을 증가시키게 되면, IS곡선이 좌하방 이동하면서 소득이 감소하고 이자율이 하락한다.
② 이때, 중앙은행이 통화공급을 증가시키면, LM곡선이 우하방 이동하면서 소득이 증가하고 이자율이 하락한다.
③ 두 효과를 모두 고려하면, 증세로 인한 소득 감소는 통화공급 증가로 인한 소득 증가로 상쇄되어 일정하게 유지된다.
④ 그러나 이자율은 증세 및 통화공급 확대로 인하여 모든 경우 하락한다.

2) 정부가 세금을 증가시켰을 때, 중앙은행이 통화공급을 감소시켜 이자율을 일정하게 유지하는 경우

① 정부가 세금을 증가시키게 되면, IS곡선이 좌하방 이동하면서 소득이 감소하고 이자율이 하락한다.
② 이때, 중앙은행이 통화공급을 감소시키면, LM곡선이 좌상방 이동하면서 소득이 감소하고 이자율이 상승한다.
③ 두 효과를 모두 고려하면, 증세로 인한 이자율 하락은 통화공급 감소로 인한 이자율 상승으로 상쇄되어 일정하게 유지된다.
④ 그러나 소득은 증세 및 통화공급 축소로 인하여 모두 경우 감소한다.

3) 따라서 정리하면, 첫 번째 경우에서 이자율은 하락하고 두 번째 경우에서 소득은 감소한다.

IS-LM 모형과 유동성함정

1 유동성함정과 승수효과 [2015 국7]

1) 한 경제의 이자율이 매우 낮은 수준이라고 경제주체들이 공통적으로 생각할 때, 통화당국이 통화량을 증가시킬 경우 그 증가된 통화량은 모두 투기적 화폐수요로 흡수된다(화폐수요의 이자율 탄력성이 무한대).

2) 따라서 LM곡선이 수평이 되는데 이러한 영역을 유동성함정이라고 한다. [2014 국7]

3) 즉, 유동성함정은 이자율이 매우 낮은 수준일 경우, 화폐수요가 무한히 증가하는 영역이다.

4) 유동성함정이 나타날 경우 재정정책은 최대로 효과가 나타나지만, 통화정책은 효과가 없다.

[2018 국9] [2013 국9]

2 유동성함정과 피구효과 [2016 국9]

1) 피구에 의하면, 민간의 소비함수는 자산의 증가함수이다.

2) 따라서, 물가가 하락하면 민간의 실질자산이 증가하고, 민간소비는 자산의 증가함수이므로 자산 증가에 따라 소비가 증가하므로 결국 총수요가 증가하게 된다.

3) 피구효과를 IS곡선에 반영할 경우 물가 하락 시 수요증가로 인하여 우측으로 이동시킨다.

4) 따라서 경제가 유동성함정에 있더라도 통화정책을 통해서 물가가 변화하고 IS곡선이 이동하여 국민소득에 영향을 줄 수 있다. 즉, 유동성함정 시 통화정책의 유효성을 높여준다.

3 유동성함정과 인플레이션 기대효과 [2019 지7]

1) 지속적인 확대통화정책을 시행할 경우 기대인플레이션율이 상승한다.

2) 실질자산에 대한 수요가 증가하여 실질자산가격 상승 및 공급량이 늘어나면 실질자산에 대한 보수인 실질이자율이 하락한다.

3) 실질이자율 하락은 투자의 증가를 가져와서 총수요가 증가한다.

4) 따라서 유동성함정 하에서도 IS곡선이 이동하여 소득 증가가 가능해진다.

ISSUE 문제 📝

제3편

01 2012년 지방직 7급

유동성함정에 대한 설명으로 옳지 않은 것은?

① 화폐수요의 이자율탄력성이 무한대가 되는 영역을 가리킨다.
② 통화정책보다는 재정정책이 효과가 더 크다.
③ 화폐를 그대로 보유하는 것보다는 채권을 매입하는 것이 낫다.
④ 정부지출 증가로 인한 구축효과는 일어나지 않는다.

출제이슈 유동성함정
핵심해설 정답 ③

먼저 유동성함정의 기본적인 내용을 보면 다음과 같다.

한 경제의 이자율이 매우 낮은 수준이라고 경제주체들이 공통적으로 생각할 때, 통화당국이 통화량을 증가시킬 경우 그 증가된 통화량은 모두 투기적 화폐수요로 흡수된다(화폐수요의 이자율탄력성이 무한대). 따라서 LM곡선이 수평이 되는데 이러한 영역을 유동성함정이라고 한다. 즉, 유동성함정은 이자율이 매우 낮은 수준일 경우, 화폐수요가 무한히 증가하는 영역이다. 유동성함정이 나타날 경우 재정정책은 최대로 효과가 나타나지만, 통화정책은 효과가 없다.

위의 내용에 따라서 설문을 검토하면 다음과 같다.

① 옳은 내용이다.
통화당국이 통화량을 증가시킬 경우 그 증가된 통화량은 모두 투기적 화폐수요로 흡수되기 때문에 투기적 화폐수요의 이자율탄력성이 무한대인 상황이다.

② 옳은 내용이다.
유동성함정에서는 LM곡선이 수평이 되는데 이는 통화당국이 통화공급을 늘리더라도 민간의 투기적 화폐수요로 모두 흡수가 되기 때문에 통화정책의 효과가 나타나지 않게 된다. 이때, 유동성함정을 탈출하기 위해서는 재정정책을 통한 IS곡선의 이동이 필요하다.

③ 틀린 내용이다.
유동성함정에서는 통화당국이 통화량을 증가시킬 경우 그 증가된 통화량은 모두 투기적 화폐수요로 흡수되는데 이는 향후의 이자율 상승을 예상하고 채권매입을 위한 투기적 성격을 가진 화폐수요이다. 따라서 유동성함정에서는 채권을 매입하는 것이 아니고 화폐를 보유하게 된다.

④ 옳은 내용이다.
유동성함정에서는 LM곡선이 수평이 되는데 이로 인하여 정부지출이 증가하더라도 이자율 상승이 없기 때문에 구축효과가 나타나지 않고 승수효과만 최대로 나타난다. 따라서 유동성함정에서는 재정정책이 최대로 그 효과를 발휘하게 된다.

02 2018년 국가직 9급

폐쇄 경제하에서의 $IS-LM$ 모형에서 LM곡선은 수평이며 소비함수는 $C=300+0.75\,Y$이다. 투자와 정부지출은 외생적으로 주어진다. 이때 정부지출을 1조 원 증가시키면 국민소득은 얼마나 증가하는가? (단, Y는 국민소득이다)

① 1조　　　　　　　　② 2조
③ 3조　　　　　　　　④ 4조

출제이슈 유동성함정과 승수효과
핵심해설 정답 ④

먼저 유동성함정의 기본적인 내용을 보면 다음과 같다.

한 경제의 이자율이 매우 낮은 수준이라고 경제주체들이 공통적으로 생각할 때, 통화당국이 통화량을 증가시킬 경우 그 증가된 통화량은 모두 투기적 화폐수요로 흡수된다(화폐수요의 이자율탄력성이 무한대). 따라서 LM곡선이 수평이 되는데 이러한 영역을 유동성함정이라고 한다. 즉, 유동성함정은 이자율이 매우 낮은 수준일 경우, 화폐수요가 무한히 증가하는 영역이다.

유동성함정에서는 LM곡선이 수평이기 때문에 정부지출이 증가하더라도 이자율 상승이 나타나지 않는다. 따라서 구축효과가 나타나지 않고 승수효과만 나타난다. 따라서 유동성함정에서는 재정정책이 최대로 그 효과를 발휘하게 된다.

설문은 유동성함정의 상황을 보여주고 있으며 이때 정부지출이 증가하는 경우 구축효과 없이 승수효과만 나타나게 됨을 쉽게 알 수 있다.

이제 케인즈 모형과 그에 따른 승수효과를 구해보면 다음과 같다.

1) 케인즈의 수요 측 결정모형
$Y^D=C+I+G, \ Y^S=Y, \ Y^D=Y^S$

2) 균형국민소득의 결정
① 균형조건식에 따라서 $Y=C+I+G$이며 $Y=a+b(Y-T_0)+I_0+G_0$이 된다.

② $\therefore \ (1-b)\,Y=a-b\,T_0+I_0+G_0 \quad \therefore \ Y=\dfrac{a-b\,T_0+I_0+G_0}{(1-b)}$

3) 승수효과
$\Delta Y=\dfrac{1}{1-b}\Delta I+\dfrac{1}{1-b}\Delta G-\dfrac{b}{1-b}\Delta T$

설문에서 한계소비성향이 0.75이므로 정부지출승수는 4가 된다. 이때, 정부지출을 1조 늘리게 되면 국민소득은 4조 증가한다.

03 2015년 국가직 7급

유동성함정에서 발생할 수 있는 일반적인 상황으로 옳지 않은 것은?

① 재정지출 확대가 국민소득에 미치는 영향은 거의 없다.
② 통화량 공급을 늘려도 더 이상 이자율이 하락하지 않는다.
③ 재정지출 확대에 따른 구축효과가 발생하지 않는다.
④ 경제주체들은 채권가격 하락을 예상하여 채권에 대한 수요 대신 화폐에 대한 수요를 늘린다.

제3편

출제이슈 유동성함정
핵심해설 정답 ①

먼저 유동성함정의 기본적인 내용을 보면 다음과 같다.

한 경제의 이자율이 매우 낮은 수준이라고 경제주체들이 공통적으로 생각할 때, 통화당국이 통화량을 증가시킬 경우 그 증가된 통화량은 모두 투기적 화폐수요로 흡수된다(화폐수요의 이자율탄력성이 무한대). 따라서 LM곡선이 수평이 되는데 이러한 영역을 유동성함정이라고 한다. 즉, 유동성함정은 이자율이 매우 낮은 수준일 경우, 화폐수요가 무한히 증가하는 영역이다. 유동성함정이 나타날 경우 재정정책은 최대로 효과가 나타나지만, 통화정책은 효과가 없다.

설문을 검토하면 다음과 같다.

① 틀린 내용이다.
유동성함정에서는 LM곡선이 수평이 되는데 이는 통화당국이 통화공급을 늘리더라도 민간의 투기적 화폐수요로 모두 흡수가 되기 때문에 통화정책의 효과가 나타나지 않게 된다. 이때, 유동성함정을 탈출하기 위해서는 재정정책을 통한 IS곡선의 이동이 필요하다. 정부지출이 증가하더라도 이자율 상승이 나타나지 않기 때문에 구축효과가 나타나지 않고 승수효과만 나타난다. 따라서 유동성함정에서는 재정정책이 최대로 그 효과를 발휘하게 된다. 따라서 설문에서 재정지출 확대가 국민소득에 미치는 영향은 거의 없다는 것은 틀린 내용이 된다.

② 옳은 내용이다.
유동성함정에서는 통화당국이 통화공급을 늘리더라도 민간의 투기적 화폐수요로 모두 흡수가 되기 때문에 통화량의 증가에도 불구하고 이자율은 불변이다. 즉, 화폐수요곡선과 LM곡선이 수평이 된다는 의미이다.

③ 옳은 내용이다.
유동성함정에서는 정부지출이 증가하더라도 이자율 상승이 나타나지 않기 때문에 구축효과가 나타나지 않고 승수효과만 최대로 나타난다.

④ 옳은 내용이다.
유동성함정에서는 통화당국이 통화량을 증가시킬 경우 그 증가된 통화량은 모두 투기적 화폐수요로 흡수되는데 이는 향후의 이자율 상승을 예상하고 채권매입을 위한 투기적 성격을 가진 화폐수요이다. 따라서 유동성함정에서는 채권을 매입하는 것이 아니고 화폐를 보유하게 된다.

04 2019년 지방직 7급

다음은 유동성함정에 처한 경우 통화신용정책에 대한 설명이다. (A)~(C)에 들어갈 내용을 옳게 짝지은 것은?

> 한 국가가 유동성함정에 처한 경우, 중앙은행이 통화량을 지속적으로 증가시키는 정책은 기대인플레이션의 (A)을 가져와서 실질이자율의 (B)을 유도할 수 있다. 그러면 $IS-LM$ 모형의 (C)곡선을 오른쪽으로 이동시켜 총수요를 증가시킬 수 있다.

	(A)	(B)	(C)
①	상승	하락	IS
②	상승	하락	LM
③	하락	상승	IS
④	하락	상승	LM

출제이슈 유동성함정과 기대인플레이션율 효과
핵심해설 정답 ①

먼저 유동성함정의 기본적인 내용을 보면 다음과 같다.

한 경제의 이자율이 매우 낮은 수준이라고 경제주체들이 공통적으로 생각할 때, 통화당국이 통화량을 증가시킬 경우 그 증가된 통화량은 모두 투기적 화폐수요로 흡수된다(화폐수요의 이자율탄력성이 무한대). 따라서 LM곡선이 수평이 되는데 이러한 영역을 유동성함정이라고 한다. 즉, 유동성함정은 이자율이 매우 낮은 수준일 경우, 화폐수요가 무한히 증가하는 영역이다.

유동성함정에서는 LM곡선이 수평이기 때문에 정부지출이 증가하더라도 이자율 상승이 나타나지 않는다. 따라서 구축효과가 나타나지 않고 승수효과만 나타난다. 따라서 유동성함정에서는 재정정책이 최대로 그 효과를 발휘하게 된다. 유동성함정이 나타날 경우 재정정책은 최대로 효과가 나타나지만, 통화정책은 효과가 없다.

한편, 유동성함정에서 만일 중앙은행이 통화량을 지속적으로 증가시킬 경우 민간의 기대인플레이션율이 상승한다. 기대인플레이션율이 상승하게 되면, 화폐에 대한 수요보다는 실질자산에 대한 수요가 증가한다. 이로 인해서 실질자산가격 상승 및 공급량이 늘어나면 실질자산에 대한 보수인 실질이자율이 하락한다. 실질이자율 하락은 투자의 증가를 가져와서 총수요가 증가한다. 따라서 유동성함정 하에서도 IS곡선이 이동하여 소득 증가가 가능해진다(IS곡선이 기대인플레이션율의 상승으로 우측 이동).

위의 내용에 따라서 설문을 검토하면 다음과 같다.

설문에서는 유동성함정에서의 통화정책을 묻고 있는데, 중앙은행이 통화량을 지속적으로 증가시키는 정책은 기대인플레이션의 (A 상승)을 가져와서 실질이자율의 (B 하락)을 유도할 수 있다. 그러면 $IS-LM$ 모형의 (C IS)곡선을 오른쪽으로 이동시켜 총수요를 증가시킬 수 있다.

참고로 기대인플레이션율과 실질이자율의 관계는 다음과 같다.

피셔방정식(명목이자율 i_t = 실질이자율 r_t + 기대인플레이션율 π_t^e)에 의하면, 통화량이 증가하더라도 명목이자율이 하락하지 않고 오히려 상승할 수 있음을 알 수 있다. 즉, 화폐시장에서 통화량이 증가하여 단기적으로 명목이자율이 하락하더라도 인플레이션기대가 상승할 경우에는 장기적으로 명목이자율이 상승할 수 있다. 만일 실질이자율이 불변인 경우, 기대인플레이션율과 명목이자율 간 일대일 대응관계를 나타내는데 이를 피셔효과라고 한다.

그러나, 만일 실질이자율이 변화하는 경우에는 기대인플레이션율이 변화하더라도 명목이자율 간의 일대일 관계는 성립하지 않는다. 특히, 기대인플레이션율이 상승하는 경우 실질이자율이 하락하여 투자가 증가하게 되는데 이를 먼델−토빈 효과라고 한다.

먼델−토빈효과에 의하면 기대인플레이션율이 상승할 경우 명목자산(화폐)에 대한 수익률이 하락하므로 명목자산에 대한 수요가 감소하고 대신 실물자산에 대한 수요가 증가한다. 이는 실물자산 가격의 상승으로 이어져서 실물자산의 공급이 증가한다. 이에 따라 자본의 한계생산성이 하락하게 되므로 실질이자율은 하락한다. 결국 기대인플레이션율의 상승으로 실질이자율이 하락하여 투자가 증가하게 되는 것이다.

제3편

05 2016년 국가직 7급

다음은 피구효과에 대한 설명이다. ㉠~㉣에 들어갈 내용을 바르게 나열한 것은?

> 물가수준이 하락하면 실질화폐잔고가 (㉠)하고 이로 인해 (㉡)곡선이 (㉢)으로 이동하면서
> 경기의 (㉣)(으)로 이어진다.

	㉠	㉡	㉢	㉣
①	증가	IS	오른쪽	회복
②	증가	LM	왼쪽	회복
③	감소	IS	왼쪽	침체
④	감소	LM	오른쪽	침체

출제이슈 유동성함정과 피구효과
핵심해설 정답 ①

먼저 유동성함정의 기본적인 내용을 보면 다음과 같다.

한 경제의 이자율이 매우 낮은 수준이라고 경제주체들이 공통적으로 생각할 때, 통화당국이 통화량을 증가시킬 경우 그 증가된 통화량은 모두 투기적 화폐수요로 흡수된다(화폐수요의 이자율탄력성이 무한대). 따라서 LM곡선이 수평이 되는데 이러한 영역을 유동성함정이라고 한다. 즉, 유동성함정은 이자율이 매우 낮은 수준일 경우, 화폐수요가 무한히 증가하는 영역이다.

유동성함정에서는 LM곡선이 수평이기 때문에 정부지출이 증가하더라도 이자율 상승이 나타나지 않는다. 따라서 구축효과가 나타나지 않고 승수효과만 나타난다. 따라서 유동성함정에서는 재정정책이 최대로 그 효과를 발휘하게 된다. 유동성함정이 나타날 경우 재정정책은 최대로 효과가 나타나지만, 통화정책은 효과가 없다.

한편, 피구에 의하면, 민간의 소비함수는 자산의 증가함수이다. 따라서, 물가가 하락하면 민간의 실질자산이 증가하게 된다. 민간소비는 자산의 증가함수이므로 실질자산의 증가에 따라 소비가 증가하여 결국 총수요가 증가하게 된다.

이러한 피구효과를 IS곡선에 반영할 경우 물가 하락 시 실질자산이 증가하고 이로 인해 수요가 증가하여 IS곡선이 우측으로 이동할 수 있다. 따라서 경제가 유동성함정에 있더라도 통화정책을 통해서 물가가 변화하고 IS곡선이 이동하여 국민소득에 영향을 줄 수 있음을 의미한다. 즉, 피구효과는 유동성함정에서 통화정책의 유효성을 높여줄 수 있는 논리로 작용한다.

위의 내용에 따라서 설문을 검토하면 다음과 같다. 설문에서는 유동성함정과 피구효과를 묻고 있다.

물가수준이 하락하면, 피구효과에 의하면 실질화폐잔고가 (㉠ 증가)하고 이로 인해 민간의 소비가 증가한다. 민간의 소비증대는 총수요의 증가로서 (㉡ IS)곡선이 (㉢ 오른쪽)으로 이동하도록 하고 이는 경기의 (㉣ 회복)으로 이어지게 된다.

06   2013년 국가직 7급

$IS-LM$ 모형에서 유동성함정에 빠져 있을 때 통화량 공급 증가와 재정지출 확대에 따른 각각의 정책 효과를 옳게 설명한 것은?

① 통화량 공급 증가는 이자율을 낮추고, 재정지출 확대는 소득을 증가시킨다.
② 통화량 공급 증가와 재정지출 확대는 모두 소득을 증가시킨다.
③ 통화량 공급 증가와 재정지출 확대는 모두 이자율 변동에 영향을 주지 않는다.
④ 통화량 공급 증가는 소득을 증가시키고, 재정지출 확대는 이자율 변동에 영향을 주지 않는다.

출제이슈   유동성함정
핵심해설   정답 ③

먼저 유동성함정의 기본적인 내용을 보면 다음과 같다.

한 경제의 이자율이 매우 낮은 수준이라고 경제주체들이 공통적으로 생각할 때, 통화당국이 통화량을 증가시킬 경우 그 증가된 통화량은 모두 투기적 화폐수요로 흡수된다(화폐수요의 이자율탄력성이 무한대). 따라서 LM곡선이 수평이 되는데 이러한 영역을 유동성함정이라고 한다. 즉, 유동성함정은 이자율이 매우 낮은 수준일 경우, 화폐수요가 무한히 증가하는 영역이다.

유동성함정에서는 LM곡선이 수평이기 때문에 정부지출이 증가하더라도 이자율 상승이 나타나지 않는다. 따라서 구축효과가 나타나지 않고 승수효과만 나타난다. 따라서 유동성함정에서는 재정정책이 최대로 그 효과를 발휘하게 된다. 유동성함정이 나타날 경우 재정정책은 최대로 효과가 나타나지만, 통화정책은 효과가 없다.

위의 내용에 따라서 설문을 검토하면 다음과 같다.

① 틀린 내용이다.
유동성함정에서는 LM곡선이 수평이 되는데 이는 통화당국이 통화공급을 늘리더라도 민간의 투기적 화폐수요로 모두 흡수가 되기 때문에 이자율이 변화하지 않는다. 한편 LM곡선이 수평인 상황에서 정부지출이 증가하는 경우에는 이자율 상승이 나타나지 않기 때문에 구축효과가 나타나지 않고 정부지출 증가에 따른 승수효과만 최대로 나타나면서 소득은 증가한다.

② 틀린 내용이다.
유동성함정에서는 LM곡선이 수평이 되는데 이는 통화당국이 통화공급을 늘리더라도 민간의 투기적 화폐수요로 모두 흡수가 되기 때문에 이자율이 변화하지 않는다. 따라서 투자 및 총수요를 늘리지 못하며 소득은 불변이다. 한편 LM곡선이 수평인 상황에서 정부지출이 증가하는 경우에는 이자율 상승이 나타나지 않기 때문에 구축효과가 나타나지 않고 정부지출 증가에 따른 승수효과만 최대로 나타나면서 소득은 증가한다.

③ 옳은 내용이다.
유동성함정에서는 LM곡선이 수평이 되는데 이는 통화당국이 통화공급을 늘리더라도 민간의 투기적 화폐수요로 모두 흡수가 되기 때문에 이자율이 변화하지 않으며 통화정책의 효과가 나타나지 않게 된다. 한편 LM곡선이 수평인 상황에서 정부지출이 증가하는 경우에는 이자율 상승이 나타나지 않는다. 따라서 통화량 공급 증가와 재정지출 확대 모두 이자율에 영향을 주지 않는다.

④ 틀린 내용이다.
통화량 공급 증가는 소득을 증가시키고, 재정지출 확대는 이자율 변동에 영향을 주지 않는다. 유동성함정에서는 LM곡선이 수평이 되는데 이는 통화당국이 통화공급을 늘리더라도 민간의 투기적 화폐수요로 모두 흡수가 되기 때문에 이자율이 변화하지 않는다. 따라서 투자 및 총수요를 늘리지 못하며 소득은 불변이다. 한편 정부지출이 증가하는 경우에는 이자율 상승이 나타나지 않기 때문에 구축효과가 나타나지 않고 정부지출 증가에 따른 승수효과만 최대로 나타나면서 소득은 증가한다.

제 **4** 편

국민소득과
물가 결정이론

issue 01 AD곡선의 도출

issue 02 AS곡선의 도출

issue 03 AD-AS 모형의 균형과 이동요인

issue 04 공급충격에 의한 거시경제균형의 변화

issue 05 수요충격과 복합충격에 의한 거시경제균형의 변화

**조경국
경제학
워크북**

거시편

ISSUE 01 AD곡선의 도출

1 총수요(AD)곡선이 우하향하는 이유 2016 국7 2012 지7

1) 케인즈의 이자율효과

물가 상승 → "실질"통화량 감소 → 이자율 상승 → 투자 감소 → 총수요 감소

2) 피구의 실질잔고효과(자산효과)

물가 상승 → "실질"자산가치 감소 → 부의 감소 → 소비 감소 → 총수요 감소

3) 먼델의 환율효과

물가 상승 → "실질"통화량 감소 → 이자율 상승 → 화폐가치 상승 → 순수출 감소
→ 총수요 감소

2 총수요의 증가 2013 국7

1) 실질자산가치 상승

2) 이자율 하락

3) 화폐가치 하락

4) 재정적자

3 총수요의 기울기 2020 지7

1) IS곡선이 가파른 경우(투자의 이자율탄력성이 작은 경우)

물가 하락 시 실질통화량 증가 → 이자율 하락 → 투자 작게 증가 → 총수요 작게 증가
→ 총수요 곡선이 가파름

2) LM곡선이 완만한 경우(화폐수요의 이자율탄력성이 큰 경우)

물가 하락 시 실질통화량 증가 → 이자율 작게 하락 → 투자 작게 증가 → 총수요 작게 증가
→ 총수요 곡선이 가파름

ISSUE 문제 📝

01 2016년 국가직 7급

총수요(AD)곡선이 우하향하는 이유에 대한 설명으로 옳지 않은 것은?

① 물가가 하락하는 경우 실질임금이 상승하여 노동공급이 증가하기 때문이다.
② 물가가 하락하는 경우 실질통화량이 증가하여 이자율이 하락하고 투자가 증가하기 때문이다.
③ 물가가 하락하는 경우 실질환율 상승, 즉 절하가 생겨나 순수출이 증가하기 때문이다.
④ 물가가 하락하는 경우 가계의 실질자산가치가 증가하여 소비가 증가하기 때문이다.

출제이슈 *AD*곡선이 우하향하는 이유
핵심해설 정답 ①

총수요곡선이란 각각의 물가수준에서 대응되는 총수요를 연결한 그래프로서 생산물시장과 화폐시장의 균형을 달성시키는 국민소득과 물가의 조합을 기하적으로 표시한 것이다.

거시경제의 총수요곡선은 우하향하는 모습을 가진다. 이는 물가가 상승함에 따라서 총수요가 감소함을 의미한다. 물가와 총수요 간의 부의 관계는 다음과 같은 논리에 의해서 설명 가능하다.

1) 케인즈의 이자율효과
물가가 상승하는 경우 화폐시장에서 실질통화량의 감소를 가져와 이자율이 상승한다. 이자율의 상승은 재화시장에서의 투자를 감소시켜서 총수요가 감소하게 된다.

2) 피구의 실질잔고효과(자산효과)
물가가 상승하는 경우 민간의 실질자산의 가치는 감소하게 된다. 민간의 소비는 소득뿐만 아니라 실질자산의 가치에도 영향을 받을 수 있음을 고려하면, 실질자산가치의 감소는 소비의 감소를 가져오고 총수요가 감소하게 된다. (자산에 화폐자산이 포함됨을 고려하면, 물가 상승으로 실질화폐가치가 하락함을 쉽게 알 수 있다.)

3) 먼델의 환율효과
물가가 상승하는 경우 화폐시장에서 실질통화량의 감소를 가져와 이자율이 상승한다. 이자율의 상승은 자본의 유입을 촉진하여 환율 하락을 가져와 자국통화가치의 상승으로 인하여 순수출을 감소시킨다. 한편, 물가 상승은 재화시장에서 재화 수출시 가격경쟁력의 약화를 초래하여 순수출을 감소시킨다. 결국 순수출의 감소로 인하여 총수요가 감소하게 된다.

위의 내용에 따라서 설문을 검토하면 다음과 같다. 다만 앞에서는 물가 상승을 전제로 설명하였지만, 본 문제에서는 물가 하락을 전제로 한 것임에 유의해야 한다. 수험생들은 이에 대해 자유자재로 스위칭할 수 있도록 부단히 연습하기 바란다.

① 틀린 내용이다.
물가 변화, 실질임금 변화, 노동공급 변화는 총수요곡선이 아니라 총공급곡선과 관련된 논리이다. 따라서 본 문제에서는 총수요곡선이 우하향하는 논리를 묻고 있기 때문에 적절하지 않다.

② 옳은 내용이다.
물가가 하락하는 경우 화폐시장에서 실질통화량의 증가를 가져와 이자율이 하락한다. 이자율의 하락은 재화시장에서의 투자를 증가시켜서 총수요가 증가하게 된다.

③ 옳은 내용이다.

물가가 하락하는 경우 화폐시장에서 실질통화량의 증가를 가져와 이자율이 하락한다. 이자율의 하락은 자본의 유출을 촉진하여 환율 상승을 가져와 자국통화가치의 하락으로 인하여 순수출을 증가시킨다. 한편, 물가 하락은 재화시장에서 재화 수출시 가격경쟁력의 강화를 가져와서 순수출을 증가시킨다. 결국 순수출의 증가로 인하여 총수요가 증가하게 된다.

④ 옳은 내용이다.

물가가 하락하는 경우 민간의 실질자산의 가치는 증가하게 된다. 민간의 소비는 소득뿐만 아니라 실질자산의 가치에도 영향을 받을 수 있음을 고려하면, 실질자산가치의 증가는 소비의 증가를 가져오고 총수요가 증가하게 된다. (자산에 화폐자산이 포함됨을 고려하면, 물가 하락으로 실질화폐가치가 상승함을 쉽게 알 수 있다.)

02 [2012년 지방직 7급]

물가수준과 국내총생산(GDP)의 관계를 보여주는 총수요곡선이 우하향하는 이유로 옳지 않은 것은?

① 물가수준이 낮아지면 실질임금이 상승하여 노동공급이 증가한다.
② 물가수준이 낮아지면 이자율이 하락하여 투자가 증가한다.
③ 물가수준이 낮아지면 자국통화의 가치가 하락하여 순수출이 증가한다.
④ 물가수준이 낮아지면 화폐의 실질가치가 상승하여 소비가 증가한다.

출제이슈 AD곡선이 우하향하는 이유
핵심해설 정답 ①

총수요곡선이란 각각의 물가수준에서 대응되는 총수요를 연결한 그래프로서 생산물시장과 화폐시장의 균형을 달성시키는 국민소득과 물가의 조합을 기하적으로 표시한 것이다.

거시경제의 총수요곡선은 우하향하는 모습을 가진다. 이는 물가가 상승함에 따라서 총수요가 감소함을 의미한다. 물가와 총수요 간의 부의 관계는 다음과 같은 논리에 의해서 설명 가능하다.

1) 케인즈의 이자율효과
물가가 상승하는 경우 화폐시장에서 실질통화량의 감소를 가져와 이자율이 상승한다. 이자율의 상승은 재화시장에서의 투자를 감소시켜서 총수요가 감소하게 된다.

2) 피구의 실질잔고효과(자산효과)
물가가 상승하는 경우 민간의 실질자산의 가치는 감소하게 된다. 민간의 소비는 소득뿐만 아니라 실질자산의 가치에도 영향을 받을 수 있음을 고려하면, 실질자산가치의 감소는 소비의 감소를 가져오고 총수요가 감소하게 된다. (자산에 화폐자산이 포함됨을 고려하면, 물가 상승으로 실질화폐가치가 하락함을 쉽게 알 수 있다.)

3) 먼델의 환율효과
물가가 상승하는 경우 화폐시장에서 실질통화량의 감소를 가져와 이자율이 상승한다. 이자율의 상승은 자본의 유입을 촉진하여 환율 하락을 가져와 자국통화가치의 상승으로 인하여 순수출을 감소시킨다. 한편, 물가 상승은 재화시장에서 재화 수출 시 가격경쟁력의 약화를 초래하여 순수출을 감소시킨다. 결국 순수출의 감소로 인하여 총수요가 감소하게 된다.

위의 내용에 따라서 설문을 검토하면 다음과 같다. 다만 앞에서는 물가 상승을 전제로 설명하였지만, 본 문제에서는 물가 하락을 전제로 한 것임에 유의해야 한다. 수험생들은 이에 대해 자유자재로 스위칭할 수 있도록 부단히 연습하기 바란다.

① 틀린 내용이다.
물가 변화, 실질임금 변화, 노동공급 변화는 총수요곡선이 아니라 총공급곡선과 관련된 논리이다. 따라서 본 문제에서는 총수요곡선이 우하향하는 논리를 묻고 있기 때문에 적절하지 않다.

② 옳은 내용이다.
물가가 하락하는 경우 화폐시장에서 실질통화량의 증가를 가져와 이자율이 하락한다. 이자율의 하락은 재화시장에서의 투자를 증가시켜서 총수요가 증가하게 된다.

③ 옳은 내용이다.
물가가 하락하는 경우 화폐시장에서 실질통화량의 증가를 가져와 이자율이 하락한다. 이자율의 하락은 자본의 유출을 촉진하여 환율 상승을 가져와 자국통화가치의 하락으로 인하여 순수출을 증가시킨다. 한편, 물가 하락은 재화시장에서 재화 수출 시 가격경쟁력의 강화를 가져와서 순수출을 증가시킨다. 결국 순수출의 증가로 인하여 총수요가 증가하게 된다.

④ 옳은 내용이다.
물가가 하락하는 경우 민간의 실질자산의 가치는 증가하게 된다. 민간의 소비는 소득뿐만 아니라 실질자산의 가치에도 영향을 받을 수 있음을 고려하면, 실질자산가치의 증가는 소비의 증가를 가져오고 총수요가 증가하게 된다. (자산에 화폐자산이 포함됨을 고려하면, 물가 하락으로 실질화폐가치가 상승함을 쉽게 알 수 있다.)

03 │ 2013년 국가직 7급 │

총수요-총공급 모형에서 A국의 총수요가 증가하는 경우에 해당하는 것으로 옳은 것은? (단, 다른 조건은 일정하다)

① A국의 실질자산가치의 하락
② A국의 이자율 상승
③ A국의 화폐가치 하락
④ A국의 재정흑자발생

출제이슈 AD 변화 이유
핵심해설 정답 ③

먼저 총수요곡선이 우하향하는 이유에 대하여 기본적으로 살펴보자.

총수요곡선이란 각각의 물가수준에서 대응되는 총수요를 연결한 그래프로서 생산물시장과 화폐시장의 균형을 달성시키는 국민소득과 물가의 조합을 기하적으로 표시한 것이다.

거시경제의 총수요곡선은 우하향하는 모습을 가진다. 이는 물가가 상승함에 따라서 총수요가 감소함을 의미한다. 물가와 총수요 간의 부의 관계는 다음과 같은 논리에 의해서 설명 가능하다.

1) 케인즈의 이자율효과
물가가 상승하는 경우 화폐시장에서 실질통화량의 감소를 가져와 이자율이 상승한다. 이자율의 상승은 재화시장에서의 투자를 감소시켜서 총수요가 감소하게 된다.

2) 피구의 실질잔고효과(자산효과)
물가가 상승하는 경우 민간의 실질자산의 가치는 감소하게 된다. 민간의 소비는 소득뿐만 아니라 실질자산의 가치에도 영향을 받을 수 있음을 고려하면, 실질자산가치의 감소는 소비의 감소를 가져오고 총수요가 감소하게 된다. (자산에 화폐자산이 포함됨을 고려하면, 물가 상승으로 실질화폐가치가 하락함을 쉽게 알 수 있다.)

3) 먼델의 환율효과
물가가 상승하는 경우 화폐시장에서 실질통화량의 감소를 가져와 이자율이 상승한다. 이자율의 상승은 자본의 유입을 촉진하여 환율 하락을 가져와 자국통화가치의 상승으로 인하여 순수출을 감소시킨다. 한편, 물가 상승은 재화시장에서 재화 수출시 가격경쟁력의 약화를 초래하여 순수출을 감소시킨다. 결국 순수출의 감소로 인하여 총수요가 감소하게 된다.

설문을 검토하면 다음과 같다.

① 틀린 내용이다.
A국의 실질자산가치의 하락하는 경우, 피구효과에 의하여 소비수요가 감소하여 총수요가 감소하게 된다. 따라서 문제에서 요구하는 총수요가 증가하는 경우에 해당하지 않는다.

② 틀린 내용이다.
이자율이 상승하는 경우, 자본유입이 발생하여 환율이 하락함을 의미하는데, 이를 먼델의 환율효과라고 한다. 환율효과에 의하여 순수출이 감소하고 총수요가 감소하게 된다. 따라서 문제에서 요구하는 총수요가 증가하는 경우에 해당하지 않는다.

③ 옳은 내용이다.

화폐가치가 하락하는 경우, 자본유출이 발생하여 환율이 상승하게 되고 이에 따라 순수출이 증가하고 총수요가 증가하게 된다. 따라서 문제에서 요구하는 총수요가 증가하는 경우에 해당하므로 옳은 내용이 된다. 이는 먼델의 환율효과에 해당한다.

④ 틀린 내용이다.

재정흑자가 발생하게 되면 정부지출이 축소되어 총수요가 감소하는 상황에 해당한다. 따라서 문제에서 요구하는 총수요가 증가하는 경우에 해당하지 않으므로 틀린 내용이 된다.

04 | 2020년 지방직 7급

물가와 국민소득의 평면에 그린 단기 총공급곡선은 우상향한다. 이에 대한 설명으로 옳은 것만을 모두 고르면?

> ㄱ. 소비 수요와 투자 수요가 이자율에 민감하지 않을수록, 물가와 국민소득의 평면에 그린 총수요곡선의 기울기는 작아진다.
> ㄴ. 소비 수요와 투자 수요가 이자율에 민감하지 않을수록, 유가 상승에 따른 물가 상승효과는 크다.
> ㄷ. 소비 수요와 투자 수요가 이자율에 민감하지 않을수록, 유가 상승으로 경기가 침체되면 경기 회복을 위해서는 재정정책이 통화정책보다 효과적이다.

① ㄱ, ㄴ
② ㄱ, ㄷ
③ ㄴ, ㄷ
④ ㄱ, ㄴ, ㄷ

출제이슈 AD 곡선의 특징 및 정책효과
핵심해설 정답 ③

거시경제의 총수요곡선이란 각각의 물가수준에서 대응되는 총수요를 연결한 그래프로서 생산물시장과 화폐시장의 균형을 달성시키는 국민소득과 물가의 조합을 기하적으로 표시한 것이다.

총수요곡선의 기울기는 다음과 같이 IS곡선과 LM곡선의 기울기에 영향을 받는다. 예를 들어 투자가 이자율에 대하여 둔감할수록 물가 하락에 따라 이자율이 하락하더라도 투자 및 총수요의 변화는 크지 않게 된다. 따라서 총수요곡선은 가파르게 된다.

① IS곡선이 가파른 경우(투자의 이자율탄력성이 작은 경우)
물가 하락으로 실질통화량이 증가하여 이자율이 하락하더라도 투자가 크게 증가하지 않게 되어 총수요의 변화도 크지 않아 총수요곡선은 가파르게 된다.

② LM곡선이 완만한 경우(화폐수요의 이자율탄력성이 큰 경우)
물가 하락으로 실질통화량이 증가하더라도 이자율이 작게 하락하여 이로 인해 투자 및 총수요도 크게 증가하지 못하므로 총수요곡선은 가파르게 된다.

위의 내용에 따라서 설문을 검토하면 다음과 같다.

ㄱ. 틀린 내용이다.
소비와 투자가 이자율에 대하여 둔감할수록 물가 하락에 따라 이자율이 하락하더라도 소비, 투자 및 총수요의 변화는 크지 않게 된다. 따라서 총수요곡선은 가파르게 된다. 소비 수요와 투자 수요가 이자율에 민감하지 않을수록, 물가와 국민소득의 평면에 그린 총수요곡선의 기울기는 커진다.

ㄴ. 옳은 내용이다.
소비와 투자가 이자율에 대하여 둔감할수록 물가 하락에 따라 이자율이 하락하더라도 소비, 투자 및 총수요의 변화는 크지 않게 된다. 따라서 총수요곡선은 가파르게 된다. 소비 수요와 투자 수요가 이자율에 민감하지 않을수록, 물가와 국민소득의 평면에 그린 총수요곡선의 기울기는 커진다. 이 경우 유가 상승이 발생하게 되면 총공급곡선이 좌상방으로 이동한다. 이로 인한 새로운 균형점은 총수요곡선이 가파를수록 생산감소는 작고, 물가 상승은 크다는 것을 알 수 있다.

ㄷ. 옳은 내용이다.

소비와 투자가 이자율에 대하여 둔감할수록 물가 하락에 따라 이자율이 하락하더라도 소비, 투자 및 총수요의 변화는 크지 않게 된다. 따라서 총수요곡선은 가파르게 된다. 소비 수요와 투자 수요가 이자율에 민감하지 않을수록, 물가와 국민소득의 평면에 그린 총수요곡선의 기울기는 커진다. 이 경우 유가 상승이 발생하게 되면 총공급곡선이 좌상방으로 이동한다. 이는 유가 상승으로 인한 경기침체를 의미한다. 이때, 경기회복을 위해서 재정정책과 통화정책을 사용할 수 있다. 총수요곡선이 가파른 경우에는 IS곡선이 가파른 상황과 일맥상통한다. 따라서 통화정책보다는 재정정책이 효과적이다.

그러나, 설문에서는 경기 회복만을 묻고 있으나 유가 상승으로 인한 인플레이션의 문제도 동시에 해결하기에는 재정정책과 통화정책 같은 총수요관리정책은 무력하다. 본 문제에서는 경기회복에만 초점을 맞춰서 총수요관리정책을 사용하는 것으로 보면 된다.

AS곡선의 도출

1 총공급(AS)곡선이 우상향하는 이유: 총공급곡선의 학파별 도출

  1) 고전학파: 가격신축성 → 수직인 총공급곡선

  2) 케인즈: 가격경직성 → 수평인 총공급곡선   2010 지7

  3) 케인즈학파: 화폐환상 모형, 임금경직성 모형 → 우상향하는 총공급곡선

  4) 새고전학파: 불완전 정보모형(물가오인모형) → 우상향하는 총공급곡선

  5) 새케인즈학파: 가격경직성 모형 → 우상향하는 총공급곡선

2 화폐환상모형(노동자의 물가오인모형)

  1) 물가 상승 시 노동자는 극단적인 경우 물가 상승을 알아차리지 못해서 명목임금 인상을 요구하지 않으므로 이는 실질임금 하락에도 불구하고 불변이라고 착각

  2) 노동자는 노동공급을 예전처럼 동일하게 유지

  3) 그러나 기업은 물가 상승 시 바로 물가 상승을 인지하고 이에 따라 노동수요 증가

  4) 따라서 물가 상승 시 노동공급은 불변, 노동수요는 증가하여 노동고용량 증가, 생산량 증가

3 임금경직성 모형   2015 국9   2014 지7   2018 국7

  1) 명목임금이 유지되는 계약기간 동안 실제고용수준은 사후적으로 기업의 노동수요가 결정

  2) 명목임금이 유지되는 기간 동안에 물가 상승 시 실질임금은 하락

  3) 실질임금의 하락으로 인하여 기업의 노동수요는 증가, 고용량이 증가하여 생산량 증가

  4) 기대를 반영한 모형에서는 실제물가가 예상물가보다 높으면, 기업이 실제로 지불하게 되는 실질임금이 계약상 실질임금보다 낮아져서 기업의 고용이 증가하여 생산량 증가

4 **루카스의 불완전정보 모형**

  1) 물가 상승 시 기업들은 불완전한 정보로 인하여, 자신들의 생산물 가격 상승이 물가 상승에 기인한 것임을 모르고 생산물의 상대가격 상승으로 오인

  2) 기업들은 자신이 생산하고 있는 생산물 가격 상승에 대응하여 생산량 증가

5 **새케인즈학파의 가격경직성 모형**

  1) 물가 상승 시 기업이 생산하는 생산물의 비용이 상승하므로 가격 인상요인이 발생

  2) 메뉴비용이 존재하지 않는 기업들은 가격을 인상

  3) 메뉴비용이 존재하는 기업들은 가격을 유지한 상태에서 산출량을 증대

  4) 따라서 물가 상승 시 총공급은 증가

제4편

ISSUE 문제 📝

> ## 01   2010년 지방직 7급
>
> 어떤 국민경제의 총공급곡선이 수평이라고 가정할 때, 이로부터 추론해 낼 수 있는 내용으로 옳은 것은?
>
> ① 확장적 재정정책의 효과가 발생하지 않는다.
> ② 구축효과를 확대시킨다.
> ③ 확장적 재정정책을 실시하여도 물가가 오르지 않는다.
> ④ 금융시장이 유동성함정 상태에 있다.

출제이슈 AS 곡선이 수평인 경우
핵심해설   정답 ③

총공급곡선이란 각각의 물가수준에서 기업들이 공급하고자 하는 최종생산물의 양을 나타내는 그래프로서 노동시장의 균형 하에서 달성되는 국민소득과 물가의 조합을 기하적으로 표시한 것이다.

거시경제의 총공급곡선의 모습에 대하여는 고전학파, 케인즈, 케인즈학파, 통화주의학파, 새고전학파, 새케인즈학파에 따라서 학파별로 그 논리적 근거와 구조가 상이하다.

특히 케인즈에 의하면 총공급곡선이 수평이 되는데 이는 가격경직성과 충분한 공급능력에서 도출된다. 본 문제에서는 수평인 총공급곡선에 대하여 묻고 있다.

설문을 검토하면 다음과 같다.

① 틀린 내용이다.
총공급곡선이 수평일 때는 총수요관리정책에 의하여 총수요곡선이 이동할 경우, 국민소득에 큰 영향을 미칠 수 있다. 예를 들면 확장적 재정정책에 의하여 총수요곡선이 이동하는 것은 매우 효과가 크다. 따라서 효과가 발생하지 않는다는 설문은 틀렸다.

② 틀린 내용이다.
확대재정정책에 의한 정부지출 증가는 이자율을 상승시켜 투자를 감소시키고 국민소득을 감소시키는데, 이를 구축효과라고 한다. 물가가 경직적인 경우에 나타난 구축효과는 만일 물가가 변화하여 상승하는 경우 실질통화량의 감소에 따른 이자율 상승으로 확대하여 나타날 수 있다. 그러나 총공급곡선이 수평일 경우에는 물가가 불변이므로 구축효과가 확대되는 것은 아니다.

③ 옳은 내용이다.
총공급곡선이 수평일 때는 총수요관리정책에 의하여 총수요곡선이 이동할 경우, 물가가 불변이다. 따라서 확장적 재정정책을 실시하여 총수요가 증가하더라도 경직적 물가와 충분한 공급능력 하에서는 물가가 오르지 않는다.

④ 틀린 내용이다.
유동성함정은 총공급곡선이 수평인 경우가 아니라 LM 곡선이 수평인 경우를 의미한다. 한 경제의 이자율이 매우 낮은 수준이라고 경제주체들이 공통적으로 생각할 때, 통화당국이 통화량을 증가시킬 경우 그 증가된 통화량은 모두 투기적 화폐수요로 흡수된다(화폐수요의 이자율탄력성이 무한대). 따라서 LM 곡선이 수평이 되는데 이러한 영역을 유동성함정이라고 한다. 즉, 유동성함정은 이자율이 매우 낮은 수준일 경우, 화폐수요가 무한히 증가하는 영역이다.

유동성함정에서는 LM 곡선이 수평이기 때문에 정부지출이 증가하더라도 이자율 상승이 나타나지 않는다. 따라서 구축효과가 나타나지 않고 승수효과만 나타난다. 따라서 유동성함정에서는 재정정책이 최대로 그 효과를 발휘하게 된다.

02 ｜ 2015년 국가직 9급

명목임금경직성 이론에 의한 단기 총공급곡선이 우상향하는 이유는 다음과 같다. ㉠~㉢에 들어갈 내용으로 옳은 것은?

> 실제 물가수준이 예상물가수준보다 (㉠), 실질임금이 (㉡)하여 고용과 생산량이 (㉢)한다.

	㉠	㉡	㉢
①	높으면	감소	감소
②	높으면	증가	증가
③	낮으면	감소	증가
④	낮으면	증가	감소

출제이슈 AS곡선이 우상향하는 이유
핵심해설 정답 ④

총공급곡선이란 각각의 물가수준에서 기업들이 공급하고자 하는 최종생산물의 양을 나타내는 그래프로서 노동시장의 균형 하에서 달성되는 국민소득과 물가의 조합을 기하적으로 표시한 것이다.

거시경제의 총공급곡선의 모습 특히 우상향하는 이유에 대하여는 고전학파, 케인즈, 케인즈학파, 통화주의학파, 새고전학파, 새케인즈학파에 따라서 학파별로 그 논리적 근거와 구조가 상이하다.

설문에 제시된 명목임금의 경직성 모형에 따라 우상향하는 총공급곡선을 도출하는 논리는 다음과 같다.

1) 명목임금이 유지되는 계약기간 동안 실제고용수준은 사후적으로 기업의 노동수요가 결정하게 된다. 이는 마치 가격이 고정되는 동안에는 총생산은 총수요가 결정하는 것과 유사한 논리가 적용된다.

2) 이렇게 명목임금이 유지되는 기간 동안에는 물가 상승 시 실질임금은 하락하게 된다.

3) 실질임금의 하락으로 인하여 기업의 노동수요는 증가하고 고용량이 증가하여 생산량이 증가한다.

4) 따라서 물가와 생산량 간에는 정의 관계가 성립하며 이것이 총공급곡선 우상향의 논리가 된다.

5) 참고로 위의 모형에 기대를 반영하는 경우, 실제물가가 예상물가보다 높으면, 기업이 실제로 지불하게 되는 실질임금이 계약상 실질임금보다 낮아져서 기업의 고용이 증가하여 생산량이 증가한다.

6) 반대로 실제물가가 예상물가보다 낮으면, 기업이 실제로 지불하게 되는 실질임금이 계약상 실질임금보다 높아져서 기업의 고용이 감소하여 생산량이 감소한다.

7) 따라서 실제물가와 예상물가의 차이와 생산량 간에는 정의 관계가 성립하며 이것이 기대가 반영된 총공급곡선 우상향의 논리가 된다.

위의 내용에 따라서 설문을 검토하면 다음과 같다. 설문에서 실제 물가수준이 예상물가수준보다 높으면, 실질임금이 계약상 실질임금보다 낮아져서 고용과 생산량이 증가한다. 반대로 실제 물가수준이 예상물가수준보다 (㉠ 낮으면), 실질임금이 계약상 실질임금보다 (㉡ 높아져서) 고용과 생산량이 (㉢ 감소)한다.

03 2014년 지방직 7급

명목임금 W가 5로 고정된 다음의 케인지언 단기 폐쇄경제 모형에서 총공급곡선의 방정식으로 옳은 것은?

소비함수: $C = 10 + 0.7(Y - T)$
투자함수: $I = 7 - 0.5r$
정부지출: $G = 5$
생산함수: $Y = 2\sqrt{L}$
(단, C는 소비, Y는 산출, T는 조세, I는 투자, r은 이자율, G는 정부지출, L은 노동, P는 물가, W는 명목임금을 나타내며, 노동자들은 주어진 명목임금 수준에서 기업이 원하는 만큼의 노동을 공급한다)

① $Y = P$
② $Y = 22$에서 수직이다.
③ 조세 T를 알 수 없어 총공급곡선을 알 수 없다.
④ $P = \dfrac{5}{2} Y$

출제이슈 AS곡선의 수리적 도출
핵심해설 정답 ④

총공급곡선이란 각각의 물가수준에서 기업들이 공급하고자 하는 최종생산물의 양을 나타내는 그래프로서 노동시장의 균형 하에서 달성되는 국민소득과 물가의 조합을 기하적으로 표시한 것이다.

거시경제의 총공급곡선의 모습 특히 우상향하는 이유에 대하여는 고전학파, 케인즈, 케인즈학파, 통화주의학파, 새고전학파, 새케인즈학파에 따라서 학파별로 그 논리적 근거와 구조가 상이하다.

설문에 제시된 명목임금의 경직성 모형에 따라 우상향하는 총공급곡선을 도출하는 논리는 다음과 같다.

1) 명목임금이 유지되는 계약기간 동안 실제고용수준은 사후적으로 기업의 노동수요가 결정하게 된다. 이는 마치 가격이 고정되는 동안에는 총생산은 총수요가 결정하는 것과 유사한 논리가 적용된다.

2) 이렇게 명목임금이 유지되는 기간 동안에는 물가 상승 시 실질임금은 하락하게 된다.

3) 실질임금의 하락으로 인하여 기업의 노동수요는 증가하고 고용량이 증가하여 생산량이 증가한다.

4) 따라서 물가와 생산량 간에는 정의 관계가 성립하며 이것이 총공급곡선 우상향의 논리가 된다.

위의 내용에 따라서 설문의 자료를 이용하여 총공급곡선을 구하면 다음과 같다.

1) 노동시장의 균형

① 노동수요 : $W = Pf'(L) = \dfrac{P}{\sqrt{L}}$ (여기서 $f(L)$은 거시경제 총생산함수로서 설문에서 $Y = 2\sqrt{L}$)

② 노동공급 : $W = 5$

③ 균형 : $5 = \dfrac{P}{\sqrt{L}}$

2) 생산함수 : $Y = 2\sqrt{L}$

3) 총공급곡선

1)에서 도출된 $5 = \dfrac{P}{\sqrt{L}}$ 와 2)의 생산함수 $Y = 2\sqrt{L}$ 를 동시에 고려하면 $P = 2.5\,Y$ 가 된다.

이것이 바로 명목임금이 경직적인 상황에서 도출된 총공급곡선이다. 여기서 물가가 산출량이 정의 관계에 있음을 알 수 있다.

04 2018년 국가직 7급

어느 경제에서 총생산함수는 $Y = 100\sqrt{N}$ 이고, 노동공급함수는 $N = 2,500(\frac{W}{P})$ 이며, 생산가능인구는 3,000명이다. 이 경제에서는 실질임금이 단기에는 경직적이지만 장기에는 신축적이라고 가정하자. 이 경제의 단기와 장기에서 일어나는 현상으로 옳지 않은 것은? (단, W는 명목임금, P는 물가수준을 나타낸다)

① 장기균형에서 취업자 수는 2,500명이다.
② 장기균형에서 명목임금이 10이라면 물가수준은 10이다.
③ 장기균형에서 실업자는 500명이다.
④ 기대치 않은 노동수요 감소가 발생할 경우 단기적으로 실업이 발생한다.

출제이슈 AS와 노동시장
핵심해설 정답 ③

총공급곡선이란 각각의 물가수준에서 기업들이 공급하고자 하는 최종생산물의 양을 나타내는 그래프로서 노동시장의 균형 하에서 달성되는 국민소득과 물가의 조합을 기하적으로 표시한 것이다.

거시경제의 총공급곡선과 실업은 노동시장과 매우 밀접한 관련이 있다.

설문에서는 노동시장의 균형과 관련한 내용들을 묻고 있다. 이를 해결하기 위해 먼저 다음과 같이 노동시장의 균형을 도출한다.

1) 노동시장의 균형 (이하에서 편의상 노동량의 기호로 설문의 N 대신 L을 쓰기로 한다.)

① 노동수요 : $W = Pf'(L) = \dfrac{50P}{\sqrt{L}}$ 또는 $\dfrac{W}{P} = f'(L) = \dfrac{50}{\sqrt{L}}$

노동수요는 $W = Pf'(L)$인데, 여기서 $f(L)$은 거시경제 총생산함수로서 설문에서 $Y = 100\sqrt{L}$ 이다.

② 노동공급 : $W = \dfrac{PL}{2,500}$ 또는 $\dfrac{W}{P} = \dfrac{L}{2,500}$

노동공급은 설문에서 $L = 2,500(\frac{W}{P})$로 주어져 있으며 이를 위와 같이 적절히 변형하였다.

③ 균형 : $\dfrac{PL}{2,500} = \dfrac{50P}{\sqrt{L}}$

따라서 이를 풀면, $L = 2,500$이 된다.

2) 생산함수 : $Y = 100\sqrt{L}$ 인데 앞에서 구한 $L = 2,500$을 대입하면 $Y = 5,000$이 된다.

위의 내용에 따라서 설문을 검토하면 다음과 같다.

① 옳은 내용이다.
위에서 구한 노동시장의 균형은 장기에 노동임금이 신축적임을 전제하고 구한 균형으로서 균형노동량은 2,500이었다. 따라서 취업자 수는 위에서 구한 $L = 2,500$임을 의미한다.

② 옳은 내용이다.

노동시장에서 노동수요가 $W = Pf'(L) = \dfrac{50P}{\sqrt{L}}$, 노동공급이 $W = \dfrac{PL}{2,500}$ 인 상황에서 도출된 장기균형노동량은 $L = 2,500$ 이었다. 만일 이때, 설문에서 주어진 대로 명목임금이 10인 경우, 이를 위의 노동수요와 공급의 식에 대입하면 $P = W$ 가 되므로 물가는 $P = 10$ 이 된다.

③ 틀린 내용이다.

장기에서 신축적인 임금을 통해서 노동시장이 균형을 이루고 있기 때문에 실업은 없다. 참고로 생산가능인구에 미달하는 고용량의 경우 비경제활동인구가 존재하는 것이지 실업은 아니므로 주의해야 한다.

④ 옳은 내용이다.

설문에서 단기에 실질임금이 경직적이라고 하였으므로 단기에 기대치 않은 노동수요가 감소하는 경우 노동의 초과공급이 발생한다. 노동시장에 초과공급과 같은 불균형이 발생할 경우 임금이 조정되어야 하나 단기적으로 임금이 경직적일 경우에는 초과공급이 해소될 수 없기 때문에 실업이 발생하게 된다.

제4편

AD-AS 모형의 균형과 이동요인

1 $AD-AS$ 모형의 균형과 이동 [2015 국7]

1) 거시경제 일반균형

① 기하적으로 AD곡선과 AS곡선이 만나는 교점에서 거시경제의 일반균형이 달성된다.

② 수리적으로 AD곡선의 방정식과 AS곡선의 방정식을 연립하여 푼 해집합이 균형이다.

2) 어떤 충격 혹은 정책에 의하여 AD, AS곡선이 이동하는 경우 균형이 변화한다. [2020 국9]

2 총수요곡선의 이동요인 [2015 국9]

1) 정부의 총수요관리정책

① 정부지출 증가 시 IS곡선 우측 이동, AD곡선 우측 이동

② 통화량 증가 시 LM곡선 우측 이동, AD곡선 우측 이동 [2019 지7]

2) 기타 총수요충격

① 실질자산가치 상승

② 조세 감면, 이전지출 축소 [2016 국7]

3 총공급곡선의 이동요인

1) 물가에 대한 예상의 변화 [2016 국7]

① 기대물가가 상승하는 경우 총공급곡선은 상방 이동

② 기대물가가 하락하는 경우 총공급곡선은 하방 이동

2) 기타 총공급충격 [2017 국7] [2010 국7]

① 원자재 가격 상승, 임금의 상승

② 가뭄, 파업 등

③ 재고관리 효율성 증가, 신기술 개발

4 장기총공급곡선의 이동요인 [2016 서7]

1) 노동인구의 변동

2) 자본량의 변동

3) 기술지식의 변동

cf. 장기는 실제물가와 예상물가가 일치하므로 예상물가의 변동은 장기총공급곡선과 무관

cf. 총수요관리정책은 장기총공급에는 영향을 미치기 어려움 [2012 국9]

ISSUE 문제 📝

01 [2015년 국가직 7급]

총수요곡선은 $Y = 550 + (\dfrac{2500}{P})$, 총공급곡선은 $Y = 800 + (P - P^e)$, 기대물가는 $P^e = 10$일 때, 균형에서의 국민소득은? (단, Y는 국민소득, P는 물가수준을 나타낸다)

① 500   ② 600

③ 700   ④ 800

출제이슈 $AD-AS$ 모형의 균형
핵심해설   정답 ④

거시경제의 총수요곡선이란 각각의 물가수준에서 대응되는 총수요를 연결한 그래프로서 생산물시장과 화폐시장의 균형을 달성시키는 국민소득과 물가의 조합을 기하적으로 표시한 것이다.

거시경제의 총공급곡선이란 각각의 물가수준에서 기업들이 공급하고자 하는 최종생산물의 양을 나타내는 그래프로서 노동시장의 균형 하에서 달성되는 국민소득과 물가의 조합을 기하적으로 표시한 것이다.

거시경제의 일반균형은 다음과 같다.

① 기하적으로 AD곡선과 AS곡선이 만나는 교점에서 거시경제의 일반균형이 달성된다.
② 수리적으로 AD곡선의 방정식과 AS곡선의 방정식을 연립하여 푼 해집합이 균형이다.

설문의 자료를 이용하여 AD곡선의 방정식과 AS곡선의 방정식을 연립하여 풀면 다음과 같다.

1) AD곡선의 방정식
총수요곡선의 방정식은 $Y = 550 + \dfrac{2,500}{P}$ 로 주어져 있다.

2) AS곡선의 방정식
총공급곡선의 방정식은 $Y = 800 + (P - 10)$이 된다.
왜냐하면, $Y = 800 + (P - P^e)$인데 기대물가가 $P^e = 10$으로 주어졌기 때문이다.

3) $AD-AS$ 균형
균형은 총수요($Y = 550 + \dfrac{2,500}{P}$)와 총공급($Y = 800 + (P - 10)$)이 같은 $550 + \dfrac{2,500}{P} = 800 + (P - 10)$에서 달성된다. 이를 풀면 $P = 10$, $Y = 800$이 된다.

02 2015년 국가직 9급

총수요곡선을 우측으로 이동시키는 요인으로 옳지 않은 것은?

① 물가수준의 상승
② 조세 감면
③ 통화량 증대
④ 정부지출 증대

출제이슈 AD 곡선의 이동요인
핵심해설 정답 ①

총수요곡선이란 각각의 물가수준에서 대응되는 총수요를 연결한 그래프로서 생산물시장과 화폐시장의 균형을 달성시키는 국민소득과 물가의 조합을 기하적으로 표시한 것이다.

총수요곡선의 이동요인은 다음과 같이 총수요관리정책과 기타 총수요충격으로 나눌 수 있다.

1) 정부의 총수요관리정책
① 정부지출 증가 시 IS곡선이 우측 이동, AD곡선도 우측 이동한다.
② 통화량 증가 시 LM곡선이 우측 이동, AD곡선도 우측 이동한다.

2) 기타 총수요충격
① 실질자산가치 상승 시 IS곡선이 우측 이동, AD곡선도 우측 이동한다.
② 조세 감면, 이전지출 증가 시 IS곡선이 우측 이동, AD곡선도 우측 이동한다.

위의 내용에 따라서 설문을 검토하면 다음과 같다.

① 틀린 내용이다.
물가수준이 상승하면 총수요곡선을 따라서 총수요가 감소할 뿐 총수요곡선 자체는 이동하지 않는다. 물가수준의 변화는 총수요곡선의 이동을 가져오는 것이 아니라 총수요곡선 상의 이동을 의미한다. 총수요곡선 자체의 이동과 총수요곡선 상의 이동을 구분해야 한다.

② 옳은 내용이다.
조세가 감면되면 가처분소득이 증가하면서 소비가 증가하므로 총수요가 증가한다. 따라서 총수요곡선이 우측으로 이동한다.

③ 옳은 내용이다.
통화량이 증가하면 화폐시장에서 이자율이 하락하면서 재화시장에서의 투자가 증가하므로 총수요가 증가한다. 따라서 총수요곡선이 우측으로 이동한다.

④ 옳은 내용이다.
정부지출이 증가하면, 총수요가 바로 증가할 뿐만 아니라 승수효과에 의하여 추가적으로 수요가 증가하게 된다. 따라서 총수요곡선이 우측으로 이동한다.

03 [2019년 지방직 7급]

중앙은행이 공개시장 매입정책을 실시하는 경우, 이자율은 (A)하고 투자지출이 (B)하여 총수요 곡선이 (C)으로 이동한다. (A)~(C)에 들어갈 내용을 옳게 짝지은 것은?

	(A)	(B)	(C)
①	하락	감소	오른쪽
②	상승	증가	왼쪽
③	하락	증가	오른쪽
④	상승	감소	왼쪽

제4편

출제이슈 AD 곡선의 이동요인
핵심해설 정답 ③

총수요곡선이란 각각의 물가수준에서 대응되는 총수요를 연결한 그래프로서 생산물시장과 화폐시장의 균형을 달성시키는 국민소득과 물가의 조합을 기하적으로 표시한 것이다.

총수요곡선의 이동요인은 다음과 같이 총수요관리정책과 기타 총수요충격으로 나눌 수 있다.

1) 정부의 총수요관리정책
① 정부지출 증가 시 IS곡선이 우측 이동, AD곡선도 우측 이동한다.
② 통화량 증가 시 LM곡선이 우측 이동, AD곡선도 우측 이동한다.

2) 기타 총수요충격
① 실질자산가치 상승 시 IS곡선이 우측 이동, AD곡선도 우측 이동한다.
② 조세 감면, 이전지출 증가 시 IS곡선이 우측 이동, AD곡선도 우측 이동한다.

위의 내용에 따라서 설문을 검토하면 다음과 같다.

중앙은행이 공개시장 매입정책을 실시하는 경우, 통화량이 증가하게 된다. 통화량 증가로 화폐시장에서 이자율이 하락하면서 재화시장에서의 투자가 증가하므로 총수요가 증가한다. 따라서 총수요곡선이 우측으로 이동한다.

정리하면, 중앙은행이 공개시장 매입정책을 실시하는 경우, 이자율은 (A) 하락하고 투자지출이 (B) 증가하여 총수요 곡선이 (C) 오른쪽으로 이동한다.

04 2017년 국가직 7급

단기 총공급곡선에 대한 설명으로 옳은 것은?

① 단기에 있어서 물가와 총생산물 공급량 간의 음(−)의 관계를 나타낸다.
② 소매상점들의 바코드 스캐너 도입에 따른 재고관리의 효율성 상승은 단기 총공급곡선을 오른쪽으로 이동시킨다.
③ 원유가격의 상승으로 인한 생산비용의 상승은 단기 총공급곡선을 오른쪽으로 이동시킨다.
④ 명목임금의 상승은 단기 총공급곡선을 이동시키지 못한다.

출제이슈 *AS* 곡선의 이동요인
핵심해설 정답 ②

총공급곡선이란 각각의 물가수준에서 기업들이 공급하고자 하는 최종생산물의 양을 나타내는 그래프로서 노동시장의 균형 하에서 달성되는 국민소득과 물가의 조합을 기하적으로 표시한 것이다.

총공급곡선의 이동요인은 다음과 같이 예상물가의 변화와 기타 총공급충격으로 나눌 수 있다.

1) 물가에 대한 예상의 변화
① 기대물가가 상승하는 경우 총공급곡선은 상방 이동한다.
② 기대물가가 하락하는 경우 총공급곡선은 하방 이동한다.

2) 기타 총공급충격
① 원자재 가격 상승, 임금의 상승
② 가뭄, 파업 등
③ 재고관리 효율성 증가, 신기술 개발

위의 내용에 따라서 설문을 검토하면 다음과 같다.

① 틀린 내용이다.
총공급곡선은 단기에 있어서 물가와 총생산물 공급량 간의 음(−)의 관계가 아니라 양(+)의 관계를 나타낸다.

② 옳은 내용이다.
소매상점들의 바코드 스캐너 도입에 따른 재고관리의 효율성 상승은 재고관리비용을 절감시켜주므로 단기 총공급곡선을 우하방으로 이동시킨다.

③ 틀린 내용이다.
원유가격의 상승으로 인한 생산비용의 상승은 단기 총공급곡선을 좌상방으로 이동시킨다.

④ 틀린 내용이다.
명목임금의 상승은 생산비용의 상승으로서 단기 총공급곡선을 좌상방으로 이동시킨다.

05 2010년 국가직 7급

다음 중 총공급곡선을 오른쪽으로 이동시키는 요인만을 모두 고른 것은?

ㄱ. 실질임금 상승
ㄴ. 원자재 가격 하락
ㄷ. 신기술 개발
ㄹ. 정부지출 증가

① ㄱ, ㄹ　　　　　② ㄴ, ㄷ
③ ㄱ, ㄷ, ㄹ　　　④ ㄱ, ㄴ, ㄷ, ㄹ

출제이슈 AS 곡선의 이동요인
핵심해설 정답 ②

총공급곡선이란 각각의 물가수준에서 기업들이 공급하고자 하는 최종생산물의 양을 나타내는 그래프로서 노동시장의 균형 하에서 달성되는 국민소득과 물가의 조합을 기하적으로 표시한 것이다.

총공급곡선의 이동요인은 다음과 같이 예상물가의 변화와 기타 총공급충격으로 나눌 수 있다.

1) 물가에 대한 예상의 변화
① 기대물가가 상승하는 경우 총공급곡선은 상방 이동한다.
② 기대물가가 하락하는 경우 총공급곡선은 하방 이동한다.

2) 기타 총공급충격
① 원자재 가격 상승, 임금의 상승
② 가뭄, 파업 등
③ 재고관리 효율성 증가, 신기술 개발

위의 내용에 따라서 설문을 검토하면 다음과 같다.

ㄱ. 실질임금 상승
실질임금의 상승은 생산비용의 상승으로서 총공급곡선을 좌상방으로 이동시킨다.

ㄴ. 원자재 가격 하락
원자재 가격 하락은 생산비용의 하락으로서 총공급곡선을 우하방으로 이동시킨다.

ㄷ. 신기술 개발
신기술 개발은 생산비용의 하락으로서 총공급곡선을 우하방으로 이동시킨다.

ㄹ. 정부지출 증가
정부지출 증가는 총공급곡선이 아니라 총수요곡선을 우상방으로 이동시킨다.

정리하면, 총공급곡선을 오른쪽으로 이동시키는 요인은 ㄴ. 원자재 가격 하락과 ㄷ. 신기술 개발이 된다.

06 2016년 서울시 7급

장기총공급곡선이 이동하는 이유가 아닌 것은?

① 노동인구의 변동
② 자본량의 변동
③ 기술지식의 변동
④ 예상 물가수준의 변동

출제이슈 장기 AS의 이동요인
핵심해설 정답 ④

총공급곡선이란 각각의 물가수준에서 기업들이 공급하고자 하는 최종생산물의 양을 나타내는 그래프로서 노동시장의 균형 하에서 달성되는 국민소득과 물가의 조합을 기하적으로 표시한 것이다.

특히 장기총공급곡선의 경우, 장기에 있어서 물가 및 임금의 신축성으로 인하여 완전고용산출량 수준에서 수직으로 나타나게 된다. 따라서 장기총공급곡선의 이동은 완전고용산출량의 변화로 나타난다.

설문에서 노동인구의 변동, 자본량의 변동, 기술지식의 변동 등은 모두 완전고용산출량을 변화시켜서 장기총공급곡선을 이동시킬 수 있는 요인이 된다.

한편 ④에 제시된 예상물가의 변동은 장기총공급곡선을 이동시키는 것이 아니라 단기총공급곡선을 이동시킨다. 예상물가 변동에 따른 단기총공급곡선의 이동은 다음과 같다.

ⅰ) 기대물가가 상승하는 경우 총공급곡선은 상방 이동한다.
ⅱ) 기대물가가 하락하는 경우 총공급곡선은 하방 이동한다.

07 [2020년 국가직 7급]

현재 경제가 장기균형 상태에 있다. 총수요가 감소할 경우 새로운 장기균형에 대한 설명으로 옳은 것은?

① 물가수준과 산출량이 현재의 장기균형보다 높은 수준으로 이동한다.
② 물가수준과 산출량이 현재의 장기균형보다 낮은 수준으로 이동한다.
③ 물가수준은 현재의 장기균형과 동일하지만 산출량은 감소한다.
④ 물가수준은 현재의 장기균형보다 낮아지지만 산출량은 동일하다.

출제이슈 $AD-AS$ 모형의 장기균형
핵심해설 정답 ④

현재 경제가 장기균형 상태이며 이때, 총수요가 감소할 경우, 단기균형을 거쳐 새로운 장기균형에 도달하게 된다. 이하에서 단기균형과 최종적인 장기균형으로 나누어 살펴보자.

예를 들어 투자가 감소하거나, 정부지출이 감소하여 총수요가 감소하는 경우를 상정한다.

1) 단기균형
총수요의 감소로 인하여 재화시장에서 물가가 하락하고 물가 하락으로 인하여 노동시장에서 실질임금이 상승하므로 노동고용량이 감소하여 결국 국민소득은 감소한다.

2) 장기균형
물가 하락으로 인하여 경제주체들의 기대인플레이션율이 하락하여 총공급곡선이 하방 이동한다. 이를 노동시장에서의 논리로 설명하면 다음과 같다.

명목임금이 신축적인 장기에는 물가 하락으로 인하여 노동공급이 증가하여 단기에 감소했던 고용량이 증가하여 원래 최초의 수준의 고용량 수준으로 회귀한다. 따라서 고용량이 원래의 수준으로 돌아가면서 단기에 감소했던 총공급이 증가하여 원래 최초의 총공급 수준으로 회귀하고 단기총공급곡선이 우측 이동한다. 이 과정에서 물가는 하락한다.

3) 정리하자면, 총수요의 감소로 인해서 단기균형에서는 국민소득이 감소하고 물가는 하락한다. 장기균형에서는 국민소득이 원래 수준으로 회귀하여 불변이고 물가만 하락한다.

08 | 2016년 국가직 7급

총수요-총공급(AD-AS) 모형에 대한 설명으로 옳은 것은?

① 정부가 이전지출 규모를 축소하면 총수요곡선이 우측으로 이동한다.
② 기대물가의 상승은 총공급곡선을 상방으로 이동시킨다.
③ 팽창적 통화정책의 시행은 총수요곡선의 기울기를 가파르게 한다.
④ 균형국민소득이 완전고용국민소득보다 작다면 인플레이션갭이 발생하여 물가 상승압력이 커진다.

출제이슈 $AD-AS$ 모형과 균형의 변화
핵심해설 정답 ②

첫째, 거시경제의 총수요곡선이란 각각의 물가수준에서 대응되는 총수요를 연결한 그래프로서 생산물시장과 화폐시장의 균형을 달성시키는 국민소득과 물가의 조합을 기하적으로 표시한 것이다.

총수요곡선의 이동요인은 다음과 같이 총수요관리정책과 기타 총수요충격으로 나눌 수 있다.

1) 정부의 총수요관리정책
① 정부지출 증가 시 IS곡선이 우측 이동, AD곡선도 우측 이동한다.
② 통화량 증가 시 LM곡선이 우측 이동, AD곡선도 우측 이동한다.

2) 기타 총수요충격
① 실질자산가치 상승 시 IS곡선이 우측 이동, AD곡선도 우측 이동한다.
② 조세 감면, 이전지출 증가 시 IS곡선이 우측 이동, AD곡선도 우측 이동한다.

둘째, 거시경제의 총공급곡선이란 각각의 물가수준에서 기업들이 공급하고자 하는 최종생산물의 양을 나타내는 그래프로서 노동시장의 균형 하에서 달성되는 국민소득과 물가의 조합을 기하적으로 표시한 것이다.

총공급곡선의 이동요인은 다음과 같이 예상물가의 변화와 기타 총공급충격으로 나눌 수 있다.

1) 물가에 대한 예상의 변화
① 기대물가가 상승하는 경우 총공급곡선은 상방 이동한다.
② 기대물가가 하락하는 경우 총공급곡선은 하방 이동한다.

2) 기타 총공급충격
① 원자재 가격 상승, 임금의 상승
② 가뭄, 파업 등
③ 재고관리 효율성 증가, 신기술 개발

위의 내용에 따라서 설문을 검토하면 다음과 같다.

① 틀린 내용이다.
정부가 이전지출 규모를 축소하면 민간의 가처분소득이 감소하여 소비가 감소하고 총수요가 감소하기 때문에 총수요곡선이 좌측으로 이동한다.

② 옳은 내용이다.
기대물가가 상승하게 되면, 예상실질임금이 하락하여 노동공급이 감소한다. 따라서 총공급이 감소하여 총공급곡선이 좌상방으로 이동한다.

③ 틀린 내용이다.
팽창적 통화정책으로 인하여 통화량이 증가하면, 화폐시장에서 이자율이 하락하고, 재화시장에서 투자가 증가하여 총수요가 증가하므로 총수요곡선이 우상방으로 이동한다. 한편 루카스에 의하면, 통화당국이 매우 빈번하게 통화정책을 사용하는 경우, 과다한 명목충격에 따른 학습효과에 의하여 민간이 이를 실물충격으로 받아들이는 확률이 점차적으로 낮아진다. 따라서 명목충격에 따른 물가변화에도 실질생산이 변동하지 않게 되므로 총공급곡선이 가파르게 된다. 정리하면, 팽창적 통화정책은 총수요곡선의 기울기를 가파르게 하는 것이 아니라 총공급곡선의 기울기를 가파르게 할 수 있으며 총수요곡선 자체는 우상방으로 이동시킨다.

④ 틀린 내용이다.
현재 균형국민소득이 완전고용국민소득보다 작다면 총수요가 충분치 않은 디플레이션갭의 상황으로서 물가 상승이 아니라 물가 하락의 압력에 직면하게 된다.

제4편

공급충격에 의한 거시경제균형의 변화

1 부의 공급 측 충격 `2019 국9` `2018 지7` `2017 서7` `2015 서7` `2014 서7` `2012 지7` `2012 국9`

1) **원인**: 유가 상승, 원자재 가격 상승 등 불리한 공급충격

2) **효과**: 총공급곡선 좌상방 이동

   ① 물가 상승

   ② 생산 감소, 실업률 상승

   ③ 스태그플레이션(경기침체 상태에서의 인플레이션)

3) **부의 공급 측 충격과 총수요관리 정책**

   ① 확대재정정책(확대통화정책): 생산 증대(이전 생산 복귀), 물가 더욱 상승

   ② 축소통화정책(공개시장매각): 생산 더욱 감소, 물가 하락(이전 물가 복귀), 실업률 상승

   ③ 총수요관리정책으로 물가 및 생산량 안정을 동시에 달성 불가

   ④ 재정정책과 통화정책의 두 정책은 상충

   ⑤ 재정정책과 통화정책은 장기총공급에는 영향을 미치기 어려움

4) **총공급관리 정책**

   ① 단기적, 비상시 대응: 명목임금 통제(소득정책, incomes policy) − 총공급곡선 하방 이동

   ② 장기적: 연구개발지원 등을 통한 생산성 향상 − 총공급곡선 하방 이동

2 정의 공급 측 충격 `2013 서7`

1) **원인**: 해외로부터 숙련노동자의 이민 유입

2) **효과**: 총공급곡선의 우측 이동

   ① 단기적: 단기총공급곡선 우측 이동, 물가 하락, 산출 증가

   ② 장기적: 장기총공급곡선 우측 이동, 물가 하락, 산출 증가

ISSUE 문제 📝

01 2019년 국가직 7급

원유 수입의존도가 높은 A국은 최근 국제유가 상승으로 심각한 경제침체를 경험하였다. 다른 경기 변동요인에 변화가 없다면, 이와 같은 현상이 A국의 경제에 미친 영향을 총수요곡선과 총공급곡선을 이용하여 분석한 것으로 옳은 것은? (단, 총수요곡선은 우하향하고, 총공급곡선은 우상향한다)

① 국민소득은 증가하고 물가는 하락한다.
② 국민소득은 감소하고 물가는 하락한다.
③ 국민소득은 증가하고 물가는 상승한다.
④ 국민소득은 감소하고 물가는 상승한다.

출제이슈 부의 공급 측 충격의 경제적 효과
핵심해설 정답 ④

부의 공급충격과 관련하여 먼저 총공급곡선이란 각각의 물가수준에서 기업들이 공급하고자 하는 최종생산물의 양을 나타내는 그래프로서 노동시장의 균형 하에서 달성되는 국민소득과 물가의 조합을 기하적으로 표시한 것이다.

총공급곡선의 이동요인은 다음과 같이 예상물가의 변화와 기타 총공급충격으로 나눌 수 있다.

1) 물가에 대한 예상의 변화
① 기대물가가 상승하는 경우 총공급곡선은 상방 이동한다.
② 기대물가가 하락하는 경우 총공급곡선은 하방 이동한다.

2) 기타 총공급충격
① 원자재 가격 상승, 임금의 상승
② 가뭄, 파업 등
③ 재고관리 효율성 증가, 신기술 개발

특히, 유가 상승, 원자재 가격 상승 등 불리한 공급충격 혹은 부의 공급충격이 발생할 경우 총공급곡선이 좌상방으로 이동하게 된다. 따라서 물가는 상승하고 생산은 감소하고 실업률은 상승한다. 이를 경기침체 상태에서의 인플레이션이라는 의미로 스태그플레이션이라고 한다.

위의 내용에 따라서 설문을 검토하면 다음과 같다.

A국은 최근 국제유가 상승으로 심각한 경제침체를 경험하였고 다른 경기변동요인에 변화가 없다면, 이는 불리한 공급충격 혹은 부의 공급충격에 의한 것이라고 할 수 있다. 따라서 불리한 공급충격에 의하여 비용이 상승하게 되어 총공급곡선이 좌상방으로 이동한다. 따라서 물가는 상승하고 생산 혹은 국민소득은 감소한다.

02 2017년 서울시 7급

갑작스러운 국제 유가 상승으로 A국에서 총생산이 줄어들고 물가가 높아지는 스태그플레이션 (stagflation)이 발생하였다. 〈보기〉는 이에 대한 대책으로 중앙은행 총재와 재무부 장관이 나눈 대화이다. 본 대화에 대한 논평으로 가장 옳지 않은 것은?

<보기>

- 중앙은행 총재 : "무엇보다도 서민 생활안정을 위해 이자율을 올려 물가를 안정시키는 것이 급선무입니다."
- 재무부 장관 : "물가안정도 중요하지만 경기침체 완화를 위해 재정을 확대하는 정책이 절실합니다."

① 이자율을 높이는 정책은 총수요를 감소시키는 결과를 가져오기 때문에 실업률을 보다 높일 수 있다.
② 재정확대 정책은 자연산출량(natural rate of output)을 증대할 수 있는 방안이다.
③ 재정확대 정책을 실시할 경우 현재보다 물가 수준이 더욱 높아질 것은 각오해야 한다.
④ 만약 아무 조치도 취하지 않는다면, 침체가 장기화될 수 있다.

출제이슈 부의 공급 측 충격과 총수요관리정책의 딜레마
핵심해설 정답 ②

부의 공급충격과 관련하여 먼저 총공급곡선이란 각각의 물가수준에서 기업들이 공급하고자 하는 최종생산물의 양을 나타내는 그래프로서 노동시장의 균형 하에서 달성되는 국민소득과 물가의 조합을 기하적으로 표시한 것이다.

총공급곡선의 이동요인은 다음과 같이 예상물가의 변화와 기타 총공급충격으로 나눌 수 있다.

1) 물가에 대한 예상의 변화
① 기대물가가 상승하는 경우 총공급곡선은 상방 이동한다.
② 기대물가가 하락하는 경우 총공급곡선은 하방 이동한다.

2) 기타 총공급충격
① 원자재 가격 상승, 임금의 상승
② 가뭄, 파업 등
③ 재고관리 효율성 증가, 신기술 개발

특히, 유가 상승, 원자재 가격 상승 등 불리한 공급충격 혹은 부의 공급충격이 발생할 경우 총공급곡선이 좌상방으로 이동하게 된다. 따라서 물가는 상승하고 생산은 감소하고 실업률은 상승한다. 이를 경기침체 상태에서의 인플레이션이라는 의미로 스태그플레이션이라고 한다.

위의 내용에 따라서 설문을 검토하면 다음과 같다.

① 옳은 내용이다.
중앙은행 총재는 물가안정을 위해서 통화감축을 통하여 이자율을 올리는 정책을 실시할 것을 주장한다. 설문에서처럼 스태그플레이션 상황 하에서는 통화량을 감축할 경우 이자율이 상승하여 투자수요 등 총수요가 감소하여 물가는 어느 정도 안정화시킬 수 있으나 총생산의 급감이 우려된다. 이로 인해 실업률이 급격히 높아질 수 있다.

이러한 상황은 유가 상승과 같은 부의 공급 측 충격으로 인한 총공급곡선의 좌상방 이동과 긴축적 통화정책에 따른 총수요곡선의 좌하방 이동으로 설명할 수 있다. 이때는 물가는 어느 정도 안정화시킬 수 있으나 총생산이 급감함을 쉽게 확인할 수 있다.

② 틀린 내용이다.
총수요관리정책을 통하여 자연산출량에 영향을 미치는 것은 어렵다. 자연산출량의 변화는 장기총공급곡선의 이동으로서 이는 노동인구의 증가, 자본량의 증가, 기술진보 등을 통해서 가능하다. 단기적으로 자연산출량이 고정된 상태에서 확대재정정책을 사용하게 되면 학파별로 견해는 다르지만, 물가만 상승하고 총생산은 증가하지 않을 가능성이 있다.

③ 옳은 내용이다.
재무부장관은 경기침체 완화를 위해서 재정확대정책을 주장한다. 스태그플레이션 상황 하에서 재정확대 정책을 실시할 경우 총수요가 증가하여 경기침체 완화에는 도움이 될 순 있지만, 인플레이션이 더욱 극심해지는 부작용이 우려된다.

이러한 상황은 유가 상승과 같은 부의 공급 측 충격으로 인한 총공급곡선의 좌상방 이동과 확장적 재정정책에 따른 총수요곡선의 우상방 이동으로 설명할 수 있다. 이때는 국민소득은 어느 정도 안정화시킬 수 있으나 물가 수준이 매우 상승하는 것을 쉽게 확인할 수 있다.

④ 옳은 내용이다.
만약 아무 조치도 취하지 않는다면, 유가 상승과 같은 부의 공급 측 충격으로 인하여 물가가 높은 상황 하에서 국민소득의 감소로 인하여 침체가 지속되는 스태그플레이션이 장기화될 수 있다.

03 　2015년 서울시 7급

원자재 가격 상승 충격이 발생할 경우 거시경제의 단기 균형과 관련한 다음 분석 중 옳은 것은?

① 물가가 상승하고 실업률이 하락한다.
② 정부가 산출량 안정을 도모하려면 총수요축소정책을 실시하여야 한다.
③ 정부가 재정 정책을 통하여 물가 안정과 산출량 안정을 동시에 달성할 수 있다.
④ 중앙은행이 물가 안정을 위하여 통화정책을 사용할 경우 실업률이 추가적으로 상승한다.

출제이슈 부의 공급 측 충격과 총수요관리정책의 딜레마
핵심해설 정답 ④

부의 공급충격과 관련하여 먼저 총공급곡선이란 각각의 물가수준에서 기업들이 공급하고자 하는 최종생산물의 양을 나타내는 그래프로서 노동시장의 균형 하에서 달성되는 국민소득과 물가의 조합을 기하적으로 표시한 것이다.

총공급곡선의 이동요인은 다음과 같이 예상물가의 변화와 기타 총공급충격으로 나눌 수 있다.

1) 물가에 대한 예상의 변화
① 기대물가가 상승하는 경우 총공급곡선은 상방 이동한다.
② 기대물가가 하락하는 경우 총공급곡선은 하방 이동한다.

2) 기타 총공급충격
① 원자재 가격 상승, 임금의 상승
② 가뭄, 파업 등
③ 재고관리 효율성 증가, 신기술 개발

특히, 유가 상승, 원자재 가격 상승 등 불리한 공급충격 혹은 부의 공급충격이 발생할 경우 총공급곡선이 좌상방으로 이동하게 된다. 따라서 물가는 상승하고 생산은 감소하고 실업률은 상승한다. 이를 경기침체 상태에서의 인플레이션이라는 의미로 스태그플레이션이라고 한다.

위의 내용에 따라서 설문을 검토하면 다음과 같다.

① 틀린 내용이다.
원자재 가격 상승과 같은 불리한 공급충격으로 인하여 총공급곡선이 좌상방으로 이동하여 물가는 상승하고 생산은 감소하고 실업률은 상승한다.

② 틀린 내용이다.
총수요축소정책을 실시할 경우 불리한 공급충격으로 인한 물가 상승의 문제는 완화할 수 있으나 산출량은 더욱 감소하게 된다는 문제가 있다. 반대로 정부가 산출량 안정을 도모하기 위해서는 총수요확대정책을 사용하여야 하지만, 이 경우 물가는 더욱 상승한다는 치명적인 문제가 있다.

③ 틀린 내용이다.

재정정책과 같은 총수요관리정책을 통해서는 물가안정과 산출량안정을 동시에 달성할 수 없다. 확대재정정책이나 확대통화정책을 사용하게 되면, 경기침체는 완화시킬 수 있으나 물가가 더욱 상승하게 되는 부작용이 발생한다. 한편 긴축재정정책이나 긴축통화정책을 사용하게 되면, 물가는 안정화시킬 수 있으나 산출량이 더욱 감소하여 실업률이 급등하는 문제가 있다. 따라서 스태그플레이션 하에서 총수요관리정책을 통해서는 물가안정과 산출량안정을 동시에 달성할 수 없으며 총수요관리정책은 무력하다.

④ 옳은 내용이다.

물가가 상승하는 스태그플레이션 상황 하에서 물가안정을 위해서 통화량을 감축할 경우 이자율이 상승하여 투자수요 등 총수요가 감소하여 물가를 어느 정도 안정화시킬 수는 있다. 그러나 총생산의 급감하게 되어 이로 인해 실업률이 급격히 높아지게 된다.

제4편

04 2014년 서울시 7급

정부가 경기안정화 정책을 수행할 때 물가안정보다는 국민소득 안정화에만 정책목표를 두고 있고 중앙은행은 국민소득 안정화보다는 물가안정에만 정책목표를 두고 있다고 가정하자. 경기를 침체시키는 부(−)의 공급충격(negative supply shock)이 발생하였을 경우 아래의 설명 중 옳지 않은 것은?

① 최종재화와 서비스에 대한 정부지출이 증가하게 된다.
② 중앙은행은 공개시장매입을 하게 된다.
③ 정부의 경기안정화 정책과 중앙은행의 통화정책이 물가수준에 미치는 효과는 서로 상충된다.
④ 정부의 경기안정화 정책과 중앙은행의 통화정책이 국민소득에 미치는 효과는 서로 상충된다.
⑤ 중앙은행은 이자율을 높이는 정책을 시행한다.

출제이슈 부의 공급 측 충격과 총수요관리정책의 딜레마
핵심해설 정답 ②

부의 공급충격과 관련하여 먼저 총공급곡선이란 각각의 물가수준에서 기업들이 공급하고자 하는 최종생산물의 양을 나타내는 그래프로서 노동시장의 균형 하에서 달성되는 국민소득과 물가의 조합을 기하적으로 표시한 것이다.

총공급곡선의 이동요인은 다음과 같이 예상물가의 변화와 기타 총공급충격으로 나눌 수 있다.

1) 물가에 대한 예상의 변화
① 기대물가가 상승하는 경우 총공급곡선은 상방 이동한다.
② 기대물가가 하락하는 경우 총공급곡선은 하방 이동한다.

2) 기타 총공급충격
① 원자재 가격 상승, 임금의 상승
② 가뭄, 파업 등
③ 재고관리 효율성 증가, 신기술 개발

특히, 유가 상승, 원자재 가격 상승 등 불리한 공급충격 혹은 부의 공급충격이 발생할 경우 총공급곡선이 좌상방으로 이동하게 된다. 따라서 물가는 상승하고 생산은 감소하고 실업률은 상승한다. 이를 경기침체 상태에서의 인플레이션이라는 의미로 스태그플레이션이라고 한다.

위의 내용에 따라서 설문을 검토하면 다음과 같다.

유의할 점은 설문에서는 부의 공급충격 상황에서 정부가 경기안정화 정책을 수행할 때 물가안정보다는 국민소득 안정화에만 정책목표를 두고 있고 중앙은행은 국민소득 안정화보다는 물가안정에만 정책목표를 두고 있다고 가정하고 있다.

따라서 부의 공급충격에 의한 스태그플레이션 상황 하에서 정부는 국민소득 안정화를 위해서 확대재정정책을, 중앙은행은 물가안정을 위해서 긴축통화정책을 사용하는 것을 의미한다.

① 옳은 내용이다.
정부는 스태그플레이션 상황 하에서 물가안정보다는 국민소득 안정화를 위해서 확대재정정책을 사용할 것이므로 정부지출을 증가시킬 것이다.

② 틀린 내용이다.
중앙은행은 스태그플레이션 상황 하에서 국민소득 안정화보다는 물가안정을 위해서 긴축통화정책을 사용할 것이므로 공개
시장에서 증권매각 등을 통해서 통화공급을 줄여 나갈 것이다.

만일 ②에서 제시된 내용대로 중앙은행이 공개시장매입을 하게 되면 통화량이 증가하게 된다. 이로 인해 물가는 더욱 상승하
게 되므로 설문에 제시된 물가안정에만 정책목표를 두고 있는 중앙은행의 정책기조와 상충된다.

③, ④ 옳은 내용이다.
정부는 스태그플레이션 상황 하에서 물가안정보다는 국민소득 안정화를 위해서 확대재정정책을 사용할 것이므로 정부지출
을 증가시킬 것이다. 따라서 정부의 확대재정정책은 소득을 증가시키고 물가를 상승시킨다.

중앙은행은 스태그플레이션 상황 하에서 국민소득 안정화보다는 물가안정을 위해서 긴축통화정책을 사용할 것이므로 공개
시장에서 증권매각 등을 통해서 통화공급을 줄여 나갈 것이다. 따라서 중앙은행의 긴축통화정책은 소득을 더욱 감소시키고
물가를 안정시킨다.

따라서 정부의 확대재정정책은 국민소득을 증가시키지만 중앙은행의 긴축통화정책은 국민소득을 감소시킨다. 또한 정부의
확대재정정책은 물가를 상승시키지만, 중앙은행의 긴축통화정책은 물가를 안정화시킨다. 정부의 확대재정정책과 중앙은행
의 긴축통화정책은 국민소득 및 물가에 미치는 효과가 서로 상충된다.

⑤ 옳은 내용이다.
중앙은행은 스태그플레이션 상황 하에서 국민소득 안정화보다는 물가안정을 위해서 긴축통화정책을 사용할 것이므로 공개
시장에서 증권매각 등을 통해서 통화공급을 줄여 나갈 것이다. 따라서 이는 이자율을 높이는 정책이 된다.

제4편

05 | 2018년 지방직 7급

A점에서 장기 균형을 이루고 있는 AD−AS 모형이 있다. 오일쇼크와 같은 음(−)의 공급충격이 발생하여 단기 AS곡선이 이동한 경우에 대한 설명으로 옳지 않은 것은?

① 단기균형점에서 물가수준은 A점보다 높다.
② A점으로 되돌아오는 방법 중 하나는 임금의 하락이다.
③ 통화량을 증가시키는 정책을 실시하면, A점의 총생산량 수준으로 되돌아올 수 있다.
④ 정부지출을 늘리면 A점의 물가수준으로 되돌아올 수 있다.

출제이슈 부의 공급 측 충격과 총수요관리정책의 딜레마
핵심해설 정답 ④

부의 공급충격과 관련하여 먼저 총공급곡선이란 각각의 물가수준에서 기업들이 공급하고자 하는 최종생산물의 양을 나타내는 그래프로서 노동시장의 균형 하에서 달성되는 국민소득과 물가의 조합을 기하적으로 표시한 것이다.

총공급곡선의 이동요인은 다음과 같이 예상물가의 변화와 기타 총공급충격으로 나눌 수 있다.

1) 물가에 대한 예상의 변화
① 기대물가가 상승하는 경우 총공급곡선은 상방 이동한다.
② 기대물가가 하락하는 경우 총공급곡선은 하방 이동한다.

2) 기타 총공급충격
① 원자재 가격 상승, 임금의 상승
② 가뭄, 파업 등
③ 재고관리 효율성 증가, 신기술 개발

특히, 유가 상승, 원자재 가격 상승 등 불리한 공급충격 혹은 부의 공급충격이 발생할 경우 총공급곡선이 좌상방으로 이동하게 된다. 따라서 물가는 상승하고 생산은 감소하고 실업률은 상승한다. 이를 경기침체 상태에서의 인플레이션이라는 의미로 스태그플레이션이라고 한다.

위의 내용에 따라서 설문을 검토하면 다음과 같다.

① 옳은 내용이다.
오일쇼크와 같은 음(−)의 공급충격이 발생하면 단기 AS곡선이 좌상방으로 이동하게 된다. 이 경우 단기균형점에서 물가는 상승하고 산출량이 감소하므로 실업률은 상승한다.

② 옳은 내용이다.
최초의 균형점인 A점으로 다시 되돌아가기 위해서 총공급곡선이 우하방으로 이동하는 것이 필요하다. 이러한 총공급곡선의 우하방 이동은 임금 하락 등을 통해서 가능할 수 있다. 이와 같은 임금 하락은 물가가 급격히 상승하는 스태그플레이션의 상황에서 명목임금이 이에 따라 동반 상승하는 것을 방지하기 위해서 단기적으로 정부가 명목임금을 직접 통제하는 경우가 이에 해당하며 이를 특히 소득정책(incomes policy)라고 부른다.

③ 옳은 내용이다.

오일쇼크와 같은 음(−)의 공급충격이 발생하여 최초의 균형점 A점에서 이탈한 스태그플레이션 상황에서 확대재정정책이나 확대통화정책을 사용하게 되면, 경기침체는 완화시킬 수 있으나 물가가 더욱 상승하게 되는 부작용이 발생한다. 만일 ③에서 제시된 대로 확대통화정책을 사용하게 되면 원래의 총생산량 수준으로 돌아갈 수는 있으나 물가는 더욱 상승하게 된다. 한편, 긴축재정정책이나 긴축통화정책을 사용하게 되면, 물가는 안정화시킬 수 있으나 산출량이 더욱 감소하여 실업률이 급등하는 문제가 있다. 따라서 스태그플레이션 하에서 총수요관리정책을 통해서는 물가안정과 산출량안정을 동시에 달성할 수 없으며 총수요관리정책은 무력하다.

④ 틀린 내용이다.

오일쇼크와 같은 음(−)의 공급충격이 발생하여 최초의 균형점 A점에서 이탈한 스태그플레이션 상황에서 확대재정정책이나 확대통화정책을 사용하게 되면, 경기침체는 완화시킬 수 있으나 물가가 더욱 상승하게 되는 부작용이 발생한다. 만일 ④에서 제시된 대로 확대재정정책을 사용하게 되면 원래의 총생산량 수준으로 돌아갈 수는 있으나 물가는 더욱 상승하게 된다. 한편, 긴축재정정책이나 긴축통화정책을 사용하게 되면, 물가는 안정화시킬 수 있으나 산출량이 더욱 감소하여 실업률이 급등하는 문제가 있다. 따라서 스태그플레이션 하에서 총수요관리정책을 통해서는 물가안정과 산출량안정을 동시에 달성할 수 없으며 총수요관리정책은 무력하다.

제4편

06 [2012년 지방직 7급]

원자재 가격 상승으로 물가수준이 상승하여 중앙은행이 기준금리를 인상하기로 결정하였다. 원자재 가격 상승과 기준금리 인상의 경제적 효과를 단기 총수요－총공급 모형을 이용하여 분석한 것으로 옳은 것을 모두 고른 것은?

> ㄱ. 총수요곡선은 좌측 이동한다.
> ㄴ. 총공급곡선은 좌측 이동한다.
> ㄷ. 총생산은 대폭 감소한다.

① ㄱ, ㄴ   ② ㄱ, ㄷ
③ ㄴ, ㄷ   ④ ㄱ, ㄴ, ㄷ

출제이슈 부의 공급 측 충격과 총수요관리정책의 딜레마
핵심해설 정답 ④

부의 공급충격과 관련하여 먼저 총공급곡선이란 각각의 물가수준에서 기업들이 공급하고자 하는 최종생산물의 양을 나타내는 그래프로서 노동시장의 균형 하에서 달성되는 국민소득과 물가의 조합을 기하적으로 표시한 것이다.

총공급곡선의 이동요인은 다음과 같이 예상물가의 변화와 기타 총공급충격으로 나눌 수 있다.

1) 물가에 대한 예상의 변화
① 기대물가가 상승하는 경우 총공급곡선은 상방 이동한다.
② 기대물가가 하락하는 경우 총공급곡선은 하방 이동한다.

2) 기타 총공급충격
① 원자재 가격 상승, 임금의 상승
② 가뭄, 파업 등
③ 재고관리 효율성 증가, 신기술 개발

특히, 유가 상승, 원자재 가격 상승 등 불리한 공급충격 혹은 부의 공급충격이 발생할 경우 총공급곡선이 좌상방으로 이동하게 된다. 따라서 물가는 상승하고 생산은 감소하고 실업률은 상승한다. 이를 경기침체 상태에서의 인플레이션이라는 의미로 스태그플레이션이라고 한다.

위의 내용에 따라서 설문을 검토하면 다음과 같다.

원자재 가격이 상승한 경우 총공급곡선이 좌상방으로 이동('ㄴ'에 해당)하므로 물가는 상승하고 산출량은 감소한다. 이때, 중앙은행이 기준금리를 인상하게 되면 통화량이 감소하여 총수요곡선이 좌하방으로 이동('ㄱ'에 해당)하므로 물가는 하락하지만 산출량은 더욱 감소한다('ㄷ'에 해당).

스태그플레이션 상황 하에서 긴축재정정책이나 긴축통화정책을 사용하게 되면, 물가는 안정화시킬 수 있으나 산출량이 더욱 감소하여 실업률이 급등하는 문제가 있다. 반대로 스태그플레이션 상황 하에서 확대재정정책이나 확대통화정책을 사용하게 되면, 국민소득은 안정화시킬 수 있으나 물가가 더욱 상승하여 인플레이션이 심각해지는 문제가 있다. 따라서 스태그플레이션 하에서 총수요관리정책을 통해서는 물가안정과 산출량안정을 동시에 달성할 수 없으며 총수요관리정책은 무력하다.

07 | 2012년 국가직 7급

단기 총공급이 감소할 경우의 상황과 정책효과에 대한 설명으로 옳지 않은 것은?

① 스태그플레이션(stagflation)이 발생한다.
② 정부가 재정지출확대정책을 실시하여 대응할 경우 물가가 더욱 상승할 수 있다.
③ 정부가 금리를 인하하여 대응하면 산출량을 증대시킬 수 있다.
④ 정부의 총수요확대정책은 장기 총공급의 감소를 유발한다.

출제이슈 부의 공급 측 충격과 총수요관리정책의 딜레마
핵심해설 정답 ④

부의 공급충격과 관련하여 먼저 총공급곡선이란 각각의 물가수준에서 기업들이 공급하고자 하는 최종생산물의 양을 나타내는 그래프로서 노동시장의 균형 하에서 달성되는 국민소득과 물가의 조합을 기하적으로 표시한 것이다.

총공급곡선의 이동요인은 다음과 같이 예상물가의 변화와 기타 총공급충격으로 나눌 수 있다.

1) 물가에 대한 예상의 변화
① 기대물가가 상승하는 경우 총공급곡선은 상방 이동한다.
② 기대물가가 하락하는 경우 총공급곡선은 하방 이동한다.

2) 기타 총공급충격
① 원자재 가격 상승, 임금의 상승
② 가뭄, 파업 등
③ 재고관리 효율성 증가, 신기술 개발

특히, 유가 상승, 원자재 가격 상승 등 불리한 공급충격 혹은 부의 공급충격이 발생할 경우 총공급곡선이 좌상방으로 이동하게 된다. 따라서 물가는 상승하고 생산은 감소하고 실업률은 상승한다. 이를 경기침체 상태에서의 인플레이션이라는 의미로 스태그플레이션이라고 한다.

위의 내용에 따라서 설문을 검토하면 다음과 같다.

① 옳은 내용이다.
유가 상승, 원자재 가격 상승 등 불리한 공급충격이 발생할 경우 총공급곡선이 좌상방으로 이동하게 된다. 따라서 물가는 상승하고 생산은 감소하고 실업률은 상승한다. 이를 경기침체 상태에서의 인플레이션이라는 의미로 스태그플레이션이라고 한다.

② 옳은 내용이다.
스태그플레이션 상황에서 확대재정정책을 사용하게 되면, 산출량이 증대하여 경기침체는 완화시킬 수 있으나 물가가 더욱 상승하게 되는 부작용이 발생한다. 따라서 스태그플레이션에서 총수요관리정책을 통해서는 물가안정과 산출량안정을 동시에 달성할 수 없으며 총수요관리정책은 무력하다.

③ 옳은 내용이다.
스태그플레이션 상황에서 확대통화정책을 사용하게 되면, 산출량이 증대하여 경기침체는 완화시킬 수 있으나 물가는 더욱 상승하게 되는 부작용이 발생한다. 따라서 스태그플레이션 하에서 총수요관리정책을 통해서는 물가안정과 산출량안정을 동시에 달성할 수 없으며 총수요관리정책은 무력하다.

④ 틀린 내용이다.
총수요관리정책은 장기총공급에 영향을 주기 어렵다. 장기총공급이 고정된 상태에서 총수요확대정책을 사용하게 되면 물가만 상승하고 총생산은 증가하지 않는다. 장기총공급의 변화는 장기총공급곡선의 이동으로서 이는 노동인구의 증가, 자본량의 증가, 기술진보 등을 통해서 가능하다.

1 총수요충격

1) 원인: 화폐수요 감소 충격　2014 서7

2) 효과

① 단기: 총수요곡선 우측 이동, 실질국민소득 증가, 물가 상승, 인플레이션갭

② 장기: 기대물가 상승, 단기총공급곡선 상방 이동, 실질국민소득 다시 감소, 최초 수준 복귀

3) 경기안정화 정책　2013 서7　2010 지7

① 총수요를 감축하는 재정정책: 정부지출 감소, 조세증가

② 총수요를 감축하는 통화정책: 공개시장 매도

2 복합적 충격　2013 서7

1) 수요 측 충격

① 원인: 주가 폭락 충격

② 효과: 주가 폭락으로 소비 및 투자 위축, 총수요곡선 좌측 이동

2) 공급 측 충격

① 원인: 해외로부터 숙련노동자의 이민 유입

② 효과
    ⅰ) 단기적: 단기총공급곡선 우측 이동
    ⅱ) 장기적: 장기총공급곡선 우측 이동

3) 복합적 효과

① 단기: 물가는 하락하지만, 산출은 불분명

② 장기: 물가 하락, 산출 증가

ISSUE 문제 📝

01 2014년 서울시 7급

현 경제상황이 장기균형에 있다고 가정하자. 최근 현금자동입출금기를 설치하고 운영하는 비용이 더욱 낮아지면서 통화수요가 하락하는 상황이 발생하였다. 이 상황은 장단기균형에 어떠한 영향을 미치는가?

① 단기에는 가격수준과 실질GDP는 증가하지만, 장기에는 영향이 없다.

② 단기에는 가격수준과 실질GDP는 증가하지만, 장기에는 가격수준만 상승할 뿐 실질GDP에 대한 영향은 없다.

③ 단기에는 가격수준과 실질GDP는 하락하지만, 장기에는 영향이 없다.

④ 단기에는 가격수준과 실질GDP는 하락하지만, 장기에는 가격수준만 하락할 뿐 실질GDP에 대한 영향은 없다.

⑤ 단기에는 가격수준과 실질GDP는 증가하고, 장기에도 가격수준과 실질GDP 모두 증가한다.

출제이슈 통화수요 감소 충격과 거시경제균형의 변화
핵심해설 정답 ②

총수요곡선이란 각각의 물가수준에서 대응되는 총수요를 연결한 그래프로서 생산물시장과 화폐시장의 균형을 달성시키는 국민소득과 물가의 조합을 기하적으로 표시한 것이다.

총수요곡선의 이동요인은 다음과 같이 총수요관리정책과 기타 총수요충격으로 나눌 수 있다.

1) 정부의 총수요관리정책

① 정부지출 증가 시 IS곡선이 우측 이동, AD곡선도 우측 이동한다.
② 통화량 증가 시 LM곡선이 우측 이동, AD곡선도 우측 이동한다.

2) 기타 총수요충격

① 실질자산가치 상승 시 IS곡선이 우측 이동, AD곡선도 우측 이동한다.
② 조세 감면, 이전지출 증가 시 IS곡선이 우측 이동, AD곡선도 우측 이동한다.

위의 내용에 따라서 설문을 검토하면 다음과 같다.

설문에서 현금자동입출금기를 설치하고 운영하는 비용이 더욱 낮아지면서 통화수요가 하락하는 상황은 통화수요 감소라는 충격이 발생한 것으로 볼 수 있다. 이는 실질통화량이 증가하는 충격과 유사한 효과를 가진다.

1) 단기균형에 미치는 효과

통화수요 감소 충격이 발생한 경우 화폐시장에서 이자율이 하락하여 재화시장에서 투자수요가 증가하므로 총수요는 증가한다. 따라서 총수요곡선이 우상방으로 이동하게 되어 물가는 상승하고 산출량도 증가한다.

2) 장기균형에 미치는 효과

통화수요 감소라는 충격에 의하여 단기적으로 증가한 산출량은 장기에는 자연산출량 수준으로 다시 회귀하게 되고 물가는 다시 상승하게 된다. 따라서 통화수요 변화 혹은 통화량 변화와 같은 명목충격은 장기에 있어서 물가만 변화시킬 뿐, 산출량에 영향을 주지 못한다.

02   2013년 서울시 7급

아래의 총수요-총공급모형에 대한 설명 중에서 옳지 않은 것은?

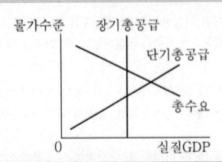

① 경기안정화를 위해 공개시장매도를 하는 통화정책이 필요하다.
② 경기안정화를 위해 정부지출을 감소시키는 재정정책이 필요하다.
③ 시간이 지남에 따라 단기 총공급곡선은 좌측으로 이동하여 장기균형에 도달한다.
④ 시간이 지남에 따라 총수요곡선은 좌측으로 이동하여 장기 균형에 도달한다.
⑤ 시간이 지남에 따라 기대 물가수준은 높아진다.

출제이슈 거시경제불균형과 균형으로의 조정과정
핵심해설 정답 ④

현재 상태는 단기총공급과 총수요가 균형을 이루는 단기균형점에서 총산출량이 장기총공급 수준보다 더 큰 상황으로서 경기가 과열되어 있다고 볼 수 있다. 따라서 물가가 앞으로 상승할 것으로 예상되므로 기대인플레이션율이 상승하게 된다.

위의 내용에 따라서 설문을 검토하면 다음과 같다.

① 옳은 내용이다.
현재 상태는 장기 자연산출 수준보다 산출량이 더 높은 수준으로서 경기가 과열되어 있다. 따라서 정책당국이 과열된 경기를 진정시키고자 하는 경우에는 공개시장매도를 통한 긴축통화정책으로서 총수요를 줄일 필요가 있다.

② 옳은 내용이다.
현재 상태는 장기 자연산출 수준보다 산출량이 더 높은 수준으로서 경기가 과열되어 있다. 따라서 정책당국이 과열된 경기를 진정시키고자 하는 경우에는 정부지출을 감소시키는 긴축재정정책을 통해서 총수요를 줄일 필요가 있다.

③ 옳은 내용이다.
현재 상태는 장기 자연산출 수준보다 산출량이 더 높은 수준으로서 경기가 과열되어 있다. 따라서 물가가 앞으로 상승할 것으로 예상되므로 기대인플레이션율이 상승하게 된다. 기대인플레이션율의 상승은 총공급곡선을 좌상방으로 이동시키게 되어 이 과정에서 산출이 감소하면서 다시 원래의 자연산출 수준인 장기총공급으로 회귀하게 되며 물가는 더욱 상승한다.

④ 틀린 내용이다.
현재 상태는 장기 자연산출 수준보다 산출량이 더 높은 수준으로서 경기가 과열되어 있다. 따라서 물가가 앞으로 상승할 것으로 예상되므로 기대인플레이션율이 상승하게 된다. 기대인플레이션율의 상승은 총공급곡선을 좌상방으로 이동시키게 된다. 따라서 총수요곡선이 좌측으로 이동하는 것이 아니라 총공급곡선이 좌측으로 이동하게 되므로 틀린 내용이다.

⑤ 옳은 내용이다.
현재 상태는 장기 자연산출 수준보다 산출량이 더 높은 수준으로서 경기가 과열되어 있다. 따라서 물가가 앞으로 상승할 것으로 예상되므로 기대인플레이션율이 상승하게 된다.

03 2010년 지방직 7급

아래 그림은 총수요곡선, 총공급곡선 그리고 잠재GDP를 보여주고 있다. 그림에서 경제상태는 (㉠)갭을 보여주고 있고, 잠재GDP를 달성하기 위한 재정정책은 정부투자를 (㉡)하고 (또는) 조세를 (㉢)해야 한다. ㉠~㉢에 들어갈 말로 옳은 것은?

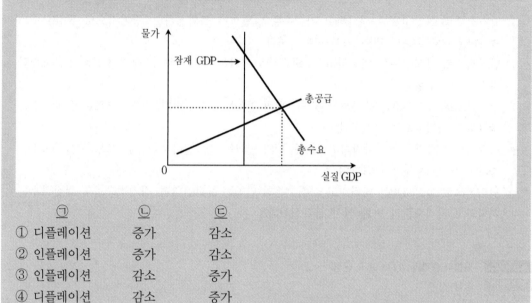

	㉠	㉡	㉢
①	디플레이션	증가	감소
②	인플레이션	증가	감소
③	인플레이션	감소	증가
④	디플레이션	감소	증가

출제이슈 거시경제불균형과 균형으로의 조정과정

핵심해설 정답 ③

현재 상태는 단기총공급과 총수요가 균형을 이루는 단기균형점에서 총산출량이 장기총공급 수준보다 더 큰 상황으로서 경기가 과열되어 있다고 볼 수 있다. 따라서 물가가 앞으로 상승할 것으로 예상되므로 기대인플레이션율이 상승하게 된다.

위의 내용에 따라서 설문을 검토하면 다음과 같다.

현재 상태는 장기총공급 수준인 잠재산출량보다 더 높은 산출량 수준으로서 경기가 과열되어 있으며 이를 인플레이션갭이 존재한다고 할 수 있다. (㉠)

이때 과열된 경기를 진정시키고 잠재산출 수준을 달성하기 위하여는 긴축적 재정정책이 필요하다. 긴축적 재정정책의 대표적인 수단으로는 정부지출의 감소(㉡) 혹은 조세증가(㉢)를 들 수 있다.

정리하면, 그림에서 경제상태는 (㉠ 인플레이션)갭을 보여주고 있고, 잠재GDP를 달성하기 위한 재정정책은 정부투자를 (㉡ 감소)하고 (또는) 조세를 (㉢ 증가)해야 한다.

04 　2013년 서울시 7급

어떤 경제가 장기균형상태에 있다고 가정하자. 그런데 갑자기 주식시장이 폭락한 반면, 해외로부터 숙련노동자의 이민(유입)이 급격히 증가하였다. 이런 상황이 동시에 발생할 경우 현 상태에 비해 새로운 장단기 균형의 결과는?

① 단기적으로 실질GDP는 증가하고 가격수준의 변화는 불확실하며, 장기적으로 실질GDP는 증가하고 가격수준의 변화 역시 불확실하다.
② 단기적으로 가격수준은 하락하고 실질GDP의 변화는 불확실하나, 장기적으로 실질GDP와 가격수준에 영향은 없다.
③ 단기적으로 가격수준은 증가하고 실질GDP의 변화는 불확실하나, 장기적으로는 실질GDP는 증가하고 가격수준은 하락한다.
④ 단기적으로 가격수준은 하락하고 실질GDP의 변화는 불확실하나, 장기적으로는 실질GDP는 증가하고 가격수준은 하락한다.
⑤ 단기적으로 실질GDP는 하락하고 가격수준의 변화는 불확실하며, 장기적으로도 실질GDP는 하락하고 가격수준의 변화 역시 불확실하다.

출제이슈 복합적 충격과 $AD-AS$ 균형
핵심해설 정답 ④

설문의 충격은 수요충격과 공급충격이 융합된 복합충격의 경우이다.

1) 총수요충격
먼저 주식시장의 폭락으로 인해 민간부문의 실질자산이 감소하게 되어 총수요가 감소한다. 따라서 주식시장의 폭락은 총수요에 영향을 미치는 총수요충격에 해당한다. 주식시장의 폭락으로 인해서 총수요가 감소하므로 총수요곡선은 좌측으로 이동하게 된다.

2) 총공급충격
그리고 해외숙련노동자의 이민 증가로 인해 노동공급이 증가하게 된다. 노동공급이라는 투입요인이 증가하게 되어 총공급은 증가하게 된다. 따라서 해외숙련노동자의 이민 증가는 총공급에 영향을 미치는 총공급충격에 해당한다. 해외숙련노동자의 이민 증가로 인해서 총공급이 증가하므로 총공급곡선은 우측으로 이동한다. 해외숙련노동자의 이민은 거시경제의 자연산출량에 영향을 미치게 되므로 총공급곡선은 단기뿐만 아니라 장기적으로도 우측으로 이동한다.

3) 장단기 균형
총수요의 감소와 총공급의 증가로 인해서 물가는 하락하지만 산출량의 변화는 총수요 및 총공급 변화의 상대적 크기에 따라서 결정되므로 그 방향은 불확실하다. 장기의 경우 해외숙련노동자의 증가로 인해 장기총공급곡선이 우측으로 이동하기 때문에 물가는 하락하고 산출량은 증가한다.

제 **5** 편

실업과
인플레이션

issue 01 실업의 개념과 분류

issue 02 실업률 계산

issue 03 자연실업률의 결정

issue 04 비자발적 실업의 원인

issue 05 인플레이션의 효과(비용)

issue 06 인플레이션과 이자율

issue 07 필립스곡선

issue 08 기타

조경국
경제학
워크북

거시편

실업의 개념과 분류

1 실업의 개념

1) 일할 능력과 의사가 있음에도 불구하고 직장을 갖지 못한 사람을 실업자라 칭함

2) 일할 능력과 의사가 있는 사람이 직장을 갖지 못한 상태를 실업이라 칭함

2 실업의 종류

1) **탐색적, 마찰적 실업(frictional unemployment)**

　① 직장을 탐색하고 옮기는 과정에서 발생하는 실업 ｜2017 국9｜

　② 정보의 불완전성이라는 마찰 때문에 발생

　③ 완전고용상태에서도 나타나는 실업 ｜2017 국9｜

　④ 자발적 실업(voluntary unemployment)

　⑤ 자연실업률 측정 시 포함되는 실업 ｜2016 서7｜

2) **구조적 실업(structural unemployment)**

　① 산업구조의 재편 등 경제구조의 변화로 인하여 발생하는 실업 ｜2017 국9｜

　② 넓은 의미에서 마찰적 실업의 일종, 기술이 부족한 노동자에게 발생 ｜2016 서7｜

　③ 비자발적 실업(involuntary unemployment)

　④ 비자발적 실업의 주된 원인은 임금의 경직성 ｜2019 지7｜

　⑤ 자연실업률 측정 시 포함되는 실업 ｜2018 국9｜

3) **경기적 실업(cyclical unemployment)**

　① 경기침체 때문에 발생하는 실업 ｜2016 서7｜

　② 실업률이 자연실업률을 중심으로 이탈과 회귀를 반복하는 현상

　③ 비자발적 실업(involuntary unemployment)

　④ 비자발적 실업의 주된 원인은 임금의 경직성

3 실업과 국민소득의 관계 : 오쿤의 법칙

1) 실업률의 변동은 총생산의 변동과 밀접하나 실업률의 변동은 총생산의 변동에 비하여 작음

2) **오쿤의 법칙** : 총생산과 실업률 간의 관계

　① 실업률갭 = 실업률 − 자연실업률

　② 총생산갭 $= \dfrac{\text{총생산} - \text{완전고용생산}}{\text{완전고용생산}}$

　③ 실업률갭 $= -0.5 \times$ 총생산갭

ISSUE 문제 📝

01 2018년 국가직 9급

실업에 대한 설명으로 옳은 것은?

① 구직단념자를 실업자로 분류하면 실업률이 더 낮아진다.
② 완전고용실업률하에서 실업률은 항상 0%이다.
③ 경기적 실업과 구조적 실업은 비자발적 실업이고, 마찰적 실업은 자발적 실업에 해당된다.
④ 자연실업률에는 구조적 실업과 경기적 실업이 포함되지 않는다.

출제이슈 실업의 개념과 분류
핵심해설 정답 ③

먼저 실업과 실업률에 관한 기본적인 내용은 다음과 같다.

실업이란 일할 능력과 의사가 있는 사람이 직장을 갖지 못한 상태를 의미한다. 실업은 크게 자발적 실업과 비자발적 실업으로 분류할 수 있다. 자발적 실업(voluntary unemployment)이란 일할 능력은 있으나, 일할 의사가 없어서 발생하는 실업으로서 주어진 임금수준에서 일할 의사가 없음을 의미한다. 직장을 옮기는 과정에서 발생하는 실업으로 마찰적 실업(frictional unemployment)이 대표적인 자발적 실업이다. 비자발적 실업(involuntary unemployment)이란 주어진 임금수준에서 일할 의사가 있음에도 취업을 못하고 있어서 발생하는 실업이다. 경기변동 때문에 발생하는 경기적 실업(cyclical unemployment)과 산업구조의 재편 등 경제구조의 변화로 인하여 발생하는 구조적 실업(structural unemployment)이 대표적인 비자발적 실업이다.

실업률이란 경제활동인구 중에서 실업자가 차지하는 비율을 말한다. 경제활동인구는 실업자와 취업자를 더한 개념이다. 그런데 완전고용 하에서도 실업률은 항상 0인 것은 아니다. 왜냐하면 완전고용 하에서도 직장을 탐색하고 옮기는 과정에서 발생하는 실업은 필연적으로 존재하기 때문이다.

이하에서 설문을 검토하면 다음과 같다.

① 틀린 내용이다.
실업률이란 경제활동인구 중에서 실업자가 차지하는 비율을 말한다. 경제활동인구는 실업자와 취업자를 더한 개념이다. 그런데 주의할 점은 일할 능력이 없거나 의사가 없는 고령자, 환자, 주부, 학생, 실망실업자(구직단념자) 등 비경제활동인구는 실업자가 아니라는 것이다. 이 경우 특히 실망실업자를 실업률 계산에서 제외하기 때문에 실업률이 실제 실업상태를 과소평가하는 문제가 있다. 만일 실망실업자를 실업자로 분류할 경우 실업률이 더 높아진다. 반대로 실업자가 구직활동을 포기하고 실망실업자로 되는 경우 실업률은 하락한다.

② 틀린 내용이다.
완전고용 하에서도 실업률은 항상 0인 것은 아니다. 탐색적 혹은 마찰적 실업(frictional unemployment)은 직장을 탐색하고 옮기는 과정에서 발생하는 실업으로서 정보의 불완전성이라는 마찰 때문에 발생한다. 즉, 완전고용상태에서도 탐색적 혹은 마찰적 실업은 존재한다.

③ 옳은 내용이다.
경기적 실업과 구조적 실업은 비자발적 실업이고, 마찰적 실업은 자발적 실업에 해당된다.

④ 틀린 내용이다.
자연실업률 측정 시 마찰적 실업과 구조적 실업은 포함되지만, 경기적 실업은 포함되지 않는다. 경기적 실업은 대표적인 비자발적 실업으로서 경기침체 때문에 발생하는 실업이다.

02 2012년 국가직 9급

실업에 대한 설명으로 옳지 않은 것은?

① 임금의 경직성과 일자리 제한으로 인해 발생한 실업을 마찰적 실업(frictional unemployment)이라 한다.

② 실업보험은 마찰적 실업에 영향을 미친다.

③ 이미 취업하고 있는 노동자인 내부노동자(insider)가 높은 임금을 요구할 경우 외부노동자(outsider)의 실업 상태가 지속될 수 있다.

④ 효율적 임금(efficiency wage) 이론에 의하면 임금이 높을수록 노동자의 생산성이 높아진다.

출제이슈 실업의 개념과 분류
핵심해설 정답 ①

먼저 실업과 실업률에 관한 기본적인 내용은 다음과 같다.

실업이란 일할 능력과 의사가 있는 사람이 직장을 갖지 못한 상태를 의미한다. 실업은 크게 자발적 실업과 비자발적 실업으로 분류할 수 있다. 자발적 실업(voluntary unemployment)이란 일할 능력은 있으나, 일할 의사가 없어서 발생하는 실업으로서 주어진 임금수준에서 일할 의사가 없음을 의미한다. 직장을 옮기는 과정에서 발생하는 실업으로 마찰적 실업(frictional unemployment)이 대표적인 자발적 실업이다. 비자발적 실업(involuntary unemployment)이란 주어진 임금수준에서 일할 의사가 있음에도 취업을 못하고 있어서 발생하는 실업이다. 경기변동 때문에 발생하는 경기적 실업(cyclical unemployment)과 산업구조의 재편 등 경제구조의 변화로 인하여 발생하는 구조적 실업(structural unemployment)이 대표적인 비자발적 실업이다.

실업률이란 경제활동인구 중에서 실업자가 차지하는 비율을 말한다. 경제활동인구는 실업자와 취업자를 더한 개념이다. 그런데 완전고용 하에서도 실업률은 항상 0인 것은 아니다. 왜냐하면 완전고용 하에서도 직장을 탐색하고 옮기는 과정에서 발생하는 실업은 필연적으로 존재하기 때문이다.

이하에서 설문을 검토하면 다음과 같다.

① 틀린 내용이다.
탐색적 혹은 마찰적 실업(frictional unemployment)은 직장을 탐색하고 옮기는 과정에서 발생하는 실업으로서 정보의 불완전성이라는 마찰 때문에 발생한다. 즉, 완전고용상태에서도 탐색적 혹은 마찰적 실업은 존재한다. 임금의 경직성으로 인해서 발생하는 실업은 비자발적 실업으로서 경기적 실업을 들 수 있다.

② 옳은 내용이다.
실업보험은 마찰적 실업에 영향을 미친다. 마찰적 실업을 포함하는 자연실업률에 영향을 미치는 대표적인 요인으로는 실업보험을 들 수 있다. 실업보험은 노동자가 취업 중에 보험료를 납부한 후 실업자가 될 경우 보험금으로 받는 제도로서 우리나라는 1995년부터 고용보험이라는 실업보험을 도입하였다. 실업보험이 있을 경우 실업상태에 있는 노동자가 여유를 가지고 직장을 구할 수 있게 되어, 새로운 직장을 찾는 데 더 오랜 시간이 소요되므로, 구직률이 하락한다. 한편 실업보험에 가입한 노동자들은 좀 더 쉽게 직장을 떠날 수 있게 되므로 실직률이 상승한다. 따라서 실업보험으로 인하여 구직률이 하락하고 실직률이 상승하게 되어 자연실업률은 상승한다.

③ 옳은 내용이다.

내부자－외부자 이론에 의하면 현실에서 노동시장은 내부시장과 외부시장으로 분리되어 있기 때문에 내부자에 의해서 높은 수준의 실질임금이 책정되어 있음에도 불구하고 외부자는 내부시장에 진입하지 못한다. 이러한 높은 수준의 실질임금에 의해 노동시장의 불균형이 발생하고 비자발적 실업은 지속된다.

④ 옳은 내용이다.

효율적 임금이론에 의하면 기업은 노동자에게 높은 실질임금을 제공함으로써 생산성을 높일 수 있다. 즉, 기업은 노동자들의 높은 생산성을 유도하기 위하여 균형실질임금보다 더 높은 실질임금을 책정할 유인이 생긴다. 또한 노동시장이 초과공급 상태에 있다고 하더라도 기업은 생산성 하락이 염려되어 계속하여 높은 실질임금을 유지할 유인이 있다. 이러한 지속적인 높은 수준의 실질임금에 의해 노동시장에 초과균형의 불균형이 발생, 지속되고 비자발적 실업이 지속된다.

제5편

03 2017년 국가직 9급

다음 실업 유형에 대한 설명으로 옳지 않은 것은?

> 근로자들이 마음에 드는 일자리를 얻기 위해 옮겨 다니는 과정에서 발생하는 실업

① 완전 고용 상태에서도 이러한 실업은 나타난다.
② 산업구조 재편 등 경제구조의 변화가 이러한 실업을 늘린다.
③ 일반적으로 실업 보험 급여는 이러한 실업을 늘린다.
④ 정부의 실직자 재훈련 및 직장 알선 노력 등으로 이러한 실업은 줄어들 수 있다.

출제이슈 실업의 개념과 분류
핵심해설 정답 ②

먼저 실업과 실업률에 관한 기본적인 내용은 다음과 같다.

실업이란 일할 능력과 의사가 있는 사람이 직장을 갖지 못한 상태를 의미한다. 실업은 크게 자발적 실업과 비자발적 실업으로 분류할 수 있다. 자발적 실업(voluntary unemployment)이란 일할 능력은 있으나, 일할 의사가 없어서 발생하는 실업으로서 주어진 임금수준에서 일할 의사가 없음을 의미한다. 직장을 옮기는 과정에서 발생하는 실업으로 마찰적 실업(frictional unemployment)이 대표적인 자발적 실업이다. 비자발적 실업(involuntary unemployment)이란 주어진 임금수준에서 일할 의사가 있음에도 취업을 못하고 있어서 발생하는 실업이다. 경기변동 때문에 발생하는 경기적 실업(cyclical unemployment)과 산업구조의 재편 등 경제구조의 변화로 인하여 발생하는 구조적 실업(structural unemployment)이 대표적인 비자발적 실업이다.

실업률이란 경제활동인구 중에서 실업자가 차지하는 비율을 말한다. 경제활동인구는 실업자와 취업자를 더한 개념이다. 그런데 완전고용 하에서도 실업률은 항상 0인 것은 아니다. 왜냐하면 완전고용 하에서도 직장을 탐색하고 옮기는 과정에서 발생하는 실업은 필연적으로 존재하기 때문이다.

설문은 마찰적 실업에 대한 설명으로서 검토하면 다음과 같다.

① 옳은 내용이다.
탐색적 혹은 마찰적 실업(frictional unemployment)은 직장을 탐색하고 옮기는 과정에서 발생하는 실업으로서 정보의 불완전성이라는 마찰 때문에 발생한다. 즉, 완전고용상태에서도 탐색적 혹은 마찰적 실업은 존재한다. 임금의 경직성으로 인해서 발생하는 실업은 비자발적 실업으로서 경기적 실업을 들 수 있다.

② 틀린 내용이다.
구조적 실업(structural unemployment)은 산업구조의 재편 등 경제구조의 변화로 인하여 발생하는 실업으로서 넓은 의미에서 마찰적 실업의 일종으로 보기도 하며, 기술이 부족한 노동자에게 발생한다. 경기적 실업과 함께 비자발적 실업(involuntary unemployment)으로서 자연실업률 측정 시 포함되는 실업이다. 비자발적 실업의 주된 원인은 임금의 경직성인데 최저임금제, 노동조합, 효율성임금 등으로 인하여 임금의 경직성이 나타날 수 있다.

③ 옳은 내용이다.
실업보험은 마찰적 실업에 영향을 미친다. 마찰적 실업을 포함하는 자연실업률에 영향을 미치는 대표적인 요인으로는 실업보험을 들 수 있다. 실업보험은 노동자가 취업 중에 보험료를 납부한 후 실업자가 될 경우 보험금으로 받는 제도로서 우리나라는 1995년부터 고용보험이라는 실업보험을 도입하였다. 실업보험이 있을 경우 실업상태에 있는 노동자가 여유를 가지고

직장을 구할 수 있게 되어, 새로운 직장을 찾는 데 더 오랜 시간이 소요되므로, 구직률이 하락한다. 한편 실업보험에 가입한 노동자들은 좀 더 쉽게 직장을 떠날 수 있게 되므로 실직률이 상승한다. 따라서 실업보험으로 인하여 구직률이 하락하고 실직률이 상승하게 되어 자연실업률은 상승한다.

④ 옳은 내용이다.
실업보험 이외에도 노동시장의 구조 및 제도도 마찰적 실업과 자연실업률에 영향을 미칠 수 있다. 정부의 실직자 재훈련 프로그램이 잘 갖춰져 있을 뿐만 아니라 취업알선기관과 직업훈련기관이 잘 정비되고 취업정보가 효율적으로 전달되는 경우 취업률이 상승하고 실업률은 낮아지게 된다. 왜냐하면, 노동시장의 구조 및 제도로 인하여 직장탐색기간이 줄어들기 때문이다.

제5편

04 2019년 지방직 7급

실업에 대한 설명으로 옳지 않은 것은?

① 실업보험제도가 강화될수록 자연실업률은 낮아진다.
② 생산가능연령인구는 5,000명, 비경제활동인구는 2,000명, 취업자는 2,880명이라면 실업률은 4%이다.
③ 구조적 실업의 주원인은 임금경직성이며, 임금경직성은 최저임금제, 노동조합, 효율적 임금 때문에 발생한다.
④ 구직활동을 포기하는 사람들이 증가하면 실업률은 낮아진다.

출제이슈 실업의 개념과 분류
핵심해설 정답 ①

먼저 실업과 실업률에 관한 기본적인 내용은 다음과 같다.

실업이란 일할 능력과 의사가 있는 사람이 직장을 갖지 못한 상태를 의미한다. 실업은 크게 자발적 실업과 비자발적 실업으로 분류할 수 있다. 자발적 실업(voluntary unemployment)이란 일할 능력은 있으나, 일할 의사가 없어서 발생하는 실업으로서 주어진 임금수준에서 일할 의사가 없음을 의미한다. 직장을 옮기는 과정에서 발생하는 실업으로 마찰적 실업(frictional unemployment)이 대표적인 자발적 실업이다. 비자발적 실업(involuntary unemployment)이란 주어진 임금수준에서 일할 의사가 있음에도 취업을 못하고 있어서 발생하는 실업이다. 경기변동 때문에 발생하는 경기적 실업(cyclical unemployment)과 산업구조의 재편 등 경제구조의 변화로 인하여 발생하는 구조적 실업(structural unemployment)이 대표적인 비자발적 실업이다.

실업률이란 경제활동인구 중에서 실업자가 차지하는 비율을 말한다. 경제활동인구는 실업자와 취업자를 더한 개념이다. 그런데 완전고용 하에서도 실업률은 항상 0인 것은 아니다. 왜냐하면 완전고용 하에서도 직장을 탐색하고 옮기는 과정에서 발생하는 실업은 필연적으로 존재하기 때문이다.

이하에서 설문을 검토하면 다음과 같다.

① 틀린 내용이다.
실업보험제도가 강화될수록 자연실업률은 높아질 수 있다. 실업보험은 마찰적 실업에 영향을 미친다. 마찰적 실업을 포함하는 자연실업률에 영향을 미치는 대표적인 요인으로는 실업보험을 들 수 있다. 실업보험은 노동자가 취업 중에 보험료를 납부한 후 실업자가 될 경우 보험금으로 받는 제도로서 우리나라는 1995년부터 고용보험이라는 실업보험을 도입하였다. 실업보험이 있을 경우 실업상태에 있는 노동자가 여유를 가지고 직장을 구할 수 있게 되어, 새로운 직장을 찾는 데 더 오랜 시간이 소요되므로, 구직률이 하락한다. 한편 실업보험에 가입한 노동자들은 좀 더 쉽게 직장을 떠날 수 있게 되므로 실직률이 상승한다. 따라서 실업보험으로 인하여 구직률이 하락하고 실직률이 상승하게 되어 자연실업률은 상승한다.

② 옳은 내용이다.
실업률은 실업자 수를 경제활동인구(실업자 수와 취업자 수를 더한 값)로 나눈 것으로서 설문에서 경제활동인구는 3,000명, 취업자는 2,880명, 실업자는 120명이다. 따라서 실업률은 120/3,000=0.04으로 4퍼센트가 된다.

③ 구조적 실업(structural unemployment)은 산업구조의 재편 등 경제구조의 변화로 인하여 발생하는 실업으로서 넓은 의미에서 마찰적 실업의 일종으로 보기도 하며, 기술이 부족한 노동자에게 발생한다. 경기적 실업과 함께 비자발적 실업(involuntary unemployment)으로서 자연실업률 측정 시 포함되는 실업이다. 비자발적 실업의 주된 원인은 임금의 경직성인데 최저임금제, 노동조합, 효율성임금 등으로 인하여 임금의 경직성이 나타날 수 있다.

④ 실망실업자는 구직활동을 포기한 사람들로서 경제활동인구에 포함되지 않으며 실업자가 아니다. 이들은 경제활동인구에 포함되지 않으며 실업률에 반영되지 않는다. 따라서 실망실업자가 증가할수록 실업률은 낮아진다. 실망실업자를 실업률 계산에서 제외하기 때문에 실업률이 실제 실업상태를 과소평가하는 문제가 있다. 만일 실망실업자를 실업자로 분류할 경우 실업률이 더 높아진다. 반대로 실업자가 구직활동을 포기하고 실망실업자로 되는 경우 실업률은 하락한다.

제5편

05 | 2016년 서울시 7급 |

실업에 대한 설명으로 옳은 것을 모두 고르면?

> ㄱ. 마찰적 실업이란 직업을 바꾸는 과정에서 발생하는 일시적인 실업이다.
> ㄴ. 구조적 실업은 기술의 변화 등으로 직장에서 요구하는 기술이 부족한 노동자들이 경험할 수 있다.
> ㄷ. 경기적 실업은 경기가 침체되면서 이윤감소 혹은 매출감소 등으로 노동자를 고용할 수 없을 경우 발생한다.
> ㄹ. 자연실업률은 마찰적, 구조적, 경기적 실업률의 합으로 정의된다.
> ㅁ. 자연실업률은 완전고용상태에서의 실업률이라고도 한다.

① ㄱ, ㄴ, ㄷ
② ㄱ, ㄴ, ㅁ
③ ㄱ, ㄴ, ㄷ, ㅁ
④ ㄱ, ㄷ, ㄹ, ㅁ

출제이슈 실업의 개념과 분류
핵심해설 정답 ③

먼저 실업과 실업률에 관한 기본적인 내용은 다음과 같다.

실업이란 일할 능력과 의사가 있는 사람이 직장을 갖지 못한 상태를 의미한다. 실업은 크게 자발적 실업과 비자발적 실업으로 분류할 수 있다. 자발적 실업(voluntary unemployment)이란 일할 능력은 있으나, 일할 의사가 없어서 발생하는 실업으로서 주어진 임금수준에서 일할 의사가 없음을 의미한다. 직장을 옮기는 과정에서 발생하는 실업으로 마찰적 실업(frictional unemployment)이 대표적인 자발적 실업이다. 비자발적 실업(involuntary unemployment)이란 주어진 임금수준에서 일할 의사가 있음에도 취업을 못하고 있어서 발생하는 실업이다. 경기변동 때문에 발생하는 경기적 실업(cyclical unemployment)과 산업구조의 재편 등 경제구조의 변화로 인하여 발생하는 구조적 실업(structural unemployment)이 대표적인 비자발적 실업이다.

실업률이란 경제활동인구 중에서 실업자가 차지하는 비율을 말한다. 경제활동인구는 실업자와 취업자를 더한 개념이다. 그런데 완전고용 하에서도 실업률은 항상 0인 것은 아니다. 왜냐하면 완전고용 하에서도 직장을 탐색하고 옮기는 과정에서 발생하는 실업은 필연적으로 존재하기 때문이다.

이하에서 설문을 검토하면 다음과 같다.

ㄱ. 옳은 내용이다.
마찰적 실업은 직장을 탐색하고 옮기는 과정에서 발생하는 실업으로서 완전고용상태에서도 나타날 수 있다. 실업보험이 강화될수록 마찰적 실업은 늘어날 수도 있고 실직자 재훈련 등을 통해서 줄어들 수도 있다.

ㄴ. 옳은 내용이다.
구조적 실업(structural unemployment)은 산업구조의 재편 등 경제구조의 변화로 인하여 발생하는 실업으로서 넓은 의미에서 마찰적 실업의 일종으로 보기도 하며, 기술이 부족한 노동자에게 발생한다. 경기적 실업과 함께 비자발적 실업(involuntary unemployment)으로서 자연실업률 측정 시 포함되는 실업이다. 비자발적 실업의 주된 원인은 임금의 경직성인데 최저임금제, 노동조합, 효율성임금 등으로 인하여 임금의 경직성이 나타날 수 있다.

ㄷ. 옳은 내용이다.

경기적 실업(cyclical unemployment)은 경기침체 때문에 발생하는 실업으로서 실업률이 자연실업률을 중심으로 이탈과 회귀를 반복하는 현상을 보인다. 구조적 실업과 함께 비자발적 실업(involuntary unemployment)이다.

ㄹ. 틀린 내용이다.

자연실업률에 마찰적 실업과 구조적 실업은 포함되지만, 경기적 실업은 포함되지 않는다.

ㅁ. 옳은 내용이다.

자연실업률은 완전고용상태에서의 실업률을 의미한다.

참고로 자연실업률은 균형에서의 실업률 즉, 노동시장이 균형을 이룰 경우의 실업률, 완전고용상태에서의 실업률, 완전고용 GDP 혹은 잠재GDP일 때의 실업률, 경제가 장기적으로 수렴해가는 실업률, 장기적인 실업률, 마찰적 실업과 구조적 실업만 존재할 때의 실업률, 노동시장의 불완전성으로 인하여 시간이 경과하여도 사라지지 않는 실업률 등 여러 가지로 표현할 수 있음에 유의해야 한다.

제5편

1 실업의 측정

1) 15세 이상의 생산가능인구 = 경제활동인구 + 비경제활동인구

2) 경제활동인구 = 취업자 + 실업자

3) 비경제활동인구 = 환자, 고령자, 주부, 학생, 구직포기자(실망실업자) 2018 국9   2014 국9

   cf. 군복무자, 수형자는 조사대상에서 제외, 즉 비경제활동인구가 아님

4) **취업자**

   ① 일할 능력도 있고, 일할 의사도 있고, 취업함

   ② 조사대상 기간, 1주일에 1시간 이상, 수입을 목적으로, 일을 한 사람

     (ILO 국제노동기구 권고사항이지만, 불완전한 고용상태의 노동자를 취업자로 간주하는 문제가 있기 때문에 경우에 따라서는 1주일에 8시간 이상 기준을 적용할 수도 있다.)

   ③ 무급가족종사자의 경우 1주일에 18시간 이상 일을 한 경우 2017 지7

   cf. 무급가족종사자가 1주일에 18시간 미만 일을 한 경우에, 구직활동을 하고 있다면 실업자, 구직활동을 하고 있지 않다면 비경제활동인구

   ④ 휴직자도 포함 2017 국7

5) **실업자**

   ① 일할 능력도 있고, 일할 의사도 있으나, 취업하지 못함

   ② 조사대상 기간, 지난 4주간 적극적 구직활동을 하였으나, 수입있는 일을 하지 못했고, 일이 주어질 경우 즉시 일할 수 있는 경우

2 실업관련지표

1) **경제활동참가율** 2015 지7   2015 국9   2013 국7

   ① 15세 이상 인구(생산가능인구) 중에서 경제활동인구(= 취업자 + 실업자)가 차지하는 비율

   ② 경제활동인구 / 생산가능인구

   ③ 경제활동인구 / 경제활동인구 + 비경제활동인구

2) **실업률**

   ① 경제활동인구 중에서 실업자가 차지하는 비율

   ② 실업자 / 경제활동인구 2015 국9

   ③ 실업자 / 실업자 + 취업자 2019 서7   2016 국9   2013 국7   2013 국9

④ 고령자, 환자, 주부, 학생, 실망실업자(구직단념자) 등 비경제활동인구는 실업자가 아님

2017 지7　　2015 지7

⑤ 실망실업자를 실업률 계산에서 제외하기 때문에 실업률이 실제 실업상태를 과소평가

⑥ 실망실업자를 실업자로 분류할 경우 실업률이 더 높아짐 ｜2019 지7｜ ｜2018 국9｜

⑦ 실망실업자를 실업자로 분류할 경우 경제활동참가율은 더 높아짐 ｜2014 서7｜

⑧ 실망실업자를 실업자로 분류하더라도 고용률은 불변 ｜2014 서7｜

⑨ 실업자가 구직활동을 포기하고 실망실업자로 되는 경우 실업률은 하락 ｜2012 국7｜

3) 고용률

① 생산가능인구 중에서 취업자가 차지하는 비율

② 취업자 / 생산가능인구 ｜2016 국9｜

③ 취업자 / 실업자 + 취업자 + 비경제활동인구

4) 경제활동참가율, 실업률, 고용률 간의 관계 ｜2017 지7｜

① 고용률 = 경제활동참가율(1－실업률)

② 경제활동참가율과 실업률이 주어지면 고용률을 알 수 있음

③ 경제활동참가율이 일정할 때 실업률이 높아지면 고용률이 낮아짐

④ 경제활동참가율은 고용률의 달성가능한 최대치 ｜2014 국7｜

⑤ 경제활동참가율과 고용률의 차이는 고용률이 추가로 최대한 늘어날 수 있는 % 포인트

｜2014 국7｜

⑥ 증명:

$$고용률 = \frac{취업자}{생산가능인구} = \frac{\frac{경제활동인구 - 실업자}{경제활동인구}}{경제활동참가율} = 경제활동참가율 - \frac{\frac{실업자}{경제활동인구}}{경제활동참가율}$$

$$= 경제활동참가율 - 경제활동참가율 \times \frac{실업자}{경제활동인구}$$

$$= 경제활동참가율 - 경제활동참가율 \times 실업률$$

$$= 경제활동참가율(1-실업률)$$

5) 실업률 계산 Frame ｜2018 국7｜ ｜2017 국7｜

15세 이상 생산가능인구(P)	경제활동인구(L)	취업자(E)	임금근로자
			질병휴직자
			무급가족종사자 (18시간 이상)
		실업자(U)	
	비경제활동인구(NL)	주부	
		학생 (대학원생, 진학준비생, 취업준비생)	

ISSUE 문제 📝

2019년 서울시 7급

어느 나라의 생산가능 인구는 100명이다. 이들 중 70명은 취업자이고 비경제활동 인구는 20명일 때, 이 나라의 실업자의 수는?

① 30명   ② 20명
③ 10명   ④ 0명

출제이슈 실업률
핵심해설 정답 ③

실업률이란 경제활동인구 중에서 실업자가 차지하는 비율을 말한다. 경제활동인구는 실업자와 취업자를 더한 개념이다. 실업률을 계산함에 있어서는 다음과 같은 Frame을 활용하면 매우 편리하다. Frame 안에 생산가능인구, 경제활동인구, 비경제활동인구, 취업자, 실업자 등의 데이터를 입력하고 경제활동참가율, 고용률, 실업률을 쉽게 구할 수 있다. 이를 통해 실업률, 경제활동참가율, 고용률 그리고 3자 사이의 관계도 쉽게 이해할 수 있다.

15세 이상 생산가능인구(P) 100	경제활동인구(L) 80	취업자(E) 70	임금근로자
			질병휴직자
			무급가족종사자 (18시간 이상)
		실업자(U) 10	
	비경제활동인구(NL) 20	주부	
		학생 (대학원생, 진학준비생, 취업준비생)	

1) 경제활동참가율
= 경제활동인구 / 생산가능인구 = 경제활동인구 / 경제활동인구 + 비경제활동인구

2) 실업률
= 실업자 / 경제활동인구 = 실업자 / 실업자 + 취업자

3) 고용률
= 취업자 / 생산가능인구 = 취업자 / 실업자 + 취업자 + 비경제활동인구

4) 경제활동참가율, 실업률, 고용률 간 관계
고용률 = 경제활동참가율(1−실업률)

따라서 설문에서 실업자의 수는 10명이다.

02 ｜2013년 국가직 7급｜

도시 A의 고용관련 자료를 부분적으로 얻었다. 취업자 수는 24만 명이고 비경제활동인구가 25만 명, 생산가능인구가 50만 명이라 할 때, 옳은 것은?

① 도시 A의 실업자는 1만 명이다.
② 도시 A의 경제활동인구는 50만 명이다.
③ 도시 A의 실업률은 5%이다.
④ 도시 A의 경제활동참가율은 48%이다.

출제이슈 실업률
핵심해설 정답 ①

실업률이란 경제활동인구 중에서 실업자가 차지하는 비율을 말한다. 경제활동인구는 실업자와 취업자를 더한 개념이다. 실업률을 계산함에 있어서는 다음과 같은 Frame을 활용하면 매우 편리하다. Frame 안에 생산가능인구, 경제활동인구, 비경제활동인구, 취업자, 실업자 등의 데이터를 입력하고 경제활동참가율, 고용률, 실업률을 쉽게 구할 수 있다. 이를 통해 실업률, 경제활동참가율, 고용률 그리고 3자 사이의 관계도 쉽게 이해할 수 있다.

15세 이상 생산가능인구(P) 50	경제활동인구(L) 25	취업자(E) 24	임금근로자
			질병휴직자
			무급가족종사자 (18시간 이상)
		실업자(U) 1	
	비경제활동인구(NL) 25	주부	
		학생 (대학원생, 진학준비생, 취업준비생)	

1) 경제활동참가율 50%
= 경제활동인구 / 생산가능인구 = 경제활동인구 / 경제활동인구 + 비경제활동인구

2) 실업률 4%
= 실업자 / 경제활동인구 = 실업자 / 실업자 + 취업자

3) 고용률
= 취업자 / 생산가능인구 = 취업자 / 실업자 + 취업자 + 비경제활동인구

4) 경제활동참가율, 실업률, 고용률 간 관계
고용률 = 경제활동참가율(1−실업률)

따라서 설문에서 실업자의 수는 1만명, 경제활동인구는 25만명, 실업률은 4%, 경제활동참가율은 50%이다.

03 | 2013년 국가직 7급

우리나라 총 인구가 4,500만 명이고, 15세 이상의 인구는 2,500만 명, 비경제활동인구는 1,000만 명, 실업자는 45만 명이라고 할 때, 우리나라의 실업률은?

① 2%
② 3%
③ 4.5%
④ 10%

출제이슈 실업률
핵심해설 정답 ②

실업률이란 경제활동인구 중에서 실업자가 차지하는 비율을 말한다. 경제활동인구는 실업자와 취업자를 더한 개념이다. 실업률을 계산함에 있어서는 다음과 같은 Frame을 활용하면 매우 편리하다. Frame 안에 생산가능인구, 경제활동인구, 비경제활동인구, 취업자, 실업자 등의 데이터를 입력하고 경제활동참가율, 고용률, 실업률를 쉽게 구할 수 있다. 이를 통해 실업률, 경제활동참가율, 고용률 그리고 3자 사이의 관계도 쉽게 이해할 수 있다.

15세 이상 생산가능인구(P) 2,500	경제활동인구(L) 1,500	취업자(E) 1,455	임금근로자
			질병휴직자
			무급가족종사자 (18시간 이상)
		실업자(U) 45	
	비경제활동인구(NL) 1,000	주부	
		학생 (대학원생, 진학준비생, 취업준비생)	

1) 경제활동참가율
= 경제활동인구 / 생산가능인구 = 경제활동인구 / 경제활동인구 + 비경제활동인구

2) 실업률 3%
= 실업자 / 경제활동인구 = 실업자 / 실업자 + 취업자

3) 고용률
= 취업자 / 생산가능인구 = 취업자 / 실업자 + 취업자 + 비경제활동인구

4) 경제활동참가율, 실업률, 고용률 간 관계
고용률 = 경제활동참가율(1－실업률)

따라서 설문에서 실업률은 3%이다.

04 | 2015년 국가직 7급

A국의 현재 15세 이상 인구(노동가능인구)는 1,600만 명이고, 실업자가 120만 명이다. 경제활동참가율이 75%일 경우, A국의 실업률은?

① 9%
② 10%
③ 11%
④ 12%

출제이슈 실업률
핵심해설 정답 ②

실업률이란 경제활동인구 중에서 실업자가 차지하는 비율을 말한다. 경제활동인구는 실업자와 취업자를 더한 개념이다. 실업을 계산함에 있어서는 다음과 같은 Frame을 활용하면 매우 편리하다. Frame 안에 생산가능인구, 경제활동인구, 비경제활동인구, 취업자, 실업자 등의 데이터를 입력하고 경제활동참가율, 고용률, 실업률를 쉽게 구할 수 있다. 이를 통해 실업률, 경제활동참가율, 고용률 그리고 3자 사이의 관계도 쉽게 이해할 수 있다.

15세 이상 생산가능인구(P) 1,600	경제활동인구(L) 1,200	취업자(E) 1,080	임금근로자
			질병휴직자
			무급가족종사자 (18시간 이상)
		실업자(U) 120	
	비경제활동인구(NL) 400	주부	
		학생 (대학원생, 진학준비생, 취업준비생)	

1) 경제활동참가율 75%
= 경제활동인구 / 생산가능인구 = 경제활동인구 / 경제활동인구 + 비경제활동인구

2) 실업률 10%
= 실업자 / 경제활동인구 = 실업자 / 실업자 + 취업자

3) 고용률
= 취업자 / 생산가능인구 = 취업자 / 실업자 + 취업자 + 비경제활동인구

4) 경제활동참가율, 실업률, 고용률 간 관계
고용률 = 경제활동참가율(1−실업률)

따라서 설문에서 실업률은 10%이다.

05 2016년 국가직 9급

전체 인구가 1억 2천만 명, 노동(생산)가능인구가 1억 명, 경제활동인구가 8천만 명, 취업자가 7천 2백만 명인 A국 경제의 고용률과 실업률은?

	고용률(%)	실업률(%)
①	60	8
②	72	10
③	80	8
④	90	10

출제이슈 실업률
핵심해설 정답 ②

실업률이란 경제활동인구 중에서 실업자가 차지하는 비율을 말한다. 경제활동인구는 실업자와 취업자를 더한 개념이다. 실업률을 계산함에 있어서는 다음과 같은 Frame을 활용하면 매우 편리하다. Frame 안에 생산가능인구, 경제활동인구, 비경제활동인구, 취업자, 실업자 등의 데이터를 입력하고 경제활동참가율, 고용률, 실업률를 쉽게 구할 수 있다. 이를 통해 실업률, 경제활동참가율, 고용률 그리고 3자 사이의 관계도 쉽게 이해할 수 있다.

15세 이상 생산가능인구(P) 10,000	경제활동인구(L) 8,000	취업자(E) 7,200	임금근로자
			질병휴직자
			무급가족종사자 (18시간 이상)
		실업자(U) 800	
	비경제활동인구(NL) 2,000	주부	
		학생 (대학원생, 진학준비생, 취업준비생)	

1) 경제활동참가율
= 경제활동인구 / 생산가능인구 = 경제활동인구 / 경제활동인구 + 비경제활동인구

2) 실업률 10%
= 실업자 / 경제활동인구 = 실업자 / 실업자 + 취업자

3) 고용률 72%
= 취업자 / 생산가능인구 = 취업자 / 실업자 + 취업자 + 비경제활동인구

4) 경제활동참가율, 실업률, 고용률 간 관계
고용률 = 경제활동참가율(1−실업률)

따라서 설문에서 고용률은 72%, 실업률은 10%이다.

06 2015년 지방직 7급

실업률과 경제활동참가율에 대한 설명으로 옳은 것은?

① A는 나이가 만 15세이므로 자동적으로 경제활동인구에 포함된다.
② B는 실망노동자(discouraged worker)로 실업률 계산에 포함된다.
③ C는 전업 주부이므로 실업률 계산에 포함되지 않는다.
④ 경제활동참가율은 총인구에서 경제활동인구가 차지하는 비중을 의미한다.

출제이슈 실업률
핵심해설 정답 ③

실업률이란 경제활동인구 중에서 실업자가 차지하는 비율을 말한다. 경제활동인구는 실업자와 취업자를 더한 개념이다. 실업률을 계산함에 있어서는 다음과 같은 Frame을 활용하면 매우 편리하다. Frame 안에 생산가능인구, 경제활동인구, 비경제활동인구, 취업자, 실업자 등의 데이터를 입력하고 경제활동참가율, 고용률, 실업률를 쉽게 구할 수 있다. 이를 통해 실업률, 경제활동참가율, 고용률 그리고 3자 사이의 관계도 쉽게 이해할 수 있다.

15세 이상 생산가능인구(P)	경제활동인구(L)	취업자(E)	임금근로자
			질병휴직자
			무급가족종사자 (18시간 이상)
		실업자(U)	
	비경제활동인구(NL)	주부	
		학생 (대학원생, 진학준비생, 취업준비생)	

1) 경제활동참가율
= 경제활동인구 / 생산가능인구 = 경제활동인구 / 경제활동인구 + 비경제활동인구

2) 실업률
= 실업자 / 경제활동인구 = 실업자 / 실업자 + 취업자

3) 고용률
= 취업자 / 생산가능인구 = 취업자 / 실업자 + 취업자 + 비경제활동인구

4) 경제활동참가율, 실업률, 고용률 간 관계
고용률 = 경제활동참가율(1−실업률)

위의 내용에 따라서 설문을 검토하면 다음과 같다.

① 틀린 내용이다.
나이가 만 15세 이상이라고 해서 자동으로 경제활동인구에 포함되는 것은 아니다. 일할 능력과 의사가 있어서 취업자 혹은 실업자이어야 경제활동인구가 된다.

② 틀린 내용이다.
실망실업자는 비경제활동인구로서 실업률 계산에 포함되지 않는다.

③ 옳은 내용이다.
전업주부는 비경제활동인구로서 실업률 계산에 포함되지 않는다.

④ 틀린 내용이다.
경제활동참가율은 생산가능인구에서 경제활동인구가 차지하는 비중이다.

07 2017년 지방직 7급

실업률과 고용률에 대한 설명으로 옳지 않은 것은?

① 18시간 이상 일한 무급가족종사자는 실업자에 포함된다.
② 실망실업자는 실업자에 포함되지 않는다.
③ 경제활동참가율과 실업률이 주어지면 고용률을 알 수 있다.
④ 경제활동참가율이 일정할 때 실업률이 높아지면 고용률이 낮아진다.

출제이슈 실업률
핵심해설 정답 ①

실업률이란 경제활동인구 중에서 실업자가 차지하는 비율을 말한다. 경제활동인구는 실업자와 취업자를 더한 개념이다. 실업률을 계산함에 있어서는 다음과 같은 Frame을 활용하면 매우 편리하다. Frame 안에 생산가능인구, 경제활동인구, 비경제활동인구, 취업자, 실업자 등의 데이터를 입력하고 경제활동참가율, 고용률, 실업률를 쉽게 구할 수 있다. 이를 통해 실업률, 경제활동참가율, 고용률 그리고 3자 사이의 관계도 쉽게 이해할 수 있다.

15세 이상 생산가능인구(P)	경제활동인구(L)	취업자(E)	임금근로자
			질병휴직자
			무급가족종사자 (18시간 이상)
		실업자(U)	
	비경제활동인구(NL)	주부	
		학생 (대학원생, 진학준비생, 취업준비생)	

1) 경제활동참가율
= 경제활동인구 / 생산가능인구 = 경제활동인구 / 경제활동인구 + 비경제활동인구

2) 실업률
= 실업자 / 경제활동인구 = 실업자 / 실업자 + 취업자

3) 고용률
= 취업자 / 생산가능인구 = 취업자 / 실업자 + 취업자 + 비경제활동인구

4) 경제활동참가율, 실업률, 고용률 간 관계
고용률 = 경제활동참가율(1−실업률)

위의 내용에 따라서 설문을 검토하면 다음과 같다.

① 틀린 내용이다.
18시간 이상 일한 무급가족종사자는 실업자가 아니라 취업자에 포함된다.

② 옳은 내용이다.
실망실업자는 비경제활동인구로서 실업자에 포함되지 않는다.

③ 옳은 내용이다.

경제활동참가율, 실업률, 고용률 간의 관계는 다음과 같다.

고용률 = 경제활동참가율(1−실업률)

참고로 이에 대한 증명은 다음과 같다.

$$\text{고용률} = \frac{\text{취업자}}{\text{생산가능인구}} = \frac{\dfrac{\text{경제활동인구} - \text{실업자}}{\text{경제활동인구}}}{\text{경제활동참가율}} = \text{경제활동참가율} - \frac{\dfrac{\text{실업자}}{\text{경제활동인구}}}{\text{경제활동참가율}}$$

$$= \text{경제활동참가율} - \text{경제활동참가율} \times \frac{\text{실업자}}{\text{경제활동인구}}$$

$$= \text{경제활동참가율} - \text{경제활동참가율} \times \text{실업률}$$

$$= \text{경제활동참가율}(1 - \text{실업률})$$

④ 옳은 내용이다.

위에서 살펴본 경제활동참가율, 실업률, 고용률 간의 관계에 따르면, 경제활동참가율이 일정할 때 실업률이 높아지면 고용률은 낮아진다.

08 | 2014년 국가직 7급

현재 우리나라 15세 이상 인구는 4,000만 명, 비경제활동인구는 1,500만 명, 실업률이 4%라고 할 때, 이에 대한 설명으로 옳은 것은?

① 현재 상태에서 실업자는 60만 명이다.
② 현재 상태에서 경제활동참가율은 61.5%이다.
③ 현재 상태에서 고용률은 최대 2.5% 포인트 증가할 수 있다.
④ 현재 상태에서 최대한 달성할 수 있는 고용률은 61.5%이다.

출제이슈 실업률
핵심해설 정답 ③

실업률이란 경제활동인구 중에서 실업자가 차지하는 비율을 말한다. 경제활동인구는 실업자와 취업자를 더한 개념이다. 실업률을 계산함에 있어서는 다음과 같은 Frame을 활용하면 매우 편리하다. Frame 안에 생산가능인구, 경제활동인구, 비경제활동인구, 취업자, 실업자 등의 데이터를 입력하고 경제활동참가율, 고용률, 실업률를 쉽게 구할 수 있다. 이를 통해 실업률, 경제활동참가율, 고용률 그리고 3자 사이의 관계도 쉽게 이해할 수 있다.

15세 이상 생산가능인구(P) 4,000	경제활동인구(L) 2,500	취업자(E) 2,400	임금근로자
			질병휴직자
			무급가족종사자 (18시간 이상)
		실업자(U) 100	
	비경제활동인구(NL) 1,500	주부	
		학생 (대학원생, 진학준비생, 취업준비생)	

1) 경제활동참가율 62.5%, 고용률의 최대치
= 경제활동인구 / 생산가능인구 = 경제활동인구 / 경제활동인구 + 비경제활동인구

2) 실업률 4%
= 실업자 / 경제활동인구 = 실업자 / 실업자 + 취업자

3) 고용률 60%
= 취업자 / 생산가능인구 = 취업자 / 실업자 + 취업자 + 비경제활동인구

4) 경제활동참가율, 실업률, 고용률 간 관계
고용률 = 경제활동참가율(1−실업률)
만일 실업률이 0이면 고용률은 최대치로서 경제활동참가율이 된다. 따라서 고용률은 최대 2.5% 포인트 증가할 수 있다.

위의 내용에 따라서 설문을 검토하면 다음과 같다.

① 틀린 내용이다.
현재 상태에서 실업자는 60만 명이 아니라 100만 명이다.

② 틀린 내용이다.
현재 상태에서 경제활동참가율은 61.5%가 아니라 62.5%이다.

③ 옳은 내용이다.
경제활동참가율, 실업률, 고용률 간의 관계는 다음과 같다.

고용률 = 경제활동참가율(1−실업률)

참고로 이에 대한 증명은 다음과 같다.

$$\text{고용률} = \frac{\text{취업자}}{\text{생산가능인구}} = \frac{\dfrac{\text{경제활동인구} - \text{실업자}}{\text{경제활동인구}}}{\text{경제활동참가율}} = \text{경제활동참가율} - \frac{\dfrac{\text{실업자}}{\text{경제활동인구}}}{\text{경제활동참가율}}$$

$$= \text{경제활동참가율} - \text{경제활동참가율} \times \frac{\text{실업자}}{\text{경제활동인구}}$$

$$= \text{경제활동참가율} - \text{경제활동참가율} \times \text{실업률}$$

$$= \text{경제활동참가율}(1-\text{실업률})$$

현재의 고용률을 구해보면 60%이다. 만일 이론적으로 실업률이 0%라고 한다면, 고용률은 최대한 경제활동참가율만큼 증가할 수 있고 이것이 최대치이다.

따라서 현재 상태에서 고용률 60%는 최대치인 경제활동참가율 62.5%까지 이론상 증가 가능하다. 따라서 고용률은 최대 2.5% 포인트 증가할 수 있다.

④ 틀린 내용이다.
현재의 고용률을 구해보면 60%이다. 만일 이론적으로 실업률이 0%라고 한다면, 고용률은 최대한 경제활동참가율만큼 증가할 수 있고 이것이 최대치이다.

따라서 현재 상태에서 고용률 60%는 최대치인 경제활동참가율 62.5%까지 이론상 증가 가능하다. 따라서 현재 상태에서 최대한 달성할 수 있는 고용률은 61.5%가 아니며 이는 틀린 내용이다.

09 2014년 서울시 7급

대부분의 나라에서 구직단념자는 비경제활동인구로 분류하고 있다. 만약 구직단념자를 실업자로 간
주한다면 경제활동참가율, 실업률, 고용률은 각각 어떻게 되겠는가?

① 경제활동참가율 – 상승, 실업률 – 상승, 고용률 – 불변
② 경제활동참가율 – 상승, 실업률 – 하락, 고용률 – 상승
③ 경제활동참가율 – 불변, 실업률 – 상승, 고용률 – 상승
④ 경제활동참가율 – 불변, 실업률 – 하락, 고용률 – 하락
⑤ 경제활동참가율 – 상승, 실업률 – 불변, 고용률 – 상승

출제이슈 실업률
핵심해설 정답 ①

실업률이란 경제활동인구 중에서 실업자가 차지하는 비율을 말한다. 경제활동인구는 실업자와 취업자를 더한 개념이다. 실
업률을 계산함에 있어서는 다음과 같은 Frame을 활용하면 매우 편리하다. Frame 안에 생산가능인구, 경제활동인구, 비경제
활동인구, 취업자, 실업자 등의 데이터를 입력하고 경제활동참가율, 고용률, 실업률를 쉽게 구할 수 있다. 이를 통해 실업률,
경제활동참가율, 고용률 그리고 3자 사이의 관계도 쉽게 이해할 수 있다.

15세 이상 생산가능인구(P)	경제활동인구(L)	취업자(E)	임금근로자
			질병휴직자
			무급가족종사자 (18시간 이상)
		실업자(U)	
	비경제활동인구(NL)	주부	
		학생 (대학원생, 진학준비생, 취업준비생)	

1) 경제활동참가율
= 경제활동인구 / 생산가능인구 = 경제활동인구 / 경제활동인구 + 비경제활동인구

2) 실업률
= 실업자 / 경제활동인구 = 실업자 / 실업자 + 취업자

3) 고용률
= 취업자 / 생산가능인구 = 취업자 / 실업자 + 취업자 + 비경제활동인구

4) 경제활동참가율, 실업률, 고용률 간 관계
고용률 = 경제활동참가율(1−실업률)

현행 실업률 통계에서는 구직단념자(실망실업자)는 비경제활동인구로서 실업자에 포함되지 않고 있다. 이하에서 설문을 검토하면 다음과 같다.

만일 구직단념자를 실업자로 간주한다면, 구직단념자는 이제 비경제활동인구가 아니라 경제활동인구 그리고 실업자로 편입된다. 그로 인한 통계수치 변화는 다음과 같다.

1) 기초데이터의 변화

① 생산가능인구 불변
② 경제활동인구 증가
③ 실업자 증가
④ 취업자 불변

2) 경제활동참가율, 실업률, 고용률의 변화

① 경제활동참가율
생산가능인구는 불변이지만, 경제활동인구는 증가하였으므로 경제활동참가율은 상승한다.

② 실업률
경제활동인구도 증가하고 실업률도 증가하였으므로 실업률은 상승한다.

참고로 이는 대수적으로 분모가 분자보다 큰 상황에서 분모와 분자에 동시에 같은 수치가 더해졌을 경우의 상황이며 이를 수리적으로 증명하는 것은 간단하므로 독자 여러분이 직접 시도해 보기 바란다.

③ 고용률
생산가능인구는 불변이고 취업자도 불변이므로 고용률도 불변이다.

10 [2017년 국가직 7급]

다음은 A국의 15세 이상 인구 구성이다. 이 경우 경제활동참가율과 실업률은?

- 임금근로자 : 60명
- 무급가족종사자 : 10명
- 직장은 있으나 질병으로 인해 일시적으로 일을 하고 있지 않은 사람 : 10명
- 주부 : 50명
- 학생 : 50명
- 실업자 : 20명

(단, 주부와 학생은 모두 부업을 하지 않는 전업 주부와 순수 학생을 나타낸다)

	경제활동참가율	실업률
①	40%	20%
②	50%	25%
③	40%	25%
④	50%	20%

출제이슈 실업률
핵심해설 정답 ④

실업률이란 경제활동인구 중에서 실업자가 차지하는 비율을 말한다. 경제활동인구는 실업자와 취업자를 더한 개념이다. 실업률을 계산함에 있어서는 다음과 같은 Frame을 활용하면 매우 편리하다. Frame 안에 생산가능인구, 경제활동인구, 비경제활동인구, 취업자, 실업자 등의 데이터를 입력하고 경제활동참가율, 고용률, 실업률을 쉽게 구할 수 있다. 이를 통해 실업률, 경제활동참가율, 고용률 그리고 3자 사이의 관계도 쉽게 이해할 수 있다.

15세 이상 생산가능인구(P) 200	경제활동인구(L) 100	취업자(E) 80	임금근로자 60
			질병휴직자 10
			무급가족종사자 10 (18시간 이상인 경우)
		실업자(U) 20	
	비경제활동인구(NL) 100	주부 50	
		학생 50 (대학원생, 진학준비생, 취업준비생)	

1) 경제활동참가율 50%
= 경제활동인구 / 생산가능인구 = 경제활동인구 / 경제활동인구 + 비경제활동인구

2) 실업률 20%
= 실업자 / 경제활동인구 = 실업자 / 실업자 + 취업자

3) 고용률
= 취업자 / 생산가능인구 = 취업자 / 실업자 + 취업자 + 비경제활동인구

설문에서 무급가족종사자를 18시간 이상으로 가정하여 풀면 경제활동참가율은 50%, 실업률은 20%가 된다.

11 2018년 국가직 7급

A대학 경제학과는 2017년도 졸업생 100명을 대상으로 2018년 4월 현재 취업 현황을 조사했다. 조사 결과, 40명은 취업했으며 20명은 대학원에 등록하여 재학 중이었다. 다른 일은 하지 않고 취업준비와 진학준비를 하고 있는 졸업생은 각각 20명과 10명이었다. 나머지 10명은 실업자로 분류되었다. A대학 경제학과의 2017년도 졸업생 100명이 모두 생산가능인구에 포함될 때, 이들의 실업률, 고용률, 경제활동참가율은?

	실업률	고용률	경제활동참가율
①	20%	40%	40%
②	20%	40%	50%
③	30%	30%	40%
④	30%	30%	50%

출제이슈 실업률
핵심해설 정답 ②

실업률이란 경제활동인구 중에서 실업자가 차지하는 비율을 말한다. 경제활동인구는 실업자와 취업자를 더한 개념이다. 실업률을 계산함에 있어서는 다음과 같은 Frame을 활용하면 매우 편리하다. Frame 안에 생산가능인구, 경제활동인구, 비경제활동인구, 취업자, 실업자 등의 데이터를 입력하고 경제활동참가율, 고용률, 실업률를 쉽게 구할 수 있다. 이를 통해 실업률, 경제활동참가율, 고용률 그리고 3자 사이의 관계도 쉽게 이해할 수 있다.

15세 이상 생산가능인구(P) 100	경제활동인구(L) 50	취업자(E) 40	임금근로자
			질병휴직자
			무급가족종사자 (18시간 이상)
		실업자(U) 10	
	비경제활동인구(NL) 50	주부	
		학생 50 (대학원생, 진학준비생, 취업준비생) 20 10 20	

1) 경제활동참가율 50%
= 경제활동인구 / 생산가능인구 = 경제활동인구 / 경제활동인구 + 비경제활동인구

2) 실업률 20%
= 실업자 / 경제활동인구 = 실업자 / 실업자 + 취업자

3) 고용률 40%
= 취업자 / 생산가능인구 = 취업자 / 실업자 + 취업자 + 비경제활동인구

설문에서 실업률은 20%, 고용률은 40%, 경제활동참가율은 50%가 된다.

자연실업률의 결정

1 자연실업률의 정의

1) 균형, 균제에서의 실업률, 노동시장이 균형(안정상태)을 이룰 경우의 실업률 [2011 지7]

2) 완전고용상태에서의 실업률, 완전고용GDP · 잠재GDP일 때의 실업률 [2017 국9] [2018 국9]

3) 마찰적 실업과 구조적 실업만 존재할 때의 실업률 [2018 국9] [2016 서7]

2 자연실업률의 측정 = 마찰적 실업률 + 구조적 실업률

3 자연실업률 결정 모형(매칭 모형) [2020 국7] [2019 국7] [2016 서7] [2014 지7] [2011 지7]

1) 가정

① 경제활동인구 L(외생적으로 주어짐)

② 취업자 수 E, 실업자 수 $U = L - E$

③ 실업률 U/L

④ 실직률과 구직률

ⅰ) s(실직률): 주어진 기간에 취업자 중 직업을 잃는 비율

ⅱ) f(구직률): 주어진 기간에 실업자 중 직업을 얻는 비율

⑤ 취업자 수와 실업자 수의 변동

ⅰ) 취업자 → 실업자: 취업자군 E → 실직하게 됨 sE → 실업자군으로 편입됨

ⅱ) 실업자 → 취업자: 실업자군 U → 구직하게 됨 fU → 취업자군으로 편입됨

2) 자연실업률의 결정

$sE = fU$, $E = L - U$를 대입, $s(L-U) = fU$ $\therefore s\dfrac{(L-U)}{L} = f\dfrac{U}{L}$ $\therefore s - s\dfrac{U}{L} = f\dfrac{U}{L}$

$\therefore \dfrac{U}{L} = \dfrac{s}{s+f}$ 즉, 자연실업률 $= \dfrac{\text{실직률}}{\text{실직률} + \text{구직률}}$

4 자연실업률의 결정요인

1) **실업보험**: 실업보험이 있을 경우 자연실업률이 상승 [2012 국9]

2) **노동시장의 구조 및 제도**

① 취업알선기관과 직업훈련기관이 잘 정비되어 있고 취업정보가 효율적으로 전달되는 경우 취업률이 상승하고 실업률은 낮아지게 된다. [2017 국9]

② 노동시장의 구조 및 제도로 인하여 직장탐색기간이 줄어들기 때문이다.

ISSUE 문제 📋

01 | 2011년 지방직 7급

노동시장이 안정상태(실업률이 상승하지도 하락하지도 않는 상태)에 있다. 취업인구의 1%가 매달 직업을 잃고 실업인구의 24%가 매달 새로운 직업을 얻는다면, 안정상태의 실업률은? (단, 경제활동인구는 고정되며, 노동자는 취업하거나 또는 실업 상태에 있다)

① 4%   ② 4.5%
③ 5%   ④ 5.5%

출제이슈 자연실업률
핵심해설 정답 ①

자연실업률이란 노동시장이 균형(안정상태)을 이룰 경우의 실업률로서 균제상태에서의 실업률, 완전고용상태에서의 실업률, 완전고용GDP · 잠재GDP일 때의 실업률, 마찰적 실업과 구조적 실업만 존재할 때의 실업률, 노동시장의 불완전성으로 인하여 시간이 경과하여도 사라지지 않는 실업률 등의 특징을 갖는다.

자연실업률의 결정은 다음과 같다.

① 경제활동인구 L (외생적으로 주어짐)
② 취업자 수 E, 실업자 수 $U = L - E$
③ 실업률 U/L
④ 실직률과 구직률
 i) s (실직률) : 주어진 기간에 취업자 중 직업을 잃는 비율
 ii) f (구직률) : 주어진 기간에 실업자 중 직업을 얻는 비율

⑤ 균제상태 $sE = fU$이므로 자연실업률 $= \dfrac{\text{실직률}}{\text{실직률} + \text{구직률}} = \dfrac{U}{L} = \dfrac{s}{s+f}$

위의 내용에 따라서 문제를 풀면 다음과 같다.

설문에서 실직률은 0.01, 구직률은 0.24이므로 자연실업률은 $\dfrac{0.01}{0.01 + 0.24} = 0.04$, 즉 4%이다.

02 | 2014년 지방직 7급 |

어느 경제에서 취업자들은 매기 5%의 확률로 일자리를 잃어 실업자가 되며, 실업자들은 매기 45%의 확률로 새로운 일자리를 얻어 취업자가 된다. 이 경제의 균제상태에서의 실업률은? (단, 경제활동인구의 변동은 없다)

① 5%

② 10%

③ 15%

④ 20%

출제이슈 자연실업률

핵심해설 정답 ②

자연실업률이란 노동시장이 균형(안정상태)을 이룰 경우의 실업률로서 균제상태에서의 실업률, 완전고용상태에서의 실업률, 완전고용GDP·잠재GDP일 때의 실업률, 마찰적 실업과 구조적 실업만 존재할 때의 실업률, 노동시장의 불완전성으로 인하여 시간이 경과하여도 사라지지 않는 실업률 등의 특징을 갖는다.

자연실업률의 결정은 다음과 같다.

① 경제활동인구 L (외생적으로 주어짐)
② 취업자 수 E, 실업자 수 $U = L - E$
③ 실업률 U/L
④ 실직률과 구직률
ⅰ) s (실직률): 주어진 기간에 취업자 중 직업을 잃는 비율
ⅱ) f (구직률): 주어진 기간에 실업자 중 직업을 얻는 비율

⑤ 균제상태 $sE = fU$이므로 자연실업률 $= \dfrac{\text{실직률}}{\text{실직률} + \text{구직률}} = \dfrac{U}{L} = \dfrac{s}{s+f}$

위의 내용에 따라서 문제를 풀면 다음과 같다.

설문에서 실직률은 0.05, 구직률은 0.45이므로 자연실업률은 $\dfrac{0.05}{0.05 + 0.45} = 0.1$, 즉 10%이다.

03 | 2016년 서울시 7급

어떤 나라의 경제활동인구가 1,000만명으로 일정하다고 한다. 비경제활동인구는 전제하지 않으며 취업인구 중에서 매달 일자리를 잃는 노동자의 비율이 2%이고 실업인구 중에서 매달 취업이 되는 노동자의 비율이 14%라면, 이 나라의 자연실업률은?

① 12%　　　　　　　　　　② 12.5%

③ 13%　　　　　　　　　　④ 13.5%

출제이슈 자연실업률
핵심해설 정답 ②

자연실업률이란 노동시장이 균형(안정상태)을 이룰 경우의 실업률로서 균제상태에서의 실업률, 완전고용상태에서의 실업률, 완전고용GDP · 잠재GDP일 때의 실업률, 마찰적 실업과 구조적 실업만 존재할 때의 실업률, 노동시장의 불완전성으로 인하여 시간이 경과하여도 사라지지 않는 실업률 등의 특징을 갖는다.

자연실업률의 결정은 다음과 같다.

① 경제활동인구 L (외생적으로 주어짐)
② 취업자 수 E, 실업자 수 $U = L - E$
③ 실업률 U/L
④ 실직률과 구직률
ⅰ) s (실직률): 주어진 기간에 취업자 중 직업을 잃는 비율
ⅱ) f (구직률): 주어진 기간에 실업자 중 직업을 얻는 비율

⑤ 균제상태 $sE = fU$이므로 자연실업률 $= \dfrac{실직률}{실직률 + 구직률} = \dfrac{U}{L} = \dfrac{s}{s+f}$

위의 내용에 따라서 문제를 풀면 다음과 같다.

설문에서 실직률은 0.02, 구직률은 0.14이므로 자연실업률은 $\dfrac{0.02}{0.02 + 0.14} = 0.125$, 즉 12.5%이다.

04 2019년 국가직 7급

경제활동인구가 일정한 경제에서 매기 취업자의 4%가 직장을 잃고 실업자가 되지만, 실업자의 60%는 취업에 성공한다. 이 경제에서 균제상태(steady state)의 실업률은?

① 5.50%

② 5.75%

③ 6.00%

④ 6.25%

출제이슈 자연실업률

핵심해설 정답 ④

자연실업률이란 노동시장이 균형(안정상태)을 이룰 경우의 실업률로서 균제상태에서의 실업률, 완전고용상태에서의 실업률, 완전고용GDP·잠재GDP일 때의 실업률, 마찰적 실업과 구조적 실업만 존재할 때의 실업률, 노동시장의 불완전성으로 인하여 시간이 경과하여도 사라지지 않는 실업률 등의 특징을 갖는다.

자연실업률의 결정은 다음과 같다.

① 경제활동인구 L (외생적으로 주어짐)

② 취업자 수 E, 실업자 수 $U = L - E$

③ 실업률 U/L

④ 실직률과 구직률

i) s (실직률): 주어진 기간에 취업자 중 직업을 잃는 비율

ii) f (구직률): 주어진 기간에 실업자 중 직업을 얻는 비율

⑤ 균제상태 $sE = fU$이므로 자연실업률 $= \dfrac{\text{실직률}}{\text{실직률} + \text{구직률}} = \dfrac{U}{L} = \dfrac{s}{s+f}$

위의 내용에 따라서 문제를 풀면 다음과 같다.

설문에서 실직률은 0.04, 구직률은 0.60이므로 자연실업률은 $\dfrac{0.04}{0.04 + 0.60} = 0.0625$, 즉 6.25%이다.

제5편

05 2020년 국가직 7급

경제활동인구가 일정한 경제에서 안정상태(steady state)의 실업률이 10%이다. 매월 취업자 중 2% 가 직장을 잃고 실업자가 되는 경우, 기존의 실업자 중 매월 취업을 하게 되는 비율은?

① 2%　　　　　　　② 8%

③ 10%　　　　　　　④ 18%

출제이슈 자연실업률

핵심해설 정답 ④

자연실업률이란 노동시장이 균형(안정상태)을 이룰 경우의 실업률로서 균제상태에서의 실업률, 완전고용상태에서의 실업률, 완전고용GDP · 잠재GDP일 때의 실업률, 마찰적 실업과 구조적 실업만 존재할 때의 실업률, 노동시장의 불완전성으로 인하여 시간이 경과하여도 사라지지 않는 실업률 등의 특징을 갖는다.

자연실업률의 결정은 다음과 같다.

① 경제활동인구 L (외생적으로 주어짐)
② 취업자 수 E, 실업자 수 $U = L - E$
③ 실업률 U/L
④ 실직률과 구직률
ⅰ) s (실직률): 주어진 기간에 취업자 중 직업을 잃는 비율
ⅱ) f (구직률): 주어진 기간에 실업자 중 직업을 얻는 비율

⑤ 균제상태 $sE = fU$이므로 자연실업률 $= \dfrac{실직률}{실직률 + 구직률} = \dfrac{U}{L} = \dfrac{s}{s+f}$

위의 내용에 따라서 문제를 풀면 다음과 같다.

설문에서 자연실업률이 0.1, 실직률은 0.02이므로 구직률은 $0.1 = \dfrac{0.02}{0.02 + 구직률}$에서 구할 수 있다.

따라서 구직률은 0.18 혹은 18%가 된다.

ISSUE 04 비자발적 실업의 원인

1 명목임금의 경직성

1) 최저임금제

특히 최저임금이 시장균형임금보다 높게 책정되어 있는 경우, 노동시장은 불균형

2) 장기임금계약

명목임금기준으로 장기계약, 일단 계약이 맺어지면 계약기간 동안에는 다른 경제상황이 발생하더라도 임금은 조정되지 않음

3) 중첩임금계약(staggered wage contracts)

명목임금의 경직성, 즉 경제에 충격이 발생하더라도 임금이 서서히 조정되는 이유를 다양한 임금계약이 동시에 발생하는 것이 아니라 서로 중첩되어 이루어지고 있는 데에서 찾음

제5편

2 실질임금의 경직성

1) 암묵적 계약이론

① 현실에서 노동계약서에 모든 내용이 명시되지는 않으며 이는 암묵적 계약을 의미
② 노동자와 기업 양자 모두 암묵적인 동의하에 실질임금을 고정시켜 놓는 계약을 한 것

2) 내부자－외부자이론

① 현실에서 노동시장은 내부시장과 외부시장으로 분리되어 있기 때문에 내부자에 의해 높은 수준의 실질임금이 책정되어 있음에도 불구하고 외부자는 내부시장에 진입 불가 2012 국9
② 이러한 높은 수준의 실질임금에 의해 노동시장의 불균형이 발생하고 비자발적 실업은 지속
③ 노조 가입 여부, 실업의 이력현상(히스테리시스)으로 실업이 발생
    ⅰ) 실업의 이력현상에 따르면 장기불황 시 자연실업률이 상승 가능 2012 국7
    ⅱ) 실업의 이력현상에 따르면 거시경제정책이 장기적으로 실업률에 영향 2016 국7

3) 효율적 임금이론 2020 국9 2013 지7 2012 국9 2010 국7

① 기업은 노동자들의 높은 생산성을 유도하기 위하여 균형실질임금보다 더 높은 실질임금을 책정할 유인
② 이러한 지속적인 높은 수준의 실질임금에 의해 노동시장에 초과균형의 불균형이 발생, 지속되고 비자발적 실업이 지속됨

③ 근무태만 모형(shirking model)

기업은 근무태만을 방지하기 위해서 시장임금보다 높은 수준의 임금을 지급

④ 역선택 모형(adverse selection model)

기업은 우수한 직원을 채용하기 위하여 높은 수준의 임금을 지급

⑤ 이직 모형(job turnover model)

기업은 직원의 이직을 막기 위해서 높은 임금을 지급

ISSUE 문제 📝

01 2013년 지방직 7급

효율임금이론에 대한 설명으로 옳은 것만을 모두 고른 것은?

> ㄱ. 효율임금은 노동시장의 균형임금보다 높다.
> ㄴ. 노동의 초과공급에 의한 실업의 존재를 설명한다.
> ㄷ. 근로자들의 근무태만을 방지할 수 있다.
> ㄹ. 노동의 생산성이 임금수준을 결정한다고 가정한다.

① ㄱ, ㄴ, ㄷ   ② ㄱ, ㄴ, ㄹ
③ ㄱ, ㄷ, ㄹ   ④ ㄴ, ㄷ, ㄹ

출제이슈 〉 효율적 임금이론
핵심해설 〉 정답 ①

실업이란 일할 능력과 의사가 있는 사람이 직장을 갖지 못한 상태를 의미한다. 실업은 크게 자발적 실업과 비자발적 실업으로 분류할 수 있다. 자발적 실업(voluntary unemployment)이란 일할 능력은 있으나, 일할 의사가 없어서 발생하는 실업으로서 주어진 임금수준에서 일할 의사가 없음을 의미한다. 직장을 옮기는 과정에서 발생하는 실업으로 마찰적 실업(frictional unemployment)이 대표적인 자발적 실업이다. 비자발적 실업(involuntary unemployment)이란 주어진 임금수준에서 일할 의사가 있음에도 취업을 못하고 있어서 발생하는 실업이다. 경기변동 때문에 발생하는 경기적 실업(cyclical unemployment)과 산업구조의 재편 등 경제구조의 변화로 인하여 발생하는 구조적 실업(structural unemployment)이 대표적인 비자발적 실업이다.

자발적 실업이 균형상태에서의 실업이라면 비자발적 실업은 불균형상태에서의 실업이라고 할 수 있으며 비자발적 실업의 발생원인은 노동시장의 불균형상태를 초래하는 임금경직성이라고 할 수 있다. 임금경직성은 장기임금계약, 중첩임금계약 등에 의한 명목임금의 경직성과 암묵적 계약, 효율적 임금 등에 의한 실질임금의 경직성으로 구분된다.

실질임금의 경직성을 설명하는 효율적 임금이론은 다음과 같다.
기업은 노동자에게 높은 실질임금을 제공함으로써 생산성을 높일 수 있다. 즉, 기업은 노동자들의 높은 생산성을 유도하기 위하여 균형실질임금보다 더 높은 실질임금을 책정할 유인이 생긴다. 또한 노동시장이 초과공급 상태에 있다고 하더라도 기업은 생산성 하락이 염려되어 계속하여 높은 실질임금을 유지할 유인이 있다. 이러한 지속적인 높은 수준의 실질임금에 의해 노동시장에 초과공급이 발생한다고 하더라도 기업은 생산성 향상을 위해서 높은 수준의 실질임금을 유지한다. 따라서 노동시장의 불균형 및 비자발적 실업은 지속된다.

특히, 높은 실질임금이 높은 생산성을 유도하는 이유로는 다음을 들 수 있다.

① 근무태만 모형(shirking model)에 의하면, 기업은 근무태만을 방지하기 위해서 시장임금보다 높은 수준의 임금을 지급한다.
② 역선택 모형(adverse selection model)에 의하면, 기업은 우수한 직원을 채용하기 위하여 높은 수준의 임금을 지급한다.
③ 이직 모형(job turnover model)에 의하면, 기업은 직원의 이직을 막고 교육훈련비용의 절감을 위해서 높은 임금을 지급한다.

위의 내용에 따라서 설문을 검토하면 다음과 같다.

ㄱ, ㄴ 모두 옳은 내용이다.
효율적 임금이론에 의하면 기업은 노동자에게 높은 실질임금을 제공함으로써 생산성을 높일 수 있다. 즉, 기업은 노동자들의 높은 생산성을 유도하기 위하여 균형실질임금보다 더 높은 실질임금을 책정할 유인이 생긴다. 또한 노동시장이 초과공급 상태에 있다고 하더라도 기업은 생산성 하락이 염려되어 계속하여 높은 실질임금을 유지할 유인이 있다. 이러한 지속적인 높은 수준의 실질임금에 의해 노동시장에 초과균형의 불균형이 발생, 지속되고 비자발적 실업이 지속된다.

ㄷ. 옳은 내용이다.
높은 실질임금이 높은 생산성을 유도하는 이유를 설명해주는 근무태만 모형(shirking model)에 의하면 기업은 근무태만을 방지하기 위해서 시장임금보다 높은 수준의 임금을 지급하게 된다. 왜냐하면, 근무태만을 하다가 발각, 해고될 경우 새로운 직장을 찾는다고 해도 현재의 직장보다 높은 임금을 받기가 어렵다. 이러한 임금격차가 클수록 근무태만에 따른 불이익이 크다는 것을 의미한다. 따라서 현재 높은 임금을 받을수록 해고당하지 않도록 근로노력을 높일 것으로 기대된다.

ㄹ. 틀린 내용이다.
효율적 임금이론에 의하면 임금수준이 생산성을 결정하는 것이지 생산성이 임금을 결정하는 것이 아니다. 특히, 균형임금을 뛰어넘는 높은 임금이 높은 생산성을 유도한다.

02 | 2010년 국가직 7급

효율성임금가설(Efficiency Wage Hypothesis)에 대한 설명으로 옳은 것을 모두 고른 것은?

> ㄱ. 효율성임금가설에 의하면 기업의 노동수요는 노동의 한계생산성과 명목임금이 같아지는 수준에서 결정된다.
> ㄴ. 효율성임금가설에 의하면 비자발적 실업을 설명하고자 한다.
> ㄷ. 효율성임금가설에 의하면 노동자의 근로의욕은 명목임금의 크기에 의해 결정된다.
> ㄹ. 효율성임금가설에 의하면 노동자의 생산성은 실질임금에 의하여 좌우된다.

① ㄱ, ㄴ
② ㄴ, ㄹ
③ ㄱ, ㄴ, ㄷ
④ ㄴ, ㄷ, ㄹ

출제이슈 효율적 임금이론
핵심해설 정답 ②

실업이란 일할 능력과 의사가 있는 사람이 직장을 갖지 못한 상태를 의미한다. 실업은 크게 자발적 실업과 비자발적 실업으로 분류할 수 있다. 자발적 실업(voluntary unemployment)이란 일할 능력은 있으나, 일할 의사가 없어서 발생하는 실업으로서 주어진 임금수준에서 일할 의사가 없음을 의미한다. 직장을 옮기는 과정에서 발생하는 실업으로 마찰적 실업(frictional unemployment)이 대표적인 자발적 실업이다. 비자발적 실업(involuntary unemployment)이란 주어진 임금수준에서 일할 의사가 있음에도 취업을 못하고 있어서 발생하는 실업이다. 경기변동 때문에 발생하는 경기적 실업(cyclical unemployment)과 산업구조의 재편 등 경제구조의 변화로 인하여 발생하는 구조적 실업(structural unemployment)이 대표적인 비자발적 실업이다.

자발적 실업이 균형상태에서의 실업이라면 비자발적 실업은 불균형상태에서의 실업이라고 할 수 있으며 비자발적 실업의 발생원인은 노동시장의 불균형상태를 초래하는 임금경직성이라고 할 수 있다. 임금경직성은 장기임금계약, 중첩임금계약 등에 의한 명목임금의 경직성과 암묵적 계약, 효율적 임금 등에 의한 실질임금의 경직성으로 구분된다.

실질임금의 경직성을 설명하는 효율적 임금이론은 다음과 같다.

기업은 노동자에게 높은 실질임금을 제공함으로써 생산성을 높일 수 있다. 즉, 기업은 노동자들의 높은 생산성을 유도하기 위하여 균형실질임금보다 더 높은 실질임금을 책정할 유인이 생긴다. 또한 노동시장이 초과공급 상태에 있다고 하더라도 기업은 생산성 하락이 염려되어 계속하여 높은 실질임금을 유지할 유인이 있다. 이러한 지속적인 높은 수준의 실질임금에 의해 노동시장에 초과공급이 발생한다고 하더라도 기업은 생산성 향상을 위해서 높은 수준의 실질임금을 유지한다. 따라서 노동시장의 불균형 및 비자발적 실업은 지속된다.

특히, 높은 실질임금이 높은 생산성을 유도하는 이유로는 다음을 들 수 있다.

① 근무태만 모형(shirking model)에 의하면, 기업은 근무태만을 방지하기 위해서 시장임금보다 높은 수준의 임금을 지급한다.
② 역선택 모형(adverse selection model)에 의하면, 기업은 우수한 직원을 채용하기 위하여 높은 수준의 임금을 지급한다.
③ 이직 모형(job turnover model)에 의하면, 기업은 직원의 이직을 막고 교육훈련비용의 절감을 위해서 높은 임금을 지급한다.

위의 내용에 따라서 설문을 검토하면 다음과 같다.

ㄱ. 틀린 내용이다.
기업은 노동자들의 높은 생산성을 유도하기 위하여 균형실질임금보다 더 높은 실질임금을 책정할 유인이 있다. 노동의 한계생산성과 명목임금이 같아지는 균형임금 수준보다 더 높다는 의미이다.

ㄴ. 옳은 내용이다.
기업은 노동자에게 높은 실질임금을 제공함으로써 생산성을 높일 수 있다. 즉, 기업은 노동자들의 높은 생산성을 유도하기 위하여 균형실질임금보다 더 높은 실질임금을 책정할 유인이 생긴다. 노동시장이 초과공급 상태에 있다고 하더라도 기업은 생산성 하락이 염려되어 계속하여 높은 실질임금을 유지할 유인이 있다. 이러한 지속적인 높은 수준의 실질임금에 의해 노동시장에 초과공급이 발생한다고 하더라도 기업은 생산성 향상을 위해서 높은 수준의 실질임금을 유지한다. 따라서 노동시장의 불균형 및 비자발적 실업은 지속된다.

ㄷ은 틀린 내용이며, ㄹ은 옳은 내용이다.
기업은 근무태만을 방지하고 높은 생산성을 위해서 시장임금보다 높은 수준의 임금을 지급하게 된다. 이는 임금수준이 생산성을 결정하는 것이지 생산성이 임금을 결정하는 것이 아니다. 노동자의 근로의욕 및 생산성은 명목임금의 크기가 아니라, 실질임금에 의해서 결정된다.

03 2020년 국가직 7급

효율적 임금가설(efficient wage hypothesis)에 대한 설명으로 옳지 않은 것은?

① 노동시장에서 비자발적 실업이 발생하는 원인을 설명하는 이론이다.
② 임금과 노동자의 노력 간에 양의 상관관계가 있다고 보는 이론이다.
③ 효율적 임금이란 기업의 이윤을 극대화하는 임금이므로 노동시장의 균형 임금보다 낮은 수준이다.
④ 임금의 하방경직성을 설명하는 이론이다.

출제이슈 효율적 임금이론
핵심해설 정답 ③

실업이란 일할 능력과 의사가 있는 사람이 직장을 갖지 못한 상태를 의미한다. 실업은 크게 자발적 실업과 비자발적 실업으로 분류할 수 있다. 자발적 실업(voluntary unemployment)이란 일할 능력은 있으나, 일할 의사가 없어서 발생하는 실업으로서 주어진 임금수준에서 일할 의사가 없음을 의미한다. 직장을 옮기는 과정에서 발생하는 실업으로 마찰적 실업(frictional unemployment)이 대표적인 자발적 실업이다. 비자발적 실업(involuntary unemployment)이란 주어진 임금수준에서 일할 의사가 있음에도 취업을 못하고 있어서 발생하는 실업이다. 경기변동 때문에 발생하는 경기적 실업(cyclical unemployment)과 산업구조의 재편 등 경제구조의 변화로 인하여 발생하는 구조적 실업(structural unemployment)이 대표적인 비자발적 실업이다.

자발적 실업이 균형상태에서의 실업이라면 비자발적 실업은 불균형상태에서의 실업이라고 할 수 있으며 비자발적 실업의 발생원인은 노동시장의 불균형상태를 초래하는 임금경직성이라고 할 수 있다. 임금경직성은 장기임금계약, 중첩임금계약 등에 의한 명목임금의 경직성과 암묵적 계약, 효율적 임금 등에 의한 실질임금의 경직성으로 구분된다.

실질임금의 경직성을 설명하는 효율적 임금이론은 다음과 같다.

기업은 노동자에게 높은 실질임금을 제공함으로써 생산성을 높일 수 있다. 즉, 기업은 노동자들의 높은 생산성을 유도하기 위하여 균형실질임금보다 더 높은 실질임금을 책정할 유인이 생긴다. 또한 노동시장이 초과공급 상태에 있다고 하더라도 기업은 생산성 하락이 염려되어 계속하여 높은 실질임금을 유지할 유인이 있다. 이러한 지속적인 높은 수준의 실질임금에 의해 노동시장에 초과공급이 발생한다고 하더라도 기업은 생산성 향상을 위해서 높은 수준의 실질임금을 유지한다. 따라서 노동시장의 불균형 및 비자발적 실업은 지속된다.

특히, 높은 실질임금이 높은 생산성을 유도하는 이유로는 다음을 들 수 있다.

① 근무태만 모형(shirking model)에 의하면, 기업은 근무태만을 방지하기 위해서 시장임금보다 높은 수준의 임금을 지급한다.
② 역선택 모형(adverse selection model)에 의하면, 기업은 우수한 직원을 채용하기 위하여 높은 수준의 임금을 지급한다.
③ 이직 모형(job turnover model)에 의하면, 기업은 직원의 이직을 막고 교육훈련비용의 절감을 위해서 높은 임금을 지급한다.

위의 내용에 따라서 설문을 검토하면 다음과 같다.

① 옳은 내용이다.
비자발적 실업(involuntary unemployment)이란 주어진 임금수준에서 일할 의사가 있음에도 취업을 못하고 있어서 발생하

는 실업이다. 비자발적 실업의 발생원인은 노동시장의 불균형상태를 초래하는 임금경직성이라고 할 수 있다. 임금경직성은 장기임금계약, 중첩임금계약 등에 의한 명목임금의 경직성과 암묵적 계약, 효율적 임금 등에 의한 실질임금의 경직성으로 구분된다.

② 옳은 내용이다.
기업은 노동자에게 높은 실질임금을 제공함으로써 생산성을 높일 수 있다. 즉, 설문처럼 임금과 노동자의 노력 간에 양의 상관관계가 있다고 본다. 특히, 높은 실질임금이 높은 생산성을 유도하는 이유로는 근무태만 모형(shirking model), 역선택 모형(adverse selection model) 등을 들 수 있다.

③ 틀린 내용이다.
기업은 노동자에게 높은 실질임금을 제공함으로써 생산성을 높일 수 있다. 즉, 기업은 노동자들의 높은 생산성을 유도하기 위하여 균형실질임금보다 더 높은 실질임금을 책정할 유인이 생긴다.

④ 옳은 내용이다.
노동시장이 초과공급 상태에 있다고 하더라도 기업은 생산성 하락이 염려되어 계속하여 높은 실질임금을 유지할 유인이 있다. 이러한 지속적인 높은 수준의 실질임금에 의해 노동시장에 초과공급이 발생한다고 하더라도 기업은 생산성 향상을 위해서 균형임금보다 높은 수준의 실질임금을 계속하여 유지하기 때문에 임금은 하방경직성을 보인다.

ISSUE 05 인플레이션의 효과(비용)

1 인플레이션과 예상

1) 예상된 인플레이션

① 예상되는 물가 상승을 고려하여 계약 당사자 간 계약조건이 변경되므로 비용이 크지 않음

② 노동자 측과 기업 간 임금 인상 협상, 기업의 상품가격 인상 계획 [2019 지7]

③ 인플레이션세, 구두창비용, 메뉴비용, 계산단위비용 등

④ 피셔방정식: 명목이자율 = 실질이자율 + 기대인플레이션율 [2019 서7] [2019 지7]

2) 예상치 못한 인플레이션

① 손해를 보는 측과 이익을 보는 측이 생기게 되며, 부의 재분배가 나타남

② 불확실성이 증대되며 자원배분의 비효율성도 나타남

2 인플레이션세 [2019 지7]

1) 화폐보유자

① 물가 상승에 따라서 실질잔고가 감소(민간의 화폐실질잔고는 물가상승률만큼 가치 하락)

② 인플레이션세 = 물가상승률 × 실질화폐량

③ 인플레이션세의 부담자는 화폐를 보유한 민간경제주체

2) 화폐발행자

① 통화량 증가에 따라서 주조차익을 획득

② 주조차익(시뇨리지) = 통화증가율 × 실질화폐량

③ 정부가 세금부과나 차입 등으로 재원을 조달할 수 없는 경우 주로 발생

3) 민간이 정부에 세금을 내는 것과 유사하므로 민간부문에서 정부부문으로 부의 재분배 발생

3 구두창비용 [2015 국9]

1) 현금보유자는 물가 상승에 따라 화폐가치가 감소하므로 가급적 화폐를 적게 보유

2) 필요할 때마다 은행 방문, 현금을 인출하므로 이에 따른 시간, 교통비용 등이 소요

4 메뉴비용(가격조정비용) 2015 국9

1) 물가 상승 시 그에 따라서 가격을 변경하는 데 소요되는 제반 비용을 총칭

2) 초인플레이션을 경험한 국가에서는 가게 종업원들이 가격표 교체에 많은 시간 투입

5 계산단위비용

1) 인플레이션으로 화폐가치가 계속 변화할 경우 경제주체들의 화폐가치 평가가 부정확

2) 이에 따라 경제주체들의 경제적 의사결정의 질이 저하되어 자원배분의 효율성을 저해

6 부와 소득의 재분배 2019 국7 | 2019 서7 | 2015 국9

1) 인플레이션으로 인하여 채권자는 손해를 보고, 채무자는 이익을 보게 됨

2) 고정급여 근로자는 손해를 보고, 급여지급 기업은 이익을 보게 됨 2019 지7

7 불확실성

1) 경제에 불확실성이 증대되어 거래 등이 감소, 후생 감소

2) 특히 장기계약의 체결이 어려워질 수 있음 2019 서7 | 2019 지7

8 자원의 비효율적인 배분 2015 국9

1) 인플레이션으로 인한 일반적인 물가 상승을 상대가격 상승으로 혼동하여 생산 증대 시 발생

2) 인플레이션이 모든 가격을 똑같이 변화시키는 것은 아니므로, 높은 인플레이션은 상대가격의 왜곡을 심화시켜서 소비자의 의사결정에 교란을 초래하여 효율을 저해함

9 디플레이션의 효과 ↔ 인플레이션의 효과

1) **부채디플레이션**

① 인플레이션과 반대로, 채무자는 손해, 채권자는 이익 2016 국9

② 채무자 부도가능성 증대, 금융기관 부실화, 자금공급 감소, 총수요 감소, 디플레이션 심화

2) **실질이자율 상승** 2016 국9

① 디플레이션 기대는 화폐수요를 증가시킴

② 디플레이션 기대가 형성되면 실질이자율 상승, 투자 감소, 총수요 감소

③ 통화공급을 늘리더라도 화폐수요 증가 및 실질이자율 상승으로 통화정책에 한계 노정

ISSUE 문제 📝

01 2019년 지방직 7급

인플레이션이 경제에 미치는 영향으로 옳지 않은 것은?

① 확실하게 예상되는 인플레이션은 노동자보다 기업에 더 큰 비용을 초래한다.

② 인플레이션이 확실하게 예상되는 경우, 예상 인플레이션율은 명목이자율과 실질이자율 간 차이와 같게 된다.

③ 인플레이션에 대한 예상이 어려우면 장기계약 체결이 어려워진다.

④ 예상되지 않은 인플레이션은 고정 연금 수령자에게 불리하다.

출제이슈 인플레이션의 효과(비용)
핵심해설 정답 ①

인플레이션과 예상의 관계 및 경제에 미치는 영향은 다음과 같다.

1. 인플레이션과 예상

1) 예상된 인플레이션

① 예상되는 물가 상승을 고려하여 계약 당사자 간 계약조건이 변경되므로 비용이 크지 않다.

② 노동자 측과 기업 간 임금 인상 협상, 기업의 상품가격 인상 계획으로 반영된다.

③ 인플레이션세, 구두창비용, 메뉴비용, 계산단위비용 등이 발생한다.

④ 피셔방정식 : 명목이자율 = 실질이자율 + 기대인플레이션율

2) 예상치 못한 인플레이션

① 손해를 보는 측과 이익을 보는 측이 생기게 되며, 부의 재분배가 나타난다.

② 불확실성이 증대되며 자원배분의 비효율성도 나타난다.

2. 인플레이션의 효과

1) 인플레이션과 부와 소득의 재분배

① 인플레이션으로 인하여 채권자는 손해를 보고, 채무자는 이익을 보게 된다.

② 고정급여 근로자는 손해를 보고, 급여지급 기업은 이익을 본다.

2) 인플레이션과 불확실성

① 경제에 불확실성이 증대되어 거래 등이 감소하고 후생도 감소한다.

② 특히 장기계약의 체결이 어려워질 수 있다.

3) 구두창비용

① 현금보유자는 물가 상승에 따라 화폐가치가 감소하므로 가급적 화폐를 적게 보유한다.

② 따라서 필요할 때마다 현금을 인출해야 하므로 이에 따른 시간, 교통비용 등이 소요된다.

4) 메뉴비용(가격조정비용)

① 물가 상승 시 그에 따라서 가격을 변경하는 데 소요되는 제반 비용을 총칭하는 개념이다.

② 초인플레이션을 경험한 국가에서는 실제로 가게 종업원들이 가격표 교체에 많은 시간을 투입한다.

5) 자원의 비효율적인 배분
① 인플레이션으로 인한 일반적인 물가 상승을 상대가격 상승으로 혼동하는 경우 생산이 증가하며 자원의 비효율적인 배분이 발생한다.
② 인플레이션이 모든 가격을 똑같이 변화시키는 것은 아니므로, 높은 인플레이션은 상대가격의 왜곡을 심화시켜서 소비자의 의사결정에 교란을 초래하여 효율을 저해한다.

위의 내용에 따라서 설문을 검토하면 다음과 같다.

① 틀린 내용이다.
확실하게 예상되는 인플레이션이 노동자보다 기업에만 더 큰 비용을 초래하는 것은 아니며, 노동자 측과 기업 측 모두 인플레이션으로 인한 부담을 안게 된다. 다만, 인플레이션이 예상되는 경우 노사 간 임금 인상 협상, 기업의 상품가격 인상 계획으로 반영될 수 있어서 예상되지 않은 인플레이션에 비하여 그 비용이 크지는 않다고 할 수 있다. 예상된 인플레이션의 비용으로는 인플레이션세, 구두창비용, 메뉴비용, 계산단위비용 등을 들 수 있다.

② 옳은 내용이다.
인플레이션이 확실하게 예상되는 경우, 예상 인플레이션율은 명목이자율과 실질이자율 간 차이와 같게 된다. 이를 피셔방정식이라고 한다.

참고로 피셔방정식은 명목이자율과 실질이자율, 인플레이션율 간의 식으로서 아래와 같다.
명목이자율 i_t = 실질이자율 r_t + 기대인플레이션율 π_t^e

특히 실질이자율이 불변인 경우, 기대인플레이션율과 명목이자율 간 일대일 대응관계를 나타내는데 이를 피셔효과라고 한다. 예상치 못한 인플레이션으로 인하여 인플레이션율을 예상하기 어려운 경우에는 피셔방정식 및 피셔효과가 성립하기 어렵게 된다.

③ 옳은 내용이다.
인플레이션에 대한 예상이 어려우면 계약 당사자 간 미래 예상이 일치하지 않기 때문에 장기계약에 있어서 계약조건을 협상하기가 매우 어려워진다.

④ 옳은 내용이다.
예상되지 않은 인플레이션으로 인해서 고정연금의 실질가치가 하락하는 경우 고정연금 수령자에게 매우 불리할 뿐만 아니라 예상치 못한 인플레이션으로 고정연금의 가치를 예상할 수 없기 때문에 향후 합리적인 지출계획 등을 세우는 것도 어려워지게 된다.

02　[2015년 국가직 7급]

인플레이션율 상승에 따른 파급효과에 대한 설명으로 옳지 않은 것은?

① 기대하지 못한 인플레이션율은 개인의 능력이나 필요에 무관하게 부의 재분배를 야기한다.

② 가격조정비용 또는 메뉴비용을 증가시킨다.

③ 상대가격의 변동성은 증가하지만 자원배분의 효율성은 유지된다.

④ 구두창비용(shoeleather costs)이 증가한다.

출제이슈　인플레이션의 효과(비용)
핵심해설　정답 ③

인플레이션과 예상의 관계 및 경제에 미치는 영향은 다음과 같다.

1. 인플레이션과 예상

1) 예상된 인플레이션
① 예상되는 물가 상승을 고려하여 계약 당사자 간 계약조건이 변경되므로 비용이 크지 않다.
② 노동자 측과 기업 간 임금 인상 협상, 기업의 상품가격 인상 계획으로 반영된다.
③ 인플레이션세, 구두창비용, 메뉴비용, 계산단위비용 등이 발생한다.
④ 피셔방정식 : 명목이자율 = 실질이자율 + 기대인플레이션율

2) 예상치 못한 인플레이션
① 손해를 보는 측과 이익을 보는 측이 생기게 되며, 부의 재분배가 나타난다.
② 불확실성이 증대되며 자원배분의 비효율성도 나타난다.

2. 인플레이션의 효과

1) 인플레이션과 부와 소득의 재분배
① 인플레이션으로 인하여 채권자는 손해를 보고, 채무자는 이익을 보게 된다.
② 고정급여 근로자는 손해를 보고, 급여지급 기업은 이익을 본다.

2) 인플레이션과 불확실성
① 경제에 불확실성이 증대되어 거래 등이 감소하고 후생도 감소한다.
② 특히 장기계약의 체결이 어려워질 수 있다.

3) 구두창비용
① 현금보유자는 물가 상승에 따라 화폐가치가 감소하므로 가급적 화폐를 적게 보유한다.
② 따라서 필요할 때마다 현금을 인출해야 하므로 이에 따른 시간, 교통비용 등이 소요된다.

4) 메뉴비용(가격조정비용)
① 물가 상승 시 그에 따라서 가격을 변경하는 데 소요되는 제반 비용을 총칭하는 개념이다.
② 초인플레이션을 경험한 국가에서는 실제로 가게 종업원들이 가격표 교체에 많은 시간을 투입한다.

5) 자원의 비효율적인 배분

① 인플레이션으로 인한 일반적인 물가 상승을 상대가격 상승으로 혼동하는 경우 생산이 증가하며 자원의 비효율적인 배분이 발생한다.

② 인플레이션이 모든 가격을 똑같이 변화시키는 것은 아니므로, 높은 인플레이션은 상대가격의 왜곡을 심화시켜서 소비자의 의사결정에 교란을 초래하여 효율을 저해한다.

위의 내용에 따라서 설문을 검토하면 다음과 같다.

① 옳은 내용이다.

기대하지 못한 인플레이션율은 개인의 능력이나 필요에 무관하게 부의 재분배를 야기한다. 예를 들어 인플레이션으로 인하여 채권자는 손해를 보고, 채무자는 이익을 보게 된다. 또한 고정급여 근로자는 손해를 보고, 급여지급 기업은 이익을 본다.

② 옳은 내용이다.

인플레이션은 가격조정비용 또는 메뉴비용을 증가시킨다. 메뉴비용이란 물가 상승 시 그에 따라서 가격을 변경하는 데 소요되는 제반 비용을 총칭하는 개념이다.

③ 틀린 내용이다.

상대가격의 변동성은 증가하지만 자원배분의 효율성은 유지되는 것은 아니기 때문에 틀린 내용이다. 높은 인플레이션은 상대가격의 왜곡을 심화시켜서 소비자의 의사결정에 교란을 초래하여 효율을 저해한다. 따라서 효율이 유지된다는 것은 옳지 않다.

④ 옳은 내용이다.

인플레이션으로 인하여 화폐가치가 감소하므로 현금보유자는 가급적 화폐를 적게 보유한다. 따라서 필요할 때마다 현금을 인출해야 하므로 이에 따른 시간, 교통비용 등이 소요된다. 이를 통칭하여 구두창비용이라고 한다.

03 2019년 서울시 7급

인플레이션은 사전에 예상된 부분과 예상하지 못한 부분으로 구분할 수 있다. 그리고 예상하지 못한 인플레이션은 여러 가지 경로로 사회에 부정적 영향을 미친다. 예상하지 못한 인플레이션으로 인한 부정적 영향에 대한 설명으로 가장 옳지 않은 것은?

① 투기가 성행하게 된다.
② 소득재분배 효과가 발생한다.
③ 피셔(Fisher) 가설이 성립하게 된다.
④ 장기계약이 만들어지기 어렵게 된다.

출제이슈 인플레이션의 효과(비용)
핵심해설 정답 ③

인플레이션과 예상의 관계 및 경제에 미치는 영향은 다음과 같다.

1. 인플레이션과 예상

1) 예상된 인플레이션
① 예상되는 물가 상승을 고려하여 계약 당사자 간 계약조건이 변경되므로 비용이 크지 않다.
② 노동자 측과 기업 간 임금 인상 협상, 기업의 상품가격 인상 계획으로 반영된다.
③ 인플레이션세, 구두창비용, 메뉴비용, 계산단위비용 등이 발생한다.
④ 피셔방정식 : 명목이자율 = 실질이자율 + 기대인플레이션율

2) 예상치 못한 인플레이션
① 손해를 보는 측과 이익을 보는 측이 생기게 되며, 부의 재분배가 나타난다.
② 불확실성이 증대되며 자원배분의 비효율성도 나타난다.

2. 인플레이션의 효과

1) 인플레이션과 부와 소득의 재분배
① 인플레이션으로 인하여 채권자는 손해를 보고, 채무자는 이익을 보게 된다.
② 고정급여 근로자는 손해를 보고, 급여지급 기업은 이익을 본다.

2) 인플레이션과 불확실성
① 경제에 불확실성이 증대되어 거래 등이 감소하고 후생도 감소한다.
② 특히 장기계약의 체결이 어려워질 수 있다.

3) 구두창비용
① 현금보유자는 물가 상승에 따라 화폐가치가 감소하므로 가급적 화폐를 적게 보유한다.
② 따라서 필요할 때마다 현금을 인출해야 하므로 이에 따른 시간, 교통비용 등이 소요된다.

4) 메뉴비용(가격조정비용)
① 물가 상승 시 그에 따라서 가격을 변경하는 데 소요되는 제반 비용을 총칭하는 개념이다.
② 초인플레이션을 경험한 국가에서는 실제로 가게 종업원들이 가격표 교체에 많은 시간을 투입한다.

5) 자원의 비효율적인 배분
① 인플레이션으로 인한 일반적인 물가 상승을 상대가격 상승으로 혼동하는 경우 생산이 증가하며 자원의 비효율적인 배분이 발생한다.
② 인플레이션이 모든 가격을 똑같이 변화시키는 것은 아니므로, 높은 인플레이션은 상대가격의 왜곡을 심화시켜서 소비자의 의사결정에 교란을 초래하여 효율을 저해한다.

위의 내용에 따라서 설문을 검토하면 다음과 같다.

①,④ 모두 옳은 내용이다.
인플레이션으로 인하여 경제에 불확실성이 증대되어 거래 등이 감소하고 후생도 감소한다. 특히 장기계약의 체결이 어려워진다. 인플레이션에 대한 예상이 어려우면 계약 당사자 간 미래 예상이 일치하지 않기 때문에 장기계약에 있어서 계약조건을 협상하기가 매우 어려워진다. 이러한 불확실성은 경제에 비정상적인 투기를 부채질하게 된다.

② 옳은 내용이다.
인플레이션으로 인하여 채권자는 손해를 보고, 채무자는 이익을 보게 된다. 고정급여 근로자는 손해를 보고, 급여지급 기업은 이익을 본다. 인플레이션이 부와 소득의 재분배를 초래하는 것이다.

③ 틀린 내용이다.
피셔방정식은 명목이자율과 실질이자율, 인플레이션율 간의 식으로서 아래와 같다.
명목이자율 i_t = 실질이자율 r_t + 기대인플레이션율 π_t^e

특히 실질이자율이 불변인 경우, 기대인플레이션율과 명목이자율 간 일대일 대응관계를 나타내는데 이를 피셔효과라고 한다. 예상치 못한 인플레이션으로 인하여 인플레이션율을 예상하기 어려운 경우에는 피셔방정식 및 피셔효과가 성립하기 어렵게 된다.

04 `2019년 지방직 7급`

인플레이션 조세(inflation tax)에 대한 설명으로 옳지 않은 것은?

① 정부가 세금부과나 차입 등 통상적인 방법을 통해 필요한 재원을 조달할 수 없는 경우에 나타날 수 있다.
② 화폐발행권자는 통화량을 증가시킴으로써 주조차익(seigniorage)을 얻는다.
③ 인플레이션 조세의 실질적인 부담자는 화폐를 보유한 모든 경제주체이다.
④ 인플레이션 조세는 형평성 차원에서 경제 전반에 나타나는 부익부 빈익빈 현상의 완화에 기여한다.

출제이슈 인플레이션 조세
핵심해설 정답 ④

인플레이션 조세란 통화량 증가로 인한 인플레이션이 마치 조세와 같이 화폐보유자에게 부담을 초래하는 것을 의미한다. 이는 반대로 화폐발행자에게 주조차익의 이득을 주게 된다. 만일 물가 상승이 오로지 통화증가에 의해서만 발생하는 극단적인 경우라면 화폐발행이득은 인플레이션세가 된다.

1) 화폐보유자와 인플레이션세
① 인플레이션세의 부담자는 화폐를 보유한 민간경제주체가 된다.
② 물가 상승에 따라서 실질잔고가 감소한다(민간의 화폐실질잔고는 물가상승률만큼 가치 하락).
③ 인플레이션세는 물가상승률에 보유한 실질화폐량을 곱한 만큼이 된다.
   (인플레이션세 = 물가상승률 × 실질화폐량)

2) 화폐발행자와 주조차익
① 정부는 통화량를 증가시킴에 따라서 주조차익을 획득할 수 있다.
② 정부가 세금부과나 차입 등으로 재원을 조달할 수 없는 경우 주로 발생한다.
③ 주조차익(시뇨리지)은 통화증가율에 유통되는 실질화폐량을 곱한 만큼이 된다.
   (주조차익 = 통화증가율 × 실질화폐량)

위의 내용에 따라서 설문을 검토하면 다음과 같다.

① 옳은 내용이다.
정부는 재원마련을 위해서 통상은 세금부과나 국공채 발행 등을 통한 차입의 방법을 이용한다. 만일 이러한 통상적인 방법으로 재원을 조달할 수 없을 경우에 화폐발행을 통하여 예외적으로 재원을 조달할 수 있다.

② 옳은 내용이다.
화폐발행권자는 통화량을 증가시킴으로써 그에 따른 주조차익(seigniorage)을 얻게 되는데 이는 통화증가율에 유통되는 실질화폐량을 곱한 만큼이 된다.

③ 옳은 내용이다.
인플레이션으로 인하여 민간의 화폐실질잔고는 물가상승률만큼 가치가 하락하여 감소하게 된다. 따라서 인플레이션 조세의 실질적인 부담자는 화폐를 보유한 모든 경제주체가 된다.

④ 틀린 내용이다.
인플레이션세는 결국 민간이 정부에 세금을 내는 것과 유사하므로 민간부문에서 정부부문으로 부의 재분배가 발생하게 되므로 형평성 차원의 부익부 빈익빈 완화에 기여하는 것은 아니다.

05 | 2016년 국가직 9급

디플레이션(deflation)이 경제에 미치는 효과로 볼 수 없는 것은?

① 고정금리의 경우, 채무자의 실질 채무부담이 증가한다.
② 명목이자율이 일정할 때 실질이자율이 내려간다.
③ 명목연금액이 일정할 때 실질연금액은 증가한다.
④ 디플레이션이 가속화될 것이라는 예상은 화폐수요를 증가시킨다.

출제이슈 디플레이션의 효과(비용)
핵심해설 정답 ②

인플레이션이 물가수준이 지속적으로 "상승"하는 현상이라면 디플레이션은 물가수준이 지속적으로 "하락"하는 현상을 의미한다.

디플레이션의 원인은 먼저 공급 측 요인으로서 생산성의 향상으로 인하여 생산비용이 하락하는 경우 총공급곡선이 우측으로 이동하여 물가가 하락하게 된다. 그리고 수요 측 요인으로서 투자 감소, 통화공급 감소 등으로 인한 총수요가 감소하여 총수요곡선이 좌측으로 이동하는 경우 물가가 하락한다.

디플레이션의 비용(효과)은 다음과 같다.

1) 디플레이션과 부와 소득의 재분배
인플레이션으로 인하여 채권자는 손해를 보고, 채무자는 실질 채무부담이 감소하여 이익을 보게 된다. 반대로 디플레이션으로 인하여 채권자는 이익을 보고, 채무자는 실질 채무부담이 증가하여 손해를 보게 된다. 고정급여 근로자는 이익을 보고, 급여지급 기업은 손해를 본다.

2) 소비연기와 총수요위축
디플레이션으로 인하여 소비자들은 미래로 소비를 연기시키고 이로 인해 총수요는 더욱 위축된다.

3) 실질이자율 상승
① 물가가 하락할 것이라는 디플레이션 기대는 화폐에 대한 수요를 증가시킨다.
② 따라서 디플레이션 기대가 형성되면 실질이자율이 상승하고, 투자가 감소한다.
③ 만일 실질이자율의 상승이 상당히 클 경우, 중앙은행이 통화공급을 증가시켜 명목이자율을 낮추더라도 명목이자율 "0"의 하한 제약으로 인하여 실질이자율 하락에 한계가 발생한다.
④ 따라서 통화정책을 통해서는 총수요를 증가시키기 어렵게 된다.
⑤ 결국 디플레이션으로 인하여 통화정책의 효과가 나타나지 않는 문제점이 생긴다.

4) 부채디플레이션의 발생
① 디플레이션으로 인하여 채무자는 손해, 채권자는 이익을 보게 된다.
② 채무자 부담가중으로 부도가능성이 증가하면, 이에 따라 금융기관이 부실화되고 결국 자금공급이 줄어들어서 금융시장에서 자금조달이 어려워져서 총수요가 감소한다.
③ 감소된 총수요는 디플레이션을 더욱 심화시킨다.
④ 디플레이션-신용경색-디플레이션을 부채-디플레이션이라고 한다.

위의 내용에 따라서 설문을 검토하면 다음과 같다.

① 옳은 내용이다.
인플레이션으로 인하여 채권자는 손해를 보고, 채무자는 실질 채무부담이 감소하여 이익을 보게 된다. 반대로 디플레이션으로 인하여 채권자는 이익을 보고, 채무자는 실질 채무부담이 증가하여 손해를 보게 된다. 따라서 고정금리의 경우라면 채무자의 실질 채무부담이 가중된다.

② 틀린 내용이다.
물가가 하락할 것이라는 디플레이션 기대는 화폐에 대한 수요를 증가시키고 실물자산에 대한 수요를 감소시킨다. 디플레이션 기대가 형성되면 명목자산(화폐)에 대한 수익률이 상승하므로 명목자산에 대한 수요가 증가하고 대신 실물자산에 대한 수요가 감소한다. 이는 실물자산 가격의 하락으로 이어져서 실물자산의 공급이 감소한다. 이에 따라 자본의 한계생산성이 상승하게 되므로 실질이자율은 상승한다.

특히 지문에서 명목이자율이 일정한 경우라면 피셔방정식에서 디플레이션으로 인한 예상 물가상승률의 감소를 고려하면, 실질이자율이 상승하는 것을 쉽게 알 수 있다. 따라서 명목이자율이 일정할 때 실질이자율이 내려간다는 것은 잘못된 설명이다.

③ 옳은 내용이다.
명목연금액이 일정하더라도 디플레이션으로 인해 물가가 하락하므로 결국 실질연금액은 증가한다.

④ 옳은 내용이다.
물가가 하락할 것이라는 디플레이션 기대는 실물자산보다는 화폐자산에 대한 수요를 증가시킨다. 반대로 물가가 상승할 것이라는 인플레이션 기대는 화폐자산보다는 실물자산에 대한 수요를 증가시킨다. 왜냐하면, 인플레이션 하에서는 화폐가치가 하락하고 디플레이션 하에서는 화폐가치가 상승하기 때문이다.

1 명목이자율 vs 실질이자율

1) 명목이자율: 이자율을 화폐단위로 측정

2) 실질이자율: 이자율을 실물단위로 측정

3) 인플레이션이 있을 경우, 명목이자율과 실질이자율이 괴리

① 실물 $1 \to 1$기 후 $\to (1+r_t)(1+\pi_t) \approx 1 + r_t + \pi_t$

② 화폐 $1 \to 1$기 후 $\to (1+i_t)$

③ 무차익거래조건(no arbitrage condition): $i_t = r_t + \pi_t^e$

2 피셔방정식과 피셔효과 [2019 국7] [2013 국9]

1) 피셔방정식: 명목이자율 i_t = 실질이자율 r_t + 기대인플레이션율 π_t^e

2) 피셔효과: 실질이자율이 불변인 경우, 기대인플레이션율과 명목이자율 간 일대일 대응관계

3) 통화량이 증가하더라도 명목이자율이 하락하지 않고 오히려 상승 가능

4) 단기의 유동성효과, 장기의 피셔효과

5) 인플레이션율은 물가지수의 변화율로 구할 수 있음 [2015 국7]

3 먼델-토빈 효과 [2013 국7]

1) 실질이자율이 변화할 경우에는 피셔효과 불성립

2) 기대인플레이션율이 변화하더라도 명목이자율 간의 일대일 관계는 불성립

3) 먼델-토빈 효과: 기대인플레이션율 상승 시, 실질이자율이 하락하여 투자가 증가

4) 기대인플레이션율 상승 → 명목자산(화폐) 수요 감소, 실물자산 수요 증가
→ 실물자산 가격 상승 → 실물자산 공급 증가 → 자본의 한계생산성 하락
→ 실질이자율 하락

5) 기대인플레이션이 포함된 $IS-LM$ 모형에서 기대인플레이션이 상승할 경우 명목이자율은 그보다 덜 상승하게 되어 실질이자율 하락

4 화폐수익률 vs 채권수익률 `2012 국9`

1) 피셔방정식 $i_t = r_t + \pi_t^e$

2) 화폐보유의 명목수익률 0, 실질수익률 $-\pi_t^e$

3) 채권보유의 명목수익률 i_t, 실질수익률 $i_t - \pi_t^e$

4) 화폐보유의 명목수익률은 0이므로, 피셔방정식 $i_t = r_t + \pi_t^e$ 에 따르면 화폐보유의 실질수익률은 $-\pi_t^e$ 가 된다.

5) 채권보유의 명목수익률은 i_t 이므로, 피셔방정식 $i_t = r_t + \pi_t^e$ 에 따르면, 채권보유의 실질수익률은 $i_t - \pi_t^e$ 가 된다.

6) 채권보유의 실질수익률 $i_t - \pi_t^e$ 는 화폐보유의 명목수익률 $-\pi_t^e$ 보다 i_t 만큼 높다.

5 세전 수익률 vs 세후 수익률 `2016 국7` `2015 서7`

1) 피셔방정식 $i_t = r_t + \pi_t^e$

2) 세전의 경우 세전 명목이자율 i_t = 세전 실질이자율 r_t + 기대인플레이션율 π_t^e

3) 세후의 경우 세후 명목이자율 $i_t(1-t)$ = 세후 실질이자율 r_t + 기대인플레이션율 π_t^e

4) 은행예금의 세전 명목수익률은 i_t 이므로, 피셔방정식 $i_t = r_t + \pi_t^e$ 에 따르면, 은행예금의 세전 실질수익률은 $i_t - \pi_t^e$ 가 된다.

5) 은행예금의 세후 명목수익률은 $i_t(1-t)$ 이므로, 피셔방정식 $i_t = r_t + \pi_t^e$ 에 따르면, 은행예금의 세후 실질수익률은 $i_t(1-t) - \pi_t^e$ 가 된다.

6) 은행예금의 세후 실질수익률 $i_t(1-t) - \pi_t^e$ 는 은행예금의 세전 실질수익률 $i_t - \pi_t^e$ 보다 $i_t t$ 만큼 낮다.

6 다비효과

1) 조세에 의하여 세전 수익률과 세후 수익률에 차이

2) 조세를 고려하는 경우 목표로 하는 실질수익률을 확보하기 위하여 명목이자율을 조세가 없는 경우보다 더욱 인상

ISSUE 문제 📝

01 2015년 국가직 7급

은행에 100만 원을 예금하고 1년 후 105만 원을 받으며, 같은 기간 중 소비자 물가지수가 100에서 102로 상승할 경우 명목이자율과 실질이자율은?

	명목이자율	실질이자율
①	2%	5%
②	3%	5%
③	5%	2%
④	5%	3%

출제이슈 피셔방정식
핵심해설 정답 ④

피셔방정식은 명목이자율과 실질이자율, 인플레이션율 간의 식으로서 아래와 같다.
명목이자율 i_t = 실질이자율 r_t + 기대인플레이션율 π_t^e

피셔방정식에 의하면, 통화량이 증가하더라도 명목이자율이 하락하지 않고 오히려 상승할 수 있음을 알 수 있다. 즉, 화폐시장에서 통화량이 증가하여 단기적으로 명목이자율이 하락하더라도 기대인플레이션이 상승할 경우에는 장기적으로 명목이자율이 상승할 수 있다.

만일 실질이자율이 불변인 경우, 기대인플레이션율과 명목이자율 간 일대일 대응관계를 나타내는데 이를 피셔효과라고 한다. 그러나, 예상치 못한 인플레이션으로 인하여 인플레이션율을 예상하기 어려운 경우에는 피셔방정식 및 피셔효과가 성립하기 어렵게 된다.

위의 내용에 따라서 설문을 검토하면 다음과 같다.

먼저 명목이자율은 5%(은행 100만 원 예금 시 1년 후 105만 원 수령)이고, 물가상승률은 2%(소비자 물가지수가 100에서 102로 상승)이다.

따라서 피셔방정식에 의하면 실질이자율은 명목이자율에서 물가상승률을 차감한 3%가 된다.

02 2012년 국가직 7급

명목이자율이 i, 실질이자율이 r, 예상 인플레이션율이 π^ϵ이고, 피셔방정식(Fisher equation)이 성립한다고 가정할 때, 옳지 않은 것은?

① 예상 인플레이션율은 $i-r$이다.
② 화폐보유의 실질수익률은 0이다.
③ 채권보유의 실질수익률은 $i-\pi^\epsilon$이다.
④ 채권보유의 실질수익률은 화폐보유의 실질수익률보다 i만큼 높다.

출제이슈 피셔방정식
핵심해설 정답 ②

피셔방정식은 명목이자율과 실질이자율, 인플레이션율 간의 식으로서 아래와 같다.
명목이자율 i_t = 실질이자율 r_t + 기대인플레이션율 π_t^e

피셔방정식에 의하면, 통화량이 증가하더라도 명목이자율이 하락하지 않고 오히려 상승할 수 있음을 알 수 있다. 즉, 화폐시장에서 통화량이 증가하여 단기적으로 명목이자율이 하락하더라도 기대인플레이션이 상승할 경우에는 장기적으로 명목이자율이 상승할 수 있다.

만일 실질이자율이 불변인 경우, 기대인플레이션율과 명목이자율 간 일대일 대응관계를 나타내는데 이를 피셔효과라고 한다. 그러나, 예상치 못한 인플레이션으로 인하여 인플레이션율을 예상하기 어려운 경우에는 피셔방정식 및 피셔효과가 성립하기 어렵게 된다.

위의 내용에 따라서 설문을 검토하면 다음과 같다.

① 옳은 내용이다.
피셔방정식 명목이자율 i_t = 실질이자율 r_t + 기대인플레이션율 π_t^e 에 따라서 기대인플레이션율 π_t^e 는 명목이자율 i_t - 실질이자율 r_t가 된다.

② 틀린 내용이다.
화폐보유의 명목수익률은 0이므로, 피셔방정식 $i_t = r_t + \pi_t^e$ 에 따르면 화폐보유의 실질수익률은 $-\pi_t^e$가 된다. 따라서 틀린 내용이다.

③ 옳은 내용이다.
채권보유의 명목수익률 i_t이므로, 피셔방정식 $i_t = r_t + \pi_t^e$ 에 따르면, 채권보유의 실질수익률은 $i_t - \pi_t^e$가 된다.

④ 옳은 내용이다.
앞에서 채권보유의 실질수익률은 $i_t - \pi_t^e$ 이고 화폐보유의 실질수익률은 $-\pi_t^e$ 이므로 채권보유의 실질수익률이 화폐보유의 실질수익률보다 i_t만큼 높다.

03 2016년 국가직 7급

명목이자율이 15%이고 예상 인플레이션율은 5%이다. 이자소득에 대해 20%의 이자소득세가 부과
된다면 세후 실질이자율은?

① 3% ② 5%
③ 7% ④ 9%

출제이슈 피셔방정식과 과세
핵심해설 정답 ③

실질이자율은 현실적으로 관찰하는 것이 어려우므로 다음과 같이 피셔방정식을 통하여 계산한다.

이때, 과세 여부에 주의해야 한다. 세전의 경우에는 세전 명목이자율을 사용하고, 세후의 경우에는 세후 명목이자율을 사용
하여 세전과 세후의 실질이자율의 구해야 한다. 만일 세율을 t 라고 하면, 세전 명목이자율이 i_t 라면, 세후 명목이자율은
$i_t(1-t)$ 가 된다. 그리고, 세전이든 세후든 기대인플레이션율은 동일한 것으로 한다. 이를 정리하면 다음과 같다.

1) 피셔방정식 : 명목이자율 i_t = 실질이자율 r_t + 기대인플레이션율 π_t^e
2) 세전의 경우 : 세전 명목이자율 i_t = 세전 실질이자율 r_t + 기대인플레이션율 π_t^e
   따라서 세전 실질수익률은 $i_t - \pi_t^e$ 가 된다.
3) 세후의 경우 : 세후 명목이자율 $i_t(1-t)$ = 세후 실질이자율 r_t + 기대인플레이션율 π_t^e
   따라서 세후 실질수익률은 $i_t(1-t) - \pi_t^e$ 가 된다.

설문에서 주어진 자료를 이용하여 세후 실질이자율을 구하면 다음과 같다.

설문에서 세전 명목이자율 $i_t = 0.15$, 기대인플레이션율 $\pi_t^e = 0.05$, 소득세율은 20%로 주어졌다.

1) 먼저 세후 명목이자율은 $i_t(1-t) = 0.15(1-0.2) = 0.12$가 된다.
2) 따라서 세후 실질이자율은 $i_t(1-t) - 0.05 = 0.15(1-0.2) - 0.05 = 0.12 - 0.05 = 0.07$, 즉 7%가 된다.

04 | 2015년 서울시 7급

철수는 서울은행에 저축을 하려고 한다. 저축예금의 이자율이 1년에 10%이고, 물가상승률은 1년에 5%이다. 이자소득에 대한 세율은 50%가 부과된다고 하자. 이때 피셔(Fisher)가설에 따를 경우 이 저축예금의 '실질 세후(real after tax)' 이자율은?

① 0% ② 2.5%

③ 5% ④ 15%

출제이슈 피셔방정식과 과세
핵심해설 정답 ①

실질이자율은 현실적으로 관찰하는 것이 어려우므로 다음과 같이 피셔방정식을 통하여 계산한다.

이때, 과세 여부에 주의해야 한다. 세전의 경우에는 세전 명목이자율을 사용하고, 세후의 경우에는 세후 명목이자율을 사용하여 세전과 세후의 실질이자율을 구할 수 있다. 만일 세율을 t 라고 하면, 세전 명목이자율이 i_t 라면, 세후 명목이자율은 $i_t(1-t)$ 가 된다. 그리고, 세전이든 세후든 기대인플레이션율은 동일한 것으로 한다. 이를 정리하면 다음과 같다.

1) 피셔방정식 : 명목이자율 i_t = 실질이자율 r_t + 기대인플레이션율 π_t^e
2) 세전의 경우 : 세전 명목이자율 i_t = 세전 실질이자율 r_t + 기대인플레이션율 π_t^e
   따라서 세전 실질수익률은 $i_t - \pi_t^e$ 가 된다.
3) 세후의 경우 : 세후 명목이자율 $i_t(1-t)$ = 세후 실질이자율 r_t + 기대인플레이션율 π_t^e
   따라서 세후 실질수익률은 $i_t(1-t) - \pi_t^e$ 가 된다.

설문에서 주어진 자료를 이용하여 세후 실질이자율을 구하면 다음과 같다.

설문에서 세전 명목이자율 $i_t = 0.1$, 기대인플레이션율 $\pi_t^e = 0.05$, 소득세율은 50%로 주어졌다.

1) 먼저 세후 명목이자율은 $i_t(1-t) = 0.1(1-0.5) = 0.05$가 된다.
2) 따라서 세후 실질이자율은 $i_t(1-t) - \pi_t^e = 0.1(1-0.5) - 0.05 = 0.05 - 0.05 = 0$이 된다.

05 | 2013년 국가직 7급

피셔효과(Fisher effect)에 대한 설명으로 옳지 않은 것은?

① 인플레이션율이 변화하면 명목이자율도 같은 폭으로 변하는 현상을 의미한다.

② 실질이자율이 변화하지 않을 때 성립한다.

③ 상대적으로 단기보다는 예상 인플레이션율이 실제 인플레이션과 같이 움직이는 장기에 성립한다고 볼 수 있다.

④ 통화당국은 피셔효과에 근거하여 실질이자율을 결정함으로써 통화정책을 수행한다.

출제이슈 피셔방정식과 피셔효과
핵심해설 정답 ④

피셔방정식은 명목이자율과 실질이자율, 인플레이션율 간의 식으로서 아래와 같다.

명목이자율 i_t = 실질이자율 r_t + 기대인플레이션율 π_t^e

피셔방정식에 의하면, 통화량이 증가하더라도 명목이자율이 하락하지 않고 오히려 상승할 수 있음을 알 수 있다. 즉, 화폐시장에서 통화량이 증가하여 단기적으로 명목이자율이 하락하더라도 기대인플레이션이 상승할 경우에는 장기적으로 명목이자율이 상승할 수 있다.

만일 실질이자율이 불변인 경우, 기대인플레이션율과 명목이자율 간 일대일 대응관계를 나타내는데 이를 피셔효과라고 한다. 그러나, 예상치 못한 인플레이션으로 인하여 인플레이션율을 예상하기 어려운 경우에는 피셔방정식 및 피셔효과가 성립하기 어렵게 된다.

위의 내용에 따라서 설문을 검토하면 다음과 같다.

① 옳은 내용이다.
피셔방정식은 실질이자율이 불변인 경우, 기대인플레이션율과 명목이자율 간 일대일 대응관계를 나타내므로 인플레이션율이 변화하면 명목이자율도 같은 폭으로 변하는 현상을 의미한다고 할 수 있다.

② 옳은 내용이다.
피셔방정식은 실질이자율이 변화하지 않을 때 성립한다. 만일 실질이자율이 변화하는 경우에는 기대인플레이션율이 변화하더라도 명목이자율 간의 일대일 관계는 성립하지 않는다. 특히, 기대인플레이션율이 상승하는 경우 실질이자율이 하락하여 투자가 증가하게 되는데 이를 먼델-토빈 효과라고 한다.

③ 옳은 내용이다.
장기에는 예상 인플레이션율이 실제 인플레이션율과 같다. 단기에는 통화량 증가에 따라서 화폐시장에서 명목이자율이 하락하는데 이를 유동성효과라고 한다. 장기에는 기대인플레이션율과 명목이자율 간의 대응관계에 따라서 명목이자율이 상승하는데 이를 피셔효과라고 한다. 피셔효과는 상대적으로 단기보다는 예상 인플레이션율이 실제 인플레이션과 같이 움직이는 장기에 성립한다고 볼 수 있다.

④ 틀린 내용이다.
통화당국은 피셔효과에 근거하여 실질이자율을 결정함으로써 통화정책을 수행한다는 것은 틀린 내용이다. 한국은 1997년 한국은행법을 개정하여 물가안정을 통화정책의 목표로 명시하여 물가안정목표제를 채택하였다.

통화당국이 최종정책목표인 물가안정에 대하여 명시적으로 목표를 설정하고, 통화량, 이자율, 환율, 기대인플레이션 등 다양한 변수들을 활용하여 목표를 달성하고자 하는 정책방식을 물가안정목표제라고 한다.

한국은행은 목표로 하는 물가상승률을 달성하기 위해서 기준금리를 정한다. 기준금리(base rate)는 한국은행이 금융기관과 증권매매, 예금 및 대출 등의 거래를 할 때 기준이 되는 정책금리를 의미한다. 한국은행 금융통화위원회는 물가 동향, 국내외 경제 상황, 금융시장 여건 등을 종합적으로 고려하여 기준금리를 결정하고 있다.

이렇게 결정된 기준금리는 초단기금리인 콜금리에 즉시 영향을 미치고, 장단기 시장금리, 예금 및 대출 금리 등의 변동으로 이어져 궁극적으로 실물경제에 영향을 미치게 된다. 정해진 기준금리를 달성하기 위해서 공개시장 조작 등의 방식을 통해 통화량을 조절한다.

제5편

06 2019년 국가직 7급

인플레이션과 관련된 설명으로 옳지 않은 것은?

① 예상치 못한 인플레이션은 채권자와 채무자 사이의 소득재분배를 야기할 수 있다.
② 피셔방정식에 따르면 명목이자율은 실질이자율에 인플레이션을 더한 것이다.
③ 필립스곡선은 실업률과 인플레이션율 사이의 관계를 보여 준다.
④ 피셔효과에 따르면 인플레이션율의 상승은 실질이자율을 변화시킨다.

출제이슈 인플레이션, 피셔방정식, 피셔효과, 필립스곡선
핵심해설 정답 ④

피셔방정식은 명목이자율과 실질이자율, 인플레이션율 간의 식으로서 아래와 같다.

명목이자율 i_t = 실질이자율 r_t + 기대인플레이션율 π_t^e

피셔방정식에 의하면, 통화량이 증가하더라도 명목이자율이 하락하지 않고 오히려 상승할 수 있음을 알 수 있다. 즉, 화폐시장에서 통화량이 증가하여 단기적으로 명목이자율이 하락하더라도 기대인플레이션이 상승할 경우에는 장기적으로 명목이자율이 상승할 수 있다.

만일 실질이자율이 불변인 경우, 기대인플레이션율과 명목이자율 간 일대일 대응관계를 나타내는데 이를 피셔효과라고 한다. 그러나, 예상치 못한 인플레이션으로 인하여 인플레이션율을 예상하기 어려운 경우에는 피셔방정식 및 피셔효과가 성립하기 어렵게 된다.

위의 내용에 따라서 설문을 검토하면 다음과 같다.

① 옳은 내용이다.
예상된 인플레이션은 예상되는 물가 상승을 고려하여 계약 당사자 간 계약조건이 변경되므로 비용이 크지 않다. 예상치 못한 인플레이션으로 인해서 손해를 보는 측과 이익을 보는 측이 생기게 되며, 부의 재분배가 나타난다. 특히 인플레이션으로 인하여 채권자는 손해를 보고, 채무자는 이익을 보게 된다. 고정급여 근로자는 손해를 보고, 급여지급 기업은 이익을 본다.

② 옳은 내용이다.
피셔방정식은 명목이자율과 실질이자율, 인플레이션율 간의 식으로서 아래와 같다.

명목이자율 i_t = 실질이자율 r_t + 기대인플레이션율 π_t^e

③ 옳은 내용이다.
경제학자 필립스에 의하면 필립스곡선은 원래 명목임금상승률과 실업률 간에 부의 상관관계에 있음을 나타내는 곡선이다. 이후 필립스곡선은 인플레이션율과 실업률 간에 부의 상관관계를 나타내는 것으로 발전하였다. 단기필립스곡선은 인플레이션율(명목임금상승률)과 실업률 간에 단기적으로 부의 상관관계에 있음을 나타내는 곡선이다. 장기에는 노동자와 기업의 물가상승률에 대한 기대가 정확하므로, 실제물가상승률을 반영할 수 있어서 기대물가상승률과 일치한다. 이런 경우 필립스곡선은 자연실업률 수준에서 수직인 형태가 되는데 이를 장기필립스곡선이라고 한다.

④ 틀린 내용이다.
피셔방정식에 의하면, 통화량이 증가하더라도 명목이자율이 하락하지 않고 오히려 상승할 수 있음을 알 수 있다. 즉, 화폐시장에서 통화량이 증가하여 단기적으로 명목이자율이 하락하더라도 기대인플레이션이 상승할 경우에는 장기적으로 명목이자율이 상승할 수 있다.

만일 실질이자율이 불변인 경우, 기대인플레이션율과 명목이자율 간 일대일 대응관계를 나타내는데 이를 피셔효과라고 한다. 따라서 ④는 틀린 내용이다. 만일 실질이자율이 변화하는 경우에는 기대인플레이션율이 변화하더라도 명목이자율 간의 일대일 관계는 성립하지 않는다. 특히, 기대인플레이션율이 상승하는 경우 실질이자율이 하락하여 투자가 증가하게 되는데 이를 먼델-토빈 효과라고 한다.

07 　2013년 국가직 7급

먼델-토빈효과에 따르면, 기대인플레이션율이 상승할 경우 옳은 것은?

① 명목이자율이 하락한다.
② 화폐수요가 감소한다.
③ 투자가 감소한다.
④ 실질이자율이 상승한다.

출제이슈　피셔효과와 먼델-토빈효과
핵심해설　정답 ②

피셔방정식은 명목이자율과 실질이자율, 인플레이션율 간의 식으로서 아래와 같다.

명목이자율 i_t = 실질이자율 r_t + 기대인플레이션율 π_t^e

피셔방정식에 의하면, 통화량이 증가하더라도 명목이자율이 하락하지 않고 오히려 상승할 수 있음을 알 수 있다. 즉, 화폐시장에서 통화량이 증가하여 단기적으로 명목이자율이 하락하더라도 기대인플레이션이 상승할 경우에는 장기적으로 명목이자율이 상승할 수 있다.

만일 실질이자율이 불변인 경우, 기대인플레이션율과 명목이자율 간 일대일 대응관계를 나타내는데 이를 피셔효과라고 한다. 그러나, 만일 실질이자율이 변화하는 경우에는 기대인플레이션율이 변화하더라도 명목이자율 간의 일대일 관계는 성립하지 않는다. 특히, 기대인플레이션율이 상승하는 경우 실질이자율이 하락하여 투자가 증가하게 되는데 이를 먼델-토빈효과라고 한다.

먼델-토빈효과에 의하면 기대인플레이션율이 상승할 경우 명목자산(화폐)에 대한 수익률이 하락하므로 명목자산에 대한 수요가 감소하고 대신 실물자산에 대한 수요가 증가한다. 이는 실물자산 가격의 상승으로 이어져서 실물자산의 공급이 증가한다. 이에 따라 자본의 한계생산성이 하락하게 되므로 실질이자율은 하락한다. 결국 기대인플레이션율의 상승으로 실질이자율이 하락하여 투자가 증가하게 되는 것이다.

위의 내용에 따라서 설문을 검토하면 다음과 같다.

① 틀린 내용이다.
먼델-토빈 효과에 의하면, 기대인플레이션율이 상승하는 경우 실질이자율이 하락하므로 틀린 내용이다.

② 옳은 내용이다.
먼델-토빈 효과에 의하면, 기대인플레이션율이 상승할 경우 명목자산(화폐)에 대한 수익률이 하락하므로 명목자산(화폐)에 대한 수요가 감소하고 대신 실물자산에 대한 수요가 증가한다.

③,④ 모두 틀린 내용이다.
먼델-토빈 효과에 의하면, 기대인플레이션율이 상승할 경우 명목자산(화폐)에 대한 수익률이 하락하므로 명목자산(화폐)에 대한 수요가 감소하고 대신 실물자산에 대한 수요가 증가한다. 이는 실물자산 가격의 상승으로 이어져서 실물자산의 공급이 증가한다. 이에 따라 자본의 한계생산성이 하락하게 되므로 실질이자율은 하락한다. 결국 기대인플레이션율의 상승으로 실질이자율이 하락하여 투자가 증가하는 것이다.

1 필립스곡선의 개념

1) 인플레이션율(명목임금상승률)과 실업률 간에 단기적으로 부의 상관관계

　　　　　　　　　　　　　　　　　　　　2016 국7 ｜ 2015 국9 ｜ 2013 서7 ｜ 2011 국7

2) 오쿤의 법칙을 적용할 경우, 필립스곡선은 총공급곡선 2017 서7 ｜ 2011 국7

　① 필립스곡선은 인플레이션과 실업의 분석

　② 총공급곡선은 물가와 소득(산출)의 분석 2016 국7

3) 기대가 부가된 필립스곡선

　① $\pi_t = \pi_t^e - b(u_t - u_N) + \epsilon_t$

　② 프리드만－펠프스, 적응적 기대 2017 서7

　③ 실제 인플레이션 < 기대인플레이션, 실제 실업률 > 자연실업률 2017 국7

　④ 실제 인플레이션 ＝ 기대인플레이션, 실제 실업률 ＝ 자연실업률 2018 국7

　⑤ 인플레이션을 완전히 예상하는 경우 실제 실업률 ＝ 자연실업률 2018 국7

2 필립스곡선의 함의

1) 반인플레이션의 비용

2) 인플레이션율과 실업률을 동시에 낮추는 것은 불가능 2015 지7

3) 재정적자가 확대되는 경우 실업률은 하락, 인플레이션은 상승 2013 서7

3 단기필립스곡선의 이동

1) 기대물가상승률이 상승하는 경우 단기필립스곡선이 상방 이동 2017 국7 ｜ 2016 지7 ｜ 2011 국7

2) 인플레이션과 실업률이 상충이 아니라 동시에 높아지는 스태그플레이션 현상은 단기필립스곡선의 이동으로 설명 2015 국9

3) 총공급충격은 필립스곡선 자체의 이동 2017 서7

4) 총수요정책(예: 확대재정, 통화긴축)은 필립스곡선 상의 이동 2017 국7 ｜ 2017 서7

5) 자연실업율이 증가하면 필립스곡선은 오른쪽으로 이동 2016 지7

6) 물가연동제를 실시하는 고용계약이 많아질수록, 물가변동에 따라 명목임금이 변화하여 실질임금이 고정적이므로 고용량이 불변, 총공급곡선 수직, 필립스곡선 수직에 가까움

4 장기필립스곡선

1) 장기에는 노동자와 기업의 물가상승률에 대한 기대가 정확하므로, 기대물가가 실제물가상승률을 반영할 수 있어서 기대물가상승률과 실제물가상승률이 일치

2) 이런 경우 필립스곡선은 자연실업률 수준에서 수직 [2015 국9] [2013 서7]

3) 장기적으로 실업률은 자연실업률 수준에서 머물지만, 인플레이션율은 통화량증가율에 따라서 상승 혹은 하락 [2013 서7]

5 자연실업률 가설

1) 실업률을 낮추기 위한 정부의 팽창적 정책은 단기적으로 실업률, 국민소득에 영향을 주며, 이는 단기필립스곡선 상의 이동으로 나타남 [2017 국7] [2011 국7]

2) 그러나 장기에는 실업률을 낮추지 못하고 물가만을 상승시킬 뿐임 [2011 국7]

3) 장기필립스곡선은 자연실업률 수준에서 수직

4) 장기에는 인플레이션율과 실업률간 상충관계 및 상관관계는 없음 [2015 지7]

5) 정부정책은 단기적으로 유효할 수 있으나 장기에는 효과가 없음

6 합리적 기대와 정책의 효과

1) 합리적 기대와 정부정책에 대한 신뢰를 적용할 경우 고통없는 인플레이션 감축 가능(희생률 축소)
[2017 국7] [2016 국7] [2015 지7]

2) 합리적 기대 하에서 예상치 못한 정부정책은 단기적으로 실제 실업률을 자연실업률보다 낮은 수준으로 하락시킬 수 있으나 장기적으로는 효과가 없음 [2017 서7]

7 반인플레이션정책과 희생률 [2020 국9] [2019 국9]

1) 반인플레이션을 위해서는 실업률 증가, 경기침체라는 비용이 발생

2) 이러한 물가안정정책의 비용은 희생률을 통해서 계측

3) 인플레이션율을 1% 포인트 낮추기 위해 발생하는 실업률 증가분(혹은 생산 감소분)의 누적치

제5편

ISSUE 문제 📝

01 | 2015년 국가직 9급 |

인플레이션율과 실업률에 대한 설명으로 옳은 것은?

① 단기필립스곡선에 따르면 인플레이션율과 실업률은 양(+)의 관계에 있다.
② 인플레이션율과 실업률은 장기적으로 양(+)의 관계에 있지만 단기적으로는 음(−)의 관계에 있다.
③ 스태그플레이션은 인플레이션율이 높아지면서 실업률이 높아지는 현상이다.
④ 인플레이션율과 실업률이 동시에 높아지는 현상은 장기필립스곡선의 이동으로 설명할 수 있다.

출제이슈 필립스곡선
핵심해설 정답 ③

경제학자 필립스에 의하면 필립스곡선은 원래 명목임금상승률과 실업률 간에 부의 상관관계에 있음을 나타내는 곡선이다. 이후 필립스곡선은 인플레이션율과 실업률 간에 부의 상관관계를 나타내는 것으로 발전하였다. 단기필립스곡선은 인플레이션율(명목임금상승률)과 실업률 간에 단기적으로 부의 상관관계에 있음을 나타내는 곡선이다. 장기에는 노동자와 기업의 물가상승률에 대한 기대가 정확하므로, 실제물가상승률을 반영할 수 있어서 기대물가상승률과 일치한다. 이런 경우 필립스곡선은 자연실업률 수준에서 수직인 형태가 되는데 이를 장기필립스곡선이라고 한다.

설문을 검토하면 다음과 같다.

① 틀린 내용이다.
필립스곡선은 인플레이션율(명목임금상승률)과 실업률 간에 단기적으로 부의 상관관계에 있음을 나타내는 곡선이다. 오쿤의 법칙을 적용할 경우, 필립스곡선은 총공급곡선을 의미한다. 즉, 필립스곡선이 인플레이션과 실업의 분석이라면, 총공급곡선은 물가와 소득(산출)의 분석이다.

② 틀린 내용이다.
물가에 대한 예상이 노동시장과 총생산에 큰 영향을 미칠 수 있음을 고려하면 필립스곡선도 기대를 반영하여 $\pi_t = \pi_t^e - b(u_t - u_N)$ 와 같이 표현할 수 있다. 이를 기대가 부가된 필립스곡선이라고 한다. 특히 이는 적응적 기대가 반영된 것으로서 프리드만과 펠프스에 의하여 개발되었다.

그런데 장기에는 노동자와 기업의 물가상승률에 대한 기대가 정확하므로, 기대물가가 실제물가상승률을 반영할 수 있어서 기대물가상승률과 실제물가상승률이 일치한다. 즉, $\pi_t = \pi_t^e$ 가 되므로 결국 $u_t = u_N$ 이 된다. 이때의 필립스곡선은 자연실업률 수준에서 수직이며 이를 장기필립스곡선이라고 한다. 장기적으로 실업률은 자연실업률 수준에서 머물지만, 인플레이션율은 통화량증가율에 따라서 상승 혹은 하락할 수 있다. 따라서 틀린 내용이다.

참고로 적응적 기대는 기대형성 방식 중의 하나로서 다음과 같다.
적응적 기대(adaptive expectation)란 경제주체들이 예상을 함에 있어서 과거 예측오차의 일부를 반영하여 새로운 기대를 형성하는 방식을 의미한다. 예를 들어 과거의 물가예상에 있어서 기대인플레이션율이 3%이고, 실제인플레이션율이 5%라고 하면 예측오차가 2%가 된다. 이제 새로운 물가예상에 있어서 적응적 기대를 사용한다면, 이 경제주체는 과거의 기대인플레이션율 3%에 예측오차 2%의 일부를 반영하여 3%에서 5% 사이로 예상물가를 결정할 것이다. 이를 수식으로 나타내면 다음과 같다.

$$P^e_{t+1} = P^e_t + \theta(P_t - P^e_t),\ 0 \leqq \theta \leqq 1$$

- P^e_{t+1} : t기에 예상하는 $t+1$기의 예상물가
- P^e_t : $t-1$기에 예상한 t기의 예상물가
- θ : 예측오차의 반영비율
- P_t : t기의 실제물가

③ 옳은 내용이다.

유가 상승, 원자재 가격 상승 등 불리한 공급충격이 발생할 경우 총공급곡선이 좌상방으로 이동하게 된다. 따라서 물가는 상승하고 생산은 감소하고 실업률은 상승한다. 이를 경기침체 상태에서의 인플레이션이라는 의미로 스태그플레이션이라고 한다. 스태그플레이션을 필립스곡선에서 해석하면, 실업률과 인플레이션율이 동시에 상승하는 현상이다.

④ 틀린 내용이다.

스태그플레이션이 총공급곡선의 좌상방 이동을 의미한다면, 이는 필립스곡선의 우상방 이동과 같은 의미이다. 이는 단기필립스곡선의 이동이며 장기필립스곡선은 불변이다. 장기필립스곡선이 이동하려면 자연실업률이 변화하여야 하며 이는 완전고용총생산의 변동을 의미하며 장기총공급곡선의 이동과 관련이 깊다.

제5편

02 [2013년 서울시 7급]

실업률과 인플레이션율 간의 관계에 대한 설명으로 가장 적절한 것은?

① 단기적으로는 정(+)의 상관관계를 가진다.

② 장기적으로는 부(-)의 상관관계를 가진다.

③ 양자 간의 관계는 장기적으로도 안정적으로 유지된다.

④ 재정적자 확대로 실업률과 인플레이션율이 모두 하락하면서 양자 간의 관계가 발생한다.

⑤ 장기적으로 실업률은 자연실업률 수준에 머물지만 인플레이션율은 통화량증가율에 따라 높 거나 낮을 수 있다.

출제이슈 필립스곡선
핵심해설 정답 ⑤

경제학자 필립스에 의하면 필립스곡선은 원래 명목임금상승률과 실업률 간에 부의 상관관계에 있음을 나타내는 곡선이다. 이후 필립스곡선은 인플레이션율과 실업률 간에 부의 상관관계를 나타내는 것으로 발전하였다. 단기필립스곡선은 인플레이션율(명목임금상승률)과 실업률 간에 단기적으로 부의 상관관계에 있음을 나타내는 곡선이다. 장기에는 노동자와 기업의 물가상승률에 대한 기대가 정확하므로, 실제물가상승률을 반영할 수 있어서 기대물가상승률과 일치한다. 이런 경우 필립스 곡선은 자연실업률 수준에서 수직인 형태가 되는데 이를 장기필립스곡선이라고 한다.

설문을 검토하면 다음과 같다.

① 틀린 내용이다.
필립스곡선은 인플레이션율(명목임금상승률)과 실업률 간에 단기적으로 부의 상관관계에 있음을 나타내는 곡선이다. 오쿤의 법칙을 적용할 경우, 필립스곡선은 총공급곡선을 의미한다. 즉, 필립스곡선이 인플레이션과 실업의 분석이라면, 총공급곡선 은 물가와 소득(산출)의 분석이다.

②, ③ 모두 틀린 내용이다.
물가에 대한 예상이 노동시장과 총생산에 큰 영향을 미칠 수 있음을 고려하면 필립스곡선도 기대를 반영하여 $\pi_t = \pi_t^e - b(u_t - u_N)$ 와 같이 표현할 수 있다. 이를 기대가 부가된 필립스곡선이라고 한다. 특히 이는 적응적 기대가 반영된 것으로서 프리드만과 펠프스에 의하여 개발되었다.

그런데 장기에는 노동자와 기업의 물가상승률에 대한 기대가 정확하므로, 기대물가가 실제물가상승률을 반영할 수 있어서 기대물가상승률과 실제물가상승률이 일치한다. 즉, $\pi_t = \pi_t^e$ 가 되므로 결국 $u_t = u_N$ 이 된다. 이때의 필립스곡선은 자연실 업률 수준에서 수직이며 이를 장기필립스곡선이라고 한다. 따라서 ②, ③ 모두 틀린 내용이다.

참고로 적응적 기대는 기대형성 방식 중의 하나로서 다음과 같다.
적응적 기대(adaptive expectation)란 경제주체들이 예상을 함에 있어서 과거 예측오차의 일부를 반영하여 새로운 기대를 형성하는 방식을 의미한다. 예를 들어 과거의 물가예상에 있어서 기대인플레이션율이 3%이고, 실제인플레이션율이 5%라고 하면 예측오차가 2%가 된다. 이제 새로운 물가예상에 있어서 적응적 기대를 사용한다면, 이 경제주체는 과거의 기대인플레 이션율 3%에 예측오차 2%의 일부를 반영하여 3%에서 5% 사이로 예상물가를 결정할 것이다. 이를 수식으로 나타내면 다음 과 같다.

$$P^e_{t+1} = P^e_t + \theta(P_t - P^e_t), \, 0 \leqq \, \theta \leqq \, 1$$

- P^e_{t+1} : t기에 예상하는 $t+1$기의 예상물가
- P^e_t : $t-1$기에 예상한 t기의 예상물가
- θ : 예측오차의 반영비율
- P_t : t기의 실제물가

④ 틀린 내용이다.

재정적자가 확대되는 경우 실업률은 하락하고 인플레이션율은 상승하게 된다. 따라서 실업률과 인플레이션율이 모두 하락하면서 양자 간의 관계가 발생한다는 내용은 틀렸다.

⑤ 옳은 내용이다.

기대물가상승률과 실제물가상승률이 일치하는 장기에는 $\pi_t = \pi^e_t$가 되므로 $u_t = u_N$ 이 된다. 이때의 필립스곡선은 자연실업률 수준에서 수직이며 이를 장기필립스곡선이라고 한다. 이때 필립스곡선이 수직이라는 것은 장기적으로 실업률은 자연실업률 수준에서 머물지만, 인플레이션율은 상승 혹은 하락할 수 있으며, 이를 초래하는 가장 큰 요인은 바로 통화량의 변화이다.

제5편

03 2017년 서울시 7급

실업과 인플레이션 및 이들의 관계를 나타내는 필립스곡선에 대한 다음 설명 중 가장 옳은 것은?

① 총공급 측면에서의 충격은 실업과 인플레이션 사이의 상충관계를 가져온다.
② 미래 인플레이션에 대한 합리적 기대 하에서는 예상하지 못한 확장적 통화정책도 단기적으로 실제 실업률을 자연실업률보다 낮은 수준으로 하락시킬 수 없다.
③ 프리드만(M. Friedman)과 펠프스(E. Phelps)의 기대가 부가된 필립스곡선에서 인플레이션에 대한 예측은 적응적 기대 방식으로 이루어진다.
④ 총공급곡선이 우상향하는 경우 재정확대 정책은 필립스곡선을 좌측으로 이동시킨다.

출제이슈 필립스곡선
핵심해설 정답 ③

경제학자 필립스에 의하면 필립스곡선은 원래 명목임금상승률과 실업률 간에 부의 상관관계에 있음을 나타내는 곡선이다. 이후 필립스곡선은 인플레이션율과 실업률 간에 부의 상관관계를 나타내는 것으로 발전하였다. 단기필립스곡선은 인플레이션율(명목임금상승률)과 실업률 간에 단기적으로 부의 상관관계에 있음을 나타내는 곡선이다. 장기에는 노동자와 기업의 물가상승률에 대한 기대가 정확하므로, 실제물가상승률을 반영할 수 있어서 기대물가상승률과 일치한다. 이런 경우 필립스곡선은 자연실업률 수준에서 수직인 형태가 되는데 이를 장기필립스곡선이라고 한다.

설문을 검토하면 다음과 같다.

① 틀린 내용이다.
필립스곡선은 인플레이션율(명목임금상승률)과 실업률 간에 단기적으로 부의 상관관계에 있음을 나타내는 곡선이다. 오쿤의 법칙을 적용할 경우, 필립스곡선은 총공급곡선을 의미한다. 즉, 필립스곡선이 인플레이션과 실업의 분석이라면, 총공급곡선은 물가와 소득(산출)의 분석이다.

설문에서 총공급충격이 있을 경우 총공급곡선이 이동하며 이는 필립스곡선의 이동을 의미한다. 이는 실업과 인플레이션 사이의 상충관계가 아니라 동일한 방향으로 이동함을 의미한다. 총수요충격이 있을 경우 총수요곡선이 이동하며 이는 필립스곡선 상의 이동을 의미한다. 즉, 실업과 인플레이션 사이의 상충관계를 나타낸다.
참고로 공급충격은 $\pi_t = \pi_t^e - b(u_t - u_N) + \epsilon_t$와 같이 반영할 수 있다.

② 틀린 내용이다.
왜냐하면, 미래 인플레이션에 대한 합리적 기대 하에서 예상하지 못한 확장적 통화정책은 단기적으로 실제 실업률을 자연실업률보다 낮은 수준으로 하락시킬 수 있다. 그러나 확장적 통화정책으로 물가가 상승하게 되고 이에 따라 민간의 기대물가상승률도 조정되어 총공급곡선 및 필립스곡선이 모두 상방으로 이동하게 된다. 결국 원래의 완전고용산출량 수준 및 자연실업률 수준으로 회귀한다.

③ 옳은 내용이다.
필립스곡선은 인플레이션율(명목임금상승률)과 실업률 간에 단기적으로 부의 상관관계에 있음을 나타내는 곡선이다. 오쿤의 법칙을 적용할 경우, 필립스곡선은 총공급곡선을 의미한다. 즉, 필립스곡선이 인플레이션과 실업의 분석이라면, 총공급곡선은 물가와 소득(산출)의 분석이다.

물가에 대한 예상이 노동시장과 총생산에 큰 영향을 미칠 수 있음을 고려하면 필립스곡선도 기대를 반영하여 $\pi_t = \pi_t^e - b(u_t - u_N)$ 와 같이 표현할 수 있다. 이를 기대가 부가된 필립스곡선이라고 한다. 특히 이는 적응적 기대가 반영된 것으로서 프리드만과 펠프스에 의하여 개발되었다.

참고로 적응적 기대는 기대형성 방식 중의 하나로서 다음과 같다.

적응적 기대(adaptive expectation)란 경제주체들이 예상을 함에 있어서 과거 예측오차의 일부를 반영하여 새로운 기대를 형성하는 방식을 의미한다. 예를 들어 과거의 물가예상에 있어서 기대인플레이션율이 3%이고, 실제인플레이션율이 5%라고 하면 예측오차가 2%가 된다. 이제 새로운 물가예상에 있어서 적응적 기대를 사용한다면, 이 경제주체는 과거의 기대인플레이션율 3%에 예측오차 2%의 일부를 반영하여 3%에서 5% 사이로 예상물가를 결정할 것이다. 이를 수식으로 나타내면 다음과 같다.

$$P^e_{t+1} = P^e_t + \theta(P_t - P^e_t), 0 \leq \theta \leq 1$$

- P^e_{t+1} : t기에 예상하는 $t+1$기의 예상물가
- P^e_t : $t-1$기에 예상한 t기의 예상물가
- θ : 예측오차의 반영비율
- P_t : t기의 실제물가

④ 틀린 내용이다.
확대재정정책은 필립스곡선 자체를 이동시키는 것이 아니다. 필립스곡선 선상에서 이전보다 실업률이 보다 낮고 인플레이션율이 더 높은 지점으로 이동하는 것이다. 즉 총수요충격이 있을 경우 총수요곡선이 이동하며 이는 필립스곡선 상의 이동을 의미한다.

04 2016년 국가직 7급

필립스곡선(Phillips curve)에 대한 설명으로 옳지 않은 것은?

① 1950년대 말 필립스(A. W. Phillips)는 영국의 실업률과 명목임금상승률 사이에서 양(+)의 상관관계를 찾아냈다.
② 총공급곡선은 물가와 산출 분석에, 필립스곡선은 인플레이션과 실업 분석에 적절하다.
③ 이력현상(hysteresis)이 존재할 경우 거시경제정책은 장기적으로도 실업률에 영향을 미칠 수 있다.
④ 디스인플레이션 정책에 따른 희생률은 적응적 기대보다 합리적 기대에서 작게 나타난다.

출제이슈 필립스곡선
핵심해설 정답 ①

경제학자 필립스에 의하면 필립스곡선은 원래 명목임금상승률과 실업률 간에 부의 상관관계에 있음을 나타내는 곡선이다. 이후 필립스곡선은 인플레이션율과 실업률 간에 부의 상관관계를 나타내는 것으로 발전하였다. 단기필립스곡선은 인플레이션율(명목임금상승률)과 실업률 간에 단기적으로 부의 상관관계에 있음을 나타내는 곡선이다. 장기에는 노동자와 기업의 물가상승률에 대한 기대가 정확하므로, 실제물가상승률을 반영할 수 있어서 기대물가상승률과 일치한다. 이런 경우 필립스곡선은 자연실업률 수준에서 수직인 형태가 되는데 이를 장기필립스곡선이라고 한다.

설문을 검토하면 다음과 같다.

① 틀린 내용이다.
경제학자 필립스에 의하면 필립스곡선은 원래 명목임금상승률과 실업률 간에 부의 상관관계에 있음을 나타내는 곡선이다. 이후 필립스곡선은 인플레이션율과 실업률 간에 단기적으로 부의 상관관계를 나타내는 것으로 발전하였다.

② 옳은 내용이다.
필립스곡선은 인플레이션율(명목임금상승률)과 실업률 간에 단기적으로 부의 상관관계에 있음을 나타내는 곡선이다. 오쿤의 법칙을 적용할 경우, 필립스곡선은 총공급곡선을 의미한다. 즉, 필립스곡선이 인플레이션과 실업의 분석이라면, 총공급곡선은 물가와 소득(산출)의 분석이다.

③ 옳은 내용이다.
실업의 이력현상이란 계속되는 실직을 겪어온 노동자와 그렇지 않고 계속 취업해 있는 노동자 사이에 암묵적인 경계가 생김에 따라서 외부자와 내부자가 구분될 수 있는 현상을 말한다. 즉, 실업자는 그 사실 자체만으로 낙인이 찍혀 이후의 취업에 어려움을 겪게 되고, 자연스럽게 외부시장에 속하게 될 수 있다.

실질임금의 경직성을 설명하는 이론 중 내부자-외부자 이론에 의하면 현실에서 노동시장은 내부시장과 외부시장으로 분리되어 있기 때문에 내부자에 의해 높은 수준의 실질임금이 책정되어 있음에도 불구하고 외부자는 내부시장에 진입불가하고 이러한 높은 수준의 실질임금에 의해 노동시장의 불균형은 발생하고 비자발적 실업은 지속된다. 특히 노조가입여부, 실업의 이력현상(히스테리시스)으로 실업이 발생할 수 있는데, 실업의 이력현상에 따르면 장기불황 시 자연실업률이 상승 가능하며, 거시경제정책이 장기적으로 실업률에 영향을 줄 수 있다는 것이다.

④ 옳은 내용이다.

인플레이션율을 낮추기 위해서는 경기침체와 실업률 증가라는 비용이 발생할 수밖에 없다. 이러한 물가안정정책 혹은 디스인플레이션 정책의 비용은 희생률을 통해서 계측되는데, 인플레이션율을 1% 포인트 낮추기 위해 발생하는 실업률 증가분(혹은 생산 감소분)의 누적치를 희생률이라고 한다.

그런데 합리적 기대와 정부정책에 대한 신뢰를 가정하는 경우 민간의 기대물가가 신속하게 조정되기 때문에 디스인플레이션 정책으로 필립스곡선이 이동하여 실업률은 자연실업률 수준에 머물면서도 인플레이션율은 하락하는 효과를 거둘 수 있게 된다. 이를 고통없는 인플레이션 감축이라고 하며, 적응적 기대가 아니라 합리적 기대가 전제되었을 때 가능한 것이다.

참고로 적응적 기대는 기대형성 방식 중의 하나로서 다음과 같다.

적응적 기대(adaptive expectation)란 경제주체들이 예상을 함에 있어서 과거 예측오차의 일부를 반영하여 새로운 기대를 형성하는 방식을 의미한다. 예를 들어 과거의 물가예상에 있어서 기대인플레이션율이 3%이고, 실제인플레이션율이 5%라고 하면 예측오차가 2%가 된다. 이제 새로운 물가예상에 있어서 적응적 기대를 사용한다면, 이 경제주체는 과거의 기대인플레이션율 3%에 예측오차 2%의 일부를 반영하여 3%에서 5% 사이로 예상물가를 결정할 것이다. 이를 수식으로 나타내면 다음과 같다.

$$P^e_{t+1} = P^e_t + \theta(P_t - P^e_t), 0 \leqq \theta \leqq 1$$

- P^e_{t+1} : t기에 예상하는 $t+1$기의 예상물가
- P^e_t : $t-1$기에 예상한 t기의 예상물가
- θ : 예측오차의 반영비율
- P_t : t기의 실제물가

한편 위의 적응적 기대는 경제주체들의 합리적 사고 및 행동에 부합하지 않는다는 문제가 있다. 왜냐하면, 적응적 기대에 의하면, 경제주체들이 기대를 형성함에 있어서 예를 들어 물가를 예상함에 있어서 오직 과거 물가와 과거에 예상한 물가 등 과거의 정보만을 사용하고 있기 때문이다. 합리적인 경제주체라면, 과거 정보와 과거 경험뿐만 아니라 활용가능한 모든 정보를 이용할 것이다.

합리적 기대(rational expectation)란 이용 가능한 모든 정보를 활용하여 기대를 형성하는 방식을 의미한다. 이를 수식으로 나타내면 다음과 같다.

$$P^e_{t+1} = E_t(P_{t+1}|\Omega_t)$$

- P^e_{t+1} : t기에 예상하는 $t+1$기의 예상물가
- $E_t(P_{t+1})$: $t+1$기의 물가를 현재 t기에 예상한다는 의미
- Ω_t : t기의 이용 가능한 모든 정보를 이용한다는 의미

05 [2018년 국가직 7급]

기대인플레이션과 자연실업률이 부가된 필립스(Phillips)곡선에 대한 설명으로 옳지 않은 것은?

① 실제 실업률이 자연실업률과 같은 경우, 실제 인플레이션은 기대인플레이션과 같다.
② 실제 실업률이 자연실업률보다 높은 경우, 실제 인플레이션은 기대인플레이션보다 낮다.
③ 실제 실업률이 자연실업률과 같은 경우, 기대인플레이션율은 0과 같다.
④ 사람들이 인플레이션을 완전히 예상할 수 있는 경우, 실제 실업률은 자연실업률과 일치한다.

출제이슈 필립스곡선
핵심해설 정답 ③

경제학자 필립스에 의하면 필립스곡선은 원래 명목임금상승률과 실업률 간에 부의 상관관계에 있음을 나타내는 곡선이다. 이후 필립스곡선은 인플레이션율과 실업률 간에 부의 상관관계를 나타내는 것으로 발전하였다. 단기필립스곡선은 인플레이션율(명목임금상승률)과 실업률 간에 단기적으로 부의 상관관계에 있음을 나타내는 곡선이다.

물가에 대한 예상이 노동시장과 총생산에 큰 영향을 미칠 수 있음을 고려하면 필립스곡선도 기대를 반영하여 $\pi_t = \pi_t^e - b(u_t - u_N)$ 와 같이 표현할 수 있다. 이를 기대가 부가된 필립스곡선이라고 한다. 특히 이는 적응적 기대가 반영된 것으로서 프리드만과 펠프스에 의하여 개발되었다.

기대가 부가된 필립스곡선 $\pi_t = \pi_t^e - b(u_t - u_N)$을 해석하면 다음과 같다.

① 실제 인플레이션 < 기대인플레이션, 실제 실업률 > 자연실업률
② 실제 인플레이션 = 기대인플레이션, 실제 실업률 = 자연실업률
③ 인플레이션을 완전히 예상하는 경우 실제 실업률 = 자연실업률

특히 ③의 경우는 장기를 의미하는데, 장기에는 노동자와 기업의 물가상승률에 대한 기대가 정확하므로, 기대물가 실제물가상승률을 반영할 수 있어서 기대물가상승률과 실제물가상승률이 일치한다. 즉, $\pi_t = \pi_t^e$가 되므로 결국 $u_t = u_N$이 된다. 이때의 필립스곡선은 자연실업률 수준에서 수직이며 이를 장기필립스곡선이라고 한다. 장기적으로 실업률은 자연실업률 수준에서 머물지만, 인플레이션율은 통화량증가율에 따라서 상승 혹은 하락할 수 있다.

설문을 검토하면 다음과 같다.

① 옳은 내용이다.
실제 실업률이 자연실업률과 같은 경우는 위에서 본 바와 같이 장기의 필립스곡선을 의미한다. 이는 실제 인플레이션은 기대인플레이션과 같은 경우에 해당한다. 이는 기대가 부가된 필립스곡선 $\pi_t = \pi_t^e - b(u_t - u_N)$에서 $u_t = u_N$인 경우 $\pi_t = \pi_t^e$임을 쉽게 알 수 있다.

② 옳은 내용이다.
실제 실업률 > 자연실업률임을 나타내므로, 이때는 실제 인플레이션 < 기대인플레이션임을 의미한다. 이는 기대가 부가된 필립스곡선 $\pi_t = \pi_t^e - b(u_t - u_N)$에서 $u_t > u_N$인 경우 $\pi_t < \pi_t^e$임을 쉽게 알 수 있다.

③ 틀린 내용이다.

실제 실업률이 자연실업률과 같은 경우는 위에서 본 바와 같이 장기의 필립스곡선을 의미한다. 이는 실제 인플레이션은 기대인플레이션과 같은 경우에 해당하는 것이지 기대인플레이션율이 0이라는 뜻이 아니다. 이는 기대가 부가된 필립스곡선 $\pi_t = \pi_t^e - b(u_t - u_N)$에서 $u_t = u_N$인 경우 $\pi_t = \pi_t^e$임을 쉽게 알 수 있다.

④ 옳은 내용이다.

사람들이 인플레이션을 완전히 예상할 수 있는 경우라는 것은 실제인플레이션율과 기대인플레이션율이 일치하는 것으로서 장기를 의미한다. 따라서 기대물가상승률과 실제물가상승률이 일치하여 $\pi_t = \pi_t^e$가 되므로 결국 $u_t = u_N$이 된다. 이때의 필립스곡선은 자연실업률 수준에서 수직이며 이를 장기필립스곡선이라고 한다. 즉, 실제 실업률은 자연실업률과 일치한다. 이는 기대가 부가된 필립스곡선 $\pi_t = \pi_t^e - b(u_t - u_N)$에서 $\pi_t = \pi_t^e$인 경우 $u_t = u_N$임을 쉽게 알 수 있다.

06 | 2017년 국가직 7급

단기필립스곡선에 대한 설명으로 옳은 것은?

① 기대인플레이션이 적응적 기대에 의해 이루어질 때, 실업률 증가라는 고통 없이 디스인플레이션(disinflation)이 가능하다.
② 단기필립스곡선은 인플레이션과 실업률 사이의 양(+)의 관계를 나타낸다.
③ 기대인플레이션이 높아지면 단기필립스곡선은 위쪽으로 이동한다.
④ 실제 인플레이션이 기대인플레이션보다 낮은 경우 단기적으로 실제 실업률은 자연실업률보다 낮다.

출제이슈 필립스곡선
핵심해설 정답 ③

경제학자 필립스에 의하면 필립스곡선은 원래 명목임금상승률과 실업률 간에 부의 상관관계에 있음을 나타내는 곡선이다. 이후 필립스곡선은 인플레이션율과 실업률 간에 부의 상관관계를 나타내는 것으로 발전하였다. 단기필립스곡선은 인플레이션율(명목임금상승률)과 실업률 간에 단기적으로 부의 상관관계에 있음을 나타내는 곡선이다.

물가에 대한 예상이 노동시장과 총생산에 큰 영향을 미칠 수 있음을 고려하면 필립스곡선도 기대를 반영하여 $\pi_t = \pi_t^e - b(u_t - u_N)$와 같이 표현할 수 있다. 이를 기대가 부가된 필립스곡선이라고 한다. 특히 이는 적응적 기대가 반영된 것으로서 프리드만과 펠프스에 의하여 개발되었다.

기대가 부가된 필립스곡선 $\pi_t = \pi_t^e - b(u_t - u_N)$을 해석하면 다음과 같다.

① 실제 인플레이션 < 기대인플레이션, 실제 실업률 > 자연실업률
② 실제 인플레이션 = 기대인플레이션, 실제 실업률 = 자연실업률
③ 인플레이션을 완전히 예상하는 경우 실제 실업률 = 자연실업률

특히 ③의 경우는 장기를 의미하는데, 장기에는 노동자와 기업의 물가상승률에 대한 기대가 정확하므로, 기대물가가 실제물가상승률을 반영할 수 있어서 기대물가상승률과 실제물가상승률이 일치한다. 즉, $\pi_t = \pi_t^e$가 되므로 결국 $u_t = u_N$이 된다. 이때의 필립스곡선은 자연실업률 수준에서 수직이며 이를 장기필립스곡선이라고 한다. 장기적으로 실업률은 자연실업률 수준에서 머물지만, 인플레이션율은 통화량증가율에 따라서 상승 혹은 하락할 수 있다.

설문을 검토하면 다음과 같다.

① 틀린 내용이다.
인플레이션율을 낮추기 위해서는 경기침체와 실업률 증가라는 비용이 발생할 수밖에 없다. 이러한 물가안정정책 혹은 디스인플레이션 정책의 비용은 희생률을 통해서 계측되는데, 인플레이션율을 1% 포인트 낮추기 위해 발생하는 실업률 증가분(혹은 생산 감소분)의 누적치를 희생률이라고 한다.

그런데 합리적 기대와 정부정책에 대한 신뢰를 가정하는 경우 민간의 기대물가가 신속하게 조정되기 때문에 디스인플레이션 정책으로 필립스곡선이 이동하여 실업률은 자연실업률 수준에 머물면서도 인플레이션율은 하락하는 효과를 거둘 수 있게 된다. 이를 고통없는 인플레이션 감축이라고 하며, 적응적 기대가 아니라 합리적 기대가 전제되었을 때 가능한 것이다.

참고로 적응적 기대는 기대형성 방식 중의 하나로서 다음과 같다.
적응적 기대(adaptive expectation)란 경제주체들이 예상을 함에 있어서 과거 예측오차의 일부를 반영하여 새로운 기대를 형성하는 방식을 의미한다. 예를 들어 과거의 물가예상에 있어서 기대인플레이션율이 3%이고, 실제인플레이션율이 5%라고

하면 예측오차가 2%가 된다. 이제 새로운 물가예상에 있어서 적응적 기대를 사용한다면, 이 경제주체는 과거의 기대인플레이션율 3%에 예측오차 2%의 일부를 반영하여 3%에서 5% 사이로 예상물가를 결정할 것이다. 이를 수식으로 나타내면 다음과 같다.

$$P^e_{t+1} = P^e_t + \theta(P_t - P^e_t), 0 \leq \theta \leq 1$$

- P^e_{t+1} : t기에 예상하는 $t+1$기의 예상물가
- P^e_t : $t-1$기에 예상한 t기의 예상물가
- θ : 예측오차의 반영비율
- P_t : t기의 실제물가

한편 위의 적응적 기대는 경제주체들의 합리적 사고 및 행동에 부합하지 않는다는 문제가 있다. 왜냐하면, 적응적 기대에 의하면, 경제주체들이 기대를 형성함에 있어서 예를 들어 물가를 예상함에 있어서 오직 과거 물가와 과거에 예상한 물가 등 과거의 정보만을 사용하고 있기 때문이다. 합리적인 경제주체라면, 과거 정보와 과거 경험뿐만 아니라 활용가능한 모든 정보를 이용할 것이다.

합리적 기대(rational expectation)란 이용 가능한 모든 정보를 활용하여 기대를 형성하는 방식을 의미한다. 이를 수식으로 나타내면 다음과 같다.

$$P^e_{t+1} = E_t(P_{t+1}|\Omega_t)$$

- P^e_{t+1} : t기에 예상하는 $t+1$기의 예상물가
- $E_t(P_{t+1})$: $t+1$기의 물가를 현재 t기에 예상한다는 의미
- Ω_t : t기의 이용 가능한 모든 정보를 이용한다는 의미

② 틀린 내용이다.
필립스곡선은 원래 명목임금상승률과 실업률 간에 부의 상관관계에 있음을 나타내는 곡선이다. 이후 필립스곡선은 인플레이션율과 실업률 간에 부의 상관관계를 나타내는 것으로 발전하였다. 단기필립스곡선은 인플레이션율(명목임금상승률)과 실업률 간에 단기적으로 부의 상관관계에 있음을 나타내는 곡선이다. 오쿤의 법칙을 적용할 경우, 필립스곡선은 총공급곡선을 의미한다. 즉, 필립스곡선이 인플레이션과 실업의 분석이라면, 총공급곡선은 물가와 소득(산출)의 분석이다.

③ 옳은 내용이다.
물가에 대한 예상이 노동시장과 총생산에 큰 영향을 미칠 수 있음을 고려하면 필립스곡선도 기대를 반영하여 $\pi_t = \pi^e_t - b(u_t - u_N)$와 같이 표현할 수 있다. 이를 기대가 부가된 필립스곡선이라고 한다. 특히 이는 적응적 기대가 반영된 것으로서 프리드만과 펠프스에 의하여 개발되었다.

이때 물가 상승에 대한 기대가 커지게 되어 기대인플레이션율이 높아지면 필립스곡선은 상방으로 이동하게 된다.

이러한 현상은 단기에서 발생하는 것으로서 특히 사람들이 인플레이션을 완전히 예상할 수 있는 경우 실제인플레이션율과 기대인플레이션율이 일치하는 것으로서 장기를 의미한다. 이때는 기대물가상승률과 실제물가상승률이 일치하여 $\pi_t = \pi^e_t$가 되므로 결국 $u_t = u_N$이 된다. 이때의 필립스곡선은 자연실업률 수준에서 수직이며 이를 장기필립스곡선이라고 한다.

④ 틀린 내용이다.
기대가 부가된 필립스곡선 $\pi_t = \pi^e_t - b(u_t - u_N) + \epsilon_t$을 해석하면 다음과 같다.

ⅰ) 실제 인플레이션 < 기대인플레이션, 실제 실업률 > 자연실업률
ⅱ) 실제 인플레이션 = 기대인플레이션, 실제 실업률 = 자연실업률
이는 기대가 부가된 필립스곡선 $\pi_t = \pi^e_t - b(u_t - u_N)$에서 $\pi_t < \pi^e_t$인 경우 $u_t > u_N$임을 쉽게 알 수 있다. 따라서 ④는 틀린 내용이 된다.

07 2016년 지방직 7급

필립스곡선에 대한 설명으로 옳은 것은?

① 물가연동제를 실시하는 고용계약의 비중이 클수록 단기필립스곡선은 더 가파른 기울기를 갖는다.
② 단기필립스곡선이 장기필립스곡선보다 더 가파른 기울기를 갖는다.
③ 자연실업률이 증가하면 필립스곡선은 왼쪽으로 이동한다.
④ 예상 물가상승률이 증가하면 단기필립스곡선은 왼쪽으로 이동한다.

출제이슈 필립스곡선
핵심해설 정답 ①

경제학자 필립스에 의하면 필립스곡선은 원래 명목임금상승률과 실업률 간에 부의 상관관계에 있음을 나타내는 곡선이다. 이후 필립스곡선은 인플레이션율과 실업률 간에 부의 상관관계를 나타내는 것으로 발전하였다. 단기필립스곡선은 인플레이션율(명목임금상승률)과 실업률 간에 단기적으로 부의 상관관계에 있음을 나타내는 곡선이다.

물가에 대한 예상이 노동시장과 총생산에 큰 영향을 미칠 수 있음을 고려하면 필립스곡선도 기대를 반영하여 $\pi_t = \pi_t^e - b(u_t - u_N)$ 와 같이 표현할 수 있다. 이를 기대가 부가된 필립스곡선이라고 한다. 특히 이는 적응적 기대가 반영된 것으로서 프리드만과 펠프스에 의하여 개발되었다.

기대가 부가된 필립스곡선 $\pi_t = \pi_t^e - b(u_t - u_N)$을 해석하면 다음과 같다.

① 실제 인플레이션 < 기대인플레이션, 실제 실업률 > 자연실업률
② 실제 인플레이션 = 기대인플레이션, 실제 실업률 = 자연실업률
③ 인플레이션을 완전히 예상하는 경우 실제 실업률 = 자연실업률

특히 ③의 경우는 장기를 의미하는데, 장기에는 노동자와 기업의 물가상승률에 대한 기대가 정확하므로, 기대물가가 실제물가상승률을 반영할 수 있어서 기대물가상승률과 실제물가상승률이 일치한다. 즉, $\pi_t = \pi_t^e$가 되므로 결국 $u_t = u_N$이 된다. 이때의 필립스곡선은 자연실업률 수준에서 수직이며 이를 장기필립스곡선이라고 한다. 장기적으로 실업률은 자연실업률 수준에서 머물지만, 인플레이션율은 통화량증가율에 따라서 상승 혹은 하락할 수 있다.

설문을 검토하면 다음과 같다.

① 옳은 내용이다.
물가연동계약이 도입될 경우 물가 상승에 따라서 명목임금이 자연스럽게 상승하게 되어 실질임금이 일정하게 유지된다. 따라서 노동시장에서 균형고용량이 일정하게 유지되어 총공급곡선은 수직이며 필립스곡선도 수직이 된다. 만일 거시경제 단기균형이 장기수준에서 달성된다고 하면 고용은 완전고용량 수준이 되어 실업은 자연실업률을 보이게 된다. 단기에 있어서 물가연동계약을 실시하는 기업이 일국의 경제 내에 많아지게 되면 단기필립스곡선이 장기필립스곡선의 모습에 근접하게 되어 물가연동계약이 없는 경우에 비해 상대적으로 가파른 모습을 보이게 된다. 따라서 옳은 내용이다.

② 틀린 내용이다.
단기필립스곡선은 $\pi_t = \pi_t^e - b(u_t - u_N)$와 같이 우하향하지만, 장기필립스곡선은 $u_t = u_N$이 되어 자연실업률 수준에서 수직이다. 따라서 단기보다 장기에서 필립스곡선은 가파르다.

③ 틀린 내용이다.

단기필립스곡선은 $\pi_t = \pi_t^e - b(u_t - u_N)$, 장기필립스곡선은 $u_t = u_N$ 임을 고려할 때, 설문에서처럼 자연실업률이 증가하면 단기 및 장기필립스곡선 모두 왼쪽이 아니라 오른쪽으로 이동한다. 따라서 틀린 내용이 된다.

④ 틀린 내용이다.

단기필립스곡선은 $\pi_t = \pi_t^e - b(u_t - u_N)$, 장기필립스곡선은 $u_t = u_N$ 임을 고려할 때, 설문에서처럼 예상 물가상승률이 증가하면 단기필립스곡선은 우상방 이동하지만 장기필립스곡선은 불변이다.

08   2011년 국가직 7급

필립스곡선 및 자연실업률가설에 대한 설명으로 옳은 것은?

① 필립스곡선은 명목임금상승률과 실업률 간의 관계를 나타내는 우상향의 곡선이다.
② 필립스곡선은 단기총공급곡선을 나타내며 기대인플레이션율이 상승하면 아래쪽으로 이동한다.
③ 자연실업률가설에 따르면 정부가 총수요확대정책을 실시한 경우에 단기적으로 기업과 노동자가 이를 정확하게 인식하지 못하기 때문에 실업률을 낮출 수 있다.
④ 자연실업률가설에 따르면 장기적으로 필립스곡선은 수직이며, 이 경우 총수요확대정책은 자연실업률보다 낮은 실업률을 달성한다.

출제이슈 필립스곡선과 자연실업률가설
핵심해설 정답 ③

경제학자 필립스에 의하면 필립스곡선은 원래 명목임금상승률과 실업률 간에 부의 상관관계에 있음을 나타내는 곡선이다. 이후 필립스곡선은 인플레이션율과 실업률 간에 부의 상관관계를 나타내는 것으로 발전하였다. 단기필립스곡선은 인플레이션율(명목임금상승률)과 실업률 간에 단기적으로 부의 상관관계에 있음을 나타내는 곡선이다.

물가에 대한 예상이 노동시장과 총생산에 큰 영향을 미칠 수 있음을 고려하면 필립스곡선도 기대를 반영하여 $\pi_t = \pi_t^e - b(u_t - u_N)$ 와 같이 표현할 수 있다. 이를 기대가 부가된 필립스곡선이라고 한다. 특히 이는 적응적 기대가 반영된 것으로서 프리드만과 펠프스에 의하여 개발되었다.

기대가 부가된 필립스곡선 $\pi_t = \pi_t^e - b(u_t - u_N)$ 을 해석하면 다음과 같다.

① 실제 인플레이션 < 기대인플레이션, 실제 실업률 > 자연실업률
② 실제 인플레이션 = 기대인플레이션, 실제 실업률 = 자연실업률
③ 인플레이션을 완전히 예상하는 경우 실제 실업률 = 자연실업률

특히 ③의 경우는 장기를 의미하는데, 장기에는 노동자와 기업의 물가상승률에 대한 기대가 정확하므로, 기대물가가 실제물가상승률을 반영할 수 있어서 기대물가상승률과 실제물가상승률이 일치한다. 즉, $\pi_t = \pi_t^e$ 가 되므로 결국 $u_t = u_N$ 이 된다. 이때의 필립스곡선은 자연실업률 수준에서 수직이며 이를 장기필립스곡선이라고 한다. 장기적으로 실업률은 자연실업률 수준에서 머물지만, 인플레이션율은 통화량증가율에 따라서 상승 혹은 하락할 수 있다.

설문을 검토하면 다음과 같다.

① 틀린 내용이다.
경제학자 필립스에 의하면 필립스곡선은 원래 명목임금상승률과 실업률 간에 부의 상관관계에 있음을 나타내는 곡선이다. 이후 필립스곡선은 인플레이션율과 실업률 간에 단기적으로 부의 상관관계를 나타내는 것으로 발전하였다. 필립스곡선은 우상향이 아니라 우하향하는 곡선이다.

② 틀린 내용이다.
필립스곡선은 인플레이션율(명목임금상승률)과 실업률 간에 단기적으로 부의 상관관계에 있음을 나타내는 곡선이다. 오쿤의 법칙을 적용할 경우, 필립스곡선은 총공급곡선을 의미한다. 즉, 필립스곡선이 인플레이션과 실업의 분석이라면, 총공급곡선은 물가와 소득(산출)의 분석이다.

물가에 대한 예상이 노동시장과 총생산에 큰 영향을 미칠 수 있음을 고려하면 필립스곡선도 기대를 반영하여 $\pi_t = \pi_t^e - b(u_t - u_N)$ 와 같이 표현할 수 있다. 이를 기대가 부가된 필립스곡선이라고 한다. 이때 물가 상승에 대한 기대가 커지게 되어 기대인플레이션율이 높아지면 필립스곡선은 하방이 아니라 상방으로 이동하게 된다. 따라서 틀린 내용이다.

③ 옳은 내용이다.

자연실업률 가설은 위에서 본 기대가 부가된 필립스곡선을 통해서 설명할 수 있다. 정부가 만일 총수요확대정책을 통하여 실업률을 낮추고자 한다면, 단기적으로는, 즉 민간이 인플레이션을 완전히 예상하지 못하는 동안에는 일시적으로 자연실업률보다 낮은 실업률을 달성할 수 있다. 그러나 시간이 흐름에 따라서 민간은 자신의 예상이 잘못되었음을 깨닫고 이를 재조정하게 되고 이는 단기필립스곡선의 이동으로 나타난다. 결국 단기에 총수요확대정책을 통해서 일시적으로 하락한 실업률은 장기에는 종전의 실업률 수준인 자연실업률로 회귀하게 된다. 이를 자연실업률 가설이라고 한다.

이를 화폐의 중립성 관점에서 재해석할 수도 있다. 단기에는 확대통화정책에 의해서 실업률을 자연실업률보다 낮은 수준으로 달성시킬 수 있으므로 화폐가 실물부문에 영향을 미침을 의미한다. 즉, 단기에는 화폐가 비중립적이다. 그러나 장기에는 실업률이 다시 종전의 자연실업률 수준으로 되돌아가게 되므로 결국 화폐가 실물부문에 영향을 주지 못함을 의미한다. 즉, 장기에는 화폐가 중립적이다.

④ 틀린 내용이다.

자연실업률가설에 따르면 장기에는 실업률이 다시 종전의 자연실업률 수준으로 되돌아가게 되므로 장기필립스곡선은 수직이 된다. 따라서 이 경우 총수요확대정책은 자연실업률에 영향을 줄 수 없게 된다.

제5편

09 2015년 지방직 7급

필립스곡선에 대한 설명으로 옳은 것은?

① 단기필립스곡선에서 합리적 기대와 정부의 정책에 대한 신뢰가 확보된 경우 고통 없는 인플레이션 감축이 가능하다.
② 단기필립스곡선은 실업률이 낮은 시기에 인플레이션율도 낮아지는 경향이 있음을 밝힌 것이다.
③ 자연실업률 가설에 따르면 장기에서는 실업률과 인플레이션율 사이에 양의 관계가 존재한다.
④ 기대인플레이션율이 적응적 기대에 의한다면, 단기필립스곡선은 인플레이션율과 실업률을 모두 낮추려는 정책이 가능함을 보여준다.

출제이슈 필립스곡선과 정책의 효과
핵심해설 정답 ①

경제학자 필립스에 의하면 필립스곡선은 원래 명목임금상승률과 실업률 간에 부의 상관관계에 있음을 나타내는 곡선이다. 이후 필립스곡선은 인플레이션율과 실업률 간에 부의 상관관계를 나타내는 것으로 발전하였다. 단기필립스곡선은 인플레이션율(명목임금상승률)과 실업률 간에 단기적으로 부의 상관관계에 있음을 나타내는 곡선이다.

물가에 대한 예상이 노동시장과 총생산에 큰 영향을 미칠 수 있음을 고려하면 필립스곡선도 기대를 반영하여 $\pi_t = \pi_t^e - b(u_t - u_N)$ 와 같이 표현할 수 있다. 이를 기대가 부가된 필립스곡선이라고 한다. 특히 이는 적응적 기대가 반영된 것으로서 프리드만과 펠프스에 의하여 개발되었다.

기대가 부가된 필립스곡선 $\pi_t = \pi_t^e - b(u_t - u_N)$을 해석하면 다음과 같다.

① 실제 인플레이션 < 기대인플레이션, 실제 실업률 > 자연실업률
② 실제 인플레이션 = 기대인플레이션, 실제 실업률 = 자연실업률
③ 인플레이션을 완전히 예상하는 경우 실제 실업률 = 자연실업률

특히 ③의 경우는 장기를 의미하는데, 장기에는 노동자와 기업의 물가상승률에 대한 기대가 정확하므로, 기대물가가 실제물가상승률을 반영할 수 있어서 기대물가상승률과 실제물가상승률이 일치한다. 즉, $\pi_t = \pi_t^e$가 되므로 결국 $u_t = u_N$이 된다. 이때의 필립스곡선은 자연실업률 수준에서 수직이며 이를 장기필립스곡선이라고 한다. 장기적으로 실업률은 자연실업률 수준에서 머물지만, 인플레이션율은 통화량증가율에 따라서 상승 혹은 하락할 수 있다.

설문을 검토하면 다음과 같다.

① 옳은 내용이다.
인플레이션율을 낮추기 위해서는 경기침체와 실업률 증가라는 비용이 발생할 수밖에 없다. 이러한 물가안정정책 혹은 디스인플레이션 정책의 비용은 희생률을 통해서 계측되는데, 인플레이션율을 1% 포인트 낮추기 위해 발생하는 실업률 증가분(혹은 생산 감소분)의 누적치를 희생률이라고 한다.

그런데 합리적 기대와 정부정책에 대한 신뢰를 가정하는 경우 민간의 기대물가가 신속하게 조정되기 때문에 디스인플레이션 정책으로 필립스곡선이 이동하여 실업률은 자연실업률 수준에 머물면서도 인플레이션율은 하락하는 효과를 거둘 수 있게 된다. 이를 고통없는 인플레이션 감축이라고 하며, 적응적 기대가 아니라 합리적 기대가 전제되었을 때 가능한 것이다.

참고로 적응적 기대는 기대형성 방식 중의 하나로서 다음과 같다.

적응적 기대(adaptive expectation)란 경제주체들이 예상을 함에 있어서 과거 예측오차의 일부를 반영하여 새로운 기대를 형성하는 방식을 의미한다. 예를 들어 과거의 물가예상에 있어서 기대인플레이션율이 3%이고, 실제인플레이션율이 5%라고 하면 예측오차가 2%가 된다. 이제 새로운 물가예상에 있어서 적응적 기대를 사용한다면, 이 경제주체는 과거의 기대인플레이션율 3%에 예측오차 2%의 일부를 반영하여 3%에서 5% 사이로 예상물가를 결정할 것이다. 이를 수식으로 나타내면 다음과 같다.

$$P^e_{t+1} = P^e_t + \theta(P_t - P^e_t), \quad 0 \leq \theta \leq 1$$

- P^e_{t+1} : t기에 예상하는 $t+1$기의 예상물가
- P^e_t : $t-1$기에 예상한 t기의 예상물가
- θ : 예측오차의 반영비율
- P_t : t기의 실제물가

한편 위의 적응적 기대는 경제주체들의 합리적 사고 및 행동에 부합하지 않는다는 문제가 있다. 왜냐하면, 적응적 기대에 의하면, 경제주체들이 기대를 형성함에 있어서 예를 들어 물가를 예상함에 있어서 오직 과거 물가와 과거에 예상한 물가 등 과거의 정보만을 사용하고 있기 때문이다. 합리적인 경제주체라면, 과거 정보와 과거 경험뿐만 아니라 활용가능한 모든 정보를 이용할 것이다.

합리적 기대(rational expectation)란 이용 가능한 모든 정보를 활용하여 기대를 형성하는 방식을 의미한다. 이를 수식으로 나타내면 다음과 같다.

$$P^e_{t+1} = E_t(P_{t+1}|\Omega_t)$$

- P^e_{t+1} : t기에 예상하는 $t+1$기의 예상물가
- $E_t(P_{t+1})$: $t+1$기의 물가를 현재 t기에 예상한다는 의미
- Ω_t : t기의 이용 가능한 모든 정보를 이용한다는 의미

② 틀린 내용이다.
필립스곡선은 인플레이션율(명목임금상승률)과 실업률 간에 단기적으로 부의 상관관계에 있음을 나타내는 곡선이다.

③ 틀린 내용이다.
정부가 만일 총수요확대정책을 통하여 실업률을 낮추고자 한다면, 단기적으로는, 즉 민간이 인플레이션을 완전히 예상하지 못하는 동안에는 일시적으로 자연실업률보다 낮은 실업률을 달성할 수 있다. 그러나 시간이 흐름에 따라서 민간은 자신의 예상이 잘못되었음을 깨닫고 이를 재조정하게 되고 이는 단기필립스곡선의 이동으로 나타난다. 결국 단기에 총수요확대정책을 통해서 일시적으로 하락한 실업률은 장기에는 종전의 실업률 수준인 자연실업률로 회귀하게 된다. 이를 자연실업률 가설이라고 한다.

자연실업률가설에 따르면 장기에는 실업률이 다시 종전의 자연실업률 수준으로 되돌아가게 되므로 장기필립스곡선은 수직이 된다. 따라서 실업률과 인플레이션율 사이에 양의 관계가 존재하는 것은 아니다.

④ 틀린 내용이다.
인플레이션율을 낮추기 위해서는 경기침체와 실업률 증가라는 비용이 발생할 수밖에 없다. 그런데 합리적 기대와 정부정책에 대한 신뢰를 가정하는 경우 민간의 기대물가가 신속하게 조정되기 때문에 디스인플레이션 정책으로 필립스곡선이 이동하여 실업률은 자연실업률 수준에 머물면서도 인플레이션율은 하락하는 효과를 거둘 수 있게 된다. 이는 적응적 기대가 아니라 합리적 기대가 전제되었을 때 가능한 것이다.

10 2017년 국가직 7급

다음 그림은 필립스곡선을 나타낸다. 현재 균형점이 A인 경우, (가)와 (나)로 인한 새로운 단기 균형점은?

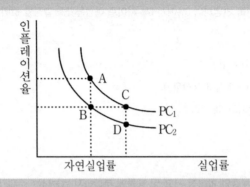

(가) 경제주체들의 기대형성이 적응적 기대를 따르고 예상하지 못한 화폐공급의 감소가 일어났다.

(나) 경제주체들의 기대형성이 합리적 기대를 따르고 화폐공급의 감소가 일어났다. (단, 경제주체들은 정부를 신뢰하며, 정부 정책을 미리 알 수 있다)

	(가)	(나)
①	B	C
②	B	D
③	C	B
④	C	D

출제이슈 필립스곡선과 정책의 효과
핵심해설 정답 ③

설문 (가)의 경우는 다음과 같다.

정부가 만일 총수요축소정책을 통하여 인플레이션율을 낮추고자 한다면, 단기적으로는, 즉 민간이 인플레이션을 완전히 예상하지 못하는 동안에는 일시적으로 자연실업률보다 높은 실업률이 나타난다. 이는 PC_1 선상의 A점에서 C점으로의 이동으로 표시되며 설문 (가)를 나타낸다.

참고로 시간이 흐른 경우의 효과를 추가적으로 살펴보면 다음과 같다. 시간이 흐름에 따라서 민간은 자신의 예상이 잘못되었음을 깨닫고 적응적 기대에 따라 이를 재조정하게 되고 이는 단기필립스곡선의 이동으로 나타난다. 이는 PC_1 에서 PC_2 로 필립스곡선의 자체의 이동으로 나타난다.

결국 단기에 총수요축소정책을 통해서 일시적으로 상승한 실업률은 장기에는 종전의 실업률 수준인 자연실업률로 회귀하게 된다. 이는 C점에서 D점으로의 이동으로 표시된다.

참고로 적응적 기대는 기대형성 방식 중의 하나로서 다음과 같다.

적응적 기대(adaptive expectation)란 경제주체들이 예상을 함에 있어서 과거 예측오차의 일부를 반영하여 새로운 기대를 형성하는 방식을 의미한다. 예를 들어 과거의 물가예상에 있어서 기대인플레이션율이 3%이고, 실제인플레이션율이 5%라고 하면 예측오차가 2%가 된다. 이제 새로운 물가예상에 있어서 적응적 기대를 사용한다면, 이 경제주체는 과거의 기대인플레이션율 3%에 예측오차 2%의 일부를 반영하여 3%에서 5% 사이로 예상물가를 결정할 것이다. 이를 수식으로 나타내면 다음과 같다.

$$P^e_{t+1} = P^e_t + \theta(P_t - P^e_t), 0 \leqq \theta \leqq 1$$

- P^e_{t+1} : t기에 예상하는 $t+1$기의 예상물가
- P^e_t : $t-1$기에 예상한 t기의 예상물가
- θ : 예측오차의 반영비율
- P_t : t기의 실제물가

설문 (나)의 경우는 다음과 같다.

만일 위의 적응적 기대에 따른 PC_1에서 PC_2로 필립스곡선의 자체의 이동이 예상된 정부정책임과 동시에 합리적 기대와 정부정책의 신뢰를 전제하는 경우 신속하게 이동이 나타난다. 이는 A점에서 B점으로의 이동으로 표시된다.

한편 위의 적응적 기대는 경제주체들의 합리적 사고 및 행동에 부합하지 않는다는 문제가 있다. 왜냐하면, 적응적 기대에 의하면, 경제주체들이 기대를 형성함에 있어서 예를 들어 물가를 예상함에 있어서 오직 과거 물가와 과거에 예상한 물가 등 과거의 정보만을 사용하고 있기 때문이다. 합리적인 경제주체라면, 과거 정보와 과거 경험뿐만 아니라 활용가능한 모든 정보를 이용할 것이다.

합리적 기대(rational expectation)란 이용 가능한 모든 정보를 활용하여 기대를 형성하는 방식을 의미한다. 이를 수식으로 나타내면 다음과 같다.

$$P^e_{t+1} = E_t(P_{t+1}|\Omega_t)$$

- P^e_{t+1} : t기에 예상하는 $t+1$기의 예상물가
- $E_t(P_{t+1})$: $t+1$기의 물가를 현재 t기에 예상한다는 의미
- Ω_t : t기의 이용 가능한 모든 정보를 이용한다는 의미

정리하면 다음과 같다.

적응적 기대에 따르면, 예상치 못한 화폐공급의 감소로 인하여 인플레이션율은 하락하고 실업률은 증가하게 되므로 설문의 A에서 C로 이동함을 의미한다.

합리적 기대에 따르면, 민간이 정부를 신뢰하고 통화감축의 정부정책을 예상할 수 있었다면, 그에 따라 기대인플레이션율이 곧바로 하락 조정되었기 때문에 설문의 A에서 B로 이동함을 의미한다.

11 2017년 국가직 7급

다음 그림은 장단기 총공급곡선과 장단기 필립스곡선을 나타낸 것이다. 현재 경제가 'C'점과 '3'점에서 균형을 이루고 있다고 하자. 예상하지 못한 화폐공급의 감소로 총수요곡선이 이동하였을 때, 새로운 단기 균형점으로 적절한 것은?

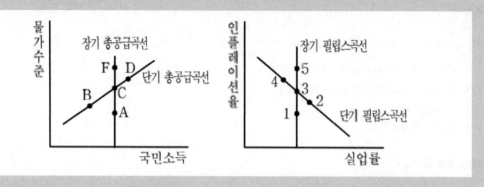

① B와 1
② B와 2
③ D와 2
④ D와 4

출제이슈 필립스곡선과 정책의 효과
핵심해설 정답 ②

설문을 검토하면 다음과 같다.

정부가 만일 총수요축소정책을 통하여 인플레이션율을 낮추고자 한다면, 단기적으로는, 즉 민간이 인플레이션을 완전히 예상하지 못하는 동안에는 일시적으로 자연실업률보다 높은 실업률이 나타난다. 즉, 예상치 못한 정책(화폐공급의 감소)가 발생할 경우, 단기적으로 기대인플레이션이 조정될 수 없었기 때문에 단기필립스곡선상의 이동, 단기총공급곡선상의 이동으로 정책의 효과가 나타난다.

이는 단기필립스곡선상의 3점에서 2점으로의 이동으로 표시되며, 단기총공급곡선 상의 C점에서 B점으로의 이동으로 표시된다.

정책의 효과를 정리하면, 화폐공급의 감소로 인하여 국민소득은 감소, 물가는 하락, 실업률은 상승, 인플레이션율은 하락하는 것이다.

12 2019년 국가직 9급

오쿤의 법칙(Okun's law)에 따르면 실업률이 1% 포인트 늘어나면 실질GDP는 2% 포인트 줄어든다. 희생률(sacrifice ratio)이 5이라면 인플레이션을 2% 포인트 낮출 때 발생하는 경기순환적 실업의 변화는?

① 5% 포인트 감소   ② 5% 포인트 증가

③ 10% 포인트 감소   ④ 10% 포인트 증가

출제이슈 디스인플레이션 정책과 희생률

핵심해설 정답 ②

먼저 반인플레이션과 희생률은 다음과 같다.

1) 반인플레이션과 희생률

반인플레이션을 위해서는 실업률 증가, 경기침체라는 비용이 발생한다. 이는 필립스곡선을 통해서 쉽게 확인할 수 있으며, 이런 의미에서 필립스곡선이 정책당국에게 있어서 제약으로 작용하는 것이다. 물가안정정책 혹은 디스인플레이션정책의 비용은 희생률을 통해서 계측할 수 있는데 인플레이션율을 1% 포인트 낮추기 위해 발생하는 실업률 증가분(혹은 생산 감소분)의 누적치를 희생률이라고 한다.

2) 오쿤의 법칙

오쿤의 법칙은 총생산과 실업률 간의 역의 관계를 나타내는 실증식으로서 다음과 같이 표시된다.

실업률갭 = −0.5 × 총생산갭

단, 실업률갭 = 실업률 − 자연실업률, 총생산갭 = $\dfrac{총생산 - 완전고용생산}{완전고용생산}$

오쿤의 법칙을 수식으로 표시하면 다음과 같다.

$(u_t - u_N) = -0.5\left(\dfrac{Y_t - Y_F}{Y_F}\right)$, u_t : 실업률, u_N : 자연실업률, Y_t : 산출량, Y_F : 완전고용산출

위의 내용에 따라서 설문을 검토하면 다음과 같다.

희생률이란 인플레이션율을 1% 포인트 낮추기 위해 발생하는 실업률 증가분(혹은 생산 감소분)의 누적치를 의미하므로 설문에서 희생이 5라면 인플레이션율을 1% 포인트 낮추기 위해 발생하는 실업률 증가분(혹은 생산 감소분)의 누적치가 5% 포인트라는 것이다.

다만, 설문에서 오쿤의 법칙의 실증수치를 따로 제시한 것을 선해하여 고려하면, 여기서 희생률은 인플레이션율을 1% 포인트 낮추기 위해 발생하는 생산 감소분이 5% 포인트라는 것이므로 인플레이션율을 2% 포인트 낮추기 위해 발생하는 생산감소분은 10% 포인트가 된다. 따라서 이제 여기에 제시된 오쿤의 법칙을 적용하면, 생산감소 10% 포인트는 실업율의 증가 5% 포인트에 대응된다. 결론적으로 인플레이션율을 2% 포인트 낮추면, 경기적 실업이 5% 포인트 증가한다.

13 2020년 국가직 9급

다음 ⊙, ⓒ에 들어갈 내용을 옳게 짝지은 것은?

> 오쿤의 법칙(Okun's law)이 경험적으로 타당하고, 정책 신뢰도가 높은 甲국 중앙은행이 반인 플레이션(disinflation) 정책을 펼치려 한다. 이 경우 (⊙) 기대를 하는 노동자의 비중이 높고, 우하향하는 필립스곡선의 기울기가 (ⓒ)에 가까울수록 낮은 희생비율을 예상할 수 있다.

	⊙	ⓒ
①	합리적	수직
②	합리적	수평
③	적응적	수직
④	적응적	수평

출제이슈 디스인플레이션 정책과 희생률
핵심해설 정답 ①

먼저 반인플레이션과 희생률은 다음과 같다.

1) 반인플레이션과 희생률
반인플레이션을 위해서는 실업률 증가, 경기침체라는 비용이 발생한다. 이는 필립스곡선을 통해서 쉽게 확인할 수 있으며, 이런 의미에서 필립스곡선이 정책당국에게 있어서 제약으로 작용하는 것이다. 물가안정정책 혹은 디스인플레이션정책의 비용은 희생률을 통해서 계측할 수 있는데 인플레이션율을 1% 포인트 낮추기 위해 발생하는 실업률 증가분(혹은 생산 감소분)의 누적치를 희생률이라고 한다.

2) 희생률과 필립스곡선의 기울기
필립스곡선은 실업률과 인플레이션율 간의 관계를 나타내므로 사실상 희생률은 필립스곡선의 기울기와 역의 관계에 있다고 할 수 있다. 필립스곡선의 기울기가 커서 가파를수록 희생률은 작고, 필립스곡선의 기울기가 작아서 완만할수록 희생률은 크다.

3) 희생률과 합리적 기대
인플레이션율을 낮추기 위해서는 경기침체와 실업률 증가라는 비용이 발생할 수밖에 없다. 그런데 합리적 기대와 정부정책에 대한 신뢰를 가정하는 경우 민간의 기대물가가 신속하게 조정되기 때문에 디스인플레이션 정책으로 필립스곡선이 이동하여 실업률은 자연실업률 수준에 머물면서도 인플레이션율은 하락하는 효과를 거둘 수 있게 된다. 이를 고통없는 인플레이션 감축이라고 하며, 적응적 기대가 아니라 합리적 기대가 전제되었을 때 가능한 것이다.

위의 내용에 따라서 설문을 검토하면 다음과 같다.

반인플레이션 정책의 시행에 있어서 (⊙ 합리적) 기대를 하는 노동자의 비중이 높고, 우하향하는 필립스곡선의 기울기가 커서 (ⓒ 수직)에 가까울수록 낮은 희생비율을 예상할 수 있다.

ISSUE 문제 📝

01 · 2015년 서울시 7급

다음 중 경기변동 및 집계변수들 사이의 관계에 대한 용어 중 옳은 것은?

① 잠재총생산과 실제총생산의 차이로부터 정의되는 총생산갭과 경기적실업 사이의 역의 관계는 피셔방정식으로 서술된다.
② 인플레이션율이 높은 시기에는 예상 인플레이션율이 높아져 명목이자율도 높아지고, 인플레이션율이 낮은 시기에는 예상 인플레이션율이 낮아져 명목이자율이 낮아진다는 관계를 나타낸 것은 필립스곡선이다.
③ 통화량의 변동이 실물변수들에는 영향을 주지 못하고 명목변수만을 비례적으로 변화시킬 때 화폐의 중립성이 성립한다고 말한다.
④ 동일한 화폐금액이 어느 나라에 가든지 동일한 크기의 구매력을 가지도록 환율이 결정된다는 이론을 자동안정화장치라고 부른다.

출제이슈 오쿤의 법칙, 피셔방정식, 화폐의 중립성, 구매력 평가설
핵심해설 정답 ③

설문을 각각 검토하면 다음과 같다.

① 틀린 내용이다.

잠재총생산과 실제총생산의 차이로부터 정의되는 총생산갭과 경기적실업 사이의 역의 관계는 바로 오쿤의 법칙을 의미하는 것이다.

오쿤의 법칙은 노동시장에서의 실업률의 변동이 재화시장에서의 총생산의 변동과 밀접하지만 실업률의 변동은 총생산의 변동에 비하여 작다는 의문점에서 출발하였다.

오쿤의 법칙은 총생산과 실업률간의 역의 관계를 나타내는 실증식으로서 다음과 같이 표시된다.

실업률갭 = −0.5 × 총생산갭

단, 실업률갭 = 실업률 − 자연실업률, 총생산갭 = $\dfrac{\text{총생산} - \text{완전고용생산}}{\text{완전고용생산}}$

오쿤의 법칙을 수식으로 표시하면 다음과 같다.

$(u_t - u_N) = -0.5\left(\dfrac{Y_t - Y_F}{Y_F}\right)$, u_t : 실업률, u_N : 자연실업률, Y_t : 산출량, Y_F : 완전고용산출

② 틀린 내용이다.

인플레이션율이 높은 시기에는 예상 인플레이션율이 높아져 명목이자율도 높아지고, 인플레이션율이 낮은 시기에는 예상 인플레이션율이 낮아져 명목이자율이 낮아진다는 관계는 바로 피셔방정식이다.

피셔방정식은 명목이자율과 실질이자율, 인플레이션율 간의 식으로서 아래와 같다.

명목이자율 i_t = 실질이자율 r_t + 기대인플레이션율 π_t^e

피셔방정식에 의하면, 통화량이 증가하더라도 명목이자율이 하락하지 않고 오히려 상승할 수 있음을 알 수 있다. 즉, 화폐시장에서 통화량이 증가하여 단기적으로 명목이자율이 하락하더라도 기대인플레이션이 상승할 경우에는 장기적으로 명목이자율이 상승할 수 있다.

만일 실질이자율이 불변인 경우, 기대인플레이션율과 명목이자율 간 일대일 대응관계를 나타내는데 이를 피셔효과라고 한다. 그러나, 예상치 못한 인플레이션으로 인하여 인플레이션율을 예상하기 어려운 경우에는 피셔방정식 및 피셔효과가 성립하기 어렵게 된다.

설문과 같이 인플레이션율이 높은 시기에는 실질이자율이 불변인 경우 피셔방정식에 의하여 예상 인플레이션율이 높아져 명목이자율도 높아지고, 인플레이션율이 낮은 시기에는 예상 인플레이션율이 낮아져 명목이자율이 낮아진다.

③ 옳은 내용이다.
화폐의 중립성(the neutrality of money)은 통화량의 증가가 국민소득과 같은 주요 실질변수에 영향을 미치지 못하며 물가, 명목임금과 같은 명목변수에만 영향을 미치는 것을 말한다. 화폐의 중립성은 주로 경기변동과 통화량 간의 관계에서 문제되고 있다.

먼저 고전학파에 의하면, 단기에서도 가격이 즉각적이고 연속적으로 조정되기 때문에 화폐는 중립적이다. 즉, 명목통화량의 변화는 비례적으로 물가만을 변화시킬 뿐이고 실질변수에는 아무런 영향을 미치지 못한다. 이러한 화폐의 중립성 견해에 따르면 통화량의 변화는 경기변동의 원인이 될 수 없다.

그러나 통화정책에 대한 실증적 분석에 의하면, 화폐는 단기에서 비중립적이다. 즉, 통화량의 변화는 실질국민소득을 변화시킨다. 합리적 기대와 정보의 불완전성 하에서 예상치 못한 통화량의 변화는 실질국민소득을 변화시키는 경기변동을 야기하는데 이를 화폐적 균형경기변동이론이라고 한다.

이에 대하여 실물적 균형경기변동이론에 의하면, 통화량의 변화가 경기변동과 밀접한 관련을 가지는 것은 통화정책이 효과가 있어서가 아니라, 경기변동에 따라서 통화량이 내생적으로 변화한 것이기 때문이라고 주장한다. 즉, 통화량의 변화는 경기변동의 원인이 아니라 결과라는 것이며, 따라서 여전히 화폐는 장기뿐만 아니라 단기에서도 중립적이며 이분성이 성립한다.

그리고, 통화론자에 의하면 단기에는 확대통화정책에 의해서 실업률을 자연실업률보다 낮은 수준으로 달성시키고, 산출 수준을 장기 산출량보다 더 높게 달성시킬 수 있으므로 화폐가 실물부문에 영향을 미침을 의미한다. 즉, 단기에는 화폐가 비중립적이다. 그러나 장기에는 실업률이 다시 종전의 자연실업률 수준으로 되돌아가게 되고 산출도 자연산출량 수준으로 회귀하므로 결국 화폐가 실물부문에 영향을 주지 못함을 의미한다. 즉, 장기에는 화폐가 중립적이다.

④ 틀린 내용이다.
동일한 화폐금액이 어느 나라에 가든지 동일한 크기의 구매력을 가지도록 환율이 결정된다는 이론은 환율결정에 있어서 구매력 평가설을 의미한다.

무역에 따른 규제, 운송비, 각종 거래비용 등이 없는 상황에서 가격이 신축적인 경우, 국가 간에 무역이 완전히 자유롭다면, 동일한 재화에 대한 자국의 가격과 외국의 가격이 같아지는 일물일가의 법칙이 성립한다.

만일 모든 재화에 대하여 일물일가의 법칙이 성립한다면, 자국과 외국 모두 소비패턴이 동일하고 모든 재화에 대한 가중치가 동일한 경우 환율은 양국의 물가, 즉 구매력에 의해서 결정된다. 이를 구매력 평가설이라고 한다.

구매력 평가설에 의하면 환율 $e = \dfrac{P}{P^*}$ 즉 자국물가와 외국물가의 비율이 된다.

혹은 $e = \dfrac{1/P^*}{1/P} = \dfrac{외국화폐의\ 구매력}{자국화폐의\ 구매력}$ 이 된다.

02 [2012년 국가직 7급]

통화량, 인플레이션 고용에 대한 설명으로 옳은 것은?

① 구직을 포기한 자의 수가 증가하면 실업률은 증가한다.
② 총수요관리를 통한 경기안정화정책은 자연실업률을 낮추기 위한 것이다.
③ 통화의 중립성(the neutrality of money)은 통화량의 증가가 주요 명목변수에 영향을 미치지 못함을 말한다.
④ 이력현상이론(hysteresis theory)에 따르면 장기불황이 지속되는 경우 자연실업률이 증가한다.

출제이슈 실망실업자, 자연실업률, 화폐의 중립성, 실업의 이력현상
핵심해설 정답 ④

① 틀린 내용이다.
현행 실업률 통계에서는 구직단념자(실망실업자)는 비경제활동인구로서 실업자에 포함되지 않고 있다. 실업률이란 경제활동인구 중에서 실업자가 차지하는 비율을 말한다. 경제활동인구는 실업자와 취업자를 더한 개념이다. 그런데 주의할 점은 일할 능력이 없거나 의사가 없는 고령자, 환자, 주부, 학생, 실망실업자(구직단념자) 등 비경제활동인구는 실업자가 아니라는 것이다.

실망실업자는 구직활동을 포기한 사람들로서 경제활동인구에 포함되지 않으며 실업자가 아니다. 이들은 경제활동인구에 포함되지 않으며 실업률에 반영되지 않는다. 따라서 실망실업자가 증가할수록 실업률은 낮아진다. 실망실업자를 실업률 계산에서 제외하기 때문에 실업률이 실제 실업상태를 과소평가하는 문제가 있다. 만일 실망실업자를 실업자로 분류할 경우 실업률이 더 높아진다. 반대로 실업자가 구직활동을 포기하고 실망실업자로 되는 경우 실업률은 하락한다.

만일 구직단념자를 실업자로 간주한다면, 구직단념자는 이제 비경제활동인구가 아니라 경제활동인구 그리고 실업자로 편입된다. 그로 인한 통계수치 변화는 다음과 같다.

1) 기초데이터의 변화
생산가능인구는 불변, 경제활동인구는 증가, 실업자는 증가, 취업자는 불변이다.

2) 경제활동참가율, 실업률, 고용률의 변화
생산가능인구는 불변이지만, 경제활동인구는 증가하였으므로 경제활동참가율은 상승한다. 그리고 경제활동인구도 증가하고 실업률도 증가하였으므로 실업률은 상승한다. 참고로 이는 대수적으로 분모가 분자보다 큰 상황에서 분모와 분자와 동시에 같은 수치가 더해졌을 경우의 상황이며 이를 수리적으로 증명하는 것은 간단하므로 독자 여러분이 직접 시도해 보기 바란다. 그리고 생산가능인구는 불변이고 취업자도 불변이므로 고용률도 불변이다.

② 틀린 내용이다.
총수요관리를 통한 경기안정화정책은 자연실업률을 낮추기 위한 것이다.
정부의 총수요관리정책을 통해서는 자연실업률을 낮출 수 없다. 다만, 정부가 만일 총수요확대정책을 통하여 실업률을 낮추고자 한다면, 단기적으로는, 즉 민간이 인플레이션을 완전히 예상하지 못하는 동안에는 일시적으로 자연실업률보다 낮은 실업률을 달성할 수 있다. 그러나 시간이 흐름에 따라서 민간은 자신의 예상이 잘못되었음을 깨닫고 이를 재조정하게 되고 이는 단기필립스곡선의 이동으로 나타난다. 결국 단기에 총수요확대정책을 통해서 일시적으로 하락한 실업률은 장기에는 종전의 실업률 수준인 자연실업률로 회귀하게 된다. 자연실업률을 변화시키려면 실직률, 구직률에 영향을 미치는 요인들을 변화시켜야 하며 이는 주로 노동시장의 구조 및 각종 제도 그리고 인구구성의 변화 등이 있다. 한편 아래에서 보는 바와 같이 실업의 이력현상에 의하여 자연실업률이 영향을 받기도 한다. 이런 경우에는 극단적으로 총수요관리정책도 자연실업률에 영향을 줄 수 있다는 논리도 가능하기는 하지만, 여기서는 출제자의 의도를 선해하여 총수요관리정책을 받아들이도록 하자.

③ 틀린 내용이다.

화폐의 중립성(the neutrality of money)은 통화량의 증가가 국민소득과 같은 주요 실질변수에 영향을 미치지 못하며 물가, 명목임금과 같은 명목변수에만 영향을 미치는 것을 말한다. 화폐의 중립성은 주로 경기변동과 통화량 간의 관계에서 문제되고 있다.

먼저 고전학파에 의하면, 단기에서도 가격이 즉각적이고 연속적으로 조정되기 때문에 화폐는 중립적이다. 즉, 명목통화량의 변화는 비례적으로 물가만을 변화시킬 뿐이고 실질변수에는 아무런 영향을 미치지 못한다. 이러한 화폐의 중립성 견해에 따르면 통화량의 변화는 경기변동의 원인이 될 수 없다.

그러나 통화정책에 대한 실증적 분석에 의하면, 화폐는 단기에서 비중립적이다. 즉, 통화량의 변화는 실질국민소득을 변화시킨다. 합리적 기대와 정보의 불완전성 하에서 예상치 못한 통화량의 변화는 실질국민소득을 변화시키는 경기변동을 야기하는데 이를 화폐적 균형경기변동이론이라고 한다.

이에 대하여 실물적 균형경기변동이론에 의하면, 통화량의 변화가 경기변동과 밀접한 관련을 가지는 것은 통화정책이 효과가 있어서가 아니라, 경기변동에 따라서 통화량이 내생적으로 변화한 것이기 때문이라고 주장한다. 즉, 통화량의 변화는 경기변동의 원인이 아니라 결과라는 것이며, 따라서 여전히 화폐는 장기뿐만 아니라 단기에서도 중립적이며 이분성이 성립한다.

그리고, 통화론자에 의하면 단기에는 확대통화정책에 의해서 실업률을 자연실업률보다 낮은 수준으로 달성시키고, 산출 수준을 장기 산출량보다 더 높게 달성시킬 수 있으므로 화폐가 실물부문에 영향을 미침을 의미한다. 즉, 단기에는 화폐가 비중립적이다. 그러나 장기에는 실업률이 다시 종전의 자연실업률 수준으로 되돌아가게 되고 산출도 자연산출량 수준으로 회귀하므로 결국 화폐가 실물부문에 영향을 주지 못함을 의미한다. 즉, 장기에는 화폐가 중립적이다.

④ 옳은 내용이다.

실업의 이력현상이란 계속되는 실직을 겪어온 노동자와 그렇지 않고 계속 취업해 있는 노동자 사이에 암묵적인 경계가 생김에 따라서 외부자와 내부자가 구분될 수 있는 현상을 말한다. 즉, 실업자는 그 사실 자체만으로 낙인이 찍혀 이후의 취업에 어려움을 겪게 되고, 자연스럽게 외부시장에 속하게 될 수 있다.

실질임금의 경직성을 설명하는 이론 중 내부자-외부자 이론에 의하면 현실에서 노동시장은 내부시장과 외부시장으로 분리되어 있기 때문에 내부자에 의해 높은 수준의 실질임금이 책정되어 있음에도 불구하고 외부자는 내부시장에 진입불가하고 이러한 높은 수준의 실질임금에 의해 노동시장의 불균형은 발생하고 비자발적 실업은 지속된다. 특히 노조가입여부, 실업의 이력현상(히스테리시스)으로 실업이 발생할 수 있는데, 실업의 이력현상에 따르면 장기불황 시 자연실업률이 상승 가능하며, 거시경제정책이 장기적으로 실업률에 영향을 줄 수 있다는 것이다.

03 | 2017년 국가직 9급

"화폐는 중립적이다"라는 명제에 대한 설명으로 옳은 것은?

① 화폐공급량을 증가시키면 명목소득의 변화가 없다.
② 화폐공급량을 증가시키면 물가가 상승한다.
③ 화폐공급량을 증가시키면 실질소득의 변화가 생긴다.
④ 화폐공급량을 증가시켜도 실질소득과 명목소득 모두 변화가 없다.

출제이슈 화폐의 중립성
핵심해설 정답 ②

화폐의 중립성(the neutrality of money)은 통화량의 증가가 국민소득과 같은 주요 실질변수에 영향을 미치지 못하며 물가, 명목임금과 같은 명목변수에만 영향을 미치는 것을 말한다. 화폐의 중립성은 주로 경기변동과 통화량 간의 관계에서 문제되고 있다.

먼저 고전학파에 의하면, 단기에서도 가격이 즉각적이고 연속적으로 조정되기 때문에 화폐는 중립적이다. 즉, 명목통화량의 변화는 비례적으로 물가만을 변화시킬 뿐이고 실질변수에는 아무런 영향을 미치지 못한다. 이러한 화폐의 중립성 견해에 따르면 통화량의 변화는 경기변동의 원인이 될 수 없다.

그러나 통화정책에 대한 실증적 분석에 의하면, 화폐는 단기에서 비중립적이다. 즉, 통화량의 변화는 실질국민소득을 변화시킨다. 합리적 기대와 정보의 불완전성 하에서 예상치 못한 통화량의 변화는 실질국민소득을 변화시키는 경기변동을 야기하는데 이를 화폐적 균형경기변동이론이라고 한다.

이에 대하여 실물적 균형경기변동이론에 의하면, 통화량의 변화가 경기변동과 밀접한 관련을 가지는 것은 통화정책이 효과가 있어서가 아니라, 경기변동에 따라서 통화량이 내생적으로 변화한 것이기 때문이라고 주장한다. 즉, 통화량의 변화는 경기변동의 원인이 아니라 결과라는 것이며, 따라서 여전히 화폐는 장기뿐만 아니라 단기에서도 중립적이며 이분성이 성립한다.

그리고, 통화론자에 의하면 단기에는 확대통화정책에 의해서 실업률을 자연실업률보다 낮은 수준으로 달성시키고, 산출 수준을 장기 산출량보다 더 높게 달성시킬 수 있으므로 화폐가 실물부문에 영향을 미침을 의미한다. 즉, 단기에는 화폐가 비중립적이다. 그러나 장기에는 실업률이 다시 종전의 자연실업률 수준으로 되돌아가게 되고 산출도 자연산출량 수준으로 회귀하므로 결국 화폐가 실물부문에 영향을 주지 못함을 의미한다. 즉, 장기에는 화폐가 중립적이다.

제 **6** 편

경기변동이론

issue 01 경기변동의 단계와 특징

issue 02 최신의 경기변동이론

www.pmg.co.kr

**조경국
경제학
워크북**

거시편

ISSUE **01** 경기변동의 단계와 특징

1 경기변동의 단계(국면)

  1) **단계 구분**: 회복기, 호황기(확장기), 후퇴기, 불황기(수축기) 2019 국9

    ① 호황기(boom): GDP 갭, 물가 상승 압력

    ② 불황기(recession): GDP 갭, 국내총생산 < 장기추세치

  2) **주기와 진폭**

    ① 주기(cycle): 하나의 최저점(trough)에서 다른 최저점에 이르는 기간

    ② 진폭(amplitude): 최저점(trough)과 최고점(peak)의 차이

2 경기변동의 특징

  1) **공행성(co-movement)**

    ① 경기변동의 과정에서 실질 GDP와 여러 거시경제변수들은 일정한 관계를 가지고 움직인다.

2019 국9

    ② 방향을 기준으로 한 분류: 실질GDP와 같은 방향으로 움직이는지

     i) 경기순행적(procyclical): 실질 GDP와 같은 방향으로 움직이는 변수
      (소비, 투자, 화폐공급, 인플레이션, 이자율, 주가 등 거의 대부분의 주요거시변수들)

     ii) 경기역행적(countercyclical): 실질 GDP와 반대 방향으로 움직이는 변수(실업률)

    ③ 변동시점을 기준으로 한 분류: 실질GDP와 같은 시점에서 움직이는지

     i) 경기동행적: 실질 GDP와 거의 동시에 움직이는 변수(소비, 고정투자, 고용, 수입 등)

     ii) 경기선행적: 실질 GDP의 변화에 앞서 움직이는 변수(화폐공급, 수출, 주가, 건축수주 면적)

     iii) 경기후행적: 실질 GDP의 변화보다 늦게 움직이는 변수(인플레이션, 이자율 등)

  2) **반복성(recurrent)**

    경기변동은 호황기와 불황기가 반복하여 계속된다.

  3) **불규칙성(irregular)**

    경기변동은 그 주기와 진폭이 일정하지 않다.

  4) **비대칭성(asymmetric)**

    경기변동은 호황기와 불황기가 비대칭적이다. 호황기는 상대적으로 완만하고 길게 지속되지만, 불황기는 상대적으로 급격히 짧게 진행된다. 미국경제의 경우 1990년대 초 시작된 경기호황이 10여 년간 오래 지속되었으나 곧바로 진행된 불황기는 2001년에 약 1년간 진행되고 끝난 바 있다.

4 경기변동의 판단과 예측

1) 경기종합지수에 의한 판단

① 경기종합지수는 국민경제의 각 부문을 대표하는 여러 경제지표들로 구성되어 있다.

② 통계청에서 매월 발표한다.

③ 이 지표들이 증가하는 경우 경기확장, 감소하는 경우 경기수축을 의미한다.

2) 경기종합지수의 지표들 2012 국9

① 선행종합지수 : 건설수주액, 종합주가지수, 총유동성, 소비자기대지수 등

② 동행종합지수 : 제조업 가동률지수, 서비스업 활동지수, 도소매업판매액지수 등

③ 후행종합지수 : 상용근로자수, 도시가계 소비지출, 소비재수입액 등

3) 기업경기실사지수(100 기준) 2010 지7

4) 소비자동향지수(100 기준) 2010 지7

제6편

ISSUE 문제 📝

01 2019년 국가직 9급

호황기와 불황기에 대한 설명으로 옳은 것만을 모두 고르면?

> ㄱ. 호황기에는 GDP갭이 0이다.
> ㄴ. 호황기에는 물가 상승의 압력을 받는 문제가 발생할 수 있다.
> ㄷ. 불황기에는 국내총생산이 장기추세치보다 높다.
> ㄹ. 경기변동의 과정에서 국내총생산과 실업률 사이에는 공행성(co-movement)이 존재한다.

① ㄱ, ㄴ   ② ㄱ, ㄷ
③ ㄴ, ㄷ   ④ ㄴ, ㄹ

출제이슈 경기변동의 단계와 특징
핵심해설 정답 ④

경기변동이란 거시경제가 장기추세선을 중심으로 상승과 하락을 반복하는 현상을 의미한다. 즉, 국민경제의 총체적 경제활동을 나타내는 생산, 고용, 물가 등 주요 거시경제변수들이 동시에 또는 시차를 가지면서 상승과 하락을 거듭하면서 호경기와 불경기가 계속 번갈아 나타나는 현상이 경기변동이다.

경기변동의 4단계는 회복기, 호황기(확장기), 후퇴기, 불황기(수축기)로 나눌 수 있다. 이때 호황기는 국내총생산이 장기추세치보다 큰 상황(GDP갭)으로 물가 상승 압력이 작용하고 불황기는 반대가 된다.

경기변동의 주기는 하나의 최저점에서 다른 최저점에 이르는 기간이며, 진폭은 최저점과 최고점의 차이를 의미한다.

경기변동의 공행성이란 경기변동의 과정에서 실질GDP와 여러 거시경제변수들(실업률, 물가상승률 등)은 일정한 관계를 가지고 움직이는 것을 의미한다.

설문을 검토하면 다음과 같다.

ㄱ은 틀린 내용이고, ㄴ은 옳은 내용이다.
호황기에는 GDP 갭이 0이 아니라, 국내총생산이 장기추세치보다 큰 상황으로서 물가 상승의 압력을 받게 된다.

ㄷ. 틀린 내용이다.
불황기에는 국내총생산이 장기추세치보다 낮은 상황이 된다.

ㄹ. 옳은 내용이다.
경기변동의 과정에서 실질GDP와 여러 거시경제변수들(실업률, 물가상승률 등)은 일정한 관계를 가지고 움직이는데, 예를 들어 국내총생산과 실업률도 공행성의 관계에 있다.

1 새고전학파

1) 경제는 신축적 가격조정을 통해 항상 수요와 공급이 일치하는 균형상태이므로, 경기변동이란 균형 GDP 자체가 잠재GDP 수준으로부터 이탈과 회복을 반복하는 현상 ⌈ 2014 국7 ⌋

2) 최초 균형에서 이탈한 상태도 균형이므로 정부개입은 불필요 ⌈ 2014 국7 ⌋

3) 균형에서의 경기변동이며, 외부충격에 대한 시장의 반응 ⌈ 2011 지7 ⌋ ⌈ 2010 지7 ⌋

2 화폐적 균형경기변동이론

1) 화폐의 중립성에 의하면 명목통화량의 변화는 물가만 변화시키고 실질변수에는 아무런 영향을 미치지 못하나 실증적 분석에 의하면, 화폐는 단기에서 비중립적

2) MBC에 의하면, 합리적 기대와 정보의 불완전성 하에서 예상치 못한 통화량의 변화는 실질국민소득을 변화시키는 경기변동을 야기함 ⌈ 2011 국9 ⌋ ⌈ 2010 지7 ⌋

3 실물적 균형경기변동이론

1) 합리적 기대와 경제주체의 최적화 행동의 원리로서의 미시적 기초, 시장청산 ⌈ 2011 국9 ⌋

2) 경기변동을 유발하는 외부적 충격으로 기술변화(생산함수 충격)와 같은 실물적 요인을 강조 ⌈ 2015 국7 ⌋

3) 경기후퇴는 기술의 퇴보, 음의 기술충격 ⌈ 2011 지7 ⌋

4) 기술충격은 대부자금시장의 이자율, 노동시장의 임금을 변화시킴

5) 이자율 상승 → 미래임금의 상대가격 하락 → 현재 노동공급 증가, 산출 증가 ⌈ 2020 국7 ⌋ ⌈ 2011 지7 ⌋ ⌈ 2010 지7 ⌋

6) 총생산 변화가 통화량 변화를 야기(역의 인과관계), 화폐의 중립성 성립 ⌈ 2020 국7 ⌋ ⌈ 2011 지7 ⌋

제6편

4 새케인즈학파

1) 새고전학파와는 달리 경기변동을 균형국민소득 수준으로부터 이탈한 현상으로 봄

2) 합리적 기대와 경제주체의 최적화 행동의 원리로서의 미시적 기초로 가격경직성 정립

5 메뉴비용이론 2014 국7

1) 총수요충격 시 메뉴비용의 존재로 인하여 가격 대신에 산출량을 조정

2) 기업들의 산출량 조정이 총수요충격에 따른 경제 전체의 총생산이 변화하는 경기변동

ISSUE 문제 📝

01 | 2011년 국가직 9급

실물경기변동(Real Business Cycle)이론에 대한 설명으로 옳은 것만을 고른 것은?

> ㄱ. 불확실성이 수반된 불균형 경기변동이론이다.
> ㄴ. 경기변동은 주로 생산함수에 주어지는 충격에 기인한다.
> ㄷ. 물가수준의 변화에 대한 예상착오가 경기변동의 주요요인이다.
> ㄹ. 경기변동을 경제 전체의 충격에 대한 경제주체들의 동태적 최적화 행동의 결과로 본다.

① ㄱ, ㄴ   ② ㄱ, ㄷ
③ ㄴ, ㄹ   ④ ㄷ, ㄹ

출제이슈 실물적 균형경기변동이론
핵심해설 정답 ③

ㄱ. 틀린 내용이다. 케인즈적 전통의 경기변동이론의 기본적 관점으로서 새고전학파에 해당하지 않는다.

케인즈적인 전통에 의하면 총수요가 변화할 때 가격이 고정되어 있기 때문에 경제는 불균형 상태가 유지되고 결국 총생산이 변하게 되는 경기변동이 생긴다('ㄱ'). 단기에는 불균형상태(장기균형에서 이탈한 상태)이지만, 장기에는 총생산이 원래의 자연율총생산 수준으로 복귀한다. 따라서 총수요변동에 의해서 단기에 발생하는 경기변동은 정부의 적절한 재정정책과 같은 총수요관리정책을 통하여 그 변동을 억제할 수 있다는 기본적인 정책적 처방이다.

이와 달리 루카스는 단기에서 불균형상태라는 케인즈의 견해를 비판하면서 최초 균형에서 이탈한 상태도 그 자체로서 균형이라고 주장한다. 루카스에 의하면 경제는 신축적 가격조정을 통해서 항상 수요와 공급이 일치하는 균형상태이므로, 결국 경기변동이란 균형 GDP 자체가 잠재 GDP 수준으로부터 이탈과 회복을 반복하는 현상이다. 루카스는 경기변동이론의 새로운 방법론(합리적 기대와 미시적 기초)과 함께 경기변동의 원인으로서 예상치 못한 통화량을 강조하는 화폐적 균형경기변동이론을 발전시켰다. 화폐적 균형경기변동이론은 1980년에 들어서 키들랜드와 프레스컷에 의해서 기술충격과 같은 실물적 요인이 경기변동의 가장 중요한 원인이라고 보는 실물적 균형경기변동이론으로 발전하였다.

ㄷ. 틀린 내용이다. 실물적 균형경기변동이론이 아니라 화폐적 균형경기변동이론의 내용이다.

통화정책에 대한 실증적 분석에 의하면, 화폐는 단기에서 비중립적이다. 즉, 통화량의 변화는 실질국민소득을 변화시킨다. 따라서 이러한 화폐의 단기 비중립성을 설명하기 위하여 루카스는 합리적 기대와 정보의 불완전성을 도입하였다. 이렇게 합리적 기대와 정보의 불완전성 하에서 예상치 못한 통화량의 변화가 물가수준에 예상착오를 가져오고 실질국민소득을 변화시키는 경기변동을 야기하는데 이를 화폐적 균형경기변동이론이라고 한다('ㄷ').

ㄴ, ㄹ. 옳은 내용이다. 실물적 균형경기변동이론에 관한 것으로서 옳은 설명이다.

화폐적 균형경기변동이론에 의하면, 일회적인 화폐적 충격만으로는 현실에서 나타나는 지속적인 경기변동현상을 설명하지 못하고 있다. 따라서 이러한 경기변동의 지속성을 설명하기 위하여 키들랜드와 프레스컷은 경기변동의 원인을 화폐적 충격이 아닌 실물부문에서의 기술충격에서 찾고 있다. 합리적 기대와 공급 측면의 실물적 기술충격은 실질국민소득을 변화시키는 경기변동을 야기한다. 이를 실물적 균형경기변동이론이라고 한다. 실물적 기술충격은 거시경제총생산함수에 가해지는 충격으로서 생산함수를 이동시키는 역할을 한다('ㄴ'). 이는 생산요소의 투입량은 고정되어 있는 상태에서 산출량이 증가 또는 하락하는 교란원인이다. 유리한 기술충격은 경기호황을 가져오고 불리한 기술충격은 경기침체를 가져온다. 예를 들어 유리한 기술충격에 의해 산출이 증가하면서 노동 및 자본에 대한 수요가 증가하여 실질임금과 실질임대료는 상승하게 된다.

한편, 실물적 균형경기변동이론은 기본적으로 가계의 효용극대화와 기업의 이윤극대화라는 미시적 최적화 과정을 통하여 모형을 구축한다. 가계와 기업은 노동시장과 자본시장에서 만난다. 노동시장과 자본시장에서 가계는 공급자, 기업은 수요자의 역할을 담당한다. 각각의 시장에서 가계와 기업은 최적화 행동을 하는 것이다. 따라서 실물적 균형경기변동이론에 따른 경기변동은 생산성 충격이 있을 경우, 가계 및 기업과 같은 경제주체들이 새로운 최적화 선택을 찾아가는 과정에서 나타나는 동태적 결과가 되는 것이다('ㄹ').

02 2015년 국가직 7급

1990년대 후반 지속된 미국 경제의 호황은 정보기술발전에 따른 생산성 증대의 결과라는 주장이 있다. 이 주장을 뒷받침하는 이론으로 옳은 것은?

① 케인지언(Keynesian) 이론
② 통화주의(Monetarism) 이론
③ 합리적 기대가설(Rational Expectation Hypothesis) 이론
④ 실물경기변동(Real Business Cycle) 이론

출제이슈 실물적 균형경기변동이론
핵심해설 정답 ④

④의 실물적 균형경기변동에 의한 설명이다.

합리적 기대와 공급 측면의 실물적 기술충격은 실질국민소득을 변화시키는 경기변동을 야기한다. 이를 실물적 균형경기변동이론이라고 한다. 실물적 기술충격은 거시경제총생산함수에 가해지는 충격으로서 생산함수를 이동시키는 역할을 한다. 이는 생산요소의 투입량은 고정되어 있는 상태에서 산출량이 증가 또는 하락하는 교란원인이다. 유리한 기술충격은 경기호황을 가져오고 불리한 기술충격은 경기침체를 가져온다. 예를 들어 유리한 기술충격에 의해 산출이 증가하면서 노동 및 자본에 대한 수요가 증가하여 실질임금과 실질임대료는 상승하게 된다. 설문에서 1990년대 후반 지속된 미국 경제의 호황은 정보기술발전이라는 원인에 의해서 나타난 것으로서 이는 실물적 균형경기변동이론 관점에서 정보기술발전은 유리한 기술충격에 해당한다. 유리한 기술충격이 발생한 경우 이에 대응하여 가계 및 기업과 같은 경제주체들이 새로운 최적화 선택을 찾아가는 과정에서 경기변동이 발생하게 되며, 특히 설문에서처럼 호황을 누리게 되었다.

제6편

03 [2014년 국가직 7급]

실물적 경기변동이론(real business cycle theory)에 대한 설명으로 옳은 것만을 모두 고른 것은?

> ㄱ. 메뉴비용(menu cost)은 경기변동의 주요 요인이다.
> ㄴ. 비자발적 실업이 존재하지 않아도 경기가 변동한다.
> ㄷ. 경기변동이 발생하는 과정에서 가격은 비신축적이다.
> ㄹ. 정책결정자들은 경기침체를 완화시키는 재정정책을 자제해야 한다.

① ㄱ, ㄷ   ② ㄴ, ㄷ
③ ㄴ, ㄹ   ④ ㄷ, ㄹ

출제이슈 새고전학파와 새케인즈학파의 경기변동이론
핵심해설 정답 ③

경기변동에 있어서 케인즈적인 전통에 의하면 총수요가 변화할 때 가격이 고정되어 있기 때문에 경제는 불균형 상태가 유지되고 결국 총생산이 변하게 되는 경기변동이 생긴다. 단기에는 불균형상태(장기균형에서 이탈한 상태)이지만, 장기에는 총생산이 원래의 자연율총생산 수준으로 복귀한다. 따라서 총수요변동에 의해서 단기에 발생하는 경기변동은 정부의 적절한 재정정책과 같은 총수요관리정책을 통하여 그 변동을 억제할 수 있다는 기본적인 정책적 처방이다.

이와 달리 새고전학파는 단기에서 불균형상태라는 케인즈의 견해를 비판하면서 최초 균형에서 이탈한 상태도 그 자체로서 균형이라고 주장한다. 새고전학파에 의하면 경제는 신축적 가격조정('ㄷ')을 통해서 항상 수요와 공급이 일치하는 균형상태이므로, 결국 경기변동이란 균형 GDP 자체가 잠재 GDP 수준으로부터 이탈과 회복을 반복하는 현상이다.

특히 새고전학파의 실물적 균형경기변동이론에 따른 경기변동은 생산성 충격이 있을 경우, 가계 및 기업과 같은 경제주체들이 새로운 최적화 선택을 찾아가는 과정에서 나타나는 동태적 결과가 되는 것이다. 이 과정에서 노동시장과 자본시장의 균형이 새롭게 변화하여 달성되는 것이다. 이는 'ㄴ'의 비자발적 실업이 존재하지 않아도 경기가 변동한다는 것과 일맥상통한다. 결국 경기변동이란 충격에 대한 시장의 최적 대응이며, 시장메커니즘이 효율적으로 작동한 결과이기 때문에 경기안정을 위한 정부개입은 바람직하지 않게 된다('ㄹ').

'ㄱ'에서 실물적 균형경기변동이론은 경기변동의 원인을 실물부문에서의 기술충격에서 찾고 있다. 실물적 기술충격은 거시경제 총생산함수에 가해지는 충격으로서 생산함수를 이동시키는 역할을 한다. 이는 생산요소의 투입량은 고정되어 있는 상태에서 산출량이 증가 또는 하락하는 교란원인이다. 유리한 기술충격은 경기호황을 가져오고 불리한 기술충격은 경기침체를 가져온다. 예를 들어 기술진보와 같은 유리한 기술충격에 의해 산출이 증가하면서 노동 및 자본에 대한 수요가 증가하여 실질임금 및 실질임대료가 상승한다.

"ㄱ"에서 제시된 메뉴비용은 새케인즈학파가 제시한 경기변동의 원인이다. 총수요충격 시 어떤 기업들은 메뉴비용의 존재로 인하여 가격을 조정하는 것이 어렵기 때문에 총수요 변화에 대응하여 가격 대신에 산출량을 조정한다. 이렇게 기업들의 산출량 조정이 바로 총수요충격에 따른 경제 전체의 총생산이 변화하는 경기변동을 의미한다.

04 2010년 지방직 7급

실물경기변동론의 주장으로 옳은 것만을 묶은 것은?

ㄱ. 경기변동은 외부 충격에 대한 시장의 자연스런 반응이다.
ㄴ. 경기변동의 주요인은 기술의 변화이다.
ㄷ. 이자율이 상승하면 현재의 노동공급이 감소한다.
ㄹ. 통화량의 변화가 경기변동을 초래하는 원인이다.

① ㄱ, ㄴ   ② ㄷ, ㄹ
③ ㄱ, ㄴ, ㄷ   ④ ㄱ, ㄴ, ㄹ

출제이슈 실물적 균형경기변동이론과 화폐적 균형경기변동이론
핵심해설 정답 ①

1) 'ㄱ', 'ㄴ', 'ㄷ'은 실물적 균형경기변동이론과 관련된 내용이다.
그런데 'ㄱ', 'ㄴ'은 실물적 균형경기변동이론으로서 옳은 내용이지만 'ㄷ'은 틀린 내용이다.

실물적 경기변동이론은 경기변동의 원인을 화폐적 충격이 아닌 실물부문에서의 기술충격에서 찾고 있다. 합리적 기대와 공급 측면의 실물적 기술충격은 실질국민소득을 변화시키는 경기변동을 야기한다. 이를 실물적 균형경기변동이론이라고 한다. 실물적 기술충격은 거시경제총생산함수에 가해지는 충격으로서 생산함수를 이동시키는 역할을 한다. 이는 생산요소의 투입량은 고정되어 있는 상태에서 산출량이 증가 또는 하락하는 교란원인이다. 유리한 기술충격은 경기호황을 가져오고 불리한 기술충격은 경기침체를 가져온다. 예를 들어 기술진보('ㄴ')와 같은 유리한 기술충격에 의해 산출이 증가하면서 노동 및 자본에 대한 수요가 증가하여 실질임금과 실질임대료는 상승하게 된다. 따라서 'ㄴ'은 옳은 내용이다.

한편, 실물적 균형경기변동이론은 기본적으로 가계의 효용극대화와 기업의 이윤극대화라는 미시적 최적화 과정을 통하여 모형을 구축한다. 가계와 기업은 노동시장과 자본시장에서 만난다. 노동시장과 자본시장에서 가계는 공급자, 기업은 수요자의 역할을 담당한다. 각각의 시장에서 가계와 기업은 최적화 행동을 하는 것이다. 따라서 실물적 균형경기변동이론에 따른 경기변동은 생산성 충격이 있을 경우, 가계 및 기업과 같은 경제주체들이 새로운 최적화 선택을 찾아가는 과정에서 나타나는 동태적 결과가 되는 것이다. 이 과정에서 노동시장과 자본시장의 균형이 새롭게 변화하여 달성되는 것이다. 결국 경기변동이란 충격에 대한 시장의 최적 대응이며, 시장메커니즘이 효율적으로 작동한 결과이다. 이는 'ㄱ'에서 경기변동이 외부 충격에 대한 시장의 자연스런 반응이라는 것과 일맥상통한다. 따라서 'ㄱ'은 옳은 내용이다.

'ㄷ'은 실물적 균형경기변동이론과 관련은 있으나 잘못된 내용이다.
앞에서 실물적 균형경기변동이론은 가계의 효용극대화와 기업의 이윤극대화라는 미시적 최적화 과정을 통하여 모형을 구축한다고 설명하였다. 특히 노동시장에서의 가계의 효용극대화를 분석해보자.

먼저 가계의 노동공급과정에서 실질임금이 변화함에 따라서 여가와 소득 사이 선택을 두고 대체가 발생하는데 이를 기간 내 대체라고 한다. 기간 내 대체에 영향을 주는 요인은 여가와 소득의 상대가격으로서 이는 여가의 기회비용을 의미하며 구체적으로는 현재의 실질임금이다. 미시경제이론에서 이미 본 바와 같이 실질임금이 상승하는 경우, 대체효과가 소득효과보다 크다면, 노동공급은 증가한다.

한편, 경기변동이란 시간이 흐름에 따라서 거시변수들이 변동하는 과정이므로 모형에 시간을 고려해보면, 현재와 미래 사이에 노동공급의 배분 문제가 발생하게 된다. 이는 현재 노동공급과 미래 노동공급 사이의 대체를 의미하는데 이를 기간 간 대체라고 한다. 기간 간 대체에 영향을 주는 요인은 현재 노동공급과 미래 노동공급에 따른 상대가격으로서 구체적으로는 기간 간 상대실질임금이다. 기간 간 상대실질임금은 현재 실질임금, 미래 실질임금 그리고 이자율에 의해서 결정된다.

기술충격과 노동공급의 기간 간 대체의 관계를 보자. 유리한 기술충격에 의하여 현재 실질임금이 상승한 경우를 가정한다. 가계는 효용극대화 원리에 따라서 가급적 실질임금이 높은 때에 노동을 공급하는 것이 유리하다. 왜냐하면 같은 시간의 노동을 공급하여도 실질임금이 높은 때에는 더 많은 노동소득을 받을 수 있어서 효용이 증가하기 때문이다. 따라서 현재와 미래 간 노동공급의 배분에 있어서 미래에 노동공급을 줄이더라도 지금 현재의 높은 실질임금 하에서 노동공급을 늘리는 것이 유리하다. 이것이 노동공급의 기간 간 대체이다.

'ㄷ'에서처럼 이자율이 상승하는 경우를 분석해보자. 이자율이 상승하게 되면, 미래 실질임금의 가치가 하락하고 상대적으로 현재 실질임금의 가치가 상승하게 된다. 따라서 앞에서 본 바와 같이 <u>이자율 상승이 현재 실질임금의 상대적 상승을 가져오기 때문에 현재 노동공급이 증가하게 된다. 따라서 현재 노동공급이 감소한다고 한 'ㄷ'은 틀린 내용이 된다.</u>

2) 'ㄹ'은 화폐적 균형경기변동이론과 관련된 내용이다.

고전학파에 의하면, 단기에서도 가격이 즉각적이고 연속적으로 조정되기 때문에 화폐는 중립적이다. 즉, 명목통화량의 변화는 비례적으로 물가만을 변화시킬 뿐이고 실질변수에는 아무런 영향을 미치지 못한다. 이러한 화폐의 중립성 견해에 따르면 통화량의 변화는 경기변동의 원인이 될 수 없다. 그러나 통화정책에 대한 실증적 분석에 의하면, 화폐는 단기에서 비중립적이다. 즉, 통화량의 변화는 실질국민소득을 변화시킨다. 따라서 이러한 화폐의 단기 비중립성을 설명하기 위하여 루카스는 합리적 기대와 정보의 불완전성을 도입한다. 합리적 기대와 정보의 불완전성 하에서 예상치 못한 통화량의 변화는 실질국민소득을 변화시키는 경기변동을 야기한다. 이를 화폐적 균형경기변동이론이라고 한다.

05 | 2011년 지방직 7급

실물적 경기변동이론(real business cycle theory)에 대한 설명으로 옳지 않은 것은?

① 실물적 경기변동이론에 따르면 장기에서는 고전파적 이분성이 성립하지만 단기에서는 성립하지 않는다.

② 실물적 경기변동이론에 따르면 현재 이자율의 일시적 상승에도 사람들은 노동공급을 증가시킨다.

③ 실물적 경기변동이론에 따르면 경기변동은 변화하는 경제상황에 대한 경제의 자연적이며 효율적인 반응이다.

④ 실물적 경기변동이론에 따르면 경기후퇴는 기술의 퇴보에 의해 설명할 수 있다.

출제이슈 실물적 균형경기변동이론
핵심해설 정답 ①

실물적 경기변동이론은 경기변동의 원인을 화폐적 충격이 아닌 실물부문에서의 기술충격에서 찾고 있다. 합리적 기대와 공급 측면의 실물적 기술충격은 실질국민소득을 변화시키는 경기변동을 야기한다. 이를 실물적 균형경기변동이론이라고 한다. 실물적 기술충격은 거시경제총생산함수에 가해지는 충격으로서 생산함수를 이동시키는 역할을 한다. 이는 생산요소의 투입량은 고정되어 있는 상태에서 산출량이 증가 또는 하락하는 교란원인이다. 유리한 기술충격은 경기호황을 가져오고 불리한 기술충격은 경기침체를 가져온다. ④에서 경기후퇴는 기술의 퇴보라는 불리한 기출충격에 의해 설명할 수 있으므로 옳은 내용이 된다.

실물적 균형경기변동이론은 기본적으로 가계의 효용극대화와 기업의 이윤극대화라는 미시적 최적화 과정을 통하여 모형을 구축한다. 가계와 기업은 노동시장과 자본시장에서 만난다. 노동시장과 자본시장에서 가계는 공급자, 기업은 수요자의 역할을 담당한다. 각각의 시장에서 가계와 기업은 최적화 행동을 하는 것이다. 따라서 실물적 균형경기변동이론에 따른 경기변동은 생산성 충격이 있을 경우, 가계 및 기업과 같은 경제주체들이 새로운 최적화 선택을 찾아가는 과정에서 나타나는 동태적 결과가 되는 것이다. 이 과정에서 노동시장과 자본시장의 균형이 새롭게 변화하여 달성되는 것이다. 결국 경기변동이란 충격에 대한 시장의 최적 대응이며, 시장메커니즘이 효율적으로 작동한 결과이다. 이는 ③에서 경기변동은 변화하는 경제상황에 대한 경제의 자연적이며 효율적인 반응이다는 것과 일맥상통한다. 따라서 ③은 옳은 내용이 된다.

실물적 균형경기변동이론은 가계의 효용극대화와 기업의 이윤극대화라는 미시적 최적화 과정을 통하여 모형을 구축한다고 설명하였다. 특히 노동시장에서의 가계의 효용극대화를 분석해보자.

먼저 가계의 노동공급과정에서 실질임금이 변화함에 따라서 여가와 소득 사이 선택을 두고 대체가 발생하는데 이를 기간 내 대체라고 한다. 기간 내 대체에 영향을 주는 요인은 여가와 소득의 상대가격으로서 이는 여가의 기회비용을 의미하며 구체적으로는 현재의 실질임금이다. 미시경제이론에서 이미 본 바와 같이 실질임금이 상승하는 경우, 대체효과가 소득효과보다 크다면, 노동공급은 증가한다.

한편, 경기변동이란 시간이 흐름에 따라서 거시변수들이 변동하는 과정이므로 모형에 시간을 고려해보면, 현재와 미래 사이에 노동공급의 배분 문제가 발생하게 된다. 이는 현재 노동공급과 미래 노동공급 사이의 대체를 의미하는데 이를 기간 간 대체라고 한다. 기간 간 대체에 영향을 주는 요인은 현재 노동공급과 미래 노동공급에 따른 상대가격으로서 구체적으로는 기간 간 상대실질임금이다. 기간 간 상대실질임금은 현재 실질임금, 미래 실질임금 그리고 이자율에 의해서 결정된다.

기술충격과 노동공급의 기간 간 대체의 관계를 보자. 유리한 기술충격에 의하여 현재 실질임금이 상승한 경우를 가정한다. 가계는 효용극대화 원리에 따라서 가급적 실질임금이 높은 때에 노동을 공급하는 것이 유리하다. 왜냐하면 같은 시간의 노동을 공급하여도 실질임금이 높은 때에는 더 많은 노동소득을 받을 수 있어서 효용이 증가하기 때문이다. 따라서 현재와 미래 간 노동공급의 배분에 있어서 미래에 노동공급을 줄이더라도 지금 현재의 높은 실질임금 하에서 노동공급을 늘리는 것이 유리하다. 이것이 노동공급의 기간 간 대체이다.

②에서처럼 이자율이 상승하는 경우를 분석해보자. 이자율이 상승하게 되면, 미래 실질임금의 가치가 하락하고 상대적으로 현재 실질임금의 가치가 상승하게 된다. 따라서 앞에서 본 바와 같이 <u>현재 실질임금의 상승으로 인해서 현재 노동공급이 증가하게 된다. 따라서 ②는 옳은 내용이 된다.</u>

참고로 이자율 상승이 일시적인 경우, 지금 당장 노동공급을 증가시키지 않는다면, 상대적으로 높은 실질임금이 계속해서 보장되는 것이 아니므로 유리한 기회를 놓치게 된다. 따라서 이 경우에는 노동공급의 기간 간 대체가 크게 된다. 이자율 상승이 영구적인 경우, 지금 당장 노동공급을 증가시키지 않는다고 하더라도, 상대적으로 높아진 실질임금이 유지될 것이므로 그때 가서 노동공급을 늘려서 실질임금 상승의 혜택을 누릴 수 있게 된다. 따라서 이 경우에는 노동공급의 기간 간 대체가 작게 된다. 양쪽의 경우에서 차이는 있으나 모두 노동공급은 증가하게 된다.

①은 경기변동과 통화량 간의 관계이다.
고전학파에 의하면, 단기에서도 가격이 즉각적이고 연속적으로 조정되기 때문에 화폐는 중립적이다. 즉, 명목통화량의 변화는 비례적으로 물가만을 변화시킬 뿐이고 실질변수에는 아무런 영향을 미치지 못한다. 이러한 화폐의 중립성 견해에 따르면 통화량의 변화는 경기변동의 원인이 될 수 없다. 그러나 통화정책에 대한 실증적 분석에 의하면, 화폐는 단기에서 비중립적이다. 즉, 통화량의 변화는 실질국민소득을 변화시킨다. 합리적 기대와 정보의 불완전성 하에서 예상치 못한 통화량의 변화는 실질국민소득을 변화시키는 경기변동을 야기하는데 이를 화폐적 균형경기변동이론이라고 한다.

이에 대하여 실물적 균형경기변동이론에 의하면, 통화량의 변화가 경기변동과 밀접한 관련을 가지는 것은 통화정책이 효과가 있어서가 아니라, 경기변동에 따라서 통화량이 내생적으로 변화한 것이기 때문이라고 주장한다. 즉, 통화량의 변화는 경기변동의 원인이 아니라 결과라는 것이며, 따라서 여전히 화폐는 장기뿐만 아니라 단기에서도 중립적이며 이분성이 성립한다. <u>따라서 ①은 틀린 내용이 된다.</u>

06 　2020년 국가직 7급

실물경기변동(real business cycle)이론에 대한 설명으로 옳지 않은 것은?

① 일시적으로 이자율이 하락하는 경우 노동자들은 노동공급량을 증가시킨다.
② 화폐의 중립성이 장기뿐만 아니라 단기에도 성립한다고 가정하여 통화량 변화는 경기에 아무런 영향을 미치지 못한다.
③ 경기변동을 유발하는 주요 요인은 기술충격(technical shock)이다.
④ 임금 및 가격이 신속히 조정되어 시장이 청산된다.

출제이슈 실물적 균형경기변동이론
핵심해설 정답 ①

먼저 ③과 ④를 검토하면, 둘 다 옳은 내용이다.

실물적 경기변동이론에 의하면, 합리적 기대와 공급 측면의 실물적 기술충격이 실질국민소득을 변화시키는 경기변동을 야기한다. 실물적 기술충격은 거시경제총생산함수에 가해지는 충격으로서 생산함수를 이동시키는 역할을 한다. 이는 생산요소의 투입량은 고정되어 있는 상태에서 산출량이 증가 또는 하락하는 교란원인이다. 유리한 기술충격은 경기호황을 가져오고 불리한 기술충격은 경기침체를 가져온다. 따라서 ③은 옳은 내용이다.

실물적 경기변동이론과 달리 케인즈는 총수요의 변화가 경기변동의 가장 중요한 원인이라고 보았다. 총수요의 변화가 경기변동의 원인이 되기 위해서는 가격이 단기에 고정되어야 한다. 총수요가 변화할 때 가격이 고정되어 있기 때문에 경제는 불균형 상태가 유지되고 결국 총생산이 변하게 되는 경기변동이 생긴다.

이와는 달리 실물적 경기변동이론과 화폐적 경기변동은 균형경기변동론자들로서 단기에서 불균형상태라는 케인즈의 견해를 비판하며 최초 균형에서 이탈한 상태도 균형이라고 주장한다. 이들에 의하면 경제는 신축적 가격조정을 통해 항상 수요와 공급이 일치하는 균형상태(시장청산)이므로, 경기변동이란 균형GDP 자체가 잠재GDP 수준으로부터 이탈과 회복을 반복하는 현상이다. 따라서 ④는 옳은 내용이다.

① 틀린 내용이다.

실물적 균형경기변동이론은 가계의 효용극대화와 기업의 이윤극대화라는 미시적 최적화 과정을 통하여 모형을 구축한다. 특히 노동시장에서의 가계의 효용극대화를 분석해보자.

먼저 가계의 노동공급과정에서 실질임금이 변화함에 따라서 여가와 소득 사이 선택을 두고 대체가 발생하는데 이를 기간 내 대체라고 한다. 기간 내 대체에 영향을 주는 요인은 여가와 소득의 상대가격으로서 이는 여가의 기회비용을 의미하며 구체적으로는 현재의 실질임금이다. 미시경제이론에서 이미 본 바와 같이 실질임금이 상승하는 경우, 대체효과가 소득효과보다 크다면, 노동공급은 증가한다.

한편, 경기변동이란 시간이 흐름에 따라서 거시변수들이 변동하는 과정이므로 모형에 시간을 고려해보면, 현재와 미래 사이에 노동공급의 배분 문제가 발생하게 된다. 이는 현재 노동공급과 미래 노동공급 사이의 대체를 의미하는데 이를 기간 간 대체라고 한다. 기간 간 대체에 영향을 주는 요인은 현재 노동공급과 미래 노동공급에 따른 상대가격으로서 구체적으로는 기간 간 상대실질임금이다. 기간 간 상대실질임금은 현재 실질임금, 미래 실질임금 그리고 이자율에 의해서 결정된다.

기술충격과 노동공급의 기간 간 대체의 관계를 보자. 유리한 기술충격에 의하여 현재 실질임금이 상승한 경우를 가정한다. 가계는 효용극대화 원리에 따라서 가급적 실질임금이 높은 때에 노동을 공급하는 것이 유리하다. 왜냐하면 같은 시간의 노동을 공급하여도 실질임금이 높은 때에는 더 많은 노동소득을 받을 수 있어서 효용이 증가하기 때문이다. 따라서 현재와 미래 간 노동공급의 배분에 있어서 미래에 노동공급을 줄이더라도 지금 현재의 높은 실질임금 하에서 노동공급을 늘리는 것이 유리하다. 이것이 노동공급의 기간 간 대체이다.

①에서처럼 이자율이 하락하는 경우를 분석해보자. 이자율이 하락하게 되면, 미래 실질임금의 가치가 상승하고 상대적으로 현재 실질임금의 가치가 하락하게 된다. 따라서 현재 실질임금의 하락으로 인해서 현재 노동공급이 감소하게 된다.

만일 제시된 설문처럼 이자율 하락이 일시적인 경우, 상대적으로 낮은 실질임금이 일시적이기 때문에 일시적인 기간이 지나고 나면, 이자율이 상승할 것이고 현재임금이 상대적으로 상승할 것이므로 그때 가서 노동을 공급하는 것이 나을 수 있다. 따라서 지금 현재 노동공급의 감소폭이 더 커질 수도 있다는 의미이다.

만일 이자율 하락이 영구적인 경우, 상대적으로 낮아진 실질임금이 유지될 것이므로 지금 현재 노동공급의 감소폭이 더 작아질 수도 있다. 따라서 이 경우에는 노동공급의 기간 간 대체가 작게 된다. 양쪽의 경우에서 차이는 있으나 두 경우 모두 <u>노동공급은 감소하게 된다. 따라서 ①은 틀린 내용이 된다.</u>

② 옳은 내용이다. ②는 경기변동과 통화량 간의 관계를 묻고 있다.

먼저 고전학파에 의하면, 단기에서도 가격이 즉각적이고 연속적으로 조정되기 때문에 화폐는 중립적이다. 즉, 명목통화량의 변화는 비례적으로 물가만을 변화시킬 뿐이고 실질변수에는 아무런 영향을 미치지 못한다. 이러한 화폐의 중립성 견해에 따르면 통화량의 변화는 경기변동의 원인이 될 수 없다. 그러나 통화정책에 대한 실증적 분석에 의하면, 화폐는 단기에서 비중립적이다. 즉, 통화량의 변화는 실질국민소득을 변화시킨다. 합리적 기대와 정보의 불완전성 하에서 예상치 못한 통화량의 변화는 실질국민소득을 변화시키는 경기변동을 야기하는데 이를 화폐적 균형경기변동이론이라고 한다.

이에 대하여 실물적 균형경기변동이론에 의하면, 통화량의 변화가 경기변동과 밀접한 관련을 가지는 것은 통화정책이 효과가 있어서가 아니라, 경기변동에 따라서 통화량이 내생적으로 변화한 것이기 때문이라고 주장한다. 즉, 통화량의 변화는 경기변동의 원인이 아니라 결과라는 것이며, 따라서 여전히 <u>화폐는 장기뿐만 아니라 단기에서도 중립적이며 이분성이 성립한다. 따라서 ②는 옳은 내용이 된다.</u>

제 7 편

경제정책과 경제학파

issue 01 학파별 이론

issue 02 경기안정화정책 논쟁

issue 03 테일러 준칙

조경국
경제학
워크북

거시편

1 고전학파 [2011 지7]

1) 완전고용량에 의한 완전고용산출량은 항상 달성되며 공급은 수요를 스스로 창출(세이)

2) 노동시장, 임금의 신축적 조정, 노동시장 균형 달성, 완전고용 실현

3) 가격 및 이자율의 신축적 조정, 대부자금시장(저축, 투자 일치) 및 거시경제균형

4) 고전적 이분성에 따라 실물부문과 화폐부문은 분리(화폐의 베일관)

5) 통화량의 증가는 완전고용산출량을 변화시키지 못하고 오직 물가만 상승(화폐의 중립성)

6) 자본주의는 본질적으로 안정적이므로 경제안정화를 위해 정부의 개입이 불필요

2 케인즈 및 케인즈학파 [2020 지7] [2019 국9]

1) 실업이 만연하고 재고가 넘치는 대공황의 상황에서 수요가 공급을 창출하고 국민소득은 수요부문이 결정

2) 자본주의는 본질적으로 불안정적이므로 경제안정화를 위해 정부의 개입이 필요

3) 실업은 노동시장만의 문제가 아니고 재화시장과 연계되어 있으므로 재화시장에서 총수요의 부족이 노동시장에서 노동수요의 부족으로 이어져 실업이 발생

4) 실업이 발생하여도 명목임금은 상당히 경직적이어서 노동의 초과공급이 해결되지 않음

5) 이러한 노동시장의 상황에서는 명목임금의 변화로 실업을 없애고 노동시장의 균형을 달성하기는 어려우므로 재화시장에서의 총수요 증대(정부지출 증가 등)를 통해서 새로운 노동수요를 창출해야 함

3 통화론자 [2019 국9]

1) 1970년대는 고실업, 고인플레이션, 저성장의 시대로서 케인즈적 총수요관리정책은 스태그플레이션에 대해서 속수무책

2) 프리드만을 중심으로 통화론자는 먼저 재량적 통화정책을 비판, 경기안정화 목적의 재량적 통화정책은 정책효과의 시차 및 불확실성으로 인하여 경제를 오히려 불안정화

3) 안정적인 경제를 위해서 준칙에 의한 통화공급을 주장

4) 케인즈적 정책의 기초가 되는 안정적인 필립스곡선에 의문을 제기함으로써 기대가 부가된 프리드만－펠프스 필립스곡선을 통해 장기적으로 실업률은 자연실업률 수준의 장기PC 도출

5) 단기적으로 총수요정책을 통해 실업율을 낮추더라도 결국 민간의 기대물가수준을 상승시켜 장기적으로 실업율은 다시 회복되어 결국 오직 물가만 상승(자연실업률가설)

4 새고전학파 [2019 국9] [2016 서7]

1) 화폐적 충격에 의한 화폐적 경기변동이론과 실물·기술적 충격에 의한 실물적 경기변동이론

2) 루카스를 중심으로 한 새고전학파는 통화론자 적응적 기대를 비판하고 합리적 기대를 수용

3) 미세조정이 가능하다고 한 케인즈 모형에 대해서는 정책변화로 인해 계량거시모형의 파라미터가 모두 바뀔 수 있기 때문에 무용하다고 비판(루카스비판)

4) 재량적인 총수요관리정책은 장기뿐만 아니라 합리적 기대를 하는 민간주체가 예상한 경우 단기에서도 무력하다고 비판(정책무력성 정리)

5) 예상되지 못한 정책은 일시적으로 유효하나 시간이 흐르면 효과 없음

6) 경기변동은 본질적으로 경제주체의 최적화 행위와 시장청산에 따른 균형이므로 정부가 개입하여 안정화시킬 필요가 없음

7) 실업이란 노동자의 자발적 직장탐색과정에서 발생하는 마찰적 현상으로 노동자들이 자발적으로 취업을 거부한 것에 불과하며 다만 이는 고용량의 증가 혹은 감소 개념일 뿐임

5 새케인즈학파 [2019 국9] [2016 서7]

1) 1980년 초의 미국의 극심한 인플레이션 상황 하에서 시행된 반인플레이션 정책은 대공황 이후 최악의 실업사태를 초래

2) 만일 새고전학파의 이론이 옳다면 충분히 예상된 반인플레이션 정책에 따른 산출량 감소와 실업률 상승은 매우 낮아야 함에도 불구하고 높은 실업률과 저성장의 문제가 노정

3) 새케인즈학파는 합리적 기대를 받아들이면서도 가격변수가 경직적이면 예상되지 않은 정책은 물론이고 예상된 정책도 여전히 효과가 있음을 주장하며 경직성을 미시적으로 증명

4) 가격이 경직적인 상황에 경제에 충격이 오면 경제는 균형에서 상당 기간 이탈하게 되고 한참 후 균형을 회복하면서 경기변동이 자연스럽게 발생(메뉴비용 등으로 가격에 경직성을 보이게 되면 산출량 조정을 통해서 경기변동 발생)

5) 새고전학파와 달리 경기변동은 본질적으로 불균형이며 복수균형과 조정실패를 통해서 파레토열등함을 주장하며 정부개입을 통해서 균형으로 복귀해야 한다고 주장

ISSUE 문제 📝

01 2011년 지방직 7급

고전학파와 케인즈학파의 거시경제관에 대한 설명으로 옳지 않은 것은?

① 고전학파는 공급이 수요를 창출한다고 보는 반면 케인즈학파는 수요가 공급을 창출한다고 본다.
② 고전학파는 화폐가 베일(veil)에 불과하다고 보는 반면 케인즈학파는 화폐가 실물경제에 영향을 미친다고 본다.
③ 고전학파는 저축과 투자가 같아지는 과정에서 이자율이 중심적인 역할을 한다고 본 반면 케인즈학파는 국민소득이 중심적인 역할을 한다고 본다.
④ 고전학파는 실업문제 해소에 대해 케인즈학파와 동일하게 재정정책이 금융정책보다 더 효과적이라고 본다.

출제이슈 고전학파와 케인즈학파
핵심해설 정답 ④

설문을 검토하면 다음과 같다.

① 옳은 내용이다.
고전학파는 공급이 수요를 창출한다고 보는 반면 케인즈학파는 수요가 공급을 창출한다고 본다. 고전학파에 의하면, 노동시장에서 임금의 신축적 조정에 의하여 항상 노동시장 균형은 달성되어 완전고용이 실현된다. 따라서 완전고용에 의한 완전고용산출량은 항상 달성되며 이렇게 공급된 생산물은 항상 모두 수요가 된다. 이를 공급이 수요를 스스로 창출하는 세이의 법칙이라고 한다. 반면 케인즈학파는 가격변수가 고정된 상황에서 초과공급은 스스로 해소될 수 없기 때문에 결국 산출량 자체가 조정된다. 즉, 수요가 공급을 견인하고 결정하고 창출해낸다. 이를 케인즈의 법칙이라고 한다.

② 옳은 내용이다.
고전학파는 화폐가 베일(veil)에 불과하다고 보는 반면 케인즈학파는 화폐가 실물경제에 영향을 미친다고 본다. 고전학파는 노동시장의 균형에서 결정된 완전고용에 의한 완전고용산출량의 유통을 위해 통화가 공급되고 이에 따라 물가가 결정될 뿐이라고 보았다. 통화량의 증가는 완전고용산출량을 변화시키지 못하고 오직 물가만 상승시키는 화폐의 중립성을 주장하였다. 이는 실질총생산의 결정은 실물부문에서, 물가의 결정은 화폐부문에서 분리되어 결정되는 고전적 이분성을 의미하며, 화폐는 오직 실물부문을 덮고 있는 베일에 불과하다고 하는 화폐의 베일관을 의미한다. 그러나 케인즈학파에 의하면, 화폐시장에서 수요와 공급에 의하여 이자율이 변화할 경우, 이는 실물부문의 투자에 영향을 미치고 총수요를 변화시켜 국민소득에 영향을 미친다고 보았다.

③ 옳은 내용이다.
고전학파는 거시경제균형이 달성되는 데 있어서 대부자금시장에서의 자금의 수요와 공급의 역할이 중요하다고 보았다. 대부자금시장의 균형은 저축과 투자가 같아지는 과정에서 달성되며 이때 가격변수인 이자율이 중심적인 역할을 한다. 반면, 케인즈학파는 거시경제균형의 달성에 있어서 재화시장에서 수요가 공급을 견인하여 결정하며, 경제 내에 충격이 발생하여 균형에서 이탈할 경우 가격변수의 경직성으로 인하여 산출 및 소득변수가 직접 조정되는 것으로 보았다. 즉, 왈라스적 가격조정이 아니라 마샬적 수량조정에 의하여 균형이 달성되는 것이다. 이 과정에서 국민소득이 중심적 역할을 한다.

④ 틀린 내용이다.

고전학파는 실업문제 해소에 대해 케인즈학파와 동일하게 재정정책이 금융정책보다 더 효과적이라고 본다. 고전학파에 의하면, 노동시장에서 임금의 신축적 조정에 의하여 항상 노동시장 균형이 달성되어 완전고용이 실현된다. 따라서 완전고용에 의한 완전고용산출량은 항상 달성되며 이렇게 공급된 생산물은 항상 모두 수요가 된다. 이를 공급이 수요를 스스로 창출하는 세이의 법칙이라고 한다. 따라서 실업문제는 발생하지 않으며, 재정정책을 만일 사용할 경우에는 민간부문의 투자와 소비를 완전구축하는 효과밖에 발생하지 않는다.

02 2020년 지방직 7급

경기변동에 대한 설명으로 옳은 것은?

① 케인즈는 경기변동의 원인으로 총수요의 변화를 가장 중요하게 생각하였다.
② $IS-LM$ 모형에 의하면 통화정책은 총수요에 영향을 미칠 수 없다.
③ 케인즈에 의하면 불황에 대한 대책으로 재정정책은 효과를 갖지 않는다.
④ 재정정책은 내부시차보다 외부시차가 길어서 효과가 나타날 때까지 시간이 오래 걸린다.

출제이슈 케인즈와 케인즈학파
핵심해설 정답 ①

설문을 검토하면 다음과 같다.

① 옳은 내용이다.
케인즈는 총수요가 변화할 때 가격이 고정되어 있기 때문에 경제는 불균형 상태가 유지되고 결국 총생산이 변하게 되는 경기변동이 생긴다고 하면서 총수요의 변화가 경기변동의 가장 중요한 원인이라고 보았다. 총수요의 변화가 경기변동의 원인이 되기 위해서는 가격이 단기에 고정되어야 한다.

② 틀린 내용이다.
$IS-LM$ 모형에 의하면 통화정책은 총수요에 영향을 미친다. 확장적 통화정책을 통해 LM곡선이 우측으로 이동하여 이자율이 하락하고 균형국민소득은 증가한다. 그 과정을 보면, 통화량의 증가로 인하여 화폐시장에서 이자율이 하락하여 실물부문의 소비와 투자가 증가한다. 이자율 하락은 또한 원화가치를 하락시키고 환율 상승을 가져와 순수출이 증가하도록 한다. 투자 증가 및 순수출 증가로 수요가 증가하여 균형국민소득은 증가한다.

③ 틀린 내용이다.
케인즈에 의하면, 총수요변동에 의해서 단기에 발생하는 경기변동은 정부의 적절한 재정정책과 같은 총수요관리정책을 통하여 그 변동을 억제할 수 있다는 기본적인 정책적 처방이다. 특히, 불황의 시기에 시행되는 확대재정정책은 직접적으로 총수요를 늘릴 뿐만 아니라 소득 증가를 통하여 소비를 자극하므로 총수요가 더 큰 폭으로 늘게 된다. 즉, 재정정책의 승수효과에 의하여 확실하게 총수요 및 소득을 늘려서 경기를 회복시킬 수 것이다는 것이 케인즈의 견해이다.

④ 틀린 내용이다.
정책효과의 시차에는 내부시차와 외부시차가 있다. 내부시차(inside lag)는 정책의 필요성을 인지하고 적절한 정책을 시행하는 데 걸리는 시간을 의미한다. 재정정책의 경우 정부의 정책수립과 국회의 협력 등의 과정이 법적으로 필수적인 경우가 많아서 내부시차가 상대적으로 길다. 외부시차(outside lag)는 정책이 시행된 후 기대되는 효과가 발생하는 데 걸리는 시간을 의미한다. 통화정책의 경우 통화량의 변동이 실물부문에 영향을 주기까지 외부시차가 상대적으로 길다.

03 2019년 국가직 9급

경기변동에 대한 설명으로 옳지 않은 것은?

① 케인즈학파는 수요감소가 경기후퇴의 원인이며, 경기회복을 위해서 확장적 재정·금융정책이 필요하다고 강조하였다.
② 새케인즈학파는 가격경직성이 수요충격에 따른 산출량의 변동을 증폭시킬 수 있음을 강조하였다.
③ 새고전학파는 단기적 경기변동을 경제주체들의 화폐적 충격과 실물부문의 기술충격에 대한 최적행위와 시장청산의 결과로 설명하였다.
④ 통화주의학파는 경기변동에 대해서 준칙(rule)에 의한 통화정책보다는 재량(discretion)에 의한 통화정책을 강조하였다.

출제이슈 경기변동에 대한 학파별 견해
핵심해설 정답 ④

설문을 검토하면 다음과 같다.

① 옳은 내용이다.
케인즈학파는 가격변수가 고정된 상황에서 초과공급은 스스로 해소될 수 없기 때문에 결국 산출량 자체가 조정된다. 즉, 경제 내에 수요 측 충격이 발생하여 균형에서 이탈할 경우 가격변수의 경직성으로 인하여 산출 및 소득변수가 직접 조정되는 것으로 보았다. 따라서 시장가격기구가 원활히 작동하지 못하는 상황에서는 정부의 적극적인 개입이 필요하고 정당화된다. 특히, 총수요가 감소하는 경우, 재고 및 생산이 감소하고 그 영향으로 고용이 감소하여 소득이 줄게 되어 다시 수요를 감소시키는 악순환이 계속되므로 이 악순환을 끊어내기 위한 정부의 확장적 정책 집행의 역할을 강조하였다.

② 옳은 내용이다.
가격경직성이 수요충격에 따른 산출량의 변동을 증폭시킬 수 있음을 강조하였다. 새케인즈학파는 새고전학파의 방법론(합리적 기대)을 받아들이면서도 가격변수가 경직적이면 예상되지 않은 정책은 물론이고 예상된 정책도 여전히 효과가 있음을 주장하며 가격경직성을 미시적으로 증명하는 데 주력하였다. 메뉴비용 등으로 인하여 가격은 경직성을 보이게 되고 이런 상황에서 경제에 총수요충격이 오면 경제는 균형에서 상당 기간 이탈하게 되어 경기변동이 발생한다고 보았다. 특히 가격을 조정해야 하는 개별기업의 입장에서 작은 메뉴비용이라고 하더라도 이는 총수요 외부성 차원에서 조정실패를 낳게 되어 산출량이 변동하는 경기변동을 가져온다.

③ 옳은 내용이다.
단기적 경기변동을 경제주체들의 화폐적 충격과 실물부문의 기술충격에 대한 최적행위와 시장청산의 결과로 설명하였다. 새고전학파는 경기변동이론의 새로운 방법론(합리적 기대와 미시적 기초)과 함께 경기변동의 원인으로서 예상치 못한 통화량을 강조하는 화폐적 균형경기변동이론을 발전시켰다. 화폐적 균형경기변동이론은 1980년에 들어서 키들랜드와 프레스컷에 의해서 기술충격과 같은 실물적 요인이 경기변동의 가장 중요한 원인이라고 보는 실물적 균형경기변동이론으로 발전하였다. 이들에 의하면 경기변동은 충격에 대하여 가계 및 기업과 같은 경제주체들이 새로운 최적화 선택을 찾아가는 과정에서 나타나는 동태적 결과로 나타나는 것으로서 최초 균형에서 이탈한 상태도 그 자체로서 균형이라고 주장한다. 즉, 신축적 가격조정을 통해서 항상 수요와 공급이 일치하는 시장청산의 균형상태로 경기변동을 파악한다.

④ 틀린 내용이다.
통화주의학파는 경기변동에 대해서 재량(discretion)에 의한 통화정책보다는 준칙(rule)에 의한 통화정책을 강조하였다. 프리드만을 중심으로 통화론자는 당국의 재량적 통화정책을 비판하면서 경기안정화 목적의 재량적 통화정책은 정책효과의 시차 및 불확실성으로 인하여 경제를 오히려 불안정화시킬 뿐이라고 주장하였다. 이에 대한 대안으로서 안정적인 경제를 위해서 준칙에 의한 통화공급을 주장하였다.

04 | 2016년 서울시 7급 |

새고전학파와 새케인즈학파의 정책효과에 대한 설명으로 가장 옳은 것은?

① 새고전학파에 따르면 예상치 못한 정부지출의 증가는 장기적으로 국민소득을 증가시킨다.
② 새고전학파에 따르면 예상된 통화공급의 증가는 단기적으로만 국민소득을 증가시킨다.
③ 새케인즈학파에 따르면 예상치 못한 통화공급의 증가는 장기적으로 국민소득을 증가시킨다.
④ 새케인즈학파에 따르면 예상된 정부지출의 증가는 단기적으로 국민소득을 증가시킨다.

출제이슈 새고전학파와 새케인즈학파
핵심해설 정답 ④

1) 새고전학파와 정책의 효과

새고전학파는 재량적인 총수요관리정책은 장기뿐만 아니라 합리적 기대를 하는 민간주체가 예상한 경우 단기에서도 무력하다고 비판하였다(정책무력성 정리). 예상되지 못한 정책은 일시적으로 유효하지만 시간이 흐르면서 민간의 기대가 조정됨에 따라서 정책은 효과가 없게 된다.

① 새고전학파에 따르면 예상치 못한 정부지출의 증가는 단기적으로는 국민소득을 증가시킬 수 있지만, 장기적으로 국민소득을 증가시키지 못하므로 틀린 내용이 된다.

② 새고전학파에 따르면 예상된 통화공급의 증가는 단기적으로도 국민소득을 증가시킬 수 없으므로 틀린 내용이 된다.

2) 새케인즈학파와 정책의 효과

새케인즈학파는 합리적 기대를 받아들이면서도 가격변수가 경직적이면 예상되지 않은 정책은 물론이고 예상된 정책도 여전히 효과가 있음을 주장하며 경직성을 미시적으로 증명하였다. 가격이 경직적인 상황에 경제에 충격이 오면 경제는 균형에서 상당 기간 이탈하게 되고 한참 후에 균형을 회복하면서 경기변동이 자연스럽게 발생하는 것이다(메뉴비용 등으로 가격에 경직성을 보이게 되면 산출량 조정을 통해서 경기변동 발생).

③ 새케인즈학파에 따르면 예상치 못한 통화공급의 증가는 단기적으로 국민소득을 증가시키는 효과가 있으나 장기적으로는 효과가 없다. 따라서 틀린 내용이 된다.

④ 새케인즈학파에 따르면 예상된 정부지출의 증가는 단기적으로 국민소득을 증가시킨다. 이는 가격변수가 경직적이기 때문에 예상된 정책이건 예상되지 못한 정책이건 모두 효과가 있는 것이다. 따라서 옳은 내용이 된다.

05 | 2012년 국가직 7급 |

거시경제에 대한 설명으로 옳지 않은 것은?

① 공급 측면에서 부정적인 충격(negative supply shock)이 있을 때, 총수요관리정책은 물가안정과 고용증대에 유용하다.
② 고전학파이론은 가격과 임금의 신축성을 가정하기 때문에 장기적인 이슈 분석에 유용하다.
③ 합리적기대가설에 따르면 예견된 일회성 통화량의 증가는 실물경제에 큰 영향을 미치지 못한다.
④ 상대가격과 물가수준에 대한 착각이 있는 경우 단기 총공급곡선은 우상향할 수 있다.

출제이슈 거시경제에 대한 학파별 견해
핵심해설 정답 ①

이 문제는 거시경제의 주요 이슈들이 혼합된 종합문제로서 설문을 검토하면 다음과 같다.

① 틀린 내용이다.
유가 상승, 원자재 가격 상승 등 불리한 공급충격 혹은 부의 공급충격이 발생할 경우 총공급곡선이 좌상방으로 이동하게 된다. 따라서 물가는 상승하고 생산은 감소하고 실업률은 상승한다. 이를 경기침체 상태에서의 인플레이션이라는 의미로 스태그플레이션이라고 한다.

이때, 재정정책과 같은 총수요관리정책을 통해서는 물가안정과 산출량안정을 동시에 달성할 수 없다. 확대재정정책이나 확대통화정책을 사용하게 되면, 경기침체는 완화시킬 수 있으나 물가가 더욱 상승하게 되는 부작용이 발생한다. 한편 긴축재정정책이나 긴축통화정책을 사용하게 되면, 물가는 안정화시킬 수 있으나 산출량이 더욱 감소하여 실업률이 급등하는 문제가 있다. 따라서 스태그플레이션 하에서 총수요관리정책을 통해서는 물가안정과 산출량안정을 동시에 달성할 수 없으며 총수요관리정책은 무력하다.

② 옳은 내용이다.
고전학파이론은 가격과 임금의 신축성을 가정하고 항상 시장은 청산되어 균형을 이루고 있음에 초점을 맞춘다. 단기적으로 가격과 임금이 경직성을 보이더라도 장기에는 신축적으로 움직이며 조정되어 시장을 청산시키므로 고전학파이론은 단기보다는 장기적인 문제 분석에 도움이 된다.

③ 옳은 내용이다.
합리적 기대(rational expectation)란 이용 가능한 모든 정보를 활용하여 기대를 형성하는 방식을 의미한다. 이를 수식으로 나타내면 다음과 같다.

$$P^e_{t+1} = E_t(P_{t+1}|\Omega_t)$$

- P^e_{t+1} : t기에 예상하는 $t+1$기의 예상물가
- $E_t(P_{t+1})$: $t+1$기의 물가를 현재 t기에 예상한다는 의미
- Ω_t : t기의 이용 가능한 모든 정보를 이용한다는 의미

제7편

합리적기대가설에 따르면 예상된 일회성 통화량의 증가는 곧바로 민간의 기대에 영향을 미쳐서 기대인플레이션율이 상승하여 단기총공급곡선을 상방으로 이동시키게 된다. 따라서 국민소득 등 실물변수에 전혀 영향을 미치지 못하고 물가만을 상승시키는 효과가 나타난다. 이는 합리적으로 예상하는 민간주체의 행태에 기인하여 나타나는 것이고 만일 합리적으로 예상하더라도 전혀 예상치 못한 갑작스러운 통화량의 증가가 발생하는 경우에는 일시적으로 산출 및 소득이 증가할 수 있다. 그러나 시간이 흐름에 따라서 민간의 기대인플레이션율이 상승하면서 다시 경제는 자연산출량 수준으로 복귀하게 되어 통화량 증가가 실물경제에 미치는 영향은 사라진다.

④ 옳은 내용이다.
상대가격과 물가수준에 대한 착각이 있는 경우 단기 총공급곡선은 우상향할 수 있다.
총공급곡선이란 각각의 물가수준에서 기업들이 공급하고자 하는 최종생산물의 양을 나타내는 그래프로서 노동시장의 균형 하에서 달성되는 국민소득과 물가의 조합을 기하적으로 표시한 것이다.

거시경제의 총공급곡선의 모습, 특히 우상향하는 이유에 대하여는 고전학파, 케인즈, 케인즈학파, 통화주의학파, 새고전학파, 새케인즈학파에 따라서 학파별로 그 논리적 근거와 구조가 상이하다.

특히 설문에서 제시된 내용은 상대가격과 물가수준에 대한 혼동을 나타내는 불완전 정보모형에 해당한다. 이에 따르면, 기업은 자신이 생산하는 생산물의 가격은 잘 알고 있지만, 다른 기업이 생산하는 재화들의 가격은 완전히 파악하지 못하고 있다. 물가에 대한 정보가 불완전하여 기업들은 물가의 일반적인 상승과 상대가격의 변화를 혼동하게 된다. 모든 물가의 상승 시, 대부분의 기업들은 자신이 생산하고 있는 생산물의 가격 상승을 경험하게 된다. 기업들은 불완전한 정보로 인하여, 자신들의 생산물 가격 상승이 물가 상승에 기인한 것임을 모르고 있을 수 있다. 결국 기업들은 자신이 생산하고 있는 생산물 가격 상승에 대응하여 생산량을 증가시키게 된다. 이로 인해서 경제 전체의 생산량이 증가하여 우상향하는 총공급곡선이 도출된다.

ISSUE **02** 경기안정화정책 논쟁

1 적극 vs 소극 　2019 국7

1) 소극론자들은 정책의 효과가 불확실하기 때문에 비판한다.

2) **정책효과의 시차**

　① 내부시차(inside lag) : 정책의 필요성을 인지하고 적절한 정책을 시행하는 데 걸리는 시간으로, 재정정책의 경우 내부시차가 상대적으로 길다.

　② 외부시차(outside lag) : 정책이 시행된 후 기대되는 효과가 발생하는 데 걸리는 시간으로, 통화정책의 경우 외부시차가 상대적으로 길다.

2 재량 vs 준칙　2019 국7　2017 국7

1) 준칙에 의한 정책이 반드시 소극적 정책인 것은 아니다.

2) **통화량 준칙** : 통화량을 실질경제성장률과 물가상승률을 고려하여 설정

3) **이자율 준칙** : 이자율을 물가와 총생산에 반응하도록 미리 정해놓고 이에 따르는 것

4) **테일러 준칙** : $r = r^* + 0.5(\pi - \pi^*) + 0.5(Y - Y_F)/Y_F$

　(r^* : 균형이자율, π^* : 목표인플레이션율)

3 최적정책의 비일관성(동태적 불일치)　2019 국7　2019 서7　2017 국7

1) 정부 및 정책에 대한 불신이 발생하므로 정부가 사전에 정책의도 및 목표를 민간에 공표하더라도 민간경제주체의 기대에 영향을 줄 수 없게 된다.

2) 물가안정 및 통화량 감축을 발표하더라도 인플레이션기대를 바꿀 수 없게 된다.

3) 재량에 의한 최적정책보다는 준칙에 의한 비최적정책이 바람직한 균형을 달성함이 입증되었다 (최적정책의 비일관성 vs 일관된 정책의 비최적성).

4) 최적정책의 비일관성은 재량적 정책에서 발생한다.

제7편

4 루카스 비판 2019 국7

1) 사람들의 기대형성은 정책변화의 영향을 받으므로 정책이 바뀌면 사람들의 기대도 바뀐다.

2) 정책이 바뀌면, 사람들은 새로운 기대를 형성하고, 새로운 기대는 경제변수 간의 관계에 영향을 미쳐서 행태방정식 자체를 변경시키게 된다.

3) 정책의 효과를 올바르게 분석하려면, 거시경제모형의 행태함수를 임의적으로 가정해서는 안되고, 합리적 기대 하에서 경제주체의 최적화 행동 및 시장균형의 결과로 도출해야 한다.

5 정책무력성 정리

1) 경제주체들이 합리적으로 기대를 한다면, 정부가 총수요정책을 사용하는 경우, 합리적 기대를 통해 최종적인 물가변화를 예상하게 되고, 이에 따라서 의사결정을 한다.

2) 합리적 기대를 사용할 경우 단기적 조정과정 없이 바로 장기균형이 즉각적으로 달성된다.

3) 결국 실물 총생산의 변화는 없게 되고 물가만 변하게 되어 총수요정책은 효과가 없다.

ISSUE 문제 📝

01 2019년 국가직 7급

경제안정화정책에 대한 설명으로 옳은 것은?

① 준칙에 따른 정책은 미리 정해진 규칙에 따라 정책을 운용하므로 적극적 정책으로 평가될 수 없다.
② 정책의 내부시차는 대체로 재정정책이 통화정책에 비해 짧다.
③ 시간불일치(time inconsistency) 문제는 주로 준칙에 따른 정책에서 나타난다.
④ 루카스 비판(Lucas critique)은 정책 변화에 따라 경제 주체의 기대가 변화할 수 있음을 강조한다.

출제이슈 안정화정책
핵심해설 정답 ④

설문을 검토하면 다음과 같다.

① 틀린 내용이다.
준칙에 의한 정책이 무조건 소극적인 정책인 것은 아니다. 즉, 준칙 vs 재량의 선택문제는 적극 vs 소극의 선택문제와는 다른 문제이다. 예를 들어 연간 통화증가율을 무조건 일정수준으로 묶어두는 준칙은 소극적인 정책이지만, 통화증가율을 실업률갭에 비례하여 증가시키도록 하는 준칙은 적극적인 정책이다. 즉, 경제상황이 변함에 따라 어떠한 정책을 쓸 것인지 미리 정해놓고 이를 따른다면, 정책의 내용이 미리 정해져 있기는 하지만, 상황에 따라 계속 정책이 바뀔 수 있는 것이다.

② 틀린 내용이다.
정책효과가 불확실한 이유로서 정책효과의 시차를 들 수 있다. 시차에는 내부시차와 외부시차가 있다. 내부시차(inside lag)는 정책의 필요성을 인지하고 적절한 정책을 시행하는 데 걸리는 시간을 의미한다. 재정정책의 경우 정부의 정책수립과 국회의 협력 등의 과정이 법적으로 필수적인 경우가 많아서 내부시차가 상대적으로 길다. 외부시차(outside lag)는 정책이 시행된 후 기대되는 효과가 발생하는 데 걸리는 시간을 의미한다. 통화정책의 경우 통화량의 변동이 실물부문에 영향을 주기까지 외부시차가 상대적으로 길다.

③ 틀린 내용이다.
최적정책의 비일관성(동태적 불일치)은 t기에 결정되어 t+1기에 실시될 것으로 예상되는 정책과 실제로 t+1기에 실시되는 정책이 불일치하는 경우를 의미하며, 재량에 의한 정책에서 발생한다. 재량에 의한 최적정책보다는 준칙에 의한 비최적정책이 오히려 바람직한 균형을 달성함이 입증되어 있다. 즉, 재량에 의한 최적정책의 비일관성보다는 준칙에 의한 일관된 정책의 비최적성이 더 우월하다.

④ 옳은 내용이다.
루카스 비판(Lucas critique)에 따르면 사람들의 기대형성은 정책변화의 영향을 받으므로 정책이 바뀌면 사람들의 기대도 바뀐다. 즉, 정책이 바뀌면, 사람들은 새로운 기대를 형성하고, 새로운 기대는 경제변수 간의 관계에 영향을 미쳐서 행태방정식 자체를 변경시키게 된다. 정책의 효과를 올바르게 분석하려면, 거시경제모형의 행태방정식을 임의적으로 가정해서는 안 되고, 합리적 기대 하에서 경제주체의 최적화 행동 및 시장균형의 결과로 도출해야 한다. 따라서 설문에서 정책 변화에 따라 경제 주체의 기대가 변화할 수 있음을 강조한다는 것은 옳은 내용이다.

제7편

02 2017년 국가직 7급

정부의 거시경제정책 중 재량적 정책과 준칙에 따른 정책에 대한 설명으로 옳은 것은?

① 준칙에 따른 정책은 소극적 경제정책의 범주에 속한다.
② 매기의 통화증가율은 k%로 일정하게 정하는 것은 통화공급량이 매기 증가한다는 점에서 재량적 정책에 해당한다.
③ 동태적 비일관성(dynamic inconsistency)은 재량적 정책 때문이 아니라 준칙에 따른 정책 때문에 발생한다.
④ 케인즈 경제학자들의 미세조정 정책은 준칙에 따른 정책보다는 재량적 정책의 성격을 띤다.

출제이슈 안정화정책
핵심해설 정답 ④

설문을 검토하면 다음과 같다.

① 틀린 내용이다.
준칙에 의한 정책이 무조건 소극적인 정책인 것은 아니다. 즉, 준칙 vs 재량의 선택문제은 적극 vs 소극의 선택문제와는 다른 문제이다. 예를 들어 연간 통화증가율을 무조건 일정수준으로 묶어두는 준칙은 소극적인 정책이지만, 통화증가율을 실업률갭에 비례하여 증가시키도록 하는 준칙은 적극적인 정책이다. 즉, 경제상황이 변함에 따라 어떠한 정책을 쓸 것인지 미리 정해놓고 이를 따른다면, 정책의 내용이 미리 정해져 있기는 하지만, 상황에 따라 계속 정책이 바뀔 수 있는 것이다.

② 틀린 내용이다.
매기의 통화증가율을 k%로 일정하게 정하는 것은 재량이 아니라 준칙에 의한 정책이다.

③ 틀린 내용이다.
동태적 비일관성(dynamic inconsistency) 혹은 최적정책의 비일관성(동태적 불일치)은 t기에 결정되어 t+1기에 실시될 것으로 예상되는 정책과 실제로 t+1기에 실시되는 정책이 불일치하는 경우를 의미하며, 재량에 의한 정책에서 발생한다.

정부정책이 재량적으로 이루어질 수 있다면, 정부로서는 당연히 사전에 발표한 것과는 다른 정책을 시행하고자 할 것이기 때문에 동태적 비일관성은 재량적 정책에서 발생하게 된다. 만일 정부의 최적정책에 있어서 동태적 불일치가 있음을 민간부문이 인지하게 되면 결국엔 정책 자체를 불신하게 될 것이다. 이에 따라서 정부가 사전에 정책의도 및 목표를 민간에 공표하더라도 민간경제주체의 기대에 영향을 줄 수 없게 된다. (물가안정 및 통화량 감축을 발표하더라도 인플레이션기대를 바꿀 수 없게 된다.)

따라서 재량에 의한 최적정책보다는 준칙에 의한 비최적정책이 오히려 바람직한 균형을 달성할 수 있다. 즉, 재량에 의한 최적정책의 비일관성보다는 준칙에 의한 일관된 정책의 비최적성이 더 우월하다.

④ 옳은 내용이다.
케인즈 경제학자들의 미세조정 정책은 경제상황에 따라서 정부가 적절히 확장적 혹은 긴축적 총수요관리정책을 펴는 것으로서 이는 준칙에 따른 정책이 아니라 재량적 정책의 성격이다.

03 2019년 서울시 7급

적극적인 경기 안정화 정책의 사용이 바람직한지에 대한 논쟁에서 정책의 동태적인 비일관성(또는 시간 비일관성)의 의미에 대한 서술로 가장 옳은 것은?

① 정책의 집행과 효과 발생 과정에 시차가 존재하기 때문에 정책 효과가 의도한 대로 나타나지 않을 수 있다.

② 정책 당국은 시장의 암묵적 신뢰를 깨고 단기적인 정책목표를 추구할 인센티브를 가진다.

③ 정권마다 다른 정책의 방향을 가지므로 거시 경제정책은 장기적으로 일관성을 가지기 어렵다.

④ 시장의 상황은 지속적으로 변화하므로 정책의 방향을 시의적절하게 선택하는 것이 바람직하다.

출제이슈 정책의 동태적인 비일관성
핵심해설 정답 ②

설문을 검토하면 다음과 같다.

① 틀린 내용이다.
정책의 동태적 비일관성에 대한 서술이 아니라 정책의 시차에 대한 설명이다.

② 옳은 내용이다.
동태적 비일관성(dynamic inconsistency) 혹은 최적정책의 비일관성(동태적 불일치)은 t기에 결정되어 t+1기에 실시될 것으로 예상되는 정책과 실제로 t+1기에 실시되는 정책이 불일치하는 경우를 의미하며, 재량에 의한 정책에서 발생한다. 정부정책이 재량적으로 이루어질 수 있다면, 정부로서는 당연히 사전에 발표한 것과는 다른 정책을 시행하고자 할 것이기 때문에 동태적 비일관성은 재량적 정책에서 발생하게 된다.

예를 들어 t기에 결정되어 t+1기에 실시될 것으로 예상되는 최적정책은 긴축적 통화정책이지만, 실제로 t+1기에 실시되는 최적정책은 팽창적 통화정책이다. t기에 결정되어 t+1기에 실시될 것으로 예상되는 최적정책인 긴축적 통화정책이 민간에게 알려져 있을 경우 이를 신뢰한 민간은 기대를 조정하여 기대물가를 낮추게 된다. 결국 실제 t+1기가 도래할 경우, 민간의 기대조정에 의하여 이미 정부의 정책목표인 물가 인하는 달성되어버렸고, 더이상 정부는 실시하기로 공약한 정책인 긴축적 통화정책을 실시할 필요가 없게 된다. 오히려 t+1기에는 당면한 다른 과제─예를 들면, 물가 인하는 해결되었으니 실업문제─를 해결하기 위해 다른 정책 즉, 팽창적 통화정책을 쓰려고 할 것이다. 따라서 정책 당국은 시장의 암묵적 신뢰를 깨고 단기적인 정책목표를 추구할 인센티브를 가진다(설문 ②).

③ 틀린 내용이다.
정책의 동태적 불일치는 시간이 흐름에 따라서 최적정책이 일치하지 않는 것이지 정권이 바뀜에 따라서 불일치하는 것이 아니다.

④ 틀린 내용이다.
정부정책이 재량적으로 이루어질 수 있다면, 정부로서는 당연히 사전에 발표한 것과는 다른 정책을 시행하고자 할 것이기 때문에 동태적 비일관성은 재량적 정책에서 발생하게 된다. 만일 정부의 최적정책에 있어서 동태적 불일치가 있음을 민간부문이 인지하게 되면 결국엔 정책 자체를 불신하게 될 것이다. 이에 따라서 정부가 사전에 정책의도 및 목표를 민간에 공표하더라도 민간경제주체의 기대에 영향을 줄 수 없게 된다. (물가안정 및 통화량 감축을 발표하더라도 인플레이션기대를 바꿀 수 없게 된다.)

따라서 재량에 의한 최적정책보다는 준칙에 의한 비최적정책이 오히려 바람직한 균형을 달성할 수 있다. 즉, 재량에 의한 최적정책의 비일관성보다는 준칙에 의한 일관된 정책의 비최적성이 더 우월하다.

설문에서 시장의 상황이 지속적으로 변화한다고 해서 정책의 방향을 시의적절하게 선택하는 것은 바람직하지 않으므로 틀린 내용이 된다.

제7편

1 통화정책의 준칙

1) 통화량 준칙

① 통화량증가율을 정해진 규칙에 따라 설정

② 예를 들어 매기의 통화량증가율을 $k\%$로 일정하게 정하는 경우 변하지 않는 준칙

③ 대체로 통화량은 실질경제성장률과 물가상승률을 고려하여 설정, 변하는 준칙

2) 이자율 준칙

① 이자율을 정해진 규칙에 따라 설정

② 이자율을 인플레이션(물가)과 총생산에 반응하도록 미리 정해놓고 이에 따르는 것

2 테일러 준칙 2020 지7 2019 서7 2018 국7 2018 지7

1) 준칙에 의한 적극적 정책의 사례로 이자율 준칙의 일종인 테일러 준칙을 들 수 있다.

2) 테일러 준칙은 물가안정과 경기안정화를 동시에 달성하기 위해서 미국의 연방준비제도가 통화정책을 시행하는 방식에 대하여 테일러가 추정한 식을 의미한다.

3) 이는 통화정책의 수단으로서 연방자금금리(federal funds rate)를 정책적으로 설정함에 있어서 물가안정과 경기안정화를 모두 고려하고 있음을 잘 보여준다.

4) 테일러 준칙은 다음과 같다.

$$i = (\pi + r^*) + 0.5(\pi - \pi^*) + 0.5(Y - Y_F)/Y_F$$

(r^* : 균형이자율, π : 실제인플레이션율, π^* : 목표인플레이션율, Y : 실질GDP, Y_F : 잠재GDP)
참고로, 테일러는 균형이자율 2%, 목표인플레이션율 2%를 제안하였다.

5) 연방자금금리의 정책적 설정은 다음과 같은 요인에 의해 결정된다.

① $(\pi - \pi^*)$: 실제인플레이션율과 목표인플레이션율의 차이

② $(Y - Y_F)$: 실질GDP와 잠재GDP의 차이

③ $(\pi + r^*)$: 완전고용을 달성하는 균형이자율(인플레이션율과 단기실질이자율의 합)

6) 테일러 준칙에 의한 통화정책

① 실제인플레이션율이 목표인플레이션율보다 높은 경우 연방자금금리는 균형이자율 수준보다 높게 설정되는데 이는 긴축적 통화정책을 의미한다. 반대의 경우는 연방자금금리가 균형이자율 수준보다 낮게 설정되는데 이는 확장적 통화정책을 의미한다.

② 실질GDP가 잠재GDP보다 높은 경우 연방자금금리는 균형이자율 수준보다 높게 설정되는데 이는 긴축적 통화정책을 의미한다. 반대의 경우는 연방자금금리가 균형이자율 수준보다 낮게 설정되는데 이는 확장적 통화정책을 의미한다.

ISSUE 문제 📝

01 | 2018년 국가직 7급

다음은 A국 중앙은행이 따르는 테일러 준칙이다. 현재 인플레이션율이 4%이고 GDP갭이 1%일 때, A국의 통화정책에 대한 설명으로 옳지 않은 것은? (단, r은 중앙은행의 목표 이자율, π는 인플레이션율, Y^*는 잠재GDP, Y는 실제 GDP이다)

$$r = 0.03 + \frac{1}{4}(\pi - 0.02) - \frac{3}{4}\frac{Y^* - Y}{Y^*}$$

① 목표 이자율은 균형 이자율보다 높다.

② 목표 인플레이션율은 2%이다.

③ 균형 이자율은 3%이다.

④ 다른 조건이 일정할 때, 인플레이션갭 1%p 증가에 대해 목표 이자율은 0.25%p 증가한다.

출제이슈 테일러 준칙

핵심해설 정답 ①

준칙에 의한 적극적 정책의 사례로 이자율 준칙의 일종인 테일러 준칙을 들 수 있다.

테일러 준칙은 물가안정과 경기안정화를 동시에 달성하기 위해서 미국의 연방준비제도가 통화정책을 시행하는 방식에 대하여 테일러가 추정한 식을 의미한다. 이는 통화정책의 수단으로서 연방자금금리(federal funds rate)를 정책적으로 설정함에 있어서 물가안정과 경기안정화를 모두 고려하고 있음을 잘 보여준다. 일반적인 테일러 준칙은 다음과 같다.

$$i = (\pi + r^*) + 0.5(\pi - \pi^*) + 0.5(\frac{Y - Y_F}{Y_F})$$

r^* : 균형이자율, π : 실제인플레이션율, π^* : 목표인플레이션율, Y : 실질GDP, Y_F : 잠재GDP
(참고로 테일러는 균형이자율 2%, 목표인플레이션율 2%를 제안하였다.)

설문에서 A국의 테일러 준칙은 $r = 0.03 + \frac{1}{4}(\pi - 0.02) - \frac{3}{4}\frac{Y^* - Y}{Y^*}$ 과 같다.

현재 인플레이션율이 4%이고 GDP갭이 1%로 주어졌다. 이 수치를 위의 테일러 준칙에 대입하면

$r = 0.03 + \frac{1}{4}(0.04 - 0.02) - \frac{3}{4} \times 0.01 = 0.0275$ 가 된다.

① 틀린 내용이다. 목표 이자율 0.0275는 균형이자율 0.03보다 낮다.

② 옳은 내용이다. 목표 인플레이션율은 2%이다.

③ 옳은 내용이다. 균형이자율은 3%이다.

④ 옳은 내용이다. 다른 조건이 일정할 때, 인플레이션갭 1%p 증가에 대해 목표 이자율은 테일러 준칙에 따라 25%만큼에 해당하는 0.25%p 증가한다.

02 2018년 지방직 7급

중앙은행은 다음과 같은 테일러 준칙(Taylor rule)에 따라서 명목이자율을 결정한다. 이에 대한 설명으로 옳은 것만을 〈보기〉에서 모두 고르면?

$$i_t = \pi_t + \rho + \alpha(\pi_t - \pi^*) + \beta(u_n - u_t)$$

(단, i_t는 t기의 명목이자율, π_t는 t기의 인플레이션율, ρ는 자연율 수준의 실질이자율, π^*는 목표 인플레이션율, u_n은 자연실업률, u_t는 t기의 실업률이며, α와 β는 1보다 작은 양의 상수라고 가정하자)

〈보기〉

ㄱ. t기의 인플레이션율이 1%p 증가하면, 중앙은행은 t기의 명목이자율 $(1+\alpha)$%p 올려야 한다.
ㄴ. t기의 실업률이 1%p 증가하면, 중앙은행은 t기의 명목이자율은 1%p 낮춰야 한다.
ㄷ. t기의 인플레이션율이 목표인플레이션율과 같고 t기의 실업률이 자연실업률과 같으면, t기의 실질이자율은 ρ와 같다.

① ㄱ
② ㄴ
③ ㄱ, ㄷ
④ ㄴ, ㄷ

출제이슈 테일러 준칙
핵심해설 정답 ③

준칙에 의한 적극적 정책의 사례로 이자율 준칙의 일종인 테일러 준칙을 들 수 있다.

테일러 준칙은 물가안정과 경기안정화를 동시에 달성하기 위해서 미국의 연방준비제도가 통화정책을 시행하는 방식에 대하여 테일러가 추정한 식을 의미한다. 이는 통화정책의 수단으로서 연방자금금리(federal funds rate)를 정책적으로 설정함에 있어서 물가안정과 경기안정화를 모두 고려하고 있음을 잘 보여준다. 일반적인 테일러 준칙은 다음과 같다.

$$i = (\pi + r^*) + 0.5(\pi - \pi^*) + 0.5\left(\frac{Y - Y_F}{Y_F}\right)$$

r^* : 균형이자율, π : 실제인플레이션율, π^* : 목표인플레이션율, Y : 실질GDP, Y_F : 잠재GDP
(참고로 테일러는 균형이자율 2%, 목표인플레이션율 2%를 제안하였다.)

설문에서 테일러 준칙은 $i_t = \pi_t + \rho + \alpha(\pi_t - \pi^*) + \beta(u_n - u_t)$로 주어져 있다.

설문을 검토하면 다음과 같다.

ㄱ. 옳은 내용이다.
t기의 인플레이션율이 1%p 증가하면, 위의 테일러 준칙에 따르면 중앙은행은 t기의 명목이자율을 $(1+\alpha)$%p 올려야 한다.

ㄴ. 틀린 내용이다.

t기의 실업률이 1%p 증가하면, 위의 테일러 준칙에 따르면 중앙은행은 t기의 명목이자율은 β%p 낮춰야 한다.

ㄷ. 옳은 내용이다.

t기의 인플레이션율이 목표인플레이션율과 같고 t기의 실업률이 자연실업률과 같으면, 위의 테일러 준칙에서 $(\pi_t - \pi^*)$와 $(u_n - u_t)$가 모두 0이 됨을 의미한다. 따라서 테일러 준칙은 $i_t = \pi_t + \rho$가 되므로 t기의 실질이자율은 ρ와 같다.

03 2019년 서울시 7급

중앙은행이 테일러 준칙(Taylor rule) 하에서 통화정책을 실행한다고 하자. 현재의 인플레이션율이 중앙은행의 인플레이션 목표치와 같고 현재의 생산량이 잠재생산량 수준과 같을 경우 중앙은행의 통화정책에 대한 설명으로 가장 옳은 것은?

① 중앙은행은 기준금리를 낮추는 확장적 통화정책을 펼친다.
② 중앙은행은 기준금리를 높이는 긴축적 통화정책을 펼친다.
③ 중앙은행은 기준금리를 종전과 동일한 수준으로 유지하는 통화정책을 펼친다.
④ 중앙은행은 인플레이션 갭과 생산량 갭이 모두 양이라고 판단하고 이에 따른 통화정책을 펼친다.

출제이슈 테일러 준칙
핵심해설 정답 ③

준칙에 의한 적극적 정책의 사례로 이자율 준칙의 일종인 테일러 준칙을 들 수 있다.

테일러 준칙은 물가안정과 경기안정화를 동시에 달성하기 위해서 미국의 연방준비제도가 통화정책을 시행하는 방식에 대하여 테일러가 추정한 식을 의미한다. 이는 통화정책의 수단으로서 연방자금금리(federal funds rate)를 정책적으로 설정함에 있어서 물가안정과 경기안정화를 모두 고려하고 있음을 잘 보여준다. 일반적인 테일러 준칙은 다음과 같다.

$$i = (\pi + r^*) + 0.5(\pi - \pi^*) + 0.5(\frac{Y - Y_F}{Y_F})$$

r^* : 균형이자율, π : 실제인플레이션율, π^* : 목표인플레이션율, Y : 실질GDP, Y_F : 잠재GDP
(참고로 테일러는 균형이자율 2%, 목표인플레이션율 2%를 제안하였다.)

설문에서 현재의 인플레이션율이 중앙은행의 인플레이션 목표치와 같고 현재의 생산량이 잠재생산량 수준과 같다. 이는 위의 테일러 준칙에서 $(\pi - \pi^*)$와 $(Y - Y_F)$가 모두 0임을 의미한다.
따라서 위의 테일러 준칙은 $i = (\pi + r^*)$이 되어 기준금리를 종전과 동일한 수준으로 유지하게 된다.

04 2020년 지방직 7급

통화정책의 테일러 준칙(Taylor rule)과 인플레이션목표제(inflation targeting)에 대한 설명으로 옳지 않은 것은?

① 테일러 준칙을 따르는 정책당국은 경기가 호황일 때 이자율을 상승시키고, 경기가 불황일 때 이자율을 하락시켜 경기를 안정화시킨다.
② 테일러 준칙에서 다른 변수들은 불변일 때 정책당국이 목표인플레이션율을 높이면 정책금리도 높여야 한다.
③ 인플레이션목표제는 미래 인플레이션의 예측치에 근거하며, 테일러 준칙은 후향적(backward-looking)이어서 과거 인플레이션을 따른다.
④ 인플레이션목표제는 중앙은행의 목표를 구체적인 수치로 제시하므로 중앙은행의 책임감을 높일 수 있다.

출제이슈 테일러 준칙
핵심해설 정답 ②

준칙에 의한 적극적 정책의 사례로 이자율 준칙의 일종인 테일러 준칙을 들 수 있다.

테일러 준칙은 물가안정과 경기안정화를 동시에 달성하기 위해서 미국의 연방준비제도가 통화정책을 시행하는 방식에 대하여 테일러가 추정한 식을 의미한다. 이는 통화정책의 수단으로서 연방자금금리(federal funds rate)를 정책적으로 설정함에 있어서 물가안정과 경기안정화를 모두 고려하고 있음을 잘 보여준다. 일반적인 테일러 준칙은 다음과 같다.

$$i = (\pi + r^*) + 0.5(\pi - \pi^*) + 0.5(\frac{Y - Y_F}{Y_F})$$

r^*: 균형이자율, π: 실제인플레이션율, π^*: 목표인플레이션율, Y: 실질 GDP, Y_F: 잠재 GDP
(참고로 테일러는 균형이자율 2%, 목표인플레이션율 2%를 제안하였다.)

테일러 준칙에 따른 연방자금금리의 정책적 설정은 다음과 같은 요인에 의해 결정된다.

① $(\pi - \pi^*)$: 실제인플레이션율과 목표인플레이션율의 차이
실제인플레이션율이 목표인플레이션율보다 높은 경우 연방자금금리는 균형이자율 수준보다 높게 설정되는데 이는 긴축적 통화정책을 의미한다. 반대의 경우는 연방자금금리가 균형이자율 수준보다 낮게 설정되는데 이는 확장적 통화정책을 의미한다.

② $(Y - Y_F)$: 실질 GDP와 잠재 GDP의 차이
실질 GDP가 잠재 GDP보다 높은 경우 연방자금금리는 균형이자율 수준보다 높게 설정되는데 이는 긴축적 통화정책을 의미한다. 반대의 경우는 연방자금금리가 균형이자율 수준보다 낮게 설정되는데 이는 확장적 통화정책을 의미한다.

③ $(\pi + r^*)$: 완전고용을 달성하는 균형이자율(인플레이션율과 단기실질이자율의 합)
인플레이션율이 상승하는 경우 연방자금금리를 올려야 함을 의미한다.

위의 내용에 따라서 설문을 검토하면 다음과 같다.

① 옳은 내용이다.
테일러 준칙은 다음과 같다.

$$i = (\pi + r^*) + 0.5(\pi - \pi^*) + 0.5(\frac{Y - Y_F}{Y_F})$$

r^*: 균형이자율, π: 실제인플레이션율, π^*: 목표인플레이션율, Y: 실질 GDP, Y_F: 잠재 GDP

테일러 준칙을 따르는 정책당국은 경기가 호황이어서 실제인플레이션율과 목표인플레이션율의 차이$(\pi - \pi^*)$가 커지거나 실질 GDP와 잠재 GDP의 차이$(Y - Y_F)$가 커지는 경우 이자율을 상승시킨다. 반대로 경기가 불황인 경우 이자율을 하락시켜 경기를 안정화시킨다.

② 틀린 내용이다.
테일러 준칙에서 다른 변수들은 불변일 때 정책당국이 목표인플레이션율을 높이면 정책금리를 낮춰야 한다.

$$i = (\pi + r^*) + 0.5(\pi - \pi^*) + 0.5(\frac{Y - Y_F}{Y_F})$$ 에서 $(\pi - \pi^*)$가 줄어들기 때문에 정책금리를 낮춰야 한다.

③ 옳은 내용이다.
테일러 준칙에 의하면, 실제인플레이션율과 목표인플레이션율의 차이$(\pi - \pi^*)$가 커지는 경우 즉 실제인플레이션율이 목표인플레이션율보다 높은 경우 연방자금금리는 균형이자율 수준보다 높게 설정되는데 이는 긴축적 통화정책을 의미한다. 반대의 경우는 연방자금금리가 균형이자율 수준보다 낮게 설정되는데 이는 확장적 통화정책을 의미한다. 이와 같이 테일러 준칙은 지금 상황에서의 실제인플레이션율을 경험한 후에 그에 따라 준칙적 방식으로 정책금리를 정하므로 과거 인플레이션율에 기한 정책적 판단임을 알 수 있다.

한편, 인플레이션 목표제는 물가안정목표제(inflation targeting scheme)라고도 하는데 먼저 통화당국이 최종정책목표인 물가안정에 대하여 명시적으로 목표를 설정하고, 통화량, 이자율, 환율, 기대인플레이션 등 다양한 변수들을 활용하여 목표를 달성하고자 하는 정책방식을 의미한다. 이때, 중앙은행은 미래 인플레이션을 예측하여 물가안정을 위한 구체적인 물가상승률 목표를 설정하는 것이다.

④ 옳은 내용이다.
인플레이션목표제는 중앙은행의 목표를 구체적인 수치로 제시하므로 중앙은행의 책임감을 높일 수 있다. 우리나라는 1997년 한국은행법을 개정하여 물가안정을 통화정책의 목표로 명시하여 물가안정목표제를 채택하였다. 한국은행은 목표로 하는 물가상승률을 달성하기 위해서 기준금리를 정한다. 이때 미리 중기목표로서의 인플레이션목표를 구체적인 수치로 공표하기 때문에 중앙은행의 책임감을 높일 수 있다. 한편, 설정된 인플레이션 목표치를 달성하기 위해서 중간목표를 설정하지 않고 오로지 최종적인 물가상승률 목표의 달성을 위해서 사용할 수 있는 모든 수단을 동원한다. 이 과정에서 이자율, 환율, 실업률 등 다양한 변수를 활용한다. 특히 이자율을 이용하여 정책목표를 달성하는 것이 일반적이므로 이자율 중시 통화정책으로 볼 수 있다. 이 과정에서 결정된 기준금리를 달성하기 위하여 공개시장 조작을 통해서 통화량을 조절하는 방식을 사용한다.

제 8 편

거시경제의
미시적 기초

issue 01 절대소득이론

issue 02 평생소득이론과 항상소득이론

issue 03 랜덤워크가설, 상대소득가설

issue 04 투자이론

issue 05 리카도 동등성 정리

issue 06 케인즈의 화폐수요이론 및 보몰−토빈에 의한 보완

issue 07 고전학파의 화폐수요이론

issue 08 화폐일반

issue 09 본원통화와 지급준비금

issue 10 통화량과 통화승수

issue 11 통화정책의 수단

issue 12 통화정책의 경로

조경국
경제학
워크북

거시편

ISSUE 01 절대소득이론

1 케인즈의 소비함수 [2013 지7]

1) **소비함수** $C = a + bY$

    ① 소비는 현재가처분소득에 의해 결정된다.

    ② 소비는 이자율이 아니라 소득에 의해 결정된다.

2) **한계소비성향** $MPC = \dfrac{\Delta C}{\Delta Y} = b$

    ① 소비증가분 / 소득증가분 [2018 국9]

    ② 한계소비성향은 0보다 크고 1보다 작다. $(0 < b < 1)$

    ③ 한계저축성향 = 1 − 한계소비성향

3) **평균소비성향** $APC = \dfrac{C}{Y}$

    ① 평균소비성향은 소득 증가에 따라서 감소한다.

    ② 고소득일 때의 평균소비가 저소득일 때의 평균소비보다 작다.

4) **소비함수의 추정(통계학 및 계량경제학적 분석)** [2016 국7]

5) **적용** [2017 국7]

    ① 소액복권에 당첨될 경우 소비가 증가한다.

    ② 특별상여금을 받게 되면 소비가 증가한다.

2 케인즈 소비함수의 문제점

1) 횡단면분석 및 단기시계열분석 결과 소득이 증가하는 경우 평균소비성향은 감소한다.

2) 장기시계열분석 결과 소득이 크게 증가하여도 평균소비성향이 거의 불변이다.

3) 케인즈의 소비함수는 횡단면 분석과 단기시계열 분석에서는 성립하지만 장기시계열 분석에서는 성립하지 않는다는 것을 의미한다.

3 쿠즈네츠의 소비퍼즐

1) 단기에서는 케인즈 소비함수와 같이 평균소비성향이 감소한다.

2) 장기에서는 케인즈 소비함수와 달리 평균소비성향이 일정하다.

3) 장단기에 평균소비성향이 달라지는 것을 소비퍼즐이라고 한다.

ISSUE 문제 📝

01 　2013년 지방직 7급

전통적인 케인즈 소비함수의 특징이 아닌 것은?

① 한계소비성향이 0과 1 사이에 존재한다.
② 평균소비성향은 소득이 증가함에 따라 감소한다.
③ 현재의 소비는 현재의 소득에 의존한다.
④ 이자율은 소비를 결정할 때 중요한 역할을 한다.

출제이슈 케인즈의 소비함수
핵심해설 정답 ④

케인즈의 소비이론인 절대소득이론은 다음과 같다.

1) 소비함수 $C = a + bY$
① 소비는 현재가처분소득에 의해 결정된다.
② 소비는 이자율이 아니라 소득에 의해 결정된다.

2) 한계소비성향 $MPC = \dfrac{\Delta C}{\Delta Y} = b$
① 소비증가분 / 소득증가분
② 한계소비성향은 0보다 크고 1보다 작다. $(0 < b < 1)$
③ 한계저축성향 = 1 − 한계소비성향

3) 평균소비성향 $APC = \dfrac{C}{Y}$
① 평균소비성향은 소득 증가에 따라서 감소한다.
② 고소득일 때의 평균소비가 저소득일 때의 평균소비보다 작다.

위의 내용에 따라서 설문을 검토하면 다음과 같다.

①, ②, ③ 위에서 살펴본 절대소득이론에 대한 것으로서 모두 옳은 내용이다.

④ 틀린 내용이다.
케인즈의 절대소득이론에 의하면, 소비는 이자율이 아니라 소득에 의해 결정된다. 이는 소비에 영향을 미치는 다양한 변수 중에서 케인즈이론은 소득 특히 현재의 절대적인 소득을 가장 중요한 변수로 본 것이며, 시점 간 소비 선택 모형이나 대부자금이론에 의하면, 소비는 이자율에도 영향을 받을 수 있다. 즉, 이자율을 결정함에 있어서 중요한 역할을 하느냐 못하느냐는 이론에 따라서 다를 뿐이다.

02 2018년 국가직 9급

A국의 2016년 처분가능소득(disposable income)과 소비가 각각 100만 달러와 70만 달러였다. 2017년에 A국의 처분가능소득과 소비가 각각 101만 달러와 70만 7천 달러로 증가하였다면 A국의 한계저축성향은 얼마인가?

① 0.3
② 0.5
③ 0.7
④ 0.8

출제이슈 한계소비성향과 한계저축성향 계산
핵심해설 정답 ①

한계소비성향은 소비증가분이 소득증가분에서 차지하는 비중으로서 다음과 같이 계산된다.

① 한계소비성향 $MPC = \dfrac{\Delta C}{\Delta Y} = b$

② 소비증가분 / 소득증가분

③ 한계소비성향은 0보다 크고 1보다 작다. $(0 < b < 1)$

한편, 한계저축성향은 1에서 한계소비성향을 차감한 값으로서 둘을 더하면 1이 된다.

위의 내용에 따라서 설문을 검토하면 다음과 같다.

1) 한계소비성향

① 소득의 증가분과 소비의 증가분
 ⅰ) 소득의 증가분은 1만 달러(처분가능소득이 100만 달러에서 101만 달러로 증가)
 ⅱ) 소비의 증가분은 0.7만 달러(소비가 70만 달러에서 70만 7천 달러로 증가)

② 한계소비성향
한계소비성향은 소비의 증가분을 소득의 증가분으로 나눈 0.7이 된다.

2) 한계저축성향
한계저축성향은 1에서 한계소비성향을 차감한 값이므로 따라서 한계저축성향은 0.3이 된다.

03 2016년 국가직 7급

다음은 소비함수에 대한 추정 결과이다. C_t와 Y_t는 각각 t기의 소비(조 원)와 소득(조 원)을 나타내며 안정적인 시계열이다. 괄호 안의 t통계량에 따르면 절편과 계수의 추정치는 통계적으로 유의하다. 이 결과에 대한 설명으로 옳은 것만을 모두 고른 것은? (단, 모형은 회귀분석의 기본가정을 모두 만족하며, ϵ_t는 잔차이다)

$$C_t = 2.48 + 0.56\,Y_t + \epsilon_t$$
$$(3.51)\,(4.04)$$
$$R^2 = 0.85$$

ㄱ. R^2에 따르면 소비의 총변동 중 85%가 소득 변수를 사용한 회귀모형으로 설명된다.
ㄴ. 소득의 계수 0.56은 한계소비성향이 0.56임을 의미한다.
ㄷ. 소득의 계수 0.56은 소득이 1% 상승할 때 소비가 0.56% 상승함을 의미한다.

① ㄱ
② ㄴ
③ ㄱ, ㄴ
④ ㄴ, ㄷ

출제이슈 소비함수의 추정과 해석
핵심해설 정답 ③

경제학에서 주로 다루는 경제모형은 다양한 경제변수 간의 관계식들로 이루어져 있다. 이러한 경제모형은 연역적 논리에 의하여 수리경제모형으로 제시되지만 이 모형의 적합성을 검증하기 위해서는 실제 데이터를 수집하여 계량경제프로그램을 통한 추정과 해석이 필요하다.

우리는 이미 다양한 가정 하에서 도출되었던 케인즈의 절대소득이론을 공부한 바 있고 이를 수리적으로 표현하면, 소비함수는 $C = a + bY$가 된다. 그 의미는 소비는 현재가처분소득에 의해 결정된다는 것이다.

이제 이 함수가 과연 현실을 얼마나 적절히 설명하고 있는지 검증하는 것이 필요하다. 이를 위해서 소비와 소득에 대한 데이터를 수집하여 둘 간의 관계식을 구해낼 수 있다. 그런 예시로서 설문에서 제시된 소비함수가 바로 $C_t = 2.48 + 0.56\,Y_t + \epsilon_t$가 된다. 이러한 소비함수가 추정되는 과정 즉, 회귀분석의 방법은 일단 배제하고 여기서는 그 해석에 초점을 맞추도록 하자.

먼저 회귀분석이란 두 변수 혹은 그 이상의 변수 간에 얼마나 그리고 어떠한 관계를 가지고 있는지를 나타내는 식으로 만일 독립변수와 종속변수 간의 선형함수관계를 가정한다면, $2.48 + 0.56\,Y_t$와 같은 확정적인 부분과 ϵ_t와 같은 확률적인 오차항 부분으로 나눌 수 있다.

회귀분석을 통해 구한 식을 회귀방정식이라고 하는데 이에 대한 적합도 검정(goodness-of-fit-test)이 필요하다. 적합도는 회귀분석의 설명변수들이 피설명변수를 얼마나 잘 설명하고 있는지를 보는 것인데, 통상 회귀분석의 표본회귀식을 통해서 설명된 편차와 설명되지 않는 설명되지 않는 편차를 이용한다. 직관적으로 보면, 총편차 중에서 설명된 편차가 클수록 회귀분석이 적합하다는 것이다. 이를 위해서 수리적으로는 결정계수(coefficient of determination) R^2를 이용하고 있다.

결정계수 R^2는 설명된 제곱합을 총제곱합으로 나눈 것이다. 설명된 제곱합은 앞에서 본 바와 같이 설명된 편차와 관련이 있으며, 설명 안 된 제곱합은 설명 안 된 편차와 관련이 있다. 따라서 결정계수 R^2가 크면 클수록 표본회귀식이 이론을 잘 설명하고 있음을 의미한다. 이는 표본회귀식에 포함된 구성요소들이 종속변수를 잘 설명하고 있다는 뜻이다.

위의 내용에 따라서 설문을 검토하면 다음과 같다.

ㄱ. 옳은 내용이다.
결정계수 $R^2 = 0.85$라는 것은 종속변수가 독립변수의 1차식에 의하여 85% 정도 설명된다는 의미이다. 따라서 본 문제에서 소비라는 종속변수는 소득이라는 독립변수를 포함한 1차식으로 85% 설명 가능하다는 것이다.

ㄴ. 옳은 내용이다.
소득의 계수 0.56은 한계소비성향이 0.56임을 의미한다.
한계소비성향은 소비증가분이 소득증가분에서 차지하는 비중으로서 다음과 같이 계산된다.
한계소비성향 $MPC = \dfrac{\Delta C}{\Delta Y} = b$
위에서 제시된 $C_t = 2.48 + 0.56\,Y_t + \epsilon_t$에서 소비 C_t를 소득 Y_t로 미분한 값이 한계소비성향 0.56이다.

ㄷ. 틀린 내용이다.
소득의 계수 0.56은 소득이 1% 상승할 때 소비가 0.56% 상승함을 의미하는 것이 아니라 소득이 1(원) 증가할 때, 소비가 0.56(원) 증가함을 나타낸다. 만약에 본 문제에서 소비함수식이 위와 같이 선형함수 형태가 아니라 자연로그함수 형태로 주어졌다면, 옳은 내용이 될 수 있다.

참고로 $\ln C_t = 2.48 + 0.56 \ln Y_t + \epsilon_t$였다면, 소득이 1% 증가하면, 소비는 0.56% 증가함을 의미하며 이는 0.56이 바로 탄력성 개념이 됨을 의미한다. 이에 대하여 상세한 내용은 워크북 1권 미시편의 수요－공급이론 파트를 참고하도록 하라.

1 평생소득이론

1) 평생소득

① 평생동안 사용할 수 있는 소득

② 근로소득뿐만 아니라, 주택, 주식, 채권 등의 자산도 포함

2) 소비함수 $C = \alpha NW + \beta Y$ (NW: 비인적 부, Y: 소득)

① 평생소득이 소비를 결정

② 전 생애에 걸친 소득의 흐름을 고려, 소비행위를 결정, 소비의 균등화를 추구

3) 소득은 일생을 거치면서, 유년기, 청장년기, 노년기에 따라서 변화한다. 그러나 이와 같은 소득변화에도 불구하고 각 소비자는 자신의 소비를 평준화하려고 한다. [2011 국7]

① 소득흐름은 역U자형, 소비흐름은 평탄한 모습을 보인다. [2016 국7] [2015 국9]

② 유년기와 노년기에는 평균소비성향이 높아진다.

③ 청장년기에는 평균소비성향이 낮아진다.

4) 단기에 비인적부 NW 는 경기변동에 민감하게 반응하지 않는다.

① 비인적부는 오랜 기간 동안 저축에 의해서 형성되므로 단기에 변동이 크지 않다.

② 단기적인 경기상승국면에서 단기평균소비성향은 소득 증가에 따라서 감소한다.

5) 장기에 비인적부 NW 는 근로소득과 유사한 속도로 성장한다.

① 장기에서는 비인적부의 증가율과 근로소득 증가율이 비슷하다.

② 소득 증가 시 장기평균소비성향은 일정하다.

2 항상소득이론

1) 항상소득

① 미래에도 항구적으로 벌어들일 수 있는 소득

② 장기평균소득수준

2) 소득은 항상소득과 일시소득으로 구별된다.

① 일시소득은 일시적일 뿐, 곧 사라지기 때문에 전 생애에 걸친 소득인 항상소득과 무관하다.

② 항상소득과 일시소득은 상관관계가 없다.

3) 소비함수 $C = \beta Y^P$

① 소비는 현재소득이 아니라 항상소득에 의해 결정되며, 일정하게 유지된다. 2015 국9

② 평균소비성향 $APC = \dfrac{C}{Y} = \dfrac{\beta Y^P}{Y}$: 소득과 항상소득의 비에 의하여 결정된다.

2019 국7 2016 국7

4) 소비와 항상소득·일시소득 간의 관계

① 항상소득은 소비에 영향을 미치지만, 일시소득은 소비에 영향을 미치지 못한다.

② 일시소득이 일시적으로 주어져 양이 되는 경우, 일시소득은 소비에 영향을 주지 않으므로 모두 저축이 된다. 즉 일시소득의 증가로 된 부분은 소비를 전혀 변화시키지 못한다.

5) 단기에 있어서 소득이 증가할 경우, 사람들은 이 중 일부만을 항상소득의 증가로 간주한다.

① 소득 증가 시 일시소득이 존재하므로 소득 증가보다 항상소득 증가가 작다.

② 소득 증가 시 항상소득이 소득에서 차지하는 비율(항상소득/소득)이 작아지므로 평균소비성향은 감소한다.

6) 장기에 소득이 증가할 경우, 사람들은 소득증가분 전체를 항상소득의 증가라고 생각한다.

① 장기에서는 소득의 증가율이 항상소득의 증가율과 일치하게 된다.

② 평균소비성향 $\dfrac{C}{Y} = \beta \dfrac{Y^P}{Y}$ 에서 Y^P, Y의 증가율이 같아서 평균소비성향이 일정하다.

7) 항상소득이론의 적용

① 일시적 실업자라고 하더라도 소비가 크게 줄지 않는다. 2017 국7

② 장기간의 소득세 감면이 이루어지면, 소비 증가, 경기활성화에 도움이 된다. 2017 국7

③ 유동성제약이 존재할 경우 현재소득에 대한 현재소비의 의존도는 커진다. 2016 국7

④ 현재시점에 있어서 미래 항구적인 정책변화(예 : 세율)를 미리 공표할 경우, 현재 즉각 소비가 변화할 수 있다. 2014 서7

⑤ 직장에서 승진하여 소득이 증가하면 소비가 증가한다. 2013 국9

⑥ 경기호황기에 일시소득이 증가하면 저축률이 상승한다. 2013 국9

⑦ 항상소득에 대한 한계소비성향이 일시소득에 대한 소비성향보다 크다. 2013 국9

⑧ 복권당첨으로 얻은 소득은 일시소득이고, 안정된 직장에서 발생한 소득은 항상소득에 영향을 주기 때문에 각각 다른 소비성향을 보인다. 2015 국9

ISSUE 문제 📝

01 2017년 국가직 7급

다음은 소득과 소비의 관계에 대한 두 의견이다. 이에 대한 설명으로 옳은 것은?

> (가) 소비는 처분가능소득에 가장 큰 영향을 받는다. 처분가능소득이 증가하면 소비는 증가한다.
> (나) 사람들은 현재의 소득이 아니라 일생 동안의 소득을 고려하여 소비 수준을 결정한다. 사람들은 전 생애에 걸쳐 안정적 소비패턴을 유지하려고 하므로 소비는 그때그때의 소득에 민감하게 반응하지 않는다.

① (가)에 따르면 소액 복권에 당첨된 사람은 소비를 늘리지 않을 것이다.
② (가)에 따르면 경기 상승으로 회사 영업실적이 좋아져 받은 특별 상여금은 모두 저축될 것이다.
③ (나)에 따르면 일시적 실업자는 소비를 크게 줄일 것이다.
④ (나)에 따르면 장기간의 소득세 감면은 경기 활성화에 도움이 될 것이다.

출제이슈 절대소득이론과 평생·항상소득이론
핵심해설 정답 ④

(가)의 경우 케인즈의 절대소득이론을 나타내고 있다.

1) 소비함수 $C = a + bY$
2) 소비는 현재가처분소득에 의해 결정된다.
3) 소비는 이자율이 아니라 소득에 의해 결정된다.

(나)의 경우 평생·항상소득이론을 나타내고 있다.

1) 평생소득 또는 항상소득이 소비를 결정한다.
2) 전 생애에 걸친 소득의 흐름을 고려, 소비행위를 결정하고 소비의 균등화를 추구한다.
3) 일시적 실업상태에 있어서 소득이 줄더라도 평생소득 혹은 항상소득은 크게 변하지 않는다.
4) 장기간의 소득세 감면이 이루어지면, 평생소득 혹은 항상소득에 영향을 주게 된다.

위의 내용에 따라서 설문을 검토하면 다음과 같다.

① 틀린 내용이다.
(가) 케인즈의 절대소득이론에 따르면 소액 복권에 당첨된 사람은 현재가처분소득이 늘었으므로 소비를 늘릴 것이다. 따라서 틀린 내용이다.

② 틀린 내용이다.
(가) 케인즈의 절대소득이론에 따르면 경기 상승으로 회사 영업실적이 좋아져 받은 특별 상여금으로 인해서 현재가처분소득이 늘었으므로 일부는 소비하고 나머지는 저축할 것이다. 따라서 모두 저축될 것이라는 내용은 옳지 않다.

제8편

③ 틀린 내용이다.
(나) 평생·항상소득이론에 따르면 일시적 실업자의 경우 소득이 일시적으로 줄긴 하지만, 평생소득 혹은 항상소득 관점에서 보면 안정적으로 소비를 하려고 하기 때문에 당장 소비가 크게 줄지 않는다. 따라서 틀린 내용이다.

④ 옳은 내용이다.
(나) 평생·항상소득이론에 따르면 장기간의 소득세 감면은 평생소득이나 항상소득에 영구적으로 영향을 줄 수 있기 때문에 이에 기하여 소비가 증가할 것이다. 따라서 이러한 정책은 경기 활성화에 도움이 될 것이다.

02 [2011년 국가직 7급]

소비이론 중 생애주기(life-cycle)가설에 대한 설명으로 옳지 않은 것은?

① 소비자는 일생 동안 발생할 소득을 염두에 두고 적절한 소비수준을 결정한다.
② 청소년기에는 소득보다 더 높은 소비수준을 유지한다.
③ 저축과 달리 소비의 경우는 일생에 걸쳐 거의 일정한 수준이 유지된다.
④ 동일한 수준의 가처분소득을 갖고 있는 사람들은 같은 한계소비성향을 보인다.

출제이슈 평생소득이론
핵심해설 정답 ④

평생소득이론 혹은 소비의 생애주기가설의 주요 내용은 다음과 같다.

1) 평생소득
① 평생소득이란 일생 동안 벌어들여서 사용할 수 있는 소득을 말한다.
② 근로소득뿐만 아니라, 주택, 주식, 채권 등의 자산도 포함된다.

2) 소비함수 $C = \alpha NW + \beta Y$ (NW: 비인적 부, Y: 소득)
① 평생소득이 소비를 결정한다.
② 전 생애에 걸친 소득의 흐름을 고려, 소비행위를 결정하고 소비의 균등화를 추구한다.

3) 소득은 일생을 거치면서, 유년기, 청장년기, 노년기에 따라서 변화한다. 그러나 이와 같은 소득변화에도 불구하고 각 소비자는 자신의 소비를 평준화하려고 한다.
① 소득흐름은 역U자형, 소비흐름은 평탄한 모습을 보인다.
② 유년기와 노년기에는 평균소비성향이 높아진다.
③ 청장년기에는 평균소비성향이 낮아진다.

참고로 소비의 균등화 혹은 평준화(consumption smoothing)란 소득의 수준이 시점에 따라서 달라지더라도 소비자의 효용을 극대화시키는 최적의 소비는 매기에 비슷한 수준을 유지하려고 하는 경향을 의미한다. 이는 우리가 이미 미시경제이론에서 학습한 시점 간 소비 선택 모형을 통해서 증명되었다. 항상소득이론 및 평생소득이론은 모두 소비의 평준화를 기본적으로 목표로 하고 있다.

4) 단기의 평균소비성향
단기에 있어서 소득이 증가하더라도 비인적부 NW 는 단기적인 경기변동에 민감하게 반응하지 않는다. 비인적부는 오랜 기간 동안 저축에 의해서 형성되므로 단기에 변동이 크지 않다. 따라서 단기적인 경기상승국면에서 단기평균소비성향은 소득 증가에 따라서 감소한다.

5) 장기의 평균소비성향
그러나 장기에 소득이 증가할 경우, 비인적부 NW 도 근로소득과 유사한 속도로 성장한다고 할 수 있다. 따라서 장기에서는 비인적부의 증가율과 근로소득 증가율이 비슷하다. 장기에 소득 증가 시 장기평균소비성향은 일정하다.

제8편

위의 내용에 따라서 설문을 검토하면 다음과 같다.

① 옳은 내용이다.
생애주기이론에 의하면 소비자는 소비를 결정함에 있어서 지금 당장의 소득보다는 일생 동안 벌어들여서 사용할 수 있는 소득을 염두에 두고 소비평준화를 위한 적절한 소비수준을 결정한다.

② 옳은 내용이다.
생애주기이론에 의하면 청소년기나 노년기에는 소득이 없거나 매우 줄게 된다. 따라서 소비수준은 소득수준보다 높을 수밖에 없다. 이를 위해서 장년기의 소득을 저축하여 전 생애 동안의 소비평준화를 위해서 적절한 소비수준을 결정한다.

③ 옳은 내용이다.
생애주기이론에 의하면 청소년기나 노년기에는 소득이 없거나 매우 줄게 된다. 그럼에도 소비는 적절한 생활을 영위하려면 평준화하여 유지될 필요가 있다. 따라서 저축은 소비평준화와는 달리 소득과 소비의 차이에 따라서 상당한 변동을 보일 수밖에 없다.

④ 틀린 내용이다.
동일한 수준의 가처분소득을 갖고 있는 사람들은 같은 한계소비성향을 보이는 것은 절대소득이론에 해당하며 평생소득이론에서는 동일한 수준의 가처분소득이더라도 평생소득이 어느 정도인지 그리고 생애의 어느 단계에 있느냐에 따라서 즉, 장년기에 있는 사람과 노년기에 있는 사람의 소비성향이 달라진다.

03 2016년 국가직 7급

소비이론에 대한 설명으로 옳지 않은 것은?

① 레입슨(D. Laibson)에 따르면 소비자는 시간 비일관성(time inconsistency)을 보인다.
② 항상소득 가설에 의하면 평균소비성향은 현재소득 대비 항상소득의 비율에 의존한다.
③ 생애주기 가설에 의하면 전 생애에 걸쳐 소비흐름은 평탄하지만, 소득흐름은 위로 볼록한 모양을 갖는다.
④ 가계에 유동성제약이 존재하면 현재소득에 대한 현재소비의 의존도는 약화된다.

출제이슈 평생소득이론과 항상소득이론
핵심해설 정답 ④

설문을 검토하면 다음과 같다.

① 옳은 내용이다.
레입슨에 따르면, 시간적 근접 여부에 따라서 경제주체들의 선호는 달라질 수 있다. 이를 시간적 비일관성(Time inconsistency)이라고 한다. 이는 사람들이 장기적으로 최선의 이익을 달성하기 위해서 행동하지 않고 단기적인 측면에 좀 더 초점을 맞춰서 행동함을 의미한다. 금연하는 것이 몸에 좋다는 것은 잘 알고 있지만 지금 당장 피우고 싶은 욕구는 억제하기 힘들다. 전통적인 합리적 인간이라면 보다 큰 편익을 위해서 최적의 선택을 해야 하지만, 선택에 있어서 시간의 격차가 개입되면, 선호가 바뀔 수도 있는 것이다.

② 옳은 내용이다.
항상소득이론에 의하면, 소비는 항상소득에 의해 결정된다. 항상소득이란 미래에도 항구적으로 벌어들일 수 있는 소득으로서 장기평균소득수준을 의미한다. 따라서 소비함수는 $C = \beta Y^P$로 표시할 수 있다. 소비는 현재소득이 아니라 항상소득에 의해 결정되기 때문에 일정하게 유지된다. 이때, 평균소비성향은 $APC = \dfrac{C}{Y} = \dfrac{\beta Y^P}{Y}$로서 소득과 항상소득의 비에 의하여 결정된다. 따라서 옳은 내용이다.
참고로 평균소비성향 $APC = \dfrac{C}{Y} = \dfrac{\beta Y^P}{Y}$는 단기와 장기에 있어서 다른 추이를 보인다.

1) 단기의 평균소비성향

단기에 있어서 소득이 증가할 경우, 사람들은 이 중 일부만을 항상소득의 증가로 간주한다. 소득 증가 시 일시소득이 존재하므로 소득 증가보다 항상소득 증가가 작다. 소득 증가 시 항상소득이 소득에서 차지하는 비율(항상소득/소득)이 작아지므로 평균소비성향은 감소한다. 평균소비성향 $\dfrac{C}{Y} = \beta \dfrac{Y^P}{Y}$에서 Y^P의 증가율이 Y의 증가율보다 작아서 평균소비성향이 감소한다는 의미이다.

2) 장기의 평균소비성향

그러나 장기에 소득이 증가할 경우, 사람들은 소득증가분 전체를 항상소득의 증가라고 생각한다. 장기에서는 소득의 증가율이 항상소득의 증가율과 일치하게 된다. 평균소비성향 $\dfrac{C}{Y} = \beta \dfrac{Y^P}{Y}$에서 Y^P, Y의 증가율이 같아서 평균소비성향이 일정하다.

③ 옳은 내용이다.

평생소득이론에 의하면, 소비는 평생소득에 의해 결정되며 평생소득이란 일생 동안 벌어들여서 사용할 수 있는 소득으로서 근로소득뿐만 아니라, 주택, 주식, 채권 등의 자산도 포함한다. 이때 소비함수는 $C = \alpha NW + \beta Y$ (NW: 비인적 부, Y: 소득)로 표시할 수 있다. 소비는 현재소득이 아니라 평생소득에 의해 결정되기 때문에 일정하게 유지된다. 즉, 전 생애에 걸친 소득의 흐름을 고려하여 소비행위를 결정하고 소비의 균등화를 추구한다. 반면, 소득은 일생을 거치면서, 유년기, 청장년기, 노년기에 따라서 변화한다. 이와 같은 소득변화에도 불구하고 각 소비자는 자신의 소비를 평준화하려고 하기 때문에 소득흐름은 역U자형이지만 소비흐름은 평탄한 모습을 보인다. 이에 따라 유년기와 노년기에는 평균소비성향이 높아지고 청장년기에는 평균소비성향이 낮아진다.

소비의 균등화 혹은 평준화(consumption smoothing)란 소득의 수준이 시점에 따라서 달라지더라도 소비자의 효용을 극대화시키는 최적의 소비는 매기에 비슷한 수준을 유지하려고 하는 경향을 의미한다. 이는 우리가 이미 미시경제이론에서 학습한 시점 간 소비 선택 모형을 통해서 증명되었다. 항상소득이론 및 평생소득이론은 모두 소비의 평준화를 기본적으로 목표로 하고 있다.

1) 단기의 평균소비성향

단기에 있어서 소득이 증가하더라도 비인적부 NW는 단기적인 경기변동에 민감하게 반응하지 않는다. 비인적부는 오랜 기간 동안 저축에 의해서 형성되므로 단기에 변동이 크지 않다. 따라서 단기적인 경기상승국면에서 단기평균소비성향은 소득 증가에 따라서 감소한다.

2) 장기의 평균소비성향

그러나 장기에 소득이 증가할 경우, 비인적부 NW도 근로소득과 유사한 속도로 성장한다고 할 수 있다. 따라서 장기에서는 비인적부의 증가율과 근로소득 증가율이 비슷하다. 장기에 소득 증가 시 장기평균소비성향은 일정하다.

④ 틀린 내용이다.

항상소득이론과 평생소득이론은 평준화된 소비를 위하여 현재 소득과 괴리가 생긴 부분은 차입을 통하여 충당해야 함을 전제로 하고 있다. 만일 가계에 유동성제약이 존재하면 항상소득이나 평생소득이 소비에 미치는 영향이 줄어들게 된다. 따라서 현재소득에 대한 현재소비의 의존도는 약화되는 것이 아니라 강화된다. 이 경우에는 현재의 절대적인 소득의 크기가 소비에 영향을 미치는 케인즈의 절대소득이론의 현실설명력이 배가될 수 있다.

04 [2014년 서울시 7급]

국회가 2014년 1월 1일에 연간 개인 소득에 대한 과세표준 구간 중 8,800만 ~ 1억 5천만 원에 대해 종전에는 24%를 적용했던 세율을 항구적으로 35%로 상향 조정하고, 이를 2015년 1월 1일부터 시행한다고 발표했다고 하자. 밀톤 프리드만((Milton Friedman)의 항상소득가설에 의하면 이 소득 구간에 속하는 개인들의 소비 행태는 어떤 변화를 보일까? (단, 이 외의 다른 모든 사항에는 변화가 없다고 가정하라)

① 소비는 즉각적으로 증가할 것이다.
② 소비는 즉각적으로 감소할 것이다.
③ 2014년에는 소비에 변화가 없고, 2015년 1월 1일부터는 감소할 것이다.
④ 2014년에는 소비가 감소하고 2015년 1월 1일부터는 변화가 없을 것이다.
⑤ 2014년이나 2015년 등의 시간에 상관없이 소비에는 변화가 없을 것이다.

출제이슈 항상소득이론
핵심해설 정답 ②

항상소득이론에 의하면, 소비는 항상소득에 의해 결정된다. 항상소득이란 미래에도 항구적으로 벌어들일 수 있는 소득으로서 장기평균소득수준을 의미한다. 따라서 소비함수는 $C = \beta Y^P$로 표시할 수 있다. 소비는 현재소득이 아니라 항상소득에 의해 결정되기 때문에 일정하게 유지된다. 이때, 평균소비성향은 $APC = \dfrac{C}{Y} = \dfrac{\beta Y^P}{Y}$로서 소득과 항상소득의 비에 의하여 결정된다. (그런데 평균소비성향 $APC = \dfrac{C}{Y} = \dfrac{\beta Y^P}{Y}$는 단기와 장기에 있어서 다른 추이를 보인다.)

1) 단기의 평균소비성향

단기에 있어서 소득이 증가할 경우, 사람들은 이 중 일부만을 항상소득의 증가로 간주한다. 소득 증가 시 일시소득이 존재하므로 소득 증가보다 항상소득 증가가 작다. 소득 증가 시 항상소득이 소득에서 차지하는 비율(항상소득/소득)이 작아지므로 평균소비성향은 감소한다. 평균소비성향 $\dfrac{C}{Y} = \beta \dfrac{Y^P}{Y}$에서 Y^P의 증가율이 Y의 증가율보다 작아서 평균소비성향이 감소한다는 의미이다.

2) 장기의 평균소비성향

그러나 장기에 소득이 증가할 경우, 사람들은 소득증가분 전체를 항상소득의 증가라고 생각한다. 장기에서는 소득의 증가율이 항상소득의 증가율과 일치하게 된다. 평균소비성향 $\dfrac{C}{Y} = \beta \dfrac{Y^P}{Y}$에서 Y^P, Y의 증가율이 같아서 평균소비성향이 일정하다.

3) 단기간의 소득세 감면의 경우(예: 코로나19 문제로 인한 한시적인 조세특례들)

단기간의 소득세 감면은 위의 1)에서 본 바와 같이 단기에 있어서 임시소득의 증가로 해석 가능하다. 물론 단기에 있어서의 소득 증가는 항상소득의 증가와 임시소득의 증가가 혼재되어 있지만, 만일 단기간 소득세 감면 특례가 시행될 경우에는 거의 대부분을 임시소득의 증가로 간주할 것이다. 따라서 임시소득이 증가하고 항상소득은 증가하지 않기 때문에 소비가 늘지 않게 된다. 이러한 임시소득의 증가는 저축으로 이어지기 때문에 저축률이 상승한다.

4) 장기간의 소득세 감면의 경우

장기간의 소득세 감면은 위의 2)에서 본 바와 같이 장기에 있어서 소득의 증가로 해석 가능하다. 사람들은 장기간의 소득세 감면에 의하여 발생한 소득증가분을 항상소득의 증가라고 생각한다. 따라서 항상소득의 증가에 따라서 소비가 증가하게 된다. 특히 유의할 점은 현재 시점에서 미래의 항구적인 정책변화(예: 세율)를 미리 공표할 경우 곧바로 그 정보는 항상소득에 반영되어 항상소득을 변경시키고 이에 따라서 소비도 항상소득이 변경되는 즉시 변경된다.

위의 내용에 따라서 설문을 검토하면 다음과 같다.

설문에서 세율을 항구적으로 35%로 상향 조정하는 것은 항상소득을 감소시키는 것이다. 특히, 정책발표와 동시에 민간은 곧바로 항상소득의 변화를 감지하고 이에 따라 소비를 조정하게 된다. 따라서 세율 인상이 2015년 1월 1일부터 시행한다고 하더라도 이미 발표시점인 2014년 1월 1일에 항상소득이 감소하고 즉각적으로 소비가 감소한다.

① 틀린 내용이다.
소비는 증가하는 것이 아니라 세율 인상으로 인하여 항상소득이 감소하기 때문에 소비도 감소한다.

② 옳은 내용이다.
세율을 항구적으로 35%로 상향 조정하는 것은 항상소득을 감소시키는 것이다. 특히, 정책발표와 동시에 민간은 곧바로 항상소득의 변화를 감지하고 이에 따라 소비를 조정하게 된다. 따라서 세율 인상이 2015년 1월 1일부터 시행한다고 하더라도 이미 발표시점인 2014년 1월 1일에 항상소득이 감소하고 즉각적으로 소비가 감소한다.

따라서 위의 ②의 해설에 따라서 ③, ④, ⑤ 모두 틀린 내용이 된다.

05 | 2013년 국가직 9급 |

항상소득이론에 근거한 설명으로 옳은 것을 모두 고른 것은?

> ㄱ. 직장에서 승진하여 소득이 증가하였으나 이로 인한 소비는 증가하지 않는다.
> ㄴ. 경기 호황기에는 일시소득이 증가하여 저축률이 상승한다.
> ㄷ. 항상소득에 대한 한계소비성향이 일시소득에 대한 한계소비성향보다 더 크다.

① ㄱ   ② ㄴ
③ ㄱ, ㄷ   ④ ㄴ, ㄷ

출제이슈 항상소득이론
핵심해설 정답 ④

항상소득이론에 의하면, 소비는 항상소득에 의해 결정된다. 항상소득이란 미래에도 항구적으로 벌어들일 수 있는 소득으로서 장기평균소득수준을 의미한다. 따라서 소비함수는 $C = \beta Y^P$로 표시할 수 있다. 소비는 현재소득이 아니라 항상소득에 의해 결정되기 때문에 일정하게 유지된다. 이때, 평균소비성향은 $APC = \dfrac{C}{Y} = \dfrac{\beta Y^P}{Y}$ 로서 소득과 항상소득의 비에 의하여 결정된다. (그런데 평균소비성향 $APC = \dfrac{C}{Y} = \dfrac{\beta Y^P}{Y}$ 는 단기와 장기에 있어서 다른 추이를 보인다.)

1) 단기의 평균소비성향

단기에 있어서 소득이 증가할 경우, 사람들은 이 중 일부만을 항상소득의 증가로 간주한다. 소득 증가 시 일시소득이 존재하므로 소득 증가보다 항상소득 증가가 작다. 소득 증가 시 항상소득이 소득에서 차지하는 비율(항상소득/소득)이 작아지므로 평균소비성향은 감소한다. 평균소비성향 $\dfrac{C}{Y} = \beta \dfrac{Y^P}{Y}$ 에서 Y^P의 증가율이 Y의 증가율보다 작아서 평균소비성향이 감소한다는 의미이다.

2) 장기의 평균소비성향

그러나 장기에 소득이 증가할 경우, 사람들은 소득증가분 전체를 항상소득의 증가라고 생각한다. 장기에서는 소득의 증가율이 항상소득의 증가율과 일치하게 된다. 평균소비성향 $\dfrac{C}{Y} = \beta \dfrac{Y^P}{Y}$ 에서 Y^P, Y의 증가율이 같아서 평균소비성향이 일정하다.

3) 단기간의 소득세 감면의 경우(예: 코로나19 문제로 인한 한시적인 조세특례들)

단기간의 소득세 감면은 위의 1)에서 본 바와 같이 단기에 있어서 임시소득의 증가로 해석 가능하다. 물론 단기에 있어서의 소득 증가는 항상소득의 증가와 임시소득의 증가가 혼재되어 있지만, 만일 단기간 소득세 감면 특례가 시행될 경우에는 거의 대부분을 임시소득의 증가로 간주할 것이다. 따라서 임시소득이 증가하고 항상소득은 증가하지 않기 때문에 소비가 늘지 않게 된다. 이러한 임시소득의 증가는 저축으로 이어지기 때문에 저축률이 상승한다.

제8편

4) 장기간의 소득세 감면의 경우

장기간의 소득세 감면은 위의 2)에서 본 바와 같이 장기에 있어서 소득의 증가로 해석 가능하다. 사람들은 장기간의 소득세 감면에 의하여 발생한 소득증가분을 항상소득의 증가라고 생각한다. 따라서 항상소득의 증가에 따라서 소비가 증가하게 된다. 특히 유의할 점은 현재 시점에서 미래의 항구적인 정책변화(예 : 세율)를 미리 공표할 경우 곧바로 그 정보는 항상소득에 반영되어 항상소득을 변경시키고 이에 따라서 소비도 항상소득이 변경되는 즉시 변경된다.

위의 내용에 따라서 설문을 검토하면 다음과 같다.

ㄱ. 틀린 내용이다.
직장에서 승진하여 소득이 증가한 경우는 미래에도 항구적으로 벌어들일 수 있는 소득으로서 장기평균소득수준의 증가를 의미한다. 따라서 승진으로 인하여 항상소득이 증가하였으므로 소비가 증가한다.

ㄴ. 옳은 내용이다.
경기호황기에는 소득이 증가한다. 이때, 사람들은 소득증가분 전체는 항상소득의 증가와 일시소득의 증가가 혼재되어 있다고 생각하기 때문에 소득 증가 시 항상소득이 소득에서 차지하는 비율(항상소득/소득)이 작아지므로 평균소비성향은 감소한다. 평균소비성향 $\dfrac{C}{Y} = \beta \dfrac{Y^P}{Y}$ 에서 Y^P의 증가율이 Y의 증가율보다 작아서 평균소비성향이 감소한다는 의미이다. 특히 일시소득의 증가는 저축으로 이어지기 때문에 저축률이 상승한다.

ㄷ. 옳은 내용이다.
항상소득 추가증가분에 대하여 소비의 추가증가분은 그 비율이 일정하게 유지된다. 즉 항상소득 증가율과 소비증가율은 장기적으로 같다. 그러나 일시소득 추가증가분에 대하여는 대부분 저축으로 갈 것이므로 그에 따른 소비의 추가증가분은 미미할 것이다. 따라서 항상소득에 대한 한계소비성향이 일시소득에 대한 한계소비성향보다 더 크다.

06   2015년 국가직 9급

사람들의 소비행태 이론들에 대한 설명으로 옳지 않은 것은?

① 항상소득이론에 따르면 사람들은 복권 당첨으로 얻은 소득과 안정된 직장에서 발생하는 소득에 대하여 다른 소비성향을 보인다.
② 항상소득이론에 따르면 사람들은 비교적 일정한 수준에서 소비를 유지하고 싶어한다.
③ 생애주기이론에 따르면 사람들은 일생에 걸친 소득의 변화양상을 염두에 두고 적절한 소비수준을 결정한다.
④ 생애주기이론에 따르면 개인의 저축은 나이에 따라 U자형으로 나타날 가능성이 크다.

출제이슈   항상소득이론과 평생소득이론
핵심해설   정답 ④

①과 ②는 항상소득이론에 관한 것이므로 이를 먼저 검토한다.

항상소득이론에 의하면, 소비는 항상소득에 의해 결정된다. 항상소득이란 미래에도 항구적으로 벌어들일 수 있는 소득으로서 장기평균소득수준을 의미한다. 따라서 소비함수는 $C = \beta Y^P$로 표시할 수 있다. 소비는 현재소득이 아니라 항상소득에 의해 결정되기 때문에 일정하게 유지된다. 이때, 평균소비성향은 $APC = \dfrac{C}{Y} = \dfrac{\beta Y^P}{Y}$로서 소득과 항상소득의 비에 의하여 결정된다. (그런데 평균소비성향 $APC = \dfrac{C}{Y} = \dfrac{\beta Y^P}{Y}$는 단기와 장기에 있어서 다른 추이를 보인다.)

1) 단기의 평균소비성향

단기에 있어서 소득이 증가할 경우, 사람들은 이 중 일부만을 항상소득의 증가로 간주한다. 소득 증가 시 일시소득이 존재하므로 소득 증가보다 항상소득 증가가 작다. 소득 증가 시 항상소득이 소득에서 차지하는 비율 (항상소득/소득)이 작아지므로 평균소비성향은 감소한다. 평균소비성향 $\dfrac{C}{Y} = \beta \dfrac{Y^P}{Y}$에서 Y^P의 증가율이 Y의 증가율보다 작아서 평균소비성향이 감소한다는 의미이다.

2) 장기의 평균소비성향

그러나 장기에 소득이 증가할 경우, 사람들은 소득증가분 전체를 항상소득의 증가라고 생각한다. 장기에서는 소득의 증가율이 항상소득의 증가율과 일치하게 된다. 평균소비성향 $\dfrac{C}{Y} = \beta \dfrac{Y^P}{Y}$에서 Y^P, Y의 증가율이 같아서 평균소비성향이 일정하다.

3) 단기간의 소득세 감면의 경우(예 : 코로나19 문제로 인한 한시적인 조세특례들)

단기간의 소득세 감면은 위의 1)에서 본 바와 같이 단기에 있어서 임시소득의 증가로 해석 가능하다. 물론 단기에 있어서의 소득 증가는 항상소득의 증가와 임시소득의 증가가 혼재되어 있지만, 만일 단기간 소득세 감면 특례가 시행될 경우에는 거의 대부분을 임시소득의 증가로 간주할 것이다. 따라서 임시소득이 증가하고 항상소득은 증가하지 않기 때문에 소비가 늘지 않게 된다. 이러한 임시소득의 증가는 저축으로 이어지기 때문에 저축률이 상승한다.

4) 장기간의 소득세 감면의 경우

장기간의 소득세 감면은 위의 2)에서 본 바와 같이 장기에 있어서 소득의 증가로 해석 가능하다. 사람들은 장기간의 소득세 감면에 의하여 발생한 소득증가분을 항상소득의 증가라고 생각한다. 따라서 항상소득의 증가에 따라서 소비가 증가하게 된다. 특히 유의할 점은 현재 시점에서 미래의 항구적인 정책변화(예 : 세율)를 미리 공표할 경우 곧바로 그 정보는 항상소득에 반영되어 항상소득을 변경시키고 이에 따라서 소비도 항상소득이 변경되는 즉시 변경된다.

위의 내용에 따라서 ①과 ②를 검토하면 다음과 같다.

① 옳은 내용이다.
항상소득이론에 의하면 복권 당첨으로 얻은 소득은 일시소득이며 안정된 직장에서 발생하는 소득은 항상소득을 구성한다고 볼 수 있다. 그런데 소비는 일시소득이 아니라 항상소득이 결정한다는 것이 항상소득이론이다. 따라서 일시소득에 대하여는 주로 저축으로 흘러갈 가능성이 매우 커서 항상소득에 비하여 소비성향이 낮다. 소득에 따라서 다른 소비성향을 보이므로 옳은 내용이다.

② 옳은 내용이다.
항상소득이론은 장기간에 걸친 소득의 흐름을 고려하여 장기평균소득을 구하여 이에 근거하여 소비행위를 결정하고 소비의 균등화를 추구한다.

소비의 균등화 혹은 평준화(consumption smoothing)란 소득의 수준이 시점에 따라서 달라지더라도 소비자의 효용을 극대화시키는 최적의 소비는 매기에 비슷한 수준을 유지하려고 하는 경향을 의미한다. 이는 우리가 이미 미시경제이론에서 학습한 시점 간 소비 선택 모형을 통해서 증명되었다. 항상소득이론 및 평생소득이론은 모두 소비의 평준화를 기본적으로 목표로 하고 있다.

이제 ③과 ④는 평생소득이론에 관한 것이므로 이를 먼저 검토한다.

평생소득이론에 의하면, 소비는 평생소득에 의해 결정되며 평생소득이란 일생 동안 벌어들여서 사용할 수 있는 소득으로서 근로소득뿐만 아니라, 주택, 주식, 채권 등의 자산도 포함한다. 이때 소비함수는 $C = \alpha NW + \beta Y$ (NW: 비인적 부, Y: 소득)로 표시할 수 있다. 소비는 현재소득이 아니라 평생소득에 의해 결정되기 때문에 일정하게 유지된다. 즉, 전 생애에 걸친 소득의 흐름을 고려하여 소비행위를 결정하고 소비의 균등화를 추구한다. 반면, 소득은 일생을 거치면서, 유년기, 청장년기, 노년기에 따라서 변화한다. 이와 같은 소득변화에도 불구하고 각 소비자는 자신의 소비를 평준화(앞의 내용 참조하기 바람)하려고 하기 때문에 소득흐름은 역U자형이지만 소비흐름은 평탄한 모습을 보인다. 이에 따라 유년기와 노년기에는 평균소비성향이 높아지고 청장년기에는 평균소비성향이 낮아진다.

1) 단기의 평균소비성향
단기에 있어서 소득이 증가하더라도 비인적부 NW는 단기적인 경기변동에 민감하게 반응하지 않는다. 비인적부는 오랜 기간 동안 저축에 의해서 형성되므로 단기에 변동이 크지 않다. 따라서 단기적인 경기상승국면에서 단기평균소비성향은 소득 증가에 따라서 감소한다.

2) 장기의 평균소비성향
그러나 장기에 소득이 증가할 경우, 비인적부 NW도 근로소득과 유사한 속도로 성장한다고 할 수 있다. 따라서 장기에서는 비인적부의 증가율과 근로소득 증가율이 비슷하다. 장기에 소득 증가 시 장기평균소비성향은 일정하다.

위의 내용에 따라서 ③과 ④를 검토하면 다음과 같다.

③ 옳은 내용이다.
평생소득이론에 의하면 소비는 현재소득이 아니라 평생소득에 의해 결정되기 때문에 일정하게 유지된다. 즉, 전 생애에 걸친 소득의 흐름을 고려하여 소비행위를 결정하고 소비의 균등화를 추구한다. 특히 유년기, 청장년기, 노년기의 소득변화를 염두에 두고 소비를 결정한다.

④ 틀린 내용이다.
평생소득이론에 의하면 소득은 일생을 거치면서, 유년기, 청장년기, 노년기에 따라서 변화한다. 이와 같은 소득변화에도 불구하고 각 소비자는 자신의 소비를 평준화(앞의 내용 참조)하려고 한다. 소비의 균등화 혹은 평준화(consumption smoothing)란 소득의 수준이 시점에 따라서 달라지더라도 소비자의 효용을 극대화시키는 최적의 소비는 매기에 비슷한 수준을 유지하려고 하는 경향을 의미한다. 이는 우리가 이미 미시경제이론에서 학습한 시점 간 소비 선택 모형을 통해서 증명되었다. 항상소득이론 및 평생소득이론은 모두 소비의 평준화를 기본적으로 목표로 하고 있다.

소득은 일생을 거치면서, 유년기, 청장년기, 노년기에 따라서 변화하며, 역U자형의 모습을 갖게 된다. 반면, 소비는 균등화를 추구하기 때문에 저축은 역U자형의 모습을 갖게 된다. 유년기와 노년기에는 소득이 없고 소비가 있어서 저축이 음이 되고, 청장년기에는 저축이 양이 된다.

제8편

랜덤워크가설, 상대소득가설

1 홀의 랜덤워크가설

1) 소비는 임의보행의 확률과정을 따른다.

2) 항상소득이론에 합리적 기대를 도입하고 경제에 불확실성을 가정하여 도출한다.

3) 항상소득이론 + 합리적 기대 + 불확실성

2 랜덤워크가설과 정책변화

1) 예측하지 못한 충격과 예측한 충격에 의한 소비의 변화

① 소비자는 언제나 전 생애의 소득흐름에 대한 기대를 바탕으로 소비를 하며 소비를 평탄하게 유지하려고 노력한다.

② 소비자는 "예상치 못한 충격"이 발생하지 않는 한 소비계획을 수정하지 않는다. 왜냐하면 그것은 이미 합리적으로 계획되고 선택된 소비계획이기 때문이다.

③ 예상된 정책 변화는 합리적 기대에 의하여 소비에 영향을 미치지 못하며, 오직 기대하지 못한 정책 변화만이 소비를 변화시킨다. 2019 국7

2) 그러나 근시안적 소비, 유동성 제약에 의하여 예측 가능한 정책 및 소득의 변화에 대해서도 반응할 수 있다.

3 듀젠베리의 상대소득가설

1) 어떤 사람의 소비는 타인소비 및 과거소비에 영향을 받는다. (사회적·시간적 상대성)

2) 소비의 의존성 : 타인의 소비에 영향을 받는다. (소비행위의 외부성, 전시효과)

3) 소비의 비가역성 : 소비가 한번 증가하면 소비를 다시 줄이기는 매우 어렵다. (톱니효과)

ISSUE 문제 📝

01 2019년 국가직 7급

소비이론에 대한 설명으로 옳은 것만을 모두 고르면?

ㄱ. 소비의 무작위행보(random walk) 가설이 성립하면 예상된 정책 변화는 소비에 영향을 미치지 못한다.
ㄴ. 리카도의 대등정리(Ricardian equivalence)가 성립하면 정부지출에 변화가 없는 한 조세의 삭감은 소비에 영향을 미치지 못한다.
ㄷ. 기간 간 선택모형에 따르면 소비는 소득과 상관없이 매기 일정하다.
ㄹ. 항상소득가설에 따르면 한계소비성향은 현재소득에 대한 항상소득의 비율에 의존한다.

① ㄱ, ㄴ   ② ㄱ, ㄷ
③ ㄴ, ㄹ   ④ ㄷ, ㄹ

출제이슈 소비의 랜덤워크가설과 항상소득이론
핵심해설 정답 ①

설문을 검토하면 다음과 같다.

ㄱ. 옳은 내용이다.
홀의 랜덤워크가설에 의하면 소비는 임의보행의 확률과정을 따른다. 이는 항상소득이론에 합리적 기대를 도입하고 경제에 불확실성을 가정하여 도출한다. 따라서 항상소득이론에 따라서 소비자는 언제나 장기간의 소득흐름에 대한 기대를 바탕으로 소비를 하며 소비를 평탄하게 유지하려고 노력한다. 소비자는 "예상치 못한 충격"이 발생하지 않는 한 소비계획을 수정하지 않는다.

왜냐하면 그것은 이미 합리적으로 계획되고 선택된 소비계획이기 때문이다. 예상된 정책 변화는 합리적 기대에 의하여 소비에 영향을 미치지 못하며, 오직 기대하지 못한 정책 변화만이 소비를 변화시킨다.

ㄴ. 옳은 내용이다.
리카도 동등성 정리에 의하면, 정부지출의 변화 없이 조세수입을 감소시키고 국채를 발행하는 경우에 국채를 통한 정부부채의 증가는 반드시 미래의 조세부담의 증가를 가져올 것이므로 민간은 국채를 자산으로 인식하지 않고 나중에 상환해야 할 부채로 인식한다. 지금의 감세를 통한 가처분소득의 증가는 미래의 가처분소득의 감소이다. 조세감면에 의한 가처분소득의 증가는 저축의 증가로 나타난다.

이는 항상소득의 관점에서 장기간에 걸친 소비자의 소득흐름에 변화가 없음을 의미한다. 따라서 항상소득이 불변이기 때문에 조세감면·국채발행 이전의 소비선택을 조세감면·국채발행 이후라고 해서 변경할 이유가 없다.

결국 리카도 동등성 정리는 정부지출 재원이 조세수입이든, 국채발행이든 민간에 미치는 영향은 동일하다는 것이다. 이때 주의할 것은, 정부지출이 민간에 미치는 효과가 없다는 것이 아니라, 조세감면·국채발행이 민간에 미치는 효과가 없다는 것이다.

ㄷ. 틀린 내용이다.

시점 간 소비선택 모형에 의하면, 소득제약을 고려하여 최적의 현재소비, 미래소비를 선택한다. 즉 소비는 전체 기간 동안의 소득을 고려하여 효용을 극대화하도록 최적으로 결정되는 것이지 소득과 상관없이 매기 일정한 것은 아니며 이 과정에서 소득이 증가하는 경우 소비는 증가한다.

ㄹ. 틀린 내용이다.

항상소득이론에 의하면, 소비는 항상소득에 의해 결정되며 항상소득이란 미래에도 항구적으로 벌어들일 수 있는 소득으로서 장기평균소득수준을 의미한다. 이때 소비함수는 $C = \beta Y^P$로 표시할 수 있다. 소비는 현재소득이 아니라 항상소득에 의해 결정되기 때문에 일정하게 유지된다. 평균소비성향 $APC = \dfrac{C}{Y} = \dfrac{\beta Y^P}{Y}$ 은 소득과 항상소득의 비에 의하여 결정된다.

ISSUE **04** 투자이론

1 투자의 의의

1) 투자는 현재자본량과 최적목표자본량의 괴리를 조정하는 것이다. <u>2011 국9</u>

2) 단기에 경기변동의 원인이 되기도 하고 장기에 경제성장의 원동력이 되기도 한다.

3) 투자는 총수요를 구성하는 중요한 부분이며, 그 비중은 작지만 변동이 심하다. <u>2011 국9</u>

2 순현재가치법

1) $NPV = \dfrac{R_1}{(1+i)} + \dfrac{R_2}{(1+i)^2} + \dfrac{R_3}{(1+i)^3} + \cdots + \dfrac{R_n}{(1+i)^n} - C$ <u>2012 지7</u>

2) $NPV > 0$ 인 경우 투자, 반대의 경우 경제적 타당성이 없다고 판정한다. <u>2013 지7</u>

3) 복수투자안의 경우, 순현재가치가 큰 순서대로 투자순위를 결정한다. <u>2011 국9</u>

4) 이자율이 상승하면, 미래기대수익의 현재가치가 감소한다. <u>2011 국9</u>

3 내부수익률법

1) $\dfrac{R_1}{(1+\rho)} + \dfrac{R_2}{(1+\rho)^2} + \dfrac{R_3}{(1+\rho)^3} + \cdots + \dfrac{R_n}{(1+\rho)^n} = C$

2) $\rho > r$ 인 경우 투자

3) 투자의사결정 시 순현재가치법과 내부수익률의 의사결정이 다를 수 있다. <u>2013 지7</u>

4) 순현재가치법에 적용되는 할인율과 내부수익률이 같다면, 순현재가치는 0이다. <u>2013 지7</u>

4 자본의 한계효율이론

1) **자본의 한계효율**

① 투자에 따른 추가적 수익과 비용을 일치시키는 수익률을 의미한다.

② $\dfrac{\Delta R_1}{(1+\rho)} + \dfrac{\Delta R_2}{(1+\rho)^2} + \dfrac{\Delta R_3}{(1+\rho)^3} + \cdots + \dfrac{\Delta R_n}{(1+\rho)^n} = C(=P_K)$

    C : 자본 1단위 증가에 따른 비용

2) **최적투자**

① 투자의 수익률과 투자의 조달비용인 이자율을 비교하여 투자의사을 결정한다.

② 자본의 한계효율과 이자율이 일치할 때 최적투자가 이루어진다.

5 자본의 사용자비용이론(신고전학파)

1) 자본의 사용자비용의 구성 [2017 서7]

① 자본재 구입자금 차입비용: iP_K

② 자본재 마모비용: δP_K

③ 자본재 가격변화로 인한 비용: ΔP_K

2) 자본의 사용자비용의 계산 [2017 서7]

① 자본의 사용자비용: $iP_K + \delta P_K - \Delta P_K = P_K(i + \delta - \dfrac{\Delta P_K}{P_K})$

② 자본의 사용자비용을 실질값으로 구하면 $uc = \dfrac{P_K(r + \delta)}{P}$ 이며, 이는 자본의 한계비용이다.

3) 최적자본량 [2017 서7] [2013 국9]

① 자본의 한계수입(한계생산)이 자본의 한계비용(사용자비용)을 초과하면 최적자본량이 증가한다.

② 자본의 한계수입과 한계비용이 일치할 때 최적자본량이 결정된다.

③ 자본의 한계수입 $MP_K =$ 자본의 한계비용 $\dfrac{P_K(r + \delta)}{P}$

4) 이자율과 최적자본량 그리고 투자

① 이자율이 높을 경우 자본의 한계비용이 상승하게 되어 최적자본량이 감소한다.

② 최적자본량이 감소한다는 것은 투자 감소를 의미하므로 이자율과 투자는 역의 관계에 있다.

6 q 이론

1) $q = \dfrac{\text{설치된 자본의 시장가치}}{\text{설치된 자본의 대체비용}}$ [2013 국9]

2) 설치된 자본의 시장가치(발행주식의 시가총액)가 설치된 자본의 대체비용보다 큰 경우 즉, $q > 1$인 경우 투자가 증가한다. [2013 국9] [2011 국9]

3) q의 변화가 투자요인이다. [2013 국9]

4) $q = 1$이 되는 경우 최적투자 및 최적 자본량 유지가 된다.

5) 비판

① 토빈의 q는 평균 q이므로 투자의사결정에 부적합하다.

② 한계 $q = \dfrac{\text{자본 1단위 추가설치에 따른 기업가치의 변화분}}{\text{자본 1단위 추가설치에 따른 대체비용의 증가분(= 자본 1단위 가격)}}$

ISSUE 문제 📝

01 2011년 국가직 9급

투자에 대한 설명으로 옳지 않은 것은?

① 경기변동에 따른 투자의 변동성이 소비의 변동성보다 크다.
② 경기가 활성화되어 기업의 목표생산량이 높아지면 투자가 증가한다.
③ 이자율이 상승하면 투자로 인한 미래기대수익의 현재가치가 감소한다.
④ 기업이 보유한 자본의 대체비용보다 기업발행 주식의 시가총액이 더 크다면 실물투자는 감소한다.

출제이슈 투자이론 기초
핵심해설 정답 ④

설문을 검토하면 다음과 같다.

① 옳은 내용이다.
투자란 기업이 현재 보유하고 있는 자본량(예 : 공장, 건물, 기계, 차량, 재고 등)이 최적의 자본량에서 괴리되어 있을 때 이를 메우기 위해서 자본량을 조정하는 것이다. 투자는 단기에 경기변동의 원인이 되기도 하고 장기에 경제성장이 원동력이 되기도 한다. 투자는 총수요를 구성하는 중요한 부분이며, 그 비중은 작지만 변동이 심하다. 이에 비해 소비는 상당히 안정적이다.

② 옳은 내용이다.
경기가 활성화되어 기업의 목표생산량이 높아지면 이를 달성하기 위해서 자본의 확충이 필요하다. 즉, 최적자본량이 증가하는 것이다. 따라서 현재자본량과 최적자본량의 간극을 메워주는 투자가 증가하게 된다.

③ 옳은 내용이다.
투자를 통해 자본량을 늘리게 되면, 미래수익이 새롭게 증가하게 된다. 이를 평가하기 위해서는 현재가치로 할인을 해야 하는데, 이자율이 상승하는 경우 투자로 인한 미래기대수익의 현재가치가 감소하게 되어 고려 중인 투자안이 부결될 가능성이 커지고 투자가 감소하게 된다.

④ 틀린 내용이다.
q 이론에 의하면 $q = \dfrac{\text{설치된 자본의 시장가치}}{\text{설치된 자본의 대체비용}}$ 로 정의되는데 설치된 자본의 시장가치(발행주식의 시가총액)가 설치된 자본의 대체비용보다 큰 경우 즉, $q > 1$인 경우 투자가 증가한다.

02 2013년 지방직 7급

두 개의 사업 A와 B에 대한 투자 여부를 결정하려고 한다. A의 내부수익률(IRR)은 10%, B의 내부수익률은 8%로 계산되었다. 이에 대한 설명으로 옳지 않은 것은?

① 비용과 편익을 현재가치화할 때 적용하는 할인율이 6%라면, 두 사업의 순현재가치(NPV)는 양(+)이다.
② 내부수익률 기준에 의해 선택된 사업은 순현재가치 기준에 의해 선택된 사업과 항상 일치한다.
③ 비용과 편익을 현재가치화할 때 적용하는 할인율이 10%라면, 사업 A의 편익의 현재가치는 비용의 현재가치와 같다.
④ 비용과 편익을 현재가치화할 때 적용하는 할인율이 9%라면, 사업 B의 경제적 타당성은 없다고 판정할 수 있다.

출제이슈 순현재가치법과 내부수익률법
핵심해설 정답 ②

1) 순현재가치법

순현재가치법은 투자로부터 기대되는 수익의 현재가치와 투자에 따른 현재의 비용을 비교하여 높은 경우에 투자를 결정하는 방법을 말한다. 이때, 순현재가치는 다음과 같이 도출된다.

$$NPV = \frac{R_1}{(1+i)} + \frac{R_2}{(1+i)^2} + \frac{R_3}{(1+i)^3} + \cdots + \frac{R_n}{(1+i)^n} - C$$

순현재가치법에 의한 투자의사결정은 다음과 같다.

① 투자여부의 결정은 순현재가치가 0보다 큰 경우에 투자를 한다. ($NPV > 0$ 인 경우 투자)
② 투자순위의 결정은 여러 투자안 가운데 순위를 정할 경우 순현재가치가 큰 순으로 우선순위를 결정한다. 단, 이 경우에는 투자안의 규모에 따라서 의사결정이 왜곡되지 않도록 고려할 필요가 있다.

순현재가치법에 따르면 이자율이 상승할 경우, 미래기대수익의 현재가치가 감소하여 투자가 감소한다.

2) 내부수익률법

내부수익률법은 투자로부터 기대되는 수익흐름의 현재가치와 현재의 투자비용을 같게 만드는 할인율 즉 투자의 수익률(내부수익률)을 구하여 이를 이자율 등 정해진 기준과 비교하여 투자를 결정하는 방법이다. 이때, 내부수익률은 다음과 같이 도출된다.

$$\frac{R_1}{(1+\rho)} + \frac{R_2}{(1+\rho)^2} + \frac{R_3}{(1+\rho)^3} + \cdots + \frac{R_n}{(1+\rho)^n} = C \text{를 만족하는 } \rho \text{ 가 내부수익률}$$

내부수익률법에 의한 투자의사결정은 다음과 같다.

① 투자여부의 결정은 내부수익률이 사전에 미리 정해진 이자율과 비교하여 더 큰 경우 투자를 한다.
  ($\rho > r$ 인 경우 투자)
② 투자순위의 결정은 여러 투자안 사이에서 순위를 정할 경우 내부수익률이 큰 투자안부터 투자한다.

내부수익률법에 따르면 이자율은 투자의사결정에 있어서 내부수익률과 비교해야 하는 기준의 역할을 하여 영향을 미치고 있다. 이자율이 작은 경우에는 상대적으로 내부수익이 커지는 효과가 있으므로 투자가 증가한다. 따라서 투자는 이자율과 역의 관계에 있으며 이자율의 감소함수이다.

3) 위의 내용에 따라서 설문을 검토하면 다음과 같다.

설문에서 현재 두 개의 사업 A와 B에 대한 투자 여부를 결정하려고 하는데 A의 내부수익률(IRR)은 10%, B의 내부수익률은 8%로 계산된 상황이다.

① 옳은 내용이다.
비용과 편익의 현재가치에 적용하는 할인율이 6%인 경우 두 사업의 순현재가치(NPV)는 양(+)이다.

왜냐하면, $\dfrac{R_1}{(1+\rho)} + \dfrac{R_2}{(1+\rho)^2} + \dfrac{R_3}{(1+\rho)^3} + \cdots + \dfrac{R_n}{(1+\rho)^n} = C$ 를 만족하는 ρ 가 내부수익률인데 이는 사업별로 각각 10%, 8%이다.

따라서 만일 할인율 6%를 적용하여 현재가치를 구한다면, 두 사업 모두에서 현재가치는
앞에서의 $\dfrac{R_1}{(1+\rho)} + \dfrac{R_2}{(1+\rho)^2} + \dfrac{R_3}{(1+\rho)^3} + \cdots + \dfrac{R_n}{(1+\rho)^n} = C$ 보다는 큰 값으로 도출된다.

그러므로 비용은 동일하다고 하면, 현재가치가 커지기 때문에 순현재가치는 양수가 된다.
즉, 할인율이 내부수익률보다 작은 경우에는 순현재가치가 0보다 커서 투자가치가 있다.

② 틀린 내용이다.
내부수익률 기준에 의해 선택된 사업은 순현재가치 기준에 의해 선택된 사업과 항상 일치하는 것은 아니다. 단일한 투자안을 놓고 그에 대한 투자여부를 판단하는 경우 두 기준에 의한 결과가 일치한다. 그러나 복수의 투자안의 경우(투자우선순위의 결정이나 상호배타적인 투자안)에 그중 하나를 선택하는 경우에는 두 기준에 의한 결과가 일치하지 않을 수도 있다.

③ 옳은 내용이다.
비용과 편익을 현재가치화할 때 적용하는 할인율이 10%라면, 사업 A의 편익의 현재가치는 비용의 현재가치와 같다. 왜냐하면 $\dfrac{R_1}{(1+\rho)} + \dfrac{R_2}{(1+\rho)^2} + \dfrac{R_3}{(1+\rho)^3} + \cdots + \dfrac{R_n}{(1+\rho)^n} = C$ 를 만족하는 ρ 가 내부수익률인데 이것이 사업 A의 경우 10% 이기 때문이다.

④ 옳은 내용이다.
비용과 편익을 현재가치화할 때 적용하는 할인율이 9%라면, 사업 B의 경제적 타당성은 없다고 판정할 수 있다. 왜냐하면, $\dfrac{R_1}{(1+\rho)} + \dfrac{R_2}{(1+\rho)^2} + \dfrac{R_3}{(1+\rho)^3} + \cdots + \dfrac{R_n}{(1+\rho)^n} = C$ 를 만족하는 ρ 가 내부수익률인데 이것이 사업 B의 경우 8%이기

때문에, 만일 할인율 9%를 적용하여 현재가치를 구한다면, 앞에서의 $\dfrac{R_1}{(1+\rho)} + \dfrac{R_2}{(1+\rho)^2} + \dfrac{R_3}{(1+\rho)^3} + \cdots + \dfrac{R_n}{(1+\rho)^n} = C$
보다는 작은 값으로 도출된다.

그러므로 비용은 동일하다고 하면, 현재가치가 작아지기 때문에 순현재가치는 음수가 된다.
즉, 할인율이 내부수익률보다 큰 경우에는 순현재가치가 0보다 작아서 투자가치가 없다.

03 2011년 국가직 9급

다음은 갑 회사 투자안의 예상수익에 대한 정보이다. 만약 이자율(할인율)이 11%라면 금년(2011년)도 갑 회사의 선택은? (단, $\frac{1}{1.11^1} \approx 0.9$, $\frac{1}{1.11^2} \approx 0.8$, $\frac{1}{1.11^3} \approx 0.7$이다)

(단위: 억 원)

구분	2011년	2012년	2013년	2014년
투자안 A	−50	1,000	500	200
투자안 B	−100	500	500	500
투자안 C	−200	200	500	1,100

① A 선택
② B 선택
③ C 선택
④ A와 C가 무차별함

출제이슈 순현재가치법
핵심해설 정답 ①

순현재가치법은 투자로부터 기대되는 수익의 현재가치와 투자에 따른 현재의 비용을 비교하여 높은 경우에 투자를 결정하는 방법을 말한다. 이때, 순현재가치는 다음과 같이 도출된다.

$$NPV = \frac{R_1}{(1+i)} + \frac{R_2}{(1+i)^2} + \frac{R_3}{(1+i)^3} + \cdots + \frac{R_n}{(1+i)^n} - C$$

순현재가치법에 의한 투자의사결정은 다음과 같다.

① 투자여부의 결정은 순현재가치가 0보다 큰 경우에 투자를 한다. ($NPV > 0$인 경우 투자)
② 투자순위의 결정은 여러 투자안 가운데 순위를 정할 경우 순현재가치가 큰 순으로 우선순위를 결정한다. 단, 이 경우에는 투자안의 규모에 따라서 의사결정이 왜곡되지 않도록 고려할 필요가 있다.

설문의 자료를 이용하여 순현재가치를 구하면 다음과 같다.

투자안 A: $NPV = -50 + \frac{1,000}{(1+0.1)} + \frac{500}{(1+0.1)^2} + \frac{200}{(1+0.1)^3} = 1,390$

투자안 B: $NPV = -100 + \frac{500}{(1+0.1)} + \frac{500}{(1+0.1)^2} + \frac{500}{(1+0.1)^3} = 1,100$

투자안 C: $NPV = -200 + \frac{200}{(1+0.1)} + \frac{500}{(1+0.1)^2} + \frac{1,100}{(1+0.1)^3} = 1,150$

따라서 순현재가치가 가장 큰 투자안 A를 선택하게 된다.

04 2013년 국가직 9급

기업의 투자이론에 대한 설명으로 옳은 것은?

① 신고전파(neoclassical)의 투자이론에 의하면 자본의 한계생산성이 자본비용을 초과하는 경우 기업은 자본을 감소시킨다.
② 토빈 q의 값은 기업의 실물자본의 대체비용(replacement cost)을 주식시장에서 평가된 기업의 시장가치로 나누어서 계산한다.
③ 토빈 q 이론은 이자율의 변화가 주요 투자요인이라고 설명한다.
④ 토빈은 q가 1보다 크면 기업이 투자를 확대한다고 주장한다.

출제이슈 자본의 사용자비용이론과 토빈의 q이론
핵심해설 정답 ④

먼저 자본의 사용자비용이론에 따라서 ①을 검토하면 다음과 같다.

① 틀린 내용이다.
신고전학파 투자이론에 의하면 자본의 한계수입(한계생산)이 자본의 한계비용(사용자비용)을 초과하면 최적자본량이 증가하여 투자가 증가한다.

신고전학파의 자본의 사용자비용은 ① 자본재 구입자금 차입비용 iP_K ② 자본재 마모비용 δP_K ③ 자본재 가격변화 비용 ΔP_K 로 이루어진다. 이를 합하면 자본의 사용자비용은 $iP_K + \delta P_K - \Delta P_K = P_K(i + \delta - \frac{\Delta P_K}{P_K})$ 이 된다. 이를 실질값으로 구하면 사용자비용은 $uc = \frac{P_K(r+\delta)}{P}$ 이며, 이는 자본의 한계비용을 의미한다.

신고전학파의 자본의 사용자비용이론에 의하면 자본의 한계수입(한계생산)이 자본의 한계비용(사용자비용)이 일치할 때 최적자본량이 결정된다. 즉 자본의 한계수입 MP_K = 자본의 한계비용 $\frac{P_K(r+\delta)}{P}$ 이 된다.

이때, 이자율이 상승할 경우 자본의 한계비용이 상승하게 되어 최적자본량이 감소한다. 최적자본량이 감소한다는 것은 투자 감소를 의미하므로 이자율과 투자는 역의 관계에 있게 된다.

q 이론에 따라서 ②, ③, ④를 검토하면 다음과 같다.

q 이론은 주식시장이 기업의 투자계획을 반영하여 주가에 의해 기업가치를 평가하면 이를 근거로 하여 기업은 투자의사결정(투자여부 및 투자량 결정)을 한다는 이론이다. 기존의 투자이론이 자본재시장에서 자본재에 대한 최적수요과정에서 투자를 도출하여 이자율 및 생산량을 통해 투자를 설명하고 있다면 q 이론은 주식시장의 주식 및 기업가치 평가과정에서 주가를 통해 투자를 설명하고 있다.

② 틀린 내용이다.
투자를 설명하는 q 이론에 의하면 $q = \frac{설치된\ 자본의\ 시장가치}{설치된\ 자본의\ 대체비용}$ 로 정의된다. 지문에서는 분모와 분자를 반대로 두었으므로 틀린 내용이 된다.

설치된 자본의 시장가치란 주식시장에서 평가되는 자본의 가치로서 기업이 발행한 주식의 수에 주식의 가격을 곱한 값이다. 직관적으로 설명하면, 이미 형성되어 있는 자본을 보유하는 기업을 주식시장에서 매수하는 데 드는 비용을 의미한다. 한편, 설치된 자본의 대체비용은 자본을 각각의 자본재시장에서 새로 구입할 경우에 드는 비용을 의미한다.

③ 틀린 내용이다.

토빈은 설치된 자본의 시장가치 = 설치된 자본의 대체비용이 되어 q = 1이 되는 경우 최적의 자본량이 유지되며, q 가 클수록 투자가 증가하므로 q 의 크기가 순투자와 정의 관계에 있다고 하였다. 따라서 투자함수는 $I = I(q)$, $I' > 0$ 로서 q 의 변화가 투자의 주요요인이 된다. 이자율의 변화가 주요 투자요인이라는 내용은 틀렸다.

④ 옳은 내용이다.

q 이론에 의하면 설치된 자본의 시장가치(발행주식의 시가총액)가 설치된 자본의 대체비용보다 큰 경우 즉, $q > 1$ 인 경우 투자가 증가한다. 왜냐하면, 설치된 자본의 시장가치가 설치된 자본의 대체비용보다 큰 경우 설치된 자본에 대하여 주식시장이 높은 가치를 부여하는 경우로서 이때 기업은 더 많은 자본을 설치함으로써 기업의 가치를 높게 인정받을 수 있다. 따라서 새로운 자본의 설치가 증가하여 투자가 증가하게 된다.

05 2017년 서울시 7급

어느 기업의 자본의 한계생산물(MP_K)이 $50 - 0.1K$라고 하자. 자본재 가격은 단위당 10,000원, 감가상각률은 5%로 일정하며, 생산물 가격은 단위당 200원으로 일정하다. 실질이자율이 초기 10%에서 5%로 하락하였을 때, 이 기업의 초기 자본량(K_0)과 바람직한 투자수준(I)은? (단, K는 자본량이다)

① $K_0 = 375, \ I = 25$

② $K_0 = 375, \ I = 50$

③ $K_0 = 425, \ I = 25$

④ $K_0 = 425, \ I = 50$

출제이슈 자본의 사용자비용이론
핵심해설 정답 ③

신고전학파 투자이론에 의하면 자본의 한계수입(한계생산)이 자본의 한계비용(사용자비용)을 초과하면 최적자본량이 증가하여 투자가 증가한다.

신고전학파의 자본의 사용자비용은 ① 자본재 구입자금 차입비용 iP_K ② 자본재 마모비용 δP_K ③ 자본재 가격변화 비용 ΔP_K 로 이루어진다. 이를 합하면 자본의 사용자비용은 $iP_K + \delta P_K - \Delta P_K = P_K(i + \delta - \frac{\Delta P_K}{P_K})$ 이 된다. 이를 실질값으로 구하면 사용자비용은 $uc = \frac{P_K(r+\delta)}{P}$ 이며, 이는 자본의 한계비용을 의미한다.

신고전학파의 자본의 사용자비용이론에 의하면 자본의 한계수입(한계생산)이 자본의 한계비용(사용자비용)이 일치할 때 최적자본량이 결정된다. 즉 자본의 한계수입 $MP_K =$ 자본의 한계비용 $\frac{P_K(r+\delta)}{P}$ 이 된다.

설문의 자료를 위의 산식에 대입하여 풀면 다음과 같다.

① 자본의 한계수입 $MP_K = 50 - 0.1K$
② 자본의 사용자비용

ⅰ) 자본의 사용자비용(이자율이 10%일 때) $\frac{P_K(r+\delta)}{P} = \frac{10,000(0.1+0.05)}{200} = \frac{1,500}{200} = 7.5$

ⅱ) 자본의 사용자비용(이자율이 5%일 때) $\frac{P_K(r+\delta)}{P} = \frac{10,000(0.05+0.05)}{200} = \frac{1,000}{200} = 5$

③ 최적자본량의 결정
ⅰ) 자본의 한계수입=자본의 사용자비용(이자율이 10%일 때), $50 - 0.1K = 7.5$, $K = 425$
ⅱ) 자본의 한계수입=자본의 사용자비용(이자율이 5%일 때), $50 - 0.1K = 5$, $K = 450$

④ 투자의 결정
초기 자본량이 425, 이자율 변화에 따른 최적자본량이 450이므로 투자는 25가 된다.

ISSUE 05 리카도 동등성 정리

1 재정정책

1) 정부지출이나 조세를 사용하여 총수요를 조절함으로써 정부의 정책목표를 실현하는 정책

2) 재정적자의 규모를 변화시키는 정책, 재정적자를 국공채발행을 통하여 조달하는 정책

3) 예 : 세율 결정, 과표구간 결정, 비례세 도입 결정, 국채발행 등 [2015 국9]

4) $BD = G - T$(재정적자의 감축은 정부지출 축소 및 조세증가) [2020 지7] [2012 지7]

① 재정적자는 재정지출이 재정수입을 초과하는 것을 의미

② 완전고용재정적자란 경제가 완전고용상태에 있을 경우에 나타나게 될 가상적인 재정적자의 규모로서 국내총생산의 변화에 따른 재정수입과 재정지출을 추정한 후에 국내총생산이 완전고용 수준일 경우의 재정수입과 재정지출을 계산하여 구한 값

③ 구조적 재정적자란 경기변동과 관계없이 발생하는 재정적자로서 완전고용재정적자를 의미하며 이는 실제 재정적자에 비해 재정정책의 기조를 보다 정확하게 보여주고 있음

④ 경기순환적 재정적자란 경기변동에 따라서 발생하는 재정적자를 의미

2 리카도 동등성 정리 [2020 국7] [2020 지7]

1) 정부지출의 변화 없이 조세수입을 감소시키고 국채를 발행하는 경우를 상정

2) 국채를 통한 정부부채의 증가는 반드시 미래의 조세부담 증가

3) 민간은 국채를 자산으로 인식하지 않고 나중에 상환해야 할 부채로 인식

4) 지금의 감세를 통한 가처분소득의 증가는 미래의 가처분소득의 감소

5) 조세감면에 의한 가처분소득의 증가는 저축의 증가로 나타남 [2018 국9] [2015 지7]

6) 항상소득의 관점에서 전 생애에 걸친 소비자의 소득흐름은 변화가 없음 [2015 서7]

7) 조세감면·국채발행 이전의 소비선택을 조세감면·국채발행 이후에 변경할 이유가 없음

8) 정부지출 재원이 조세수입이든, 국채발행이든 민간에 미치는 영향은 동일 [2015 지7] [2015 서7]

9) 주의할 것은, 정부지출이 민간에 미치는 효과가 없다는 것이 아니라, 조세감면·국채발행이 민간에 미치는 효과가 없다는 것

3 리카도 동등성 정리에 대한 비판

1) 미래 조세증가보다는 현재 조세감면이 중요할 수도 있음

① 민간의 근시안적 소비행태(미래보다 현재를 중시) 2018 지7 2015 서7

② 유동성 제약(차입제약에 직면) 2018 지7 2015 서7

③ 미래 조세증가는 미래세대의 의무이지 현재세대의 의무가 아니라고 생각함

2018 지7 2015 지7

2) 저축과 차입 관련한 가정이 현실적이지 못함 2015 지7

① 저축과 차입이 자유로워야 하지만, 현실에서는 그렇지 못함

② 저축이자율과 차입이자율이 동일해야 하지만, 현실에서는 그렇지 못함

제8편

ISSUE 문제 📝

01 | 2012년 지방직 7급 |

재정적자를 감소시키기 위한 가장 효과적인 정책조합은?

① 조세감소와 재정지출축소
② 조세증가와 재정지출축소
③ 조세감소와 재정지출확대
④ 조세증가와 재정지출확대

출제이슈 재정정책의 수단
핵심해설 정답 ②

재정이란 한 나라의 살림살이로서 정부의 재원 조달 및 지출을 말한다. 정부는 국방, 치안, 일반행정, 사회복지 등의 본연의 정부활동을 위해서 다양한 지출을 하며 이러한 지출을 위해 조세, 국공채 발행 등을 통해서 재원을 마련한다.

재정정책은 정부지출이나 조세를 사용하여 총수요를 조절함으로써 정부의 정책목표를 실현하는 정책을 말한다. 이는 재정적자의 규모를 변화시키는 정책 혹은 재정적자를 국공채발행을 통하여 조달하는 정책으로도 달리 표현할 수 있다. 구체적으로는 세율 결정, 과표구간 결정, 비례세 도입 결정, 국채발행 등이 재정정책의 수단으로 사용된다.

특히 재정적자(government budget deficit, BD)는 재정수입이 재정지출을 초과하는 것으로서 $BD = G - T$로 나타낼 수 있는데 재정적자의 감축을 위해서는 재정지출 축소 및 조세증가가 필요하게 된다.

따라서 설문에서 재정적자를 감소시키기 위한 가장 효과적인 정책조합은 조세의 증가와 재정지출의 축소가 된다.

참고로 재정적자의 규모를 조절하는 재정정책의 전달경로와 효과는 학파별로 차이가 있다. 대표적으로 케인즈와 통화론자의 견해가 있는데 케인즈에 의하면 재정정책은 승수효과를 통해서 직접적이고 확실하게 국민소득에 영향을 미친다고 보는 반면 통화론자는 국공채 발행을 통한 재정정책은 통화량을 변동시키지 않지만 이자율을 상승시켜 실물부문에서 소비와 투자를 감소시킨다고 본다.

02 2015년 국가직 9급

재정정책과 관련이 없는 것은?

① 공개시장 조작 금액 결정
② 비례세 도입 여부 결정
③ 소득세율 과표구간 결정
④ 재정적자를 메우기 위한 국채 발행

출제이슈 재정정책의 수단
핵심해설 정답 ①

재정이란 한 나라의 살림살이로서 정부의 재원 조달 및 지출을 말한다. 정부는 국방, 치안, 일반행정, 사회복지 등의 본연의 정부활동을 위해서 다양한 지출을 하며 이러한 지출을 위해 조세, 국공채 발행 등을 통해서 재원을 마련한다.

재정정책은 정부지출이나 조세를 사용하여 총수요를 조절함으로써 정부의 정책목표를 실현하는 정책을 말한다. 이는 재정적자의 규모를 변화시키는 정책 혹은 재정적자를 국공채발행을 통하여 조달하는 정책으로도 달리 표현할 수 있다. 구체적으로는 세율 결정, 과표구간 결정, 비례세 도입 결정, 국채발행 등이 재정정책의 수단으로 사용된다.

참고로 재정적자의 규모를 조절하는 재정정책의 전달경로와 효과는 학파별로 차이가 있다. 대표적으로 케인즈와 통화론자의 견해가 있는데 케인즈에 의하면 재정정책은 승수효과를 통해서 직접적이고 확실하게 국민소득에 영향을 미친다고 보는 반면 통화론자는 국공채 발행을 통한 재정정책은 통화량을 변동시키지 않지만 이자율을 상승시켜 실물부문에서 소비와 투자를 감소시킨다고 본다.

따라서 설문에서 ② 비례세 도입 여부 결정 ③ 소득세율 과표구간 결정 ④ 재정적자를 메우기 위한 국채 발행은 모두 재정정책의 수단으로 고려될 수 있는 것들인 반면 ① 공개시장 조작 금액 결정은 통화정책의 수단으로서 사용되는 것이므로 틀린 내용이다.

제8편

03 2015년 지방직 7급

리카도 대등정리(Ricardian Equivalence Theorem)에 대한 설명으로 옳지 않은 것은?

① 정부지출이 경제에 미치는 효과는 정액세로 조달되는 경우와 국채발행으로 조달되는 경우가 서로 다르다는 주장이다.
② 리카도 대등정리가 성립하기 위해서는 저축과 차입이 자유롭고 저축이자율과 차입이자율이 동일하다는 가정이 충족되어야 한다.
③ 정부지출의 변화 없이 조세감면이 이루어진다면 경제주체들은 증가된 가처분소득을 모두 저축하여 미래의 조세증가를 대비한다고 주장한다.
④ 현재의 조세감면에 따른 부담이 미래세대에게 전가될 경우 후손들의 후생에 관심 없는 경제주체들에게는 리카도 대등정리가 성립하지 않게 된다.

출제이슈 리카도 동등성 정리
핵심해설 정답 ①

$IS-LM$ 모형 및 $AD-AS$ 모형에 의하면 정부지출을 증가시키나 조세를 감면하나 적어도 단기에 있어서는 국민소득을 증가시키는 효과를 가진다는 측면에서 동일하다. 그러나 리카도 등 고전학파 경제학자들은 정부지출의 변화 없이 조세수입의 변화만으로는 재정적자 규모가 변화해도 경제에는 아무런 영향을 미치지 못한다고 주장하였다. 이들의 주장을 배로가 리카도의 대등 혹은 동등성 정리라고 명명하였다.

정부지출의 변화 없이 조세수입을 감소시키고 국채를 발행하는 경우 국채를 통한 정부부채의 증가는 반드시 미래 조세부담 증가로 나타난다. 따라서 민간은 현재 감세를 통한 가처분소득의 증가는 미래 가처분소득의 감소라는 것을 잘 알고 있기 때문에 조세감면에 의한 가처분소득의 증가는 저축의 증가로 나타난다. 현재 증가한 가처분소득으로 국채를 구입하더라도 이를 자산으로 인식하지 않고 나중에 상환해야 할 부채로 인식하기 때문에 소비가 늘지 않는다.

특히 항상소득의 관점에서 전 생애에 걸친 소비자의 소득흐름은 변화가 없기 때문에 조세감면·국채발행 이전의 소비선택을 조세감면·국채발행 이후에 변경할 이유가 없다. 따라서 정부지출 재원이 조세수입이든, 국채발행이든지 간에 정부지출이 불변이면 민간에 미치는 영향은 동일하다.

그러나 이러한 리카도 대등정리에 대하여 비판의 견해도 존재하는데 그 논거는 다음과 같다.

첫째, 정부지출의 변화 없이 조세수입을 감소시키고 국채를 발행하는 경우 국채를 통한 정부부채의 증가는 반드시 미래 조세부담 증가로 나타나더라도 민간은 현재 감세를 통한 가처분소득의 증가를 미래 가처분소득의 감소보다 훨씬 더 중요하게 생각할 수도 있다. 이는 민간이 미래보다 현재를 중시하는 근시안적 소비행태를 보인다든지, 유동성제약(차입제약)에 직면한 경우 많이 나타나는데 이 경우 현재의 조세감면과 그로 인한 현재소득의 증가가 매우 중요할 수도 있다. 이로 인해서 소비가 증가한다.

또한 조세감면을 받는 현재세대가 미래 조세증가를 미래세대의 부담으로 떠넘겨버리게 되면 현재세대는 조세감면으로 인하여 소비를 늘리게 된다. 미래 조세증가는 미래세대의 의무이지 현재세대의 의무가 아니라고 생각하는 것으로서 현재소득의 증가와 현재 조세감면을 중요하게 여겨 소비가 증가할 수 있다.

둘째, 차입제약이 있어서 차입이 불완전한 상황이면 소비자는 유동성제약을 겪게 되어 현재 조세감면을 저축에 활용하는 것이 아니라 소비에 즉각 쓰는 상황이 되어 리카도 동등성 정리가 성립하지 않게 된다. 리카도 대등정리가 성립하려면 저축과 차입이 자유로워야 하지만, 현실에서는 그렇지 못하며, 저축이자율과 차입이자율이 상이한 경우가 일반적이다. 따라서 리카도 대등정리는 그 가정부터 비현실적이라고 비판하는 것이다.

위의 내용에 따라서 설문을 검토하면 다음과 같다.

① 틀린 내용이다.
리카도 동등성 정리에 의하면 정부지출 재원이 조세수입이든, 국채발행이든지 간에 정부지출이 불변이면 민간에 미치는 영향은 동일하다. 즉, 재원조달이 중립적이라는 것이다. 설문에서 정부지출이 경제에 미치는 효과는 정액세로 조달되는 경우와 국채발행으로 조달되는 경우가 서로 다르다는 것은 옳지 않다.

② 옳은 내용이다.
리카도 동등성 정리를 항상소득 관점에서 파악하면 정부의 현재 조세감면 및 국채발행과 미래 국채상환 및 조세증가는 소비자의 소득흐름에 영향을 주지 못한다. 단, 소비자의 소득흐름과 이를 고려한 소비는 저축과 차입이 자유로워야 하는 전제에서부터 출발한다. 아울러 저축이자율과 차입이자율이 동일해야 한다. 차입이 불완전한 상황이면 소비자는 유동성제약을 겪게 되어서 현재 조세감면을 저축에 활용하는 것이 아니라 소비에 즉각 쓰는 상황이 되어 리카도 동등성 정리가 성립하지 않게 된다.

③ 옳은 내용이다.
정부지출의 변화 없이 조세수입을 감소시키고 국채를 발행하는 경우 국채를 통한 정부부채의 증가는 반드시 미래 조세부담 증가로 나타난다. 따라서 민간은 현재 감세를 통한 가처분소득의 증가는 미래 가처분소득의 감소라는 것을 잘 알고 있기 때문에 조세감면에 의한 가처분소득의 증가는 저축의 증가로 나타난다.

④ 옳은 내용이다.
정부지출의 변화 없이 조세수입을 감소시키고 국채를 발행하는 경우 국채를 통한 정부부채의 증가는 반드시 미래 조세부담 증가로 나타난다. 그런데 조세감면을 받는 현재세대가 미래 조세증가를 미래세대의 부담으로 떠넘겨버리게 되면 현재세대는 조세감면으로 인하여 소비를 늘리게 된다. 따라서 리카도 동등성 정리가 성립하지 않게 된다.

제8편

04 | 2018년 지방직 7급

리카디안 등가(Ricardian Equivalence)는 정부가 부채를 통해 재원을 조달할 경우 조세삭감은 소비에 영향을 미치지 않는다는 것이다. 이에 대한 반론으로 옳은 것만을 모두 고르면?

> ㄱ. 소비자들은 합리적이지 못한 근시안적인 단견을 갖고 있다.
> ㄴ. 소비자들은 자금을 조달할 때 차용제약이 있다.
> ㄷ. 소비자들은 미래에 부과되는 조세를 장래세대가 아닌 자기세대가 부담할 것으로 기대한다.

① ㄱ, ㄴ
② ㄱ, ㄷ
③ ㄴ, ㄷ
④ ㄱ, ㄴ, ㄷ

출제이슈 리카도 동등성 정리
핵심해설 정답 ①

$IS-LM$ 모형 및 $AD-AS$ 모형에 의하면 정부지출을 증가시키나 조세를 감면하나 적어도 단기에 있어서는 국민소득을 증가시키는 효과를 가진다는 측면에서 동일하다. 그러나 리카도 등 고전학파 경제학자들은 정부지출의 변화 없이 조세수입의 변화만으로는 재정적자 규모가 변화해도 경제에는 아무런 영향을 미치지 못한다고 주장하였다. 이들의 주장을 배로가 리카도의 대등 혹은 동등성 정리라고 명명하였다.

정부지출의 변화 없이 조세수입을 감소시키고 국채를 발행하는 경우 국채를 통한 정부부채의 증가는 반드시 미래 조세부담 증가로 나타난다. 따라서 민간은 현재 감세를 통한 가처분소득의 증가는 미래 가처분소득의 감소라는 것을 잘 알고 있기 때문에 조세감면에 의한 가처분소득의 증가는 저축의 증가로 나타난다. 현재 증가한 가처분소득으로 국채를 구입하더라도 이를 자산으로 인식하지 않고 나중에 상환해야 할 부채로 인식하기 때문에 소비가 늘지 않는다.

특히 항상소득의 관점에서 전 생애에 걸친 소비자의 소득흐름은 변화가 없기 때문에 조세감면·국채발행 이전의 소비선택을 조세감면·국채발행 이후에 변경할 이유가 없다. 따라서 정부지출 재원이 조세수입이든, 국채발행이든지 간에 정부지출이 불변이면 민간에 미치는 영향은 동일하다.

그러나 이러한 리카도 대등정리에 대하여 비판의 견해도 존재하는데 그 논거는 다음과 같다.

첫째, 정부지출의 변화 없이 조세수입을 감소시키고 국채를 발행하는 경우 국채를 통한 정부부채의 증가는 반드시 미래 조세부담 증가로 나타나더라도 민간은 현재 감세를 통한 가처분소득의 증가를 미래 가처분소득의 감소보다 훨씬 더 중요하게 생각할 수도 있다. 이는 민간이 미래보다 현재를 중시하는 근시안적 소비행태를 보인다든지, 유동성제약(차입제약)에 직면한 경우 많이 나타나는데 이 경우 현재의 조세감면과 그로 인한 현재소득의 증가가 매우 중요할 수도 있다. 이로 인해서 소비가 증가한다.

또한 조세감면을 받는 현재세대가 미래 조세증가를 미래세대의 부담으로 떠넘겨버리게 되면 현재세대는 조세감면으로 인하여 소비를 늘리게 된다. 미래 조세증가는 미래세대의 의무이지 현재세대의 의무가 아니라고 생각하는 것으로서 현재소득의 증가와 현재 조세감면을 중요하게 여겨 소비가 증가할 수 있다.

둘째, 차입제약이 있어서 차입이 불완전한 상황이면 소비자는 유동성제약을 겪게 되어 현재 조세감면을 저축에 활용하는 것이 아니라 소비에 즉각 쓰는 상황이 되어 리카도 동등성 정리가 성립하지 않게 된다. 리카도 대등정리가 성립하려면 저축과 차입이 자유로워야 하지만, 현실에서는 그렇지 못하며, 저축이자율과 차입이자율이 상이한 경우가 일반적이다. 따라서 리카도 대등정리는 그 가정부터 비현실적이라고 비판하는 것이다.

위의 내용에 따라서 설문을 검토하면 다음과 같다.

ㄱ, ㄴ은 근시안적 소비행태와 차입제약으로서 리카도 동등성 정리의 비판의 논거가 된다. 옳은 내용이다. ㄷ은 미래 조세부담을 현재세대의 부담으로 여기는 경우에는 조세감면 시 저축을 늘리게 되므로 리카도 동등성 정리의 성립 논거가 된다. 틀린 내용이다.

ㄱ. 리카도 대등정리에 대한 반론으로서 옳은 내용이다.
소비자들이 합리적이지 못해서 미래보다 현재를 중시하는 근시안적 소비행태를 보이는 경우, 지금 당장의 감세를 통한 가처분소득의 증가를 미래 가처분소득의 감소보다 훨씬 더 중요하게 생각할 수도 있다. 이 경우에는 감세로 인한 가처분소득 증가로 소비가 증가하게 된다. 즉, 리카도 대등정리가 성립하지 않게 된다.

ㄴ. 리카도 대등정리에 대한 반론으로서 옳은 내용이다.
소비자들이 자금을 조달할 때 차입제약이 있어서 차입이 불완전한 상황이면 소비자는 유동성제약을 겪게 된다. 따라서 현재 조세감면을 미래 조세부담에 대비한 저축에 활용하는 것이 아니라 소비에 즉각 쓰는 상황이 되어 리카도 동등성 정리가 성립하지 않게 된다.

ㄷ. 리카도 대등정리에 대한 반론으로서 틀린 내용이다.
조세감면을 받는 현재세대가 미래 조세증가를 미래세대의 부담으로 떠넘겨버리게 되면 현재세대는 조세감면으로 인하여 소비를 늘리게 된다. 미래 조세증가는 미래세대의 의무이지 현재세대의 의무가 아니라고 생각하는 것으로서 현재소득의 증가와 현재 조세감면을 중요하게 여겨 소비가 증가할 수 있다. 설문처럼 미래에 부과되는 조세를 자기세대가 부담할 것으로 기대한다면, 조세감면에도 불구하고 저축을 늘려서 미래의 조세부담을 대비하려 할 것이다. 즉, 설문은 리카도 대등정리의 성립 논거가 되므로 반론 논거가 아니어서 틀린 내용이다.

제8편

05 | 2015년 서울시 7급

리카르도 대등정리(Ricardian equivalence theorem)에 대한 설명으로 옳지 않은 것은?

① 정부지출이 소비에 미치는 효과는 조세와 국채발행 간 차이가 없다.
② 유동성 제약이 있으면 이 정리는 성립하지 않는다.
③ 소비자들이 근시안적인 소비행태를 보이면 이 정리는 성립하지 않는다.
④ 프리드만(M. Friedman)의 항상소득이론이 성립하면 이 정리는 성립하지 않는다.

출제이슈 리카도 동등성 정리
핵심해설 정답 ④

$IS-LM$ 모형 및 $AD-AS$ 모형에 의하면 정부지출을 증가시키나 조세를 감면하나 적어도 단기에 있어서는 국민소득을 증가시키는 효과를 가진다는 측면에서 동일하다. 그러나 리카도 등 고전학파 경제학자들은 정부지출의 변화 없이 조세수입의 변화만으로는 재정적자 규모가 변화해도 경제에는 아무런 영향을 미치지 못한다고 주장하였다. 이들의 주장을 배로가 리카도의 대등 혹은 동등성 정리라고 명명하였다.

정부지출의 변화 없이 조세수입을 감소시키고 국채를 발행하는 경우 국채를 통한 정부부채의 증가는 반드시 미래 조세부담 증가로 나타난다. 따라서 민간은 현재 감세를 통한 가처분소득의 증가는 미래 가처분소득의 감소라는 것을 잘 알고 있기 때문에 조세감면에 의한 가처분소득의 증가는 저축의 증가로 나타난다. 현재 증가한 가처분소득으로 국채를 구입하더라도 이를 자산으로 인식하지 않고 나중에 상환해야 할 부채로 인식하기 때문에 소비가 늘지 않는다.

특히 항상소득의 관점에서 전 생애에 걸친 소비자의 소득흐름은 변화가 없기 때문에 조세감면·국채발행 이전의 소비선택을 조세감면·국채발행 이후에 변경할 이유가 없다. 따라서 정부지출 재원이 조세수입이든, 국채발행이든지 간에 정부지출이 불변이면 민간에 미치는 영향은 동일하다.

그러나 이러한 리카도 대등정리에 대하여 비판의 견해도 존재하는데 그 논거는 다음과 같다.

첫째, 정부지출의 변화 없이 조세수입을 감소시키고 국채를 발행하는 경우 국채를 통한 정부부채의 증가는 반드시 미래 조세부담 증가로 나타나더라도 민간은 현재 감세를 통한 가처분소득의 증가를 미래 가처분소득의 감소보다 훨씬 더 중요하게 생각할 수도 있다. 이는 민간이 미래보다 현재를 중시하는 근시안적 소비행태를 보인다든지, 유동성제약(차입제약)에 직면한 경우 많이 나타나는데 이 경우 현재의 조세감면과 그로 인한 현재소득의 증가가 매우 중요할 수도 있다. 이로 인해서 소비가 증가한다.

또한 조세감면을 받는 현재세대가 미래 조세증가를 미래세대의 부담으로 떠넘겨버리게 되면 현재세대는 조세감면으로 인하여 소비를 늘리게 된다. 미래 조세증가는 미래세대의 의무이지 현재세대의 의무가 아니라고 생각하는 것으로서 현재소득의 증가와 현재 조세감면을 중요하게 여겨 소비가 증가할 수 있다.

둘째, 차입제약이 있어서 차입이 불완전한 상황이면 소비자는 유동성제약을 겪게 되어 현재 조세감면을 저축에 활용하는 것이 아니라 소비에 즉각 쓰는 상황이 되어 리카도 동등성 정리가 성립하지 않게 된다. 리카도 대등정리가 성립하려면 저축과 차입이 자유로워야 하지만, 현실에서는 그렇지 못하며, 저축이자율과 차입이자율이 상이한 경우가 일반적이다. 따라서 리카도 대등정리는 그 가정부터 비현실적이라고 비판하는 것이다.

위의 내용에 따라서 설문을 검토하면 다음과 같다.

① 옳은 내용이다.
정부지출의 변화 없이 조세수입을 감소시키고 국채를 발행하는 경우 국채를 통한 정부부채의 증가는 반드시 미래 조세부담 증가로 나타난다. 따라서 민간은 현재 감세를 통한 가처분소득의 증가는 미래 가처분소득의 감소라는 것을 잘 알고 있기 때문에 조세감면에 의한 가처분소득의 증가는 저축의 증가로 나타날 뿐 소비의 증가로 나타나지 않는다. 따라서 정부지출 재원이 조세수입이든, 국채발행이든지 간에 정부지출이 불변이면 민간의 소비에 미치는 영향은 동일하다.

② 옳은 내용이다.
소비자들이 자금을 조달할 때 차입제약이 있어서 차입이 불완전한 상황이면 소비자는 유동성제약을 겪게 된다. 따라서 현재 조세감면을 미래 조세부담에 대비한 저축에 활용하는 것이 아니라 소비에 즉각 쓰는 상황이 되어 리카도 동등성 정리가 성립하지 않게 된다.

③ 옳은 내용이다.
소비자들이 합리적이지 못해서 미래보다 현재를 중시하는 근시안적 소비행태를 보이는 경우, 지금 당장의 감세를 통한 가처분소득의 증가를 미래 가처분소득의 감소보다 훨씬 더 중요하게 생각할 수도 있다. 이 경우에는 감세로 인한 가처분소득 증가로 소비가 증가하게 된다. 즉, 리카도 대등정리가 성립하지 않게 된다.

또한 조세감면을 받는 현재세대가 미래 조세증가를 미래세대의 부담으로 떠넘겨버리게 되면 현재세대는 조세감면으로 인하여 소비를 늘리게 된다. 미래 조세증가는 미래세대의 의무이지 현재세대의 의무가 아니라고 생각하는 것으로서 현재소득의 증가와 현재 조세감면을 중요하게 여겨 소비가 증가할 수 있다.

④ 틀린 내용이다.
리카도 대등 정리는 항상소득의 관점에서 전 생애에 걸친 소비자의 소득흐름은 변화가 없기 때문에 조세감면·국채발행 이전의 소비선택을 조세감면·국채발행 이후에 변경할 이유가 없다는 것이므로 설문의 내용은 옳지 않다.

제8편

06 2018년 국가직 9급

현재(1기)와 미래(2기)로 구성된 2기간 모형을 가정한다. 리카도 대등 정리(Ricardian equivalence theorem)가 성립할 경우, 1기에 발생한 정부 조세의 변화에 대한 설명으로 옳은 것은? (단, 정부지출은 일정하여 변하지 않는다)

① 조세가 증가하면, 1기에 민간저축이 줄어든다.
② 조세가 감소하면, 1기에 민간저축이 줄어든다.
③ 조세가 감소하면, 1기에 민간소비가 늘어난다.
④ 조세가 증가하면, 1기에 민간소비가 줄어든다.

출제이슈 리카도 동등성 정리
핵심해설 정답 ①

$IS-LM$ 모형 및 $AD-AS$ 모형에 의하면 정부지출을 증가시키나 조세를 감면하나 적어도 단기에 있어서는 국민소득을 증가시키는 효과를 가진다는 측면에서 동일하다. 그러나 리카도 등 고전학파 경제학자들은 정부지출의 변화 없이 조세수입의 변화만으로는 재정적자 규모가 변화해도 경제에는 아무런 영향을 미치지 못한다고 주장하였다. 이들의 주장을 배로가 리카도의 대등 혹은 동등성 정리라고 명명하였다.

정부지출의 변화 없이 조세수입을 감소시키고 국채를 발행하는 경우 국채를 통한 정부부채의 증가는 반드시 미래 조세부담 증가로 나타난다. 따라서 민간은 현재 감세를 통한 가처분소득의 증가는 미래 가처분소득의 감소라는 것을 잘 알고 있기 때문에 조세감면에 의한 가처분소득의 증가는 저축의 증가로 나타난다. 현재 증가한 가처분소득으로 국채를 구입하더라도 이를 자산으로 인식하지 않고 나중에 상환해야 할 부채로 인식하기 때문에 소비가 늘지 않는다.

특히 항상소득의 관점에서 전 생애에 걸친 소비자의 소득흐름은 변화가 없기 때문에 조세감면·국채발행 이전의 소비선택을 조세감면·국채발행 이후에 변경할 이유가 없다. 따라서 정부지출 재원이 조세수입이든, 국채발행이든지 간에 정부지출이 불변이면 민간에 미치는 영향은 동일하다.

그러나 이러한 리카도 대등정리에 대하여 비판의 견해도 존재하는데 그 논거는 다음과 같다.

첫째, 정부지출의 변화 없이 조세수입을 감소시키고 국채를 발행하는 경우 국채를 통한 정부부채의 증가는 반드시 미래 조세부담 증가로 나타나더라도 민간은 현재 감세를 통한 가처분소득의 증가를 미래 가처분소득의 감소보다 훨씬 더 중요하게 생각할 수도 있다. 이는 민간이 미래보다 현재를 중시하는 근시안적 소비행태를 보인다든지, 유동성제약(차입제약)에 직면한 경우 많이 나타나는데 이 경우 현재의 조세감면과 그로 인한 현재소득의 증가가 매우 중요할 수도 있다. 이로 인해서 소비가 증가한다.

또한 조세감면을 받는 현재세대가 미래 조세증가를 미래세대의 부담으로 떠넘겨버리게 되면 현재세대는 조세감면으로 인하여 소비를 늘리게 된다. 미래 조세증가는 미래세대의 의무이지 현재세대의 의무가 아니라고 생각하는 것으로서 현재소득의 증가와 현재 조세감면을 중요하게 여겨 소비가 증가할 수 있다.

둘째, 차입제약이 있어서 차입이 불완전한 상황이면 소비자는 유동성제약을 겪게 되어 현재 조세감면을 저축에 활용하는 것이 아니라 소비에 즉각 쓰는 상황이 되어 리카도 동등성 정리가 성립하지 않게 된다. 리카도 대등정리가 성립하려면 저축과 차입이 자유로워야 하지만, 현실에서는 그렇지 못하며, 저축이자율과 차입이자율이 상이한 경우가 일반적이다. 따라서 리카도 대등정리는 그 가정부터 비현실적이라고 비판하는 것이다.

위의 내용에 따라서 설문을 검토하면 다음과 같다.

①은 옳은 내용이고 ④는 틀린 내용이다.

리카도 대등정리에 의하면, 정부지출이 동일한 상황에서, 1기에 감세되는 경우, 민간부문은 현재 가처분소득이 증가하지만, 미래 조세부담 증가로 인해 미래 가처분소득은 감소할 것을 잘 알고 있다. 따라서 늘어난 가처분소득을 저축하여 미래 조세부담에 대비한다. 즉 1, 2기 전 시점에서 볼 때, 소득의 흐름은 변화가 없기 때문에 소비가 변할 이유가 없다. 민간소비가 불변이다.

이제 반대의 상황을 생각해보자. 정부지출이 동일한 상황에서, 1기에 증세되는 경우, 민간부문은 현재 가처분소득이 감소하지만, 미래 조세부담 감소로 인해 미래 가처분소득은 증가할 것을 잘 알고 있다. 따라서 줄어든 가처분소득 때문에 저축이 감소하고 이는 미래 조세부담의 경감을 염두에 둔 것이다. 즉 1, 2기 전 시점에 볼 때, 소득의 흐름은 변화가 없기 때문에 소비가 변할 이유가 없다. 민간소비가 불변이다.

②, ③ 모두 틀린 내용이다.

앞에서 본 바와 같이 리카도 대등정리에 의하면, 정부지출이 동일한 상황에서, 1기에 감세되는 경우, 민간부문은 현재 가처분소득이 증가하지만, 미래 조세부담 증가로 인해 미래 가처분소득은 감소할 것을 잘 알고 있다. 따라서 늘어난 가처분소득을 저축하여 미래 조세부담에 대비한다. 즉 1, 2기 전 시점에서 볼 때, 소득의 흐름은 변화가 없기 때문에 소비가 변할 이유가 없다. 민간소비가 불변이다. 따라서 감세의 경우 저축이 늘고 소비는 불변이기 때문에 저축이 줄고 소비가 늘어난다는 ②, ③은 모두 틀린 내용이 된다.

제8편

07 2020년 국가직 7급

밑줄 친 ㉠에 대한 근거로 옳지 않은 것은?

> 경기침체가 지속되면서 정부는 소득세의 대폭 감면을 통해 경기회복을 꾀하고 있다. 하지만 정부가 정부지출을 일정하게 유지하면서, 세금감면에 따른 적자를 보전하기 위해 국채를 발행하게 되면 이러한 재정정책의 결과로 ㉠소비가 증가하지 않는다는 주장이 있다.

① 소비자들이 현재 저축을 증가시킬 것으로 예상된다.
② 소비자들은 현재소득과 미래소득 모두를 고려하여 소비를 결정한다.
③ 소비자들은 미래에 세금이 증가할 것이라고 예상한다.
④ 소비자들은 미래에 금리가 하락할 것이라고 예상한다.

출제이슈 리카도 동등성 정리
핵심해설 정답 ④

본 문제는 리카도 동등성 정리에 대한 것으로서 먼저 그 내용을 살펴보면 다음과 같다.

$IS-LM$ 모형 및 $AD-AS$ 모형에 의하면 정부지출을 증가시키나 조세를 감면하나 적어도 단기에 있어서는 국민소득을 증가시키는 효과를 가진다는 측면에서 동일하다. 그러나 리카도 등 고전학파 경제학자들은 정부지출의 변화 없이 조세수입의 변화만으로는 재정적자 규모가 변화해도 경제에는 아무런 영향을 미치지 못한다고 주장하였다. 이들의 주장을 배로가 리카도의 대등 혹은 동등성 정리라고 명명하였다.

정부지출의 변화 없이 조세수입을 감소시키고 국채를 발행하는 경우 국채를 통한 정부부채의 증가는 반드시 미래 조세부담 증가로 나타난다. 따라서 민간은 현재 감세를 통한 가처분소득의 증가는 미래 가처분소득의 감소라는 것을 잘 알고 있기 때문에 조세감면에 의한 가처분소득의 증가는 저축의 증가로 나타난다. 현재 증가한 가처분소득으로 국채를 구입하더라도 이를 자산으로 인식하지 않고 나중에 상환해야 할 부채로 인식하기 때문에 소비가 늘지 않는다.

특히 항상소득의 관점에서 전 생애에 걸친 소비자의 소득흐름은 변화가 없기 때문에 조세감면·국채발행 이전의 소비선택을 조세감면·국채발행 이후에 변경할 이유가 없다. 따라서 정부지출 재원이 조세수입이든, 국채발행이든지 간에 정부지출이 불변이면 민간에 미치는 영향은 동일하다.

그러나 이러한 리카도 대등정리에 대하여 비판의 견해도 존재하는데 그 논거는 다음과 같다.

첫째, 정부지출의 변화 없이 조세수입을 감소시키고 국채를 발행하는 경우 국채를 통한 정부부채의 증가는 반드시 미래 조세부담 증가로 나타나더라도 민간은 현재 감세를 통한 가처분소득의 증가를 미래 가처분소득의 감소보다 훨씬 더 중요하게 생각할 수도 있다. 이는 민간이 미래보다 현재를 중시하는 근시안적 소비행태를 보인다든지, 유동성제약(차입제약)에 직면한 경우 많이 나타나는데 이 경우 현재의 조세감면과 그로 인한 현재소득의 증가가 매우 중요할 수도 있다. 이로 인해서 소비가 증가한다.

또한 조세감면을 받는 현재세대가 미래 조세증가를 미래세대의 부담으로 떠넘겨버리게 되면 현재세대는 조세감면으로 인하여 소비를 늘리게 된다. 미래 조세증가는 미래세대의 의무이지 현재세대의 의무가 아니라고 생각하는 것으로서 현재소득의 증가와 현재 조세감면을 중요하게 여겨 소비가 증가할 수 있다.

둘째, 차입제약이 있어서 차입이 불완전한 상황이면 소비자는 유동성제약을 겪게 되어 현재 조세감면을 저축에 활용하는 것이 아니라 소비에 즉각 쓰는 상황이 되어 리카도 동등성 정리가 성립하지 않게 된다. 리카도 대등정리가 성립하려면 저축과 차입이 자유로워야 하지만, 현실에서는 그렇지 못하며, 저축이자율과 차입이자율이 상이한 경우가 일반적이다. 따라서 리카도 대등정리는 그 가정부터 비현실적이라고 비판하는 것이다.

위의 내용에 따라서 설문을 검토하면 다음과 같다.

① 옳은 내용이다.
정부지출의 변화 없이 조세수입을 감소시키고 국채를 발행하는 경우 국채를 통한 정부부채의 증가는 반드시 미래 조세부담 증가로 나타난다. 따라서 민간은 현재 감세를 통한 가처분소득의 증가는 미래 가처분소득의 감소라는 것을 잘 알고 있기 때문에 조세감면에 의한 가처분소득의 증가는 저축의 증가로 나타난다.

② 옳은 내용이다.
리카도 대등정리에 의하면, 정부지출이 동일한 상황에서, 1기에 감세되는 경우, 민간부문은 현재 가처분소득이 증가하지만, 미래 조세부담 증가로 인해 미래 가처분소득은 감소할 것을 잘 알고 있다. 따라서 늘어난 가처분소득을 저축하여 미래 조세부담에 대비한다. 즉 1, 2기 전 시점에서 볼 때, 소득의 흐름은 변화가 없기 때문에 소비가 변할 이유가 없어 민간소비가 불변인 것이다. 즉, 소비자들은 현재소득과 미래소득 모두를 고려하여 소비를 결정하기 때문에 리카도 대등정리가 성립하게 된다.

③ 옳은 내용이다.
소비자들은 미래에 세금이 증가할 것이라고 예상한다. 정부지출의 변화 없이 조세수입을 감소시키고 국채를 발행하는 경우 국채를 통한 정부부채의 증가는 반드시 미래 조세부담 증가로 나타난다. 이를 소비자들은 합리적으로 예상하고 있기 때문에 미래 조세부담 증가에 대비하여 미리 저축을 늘리게 되고 그로 인해서 현재 소비는 증가하지 않는다.

④ 틀린 내용이다.
소비자들이 미래에 금리가 하락할 것이라고 예상하는 것은 리카도 대등정리와 직접적 관련은 없다. 다만, 정부의 조세감면 및 국채발행에 의한 정부저축의 감소는 그만큼의 민간부문의 저축으로 상쇄되기 때문에 이자율은 변화하지 않는다. 참고로 리카도 대등정리가 성립하려면 저축과 차입이 자유로워야 하지만, 현실에서는 그렇지 못하며, 저축이자율과 차입이자율이 상이한 경우가 일반적인데 이를 리카도 대등정리에 대한 비판의 논거로 사용하기도 한다.

제8편

08 2020년 지방직 7급

재정정책에 대한 설명으로 옳은 것은?

① 완전고용 재정적자(full-employment budget deficit) 또는 경기순환이 조정된 재정적자 (cyclically adjusted budget deficit)는 자동안정화장치를 반영하므로 경기순환 상에서의 현재 위치를 파악하게 한다.

② 조세의 사회적 비용이 조세 크기에 따라 체증적으로 증가할 때는 균형예산을 준칙으로 하고 법제화하여야 한다.

③ 리카도 대등정리(Ricardian equivalence theorem)에 따르면 정부의 지출 흐름이 일정할 때 민간보유 국·공채는 민간부문의 순자산이 된다.

④ 소비자가 근시안적으로 소비수준을 설정하거나 자본시장이 불완전한 경우에는 리카도 대등정리가 성립하지 않는다.

출제이슈 재정정책 및 리카도 동등성 정리
핵심해설 정답 ④

본 문제는 전반적인 재정정책 및 리카도 동등성 정리에 대한 문제이다.

먼저 ①과 ②는 재정정책과 재정적자에 관한 설문으로서 관련 내용은 다음과 같다.

재정이란 한 나라의 살림살이로서 정부의 재원 조달 및 지출을 말한다. 정부는 국방, 치안, 일반행정, 사회복지 등의 본연의 정부활동을 위해서 다양한 지출을 하며 이러한 지출을 위해 조세, 국공채 발행 등을 통해서 재원을 마련한다.

재정정책은 정부지출이나 조세를 사용하여 총수요를 조절함으로써 정부의 정책목표를 실현하는 정책을 말한다. 이는 재정적자의 규모를 변화시키는 정책 혹은 재정적자를 국공채발행을 통하여 조달하는 정책으로도 달리 표현할 수 있다. 구체적으로는 세율 결정, 과표구간 결정, 비례세 도입 결정, 국채발행 등이 재정정책의 수단으로 사용된다.

참고로 재정적자의 규모를 조절하는 재정정책의 전달경로와 효과는 학파별로 차이가 있다. 대표적으로 케인즈와 통화론자의 견해가 있는데 케인즈에 의하면 재정정책은 승수효과를 통해서 직접적이고 확실하게 국민소득에 영향을 미친다고 보는 반면 통화론자는 국공채 발행을 통한 재정정책은 통화량을 변동시키지 않지만 이자율을 상승시켜 실물부문에서 소비와 투자를 감소시킨다고 본다.

위의 내용에 따라서 ①과 ②를 먼저 검토하면 다음과 같다.

① 틀린 내용이다.
먼저 재정적자는 재정지출이 재정수입을 초과하는 것을 의미한다. 완전고용재정적자란 경제가 완전고용상태에 있을 경우에 나타나게 될 가상적인 재정적자의 규모로서 국내총생산의 변화에 따른 재정수입과 재정지출을 추정한 후에 국내총생산이 완전고용 수준일 경우의 재정수입과 재정지출을 계산하여 구한 값으로서 구조적 재정적자라고도 한다. 이는 경기변동과 관계없이 발생하는 재정적자로서 실제 재정적자에 비해 재정정책의 기조를 보다 정확하게 보여주고 있다는 특징을 지닌다. 경기변동과 관계없이 발생하는 재정적자이기 때문에 경기변동에 따른 재정적자의 변동 또한 모두 제거된 것(경기변동이 조정된 재정적자)이며 따라서 당연히 경기변동에 따라 움직이는 재정의 자동안정화장치에 따른 재정적자의 변동 또한 제거된 것이다. 한편 경기변동에 관계없는 완전고용재정적자와 대비되는 것이 경기순환적 재정적자로서 경기변동에 따라서 발생하는 재정적자를 의미한다.

② 틀린 내용이다.

조세는 민간부문의 경제적 의사결정에 교란을 초래하여 사회적 비용을 가져온다. 그럼에도 불구하고 조세는 여러 가지 정책적 목적으로 사용되며, 물론 교정적 조세의 경우 사회적 비용을 감소시키기도 한다. 조세의 사회적 비용이 체증적으로 증가한다고 해서 무조건적 균형예산을 달성하는 것은 바람직하지 않으며, 상황에 따라서 적자예산이나 흑자예산이 필요하게 되므로 설문에 제시된 내용은 옳지 않다.

③과 ④는 리카도 대등정리에 관한 설문으로서 관련 내용은 다음과 같다.

$IS-LM$ 모형 및 $AD-AS$ 모형에 의하면 정부지출을 증가시키나 조세를 감면하나 적어도 단기에 있어서는 국민소득을 증가시키는 효과를 가진다는 측면에서 동일하다. 그러나 리카도 등 고전학파 경제학자들은 정부지출의 변화 없이 조세수입의 변화만으로는 재정적자 규모가 변화해도 경제에는 아무런 영향을 미치지 못한다고 주장하였다. 이들의 주장을 배로가 리카도의 대등 혹은 동등성 정리라고 명명하였다.

정부지출의 변화 없이 조세수입을 감소시키고 국채를 발행하는 경우 국채를 통한 정부부채의 증가는 반드시 미래 조세부담 증가로 나타난다. 따라서 민간은 현재 감세를 통한 가처분소득의 증가는 미래 가처분소득의 감소라는 것을 잘 알고 있기 때문에 조세감면에 의한 가처분소득의 증가는 저축의 증가로 나타난다. 현재 증가한 가처분소득으로 국채를 구입하더라도 이를 자산으로 인식하지 않고 나중에 상환해야 할 부채로 인식하기 때문에 소비가 늘지 않는다.

특히 항상소득의 관점에서 전 생애에 걸친 소비자의 소득흐름은 변화가 없기 때문에 조세감면·국채발행 이전의 소비선택을 조세감면·국채발행 이후에 변경할 이유가 없다. 따라서 정부지출 재원이 조세수입이든, 국채발행이든지 간에 정부지출이 불변이면 민간에 미치는 영향은 동일하다.

그러나 이러한 리카도 대등정리에 대하여 비판의 견해도 존재하는데 그 논거는 다음과 같다.

첫째, 정부지출의 변화 없이 조세수입을 감소시키고 국채를 발행하는 경우 국채를 통한 정부부채의 증가는 반드시 미래 조세부담 증가로 나타나더라도 민간은 현재 감세를 통한 가처분소득의 증가를 미래 가처분소득의 감소보다 훨씬 더 중요하게 생각할 수도 있다. 이는 민간이 미래보다 현재를 중시하는 근시안적 소비행태를 보인다든지, 유동성제약(차입제약)에 직면한 경우 많이 나타나는데 이 경우 현재의 조세감면과 그로 인한 현재소득의 증가가 매우 중요할 수도 있다. 이로 인해서 소비가 증가한다.

또한 조세감면을 받는 현재세대가 미래 조세증가를 미래세대의 부담으로 떠넘겨버리게 되면 현재세대는 조세감면으로 인하여 소비를 늘리게 된다. 미래 조세증가는 미래세대의 의무이지 현재세대의 의무가 아니라고 생각하는 것으로서 현재소득의 증가와 현재 조세감면을 중요하게 여겨 소비가 증가할 수 있다.

둘째, 차입제약이 있어서 차입이 불완전한 상황이면 소비자는 유동성제약을 겪게 되어 현재 조세감면을 저축에 활용하는 것이 아니라 소비에 즉각 쓰는 상황이 되어 리카도 동등성 정리가 성립하지 않게 된다. 리카도 대등정리가 성립하려면 저축과 차입이 자유로워야 하지만, 현실에서는 그렇지 못하며, 저축이자율과 차입이자율이 상이한 경우가 일반적이다. 따라서 리카도 대등정리는 그 가정부터 비현실적이라고 비판하는 것이다.

위의 내용에 따라서 ③과 ④를 검토하면 다음과 같다.

③ 틀린 내용이다.

리카도 대등정리(Ricardian equivalence theorem)에 따르면 정부의 지출 흐름이 일정할 때 조세수입을 감소시키고 국채를 발행하는 경우 국채를 통한 정부부채의 증가는 반드시 미래 조세부담 증가로 나타난다. 따라서 민간은 현재 감세를 통한 가처분소득의 증가는 미래 가처분소득의 감소라는 것을 잘 알고 있기 때문에 조세감면에 의한 가처분소득의 증가는 저축의 증가로 나타난다. 현재 증가한 가처분소득으로 국채를 구입하더라도 이를 자산으로 인식하지 않고 나중에 상환해야 할 부채로 인식하기 때문에 소비가 늘지 않는다. 즉, 국공채를 자산으로 여기지 않는다는 것이다.

④ 옳은 내용이다.

정부지출의 변화 없이 조세수입을 감소시키고 국채를 발행하는 경우 국채를 통한 정부부채의 증가는 반드시 미래 조세부담 증가로 나타나더라도 민간은 현재 감세를 통한 가처분소득의 증가를 미래 가처분소득의 감소보다 훨씬 더 중요하게 생각할 수도 있다. 이는 민간이 미래보다 현재를 중시하는 근시안적 소비행태를 보인다든지, 유동성제약(차입제약)에 직면한 경우 많이 나타나는데 이 경우 현재의 조세감면과 그로 인한 현재소득의 증가가 매우 중요할 수도 있다. 이로 인해서 소비가 증가하고 리카도 대등정리가 성립하지 않게 된다.

케인즈의 화폐수요이론 및 보몰-토빈에 의한 보완

1 화폐수요에 대한 직관적 이해와 케인즈의 화폐수요이론 `2015 지7`

   1) 경기가 좋아지면 화폐수요는 증가한다.

   2) 이자율이 상승하면 화폐수요는 감소한다.

   3) 불확실성이 커지면 화폐수요는 증가한다.

   4) 신용카드의 보급으로 화폐수요는 감소한다.

2 케인즈의 유동성 선호이론

   1) 화폐수요 $\dfrac{M^D}{P} = L(Y,r) = kY - lr$ (k : 화폐수요의 소득탄력성, l : 화폐수요의 이자율탄력성)

   2) 거래적 화폐수요

   ① 거래목적을 위해서 화폐를 수요

   ② 소득이 증가하면 거래규모가 커지면서 거래적 화폐수요는 증가 `2016 국7` `2014 지7`

   ③ 화폐수요(거래적 수요)의 소득탄력성이 작을수록 LM곡선은 완만

   ④ 불확실성에 대비한 예비적 수요도 소득 증가 시 증가 `2016 국7` `2014 지7`

   3) 투기적 화폐수요

   ① 채권 등 수익성 자산에 투자하는 과정에서 일시적으로 화폐를 수요 `2016 국7`
   　 ⅰ) 현재 이자율이 매우 낮다면, 채권가격은 높은 상황 `2014 지7`
   　 ⅱ) 미래에 이자율 상승 및 채권가격 하락을 기대
   　 ⅲ) 미래 채권구입을 위해서 현재 화폐를 보유

   ② 이자율이 상승하면 투기적 화폐수요는 감소 `2014 지7`

   ③ 화폐수요(투기적 수요)의 이자율탄력성이 클수록 LM곡선은 완만

   4) 유동성함정

   ① 이자율이 매우 낮은 수준일 경우, 화폐수요가 무한히 증가하는 영역

   ② 화폐수요의 이자율탄력성이 무한대 `2016 국7`

   ③ LM곡선이 수평

   ④ 재정정책은 최대효과가 나타나지만, 통화정책은 효과 없음

제8편

3 보물―토빈의 재고자산이론

1) 화폐수요 $M^D = \dfrac{M^*}{2} = P\sqrt{\dfrac{bY}{2i}}$, $\dfrac{M^D}{P} = \sqrt{\dfrac{bY}{2i}}$ (b : 거래비용)

2) 소득이 높을수록 화폐수요는 증가하며, 이자율이 높을수록 화폐수요는 감소한다.

3) 거래비용이 높을수록 화폐수요는 증가한다.

4) 화폐수요의 소득탄력성은 0.5이다.

5) 화폐수요에 규모의 경제가 존재한다.　 2011 국7

　① 소득이 증가할 때 화폐수요는 증가한다.

　② 그러나 체감적으로 증가한다.

　③ 소득 증가에 따라 경제주체의 현금관리능력이 커지기 때문에 체감적으로 증가한다.

　④ 이를 화폐보유에 있어서 규모의 경제라고 한다.

4 토빈의 자산선택이론

1) 화폐 및 채권의 보유는 수익 및 위험이 동시에 발생한다.

2) 화폐의 수익률은 0이지만, 화폐수요를 하는 것은 화폐가 무위험자산이기 때문이다.　 2011 국7

3) 화폐 및 채권의 보유로 인한 수익 및 위험이 창출해내는 효용을 극대화한다.

4) 이자율 상승 시 효과

　① 대체효과

　　ⅰ) 이자율 상승에 따라서 화폐보유의 기회비용이 커진다

　　ⅱ) 기회비용이 커진 화폐보유를 줄이고 대신 채권보유를 늘인다.

　② 소득효과

　　ⅰ) 이자율 상승에 따라서 실질소득이 증가한다.

　　ⅱ) 실질소득이 증가하면, 안전자산인 화폐보유를 늘리고, 위험자산인 채권보유를 줄인다.

ISSUE 문제 📋

01 2016년 국가직 7급

케인즈의 화폐수요 이론에 대한 설명으로 옳지 않은 것은?

① 개인은 수익성 자산에 투자하는 과정에서 일시적으로 화폐를 보유하기도 한다.

② 화폐수요의 이자율탄력성이 0이 되는 것을 유동성함정이라고 한다.

③ 소득수준이 높아질수록 예비적 동기의 화폐수요는 증가한다.

④ 거래적 동기의 화폐수요는 소득수준과 관련이 있다.

출제이슈 케인즈의 화폐수요이론
핵심해설 정답 ②

케인즈의 화폐수요함수는 $\dfrac{M^D}{P} = L(Y,r) = kY - lr$ (k : 화폐수요의 소득탄력성, l : 화폐수요의 이자율탄력성)로서 소득과 이자율의 함수로 표시된다.

케인즈에 의하면 화폐수요는 거래적 화폐수요, 예비적 화폐수요와 투기적 화폐수요로 나뉜다.

거래적 화폐수요는 거래목적을 위해서 화폐를 수요하는 것으로서 소득이 증가하면 거래규모가 커지면서 거래적 화폐수요도 증가한다. 화폐수요(거래적 수요)의 소득탄력성이 작을수록 LM곡선은 완만하다.

예비적 화폐수요는 예상치 못한 지출, 계획되지 않은 지출에 대비하기 위하여 화폐를 보유하는 것으로서 소득수준이 높을수록, 예상치 못한 지출에 대비하여 더욱 많은 화폐를 보유할 여유가 있기 때문에 예비적 화폐수요는 소득과 정의 관계에 있다.

투기적 화폐수요는 채권 등 수익성 자산에 투자하는 과정에서 일시적으로 화폐를 수요하는 것으로서 이자율과 역의 관계에 있다. 왜냐하면, 현재 이자율이 매우 낮다면, 채권가격은 높은 상황이며 미래에 이자율 상승 및 채권가격 하락을 기대하면서 경제주체들은 미래 채권구입을 위해서 현재 화폐를 보유하게 될 것이기 때문이다. 화폐수요(투기적 수요)의 이자율탄력성이 클수록 LM곡선은 완만하다.

위의 내용에 따라 ①, ③, ④를 먼저 검토하면 다음과 같다.

① 옳은 내용이다.
투기적 화폐수요로서 채권 등 수익성 자산에 투자하는 과정에서 일시적으로 화폐를 수요하며 이자율과 역의 관계에 있다.

③ 옳은 내용이다.
예비적 화폐수요로서 예상치 못한 지출, 계획되지 않은 지출에 대비하기 위하여 화폐를 보유하며 소득수준이 높을수록, 예상치 못한 지출에 대비하여 더욱 많은 화폐를 보유할 여유가 있기 때문에 예비적 화폐수요는 소득과 정의 관계에 있다.

④ 옳은 내용이다.
거래적 화폐수요로서 거래목적을 위해서 화폐를 수요하는 것으로서 소득이 증가하면 거래규모가 커지면서 거래적 화폐수요도 증가한다.

제8편

이제 ②를 검토하면 다음과 같다.

② 틀린 내용이다.
한 경제의 이자율이 매우 낮은 수준이라고 경제주체들이 공통적으로 생각할 때, 통화당국이 통화량을 증가시킬 경우 그 증가된 통화량은 모두 투기적 화폐수요로 흡수된다(화폐수요의 이자율탄력성이 무한대). 따라서 LM곡선이 수평이 되는데 이러한 영역을 유동성함정이라고 한다. 즉, 유동성함정은 이자율이 매우 낮은 수준일 경우, 화폐수요가 무한히 증가하는 영역이다. 유동성함정이 나타날 경우 재정정책은 최대로 효과가 나타나지만, 통화정책은 효과가 없다. 제시된 설문은 화폐수요의 이자율탄력성이 0이 아니라 무한대가 되는 경우에 유동성함정이라고 하는데 반대로 이자율탄력성이 0이라고 하였기 때문에 틀린 내용이다.

02 2014년 지방직 7급

㉠~㉣에 들어갈 말로 알맞은 것은?

> 케인즈는 화폐수요를 거래적 동기, 예비적 동기 그리고 투기적 동기로 분류하면서 거래적 동기 및 예비적 동기는 (㉠)에 의존하고, 투기적 동기는 (㉡)에 의존한다고 주장했다. 특히 (㉡)이 낮을 때 채권가격이 (㉢), 투자자의 채권 투자 의욕이 낮은 상황에서 투기적 동기에 따른 화폐수요가 (㉣)고 하였다.

	㉠	㉡	㉢	㉣
①	소득	이자율	높고	작다
②	소득	이자율	높고	크다
③	이자율	소득	높고	크다
④	이자율	소득	낮고	작다

출제이슈 케인즈의 화폐수요이론

핵심해설 정답 ②

케인즈의 화폐수요함수는 $\dfrac{M^D}{P} = L(Y,r) = kY - lr$ (k : 화폐수요의 소득탄력성, l : 화폐수요의 이자율탄력성)로서 소득과 이자율의 함수로 표시된다.

케인즈에 의하면 화폐수요는 거래적 화폐수요, 예비적 화폐수요와 투기적 화폐수요로 나뉜다.

거래적 화폐수요는 거래목적을 위해서 화폐를 수요하는 것으로서 소득이 증가하면 거래규모가 커지면서 거래적 화폐수요도 증가한다. 화폐수요(거래적 수요)의 소득탄력성이 작을수록 LM곡선은 완만하다.

예비적 화폐수요는 예상치 못한 지출, 계획되지 않은 지출에 대비하기 위하여 화폐를 보유하는 것으로서 소득수준이 높을수록, 예상치 못한 지출에 대비하여 더욱 많은 화폐를 보유할 여유가 있기 때문에 예비적 화폐수요는 소득과 정의 관계에 있다.

투기적 화폐수요는 채권 등 수익성 자산에 투자하는 과정에서 일시적으로 화폐를 수요하는 것으로서 이자율과 역의 관계에 있다. 왜냐하면, 현재 이자율이 매우 낮다면, 채권가격은 높은 상황이며 미래에 이자율 상승 및 채권가격 하락을 기대하면서 경제주체들은 미래 채권구입을 위해서 현재 화폐를 보유하게 될 것이기 때문이다. 화폐수요(투기적 수요)의 이자율탄력성이 클수록 LM곡선은 완만하다.

위의 내용에 따라 설문의 내용을 정답과 함께 정리하면 다음과 같다.

케인즈는 화폐수요를 거래적 동기, 예비적 동기 그리고 투기적 동기로 분류하면서 거래적 동기 및 예비적 동기는 (㉠ 소득)에 의존하고, 투기적 동기는 (㉡ 이자율)에 의존한다고 주장했다. 특히 (㉡ 이자율)이 낮을 때 채권가격이 (㉢ 높고), 투자자의 채권 투자 의욕이 낮은 상황에서는 채권을 보유하는 대신 화폐를 보유하면서 장래에 채권구입에 대비하는 이른바 투기적 동기에 따른 화폐 수요가 (㉣ 크다)고 하였다.

03 2013년 지방직 7급

불확실성 하에서 자산보유에 따른 위험을 줄이기 위해 무위험자산인 화폐에 대한 수요를 강조한 이론은?

① 케임브리지학파의 현금잔고방정식(Cash Balance Equation)이론
② 프리드만의 신화폐수량설(New Quantity Theory of Money)
③ 토빈의 화폐수요에 관한 자산선택이론(Portfolio Theory)
④ 보몰-토빈의 거래적 화폐수요이론(Transactions Demand for Money)

출제이슈 토빈의 자산선택이론
핵심해설 정답 ③

토빈의 자산선택이론은 투기적 동기에 의한 화폐수요에 대한 분석으로서 화폐의 가치저장수단의 기능을 강조하고 있다. 즉, 화폐는 채권, 부동산 등과 같은 자산의 일종으로서 경제주체는 자산구성(포트폴리오)의 일부로 화폐를 보유한다. 특히 화폐는 다른 자산에 비해 구별되는 다른 수익과 위험을 주는데 화폐는 주식, 채권 등 다른 자산에 비해 안전한 반면, 명목수익률이 항상 0으로 고정되어 있어서 기대수익률은 낮다. 화폐의 수익률이 낮음에도 불구하고, 화폐수요를 하는 것은 화폐가 무위험자산이기 때문이다.

주식이나 화폐, 채권 등을 보유하게 되면 수익뿐만 아니라 동시에 위험이 발생하기 때문에 이를 동시에 고려하여 폐가 보유되는 것이 바로 토빈의 자산선택이론에 의한 화폐수요이다.

경제주체의 포트폴리오 구성이 화폐와 채권으로만 이루어진다고 가정하면, 경제주체는 화폐 및 채권의 보유로 인한 수익 및 위험으로부터의 효용을 극대화하는 차원에서 화폐를 보유하며 이때, 화폐 및 채권의 포트폴리오의 수익률은 화폐의 수익률과 채권의 수익률을 각 보유비율로 가중평균하여 구할 수 있다. 이 수익률의 기대값 혹은 평균이 바로 포트폴리오의 수익이 되고, 수익률의 분산 혹은 표준편차가 포트폴리오의 위험이 된다.

토빈에 의하면, 효용을 극대화하는 최적의 포트폴리오의 위험과 수익의 무차별곡선과 제약선이 접하는 곳에 달성되며, 이때 최적의 화폐보유비율과 채권보유비율이 결정되어 화폐수요가 결정되는 것이다.

이러한 효용극대화는 이자율이 변화하는 경우 변화하게 되므로 결국 토빈의 화폐수요는 이자율에 의해서 결정된다고 할 수 있다.

이자율이 상승하는 경우 화폐보유의 기회비용이 커지기 때문에 화폐수요가 줄고 채권보유가 늘어난다. 이를 대체효과라고 한다. 한편, 이자율 상승은 자산 소유자의 실질소득을 증가시키므로 안전자산인 화폐수요가 늘고 위험자산인 채권보유가 줄어든다. 이를 소득효과라고 한다.

결국 이자율이 상승하는 경우 대체효과에 의한 화폐수요감소와 소득효과에 의한 화폐수요증가를 종합하여 그 상대적인 크기에 따라서 최종적인 화폐수요가 결정된다.

설문에서 불확실성 하에서 자산보유에 따른 위험을 줄이기 위해 무위험자산인 화폐에 대한 수요를 강조한 이론은 바로 위에서 설명한 토빈의 자산선택이론을 의미한다.

고전학파의 화폐수요이론

1 교환방정식

1) 교환방정식 $MV = PT$은 항상 일치하는 항등식

　M : 경제 내에 존재하는 화폐량, V : 유통속도(화폐의 평균 지출횟수), P : 물가(거래당 평균단가), T : 전체거래량

2) 거래량 PT 대신 명목국민소득 PY를 이용

　① Y는 실질국민소득

　② 고전학파적 견해에 따르면, 통화량이 아니라 생산요소와 생산기술을 반영하는 생산함수에 의해서 결정 2016 지7

3) 통화량, 화폐유통속도, 물가, 실질GDP 간의 관계식 2016 국7

4) $M^S = M$라고 하면, 단순한 항등식으로서의 교환방정식을 화폐수요함수로 해석 가능

5) 화폐수요 $M^D = \dfrac{1}{V} PY = kPY$(화폐유통속도는 안정적)

2 교환방정식의 함의

1) 화폐의 교환수단으로서의 기능을 강조 2011 국7

2) **고전학파의 물가결정이론**

　① 실질국민소득은 생산요소와 기술에 의해서 결정

　② 따라서 물가는 통화량이 결정 2016 지7

　③ 통화량이 증가하면 산출량의 명목가치(명목국민소득)가 그에 따라서 증가 2016 지7

3) 고전학파의 고전적 이분성, 화폐의 중립성

4) **교환방정식의 변형** $\hat{M} + \hat{V} = \hat{P} + \hat{Y}$

　① 통화증가율 + 유통속도변화율 = 물가상승률 + 실질소득증가율(경제성장률)

　② 유통속도가 불변인 경우 통화증가율 = 물가상승률 + 실질소득증가율(경제성장률)

5) 교환방정식의 해석을 통한 묵시적인 화폐수요함수의 도출

3 교환방정식 계산문제의 유형

1) 화폐유통속도 불변, 통화량이 증가한 배수, 실질거래량의 증가율
   → 이때, 물가상승률? `2011 국9`

2) 최초 명목소득, 통화량, 이후 물가상승률, 통화증가율, 실질소득증가율
   → 이때, 화폐유통속도? `2012 국9`

3) 화폐유통속도 불변, 실질GDP 증가율
   → 이때, 통화량증가율과 물가상승률의 다양한 조합? `2011 지7`

4) 통화량, 명목GDP, 실질GDP → 이때, 화폐유통속도? `2018 지7`

5) 경제성장률, 화폐유통속도증가율, 목표물가상승률 → 이때, 적정통화성장률? `2011 국7`

6) 생산량 증가율, 통화량증가율 → 이때, 물가상승률? `2013 국7`

7) 실질GDP, 물가, 통화량 `2017 국7`
   → 이때, 화폐유통속도, 통화량증가율과 다양한 물가상승률 – 명목GDP – 실질GDP의 조합?

8) 실질GDP, 화폐유통속도 증가율, 통화량증가율 → 이때, 물가상승률? `2019 국7`

9) 연도별 생산물, 가격, 생산량 / 특정 연도 통화량 → 이때, 다른 연도 통화량? `2012 국7`

10) 물가, 통화량 → 이때, 화폐유통속도, 산출량의 비율? `2020 국9`

4 현금잔고수량설

1) 가치저장수단 즉 자산으로서의 화폐의 기능을 강조

2) 전체자산 가운데 화폐를 얼마나 보유하고 다른 형태의 자산을 얼마나 보유하느냐의 문제

3) 현금잔고방정식 $M^D = kPY$ (M^D : 화폐수요, k : 마샬의 k, PY : 명목소득)

5 신화폐수량설

1) 거래수량설, 현금잔고수량설은 화폐유통속도가 일정하지만, 현실에는 단기적으로 변동

2) 대체로 호황일 경우에는 유통속도가 빨라지고, 불황일 경우에는 유통속도가 늦어짐

3) 신화폐수량설은 유통속도의 단기적 변동을 설명하는 프리드만의 이론

4) 자산으로서의 화폐의 기능을 강조하여 화폐는 미시적 선택으로서 자산의 한 형태로 수요

5) 화폐수요함수 $\dfrac{M^D}{P} = L(Y^P, i - i_m, \pi)$

   ($\dfrac{M^D}{P}$: 실질화폐수요, Y^P : 항상소득, i : 다른 자산의 수익율, i_m : 화폐의 수익률,
   π : 인플레이션율)

6) 화폐수요는 항상소득에 의해 결정되며, 케인즈이론과 달리 이자율에 민감하지 않고 안정적

7) 화폐유통속도는 경기순행적으로 변동하나 안정적 `2011 국7`

ISSUE 문제 📝

01 　2020년 국가직 9급

수량방정식(quantity equation)은 통화량과 산출량의 명목가치 사이의 관계를 나타낸다. 물가가 10 이고 통화량이 1,000억 원일 때, 수량방정식이 성립하는 화폐유통속도와 산출량(실질GDP)의 조합 으로 옳게 짝지은 것은?

	화폐유통속도	산출량(실질GDP)
①	500	20억 원
②	20	500억 원
③	200	2억 원
④	2	200억 원

출제이슈 화폐수량설
핵심해설 정답 ④

고전학파의 화폐수량설(거래수량설)에 의하면, 교환의 매개수단으로서의 화폐의 기능을 강조한다. 이를 잘 표현하고 있는 것이 다음과 같은 피셔의 교환방정식이다.

교환방정식 $MV = PY$
M: 경제 내에 존재하는 화폐량, V: 유통속도(화폐의 평균 지출횟수), P: 물가(거래당 평균단가), Y: 실질국민소득

교환방정식은 항상 일치하는 항등식으로서 일정 기간 동안에 어떤 경제에서 이루어진 모든 거래를 성사시키기 위해서는 화폐가 평균적으로 몇번씩 지출되어야 하는가의 문제이다.

위의 내용에 따라서 설문을 검토하면 다음과 같다.

설문에서 주어진 물가는 10, 통화량은 1,000억 원이므로 이를 교환방정식 $MV = PY$에 대입하면 다음과 같다.

$1,000\,V = 10\,Y$가 된다. 이는 $\dfrac{Y}{V} = \dfrac{1,000}{10} = 100$ 임을 의미한다.

산출량과 화폐유통속도의 비율이 100인 경우를 찾으면 화폐유통속도는 2, 산출량은 200억 원이 된다.

제8편

02 　2016년 지방직 7급

화폐수량설에 따르면, 화폐수량방정식은 $MV = PY$와 같다. 이에 대한 설명으로 옳은 것은?
(단, M은 통화량, V는 화폐유통속도, P는 산출물의 가격, Y는 산출량이다)

① 화폐유통속도(V)는 오랜 기간에 걸쳐 일반적으로 불안정적이라고 전제하고 있다.
② 중앙은행이 통화량(M)을 증대시키면, 산출량의 명목가치(PY)는 통화량과는 독립적으로 변화한다.
③ 산출량(Y)은 통화량(M)이 아니라, 생산요소의 공급량과 생산기술에 의해 결정된다.
④ 중앙은행이 통화량(M)을 급격히 감소시키면, 인플레이션이 발생한다.

출제이슈　화폐수량설
핵심해설　정답 ③

고전학파의 화폐수량설(거래수량설)에 의하면, 교환의 매개수단으로서의 화폐의 기능을 강조한다. 이를 잘 표현하고 있는 것이 다음과 같은 피셔의 교환방정식이다.

교환방정식 $MV = PY$
M: 경제 내에 존재하는 화폐량, V: 유통속도(화폐의 평균 지출횟수), P: 물가(거래당 평균단가), Y: 실질국민소득

교환방정식은 항상 일치하는 항등식으로서 일정 기간 동안에 어떤 경제에서 이루어진 모든 거래를 성사시키기 위해서는 화폐가 평균적으로 몇번씩 지출되어야 하는가의 문제이다. 이 교환방정식의 해석으로부터 다음과 같은 화폐수요를 도출할 수 있다.

화폐수요함수 $M^D = \dfrac{1}{V} PY = kPY$(화폐유통속도는 안정적)

위의 화폐수량설의 내용에 근거하여 설문을 검토하면 다음과 같다.

① 틀린 내용이다.
화폐수량설에 의하면, 화폐의 유통속도 V는 지불과 관련된 기술이나 관습에 의해 영향을 받으므로 안정적이다.

② 틀린 내용이다.
화폐유통속도가 안정적이면 교환방정식 $MV = PY$에서 통화량 증대 시 산출량의 명목가치는 통화량에 비례하여 증가하게 된다.

③ 옳은 내용이다.
산출량은 통화량에 의해서 결정되는 것이 아니라 생산요소의 공급량과 생산기술을 반영하는 생산함수에 의하여 결정된다. 이는 실질변수는 실물부문에서 그리고 명목변수는 명목부문에서 각각 분리되어 결정되는 고전적 이분성을 반영하는 것이다.

④ 틀린 내용이다.
통화량이 급격히 감소하면, 물가가 하락하면서 인플레이션이 아니라 디플레이션의 압력이 가해진다. 인플레이션이 물가수준이 지속적으로 "상승"하는 현상이라면 디플레이션은 물가수준이 지속적으로 "하락"하는 현상을 의미한다.

디플레이션의 원인은 먼저 공급 측 요인으로서 생산성의 향상으로 인하여 생산비용이 하락하는 경우 총공급곡선이 우측으로 이동하여 물가가 하락하게 된다. 그리고 수요 측 요인으로서 투자 감소, 통화공급 감소 등으로 인한 총수요가 감소하여 총수요곡선이 좌측으로 이동하는 경우 물가가 하락한다.

03 2016년 국가직 7급

다음의 교환방정식에 대한 설명으로 옳지 않은 것은?

$MV = PY$
(단, M은 통화량, V는 화폐의 유통속도, P는 물가, Y는 실질GDP이다)

① 통화량이 증가하면, 물가나 실질GDP가 증가하거나 화폐유통속도가 하락해야 한다.
② V와 Y가 일정하다는 가정을 추가하면 화폐수량설이 도출된다.
③ V와 M이 일정할 때, 실질GDP가 커지면 물가가 상승해야 한다.
④ V와 Y가 일정할 때, 인플레이션율과 통화증가율은 비례관계에 있다.

출제이슈 화폐수량설
핵심해설 정답 ③

고전학파의 화폐수량설(거래수량설)에 의하면, 교환의 매개수단으로서의 화폐의 기능을 강조한다. 이를 잘 표현하고 있는 것이 다음과 같은 피셔의 교환방정식이다.

교환방정식 $MV = PY$
M: 경제 내에 존재하는 화폐량, V: 유통속도(화폐의 평균 지출횟수), P: 물가(거래당 평균단가), Y: 실질국민소득

교환방정식은 항상 일치하는 항등식으로서 일정 기간 동안에 어떤 경제에서 이루어진 모든 거래를 성사시키기 위해서는 화폐가 평균적으로 몇번씩 지출되어야 하는가의 문제이다. 이 교환방정식의 해석으로부터 다음과 같은 화폐수요를 도출할 수 있다.

화폐수요함수 $M^D = \dfrac{1}{V}PY = kPY$(화폐유통속도는 안정적)

위의 화폐수량설의 내용에 근거하여 설문을 검토하면 다음과 같다.

① 옳은 내용이다.
교환방정식 $MV = PY$에 의하면 통화량 증가 시 교환방정식의 항등관계를 만족시키기 위해서는 물가나 실질GDP가 증가하거나 화폐유통속도가 하락해야 한다.

② 옳은 내용이다.
교환방정식 $MV = PY$은 항상 일치하는 항등식으로서 일정 기간 동안에 어떤 경제에서 이루어진 모든 거래를 성사시키기 위해서는 화폐가 평균적으로 몇번씩 지출되어야 하는가의 문제이다. 여기에 화폐유통속도가 일정하고 실질GDP도 완전고용생산 수준으로 일정하다고 가정하면 화폐수량설이 도출된다. 그리고 이의 해석으로부터 화폐수요를 도출할 수 있다.

③ 틀린 내용이다.
교환방정식 $MV = PY$에서 화폐유통속도와 통화량이 일정할 때, 실질GDP가 커지면 교환방정식의 항등관계를 만족시키기 위해서는 물가가 하락해야 한다.

④ 옳은 내용이다.
교환방정식 $MV = PY$에서 이를 변화율 형태로 바꾸면 $\hat{M} + \hat{V} = \hat{P} + \hat{Y}$로서 통화증가율 + 유통속도변화율 = 물가상승률 + 실질소득증가율(경제성장률)이 된다. 만일 화폐유통속도와 실질GDP가 일정하다면, 변화율이 0이므로 통화증가율 = 물가상승률이 되어 정확하게 비례관계에 있게 된다.

04 ｜2011년 국가직 9급｜

화폐유통속도가 바뀌지 않고 있는 상황에서 통화량이 3배가 되고 실질거래량이 50% 증가했다면, 물가상승률은?

① 50%

② 100%

③ 150%

④ 200%

출제이슈 화폐수량설
핵심해설 정답 ②

고전학파의 화폐수량설(거래수량설)에 의하면, 교환의 매개수단으로서의 화폐의 기능을 강조한다. 이를 잘 표현하고 있는 것이 다음과 같은 피셔의 교환방정식이다.

교환방정식 $MV = PY$
M : 경제 내에 존재하는 화폐량, V : 유통속도(화폐의 평균 지출횟수), P : 물가(거래당 평균단가), Y : 실질국민소득

교환방정식은 항상 일치하는 항등식으로서 일정 기간 동안에 어떤 경제에서 이루어진 모든 거래를 성사시키기 위해서는 화폐가 평균적으로 몇번씩 지출되어야 하는가의 문제이다. 이 교환방정식의 해석으로부터 다음과 같은 화폐수요를 도출할 수 있다.

화폐수요함수 $M^D = \dfrac{1}{V}PY = kPY$(화폐유통속도는 안정적)

그리고 위의 교환방정식 $MV = PY$에서 이를 변화율 형태로 바꾸면 $\hat{M} + \hat{V} = \hat{P} + \hat{Y}$ 로서 통화증가율 + 유통속도변화율 = 물가상승률 + 실질소득증가율(경제성장률)이 된다.

설문의 자료를 위의 교환방정식 $MV = PY$에 대입하여 풀면 다음과 같다.

$MV = PY$에서 통화량이 3배, 실질거래량이 50% 증가하였으므로

$3M \times V = P' \times 1.5Y$가 된다. 단, P'은 바뀐 물가수준을 의미한다.

위의 식은 $P' = 2P$를 충족해야 함을 나타내므로 물가가 이전의 2배가 되어야 한다.
따라서 물가상승률은 100%이다.

05 2012년 국가직 9급

A국가의 명목 국내총생산(GDP)은 20,000달러, 통화량은 8,000달러이고, 수량방정식(quantity equation)이 성립한다고 가정한다. A국가의 물가 수준이 20% 상승하고, 통화량은 10% 증가하며, 실질 국내총생산(GDP)이 10% 증가했을 경우의 화폐유통속도(velocity of money)는?

① 2.5

② 2.75

③ 3

④ 3.5

출제이슈 화폐수량설
핵심해설 정답 ③

고전학파의 화폐수량설(거래수량설)에 의하면, 교환의 매개수단으로서의 화폐의 기능을 강조한다. 이를 잘 표현하고 있는 것이 다음과 같은 피셔의 교환방정식이다.

교환방정식 $MV = PY$

M: 경제 내에 존재하는 화폐량, V: 유통속도(화폐의 평균 지출횟수), P: 물가(거래당 평균단가), Y: 실질국민소득

교환방정식은 항상 일치하는 항등식으로서 일정 기간 동안에 어떤 경제에서 이루어진 모든 거래를 성사시키기 위해서는 화폐가 평균적으로 몇번씩 지출되어야 하는가의 문제이다. 이 교환방정식의 해석으로부터 다음과 같은 화폐수요를 도출할 수 있다.

화폐수요함수 $M^D = \dfrac{1}{V} PY = kPY$(화폐유통속도는 안정적)

그리고 위의 교환방정식 $MV = PY$에서 이를 변화율 형태로 바꾸면 $\hat{M} + \hat{V} = \hat{P} + \hat{Y}$ 로서 통화증가율 + 유통속도변화율 = 물가상승률 + 실질소득증가율(경제성장률)이 된다.

설문의 자료를 위의 교환방정식 $MV = PY$에 대입하여 풀면 다음과 같다.

$MV = PY$에서 $PY = 20,000$, $M = 8,000$이므로 $8,000\,V = 20,000$, $V = 2.5$가 된다.

이때, 물가가 20% 상승하고 통화량은 10% 증가하고, 실질국내총생산이 10% 증가였으므로

$1.1 \times 8,000\,V' = 1.2P \times 1.1Y$, 단, V'은 바뀐 화폐유통속도 수준을 의미한다.

따라서 이를 풀면, $V' = 3$이 된다.

06 2011년 지방직 7급

A국의 경제에서 화폐유통속도가 일정하고 실질GDP가 매년 3% 증가한다. 수량방정식(quantity equation)이 성립한다고 가정할 때 옳지 않은 것은?

① 통화량을 3% 증가시키면 물가는 현재 수준으로 유지된다.
② 통화량을 현재 수준으로 고정시킨다면 물가는 3% 하락하게 된다.
③ 통화량을 현재 수준으로 고정시킨다면 명목 GDP 증가율은 3%가 될 것이다.
④ 통화량을 6% 증가시키면 명목 GDP 증가율은 실질GDP 증가율의 2배가 된다.

출제이슈 화폐수량설
핵심해설 정답 ③

고전학파의 화폐수량설(거래수량설)에 의하면, 교환의 매개수단으로서의 화폐의 기능을 강조한다. 이를 잘 표현하고 있는 것이 다음과 같은 피셔의 교환방정식이다.

교환방정식 $MV = PY$
M: 경제 내에 존재하는 화폐량, V: 유통속도(화폐의 평균 지출횟수), P: 물가(거래당 평균단가), Y: 실질국민소득

교환방정식은 항상 일치하는 항등식으로서 일정 기간 동안에 어떤 경제에서 이루어진 모든 거래를 성사시키기 위해서는 화폐가 평균적으로 몇번씩 지출되어야 하는가의 문제이다. 이 교환방정식의 해석으로부터 다음과 같은 화폐수요를 도출할 수 있다.

화폐수요함수 $M^D = \dfrac{1}{V}PY = kPY$(화폐유통속도는 안정적)

그리고 위의 교환방정식 $MV = PY$에서 이를 변화율 형태로 바꾸면 $\hat{M} + \hat{V} = \hat{P} + \hat{Y}$ 로서 통화증가율 + 유통속도변화율 = 물가상승률 + 실질소득증가율(경제성장률)이 된다.

설문의 자료를 위의 교환방정식의 변화율 형태의 식 $\hat{M} + \hat{V} = \hat{P} + \hat{Y}$ 에 대입하여 풀면 다음과 같다.

설문에서 화폐유통속도가 일정하고 실질GDP가 매년 3% 증가한다고 하였으므로 $\hat{V} = 0$이고 $\hat{Y} = 3\%$가 된다. 이제 설문을 검토하면 다음과 같다.

① $\hat{M} + \hat{V} = \hat{P} + \hat{Y}$, $\hat{V} = 0$, $\hat{Y} = 3\%$인 상황에서 통화량이 3% 증가하면, 물가상승률은 0이 된다.
② $\hat{M} + \hat{V} = \hat{P} + \hat{Y}$, $\hat{V} = 0$, $\hat{Y} = 3\%$인 상황에서 통화량이 불변이면, 물가상승률은 −3%가 된다.
③ $\hat{M} + \hat{V} = \hat{P} + \hat{Y}$, $\hat{V} = 0$, $\hat{Y} = 3\%$인 상황에서 통화량이 불변이면, 명목GDP 증가율은 0이 된다.
④ $\hat{M} + \hat{V} = \hat{P} + \hat{Y}$, $\hat{V} = 0$, $\hat{Y} = 3\%$인 상황에서 통화량이 6% 증가하면, 명목GDP 증가율은 6%로서 실질GDP 증가율인 3%의 2배가 된다.

07 [2018년 지방직 7급]

A국가의 통화량이 5,000억 원, 명목 GDP가 10조 원, 실질GDP가 5조 원이라면 화폐수량설이 성립하는 A국가의 화폐유통속도는?

① 10

② 15

③ 20

④ 25

출제이슈 화폐수량설
핵심해설 정답 ③

고전학파의 화폐수량설(거래수량설)에 의하면, 교환의 매개수단으로서의 화폐의 기능을 강조한다. 이를 잘 표현하고 있는 것이 다음과 같은 피셔의 교환방정식이다.

교환방정식 $MV = PY$

M: 경제 내에 존재하는 화폐량, V: 유통속도(화폐의 평균 지출횟수), P: 물가(거래당 평균단가), Y: 실질국민소득

교환방정식은 항상 일치하는 항등식으로서 일정 기간 동안에 어떤 경제에서 이루어진 모든 거래를 성사시키기 위해서는 화폐가 평균적으로 몇번씩 지출되어야 하는가의 문제이다. 이 교환방정식의 해석으로부터 다음과 같은 화폐수요를 도출할 수 있다.

화폐수요함수 $M^D = \dfrac{1}{V}PY = kPY$(화폐유통속도는 안정적)

그리고 위의 교환방정식 $MV = PY$에서 이를 변화율 형태로 바꾸면 $\hat{M} + \hat{V} = \hat{P} + \hat{Y}$ 로서 통화증가율 + 유통속도변화율 = 물가상승률 + 실질소득증가율(경제성장률)이 된다.

설문의 자료를 위의 교환방정식 $MV = PY$에 대입하여 풀면 다음과 같다.

$MV = PY$에서 $PY = 10$(조 원), $M = 0.5$(조 원), $Y = 5$(조 원), $P = 2$이므로 $0.5V = 10$, $V = 20$이 된다.

제8편

08 2011년 국가직 7급

정책당국이 내년의 경제성장율은 7%, 화폐유통속도는 1.5% 수준으로 예상하고 있다고 가정한다. 급격한 물가 상승을 우려한 정책당국이 내년 물가상승률을 3%로 억제하기 위한 내년도의 적정 통화성장률은?

① 6.5%

② 7.5%

③ 8.5%

④ 9.5%

출제이슈 화폐수량설

핵심해설 정답 ③

고전학파의 화폐수량설(거래수량설)에 의하면, 교환의 매개수단으로서의 화폐의 기능을 강조한다. 이를 잘 표현하고 있는 것이 다음과 같은 피셔의 교환방정식이다.

교환방정식 $MV = PY$

M: 경제 내에 존재하는 화폐량, V: 유통속도(화폐의 평균 지출횟수), P: 물가(거래당 평균단가), Y: 실질국민소득

교환방정식은 항상 일치하는 항등식으로서 일정 기간 동안에 어떤 경제에서 이루어진 모든 거래를 성사시키기 위해서는 화폐가 평균적으로 몇번씩 지출되어야 하는가의 문제이다. 이 교환방정식의 해석으로부터 다음과 같은 화폐수요를 도출할 수 있다.

화폐수요함수 $M^D = \dfrac{1}{V} PY = kPY$(화폐유통속도는 안정적)

그리고 위의 교환방정식 $MV = PY$에서 이를 변화율 형태로 바꾸면 $\hat{M} + \hat{V} = \hat{P} + \hat{Y}$ 로서 통화증가율 + 유통속도변화율 = 물가상승률 + 실질소득증가율(경제성장률)이 된다.

설문의 자료를 위의 교환방정식의 변화율 형태의 식 $\hat{M} + \hat{V} = \hat{P} + \hat{Y}$ 에 대입하여 풀면 다음과 같다.

$\hat{M} + 1.5 = 3 + 7$, 따라서 통화의 증가율은 $\hat{M} = 8.5(\%)$가 된다.

09 | 2013년 국가직 7급 |

생산량이 3% 증가하고 통화량이 6% 증가하였다고 할 때, 화폐수량설에 근거하여 계산한 물가상승률은? (단, 다른 조건은 일정하다)

① 2%

② 3%

③ 6%

④ 9%

출제이슈 화폐수량설

핵심해설 정답 ②

고전학파의 화폐수량설(거래수량설)에 의하면, 교환의 매개수단으로서의 화폐의 기능을 강조한다. 이를 잘 표현하고 있는 것이 다음과 같은 피셔의 교환방정식이다.

교환방정식 $MV = PY$

M: 경제 내에 존재하는 화폐량, V: 유통속도(화폐의 평균 지출횟수), P: 물가(거래당 평균단가), Y: 실질국민소득

교환방정식은 항상 일치하는 항등식으로서 일정 기간 동안에 어떤 경제에서 이루어진 모든 거래를 성사시키기 위해서는 화폐가 평균적으로 몇번씩 지출되어야 하는가의 문제이다. 이 교환방정식의 해석으로부터 다음과 같은 화폐수요를 도출할 수 있다.

화폐수요함수 $M^D = \dfrac{1}{V} PY = kPY$(화폐유통속도는 안정적)

그리고 위의 교환방정식 $MV = PY$에서 이를 변화율 형태로 바꾸면 $\hat{M} + \hat{V} = \hat{P} + \hat{Y}$ 로서 통화증가율 + 유통속도변화율 = 물가상승률 + 실질소득증가율(경제성장률)이 된다.

설문의 자료를 위의 교환방정식의 변화율 형태의 식 $\hat{M} + \hat{V} = \hat{P} + \hat{Y}$ 에 대입하여 풀면 다음과 같다.

설문에서 다른 조건은 일정하다고 하였으므로 화폐유통속도는 불변인 것으로 본다.

$6 + 0 = \hat{P} + 3$, 따라서 물가상승률은 $\hat{P} = 3(\%)$가 된다.

제8편

10 2017년 국가직 7급

A국에서는 고전학파의 이론인 화폐수량설이 성립한다. 현재 A국의 실질GDP는 20,000, 물가수준은 30, 그리고 통화량은 600,000일 때, 옳지 않은 것은?

① A국에서 화폐의 유통속도는 1이다.
② A국 중앙은행이 통화량을 10% 증가시켰을 때, 물가는 10% 상승한다.
③ A국 중앙은행이 통화량을 10% 증가시켰을 때, 명목GDP는 10% 증가한다.
④ A국 중앙은행이 통화량을 4% 증가시켰을 때, 실질GDP는 4% 증가한다.

출제이슈 화폐수량설
핵심해설 정답 ④

고전학파의 화폐수량설(거래수량설)에 의하면, 교환의 매개수단으로서의 화폐의 기능을 강조한다. 이를 잘 표현하고 있는 것이 다음과 같은 피셔의 교환방정식이다.

교환방정식 $MV = PY$
M: 경제 내에 존재하는 화폐량, V: 유통속도(화폐의 평균 지출횟수), P: 물가(거래당 평균단가), Y: 실질국민소득

교환방정식은 항상 일치하는 항등식으로서 일정 기간 동안에 어떤 경제에서 이루어진 모든 거래를 성사시키기 위해서는 화폐가 평균적으로 몇번씩 지출되어야 하는가의 문제이다. 이 교환방정식의 해석으로부터 다음과 같은 화폐수요를 도출할 수 있다.

화폐수요함수 $M^D = \dfrac{1}{V}PY = kPY$(화폐유통속도는 안정적)

그리고 위의 교환방정식 $MV = PY$에서 이를 변화율 형태로 바꾸면 $\hat{M} + \hat{V} = \hat{P} + \hat{Y}$ 로서 통화증가율 + 유통속도변화율 = 물가상승률 + 실질소득증가율(경제성장률)이 된다.

설문의 자료를 위의 교환방정식 및 교환방정식의 증가율 형태의 식에 대입하면 다음과 같다.

① $MV = PY$, $600,000V = 30 \times 20,000$, 따라서 화폐의 유통속도 $V = 1$

② $\hat{M} + \hat{V} = \hat{P} + \hat{Y}$, $10 + 0 = \hat{P} + 0$, $\hat{P} = 10$, 따라서 물가상승률 $\hat{P} = 10(\%)$

③ $\hat{M} + \hat{V} = \hat{P} + \hat{Y}$, $10 + 0 = \widehat{PY}$, $\widehat{PY} = 10$, 따라서 명목국민소득의 증가율 $\widehat{PY} = 10(\%)$

④ $\hat{M} + \hat{V} = \hat{P} + \hat{Y}$, $4 + 0 = \widehat{PY}$, $\widehat{PY} = 4$, 따라서 명목국민소득의 증가율 $\widehat{PY} = 4(\%)$

실질국민소득의 증가율이 4%라고 했으므로 ④는 틀린 내용이 된다.

11 | 2019년 국가직 7급

실질GDP와 화폐유통속도 증가율이 각각 5%이고 통화량증가율이 10%이다. 화폐수량방정식으로 계산한 물가상승률에 가장 가까운 것은?

① -10%
② 10%
③ -15%
④ 15%

출제이슈 화폐수량설
핵심해설 정답 ②

고전학파의 화폐수량설(거래수량설)에 의하면, 교환의 매개수단으로서의 화폐의 기능을 강조한다. 이를 잘 표현하고 있는 것이 다음과 같은 피셔의 교환방정식이다.

교환방정식 $MV = PY$
M: 경제 내에 존재하는 화폐량, V: 유통속도(화폐의 평균 지출횟수), P: 물가(거래당 평균단가), Y: 실질국민소득

교환방정식은 항상 일치하는 항등식으로서 일정 기간 동안에 어떤 경제에서 이루어진 모든 거래를 성사시키기 위해서는 화폐가 평균적으로 몇번씩 지출되어야 하는가의 문제이다. 이 교환방정식의 해석으로부터 다음과 같은 화폐수요를 도출할 수 있다.

화폐수요함수 $M^D = \dfrac{1}{V} PY = kPY$(화폐유통속도는 안정적)

그리고 위의 교환방정식 $MV = PY$에서 이를 변화율 형태로 바꾸면 $\widehat{M} + \widehat{V} = \widehat{P} + \widehat{Y}$ 로서 통화증가율 + 유통속도변화율 = 물가상승률 + 실질소득증가율(경제성장률)이 된다.

설문의 자료를 위의 교환방정식의 변화율 형태의 식 $\widehat{M} + \widehat{V} = \widehat{P} + \widehat{Y}$ 에 대입하여 풀면 다음과 같다.

$10 + 5 = \widehat{P} + 5$, 따라서 물가상승률은 $\widehat{P} = 10(\%)$가 된다.

12 ｜ 2012년 국가직 7급 ｜

다음은 전통적 화폐수량설에 관한 문제이다. A국은 우유와 빵만을 생산하며 그 생산량과 가격은 아래 표와 같다. 2010년도의 통화량이 20억 원이면 2011년도의 통화량은? (단, 통화의 유통속도는 2010년도와 2011년도에 동일하다)

연도	우유		빵	
	가격(원/병)	생산량(백만 병)	가격(원/개)	생산량(백만 개)
2010년	250	40	200	10
2011년	300	40	400	15

① 20억 원   ② 25억 원
③ 30억 원   ④ 35억 원

출제이슈 화폐수량설
핵심해설 정답 ③

고전학파의 화폐수량설(거래수량설)에 의하면, 교환의 매개수단으로서의 화폐의 기능을 강조한다. 이를 잘 표현하고 있는 것이 다음과 같은 피셔의 교환방정식이다.

교환방정식 $MV = PY$
M: 경제 내에 존재하는 화폐량, V: 유통속도(화폐의 평균 지출횟수), P: 물가(거래당 평균단가), Y: 실질국민소득

교환방정식은 항상 일치하는 항등식으로서 일정 기간 동안에 어떤 경제에서 이루어진 모든 거래를 성사시키기 위해서는 화폐가 평균적으로 몇번씩 지출되어야 하는가의 문제이다. 이 교환방정식의 해석으로부터 다음과 같은 화폐수요를 도출할 수 있다.

화폐수요함수 $M^D = \dfrac{1}{V} PY = kPY$(화폐유통속도는 안정적)

그리고 위의 교환방정식 $MV = PY$에서 이를 변화율 형태로 바꾸면 $\hat{M} + \hat{V} = \hat{P} + \hat{Y}$ 로서 통화증가율 + 유통속도변화율 = 물가상승률 + 실질소득증가율(경제성장률)이 된다.

설문의 자료를 위의 교환방정식 $MV = PY$에 대입하면 다음과 같다.

1) 2010년도의 경우
$2,000,000,000\,V = (250 \times 40,000,000) + (200 \times 10,000,000)$
따라서 $V = 6$이 된다.

2) 2011년도의 경우
$M \times 6 = (300 \times 40,000,000) + (400 \times 15,000,000)$
따라서 $M = 3,000,000,000$, 즉 30억 원이 된다.

13 2011년 국가직 7급

화폐수요에 대한 설명으로 옳지 않은 것은?

① 화폐는 다른 금융자산에 비해 교환수단으로는 우등(superior)하나, 가치저장수단으로는 열등 (inferior)하다.

② 보몰－토빈(Baumol-Tobin)의 거래적 화폐수요이론에 의하면, 다른 조건이 일정할 때 소득이 2배 증가하면 화폐수요는 2배보다 더 많이 증가한다.

③ 프리드만(M. Friedman)의 화폐수요모델은 케인즈(J. M. Keynes)의 화폐수요모델에 비해 화폐유통속도가 안정적인 것은 전제한다.

④ 피셔(I. Fisher)의 거래수량설에서 강조된 것은 화폐의 교환수단기능이다.

출제이슈 학파별 화폐수요이론
핵심해설 정답 ②

① 옳은 내용이다.

화폐는 교환의 매개수단으로서 큰 비용을 들이지 않고도 다른 자산과의 교환을 가능하게 해주어 유동성이 매우 높다. 따라서 교환수단으로서 그 어느 수단보다도 우등하다고 할 수 있다. 한편, 화폐는 채권, 부동산 등과 같은 자산의 일종으로서 경제주체는 자산구성(포트폴리오)의 일부로 화폐를 보유한다. 특히 화폐는 다른 자산에 비해 구별되는 다른 수익과 위험을 주는데 화폐는 주식, 채권 등 다른 자산에 비해 안전한 반면, 명목수익률이 항상 0으로 고정되어 있어서 기대수익률은 낮다. 따라서 가치저장수단이라는 관점에서 수익에 초점을 맞춰서 본다면, 기대수익률이 극히 낮은 화폐는 가치저장수단으로서 매우 열등하다고 할 수 있다.

② 틀린 내용이다.

보몰은 케인즈의 거래적 화폐수요이론을 현대적으로 발전시켜서 투기적 화폐수요뿐만 아니라 거래적 화폐수요도 이자율의 영향을 받는다고 강조하였다. 아무리 거래적 화폐수요라도 화폐보유에는 이자수익의 포기라는 기회비용이 들기 때문에 거래적 수요도 이자율의 영향을 피해갈 수는 없는 것이다.

보몰은 화폐보유를 기업의 최적 재고자산보유와 같은 논리로 접근하여 화폐수요이론을 전개하였으며 이를 재고자산이론이라고 한다. 재고보유에 비용이 드는 것처럼 화폐보유에도 비용이 드는데 이는 거래비용과 기회비용으로 나눌 수 있다. 거래비용은 화폐보유를 위한 인출에 따른 비용으로서 $\frac{PY}{M}$ (인출횟수) $\times Pb$(1회당 인출비용) $= \frac{P^2 Yb}{M}$ 가 되고 기회비용은 화폐보유에 따라 포기한 비용으로서 $\frac{M}{2}$ (M원을 인출, 균일 지출할 경우 평균잔고) $\times i$ (화폐보유의 기회비용)가 된다. 따라서 화폐보유의 총비용은 $C = \frac{P^2 Yb}{M} + \frac{M}{2} i$ 가 되고 이를 최소화하는 것이 최적의 화폐보유가 된다. 미분을 통해서 최적의 화폐보유액을 구하고 평균적인 화폐보유액을 화폐수요로 간주하면 화폐수요는 다음과 같다.

$$M^D = \frac{M^*}{2} = P\sqrt{\frac{bY}{2i}} \;,\; \frac{M^D}{P} = \sqrt{\frac{bY}{2i}} \;\; (b : 거래비용)$$

위와 같은 보몰의 화폐수요이론에 따르면 거래비용이 클수록 그리고 소득이 높을수록 화폐수요는 증가하며, 이자율이 높을수록 화폐수요는 감소한다.

제8편

그런데 소득 증가에 따라서 화폐수요는 체감적으로 증가하는데 이는 소득 증가에 따라 경제주체의 현금관리능력이 커지기 때문에 발생하는 현상이다. 이를 화폐수요에 규모의 경제가 존재한다고 한다.

설문에서 소득이 2배 증가하면, 화폐수요도 증가하는데 $\sqrt{2}$ 배만큼 증가하므로 소득 증가의 배수인 2배보다는 작다. 따라서 2배보다 더 많이 증가한다고 한 설문의 내용은 옳지 않다.

③ 옳은 내용이다.
화폐유통속도에 대하여 케인즈와 통화론자인 프리드먼의 견해는 매우 상반된다. 케인즈의 경우 유통속도는 이자율의 영향을 크게 받아서 매우 불안정하다고 보았으나 프리드먼은 이자율이 유통속도에 미치는 영향이 매우 작아서 유통속도가 안정적이라고 주장하였다.

④ 옳은 내용이다.
고전학파의 화폐수량설(거래수량설)에 의하면, 교환의 매개수단으로서의 화폐의 기능을 강조한다. 이를 잘 표현하고 있는 것이 다음과 같은 피셔의 교환방정식이다.

교환방정식 $MV = PY$
M: 경제 내에 존재하는 화폐량, V: 유통속도(화폐의 평균 지출횟수), P: 물가(거래당 평균단가), Y: 실질국민소득

교환방정식은 항상 일치하는 항등식으로서 일정 기간 동안에 어떤 경제에서 이루어진 모든 거래를 성사시키기 위해서는 화폐가 평균적으로 몇번씩 지출되어야 하는가의 문제이다. 이 교환방정식의 해석으로부터 다음과 같은 화폐수요를 도출할 수 있다.

화폐수요함수 $M^D = \dfrac{1}{V}PY = kPY$(화폐유통속도는 안정적)

1 화폐의 기능 [2017 국9]

1) 교환의 매개수단

2) 가치의 척도(회계의 단위)

3) 가치저장수단(현재의 구매력을 미래로 이전)

2 통화의 종류(통화지표 및 유동성지표)

1) 현금통화

2) 협의 통화 $M1$ = 현금통화 + 요구불예금 + 수시입출식 저축성예금

3) 광의 통화 $M2$ = $M1$ + 정기예적금, CD, RP, 금융채, 금전신탁, 수익증권, 외화예금

4) 금융기관 유동성 Lf = $M2$ + 정기예적금(2년 이상)

5) 광의 유동성 L = Lf + 국채, 지방채, 예금보험공사채, 자산관리공사채, 회사채, 기업어음

3 리디노미네이션 [2019 국7]

1) **개념**

리디노미네이션은 통화의 명목가치 변경 혹은 화폐단위의 변경으로서 화폐개혁(currency reform)이라고도 하며, 이는 화폐의 실질가치의 하락(devaluation)과는 구별되는 개념이다.

2) **목적**

① 물가 상승으로 인하여 가격의 화폐단위 자릿수가 늘어나게 되어 나타나는 계산 및 거래의 불편과 ˚오류를 줄이기 위해서 일괄적으로 자릿수를 절사하여 간략하게 표시할 목적이다.

② 국가적 차원에서 자국화폐의 가치나 품격을 제고하고자 하는 목적도 있으며 특히 OECD 국가 중에서 한국이 화폐단위가 크다는 점에서 화폐개혁 문제가 계속 대두되고 있다.

3) **특징**

① 리디노미네이션으로 인해서 계산 및 거래의 불편이 줄고 회계처리도 간편해질 수 있다.

② 시행과정에서 경제 전반적인 혼란의 문제는 엄청난 거래비용으로 작용할 수 있다.

③ 리디노미네이션 과정에서 화폐단위의 절사로 인하여 많은 품목의 가격이 상승할 뿐만 아니라 줄어든 화폐단위를 실질가치의 하락으로 받아들이는 민간의 혼동으로 인해서 수요가 증가하게 되어 인플레이션이 발생할 가능성이 매우 크다.

ISSUE 문제 📝

01 2017년 국가직 9급

다음 화폐의 기능에 대한 설명이 옳게 짝지어진 것은?

> (가) 욕망의 상호일치(double coincidence of wants)를 위해 아까운 시간과 노력을 써야 할 필
> 요가 없어진다.
> (나) 한 시점에서 다른 시점까지 구매력을 보관해 준다.

	(가)	(나)
①	교환의 매개수단	가치의 저장수단
②	교환의 매개수단	회계의 단위
③	가치의 저장수단	교환의 매개수단
④	가치의 저장수단	회계의 단위

출제이슈 화폐의 기능
핵심해설 정답 ①

화폐는 교환의 매개수단, 가치의 척도(회계의 단위), 가치저장수단(현재의 구매력을 미래로 이전)으로서의 기능을 가지고 있다.

화폐는 교환의 매개수단으로서 큰 비용을 들이지 않고도 다른 자산과의 교환이 가능하게 해주어 유동성이 매우 높다. 특히 화폐는 교환에 있어서의 거래비용을 절감시켜 거래를 촉진시킨다.

화폐는 채권, 부동산 등과 같은 자산의 일종으로서 경제주체는 자산구성(포트폴리오)의 일부로 화폐를 보유한다. 가치의 저장수단으로서의 화폐는 특정시점의 구매력을 다른 시점으로 이전시켜준다. 특히 화폐는 다른 자산에 비해 구별되는 다른 수익과 위험을 주는데 화폐는 주식, 채권 등 다른 자산에 비해 안전한 반면, 명목수익률이 항상 0으로 고정되어 있어서 기대수익률은 낮다.

위의 내용에 따라서 설문을 검토하면 다음과 같다.

(가) 욕망의 상호일치(double coincidence of wants)를 위해 아까운 시간과 노력을 써야 할 필요가 없어지도록 만들어주는 화폐의 기능은 교환의 매개수단으로서의 기능이다.

(나) 한 시점에서 다른 시점까지 구매력을 보관해 주는 화폐의 기능은 가치의 저장수단으로서의 기능이다.

02 [2019년 국가직 7급]

리디노미네이션(redenomination)에 대한 일반적인 설명으로 옳지 않은 것은?

① 화폐단위 변경에 따라 큰 단위 금액의 표기가 간소화되어 금융거래 시 오류 가능성이 감소한다.
② 자국 통화의 대외적 위상을 높일 목적으로 시행되기도 한다.
③ 인플레이션을 낮추어 물가안정에 기여할 수 있다.
④ 경제 전반에 일시적으로 상당한 메뉴비용(menu cost)을 발생시킨다.

출제이슈 리디노미네이션의 개념과 특징
핵심해설 정답 ③

리디노미네이션은 통화의 명목가치 변경 혹은 화폐단위의 변경으로서 화폐개혁(currency reform)이라고도 하며, 이는 화폐의 실질가치의 하락(devaluation)과는 구별되는 개념이다.

이는 물가 상승으로 인하여 가격의 화폐단위 자릿수가 늘어나게 되어 나타나는 계산 및 거래의 불편과 오류를 줄이기 위해서 일괄적으로 자릿수를 절사하여 간략하게 표시하는 것으로 쉽게 이해할 수 있다. 이러한 리디노미네이션은 실은 국가적 차원에서 자국화폐의 가치나 품격을 제고하고자 하는 목적도 있다. 특히 OECD 국가 중에서 한국이 화폐단위가 크다는 점에서 화폐개혁 문제가 계속 대두되고 있다.

리디노미네이션으로 인해서 계산 및 거래의 불편이 줄고 회계처리도 간편해지는 이점이 있다. 그러나 시행과정에서 경제 전반적인 혼란의 문제는 엄청난 거래비용으로 작용할 뿐만 아니라 리디노미네이션 과정에서 화폐단위의 절사로 인하여 많은 품목의 가격이 상승할 뿐만 아니라 줄어든 화폐단위를 실질가치의 하락으로 받아들이는 민간의 혼동으로 인해서 수요가 증가하게 되어 인플레이션이 발생할 가능성이 매우 크다.

위의 내용에 따라서 설문을 검토하면 다음과 같다.

① 옳은 내용이다.
리디노미네이션은 물가 상승으로 인하여 가격의 화폐단위 자릿수가 늘어나게 되어 나타나는 계산 및 거래의 불편과 오류를 줄이기 위해서 일괄적으로 자릿수를 절사하여 간략하게 표시하는 것으로 쉽게 이해할 수 있다. 따라서 큰 단위 금액의 표기를 간소화하여 금융거래 시 오류 가능성을 줄이기 위한 목적도 포함하므로 옳은 내용이다.

② 옳은 내용이다.
특히 OECD 국가 중에서 한국이 화폐단위가 크다는 점에서 화폐개혁 문제가 계속 대두되고 있는 바, 리디노미네이션은 국가적 차원에서 자국화폐의 가치나 품격을 제고하고자 하는 목적도 가지고 있다.

③ 틀린 내용이다.
모든 재화와 서비스의 기존의 명목가격에서 새로운 명목가격으로 조정하는 리디노미네이션 과정에서 화폐단위의 절사로 인해 많은 품목의 가격이 상승할 가능성이 매우 커서 인플레이션의 우려가 있다. 또한 줄어든 화폐단위를 실질가치의 하락으로 받아들이는 민간의 혼동으로 인해서 수요가 증가하게 되어 물가가 상승할 가능성이 매우 크다.

④ 옳은 내용이다.
리디노미네이션은 그 시행과정에서 모든 재화와 서비스의 기존가격을 새로운 명목가격으로 조정해야 하므로 상당한 메뉴비용(menu cost)을 발생시키는데 이는 엄청난 거래비용으로서 경제 전반적인 혼란의 문제를 야기한다는 문제가 있다.

제8편

1 **본원통화** = 현금통화 + 지급준비금 [2017 서7] [2012 국9]

= 현금통화 + 시재금 + 지준예치금

= 화폐발행액 + 지준예치금

2 **본원통화의 공급**

1) 중앙은행의 대차대조표

자산	부채와 자본
국내자산 - 유가증권매입 - 재할인대출 - 대정부대출 해외자산 - 외화매입	국내부채 : 본원통화 - 화폐발행 - 지준예치금 해외부채

2) 본원통화의 공급 : 공개시장 유가증권 매입, 재할인 대출, 대정부 대출, 해외자산의 취득

3 **지급준비금과 지급준비율**

1) 지급준비제도

① 부분지급준비제도(지급준비율이 1미만) [2020 지7] [2017 국7]

② 완전지급준비제도(지급준비율이 1) → 이 경우 통화승수는 1이 된다. [2017 국7]

2) 지급준비금(예금의 일부분) [2012 국9]

= 예금액 − 대출액 = 법정지급준비금 + 초과지급준비금 = 지급준비율 × 예금액

3) 지급준비율 = 지급준비금 / 예금액 = 법정지급준비율 + 초과지급준비율

4) 지급준비금 계산문제

① 예금액, 대출액, 법정지급준비율 → 이때, 초과지급준비금? [2014 서7]

② 대출액, 법정지급준비율, 초과지급준비율 → 이때, 법정지급준비금? [2015 국9]

③ 예금액, 초과지급준비금, 법정지급준비율, 예금전액 인출요구에 대해 시재금으로 지불

→ 이때, 지급준비금 변동상황? [2012 국7]

ISSUE 문제 📝

01 2020년 지방직 7급

갑국의 중앙은행은 금융기관의 초과지급준비금에 대한 금리를 −0.1%로 인하했다. 이 통화정책의 기대효과로 옳지 않은 것은?

① 중앙은행에 하는 저축에 보관료가 발생할 것이다.
② 은행들은 가계나 기업에게 하는 대출을 확대할 것이다.
③ 기업들이 투자와 생산을 늘려서 고용을 증대시킬 것이다.
④ 기업의 투자자금이 되는 가계부문의 저축이 증가할 것이다.

출제이슈 지급준비금
핵심해설 정답 ④

먼저 지급준비금과 지급준비율에 대한 기본적 내용은 다음과 같다.

1) 지급준비금
지급준비금은 예금액의 일부분으로서 예금액 중 대출되지 않고 남은 금액이다. 이는 필요지급준비금과 초과지급준비금으로 이루어진다. 필요지급준비금은 예금의 일정비율을 지급준비금으로 보유하라는 중앙은행의 요구에 의해서 보유하는 준비금이며 초과지급준비금은 필요지급준비금에 추가하여 은행이 자발적으로 보유하는 지급준비금이다.

※ 지급준비금 = 예금액 − 대출액 = 법정지급준비금 + 초과지급준비금 = 지급준비율 × 예금액

2) 지급준비율
지급준비율은 지급준비금을 예금액으로 나눈 비율을 의미한다. 특히 필요지급준비금을 예금액으로 나눈 비율을 필요지급준비율이라고 하고, 초과지급준비금을 예금액으로 나눈 비율을 초과지급준비율이라고 한다.

※ 지급준비율 = (법정지급준비금 + 초과지급준비금) / 예금액 = 법정지급준비율 + 초과지급준비율

3) 시재금
시재금은 지급준비금 중에서 은행의 금고에 현금으로 보관되고 있는 것을 의미한다. 지급준비금 중 시재금을 제외한 나머지는 중앙은행에 지준예치금으로 예치되어 있다.

※ 지급준비금 = 시재금 + 지준예치금

설문을 검토하면 다음과 같다.

① 옳은 내용이다.
지급준비금은 예금액의 일부분으로서 예금액 중 대출되지 않고 남은 금액이다. 이는 필요지급준비금과 초과지급준비금으로 이루어진다. 필요지급준비금은 예금의 일정비율을 지급준비금으로 보유하라는 중앙은행의 요구에 의해서 보유하는 준비금이며 초과지급준비금은 필요지급준비금에 추가하여 은행이 자발적으로 보유하는 지급준비금이다.

설문에서 중앙은행이 금융기관의 초과지급준비금에 대한 금리를 −0.1%로 인하하게 되면, 초과지급준비금에 대하여 불이익을 부과하는 것으로서 중앙은행에 예치하는 경우에는 수익을 얻는 것이 아니라 오히려 비용을 지불해야 함을 의미한다. 설문에서는 저축에의 보관료로 표현되었으며 옳은 내용이다.

제8편

② 옳은 내용이다.
중앙은행이 금융기관의 초과지급준비금에 대한 금리를 −0.1%로 인하하게 되면, 초과지급준비금에 대하여 불이익을 부과하는 것으로서 중앙은행에 예치하는 경우에는 수익을 얻는 것이 아니라 오히려 비용을 지불해야 하므로 가계나 기업에게 적극적으로 대출을 확대할 것이다.

③ 옳은 내용이다.
은행의 대출 증대로 인하여 민간기업들은 보다 용이하게 자금을 차입하여 투자와 생산을 늘릴 수 있게 되며 이로 인한 파생수요로 고용도 늘어날 것이다.

④ 틀린 내용이다.
은행의 대출 증대는 통화량 공급이 증가함을 의미하므로 이로 인해 이자율이 하락하여 기업들의 투자는 증가하지만, 반대로 가계부문의 저축은 감소할 것이다.

02 | 2017년 국가직 7급 |

지급준비율과 관련하여 옳지 않은 것은?

① 우리나라는 부분지급준비제도를 활용하고 있다.
② 은행들은 법정지급준비금 이상의 초과지급준비금을 보유할 수 있다.
③ 100% 지급준비제도 하에서는 지급준비율이 1이므로 통화승수는 0이 된다.
④ 지급준비율을 올리면 본원통화의 공급량이 변하지 않아도 통화량이 줄어들게 된다.

출제이슈 지급준비율
핵심해설 정답 ③

①은 옳은 내용이고 ③은 틀린 내용이다.

지급준비제도에는 지급준비율이 1미만인 부분지급준비제도와 지급준비율이 1인 완전지급준비제도가 있다. 부분지급준비제도(fractional reserve banking system)는 은행이 예금액의 일부만을 지급준비금으로 보유하는 제도이며 완전지급준비제도(100% reserve banking system)는 은행이 예금액의 전부를 지급준비금으로 보유하는 제도로서 은행은 금고와 같은 역할밖에 하지 못하며 화폐공급과정에서 역할이 없다.

지급준비율은 지급준비금을 예금액으로 나눈 비율을 의미한다. 우리나라는 부분지급준비제도를 활용하고 있으며, 예금액의 일부만을 지급준비금으로 남기고 나머지는 대출 등에 사용할 수 있다(선지 ①). 100% 완전지급준비제도 하에서는 지급준비율이 1이므로 통화승수는 1이 된다(따라서 ③은 틀린 내용이 된다).

② 옳은 내용이다.
지급준비금은 예금액의 일부분으로서 예금 중 대출되지 않고 남은 금액이다. 이는 필요지급준비금과 초과지급준비금으로 이루어진다. 필요지급준비금은 예금의 일정비율을 지급준비금으로 보유하라는 중앙은행의 요구에 의해서 보유하는 준비금이며 초과지급준비금은 필요지급준비금에 추가하여 은행이 자발적으로 보유하는 지급준비금이다. 은행들은 필요지급준비금 이외에도 필요한 경우 자발적으로 초과지급준비금을 보유할 수 있다.

④ 옳은 내용이다.
지급준비율을 올리면 본원통화의 공급량이 변하지 않아도 통화량이 줄어들게 된다.

본원통화와 통화량 간의 관계식이 통화공급방정식이다. 이는 본원통화 1단위가 통화량을 얼마나 증가시키는지를 나타내는 식으로 다음과 같다.

$$M = m H = \frac{1}{(c+r-cr)} H = \frac{k+1}{k+r} H$$

$H = C + R$(본원통화 = 현금통화 + 지급준비금)
$r = R / D$(지급준비율 = 지급준비금 / 예금통화)
$c = C / M$(현금통화비율 = 현금통화 / 통화)
$k = C / D$(현금예금비율 = 현금통화 / 예금통화)
$M = C + D$(통화량 = 현금통화 + 예금통화)

통화공급방정식에 의할 경우 지급준비율이 커지면 통화승수는 작아진다. 따라서 본원통화의 공급량이 불변이더라도 지급준비율이 커지면 통화량은 감소하게 된다.

제8편

03 2014년 서울시 7급

갑을은행이 300억 원의 예금과 255억 원의 대출을 가지고 있다. 만약 지불준비율이 10%라면, 동 은행의 초과지불준비금은 얼마인가?

① 35억 원　　　　② 30억 원
③ 25.5억 원　　　④ 19.5억 원
⑤ 15억 원

출제이슈 지급준비금의 계산
핵심해설 정답 ⑤

먼저 지급준비금과 지급준비율에 대한 기본적 내용은 다음과 같다.

1) 지급준비금
지급준비금은 예금액의 일부분으로서 예금액 중 대출되지 않고 남은 금액이다. 이는 필요지급준비금과 초과지급준비금으로 이루어진다. 필요지급준비금은 예금의 일정비율을 지급준비금으로 보유하라는 중앙은행의 요구에 의해서 보유하는 준비금 이며 초과지급준비금은 필요지급준비금에 추가하여 은행이 자발적으로 보유하는 지급준비금이다.

※ 지급준비금 = 예금액 − 대출액 = 법정지급준비금 + 초과지급준비금 = 지급준비율 × 예금액

2) 지급준비율
지급준비율은 지급준비금을 예금액으로 나눈 비율을 의미한다. 특히 필요지급준비금을 예금액으로 나눈 비율을 필요지급준 비율이라고 하고, 초과지급준비금을 예금액으로 나눈 비율을 초과지급준비율이라고 한다.

※ 지급준비율 = (법정지급준비금 + 초과지급준비금) / 예금액 = 법정지급준비율 + 초과지급준비율

3) 시재금
시재금은 지급준비금 중에서 은행의 금고에 현금으로 보관되고 있는 것을 의미한다. 지급준비금 중 시재금을 제외한 나머지 는 중앙은행에 지준예치금으로 예치되어 있다.

※ 지급준비금 = 시재금 + 지준예치금

설문의 자료를 위의 산식에 대입하면 다음과 같다.
주의할 점은 여기서 주어진 지급준비율은 법정지급준비율로 가정하고 풀도록 한다.

지급준비금
= 예금액 − 대출액 = 법정지급준비금 + 초과지급준비금 = 지급준비율 × 예금액
= 300−255 = 0.1×300 + 초과지급준비금

따라서 위를 풀면, 초과지급준비금은 15(억 원)이 된다.

04 | 2015년 국가직 9급

A은행의 총대출액은 8,000만 원이고, 법정지급준비율 10%와 초과지급준비율 10% 만큼을 지급준비금으로 보유하고 있다. 이 은행의 법정지급준비금의 액수는? (단, A은행의 대차대조표 자산계정에는 지급준비금과 대출만 있고, 부채와 자본계정에는 예금만 있다)

① 1,000만 원 ② 7,500만 원
③ 8,000만 원 ④ 1억 원

출제이슈 지급준비금의 계산
핵심해설 정답 ①

먼저 지급준비금과 지급준비율에 대한 기본적 내용은 다음과 같다.

1) 지급준비금

지급준비금은 예금액의 일부분으로서 예금액 중 대출되지 않고 남은 금액이다. 이는 필요지급준비금과 초과지급준비금으로 이루어진다. 필요지급준비금은 예금의 일정비율을 지급준비금으로 보유하라는 중앙은행의 요구에 의해서 보유하는 준비금이며 초과지급준비금은 필요지급준비금에 추가하여 은행이 자발적으로 보유하는 지급준비금이다.

※ 지급준비금 = 예금액 − 대출액 = 법정지급준비금 + 초과지급준비금 = 지급준비율 × 예금액

2) 지급준비율

지급준비율은 지급준비금을 예금액으로 나눈 비율을 의미한다. 특히 필요지급준비금을 예금액으로 나눈 비율을 필요지급준비율이라고 하고, 초과지급준비금을 예금액으로 나눈 비율을 초과지급준비율이라고 한다.

※ 지급준비율 = (법정지급준비금 + 초과지급준비금) / 예금액 = 법정지급준비율 + 초과지급준비율

3) 시재금

시재금은 지급준비금 중에서 은행의 금고에 현금으로 보관되고 있는 것을 의미한다. 지급준비금 중 시재금을 제외한 나머지는 중앙은행에 지준예치금으로 예치되어 있다.

※ 지급준비금 = 시재금 + 지준예치금

설문의 자료를 위의 산식에 대입하면 다음과 같다.

지급준비금
= 예금액 − 대출액 = 법정지급준비금 + 초과지급준비금 = 지급준비율 × 예금액
= 예금액 − 8,000 = 0.1 × 예금액 + 0.1 × 예금액

위를 풀면, 예금액은 10,000(만 원)이 된다.
따라서, 법정지급준비금은 0.1 × 예금액이므로 1,000(만 원)이 된다.

제8편

05 2012년 국가직 7급

A은행의 초과 지급준비금이 0인 상황에서, 甲이 A은행에 예치했던 요구불예금 5,000만 원의 인출을 요구하자 A은행은 보유하고 있는 시재금을 활용하여 지급하였다. 이 경우 A은행의 상황으로 옳은 것은? (단, 요구불예금에 대한 법정 지급준비율은 15%이다)

① 고객의 요구불예금 잔고가 750만 원 감소한다.
② 고객의 요구불예금 잔고가 4,250만 원 감소한다.
③ 지급준비금이 법정기준보다 750만 원 부족하게 된다.
④ 지급준비금이 법정기준보다 4,250만 원 부족하게 된다.

출제이슈 지급준비금의 계산
핵심해설 정답 ④

먼저 지급준비금과 지급준비율에 대한 기본적 내용은 다음과 같다.

1) 지급준비금
지급준비금은 예금액의 일부분으로서 예금액 중 대출되지 않고 남은 금액이다. 이는 필요지급준비금과 초과지급준비금으로 이루어진다. 필요지급준비금은 예금의 일정비율을 지급준비금으로 보유하라는 중앙은행의 요구에 의해서 보유하는 준비금이며 초과지급준비금은 필요지급준비금에 추가하여 은행이 자발적으로 보유하는 지급준비금이다.

※ 지급준비금 = 예금액 − 대출액 = 법정지급준비금 + 초과지급준비금 = 지급준비율 × 예금액

2) 지급준비율
지급준비율은 지급준비금을 예금액으로 나눈 비율을 의미한다. 특히 필요지급준비금을 예금액으로 나눈 비율을 필요지급준비율이라고 하고, 초과지급준비금을 예금액으로 나눈 비율을 초과지급준비율이라고 한다.

※ 지급준비율 = (법정지급준비금 + 초과지급준비금) / 예금액 = 법정지급준비율 + 초과지급준비율

3) 시재금
시재금은 지급준비금 중에서 은행의 금고에 현금으로 보관되고 있는 것을 의미한다. 지급준비금 중 시재금을 제외한 나머지는 중앙은행에 지준예치금으로 예치되어 있다.

※ 지급준비금 = 시재금 + 지준예치금

설문의 자료를 위의 산식에 대입하여 설문을 검토하면 다음과 같다.

설문에 의하면 고객 甲은 요구불예금 5,000만 원을 인출 요구했고 A은행이 시재금으로 지급하였다.

①, ② 모두 틀린 내용이다.
요구불예금에 대한 지급이 5,000만 원 이루어졌으므로 고객의 요구불예금 잔고는 5,000만 원 감소한다.

③은 틀린 내용이고 ④는 옳은 내용이다.

요구불예금에 대한 지급이 시재금을 통하여 이루어졌으므로 은행의 지급준비금도 변화하게 된다.

이를 구하기 위해서 다음의 식을 활용한다.

지급준비금 = 법정지급준비금 + 초과지급준비금(0) = 지급준비율 × 예금액 = 시재금 + 지준예치금

먼저 요구불예금의 감소분 5,000만 원에 대하여 지급준비금의 감소분을 구하면 $0.15 \times 5,000 = 750$(만 원)이 된다.

그런데 요구불예금의 인출요구에 대하여 시재금을 통하여 실제로 지불하였으므로 시재금이 5,000만 원 감소하였다.

따라서 요구분예금의 감소분 5,000만 원에 대응하여 법정지급준비금은 750만 원만 감소하여야 하는데 실제로 5,000만 원이 감소하였다. 즉, 4,250만 원이 부족하게 된다.

1 예금창조액

1) **총예금창조액**: 파생된 모든 요구불예금의 합계

   ① 총예금창조액(D) = 본원적 예금(P) / 법정 혹은 필요지급준비율(r)

   ② 신용승수 $\dfrac{1}{r}$

2) **순예금창조액**: 총예금창조액에서 본원적 예금을 제외한 것

   ① 순예금창조액 = 총예금창조액(D) − 본원적 예금(P)

   ② 순신용승수 $\dfrac{1}{r} - 1$

2 통화공급방정식

1) **기본식**

   ① $H = C + R$(본원통화 = 현금통화 + 지급준비금)

   ② $r = R / D$(지급준비율 = 지급준비금 / 예금통화)

   ③ $c = C / M$(현금통화비율 = 현금통화 / 통화)

   ④ $M = C + D$(통화량 = 현금통화 + 예금통화)

   ※ 현금통화가 그대로 예금되었고, 대출이 없었다면, 현금통화의 감소분, 지급준비금의 증가분, 예금통화의 증가분은 동일하고, 본원통화 및 통화량은 불변 [2017 서7]

   ※ 현금통화가 그대로 예금되었고, 대출이 있었다면, 현금통화의 감소분과 지급준비금의 증가분은 동일하므로 본원통화는 불변이며, 예금통화의 증가분은 예금창조액이므로, 통화량은 현금통화 감소분과 예금통화 증가분의 차액만큼 증가 [2019 서7]

2) **통화공급방정식**: $M = m\,H = \dfrac{1}{(c + r - cr)}\,H$

3) **통화승수**: $m = \dfrac{1}{(c + r - cr)}$ 또는 $m = \dfrac{k + 1}{k + r}$ [2019 서7] [2017 국7]

   $c = C / M$(현금통화비율 = 현금통화 / 통화), $r = R / D$(지급준비율 = 지급준비금 / 예금통화)

   $k = C / D$(현금예금비율 = 현금통화 / 예금통화)

① 현금보유비율이 커지면 통화승수는 작아진다. 2020 국7   2018 국9

   (불확실성 혹은 거래적 목적으로 현금인출 증가, 현금보유 증가) 2011 국7

② 지급준비율이 커지면 통화승수는 작아진다. 2018 지7

③ 법정지급준비율이 일정한 경우, 초과지급준비율이 클수록 통화승수는 작아진다.

4) 통화승수와 통화공급방정식 계산

① 지급준비율, 현금예금비율 → 통화승수 계산 2015 국7   2011 지7   2010 지7

② 본원통화, 지급준비율, 현금통화비율 → 통화승수, 통화량 계산 2017 지7

③ 본원통화의 증가분(국채 매입액), 지급준비율, 현금통화비율

   → 통화의 증가분 계산 2012 국7

④ 본원통화의 증가분, 지급준비율, 현금예금비율

   → 통화의 증가분 계산 2020 국9   2019 지7

⑤ 통화의 목표 증가분, 지급준비율, 현금예금비율

   → 필요한 본원통화의 증가분 계산 2014 국9

⑥ 예금액, 대출액, 지급준비금, 법정지급준비율, 현금통화비율 0

   → 초과지급준비금을 모두 대출할 경우 통화의 증가분 계산 2018 국7

⑦ 예금액, 대출액, 지급준비금, 법정지급준비율

   → 초과지급준비금을 모두 대출할 경우 통화의 증가분 계산 2014 국9

제8편

3 화폐공급의 내생성

1) $M = mH = \dfrac{1}{(c+r-cr)} H = \dfrac{1}{(c(i)+r(i)-c(i)r(i))} H = M(i)$, 이자율의 증가함수

① 현금보유비율과 지급준비율이 이자율의 감소함수

② 이에 따라 통화승수는 이자율의 증가함수가 되어 화폐공급은 이자율의 증가함수

③ 화폐공급은 이자율에 의하여 내생적으로 결정

2) 화폐공급의 내생성으로 인하여 LM곡선은 완만해지고, 재정정책의 유효성이 커진다.

ISSUE 문제 📝

01 2015년 국가직 7급

지급준비율(reserve-deposit ratio)은 0.1, 현금예금비율(currency-deposit ratio)은 0.2일 때의 통화승수는?

① 2   ② 3

③ 4   ④ 5

출제이슈 통화승수와 통화공급방정식(*2011 지방직 7급에서 동일하게 출제)

핵심해설 정답 ③

먼저 본원통화와 통화량 간의 관계를 살펴보면 다음과 같다.

1) 본원통화와 통화량

① 본원통화 $H = C + R$(본원통화 = 현금통화 + 지급준비금)
② 통화량 $M = C + D$(통화량 = 현금통화 + 예금통화)

2) 통화공급방정식

본원통화와 통화량 간의 관계식이 통화공급방정식이다. 이는 본원통화 1단위가 통화량을 얼마나 증가시키는지를 나타내는 식으로 다음과 같다.

$$M = m H = \frac{1}{(c + r - cr)} H = \frac{k+1}{k+r} H$$

$H = C + R$(본원통화 = 현금통화 + 지급준비금)
$r = R / D$(지급준비율 = 지급준비금 / 예금통화)
$c = C / M$(현금통화비율 = 현금통화 / 통화)
$k = C / D$(현금예금비율 = 현금통화 / 예금통화)
$M = C + D$(통화량 = 현금통화 + 예금통화)

위의 내용에 따라서 문제를 풀면 다음과 같다.

설문의 자료를 위의 통화승수의 식 $m = \dfrac{k+1}{k+r}$ 에 대입하면 통화승수 $m = \dfrac{k+1}{k+r} = \dfrac{0.2+1}{0.2+0.1} = 4$ 가 된다.

02 2011년 지방직 7급

화폐공급량은 민간의 현금보유량과 금융기관이 발행하는 예금화폐의 합계이고, 본원통화는 민간의 현금보유량과 금융기관의 지불준비금의 합계이다. 민간의 예금 대비 현금보유 비율이 0.2이고 금융기관의 지불준비율이 0.1인 경우, 화폐승수는?

① 2.0   ② 3.0
③ 4.0   ④ 5.0

출제이슈 통화승수와 통화공급방정식
핵심해설 정답 ③

먼저 본원통화와 통화량 간의 관계를 살펴보면 다음과 같다.

1) 본원통화와 통화량

① 본원통화 $H = C + R$(본원통화 = 현금통화 + 지급준비금)
② 통화량 $M = C + D$(통화량 = 현금통화 + 예금통화)

2) 통화공급방정식

본원통화와 통화량 간의 관계식이 통화공급방정식이다. 이는 본원통화 1단위가 통화량을 얼마나 증가시키는지를 나타내는 식으로 다음과 같다.

$$M = mH = \frac{1}{(c + r - cr)} H = \frac{k+1}{k+r} H$$

$H = C + R$(본원통화 = 현금통화 + 지급준비금)
$r = R / D$(지급준비율 = 지급준비금 / 예금통화)
$c = C / M$(현금통화비율 = 현금통화 / 통화)
$k = C / D$(현금예금비율 = 현금통화 / 예금통화)
$M = C + D$(통화량 = 현금통화 + 예금통화)

위의 내용에 따라서 문제를 풀면 다음과 같다.

설문의 자료를 위의 통화승수의 식 $m = \dfrac{k+1}{k+r}$ 에 대입하면 통화승수 $m = \dfrac{k+1}{k+r} = \dfrac{0.2+1}{0.2+0.1} = 4$가 된다.

제8편

03 | 2010년 지방직 7급

예금통화에 대한 현금 통화의 비율이 0.2이고 예금지급준비율은 0.4일 때, 통화승수는?

① 1   ② 2
③ 3   ④ 4

출제이슈 통화승수와 통화공급방정식
핵심해설 정답 ②

먼저 본원통화와 통화량 간의 관계를 살펴보면 다음과 같다.

1) 본원통화와 통화량

① 본원통화 $H = C + R$(본원통화 = 현금통화 + 지급준비금)
② 통화량 $M = C + D$(통화량 = 현금통화 + 예금통화)

2) 통화공급방정식

본원통화와 통화량 간의 관계식이 통화공급방정식이다. 이는 본원통화 1단위가 통화량을 얼마나 증가시키는지를 나타내는 식으로 다음과 같다.

$$M = mH = \frac{1}{(c + r - cr)}H = \frac{k+1}{k+r}H$$

$H = C + R$(본원통화 = 현금통화 + 지급준비금)
$r = R / D$(지급준비율 = 지급준비금 / 예금통화)
$c = C / M$(현금통화비율 = 현금통화 / 통화)
$k = C / D$(현금예금비율 = 현금통화 / 예금통화)
$M = C + D$(통화량 = 현금통화 + 예금통화)

위의 내용에 따라서 문제를 풀면 다음과 같다.

설문의 자료를 위의 통화승수의 식 $m = \dfrac{k+1}{k+r}$ 에 대입하면 통화승수 $m = \dfrac{k+1}{k+r} = \dfrac{0.2+1}{0.2+0.4} = 2$ 가 된다.

04 2017년 지방직 7급

A국 시중은행의 지급준비율이 0.2이며 본원통화는 100억 달러이다. A국의 통화승수와 통화량은 얼마인가? (단, 현금통화비율은 0이다)

	통화승수	통화량
①	0.2	500억 달러
②	5	500억 달러
③	0.2	100억 달러
④	5	100억 달러

출제이슈 통화승수와 통화공급방정식
핵심해설 정답 ②

먼저 본원통화와 통화량 간의 관계를 살펴보면 다음과 같다.

1) 본원통화와 통화량

① 본원통화 $H = C + R$(본원통화 = 현금통화 + 지급준비금)
② 통화량 $M = C + D$(통화량 = 현금통화 + 예금통화)

2) 통화공급방정식

본원통화와 통화량 간의 관계식이 통화공급방정식이다. 이는 본원통화 1단위가 통화량을 얼마나 증가시키는지를 나타내는 식으로 다음과 같다.

$$M = mH = \frac{1}{(c + r - cr)} H = \frac{k+1}{k+r} H$$

$H = C + R$(본원통화 = 현금통화 + 지급준비금)
$r = R / D$(지급준비율 = 지급준비금 / 예금통화)
$c = C / M$(현금통화비율 = 현금통화 / 통화)
$k = C / D$(현금예금비율 = 현금통화 / 예금통화)
$M = C + D$(통화량 = 현금통화 + 예금통화)

위의 내용에 따라서 문제를 풀면 다음과 같다.

설문의 자료를 위의 통화공급방정식에 대입하면 통화승수는 $m = \dfrac{1}{(c + r - cr)} = \dfrac{1}{0 + 0.2 + 0} = 5$가 된다.

이때, 본원통화가 100억 달러이므로 여기에 통화승수 5를 곱한 500(억 달러)이 통화량이 된다.

05 2020년 국가직 7급

부분지급준비제도하의 통화공급 모형에서 법정지급준비율과 초과지급준비율의 합이 1보다 작다. 다른 조건이 일정할 때, C/D 비율의 증가로 발생하는 현상은? (단, C는 현금, D는 요구불예금이다)

① 현금 유통량이 증가하고 통화공급도 증가한다.
② 통화공급은 증가하지만 지급준비금은 변화가 없다.
③ 통화공급이 감소한다.
④ 현금 유통량은 증가하지만 통화공급은 변화가 없다.

출제이슈 통화승수와 통화공급방정식
핵심해설 정답 ③

먼저 본원통화와 통화량 간의 관계를 살펴보면 다음과 같다.

1) 본원통화와 통화량

① 본원통화 $H = C + R$(본원통화 = 현금통화 + 지급준비금)
② 통화량 $M = C + D$(통화량 = 현금통화 + 예금통화)

2) 통화공급방정식

본원통화와 통화량 간의 관계식이 통화공급방정식이다. 이는 본원통화 1단위가 통화량을 얼마나 증가시키는지를 나타내는 식으로 다음과 같다.

$$M = mH = \frac{1}{(c+r-cr)}H = \frac{k+1}{k+r}H$$

$H = C + R$(본원통화 = 현금통화 + 지급준비금)
$r = R/D$(지급준비율 = 지급준비금 / 예금통화)
$c = C/M$(현금통화비율 = 현금통화 / 통화)
$k = C/D$(현금예금비율 = 현금통화 / 예금통화)
$M = C + D$(통화량 = 현금통화 + 예금통화)

통화공급방정식에 의할 경우 다른 모든 조건이 일정할 때, 현금예금비율($k = C/D$)이 커지면, 통화량은 감소하게 된다. 또한 지급준비율($r = R/D$)이 커지거나 현금통화비율($c = C/M$)이 커져도 통화량은 감소한다.

이는 다음과 같이 통화공급방정식을 변형한 산식에서 쉽게 확인할 수 있을 것이다.
$$M = mH = \frac{k+1}{k+r}H = \frac{k+r+1-r}{k+r}H = (1 + \frac{1-r}{k+r})H,$$

이때, k가 커지면 통화승수 $m = (1 + \frac{1-r}{k+r})$에서 $\frac{1-r}{k+r}$의 분모가 커져서 전체값은 작아지므로 통화승수는 감소한다.

따라서, 설문에서 주어진 바, 다른 모든 조건이 일정할 때, 현금예금비율($k = C/D$)이 커지면, 통화승수는 감소하게 되어 결국 통화량은 감소하게 된다.

06 2011년 국가직 7급

화폐공급의 증감여부를 바르게 연결한 것은?

ㄱ. 금융위기로 인하여 은행의 안전성이 의심되면서 예금주들의 현금인출이 증가하였다.
ㄴ. 명절을 앞두고 기업의 결제수요가 늘고, 개인들은 명절 준비를 위해 현금 보유량을 늘린다.
ㄷ. 한국은행이 자금난을 겪고 있는 지방 은행들로부터 국채를 매입하였다.
ㄹ. 은행들이 건전성 강화를 위해 국제결제은행(BIS) 기준의 자기자본비율을 높이고 있다.

	㉠	㉡	㉢	㉣
①	감소	증가	감소	증가
②	감소	감소	증가	감소
③	증가	감소	증가	감소
④	증가	감소	감소	증가

출제이슈 통화승수와 통화공급방정식
핵심해설 정답 ②

먼저 본원통화와 통화량 간의 관계를 살펴보면 다음과 같다.

1) 본원통화와 통화량

① 본원통화 $H = C + R$(본원통화 = 현금통화 + 지급준비금)
② 통화량 $M = C + D$(통화량 = 현금통화 + 예금통화)

2) 통화공급방정식

본원통화와 통화량 간의 관계식이 통화공급방정식이다. 이는 본원통화 1단위가 통화량을 얼마나 증가시키는지를 나타내는 식으로 다음과 같다.

$$M = mH = \frac{1}{(c+r-cr)}H = \frac{k+1}{k+r}H$$

$H = C + R$(본원통화 = 현금통화 + 지급준비금)
$r = R/D$(지급준비율 = 지급준비금 / 예금통화)
$c = C/M$(현금통화비율 = 현금통화 / 통화)
$k = C/D$(현금예금비율 = 현금통화 / 예금통화)
$M = C + D$(통화량 = 현금통화 + 예금통화)

위의 내용에 따라서 설문을 검토하면 다음과 같다.

ㄱ. 화폐공급 감소
현금인출이 증가할 경우, 현금통화비율 및 현금예금비율이 상승하여 통화승수의 감소를 가져와 통화량이 감소한다.

ㄴ. 화폐공급 감소
현금보유량이 증가할 경우, 현금통화비율 및 현금예금비율이 상승하여 통화승수의 감소를 가져와 통화량이 감소한다.

ㄷ. 화폐공급 증가
중앙은행이 국채를 매입할 경우, 본원통화가 증가하여 통화량이 증가한다.

ㄹ. 화폐공급 감소
은행들이 자기자본비율을 높일 경우, 대출이 감소하므로, 예금통화가 감소하여 통화량이 감소한다.

07 2018년 지방직 7급

본원통화량이 불변인 경우, 통화량을 증가시키는 요인만을 모두 고르면? (단, 시중은행의 지급준비금은 요구불예금보다 적다)

> ㄱ. 시중은행의 요구불예금 대비 초과지급준비금이 낮아졌다.
> ㄴ. 사람들이 지불수단으로 요구불예금보다 현금을 더 선호하게 되었다.
> ㄷ. 시중은행이 준수해야 할 요구불예금 대비 법정지급준비금이 낮아졌다.

① ㄱ, ㄴ   ② ㄱ, ㄷ
③ ㄴ, ㄷ   ④ ㄱ, ㄴ, ㄷ

출제이슈 통화승수와 통화공급방정식
핵심해설 정답 ②

먼저 본원통화와 통화량 간의 관계를 살펴보면 다음과 같다.

1) 본원통화와 통화량

① 본원통화 $H = C + R$(본원통화 = 현금통화 + 지급준비금)
② 통화량 $M = C + D$(통화량 = 현금통화 + 예금통화)

2) 통화공급방정식

본원통화와 통화량 간의 관계식이 통화공급방정식이다. 이는 본원통화 1단위가 통화량을 얼마나 증가시키는지를 나타내는 식으로 다음과 같다.

$$M = mH = \frac{1}{(c + r - cr)} H = \frac{k+1}{k+r} H$$

$H = C + R$(본원통화 = 현금통화 + 지급준비금)
$r = R / D$(지급준비율 = 지급준비금 / 예금통화)
$c = C / M$(현금통화비율 = 현금통화 / 통화)
$k = C / D$(현금예금비율 = 현금통화 / 예금통화)
$M = C + D$(통화량 = 현금통화 + 예금통화)

위의 내용에 따라서 설문을 검토하면 다음과 같다.

ㄱ. 통화량 증가
은행의 요구불예금 대비 초과지급준비금이 낮아진 경우, 지급준비율이 하락하게 되어 통화승수가 커져서 통화량을 증가시키는 요인이 된다.

ㄴ. 통화량 감소
사람들이 요구불예금보다 현금을 더 선호하게 된 경우, 현금통화비율 및 현금예금비율이 상승하여 통화승수의 감소를 가져와 통화량을 감소시키는 요인이 된다.

ㄷ. 통화량 증가
시중은행이 법정지급준비율이 하락한 경우, 지급준비율이 하락하게 되어 통화승수가 커지므로 통화량을 증가시키는 요인이 된다.

따라서 통화량을 증가시키는 요인은 ㄱ.과 ㄷ.이 된다.

제8편

08 | 2012년 국가직 7급 |

모든 은행이 초과 지급준비금은 보유하지 않고 민간은 현금을 모두 요구불예금으로 예금한다고 가정한다. 요구불예금의 법정지급준비율이 20%인 경우 중앙은행이 국채 100억 원을 사들인다면 이로 인한 통화량의 창출 규모는?

① 80억 원   ② 100억 원

③ 200억 원   ④ 500억 원

출제이슈 통화정책과 통화공급방정식
핵심해설 정답 ④

먼저 본원통화와 통화량 간의 관계를 살펴보면 다음과 같다.

1) 본원통화와 통화량

① 본원통화 $H = C + R$(본원통화 = 현금통화 + 지급준비금)
② 통화량 $M = C + D$(통화량 = 현금통화 + 예금통화)

2) 통화공급방정식

본원통화와 통화량 간의 관계식이 통화공급방정식이다. 이는 본원통화 1단위가 통화량을 얼마나 증가시키는지를 나타내는 식으로 다음과 같다.

$$M = m H = \frac{1}{(c + r - cr)} H = \frac{k+1}{k+r} H$$

$H = C + R$(본원통화 = 현금통화 + 지급준비금)
$r = R / D$(지급준비율 = 지급준비금 / 예금통화)
$c = C / M$(현금통화비율 = 현금통화 / 통화)
$k = C / D$(현금예금비율 = 현금통화 / 예금통화)
$M = C + D$(통화량 = 현금통화 + 예금통화)

위의 내용에 따라서 문제를 풀면 다음과 같다.

1) 통화승수 구하기

설문에서 민간의 현금보유는 0이므로 $c = C / M = 0$, $k = C / D = 0$이 된다.
설문의 자료를 통화승수의 식 $m = \frac{1}{(c + r - cr)}$ 또는 $m = \frac{k+1}{k+r}$에 대입하면 통화승수는 5이다.

2) 본원통화 구하기

① 설문에서 중앙은행이 국채 100억 원을 매입하는 경우, 본원통화가 100억 원 공급되어 증가하고 현금통화가 100억 원 증가한다.

② 그런데 민간의 현금보유는 0이므로 현금을 모두 예금하는 것으로 두면, 늘어났던 현금통화가 다시 100억 원 감소하고 지급준비금이 100억 원 증가한다.

③ 따라서 최종적인 본원통화의 증가는 ①에서 국채 100억 원 매입을 통한 본원통화 100억 원 증가와 ② 에서 현금통화 100억 원 예금을 통한 본원통화 불변을 모두 고려하여 최종적으로 100억 원이 증가한다.

3) 통화량 구하기

통화승수 5, 본원통화의 증가 100억 원을 고려하면 통화량의 증가는 500억 원이 된다.

제8편

09 [2019년 지방직 7급]

A국가의 경제주체들은 화폐를 현금과 예금으로 절반씩 보유한다. 또한 상업은행의 지급준비율은 10%이다. A국의 중앙은행이 본원통화를 440만 원 증가시켰을 때 A국의 통화량 변동은?

① 800만 원 증가　　　　② 880만 원 증가

③ 1,100만 원 증가　　　④ 4,400만 원 증가

출제이슈 통화정책과 통화공급방정식

핵심해설 정답 ①

먼저 본원통화와 통화량 간의 관계를 살펴보면 다음과 같다.

1) 본원통화와 통화량

① 본원통화 $H = C + R$(본원통화 = 현금통화 + 지급준비금)

② 통화량 $M = C + D$(통화량 = 현금통화 + 예금통화)

2) 통화공급방정식

본원통화와 통화량 간의 관계식이 통화공급방정식이다. 이는 본원통화 1단위가 통화량을 얼마나 증가시키는지를 나타내는 식으로 다음과 같다.

$$M = mH = \frac{1}{(c + r - cr)} H = \frac{k+1}{k+r} H$$

$H = C + R$(본원통화 = 현금통화 + 지급준비금)

$r = R / D$(지급준비율 = 지급준비금 / 예금통화)

$c = C / M$(현금통화비율 = 현금통화 / 통화)

$k = C / D$(현금예금비율 = 현금통화 / 예금통화)

$M = C + D$(통화량 = 현금통화 + 예금통화)

위의 내용에 따라서 문제를 풀면 다음과 같다.

설문에서 민간은 화폐를 현금과 예금으로 절반씩 보유하므로 현금예금보유비율은 1이 된다. $k = C / D = 1$이 되고, 지급준비율은 $r = 0.1$로 주어져 있다.

설문의 자료를 통화승수의 식 $m = \frac{k+1}{k+r}$에 대입하면 $k = 1$, $r = 0.1$이므로 통화승수 $m = \frac{1+1}{1+0.1} = \frac{2}{1.1}$이다.

설문에서 본원통화가 440만 원 증가하였으므로, 통화량은 $m\Delta H = \frac{2}{1.1} \times 440 = 800$(만 원)만큼 증가한다.

10 2014년 국가직 9급

A국의 모든 은행들은 법정지급준비금 외에 추가로 지급준비금을 마련하지 않고, 국민들은 돈이 생기면 모두 은행에 예금한다. 법정지급준비율이 5%인 A국의 중앙은행이 통화량을 200억 달러 증가시키기 위한 방법으로 옳은 것은?

① 국채를 10억 달러어치 판다.
② 국채를 10억 달러어치 산다.
③ 국채를 40억 달러어치 판다.
④ 국채를 40억 달러어치 산다.

출제이슈 통화정책과 통화공급방정식
핵심해설 정답 ②

먼저 본원통화와 통화량 간의 관계를 살펴보면 다음과 같다.

1) 본원통화와 통화량

① 본원통화 $H = C + R$(본원통화 = 현금통화 + 지급준비금)
② 통화량 $M = C + D$(통화량 = 현금통화 + 예금통화)

2) 통화공급방정식

본원통화와 통화량 간의 관계식이 통화공급방정식이다. 이는 본원통화 1단위가 통화량을 얼마나 증가시키는지를 나타내는 식으로 다음과 같다.

$$M = m H = \frac{1}{(c + r - cr)} H = \frac{k+1}{k+r} H$$

$H = C + R$(본원통화 = 현금통화 + 지급준비금)
$r = R / D$(지급준비율 = 지급준비금 / 예금통화)
$c = C / M$(현금통화비율 = 현금통화 / 통화)
$k = C / D$(현금예금비율 = 현금통화 / 예금통화)
$M = C + D$(통화량 = 현금통화 + 예금통화)

위의 내용에 따라서 문제를 풀면 다음과 같다.

1) 민간의 현금보유비율

설문에서 민간의 현금보유는 0이므로 $c = C / M = 0$, $k = C / D = 0$이 된다.

2) 통화승수

위의 자료를 통화승수의 식 $m = \frac{1}{(c + r - cr)}$ 또는 $m = \frac{k+1}{k+r}$ 에 대입하면 $c = 0$, $k = 0$, $r = 0.05$이므로 통화승수 $m = 20$이다.

3) 통화량

설문에서 통화량을 200(억 달러)만큼 증가시키는 것을 목표로 하고 있다.

4) 본원통화

① 통화공급방정식을 증가분 형태로 바꿔 쓰면 $\Delta M = m \Delta H$가 된다.

② 목표로 삼고 있는 통화량 증가 $\Delta M = 200$에 필요한 본원통화는 $200 = 20 \Delta H$로서 구할 수 있다.

③ 따라서 본원통화를 10(억 달러)만큼 증가시켜야만 통화승수 20을 고려하면 통화량이 200(억 달러)만큼 증가할 수 있다.

5) 본원통화 증가를 위한 방법

10(억 달러)의 본원통화 증가를 위해서는 국채를 10(억 달러)만큼 매입하는 정책을 실시할 필요가 있다.

11 2020년 국가직 9급

다음과 같은 조건에서 중앙은행이 민간으로부터 1조 원 규모의 국채를 매입했을 때, 은행제도 전체를 통해 최대로 변화될 수 있는 통화량은?

- 중앙은행이 법정지급준비율을 10%로 정해 놓고 있다.
- 예금은행은 법정지급준비금 외에는 전액 대출하고 있다.
- 요구불예금만 존재하며, 저축성예금은 없다.
- 현금통화비율은 0%이다.

① 9조 원 감소
② 9조 원 증가
③ 10조 원 감소
④ 10조 원 증가

출제이슈 통화정책과 통화공급방정식
핵심해설 정답 ④

먼저 본원통화와 통화량 간의 관계를 살펴보면 다음과 같다.

1) 본원통화와 통화량

① 본원통화 $H = C + R$(본원통화 = 현금통화 + 지급준비금)
② 통화량 $M = C + D$(통화량 = 현금통화 + 예금통화)

2) 국채매입과 본원통화 및 통화량

중앙은행이 민간으로부터 1조 원 규모의 국채를 매입하는 경우, 이 과정에서 민간부문으로 본원통화가 1조 원 흘러들어가게 되고 이로부터 신용창조과정을 통해서 통화량이 증가한다. 통화량이 증가하는 것은 아래의 통화공급방정식을 통해서 알 수 있다.

3) 통화공급방정식

본원통화와 통화량 간의 관계식이 통화공급방정식이다. 이는 본원통화 1단위가 통화량을 얼마나 증가시키는지를 나타내는 식으로 다음과 같다.

$$M = mH = \frac{1}{(c + r - cr)} H = \frac{k+1}{k+r} H$$

$H = C + R$(본원통화 = 현금통화 + 지급준비금)
$r = R/D$(지급준비율 = 지급준비금 / 예금통화)
$c = C/M$(현금통화비율 = 현금통화 / 통화)
$k = C/D$(현금예금비율 = 현금통화 / 예금통화)
$M = C + D$(통화량 = 현금통화 + 예금통화)

위의 내용에 따라서 문제를 풀면 다음과 같다.

1) 민간의 현금보유비율

설문에서 민간의 현금보유는 0이므로 $c = C/M = 0$, $k = C/D = 0$이 된다.

만일 이러한 내용이 주어지지 않았다고 하더라도 통화량의 최대증가조건이 부가된 경우에는 본원통화가 일정한 상황에서 통화승수가 최대로 커져야 한다.

이를 위해서 통화승수의 식 $m = \dfrac{1}{(c+r-cr)}$ 또는 $m = \dfrac{k+1}{k+r}$에서 $c = C/M = 0$, $k = C/D = 0$이 되어야 한다. 즉 민간의 현금보유는 0이어야 함을 쉽게 알 수 있다.

2) 통화승수

위의 내용을 반영하여 통화승수의 식 $m = \dfrac{1}{(c+r-cr)}$ 또는 $m = \dfrac{k+1}{k+r}$에 대입하면 $c = 0$, $k = 0$, $r = 0.1$이므로 통화승수 $m = 10$이다.

3) 본원통화의 증가

설문에서 국채매입을 통해서 본원통화가 1조 원 만큼 민간부문으로 흘러들어갔다.

4) 통화량의 증가

① 통화승수는 10이다.
② 본원통화의 증가는 1조 원이다.
③ 따라서 통화량은 10조 원까지 증가한다.

12 2018년 국가직 7급

다음은 어느 은행의 대차대조표이다. 이 은행이 초과지급준비금을 전부 대출할 때, 은행시스템 전체를 통해 최대로 증가할 수 있는 통화량의 크기는? (단, 법정지급준비율은 20%이며 현금통화비율은 0%이다)

자산(억 원)		부채(억 원)	
지급준비금	600	예금	2,000
대출	1,400		

① 120억 원   ② 400억 원
③ 1,000억 원   ④ 2,000억 원

출제이슈 예금통화의 공급(대출을 통한 은행의 예금창조)
핵심해설 정답 ③

먼저 예금은행에 의한 예금통화의 공급(대출을 통한 은행의 예금창조)은 다음과 같다.

1) 예금통화의 개념
중앙은행이 공급하는 본원통화를 원천으로 하여 예금은행이 창조하는 통화

2) 가정
① 현금을 취득한 민간은 이를 모두 예금은행에 예금한다고 가정
② 예금은 요구불예금만 존재한다고 가정(저축성예금은 없음)
③ 부분지급준비제도(fractional reserve banking system)
   ⅰ) 은행이 예금액의 일부만을 지급준비금으로 보유하는 제도
   ⅱ) 이하에서는 예금액의 일부만을 지급준비금으로 보유하며 나머지는 전액대출한다고 가정
④ 완전지급준비제도(100% reserve banking system)
   ⅰ) 은행이 예금액의 전부를 지급준비금으로 보유하는 제도
   ⅱ) 은행은 금고와 같은 역할밖에 하지 못하며 화폐공급과정에서 역할이 없음
⑤ 은행은 필요지급준비금만 보유한다고 가정(필요지급준비율은 10%라고 가정)

3) 예금창조과정
① 민간1 → A은행 : 예금(본원적 예금)
   ⅰ) 민간이 현금으로 보유하던 10,000원을 A은행에 처음으로 예금한다.
   ⅱ) 예금은행 밖에 존재하던 현금이 처음으로 예금은행으로 흘러 들어온 것을 본원적 예금이라고 한다.
   ⅲ) 본원적 예금이 시작된 시점에 현금통화는 감소하고 예금통화는 증가하였으므로 현금통화와 예금통화를 합친 통화량에는 변동이 없다.

② A은행 → 민간2 : 대출
   ⅰ) A은행은 본원적 예금 10,000원을 받았기 때문에 현금자산이 10,000원 증가하고, 부채(요구불예금)가 10,000원 증가한다.
   ⅱ) A은행은 예금으로부터 발생한 현금자산 10,000원을 필요지급준비금 1,000원을 남기고 9,000원은 민간부문에 대출한다.

③ 민간2 → B은행 : 예금
   ⅰ) 대출받은 민간의 개인은 대출금 9,000원을 자신의 거래에 사용하여 지출한다.
   ⅱ) 그 거래의 상대방은 9,000원을 수취하게 되고, 수취대금 9,000원을 B은행에 예금한다.
   ⅲ) 혹은 민간2가 자신의 거래은행인 B은행에 바로 예금한다고 가정해도 된다.

제8편

④ B은행 → 민간3 : 대출
　ⅰ) B은행은 예금 9,000원을 받았기 때문에 현금자산이 9,000원 증가하고, 부채(요구불예금)가 9,000원 증가한다.
　ⅱ) A은행은 예금으로부터 발생한 현금자산 9,000원을 필요지급준비금 900원을 남기고 8,100원은 민간부문에 대출한다.

⑤ 이제 앞에서의 ③과 ④의 예금과 대출이 무한 반복된다

은행	요구불예금	지급준비금	대출
A	10,000	1,000	9,000
B	9,000	900	8,100
C	8,100	810	7,290
D	7,290	729	6,561
E	6,561	656	5,905
…	…	…	…
은행권전체	100,000	10,000	90,000

4) 예금창조액

① 총예금창조액 : 요구불예금의 합계
$$= 10,000 + 9,000 + 8,100 + \cdots = 10,000 \,(1 + 0.9 + 0.9^2 + \cdots\,) = 10,000 \times 1\,/\,1 - 0.9 = 100,000$$
∴ 총예금창조액 (D) = 본원적 예금 (P) / 필요지급준비율 (r)

총예금창조액이란 파생된 모든 요구불예금의 합계가 되며 특히 $\frac{1}{r}$ 을 신용승수라고 한다.

② 순예금창조액 : 총예금창조액에서 본원적 예금을 제외한 것

∴ 순예금창조액 = 총예금창조액 − 본원적 예금 = 100,000 − 10,000 = 90,000

5) 본원적 예금과 예금통화

① 본원적 예금을 원천으로 하여 예금통화가 창조된다.
② 본원적 예금은 지급준비금의 합계와 일치한다.
③ 본원적 예금을 지급준비율로 나누면 예금통화와 일치한다.

위의 내용에 따라서 문제를 풀면 다음과 같다.

1) 신용승수

① 설문에서 민간의 현금통화비율은 $c = C\,/\,M = 0$으로 주어져 있으므로 위에서 살펴본 예금창조의 가정과 동일하다.
② $r = 0.2$이므로 신용승수는 5가 된다. 참고로 이러한 경우(민간의 현금통화비율이 0인 경우)에는 신용승수와 통화승수는 같다.

2) 예금창조액

① 설문에서 은행의 대출은 1,400(억 원), 예금은 2,000(억 원), 지급준비금은 600(억 원)이다.
② 법정지급준비율은 20%이므로 법정지급준비금은 400(억 원)이 된다.
③ 따라서 초과지급준비금은 200(억 원)이 된다.
④ 그런데 설문에서 제시하는 대로 초과지급준비금을 모두 대출할 경우, 현재 대출이 1,400(억 원)인데 200(억 원)을 추가로 더 대출함을 의미한다.
⑤ 당해 은행이 200(억 원)을 추가로 대출하게 되면, 다시 위와 같은 예금창조과정이 발생하게 되므로 200(억 원)에 신용승수 5를 곱한 1,000(억 원)만큼 예금창조가 되어 그만큼 통화량이 증가할 수 있다.

13 2014년 국가직 9급

현재 A은행의 T-계정은 표와 같고, 법정지급준비율은 7.5%이다. 다른 모든 은행들은 지급준비금을 법정지급준비금만 보유할 때, A은행이 지급준비금을 법정지급준비금 수준까지 줄인다면 이 경제의 통화량 증가는 최대 얼마인가?

자산		부채	
지급준비금	900만 원	예금	1억 원
대출	9,100만 원		

① 866.67만 원   ② 1,666.67만 원
③ 2,000만 원   ④ 2,666.67만 원

출제이슈 예금통화의 공급(대출을 통한 은행의 예금창조)
핵심해설 정답 ③

먼저 예금은행에 의한 예금통화의 공급(대출을 통한 은행의 예금창조)은 다음과 같다.

1) 예금통화의 개념
중앙은행이 공급하는 본원통화를 원천으로 하여 예금은행이 창조하는 통화

2) 가정
① 현금을 취득한 민간은 이를 모두 예금은행에 예금한다고 가정
② 예금은 요구불예금만 존재한다고 가정(저축성예금은 없음)
③ 부분지급준비제도(fractional reserve banking system)
  ⅰ) 은행이 예금액의 일부만을 지급준비금으로 보유하는 제도
  ⅱ) 이하에서는 예금액의 일부만을 지급준비금으로 보유하며 나머지는 전액대출한다고 가정
④ 완전지급준비제도(100% reserve banking system)
  ⅰ) 은행이 예금액의 전부를 지급준비금으로 보유하는 제도
  ⅱ) 은행은 금고와 같은 역할밖에 하지 못하며 화폐공급과정에서 역할이 없음
⑤ 은행은 필요지급준비금만 보유한다고 가정(필요지급준비율은 10%라고 가정)

3) 예금창조과정
① 민간1 → A은행 : 예금(본원적 예금)
  ⅰ) 민간이 현금으로 보유하던 10,000원을 A은행에 처음으로 예금한다.
  ⅱ) 예금은행 밖에 존재하던 현금이 처음으로 예금은행으로 흘러 들어온 것을 본원적 예금이라고 한다.
  ⅲ) 본원적 예금이 시작된 시점에 현금통화는 감소하고 예금통화는 증가하였으므로 현금통화와 예금통화를 합친 통화량에는 변동이 없다.
② A은행 → 민간2 : 대출
  ⅰ) A은행은 본원적 예금 10,000원을 받았기 때문에 현금자산이 10,000원 증가하고, 부채(요구불예금)가 10,000원 증가한다.
  ⅱ) A은행은 예금으로부터 발생한 현금자산 10,000원을 필요지급준비금 1,000원을 남기고 9,000원은 민간부문에 대출한다.
③ 민간2 → B은행 : 예금
  ⅰ) 대출받은 민간의 개인은 대출금 9,000원을 자신의 거래에 사용하여 지출한다.
  ⅱ) 그 거래의 상대방은 9,000원을 수취하게 되고, 수취대금 9,000원을 B은행에 예금한다.
  ⅲ) 혹은 민간2가 자신의 거래은행인 B은행에 바로 예금한다고 가정해도 된다.

④ B은행 → 민간3 : 대출
  ⅰ) B은행은 예금 9,000원을 받았기 때문에 현금자산이 9,000원 증가하고, 부채(요구불예금)가 9,000원 증가한다.
  ⅱ) A은행은 예금으로부터 발생한 현금자산 9,000원을 필요지급준비금 900원을 남기고 8,100원은 민간부문에 대출한다.

⑤ 이제 앞에서의 ③과 ④의 예금과 대출이 무한 반복된다

은행	요구불예금	지급준비금	대출
A	10,000	1,000	9,000
B	9,000	900	8,100
C	8,100	810	7,290
D	7,290	729	6,561
E	6,561	656	5,905
…	…	…	…
은행권전체	100,000	10,000	90,000

4) 예금창조액

① 총예금창조액 : 요구불예금의 합계
= 10,000 + 9,000 + 8,100 + … = 10,000 (1 + 0.9 + 0.9² + …) = 10,000 × 1 / 1−0.9 = 100,000
∴ 총예금창조액 (D) = 본원적 예금 (P) / 필요지급준비율 (r)

총예금창조액이란 파생된 모든 요구불예금의 합계가 되며 특히 $\frac{1}{r}$ 을 신용승수라고 한다.

② 순예금창조액 : 총예금창조액에서 본원적 예금을 제외한 것

∴ 순예금창조액 = 총예금창조액 − 본원적 예금 = 100,000 − 10,000 = 90,000

5) 본원적 예금과 예금통화

① 본원적 예금을 원천으로 하여 예금통화가 창조된다.
② 본원적 예금은 지급준비금의 합계와 일치한다.
③ 본원적 예금을 지급준비율로 나누면 예금통화와 일치한다.

위의 내용에 따라서 문제를 풀면 다음과 같다.

1) 신용승수

① 설문에서 경제의 통화량 증가가 최대가 되어야 한다는 것은 민간의 현금통화비율은 $c = C / M = 0$임을 의미한다. 따라서 위에서 살펴본 예금창조의 가정과 동일하다.

② $r = 0.075$이므로 신용승수는 $\frac{1}{r} = \frac{1}{0.075} = 13.333…$이 된다. 참고로 이러한 경우(민간의 현금통화비율이 0인 경우)에는 신용승수와 통화승수는 같다.

2) 예금창조액

① 설문에서 은행의 대출은 9,100(만 원), 예금은 10,000(만 원), 지급준비금은 900(만 원)이다.
② 법정지급준비율은 7.5%이므로 법정지급준비금은 750(만 원)이 된다.
③ 따라서 초과지급준비금은 150(만 원)이 된다.
④ 그런데 설문에서 제시하는 대로 초과지급준비금을 모두 대출할 경우, 현재 대출이 9,100(만 원)인데 150(만 원)을 추가로 더 대출함을 의미한다.
⑤ 당해 은행이 150(만 원)을 추가로 대출하게 되면, 다시 위와 같은 예금창조과정이 발생하게 되므로 150(만 원)에 신용승수 $\frac{1}{r} = \frac{1}{0.075} = 13.333…$를 곱한 $150 × \frac{1}{0.075} = 2,000$(만 원)만큼 예금창조가 되어 그만큼 통화량이 증가할 수 있다.

14 | 2019년 서울시 7급

최근 A는 비상금으로 숨겨두었던 현금 5천만 원을 은행에 요구불예금으로 예치하였다고 한다. 현재 이 경제의 법정지급준비율은 20%라고 할 때, 예금창조에 대한 〈보기〉의 설명 중 옳은 것을 모두 고르면?

<보기>

ㄱ. A의 예금으로 인해 이 경제의 통화량은 최대 2억 5천만 원까지 증가할 수 있다.

ㄴ. 시중은행의 초과지급준비율이 낮을수록, A의 예금으로 인해 경제의 통화량이 더 많이 늘어날 수 있다.

ㄷ. 전체 통화량 가운데 민간이 현금으로 보유하는 비율이 낮을수록, A의 예금으로 인해 경제의 통화량이 더 많이 늘어날 수 있다.

ㄹ. 다른 조건이 일정한 상황에서 법정지급준비율이 25%로 인상되면, 인상 전보다 A의 예금으로 인해 경제의 통화량이 더 많이 늘어날 수 있다.

① ㄱ, ㄴ ② ㄴ, ㄷ
③ ㄱ, ㄴ, ㄷ ④ ㄱ, ㄴ, ㄷ, ㄹ

출제이슈 본원통화와 통화량, 예금은행에 의한 예금통화의 공급
핵심해설 정답 ②

먼저 본원통화와 통화량 간의 관계를 살펴보면 다음과 같다.

1) 본원통화와 통화량

① 본원통화 $H = C + R$(본원통화 = 현금통화 + 지급준비금)
② 통화량 $M = C + D$(통화량 = 현금통화 + 예금통화)

2) 본원통화와 통화량간의 관계

① 현금통화가 그대로 예금되었고, 당해 예금으로부터의 대출이 없었다면, 현금통화의 감소분, 지급준비금의 증가분, 예금통화의 증가분은 모두 동일하다. 따라서 본원통화 및 통화량은 불변이다.

② 현금통화가 그대로 예금되었고, 당해 예금으로부터의 대출이 있었다면, 현금통화의 감소분과 지급준비금의 증가분은 동일하므로 본원통화는 불변이며, 예금통화의 증가분은 예금창조액이므로, 통화량은 현금통화 감소분과 예금통화 증가분의 차액만큼 증가한다.

3) 총예금창조액 : 파생된 모든 요구불예금의 합계

① 총예금창조액(D) = 본원적 예금(P) / 법정 혹은 필요지급준비율(r)
② 신용승수 $\dfrac{1}{r}$

4) 통화공급방정식

본원통화와 통화량 간의 관계식이 통화공급방정식이다. 이는 본원통화 1단위가 통화량을 얼마나 증가시키는지를 나타내는 식으로 다음과 같다.

$$M = mH = \frac{1}{(c+r-cr)}H = \frac{k+1}{k+r}H$$

$H = C + R$(본원통화 = 현금통화 + 지급준비금)
$r = R / D$(지급준비율 = 지급준비금 / 예금통화)
$c = C / M$(현금통화비율 = 현금통화 / 통화)
$k = C / D$(현금예금비율 = 현금통화 / 예금통화)
$M = C + D$(통화량 = 현금통화 + 예금통화)

위의 내용에 따라서 설문을 검토하면 다음과 같다.

설문에서는 예금행위가 본원통화와 통화량에 미치는 효과를 묻고 있다. 예금이 있었고 그에 따른 대출도 발생한 경우를 상정해야하기 때문에 대출이 없는 경우와 잘 구분해야 한다.

1) 먼저 현금이 요구불예금 계좌에 예치되었으므로 당연히 현금통화는 감소, 예금통화는 증가한다. 당해 설문에서 5천만 원을 요구불예금으로 예치하였기 때문에 현금통화는 5천만 원 만큼 감소한다. 예금통화의 증가는 이하에서 보자.

2) 참고로 대출이 없는 경우를 먼저 간단히 보도록 하자.

① 만일 예금창조 즉 대출이 없었다면, 현금통화가 감소한 만큼 그대로 예금통화는 증가하므로 통화량은 불변이다.

② 또한 대출이 없었다면, 지급준비금이 모두 예금액을 의미하므로 현금통화가 감소한 만큼 그대로 지급준비금이 증가하므로 본원통화도 불변이다.

3) 이제 설문에서와 같이 대출이 있는 경우를 보도록 하자.

① 만일 예금창조 즉 대출이 있었다면, 현금통화가 감소한 것보다 더 많이 예금통화는 증가하므로 통화량은 증가한다. 당해 설문에서 5천만 원을 요구불예금으로 예치(본원적 예금)하였고, 법정지급준비율이 20%이기 때문에 총예금창조액은 다음의 식에 따라서 2억 5천만 원이 된다. 그런데 주의할 점은 예금통화에 의하여 통화량이 2억 5천만 원 증가하지만, 현금통화감소로 인하여 통화량이 5천만 원 감소하므로 통화량은 결국 2억 원 증가한다.

※ 총예금창조액(D) = 본원적 예금(P) / 법정 혹은 필요지급준비율(r)

② 그러나 최초 본원적 예금이 지급준비금을 의미하므로 본원통화는 불변이다. 왜냐하면, 현금통화가 감소한 만큼 지급준비금이 증가하기 때문에 본원통화는 불변인 것이다. 당해 설문에서 5천만 원을 요구불예금으로 예치(본원적 예금)하였기 때문에 현금통화는 5천만 원 감소하고 지급준비금이 5천만 원 증가하여 본원통화는 불변이다.

4) 따라서 정리하면, A는 현금 5천만 원을 요구불예금으로 예치하였고, 법정지급준비율 20% 하에서 대출이 시행되었다고 가정하면, 현금통화는 5천만 원 감소하고, 지급준비금은 5천만 원 증가하고, 통화량은 2억 원 증가하고, 본원통화는 불변이다.

위의 내용에 따라서 설문을 검토하면 다음과 같다.

ㄱ. 틀린 내용이다.
설문에서 예금통화는 법정지급준비율 0.2를 고려할 경우 최대 2억 5천만 원까지 증가한다.

왜냐하면, 총예금창조액은 요구불예금의 합계로서 이는 총예금창조액(D) = 본원적 예금(P) / 필요지급준비율(r)이므로 5,000만 원 / 0.2=2억 5천만 원이 된다. 그런데 현금통화의 감소분 5천만 원을 고려하면, 통화량은 최대 2억 원까지 증가할 수 있다.

ㄹ. 틀린 내용이다.
설문에서 법정지급준비율이 0.2에서 0.25로 인상될 경우, 예금통화는 최대 2억 원까지 증가한다.

왜냐하면, 총예금창조액은 요구불예금의 합계로서 이는 총예금창조액(D) = 본원적 예금(P) / 필요지급준비율(r)이므로 5,000만 원 / 0.25=2억 원이 된다.

따라서 이때의 통화량 증가는 현금통화의 감소와 예금통화를 모두 고려하면, 최대 1.5억 원까지 증가할 수 있다. 결국 이때 통화량의 증가는 법정지급준비율이 0.2인 경우보다 덜 증가하게 된다.

ㄴ, ㄷ 모두 옳은 내용이다.
앞에서 본 바와 같이 본원통화와 통화량 간의 관계식이 통화공급방정식이다. 이는 본원통화 1단위가 통화량을 얼마나 증가시키는지를 나타내는 식으로 다음과 같다.

$$M= m\,H= \frac{1}{(c+r-cr)}\,H= \frac{k+1}{k+r}\,H$$

$H= C+R$(본원통화 = 현금통화 + 지급준비금)
$r= R/D$(지급준비율 = 지급준비금 / 예금통화)
$c= C/M$(현금통화비율 = 현금통화 / 통화)
$k= C/D$(현금예금비율 = 현금통화 / 예금통화)
$M= C+D$(통화량 = 현금통화 + 예금통화)

통화공급방정식에 의할 경우 본원통화가 일정하더라도 초과지급준비율이 낮을수록 통화량은 더 증가할 수 있다. 본원통화가 일정하더라도 민간의 현금보유비율이 낮을수록 통화량은 더 증가할 수 있다.

제8편

15 　2017년 서울시 7급

철수는 장롱 안에서 현금 100만 원을 발견하고 이를 A은행의 보통예금 계좌에 입금하였다. 이로 인한 본원통화와 협의통화(M1)의 즉각적인 변화는?

① 본원통화는 100만 원 증가하고, 협의통화는 100만 원 증가한다.
② 본원통화는 100만 원 감소하고, 협의통화는 100만 원 감소한다.
③ 본원통화는 변화가 없고, 협의통화는 100만 원 증가한다.
④ 본원통화와 협의통화 모두 변화가 없다.

출제이슈 본원통화와 통화량
핵심해설 정답 ④

먼저 본원통화와 통화량 간의 관계를 살펴보면 다음과 같다.

1) 본원통화와 통화량

① 본원통화 $H = C + R$(본원통화 = 현금통화 + 지급준비금)
② 통화량 $M = C + D$(통화량 = 현금통화 + 예금통화)

2) 본원통화와 통화량간의 관계

① 현금통화가 그대로 예금되었고, 당해 예금으로부터의 대출이 없었다면, 현금통화의 감소분, 지급준비금의 증가분, 예금통화의 증가분은 모두 동일하다. 따라서 본원통화 및 통화량은 불변이다.

② 현금통화가 그대로 예금되었고, 당해 예금으로부터의 대출이 있었다면, 현금통화의 감소분과 지급준비금의 증가분은 동일하므로 본원통화는 불변이며, 예금통화의 증가분은 예금창조액이므로, 통화량은 현금통화 감소분과 예금통화 증가분의 차액만큼 증가한다.

위의 내용에 따라서 설문을 검토하면 다음과 같다.

설문에서는 예금행위가 본원통화와 통화량에 미치는 효과를 묻고 있다. 예금만 있었고 그에 따른 대출은 없었다고 가정하자.

1) 먼저 현금이 보통예금 계좌에 입금되었으므로 당연히 현금통화는 감소, 예금통화는 증가한다.

2) 만일 예금창조 즉 대출이 없었다면, 현금통화가 감소한 만큼 그대로 예금통화는 증가하므로 통화량은 불변이다.

3) 또한 대출이 없었다면, 지급준비금이 모두 예금액을 의미하므로 현금통화가 감소한 만큼 그대로 지급준비금이 증가하므로 본원통화도 불변이다.

4) 따라서 정리하면, 철수는 장롱 안에서 현금 100만 원을 발견하고 이를 A은행의 보통예금 계좌에 입금한 경우, 대출이 없었다고 가정하면, 현금통화는 100만 원 감소하고, 지급준비금은 100만 원 증가하고, 본원통화는 불변이며, 협의통화(M1)도 불변이다.

1 공개시장 개입(본원통화 H에 영향 2018 국9)

1) 중앙은행이 채권시장에서 국공채 등의 유가증권을 매입 혹은 매각하여 통화량을 조절

2019 국9

2) 유가증권을 매입하면 본원통화 증가, 통화량 증가

2020 국7   2020 지7   2018 국7   2018 국9   2016 국9   2016 서7

2015 국7   2014 지7   2013 국9   2012 국9   2011 국7

3) 유가증권을 매도하면 본원통화 감소, 통화량 감소 2016 국9

4) 우리나라는 국공채가 충분치 않을 경우 통화안정증권(한국은행이 발행한 유가증권)으로 공개 시장 조작(통화안정증권 발행, 매각하면 통화량 감소) 2010 국7

2 재할인율의 조절(본원통화 H에 영향)

1) 재할인율은 중앙은행이 예금은행에 대출하는 자금에 대해 부과하는 대출이자율

2) 재할인율을 인하하면, 예금은행은 중앙은행으로부터 낮은 이자율의 대출을 더 많이 받아 민간부 문에 대출을 늘리려는 유인이 커진다. 따라서 본원통화와 통화량이 증가한다.

2020 지7   2018 국9   2016 국9   2016 서7   2013 국9

3) 재할인율을 인상하면, 예금은행의 중앙은행으로부터의 차입이 감소하여 본원통화와 통화량이 감소한다. 2016 국9   2014 지7   2012 국9

3 지급준비율 r의 조절(통화승수 m에 영향 2018 국9)

1) 지급준비율이 낮을수록 통화승수는 커지므로 통화량은 많아진다. 2016 국9

2) 지급준비율을 인하하면, 통화량이 늘어난다.

2020 지7   2016 국9   2016 서7   2013 서7   2013 국9

① 통화량 증가에 따라서 이자율이 하락한다.

② **예상되는 효과**: 저축 감소, 소득 증가, 수입 증가, 무역적자 심화, 물가 상승, 재정적자 불변

3) 지급준비율을 인상하면, 통화량이 줄어든다.

4) 그러나 초과지급준비율의 존재로 인하여 통화승수에 미치는 효과가 불확실할 수 있다.

5) 은행의 수익성을 악화시킬 수 있으므로 다른 정책에 비해 잘 사용되지 않는다. 2014 지7

제8편

4 직접규제방식: 여신한도제 [2013 국9]

1) 위의 방식들은 간접적인 방식에 의한 통화량의 조절이다.

2) 통화당국이 예금은행의 대민간여신에 직접적으로 개입하는 직접규제도 있다.

3) 금융기관별로 대출한도를 설정하고 이를 의무적으로 지키도록 하는 여신한도제도 있다.

5 양적완화정책 [2020 지7]

1) 기존의 통화정책은 주로 단기국채 매입을 통하여 통화량 증대 및 이자율 하락의 효과가 있다.

2) 그러나 이자율이 0의 수준에 가까워짐에 따라 기존통화정책은 한계에 봉착한다. [2016 지7]

3) 양적완화정책은 단기국채 대신 장기국채, 주택저당증권 등을 매입하여 은행의 활발한 대출을 통해서 시중에 유동성을 공급하고 장기이자율을 하락하는 효과가 있다. [2016 지7]

※ 기타 통화량에 영향을 줄 수 있는 정부 개입 혹은 은행의 자발적인 조정

1) **정부개입** : LTV 한도를 규제하여 대출을 축소, 환율관리를 위한 달러 매입 [2010 국7]

2) **은행조정** : 국제결제은행 기준 자기자본비율에 합치되도록 자발적 대출을 축소하여 자기자본비율 상향조정 [2011 국7]

※ 본원통화가 불변일 때, 통화량에 영향을 줄 수 있는 요인들 [2018 지7]

1) 통화승수에 영향을 주는 요인들

2) 현금통화비율

3) 법정지급준비율, 초과지급준비율

ISSUE 문제 📝

01 | 2019년 국가직 9급

우리나라 중앙은행의 공개시장 조작을 설명한 것으로 옳은 것은?

① 주식시장에서 주식을 매입하거나 매도하여 주가지수를 조절한다.
② 중앙은행이 시중은행에 빌려주는 자금에 적용되는 금리를 조절한다.
③ 국공채나 기타 유가증권을 사거나 팔아 본원통화의 양을 조절한다.
④ 시중은행이 중앙은행에 예치해야 하는 법정지급준비율을 조절한다.

출제이슈 통화정책의 수단으로서 공개시장 조작
핵심해설 정답 ③

통화정책의 수단 중 공개시장개입정책의 특징은 다음과 같다.

1) 공개시장개입정책은 중앙은행이 채권시장에서 국공채 등의 유가증권을 매입 혹은 매각하여 본원통화 H를 변화시키고 이를 통해서 통화량을 조절하는 것이다.

2) 중앙은행이 시장에서 유가증권을 매입하는 경우 본원통화가 증가하고, 그에 따라 통화량이 증가한다. 반면 중앙은행이 시장에서 유가증권을 매도하는 경우 본원통화가 감소하고 그에 따라 통화량이 감소한다.

3) 우리나라의 경우 시장에서 국공채 거래가 충분치 않을 경우 통화안정증권(한국은행이 발행한 유가증권)을 통하여 공개시장개입을 실시하고 있다. (통화안정증권을 발행하여 매각하면 통화량이 감소한다.)

위의 내용에 따라서 설문을 검토하면 다음과 같다.

① 틀린 내용이다.
공개시장개입정책은 중앙은행이 채권시장에서 국공채 등의 유가증권을 매입 혹은 매각하여 본원통화 H를 변화시키고 이를 통해서 통화량을 조절하는 것이다.

② 틀린 내용이다.
중앙은행이 시중은행에 빌려주는 자금에 적용되는 금리를 조절하는 것은 재할인율정책에 대한 설명이다.

③ 옳은 내용이다.
국공채나 기타 유가증권을 사거나 팔아 본원통화의 양을 조절하는 것이 공개시장개입이다.

④ 틀린 내용이다.
시중은행이 중앙은행에 예치해야 하는 법정지급준비율을 조절하는 것은 지급준비율 정책에 대한 설명이다.

제8편

02 ‌2018년 국가직 7급

공개시장 조작을 통한 중앙은행의 국채매입이 본원통화와 통화량에 미치는 영향에 대한 설명으로 옳은 것은?

① 본원통화와 통화량 모두 증가한다.
② 본원통화와 통화량 모두 감소한다.
③ 본원통화는 증가하고 통화량은 감소한다.
④ 본원통화는 감소하고 통화량은 증가한다.

출제이슈 통화정책의 수단으로서 공개시장 조작
핵심해설 정답 ①

통화정책의 수단 중 공개시장개입정책의 특징은 다음과 같다.

1) 공개시장개입정책은 중앙은행이 채권시장에서 국공채 등의 유가증권을 매입 혹은 매각하여 본원통화 H를 변화시키고 이를 통해서 통화량을 조절하는 것이다.

2) 중앙은행이 시장에서 유가증권을 매입하는 경우 본원통화가 증가하고, 그에 따라 통화량이 증가한다. 반면 중앙은행이 시장에서 유가증권을 매도하는 경우 본원통화가 감소하고 그에 따라 통화량이 감소한다.

3) 우리나라의 경우 시장에서 국공채 거래가 충분치 않을 경우 통화안정증권(한국은행이 발행한 유가증권)을 통하여 공개시장개입을 실시하고 있다. (통화안정증권을 발행하여 매각하면 통화량이 감소한다.)

위의 내용에 따라서 설문을 검토하면 ①이 옳은 내용이다. 국채를 매입하는 경우, 본원통화는 증가하고 통화량도 증가한다.

03 | 2015년 국가직 7급

통화량 공급을 늘리기 위한 중앙은행의 공개시장 조작(open market operation) 정책으로 옳은 것은?

① 정부채권을 매입한다.
② 재할인율을 인하한다.
③ 중앙은행의 지급준비율을 인하한다.
④ 시중 민간은행의 대출한도 확대를 유도한다.

출제이슈 통화정책의 수단으로서 공개시장 조작
핵심해설 정답 ①

통화정책의 수단 중 공개시장개입정책의 특징은 다음과 같다.

1) 공개시장개입정책은 중앙은행이 채권시장에서 국공채 등의 유가증권을 매입 혹은 매각하여 본원통화 H를 변화시키고 이를 통해서 통화량을 조절하는 것이다.

2) 중앙은행이 시장에서 유가증권을 매입하는 경우 본원통화가 증가하고, 그에 따라 통화량이 증가한다. 반면 중앙은행이 시장에서 유가증권을 매도하는 경우 본원통화가 감소하고 그에 따라 통화량이 감소한다.

3) 우리나라의 경우 시장에서 국공채 거래가 충분치 않을 경우 통화안정증권(한국은행이 발행한 유가증권)을 통하여 공개시장개입을 실시하고 있다. (통화안정증권을 발행하여 매각하면 통화량이 감소한다.)

위의 내용에 따라서 설문을 검토하면 ①이 옳은 내용이다. 통화량 공급을 늘리기 위해서는 본원통화를 늘려야 하므로, 이를 위해서 정부채권을 매입한다.

제8편

04 | 2010년 국가직 7급 |

중앙은행이 통화량을 증대시키는 행위와 가장 거리가 먼 것은?

① 통화안정증권을 발행한다.
② 기준금리를 낮춘다.
③ 지불준비율을 낮춘다.
④ 환율관리를 위해 달러를 매입한다.

출제이슈 통화정책의 수단으로서 공개시장 조작
핵심해설 정답 ①

통화정책의 수단 중 공개시장개입정책의 특징은 다음과 같다.

1) 공개시장개입정책은 중앙은행이 채권시장에서 국공채 등의 유가증권을 매입 혹은 매각하여 본원통화 H를 변화시키고 이를 통해서 통화량을 조절하는 것이다.

2) 중앙은행이 시장에서 유가증권을 매입하는 경우 본원통화가 증가하고, 그에 따라 통화량이 증가한다. 반면 중앙은행이 시장에서 유가증권을 매도하는 경우 본원통화가 감소하고 그에 따라 통화량이 감소한다.

3) 우리나라의 경우 시장에서 국공채 거래가 충분치 않을 경우 통화안정증권(한국은행이 발행한 유가증권)을 통하여 공개시장개입을 실시하고 있다. (통화안정증권을 발행하여 매각하면 통화량이 감소한다.)

위의 내용에 따라서 설문을 검토하면 다음과 같다.

① 틀린 내용이다.
통화안정증권을 발행할 경우 현금통화가 감소하고 통화량이 감소한다.

②, ③, ④ 모두 옳은 내용이다.
중앙은행이 기준금리를 낮추거나 지급준비율을 낮추거나 달러를 매입하는 경우에는 모두 통화량이 증가한다.

05 [2020년 국가직 7급]

중앙은행이 공개시장 조작정책을 시행하여 국채를 매입하는 경우, 예상되는 경제현상으로 옳은 것만을 모두 고르면? (단, 총수요 곡선은 우하향한다)

> ㄱ. 유동성 선호이론에 의하면, 국채매입은 화폐시장에 초과공급을 유발하여 이자율을 상승시킨다.
> ㄴ. 단기적으로 총수요 증가를 통해 산출량은 증가하고 물가도 상승한다.
> ㄷ. 장기적으로 경제는 자연산출량 수준으로 회귀한다.
> ㄹ. 새고전학파에 따르면, 경제주체의 정책 예상이 완벽한 경우 단기에도 산출량은 불변이고 물가만 상승한다.

① ㄱ, ㄴ　　　　　② ㄴ, ㄷ
③ ㄷ, ㄹ　　　　　④ ㄴ, ㄷ, ㄹ

출제이슈 통화정책의 수단으로서 공개시장 조작, 정책무력성 명제
핵심해설 정답 ④

통화정책의 수단 중 공개시장개입정책의 특징은 다음과 같다.

1) 공개시장개입정책은 중앙은행이 채권시장에서 국공채 등의 유가증권을 매입 혹은 매각하여 본원통화 H 를 변화시키고 이를 통해서 통화량을 조절하는 것이다.

2) 중앙은행이 시장에서 유가증권을 매입하는 경우 본원통화가 증가하고, 그에 따라 통화량이 증가한다. 반면 중앙은행이 시장에서 유가증권을 매도하는 경우 본원통화가 감소하고 그에 따라 통화량이 감소한다.

3) 우리나라의 경우 시장에서 국공채 거래가 충분치 않을 경우 통화안정증권(한국은행이 발행한 유가증권)을 통하여 공개시장개입을 실시하고 있다. (통화안정증권을 발행하여 매각하면 통화량이 감소한다.)

위의 내용에 따라서 설문을 검토하면 다음과 같다.
먼저 중앙은행이 시장에서 유가증권을 매입하는 경우 본원통화가 증가하고, 그에 따라 통화량이 증가한다.

ㄱ. 틀린 내용이다.
중앙은행이 시장에서 유가증권을 매입하는 경우 본원통화가 증가하고, 그에 따라 통화량이 증가한다. 따라서 이자율은 하락하게 된다.

ㄴ. 옳은 내용이다.
중앙은행의 유가증권 매입을 통해 통화량이 증가하고 이자율이 하락하여 투자수요가 증가하게 된다. 따라서 총수요 증가를 통해 산출량은 증가하고 물가도 상승한다.

ㄷ. 옳은 내용이다.
중앙은행의 유가증권 매입을 통해 통화량이 증가하고 이자율이 하락하여 투자수요가 증가하게 된다. 따라서 총수요 증가를 통해 산출량은 증가하고 물가도 상승한다. 물가 상승으로 인해 기대인플레이션율이 상승하게 되어 총공급이 감소하고 이 과정에서 실질통화량이 감소하게 되므로 다시 이자율이 상승하여 총수요도 다시 감소하게 된다. 결국 장기적으로 경제는 자연산출량 수준으로 회귀한다.

ㄹ. 옳은 내용이다.

새고전학파에 따르면, 경제주체의 정책 예상이 완벽한 경우 예상된 통화공급의 증가는 단기에도 산출량은 불변이고 물가만 상승시킨다. 즉 재량적인 총수요관리정책은 장기뿐만 아니라 합리적 기대를 하는 민간주체가 예상한 경우 단기에서도 무력하다고 비판하였는데 이를 정책무력성 명제라고 한다. 한편, 예상되지 못한 정책은 일시적으로 유효(단기적으로는 국민소득을 증가시킬 수 있음)하지만 시간이 흐르면서 민간의 기대가 조정됨에 따라서 정책은 효과가 없게 된다(장기에는 자연율 산출 수준으로 회귀).

06 | 2013년 서울시 7급

중앙은행이 은행의 법정지급준비율을 낮추었다고 할 때 다음 중 기대되는 효과로 옳은 것은?

① 수입이 증가하여 무역적자가 감소할 것이다.
② 저축률이 증가할 것이다.
③ 기업의 투자가 증가할 것이다.
④ 실업률과 인플레이션율이 모두 상승할 것이다.
⑤ 정부의 재정적자가 증가할 것이다.

출제이슈 통화정책의 수단으로서 지급준비율 조절
핵심해설 정답 ③

통화정책의 수단 중 지급준비율조정정책의 특징은 다음과 같다.

1) 지급준비율조정정책은 지급준비율 r을 조절하여 통화승수 m에 영향을 미치고 이를 통해서 통화량을 조절하고자 하는 정책이다.

2) 지급준비율이 낮을수록 통화승수는 커지므로 통화량은 많아진다.

통화승수 $m = \dfrac{1}{(c+r-cr)} = \dfrac{k+1}{k+r}$ 이므로 지급준비율을 인하하면 통화승수의 분모가 작아짐에 따라 통화승수가 커져서 통화량이 증가한다.

$r = R\,/\,D$(지급준비율 = 지급준비금 / 예금통화)
$c = C\,/\,M$(현금통화비율 = 현금통화 / 통화)
$k = C\,/\,D$(현금예금비율 = 현금통화 / 예금통화)

3) 그러나 지급준비율조절정책은 초과지급준비율의 존재로 인하여 통화승수에 미치는 효과가 불확실할 수 있다.

지급준비금은 예금액의 일부분으로서 예금액 중 대출되지 않고 남은 금액이다. 이는 필요지급준비금과 초과지급준비금으로 이루어진다. 필요지급준비금은 예금의 일정비율을 지급준비금으로 보유하라는 중앙은행의 요구에 의해서 보유하는 준비금이며 초과지급준비금은 필요지급준비금에 추가하여 은행이 자발적으로 보유하는 지급준비금이다.

지급준비율은 지급준비금을 예금액으로 나눈 비율을 의미한다. 특히 필요지급준비금을 예금액으로 나눈 비율을 필요지급준비율이라고 하고, 초과지급준비금을 예금액으로 나눈 비율을 초과지급준비율이라고 한다.

따라서 통화승수의 구성요소인 지급준비율이 필요지급준비율과 초과지급준비율로 나뉘므로 통화당국이 필요지급준비율을 조절하더라도 개별은행이 초과지급준비율을 재조정할 경우에는 통화승수의 변화 방향이 불확실하다. 결국 지급준비율조절정책은 초과지급준비율의 존재로 인하여 통화승수에 미치는 효과가 불확실할 수 있다.

4) 지급준비율을 인상할 경우 은행의 대출여력이 감소하여 은행의 수익성을 악화시킬 수 있다. 따라서 이 정책은 민간부문에 과도하게 개입하는 것으로 평가되어 다른 통화정책의 수단에 비해 잘 사용되지 않는다.

제8편

위의 내용에 따라서 설문을 검토하면 다음과 같다.

설문에서 중앙은행이 은행의 법정지급준비율을 낮춘 경우, 통화량이 증가한다.

통화량 증가로 이자율이 하락하게 되면, 기업의 투자가 증가한다. 따라서 ③은 옳은 내용이다.

기업의 투자 증가로 총수요가 증가하여 국민소득이 증가하면서 실업률은 하락하고 인플레이션율은 상승하게 된다. 따라서 ④는 틀린 내용이다.

이자율 하락은 가계부문의 소비 및 저축의사결정에 영향을 주게 된다. 이자율이 하락하면 대체로 저축이 감소하게 된다. 따라서 ②는 틀린 내용이다.

이자율 하락은 해외로의 자본유출을 초래하여 외환시장에서 환율이 상승하게 된다. 환율 상승으로 수출이 증가하여 무역흑자가 증가하거나 무역적자는 감소할 것이다. 따라서 ①은 틀린 내용이다.

정부의 재정적자는 정부지출과 조세의 구성을 조정하는 것으로 재정정책을 의미하며, 통화정책에 따른 이자율 조정과 무관하다. 따라서 ⑤는 틀린 내용이다.

07 2014년 지방직 7급

중앙은행의 통화량 조절 정책수단에 대한 설명으로 옳지 않은 것은?

① 중앙은행이 민간으로부터 국채를 매입할 경우 통화공급은 증가한다.
② 법정지급준비율을 변경하여 통화량을 조절하는 것은 중앙은행이 가장 자주 사용하는 수단이다.
③ 민간은행들은 법정지급준비율 이상의 준비금을 보유할 수 있다.
④ 민간은행들이 중앙은행으로부터 적게 차입할수록 통화공급은 감소한다.

출제이슈 통화정책의 수단과 효과
핵심해설 정답 ②

먼저 통화정책의 수단은 다음과 같다.

1) 공개시장개입정책
통화정책의 수단 중 공개시장개입정책은 중앙은행이 채권시장에서 국공채 등의 유가증권을 매입 혹은 매각하여 본원통화 H를 변화시키고 이를 통해서 통화량을 조절하는 것이다. 중앙은행이 시장에서 유가증권을 매입하는 경우 본원통화가 증가하고, 그에 따라 통화량이 증가한다.

2) 재할인율정책
통화정책의 수단 중 재할인율정책은 중앙은행이 예금은행에 대출하는 자금에 대해 부과하는 재할인율을 조절하여 통화량을 조절하는 것이다. 중앙은행이 재할인율을 인하하면, 예금은행은 중앙은행으로부터 낮은 이자율의 대출을 더 많이 받아 민간부문에 대출을 늘리려는 유인이 커진다. 따라서 본원통화가 증가하고 통화량이 증가한다.

3) 지급준비율조정정책
통화정책의 수단 중 지급준비율조정정책은 지급준비율 r을 조절하여 통화승수 m에 영향을 미치고 이를 통해서 통화량을 조절하고자 하는 정책이다. 중앙은행이 지급준비율을 인하하면 통화승수는 커지므로 통화량은 증가한다.

설문을 검토하면 다음과 같다.

① 옳은 내용이다.
통화정책의 수단 중 공개시장개입정책에 해당한다. 공개시장개입정책은 중앙은행이 채권시장에서 국공채 등의 유가증권을 매입 혹은 매각하여 본원통화 H를 변화시키고 이를 통해서 통화량을 조절하는 것이다.

중앙은행이 시장에서 유가증권을 매입하는 경우 본원통화가 증가하고, 그에 따라 통화량이 증가한다. 반면 중앙은행이 시장에서 유가증권을 매도하는 경우 본원통화가 감소하고 그에 따라 통화량이 감소한다.

② 틀린 내용이다.
통화정책의 수단 중 지급준비율조정정책에 해당한다. 지급준비율조정정책은 지급준비율 r을 조절하여 통화승수 m에 영향을 미치고 이를 통해서 통화량을 조절하고자 하는 정책이다.

중앙은행이 지급준비율을 인하하면 통화승수는 커지므로 통화량은 증가한다. 반면, 중앙은행이 지급준비율을 인상하면 통화승수는 작아지므로 통화량은 감소한다.

특히, 지급준비율을 인상할 경우 은행의 대출여력이 감소하여 은행의 수익성을 악화시킬 수 있다. 따라서 이 정책은 민간부문에 과도하게 개입하는 것으로 평가되어 다른 통화정책의 수단에 비해 잘 사용되지 않는다.

③ 옳은 내용이다.
지급준비금은 예금액의 일부분으로서 예금액 중 대출되지 않고 남은 금액이다. 이는 필요지급준비금과 초과지급준비금으로 이루어진다. 필요지급준비금은 예금의 일정비율을 지급준비금으로 보유하라는 중앙은행의 요구에 의해서 보유하는 준비금이며 초과지급준비금은 필요지급준비금에 추가하여 은행이 자발적으로 보유하는 지급준비금이다.

④ 옳은 내용이다.
통화정책의 수단 중 재할인율정책에 해당한다. 재할인율정책은 중앙은행이 예금은행에 대출하는 자금에 대해 부과하는 재할인율을 조절하여 통화량을 조절하는 것이다.

중앙은행이 재할인율을 인하하면, 예금은행은 중앙은행으로부터 낮은 이자율의 대출을 더 많이 받아 민간부문에 대출을 늘리려는 유인이 커진다. 따라서 본원통화가 증가하고 통화량이 증가한다. 반면 중앙은행이 재할인율을 인상하면, 예금은행의 중앙은행으로부터의 차입이 감소하여 본원통화가 감소하고 통화량이 감소한다.

08 2013년 국가직 9급

통화 공급을 확대시키는 정책으로 옳지 않은 것은?

① 법정지급준비율 인하
② 재할인율 인하
③ 공개시장에서 중앙은행의 국채 매입
④ 은행 여신 한도 축소

출제이슈 통화정책의 수단과 효과
핵심해설 정답 ④

먼저 통화정책의 수단은 다음과 같다.

1) 공개시장개입정책
통화정책의 수단 중 공개시장개입정책은 중앙은행이 채권시장에서 국공채 등의 유가증권을 매입 혹은 매각하여 본원통화 H를 변화시키고 이를 통해서 통화량을 조절하는 것이다. 중앙은행이 시장에서 유가증권을 매입하는 경우 본원통화가 증가하고, 그에 따라 통화량이 증가한다.

2) 재할인율정책
통화정책의 수단 중 재할인율정책은 중앙은행이 예금은행에 대출하는 자금에 대해 부과하는 재할인율을 조절하여 통화량을 조절하는 것이다. 중앙은행이 재할인율을 인하하면, 예금은행은 중앙은행으로부터 낮은 이자율의 대출을 더 많이 받아 민간부문에 대출을 늘리려는 유인이 커진다. 따라서 본원통화가 증가하고 통화량이 증가한다.

3) 지급준비율조정정책
통화정책의 수단 중 지급준비율조정정책은 지급준비율 r을 조절하여 통화승수 m에 영향을 미치고 이를 통해서 통화량을 조절하고자 하는 정책이다. 중앙은행이 지급준비율을 인하하면 통화승수는 커지므로 통화량은 증가한다.

설문을 검토하면 다음과 같다.

① 옳은 내용이다.
통화정책의 수단 중 지급준비율조정정책에 해당한다. 지급준비율조정정책은 지급준비율 r을 조절하여 통화승수 m에 영향을 미치고 이를 통해서 통화량을 조절하고자 하는 정책이다.

중앙은행이 지급준비율을 인하하면 통화승수는 커지므로 통화량은 증가한다. 반면, 중앙은행이 지급준비율을 인상하면 통화승수는 작아지므로 통화량은 감소한다.

② 옳은 내용이다.
통화정책의 수단 중 재할인율정책에 해당한다. 재할인율정책은 중앙은행이 예금은행에 대출하는 자금에 대해 부과하는 재할인율을 조절하여 통화량을 조절하는 것이다.

중앙은행이 재할인율을 인하하면, 예금은행은 중앙은행으로부터 낮은 이자율의 대출을 더 많이 받아 민간부문에 대출을 늘리려는 유인이 커진다. 따라서 본원통화가 증가하고 통화량이 증가한다. 반면 중앙은행이 재할인율을 인상하면, 예금은행의 중앙은행으로부터의 차입이 감소하여 본원통화가 감소하고 통화량이 감소한다.

③ 옳은 내용이다.

통화정책의 수단 중 공개시장개입정책에 해당한다. 공개시장개입정책은 중앙은행이 채권시장에서 국공채 등의 유가증권을 매입 혹은 매각하여 본원통화 H를 변화시키고 이를 통해서 통화량을 조절하는 것이다.

중앙은행이 시장에서 유가증권을 매입하는 경우 본원통화가 증가하고, 그에 따라 통화량이 증가한다. 반면 중앙은행이 시장에서 유가증권을 매도하는 경우 본원통화가 감소하고 그에 따라 통화량이 감소한다.

④ 틀린 내용이다.

통화량 조절을 위한 직접규제방식으로 여신한도제가 있다. 공개시장 조작, 재할인률 및 지급준비율 조절 등은 간접적인 방식에 의한 통화량 조절임에 반해서 여신한도제는 직접 은행의 대출을 규제하여 통화량을 조절한다. 통화당국이 예금은행의 대민간여신에 직접적으로 개입하는 방식으로서 금융기관별로 대출한도를 설정하고 이를 의무적으로 지키도록 한다. 은행 여신 한도를 축소할 경우, 은행의 대출이 감소하여 통화량이 감소한다.

09 2016년 서울시 7급

다음은 중앙은행의 통화정책수단들을 조합한 것이다. 이중 가장 확장적인 기조의 정책조합은?

① 공개시장 매각 – 법정지급준비율 인상 – 재할인율 인상
② 공개시장 매각 – 법정지급준비율 인하 – 재할인율 인상
③ 공개시장 매각 – 법정지급준비율 인상 – 재할인율 인하
④ 공개시장 매입 – 법정지급준비율 인하 – 재할인율 인하

출제이슈 통화정책의 수단과 효과
핵심해설 정답 ④

먼저 통화정책의 수단은 다음과 같다.

1) 공개시장개입정책
통화정책의 수단 중 공개시장개입정책은 중앙은행이 채권시장에서 국공채 등의 유가증권을 매입 혹은 매각하여 본원통화 H를 변화시키고 이를 통해서 통화량을 조절하는 것이다. 중앙은행이 시장에서 유가증권을 매입하는 경우 본원통화가 증가하고, 그에 따라 통화량이 증가한다.

2) 재할인율정책
통화정책의 수단 중 재할인율정책은 중앙은행이 예금은행에 대출하는 자금에 대해 부과하는 재할인율을 조절하여 통화량을 조절하는 것이다. 중앙은행이 재할인율을 인하하면, 예금은행은 중앙은행으로부터 낮은 이자율의 대출을 더 많이 받아 민간부문에 대출을 늘리려는 유인이 커진다. 따라서 본원통화가 증가하고 통화량이 증가한다.

3) 지급준비율조정정책
통화정책의 수단 중 지급준비율조정정책은 지급준비율 r을 조절하여 통화승수 m에 영향을 미치고 이를 통해서 통화량을 조절하고자 하는 정책이다. 중앙은행이 지급준비율을 인하하면 통화승수는 커지므로 통화량은 증가한다.

설문에서는 가장 확장적인 기조의 통화정책의 조합을 묻고 있다.
따라서 중앙은행이 공개시장에서 국채나 통화안정증권을 매입하고 예금은행에 대한 대출이자율인 재할인율을 인하하고 법정지급준비율을 인하하는 경우 통화량이 증가한다.

제8편

10 2016년 국가직 9급

화폐공급을 증가시키는 요인만을 모두 고른 것은?

> ㄱ. 중앙은행의 통화안정증권 매입
> ㄴ. 외환시장에서 중앙은행의 달러 매입
> ㄷ. 은행들의 초과지급준비율 하락
> ㄹ. 예금은행에 대한 재할인율 하락

① ㄱ
② ㄴ, ㄷ
③ ㄱ, ㄴ, ㄹ
④ ㄱ, ㄴ, ㄷ, ㄹ

출제이슈 통화정책의 수단과 효과
핵심해설 정답 ④

먼저 통화정책의 수단은 다음과 같다.

1) 공개시장개입정책
통화정책의 수단 중 공개시장개입정책은 중앙은행이 채권시장에서 국공채 등의 유가증권을 매입 혹은 매각하여 본원통화 H를 변화시키고 이를 통해서 통화량을 조절하는 것이다. 중앙은행이 시장에서 유가증권을 매입하는 경우 본원통화가 증가하고, 그에 따라 통화량이 증가한다.

2) 재할인율정책
통화정책의 수단 중 재할인율정책은 중앙은행이 예금은행에 대출하는 자금에 대해 부과하는 재할인율을 조절하여 통화량을 조절하는 것이다. 중앙은행이 재할인율을 인하하면, 예금은행은 중앙은행으로부터 낮은 이자율의 대출을 더 많이 받아 민간부문에 대출을 늘리려는 유인이 커진다. 따라서 본원통화가 증가하고 통화량이 증가한다.

3) 지급준비율조정정책
통화정책의 수단 중 지급준비율조정정책은 지급준비율 r을 조절하여 통화승수 m에 영향을 미치고 이를 통해서 통화량을 조절하고자 하는 정책이다. 중앙은행이 지급준비율을 인하하면 통화승수는 커지므로 통화량은 증가한다.

설문에서는 화폐공급을 증가시키는 요인을 묻고 있다.

따라서 중앙은행이 공개시장에서 국채나 통화안정증권을 매입하고 예금은행에 대한 대출이자율인 재할인율을 인하하고 법정지급준비율을 인하하는 경우 통화량이 증가한다. 또한 외환시장에서 중앙은행이 달러를 매입하는 경우 본원통화가 증가하면서 통화공급이 증가한다.

11 [2018년 국가직 9급]

중앙은행이 통화정책을 통해 경기를 활성화하고자 한다. 중앙은행의 통화량 확대를 위한 정책에 대한 설명으로 옳지 않은 것은?

① 재할인율을 인하한다.
② 시중은행으로부터 국공채를 매입한다.
③ 지급준비율 정책은 통화승수에, 공개시장 조작은 본원통화 규모에 영향을 미친다.
④ 지급준비율 인하에 따른 통화량 확대 효과는 개인과 기업이 더 많은 현금을 보유하고자 할수록 더 커진다.

출제이슈 통화정책의 수단과 효과
핵심해설 정답 ④

먼저 통화정책의 수단은 다음과 같다.

1) 공개시장개입정책
통화정책의 수단 중 공개시장개입정책은 중앙은행이 채권시장에서 국공채 등의 유가증권을 매입 혹은 매각하여 본원통화 H를 변화시키고 이를 통해서 통화량을 조절하는 것이다. 중앙은행이 시장에서 유가증권을 매입하는 경우 본원통화가 증가하고, 그에 따라 통화량이 증가한다.

2) 재할인율정책
통화정책의 수단 중 재할인율정책은 중앙은행이 예금은행에 대출하는 자금에 대해 부과하는 재할인율을 조절하여 통화량을 조절하는 것이다. 중앙은행이 재할인율을 인하하면, 예금은행은 중앙은행으로부터 낮은 이자율의 대출을 더 많이 받아 민간부문에 대출을 늘리려는 유인이 커진다. 따라서 본원통화가 증가하고 통화량이 증가한다.

3) 지급준비율조정정책
통화정책의 수단 중 지급준비율조정정책은 지급준비율 r을 조절하여 통화승수 m에 영향을 미치고 이를 통해서 통화량을 조절하고자 하는 정책이다. 중앙은행이 지급준비율을 인하하면 통화승수는 커지므로 통화량은 증가한다.

설문은 중앙은행이 통화정책을 통해 경기를 활성화하기 위해 통화량을 확대하는 정책을 펴려고 하는 경우이다.

①, ② 모두 옳은 내용이다.
중앙은행이 공개시장에서 국채나 통화안정증권을 매입하고 예금은행에 대한 대출이자율인 재할인율을 인하하고 법정지급준비율을 인하하는 경우 통화량이 증가하여 경기를 활성화시킬 수 있다.

③ 옳은 내용이다.
지급준비율조정정책은 지급준비율 r을 조절하여 통화승수 m에 영향을 미치고 이를 통해서 통화량을 조절하고자 하는 정책이고 공개시장개입정책은 중앙은행이 채권시장에서 국공채 등의 유가증권을 매입 혹은 매각하여 본원통화 H를 변화시키고 이를 통해서 통화량을 조절하는 정책으로 옳은 설명이다.

④ 틀린 내용이다.
지급준비율조정정책은 지급준비율 r을 조절하여 통화승수 m에 영향을 미치고 이를 통해서 통화량을 조절하고자 하는 정책으로서 정책의 통화량 확대효과가 커지기 위해서는 지급준비율 이외의 다른 변수를 통해서 통화승수가 커져야 한다.

통화승수 $m = \dfrac{1}{(c+r-cr)} = \dfrac{k+1}{k+r}$ 이므로 민간의 현금보유비율인 $c = C\,/\,M$(현금통화비율 = 현금통화 / 통화) 혹은 $k = C\,/\,D$(현금예금비율 = 현금통화 / 예금통화)가 작을수록 통화승수가 커진다. 따라서 틀린 내용이다.

$r = R\,/\,D$(지급준비율 = 지급준비금 / 예금통화)
$c = C\,/\,M$(현금통화비율 = 현금통화 / 통화)
$k = C\,/\,D$(현금예금비율 = 현금통화 / 예금통화)

12 　2016년 국가직 9급

폐쇄경제 하에서 총수요(AD)를 진작시키기 위한 정책만을 모두 고른 것은?

> ㄱ. 정부지출 증대
> ㄴ. 공개시장 조작을 통한 채권 매각
> ㄷ. 지불준비율 인하
> ㄹ. 재할인율 인상

① ㄱ, ㄷ
② ㄱ, ㄹ
③ ㄴ, ㄷ
④ ㄴ, ㄹ

출제이슈 통화정책의 수단과 효과
핵심해설 정답 ①

총수요를 진작하기 위해서는 확대재정정책과 확대통화정책이 필요하다. 이에 따라 설문을 검토하면 다음과 같다.

ㄱ. 옳은 내용이다.
정부지출은 총수요의 구성요소로서 정부지출의 증대는 직접적으로 총수요의 증가를 가져와 국민소득을 증가시킨다.

ㄴ. 틀린 내용이다.
통화정책의 수단 중 공개시장개입정책은 중앙은행이 채권시장에서 국공채 등의 유가증권을 매입 혹은 매각하여 본원통화 H를 변화시키고 이를 통해서 통화량을 조절하는 것이다. 중앙은행이 시장에서 유가증권을 매각하는 경우 본원통화가 감소하고, 그에 따라 통화량이 감소한다. 통화량 감소로 인하여 이자율이 상승하여 실물부문의 투자가 감소한다. 따라서 이는 총수요를 진작시키는 것이 아니라 오히려 감소시키는 정책에 해당한다.

ㄷ. 옳은 내용이다.
통화정책의 수단 중 지급준비율조정정책은 지급준비율 r을 조절하여 통화승수 m에 영향을 미치고 이를 통해서 통화량을 조절하고자 하는 정책이다. 중앙은행이 지급준비율을 인하하면 통화승수는 커지므로 통화량은 증가한다. 통화량 증가로 인하여 이자율이 하락하여 실물부문의 투자가 증가한다. 따라서 이는 총수요를 진작시키는 정책에 해당한다.

ㄹ. 틀린 내용이다.
통화정책의 수단 중 재할인율정책은 중앙은행이 예금은행에 대출하는 자금에 대해 부과하는 재할인율을 조절하여 통화량을 조절하는 것이다. 중앙은행이 재할인율을 인상하면, 예금은행은 중앙은행으로부터 차입을 줄이게 되고 민간부문으로의 대출을 줄이려는 유인이 커진다. 따라서 본원통화가 감소하고 통화량이 감소한다. 통화량 감소로 인하여 이자율이 상승하여 실물부문의 투자가 감소한다. 따라서 이는 총수요를 진작시키는 것이 아니라 오히려 감소시키는 정책에 해당한다.

제8편

13 | 2012년 국가직 9급

통화 공급에 대한 설명으로 옳은 것은?

① 은행이 보유하고 있는 지급준비금은 예금의 일부분이다.
② 본원통화에는 은행이 보유하고 있는 지급준비금은 포함되지만 민간이 보유하고 있는 현금은 포함되지 않는다.
③ 중앙은행이 채권을 매입할 경우 통화 공급은 감소한다.
④ 재할인율을 인상하면 통화 공급이 증가한다.

출제이슈 통화정책 종합
핵심해설 정답 ①

먼저 통화정책의 수단은 다음과 같다.

1) 공개시장개입정책
통화정책의 수단 중 공개시장개입정책은 중앙은행이 채권시장에서 국공채 등의 유가증권을 매입 혹은 매각하여 본원통화 H를 변화시키고 이를 통해서 통화량을 조절하는 것이다. 중앙은행이 시장에서 유가증권을 매입하는 경우 본원통화가 증가하고, 그에 따라 통화량이 증가한다.

2) 재할인율정책
통화정책의 수단 중 재할인율정책은 중앙은행이 예금은행에 대출하는 자금에 대해 부과하는 재할인율을 조절하여 통화량을 조절하는 것이다. 중앙은행이 재할인율을 인하하면, 예금은행은 중앙은행으로부터 낮은 이자율의 대출을 더 많이 받아 민간부문에 대출을 늘리려는 유인이 커진다. 따라서 본원통화가 증가하고 통화량이 증가한다.

3) 지급준비율조정정책
통화정책의 수단 중 지급준비율조정정책은 지급준비율 r을 조절하여 통화승수 m에 영향을 미치고 이를 통해서 통화량을 조절하고자 하는 정책이다. 중앙은행이 지급준비율을 인하하면 통화승수는 커지므로 통화량은 증가한다.

설문을 검토하면 다음과 같다.

① 옳은 내용이다.
지급준비금은 예금액의 일부분으로서 예금액 중 대출되지 않고 남은 금액이다. 이는 필요지급준비금과 초과지급준비금으로 이루어진다. 필요지급준비금은 예금의 일정비율을 지급준비금으로 보유하라는 중앙은행의 요구에 의해서 보유하는 준비금이며 초과지급준비금은 필요지급준비금에 추가하여 은행이 자발적으로 보유하는 지급준비금이다.

② 틀린 내용이다.
본원통화는 민간의 현금과 은행의 지급준비금을 더한 것을 말한다. 즉, 본원통화 $H = C + R$(본원통화 = 현금통화 + 지급준비금)이 된다.

③ 틀린 내용이다.
통화정책의 수단 중 공개시장개입정책에 해당한다. 공개시장개입정책은 중앙은행이 채권시장에서 국공채 등의 유가증권을 매입 혹은 매각하여 본원통화 H를 변화시키고 이를 통해서 통화량을 조절하는 것이다.

중앙은행이 시장에서 유가증권을 매입하는 경우 본원통화가 증가하고, 그에 따라 통화량이 증가한다. 반면 중앙은행이 시장에서 유가증권을 매도하는 경우 본원통화가 감소하고 그에 따라 통화량이 감소한다.

④ 틀린 내용이다.
통화정책의 수단 중 재할인율정책에 해당한다. 재할인율정책은 중앙은행이 예금은행에 대출하는 자금에 대해 부과하는 재할인율을 조절하여 통화량을 조절하는 것이다.

중앙은행이 재할인율을 인하하면, 예금은행은 중앙은행으로부터 낮은 이자율의 대출을 더 많이 받아 민간부문에 대출을 늘리려는 유인이 커진다. 따라서 본원통화가 증가하고 통화량이 증가한다. 반면 중앙은행이 재할인율을 인상하면, 예금은행의 중앙은행으로부터의 차입이 감소하여 본원통화가 감소하고 통화량이 감소한다.

제8편

14 2020년 지방직 7급

통화정책에 대한 설명으로 옳지 않은 것은?

① 중앙은행이 법정지급준비율을 인하하면 총지급준비율이 작아져 통화승수는 커지고 통화량은 증가한다.
② 중앙은행이 재할인율을 콜금리보다 낮게 인하하면 통화량이 증가한다.
③ 중앙은행이 양적완화를 실시하면 본원통화가 증가하여 단기이자율은 상승한다.
④ 중앙은행이 공개시장 조작으로 국채를 매입하면 통화량이 증가한다.

출제이슈 전통적인 통화정책수단과 양적완화정책
핵심해설 정답 ③

먼저 전통적인 기존의 통화정책 수단은 다음과 같다.

1) 공개시장개입정책
통화정책의 수단 중 공개시장개입정책은 중앙은행이 채권시장에서 국공채 등의 유가증권을 매입 혹은 매각하여 본원통화 H를 변화시키고 이를 통해서 통화량을 조절하는 것이다. 중앙은행이 시장에서 유가증권을 매입하는 경우 본원통화가 증가하고, 그에 따라 통화량이 증가한다.

2) 재할인율정책
통화정책의 수단 중 재할인율정책은 중앙은행이 예금은행에 대출하는 자금에 대해 부과하는 재할인율을 조절하여 통화량을 조절하는 것이다. 중앙은행이 재할인율을 인하하면, 예금은행은 중앙은행으로부터 낮은 이자율의 대출을 더 많이 받아 민간부문에 대출을 늘리려는 유인이 커진다. 따라서 본원통화가 증가하고 통화량이 증가한다.

3) 지급준비율조정정책
통화정책의 수단 중 지급준비율조정정책은 지급준비율 r을 조절하여 통화승수 m에 영향을 미치고 이를 통해서 통화량을 조절하고자 하는 정책이다. 중앙은행이 지급준비율을 인하하면 통화승수는 커지므로 통화량은 증가한다.

이어서 양적완화 정책에 대하여 검토하면 다음과 같다.

1) 기존 통화정책의 한계
기존의 통화정책은 주로 단기국채 매입을 통하여 통화량 증대 및 이자율 하락의 효과에 초점을 맞춘 것이다. 즉 단기국채를 매입하면, 단기금융시장에서의 이자율이 하락하게 되어 민간의 장기국채의 수요가 증가하고 장기이자율이 하락하는 원리이다. 그러나 계속된 통화량 증가로 인하여 이자율이 0의 수준에 가까워짐에 따라 통화량을 늘린다고 해서 이자율이 더 하락하기도 어려운 상황이어서 기존통화정책은 한계에 봉착하게 되었다.

2) 양적완화정책의 대두
원래 양적완화라는 용어 자체는 일본중앙은행이 2000년대 초반에 시행한 통화정책을 양적금융완화라고 부르는 데서 시작되었다. 일본 중앙은행은 전통적인 통화정책을 통해서는 이미 0 가까이 내려간 이자율을 더 이상 낮추는 것이 불가능했기 때문에 시중 금융기관의 장기채권 등을 매입하는 방식으로 통화량을 공급하였다.

3) 양적완화정책의 메커니즘 : 장기이자율 하락
기존 통화정책의 한계를 극복하기 위한 정책으로서 양적완화정책은 단기국채 대신 장기국채, 주택저당증권 등을 매입하여 은행의 활발한 대출을 통해서 시중에 유동성을 공급하고 장기이자율을 하락시키는 효과가 있다.

4) 양적완화정책과 2008년 글로벌 금융위기의 극복

2008년 글로벌 금융위기 당시 미국의 연방준비제도는 2조 달러 이상의 장기국채를 비롯하여 주택저당증권, 상업용건물저당증권 등 여러 채권을 직접 매입하였고 이를 통해서 은행들의 대출여력을 크게 증가시켰다. 특히 미국 연방준비제도는 장기국채와 주택저당증권을 집중적으로 매입하여 장기이자율과 주택대출금리를 하락시켜 투자를 진작하고 주택시장을 안정화시키는 데 목적이 있었다.

위의 내용에 따라서 설문을 검토하면 다음과 같다.

① 옳은 내용이다.
총지급준비율은 법정지급준비율과 초과지급준비율로 구성되는데 중앙은행이 법정지급준비율을 인하하면 총지급준비율이 작아져 통화승수는 커지고 통화량은 증가한다.

② 옳은 내용이다.
중앙은행이 재할인율을 특히 콜금리보다 인하하면, 예금은행은 다른 금융기관으로부터 차입하는 것보다는 중앙은행으로부터 더 낮은 이자율로 대출을 쉽게 받을 수 있게 되어 민간부문에 대출을 늘리려는 유인이 커진다. 따라서 본원통화가 증가하고 통화량이 증가한다.

③ 틀린 내용이다.
기존 통화정책의 한계를 극복하기 위한 정책으로서 양적완화정책은 단기국채 대신 장기국채, 주택저당증권 등을 매입하여 은행의 활발한 대출을 통해서 시중에 유동성을 공급하고 장기이자율을 하락시키는 효과가 있다.

④ 옳은 내용이다.
중앙은행이 시장에서 유가증권을 매입하는 경우 본원통화가 증가하고, 그에 따라 통화량이 증가한다.

제8편

15 | 2016년 지방직 7급

기준금리가 제로금리 수준임에도 불구하고 경기가 회복되지 않는다면 중앙은행이 취할 수 있는 정책으로 옳은 것은?

① 기준금리를 마이너스로 조정한다.
② 장기금리를 높인다.
③ 보유한 국공채를 매각한다.
④ 시중에 유동성을 공급한다.

출제이슈 전통적인 통화정책수단과 양적완화정책
핵심해설 정답 ④

먼저 양적완화 정책에 대하여 검토하면 다음과 같다.

1) 기존 통화정책의 한계

기존의 통화정책은 주로 단기국채 매입을 통하여 통화량 증대 및 이자율 하락의 효과에 초점을 맞춘 것이다. 즉 단기국채를 매입하면, 단기금융시장에서의 이자율이 하락하게 되어 민간의 장기국채의 수요가 증가하고 장기이자율이 하락하는 원리이다. 그러나 계속된 통화량 증가로 인하여 이자율이 0의 수준에 가까워짐에 따라 통화량을 늘린다고 해서 이자율이 더 하락하기도 어려운 상황이어서 기존통화정책은 한계에 봉착하게 되었다.

2) 양적완화정책의 대두

원래 양적완화라는 용어 자체는 일본중앙은행이 2000년대 초반에 시행한 통화정책을 양적금융완화라고 부르는 데서 시작되었다. 일본 중앙은행은 전통적인 통화정책을 통해서는 이미 0 가까이 내려간 이자율을 더 이상 낮추는 것이 불가능했기 때문에 시중 금융기관의 장기채권 등을 매입하는 방식으로 통화량을 공급하였다.

3) 양적완화정책의 메커니즘 : 장기이자율 하락

기존 통화정책의 한계를 극복하기 위한 정책으로서 양적완화정책은 단기국채 대신 장기국채, 주택저당증권 등을 매입하여 은행의 활발한 대출을 통해서 시중에 유동성을 공급하고 장기이자율을 하락시키는 효과가 있다.

4) 양적완화정책과 2008년 글로벌 금융위기의 극복

2008년 글로벌 금융위기 당시 미국의 연방준비제도는 2조 달러 이상의 장기국채를 비롯하여 주택저당증권, 상업용건물저당증권 등 여러 채권을 직접 매입하였고 이를 통해서 은행들의 대출여력을 크게 증가시켰다. 특히 미국 연방준비제도는 장기국채와 주택저당증권을 집중적으로 매입하여 장기이자율과 주택대출금리를 하락시켜 투자를 진작하고 주택시장을 안정화시키는 데 목적이 있었다.

위의 내용에 따라서 설문을 검토하면 다음과 같다.

① 틀린 내용이다.
기준금리는 명목금리로서 0의 한도 제약이 있다. 따라서 마이너스로 조정하는 것은 불가능하다. 과거 일본 중앙은행은 전통적인 통화정책을 통해서는 이미 0 가까이 내려간 이자율을 더 이상 낮추는 것이 불가능했기 때문에 시중 금융기관의 장기채권 등을 매입하는 방식으로 통화량을 공급하였다. 즉 전통적인 방식의 통화정책으로는 더 이상 통화공급을 늘리는 것이 어렵기 때문에 양적 완화와 같은 새로운 방식의 통화정책이 요구되었다.

② 틀린 내용이다.
장기금리를 높이는 경우 투자에 부정적 영향을 미쳐서 경기회복을 오히려 방해한다.

③ 틀린 내용이다.
통화정책의 수단 중 공개시장개입정책은 중앙은행이 채권시장에서 국공채 등의 유가증권을 매입 혹은 매각하여 본원통화 H를 변화시키고 이를 통해서 통화량을 조절하는 것이다. 설문처럼 중앙은행이 시장에서 유가증권을 매각하는 경우 본원통화가 감소하고, 그에 따라 통화량이 감소한다. 통화량 감소로 인하여 이자율이 상승하여 실물부문의 투자가 감소한다. 따라서 이는 총수요를 감소시켜서 경기회복을 오히려 방해한다.

④ 옳은 내용이다.
기존의 전통적인 통화정책을 통해서는 이미 0 가까이 내려간 이자율을 더 이상 낮추는 것이 불가능했기 때문에 양적완화정책은 시중 금융기관의 장기국채나 주택저당채권 등 주로 장기채권 등을 매입하는 방식을 통하여 유동성을 공급하였다. 시중 금융기관은 보유하고 있던 주택저당채권 등을 정부에 판매하고 이로 인해 새롭게 대출여력이 생기게 되어 대출을 하게 되어 시중에 유동성이 공급될 수 있었다.

제8편

1 통화정책의 중간목표전략 : 실물과 화폐부문의 불안정성에 따라(W. Poole) 2011 국7

1) 실물부문이 불안정하여(예 : 투자수요변화) 경기변동의 원인일 경우 통화량 목표가 우월

2) 화폐부문이 불안정하여(예 : 화폐수요변화) 경기변동의 원인일 경우 이자율 목표가 우월

2 통화정책의 파급경로(전달기구, 전달경로)

1) **이자율경로** : 통화량 변동 → 단기, 장기이자율 변동 → 투자, 소득 변동 2016 지7

2) **자산경로** : 통화량 변동 → 주식가격 변동 → 투자, 소득 변동 2016 지7

3) **실질잔고효과 경로** : 통화량 변동 → 화폐실질잔고(부)의 변동 → 소비, 소득 변동

4) **환율경로** : 통화량 변동 → 이자율 변동 → 환율 변동 → 순수출, 소득 변동 2017 국7   2016 지7

5) **신용경로(credit channel)** : 은행대출을 통한 파급

① 은행대출경로(bank lending channel)

ⅰ) 통화정책은 은행대출에 영향을 주게 되고, 이 은행대출은 은행대출을 통해 지출이 가능한 민간부문의 차입 및 지출에 큰 영향을 준다. 2016 지7

ⅱ) 기업 입장에서 은행대출과 채권은 대체성이 낮으므로 대출이 영향을 미친다. 2013 국7

ⅲ) 은행과 자금차입자 간 정보의 비대칭성이 존재한다. 2017 국7   2013 국7

ⅳ) 은행은 금리를 높이기보다 신용도 높은 차입자를 선별, 대출한다(신용할당을 통한 역선택 및 도덕적 해이 문제 완화). 2013 국7

ⅴ) 이자율이 정보를 제대로 반영하지 못할 경우 이자율의 신뢰성이 저하된다.

ⅵ) 은행을 통한 금융중개가 생산활동에 중요한 영향을 미친다. 2013 국7

ⅶ) 금융자유화 등으로 자금조달경로가 다양해지면 신용경로의 중요성이 작아진다.

 2017 국7

② 대차대조표 경로(balance sheet channel) 2017 국7

ⅰ) 통화정책은 기업의 자산가격 및 대차대조표에 영향을 미친다.

ⅱ) 자산가격 변화에 따라 담보가치가 변화하므로 은행대출이 변화한다.

4 물가안정목표제(inflation targeting scheme)

1) 통화당국이 최종정책목표인 물가안정에 대하여 명시적으로 목표를 설정하고, 이를 다양한 방식을 통해서 달성하고자 하는 방식

2) 통화량, 이자율, 환율, 기대인플레이션 등 다양한 변수들을 활용하여 목표를 달성

ISSUE 문제 📝

01 2011년 국가직 7급

㉠~㉡에 들어갈 말을 바르게 연결한 것은?

> 풀(W. Poole)은 통화금융정책을 실시하는 경우 실물부문과 금융부문의 불안정성 정도에 따라 중간목표로 통화량과 이자율 중 하나를 선택해야 한다고 주장한다. 실물부문이 불확실하다면 (㉠)을 중간목표로 삼고, 금융부문이 불확실하다면 (㉡)을 중간목표로 삼는 것이 생산 및 소득의 변동성을 줄일 수 있다는 점에서 우월하다.

	㉠	㉡
①	통화량	통화량
②	통화량	이자율
③	이자율	통화량
④	이자율	이자율

출제이슈 통화정책의 중간목표
핵심해설 정답 ②

통화정책에 있어서 중간목표전략은 다음과 같다.

통화당국은 공개시장 개입, 재할인율 조절 등과 같은 통화정책수단을 통해서 물가안정, 완전고용과 같은 정책목표를 달성하려고 한다. 그런데 문제는 이러한 통화정책수단들이 정책목표에 영향을 미치기까지는 상당히 시간이 걸린다는 것이다. 만일 상당한 시간이 흐른 후에도 정책목표가 달성되지 못한 문제점이 발견될 경우 정책수단을 재조정해야 하는데 이는 너무 늦은 것이다. 이와 같이 정책시차의 문제를 극복하기 위해서 통화정책수단과 정책목표 사이에 중간목표를 설정한다. 이를 중간목표전략이라고 하며 중간목표를 이용함으로써 통화당국은 통화정책이 올바른 방향으로 가고 있는지 여부를 신속하게 판단하고 정책방향을 재조정할 수 있다.

(참고로 중간변수전략과 대비되는 것이 정보변수전략이다. 정보변수전략은 통화량이나 이자율과 같은 중간목표를 정하지 않고 그 대신에 고용 및 물가의 최종목표와 긴밀한 관련이 있는 여러 가지 변수들을 통해 정보를 수집한 후 다양한 정책수단을 통해 최종목표를 달성하고자 하는 것이다. 이는 단일한 어느 한 변수만을 목표로 하는 것이 아니라 이용할 수 있는 다양한 변수로부터 정보를 획득하여 통화정책을 수행해가는 방식이다. 우리나라가 채택하고 있는 물가안정목표제는 바로 이러한 정보변수전략에 근거하고 있다고 볼 수 있다.)

그러나 어떤 변수든 통화정책의 중간목표로 채택될 수 있는 것은 아니며 중간목표가 되기 위해서는 몇가지 성질이 필요하다. 먼저 중간목표는 고용, 물가와 같은 최종정책목표 변수들과 안정적인 관계를 가져야 한다. 그렇지 못할 경우 목표달성을 위한 통화정책이 무의미해진다. 또 중간목표는 중앙은행에 의해 효과적으로 통제될 수 있어야 한다. 공개시장 개입, 재할인율 조절 등과 같은 통화정책수단의 변화에 대해서 단기간 내에 반응을 보여야 함을 의미한다. 마지막으로 중간목표 변수는 신속하고 정확하게 측정될 수 있어야 한다.

대체적으로 본원통화나 $M1$ 등과 같은 통화지표, 명목이자율 등은 단기간 내에 정확히 측정될 수 있고 또 통화당국의 다양한 정책수단을 통해서 이들에 영향을 미쳐 조절 가능하고, 통화량과 이자율은 고용 및 물가와 밀접한 관련성을 보인다. 따라서 통화량과 이자율을 중간목표로 사용한다.

그렇다면, 이젠 통화량과 이자율 중에서 어떤 변수가 중간목표로 더 적합한지에 대한 문제가 남게 된다. 왜냐하면, 중간목표로 통화량과 이자율을 동시에 사용하는 것은 불가능하기 때문에 둘 중의 하나를 선택해야 한다. 예를 들어 통화량을 특정수준으로 설정하더라도 이자율까지 동시에 특정수준으로 조절할 수는 없다. 설정된 통화량에 대하여 화폐수요가 어떻게 되느냐에 따라서 이자율은 결정되기 때문이다.

통화량 목표전략이든 이자율 목표전략이든 모두 장단점이 있다. 예를 들어, 이자율 목표전략을 사용하는 경우에, 경기호황기에는 대체로 이자율도 상승하는데 만일 이자율을 안정화시키기 위해서 통화량을 증가시킨다면 경기과열을 더욱 부채질하게 되는 것이다. 한편 통화량 목표전략을 사용하는 경우에는 반드시 안정적인 화폐수요가 전제되어야 하는데 각종 금융혁신기법의 등장에 따라서 화폐수요는 불안정적으로 되고 있다. 따라서 이런 경우에 통화량 목표를 고집하는 것은 오히려 경기를 불안정적으로 만들 수 있다.

W. Poole에 따르면, 실물과 화폐부문의 불안정성에 따라 통화정책의 중간목표전략을 통화량 혹은 이자율로 나누어 타게팅할 수 있는데 그 근거는 다음과 같다.

실물부문의 불안정에 따라서 IS곡선의 위치가 불확실하여 경기변동의 원인이 된다면, 통화량을 적절히 타게팅함으로써 경기변동의 진폭을 줄일 수 있게 된다.

반대로 화폐부문의 불안정에 따라서 LM곡선의 위치가 불확실하여 경기변동의 원인이 된다면, 이자율을 적절히 타게팅함으로써 경기변동의 진폭을 줄일 수 있게 된다.

따라서 실물부문이 불안정하여(예 : 투자수요변화) 경기변동의 원인일 경우에는 통화량 목표가 우월하고
반대로 화폐부문이 불안정하여(예 : 화폐수요변화) 경기변동의 원인일 경우 이자율 목표가 우월하다.

위의 내용에 따라서 설문을 검토하면 다음과 같다.

실물부문이 불확실하다면 (㉠ 통화량)을 중간목표로 삼고, 금융부문이 불확실하다면 (㉡ 이자율)을 중간목표로 삼는 것이 생산 및 소득의 변동성을 줄일 수 있다는 점에서 우월하다.

02 [2013년 국가직 7급]

통화정책에서 신용중시 견해(credit view)에 대한 설명으로 옳지 않은 것은?

① 신용중시 견해는 금융중개가 물가와 생산활동에 중요한 영향을 미친다는 점을 강조하는 견해이다.

② 은행과 차입자 사이에 정보의 비대칭성이 존재한다.

③ 은행은 높은 이자율을 지불할 의향이 있는 자보다 신용이 높은 자에게 대출을 한다.

④ 은행의 대출과 채권은 완전대체재이다.

출제이슈 통화정책의 경로 중 신용중시 견해
핵심해설 정답 ④

재정정책은 정부지출, 조세와 같은 실물변수를 조정하여 역시 실물변수인 국민소득에 영향을 미치는 정책인 반면 통화정책은 통화량, 명목이자율과 같은 명목변수를 조정하여 실물변수를 변화시키는 정책이므로 명목변수가 어떤 경로를 통하여 실물변수를 자극하여 효과가 파급되는지가 중요하다.

통화정책의 파급경로에는 이자율경로, 자산경로, 실질잔고효과 경로, 신용경로 등이 있다.
설문에서 묻고 있는 신용경로(credit channel)는 다른 경로와는 달리 은행대출의 역할을 강조한다. 신용경로는 통화정책의 파급에 있어서 이자율이나 통화량보다도 금융기관의 신용공여액과 같은 신용총액이 더 중요함을 강조하고 있다.

1) 은행대출경로(bank lending channel)

통화정책이 긴축적으로 시행될 경우 자연스럽게 은행대출은 감소하게 된다. 이렇게 통화정책은 은행대출에 영향을 주게 되고, 이 은행대출은 민간부문의 차입 및 지출에 큰 영향을 준다. 특히 기업 입장에서 은행대출과 채권은 대체성이 낮다. 왜냐하면, 중소기업들은 현실적으로 채권이나 주식발행을 통한 자금조달이 거의 불가능하기 때문에 전적으로 은행대출에 의존한다. 따라서 은행대출은 기업의 투자지출에 큰 영향을 미친다. 이는 은행을 통한 금융중개가 생산활동에 중요한 영향을 미침을 의미한다. 만일 이 금융중개과정에 있어서 핵심적인 변수인 이자율이 관련 정보를 제대로 반영하지 못할 경우 이자율의 신뢰성이 저하된다. 특히 은행과 자금차입자 간 정보의 비대칭성이 존재하므로 은행은 대출 시 금리를 높이기보다 신용도 높은 차입자를 선별, 대출하려고 하는데 이를 신용할당이라고 한다. 은행은 신용할당을 통하여 역선택 및 도덕적 해이 문제를 완화하고자 한다. 한편, 금융자유화 등을 통해서 자금조달경로가 보다 다양해진다면, 기업으로서는 은행대출 이외에도 자금을 충분히 조달할 수 있기 때문에 통화정책에 있어서 신용경로의 중요성이 작아지게 된다.

2) 대차대조표 경로(balance sheet channel)

통화정책이 긴축적으로 시행될 경우 자연스럽게 기업이 보유한 자산가격은 하락하게 된다. 이렇게 통화정책은 기업의 자산가격 및 대차대조표에 영향을 미치게 되는데 자산가격의 변화는 담보가치를 변화시키게 된다. 은행은 대출 시 기업의 상환능력 및 담보가치를 평가하게 되는데, 이들은 대차대조표 상의 자산과 부채규모가 크게 좌우한다. 그런데 기업의 상환능력이라는 것은 기업이 미래에 창출할 수 있는 수익의 흐름에 의해 평가되어야 하지만, 정보가 불완전하기 때문에 은행으로서는 대차대조표에 의존할 수 밖에 없다는 한계가 있다. 따라서 대차대조표 정보에 기하여 은행은 대출의사결정을 하게 되고 이를 통해서 민간의 투자에 영향을 미치게 된다.

제8편

위의 내용에 따라서 설문을 검토하면 다음과 같다.

① 옳은 내용이다.
신용중시 견해는 이자율경로, 자산경로, 환율경로 등과는 달리 금융시장을 통한 자금의 수요와 공급의 중개가 기업의 투자 및 생산활동, 물가 등에 중요한 영향을 미친다는 점을 강조하는 견해이다.

②, ③ 모두 옳은 내용이다.
은행과 자금차입자 간 정보의 비대칭성이 존재하므로 은행은 대출 시 금리를 높이기보다 신용도 높은 차입자를 선별, 대출하려고 하는데 이를 신용할당이라고 한다. 은행은 신용할당을 통하여 역선택 및 도덕적 해이 문제를 완화하고자 한다.

④ 틀린 내용이다.
기업 입장에서 은행대출과 채권은 대체성이 낮다. 왜냐하면, 중소기업들은 현실적으로 채권이나 주식발행을 통한 자금조달이 거의 불가능하기 때문에 전적으로 은행대출에 의존할 수밖에 없다.

03 2017년 국가직 7급

통화정책의 전달경로 중 신용경로(credit channel)에 대한 설명으로 옳지 않은 것은?

① 기준금리가 낮아지면 명목환율이 상승하여 수출입에 영향을 미치는 것이다.
② 통화정책이 가계와 기업의 대차대조표를 변화시킴으로써 소비와 투자에 영향을 미치는 것이다.
③ 팽창적 통화정책이 역선택 및 도덕적 해이 문제를 완화시킴으로써 실물 부문에 영향을 미치는 것이다.
④ 증권화의 진전이나 금융 자유화가 되면 은행의 자금조달 경로가 다양해져 신용경로의 중요성이 작아진다.

출제이슈 통화정책의 경로 중 신용중시 견해
핵심해설 정답 ①

재정정책은 정부지출, 조세와 같은 실물변수를 조정하여 역시 실물변수인 국민소득에 영향을 미치는 정책인 반면 통화정책은 통화량, 명목이자율과 같은 명목변수를 조정하여 실물변수를 변화시키는 정책이므로 명목변수가 어떤 경로를 통하여 실물변수를 자극하여 효과가 파급되는지가 중요하다.

통화정책의 파급경로에는 이자율경로, 자산경로, 실질잔고효과 경로, 신용경로 등이 있다.
설문에서 묻고 있는 신용경로(credit channel)는 다른 경로와는 달리 은행대출의 역할을 강조한다. 신용경로는 통화정책의 파급에 있어서 이자율이나 통화량보다도 금융기관의 신용공여액과 같은 신용총액이 더 중요함을 강조하고 있다.

1) 은행대출경로(bank lending channel)

통화정책이 긴축적으로 시행될 경우 자연스럽게 은행대출은 감소하게 된다. 이렇게 통화정책은 은행대출에 영향을 주게 되고, 이 은행대출은 민간부문의 차입 및 지출에 큰 영향을 준다. 특히 기업 입장에서 은행대출과 채권은 대체성이 낮다. 왜냐하면, 중소기업들은 현실적으로 채권이나 주식발행을 통한 자금조달이 거의 불가능하기 때문에 전적으로 은행대출에 의존한다. 따라서 은행대출은 기업의 투자지출에 큰 영향을 미친다. 이는 은행을 통한 금융중개가 생산활동에 중요한 영향을 미침을 의미한다. 만일 이 금융중개과정에 있어서 핵심적인 변수인 이자율이 관련 정보를 제대로 반영하지 못할 경우 이자율의 신뢰성이 저하된다. 특히 은행과 자금차입자 간 정보의 비대칭성이 존재하므로 은행은 대출 시 금리를 높이기보다 신용도 높은 차입자를 선별, 대출하려고 하는데 이를 신용할당이라고 한다. 은행은 신용할당을 통하여 역선택 및 도덕적 해이 문제를 완화하고자 한다. 한편, 금융자유화 등을 통해서 자금조달경로가 보다 다양해진다면, 기업으로서는 은행대출 이외에도 자금을 충분히 조달할 수 있기 때문에 통화정책에 있어서 신용경로의 중요성이 작아지게 된다.

2) 대차대조표 경로(balance sheet channel)

통화정책이 긴축적으로 시행될 경우 자연스럽게 기업이 보유한 자산가격은 하락하게 된다. 이렇게 통화정책은 기업의 자산가격 및 대차대조표에 영향을 미치게 되는데 자산가격의 변화는 담보가치를 변화시키게 된다. 은행은 대출 시 기업의 상환능력 및 담보가치를 평가하게 되는데, 이들은 대차대조표 상의 자산과 부채규모가 크게 좌우한다. 그런데 기업의 상환능력이라는 것은 기업이 미래에 창출할 수 있는 수익의 흐름에 의해 평가되어야 하지만, 정보가 불완전하기 때문에 은행으로서는 대차대조표에 의존할 수 밖에 없다는 한계가 있다. 따라서 대차대조표 정보에 기하여 은행은 대출의사결정을 하게 되고 이를 통해서 민간의 투자에 영향을 미치게 된다.

제8편

위의 내용에 따라서 설문을 검토하면 다음과 같다.

① 틀린 내용이다.

기준금리가 낮아져서 이자율이 하락하게 되면 자본유출이 발생한다. 따라서 외환시장에서 환율이 상승하여 수출이 증가하고 수입은 감소하여 경상수지가 개선된다. 통화정책이 환율의 변동을 통해서 실물부문에 영향을 미치는 경로를 환율경로라고 한다.

② 옳은 내용이다.

통화정책은 기업의 자산가격 및 대차대조표에 영향을 미치게 되는데 자산가격의 변화는 담보가치를 변화시키게 된다. 이러한 대조대조표 정보에 기하여 은행은 대출의사결정을 하게 되고 이를 통해 민간의 소비와 투자에 영향을 미치게 된다. 이는 대조대조표 경로로서 신용경로에 해당한다.

③ 옳은 내용이다.

통화정책은 은행대출에 영향을 주게 되고, 이 은행대출은 민간부문의 차입 및 지출에 큰 영향을 준다. 은행대출 시 은행과 자금차입자 간 정보의 비대칭성이 존재하므로 은행은 대출 시 금리를 높이기보다 신용도 높은 차입자를 선별, 대출하려고 하는데 이를 신용할당이라고 한다. 은행은 신용할당을 통하여 역선택 및 도덕적 해이 문제를 완화하고자 한다. 특히 팽창적 통화정책으로 인하여 이자율이 하락하게 되면, 우량한 투자자들도 보다 용이하게 자금을 차입할 수 있게 되므로 역선택 등의 문제가 완화될 수 있다.

④ 옳은 내용이다.

기업 입장에서 은행대출과 채권은 대체성이 낮다. 왜냐하면, 중소기업들은 현실적으로 채권이나 주식발행을 통한 자금조달이 거의 불가능하기 때문에 전적으로 은행대출에 의존할 수밖에 없다. 그렇기 때문에 통화정책이 은행대출에 영향을 미치고 그로 인해 실물부문이 영향을 받게 되는 구조가 매우 중요하였다. 그러나 증권화의 진전이나 금융자유화 등을 통해서 자금조달경로가 보다 다양해진다면, 기업으로서는 은행대출 이외에도 자금을 충분히 조달할 수 있기 때문에 통화정책에 있어서 신용경로의 중요성이 작아지게 된다.

04 | 2016년 지방직 7급

한국은행이 기준금리를 인하할 경우 경제 전반에 미치는 영향에 대한 설명으로 옳지 않은 것은?

① 기준금리 인하로 채권수익률이 낮아지면 주식과 부동산에 대한 수요가 늘어나 자산가격이 상승하고 소비가 늘어난다.

② 기준금리 인하로 환율(원/$) 상승을 가져와 경상수지가 개선되고 국내물가는 상승한다.

③ 기준금리 인하로 시중자금 가용량이 늘어나 금융기관의 대출여력이 증가하면서 투자와 소비가 늘어난다.

④ 기준금리 인하로 환율(원/$)이 상승하여 국내기업의 달러표시 해외부채의 원화평가액은 감소한다.

출제이슈 통화정책의 경로
핵심해설 정답 ④

먼저 ①은 통화정책의 파급경로 중에서 실질잔고경로, ②, ④는 환율경로, ③은 신용경로에 해당한다.

설문을 통화정책의 파급경로에 따라서 각각 검토하면 다음과 같다.

1) 이자율경로

기준금리의 인하를 통해서 단기이자율이 하락하고 이에 따른 단기채권가격 상승은 경제주체로 하여금 장기채권을 구입하도록 유도하고 결국 장기이자율이 하락한다. 장기이자율의 하락이 충분한 경우 투자가 증가하고 국민소득이 증가한다.

2) 자산경로

기준금리의 인하를 통해서 이자율이 하락하고 이에 따라 채권가격이 상승하여 대체재인 주식에 대한 수요가 증가하게 되어 주식가격이 상승한다. 주식가격의 상승에 따라서 기업의 시장가치도 상승하고 주식공급이 확대됨에 따라 기업의 자금조달이 쉬워진다. 기업의 용이해진 자금조달로 인해서 투자가 증가하고 국민소득이 증가한다.

3) 실질잔고효과 경로 : 설문 ①의 경우

기준금리의 인하를 통해서 이자율이 하락하고 이에 따라 채권가격이 상승하여 대체재인 주식 및 부동산 등에 대한 수요가 증가하게 되어 자산가격이 상승한다. 자산가격의 상승에 따라서 민간은 실질잔고가 증가하여 소비가 증가하고 국민소득이 증가한다.

4) 신용경로(credit channel) : 설문 ③의 경우

은행대출경로에 의하면 통화정책은 은행대출에 영향을 주게 되고, 이 은행대출은 민간부문의 차입 및 지출에 큰 영향을 준다. 특히 기업 입장에서 은행대출과 채권은 대체성이 낮다. 왜냐하면, 중소기업들은 현실적으로 채권이나 주식발행을 통한 자금조달이 거의 불가능하기 때문에 전적으로 은행대출에 의존한다. 따라서 은행대출은 기업의 투자지출에 큰 영향을 미친다

대차대조표경로에 의하면 통화정책은 기업의 자산가격 및 대차대조표에 영향을 미치게 되는데 자산가격의 변화는 담보가치를 변화시키게 된다. 이러한 대조대조표 정보에 기하여 은행은 대출의사결정을 하게 되고 이를 통해 민간의 소비와 투자에 영향을 미치게 된다.

제8편

5) 환율경로 : 설문 ②, ④의 경우

기준금리의 인하를 통해서 이자율이 하락하게 되면 자본유출이 발생한다. 따라서 외환시장에서 환율이 상승하여 수출이 증가하고 수입은 감소하여 경상수지가 개선된다. 따라서 순수출이 증가하고 국민소득이 증가한다. 한편, 환율 상승은 수입품의 가격을 상승시켜 국내물가를 상승시킨다. 또한 환율 상승은 기업과 금융기관들이 보유하고 있는 외화자산과 외화부채의 가치에 변동을 초래하여 재무구조에 영향을 미친다. 환율 상승으로 인해서 국내기업의 달러표시 해외부채의 원화평가액은 증가한다. 따라서 해외부채가 과도한 기업의 경우 상환부담이 커져서 수익성이 악화되고 심지어 도산 위기에 직면하기도 한다.

따라서 ④에서 기준금리 인하로 인하여 환율이 상승할 경우, 국내기업의 달러표시 해외부채의 원화평가액은 증가한다. 따라서 틀린 내용이다.

제 9 편

경제성장이론

issue 01 솔로우 모형 일반

issue 02 솔로우 모형: 균제상태 계산

issue 03 솔로우 모형: 황금률 계산

issue 04 성장회계

issue 05 내생적 성장이론

조경국
경제학
워크북

거시편

ISSUE 01 | 솔로우 모형 일반

1 솔로우 모형의 의의 [2018 국7] [2017 지7] [2015 국9]

1) 노동력증가율과 기술진보율이 일정한 상황에서 자본의 축적으로 생산이 증가하면서 경제는 성장할 수 있다.

2) 그러나 자본의 한계생산은 감소하기 때문에 결국엔 성장은 멈추게 된다.

3) 즉, 자본축적만으로는 지속적인 경제성장이 불가능하다.

4) 지속적인 경제성장은 기술진보를 통해서 가능하다.

5) 즉, 생산요소의 축적이 아니라 생산성 향상을 통해서 경제는 지속적으로 성장한다.

2 솔로우 모형의 균제상태

1) **균제상태의 의의와 조건** [2016 서7] [2010 국7]

① 시간이 지나도 1인당 자본량의 변화 없이 일정하게 유지되는 상태를 균제상태라고 한다.

② 자본축적의 방정식 $\dot{k} = s\,f(k) - (n+\delta)\,k$, $\quad s\,f(k) = (n+\delta)\,k$

2) **균제상태의 특징** [2016 서7]

① 1인당 자본량의 변화가 없으며 1인당 자본은 일정하게 유지되어 불변이다.

② 1인당 자본이 불변이므로 1인당 생산도 불변이다.

③ 1인당 생산이 불변이므로 저축률이 일정한 상태에서 1인당 저축도 불변이다.

④ 1인당 저축이 불변이므로 경제의 균형이 유지된 상태에서 1인당 투자도 불변이다.

3) **균제상태에서의 성장률** [2016 서7]

① 균제상태에서는 1인당 자본, 1인당 생산, 1인당 저축, 1인당 투자 모두 불변이다.

② 따라서 1인당 자본, 1인당 생산, 1인당 저축, 1인당 투자 모두 증가율이 0이다.

③ 그러나 총자본, 총생산, 총저축, 총투자는 모두 인구증가율(n)과 같은 속도로 증가한다.

④ 자본축적을 통해서는 1인당 생산을 영구적으로, 지속적으로 증가시킬 수 없다.

⑤ 즉, 장기적인 경제성장률은 0이다.

3 솔로우 모형 균제상태의 변화 [2018 국7] [2014 국7] [2013 국7]

1) 균제상태의 변화

① 균제상태를 결정하는 요인이 변화할 경우 균형성장경로가 변화하게 된다.

자본축적의 방정식 $\dot{k} = s\,f(k) - (n+\delta)\,k, \quad s\,f(k) = (n+\delta)\,k$

② 균제상태를 결정하는 요인은 저축률, 인구증가율, 감가상각률이며 이들이 변화할 경우 균제상태는 변화한다.

2) 저축률의 변화 [2020 국9] [2014 지7] [2012 지7]

① 저축률이 상승하여 저축함수가 상방 이동하면, 균제상태에서 1인당 자본이 증가하고 1인당 생산이 증가한다(수준효과는 있음).

② 1인당 생산의 증가율의 경우, 현재 상태에서 저축이 증가할 경우 새로운 균제상태로 이동하는 경로에서 성장률이 상승한다. 그러나 이러한 성장률의 상승은 일시적이며, 결국 경제는 균제상태에 도달하게 되고, 1인당 생산의 증가율은 다시 0이 된다(성장효과는 없음).

③ 따라서 무조건적으로 저축률을 올리는 것이 장기적으로 지속적인 경제성장을 위한 대안이 될 수는 없다.

3) 인구증가율의 변화 [2020 국9] [2017 지7] [2016 서7] [2014 지7] [2011 국9]

① 인구증가율이 상승하여 1인당 필요투자선이 상방 이동하면, 균제상태에서 1인당 자본이 감소하고 1인당 생산은 감소한다.

② 그러나 인구증가율의 상승은 1인당 생산은 감소시키지만, 경제의 규모를 증가시키기 때문에 경제 전체의 성장률은 상승한다.

③ 1인당 생산 $\dfrac{Y}{L} = y$의 증가율 $= Y$의 증가율 $- L$의 증가율 $= Y$의 증가율 $- n = 0$

∴ 총생산 Y의 증가율 $= n$

4) 기술진보 [2020 국9] [2017 지7] [2015 국9]

① 기술진보로 인하여 생산함수가 상방 이동하면, 균제상태에서 1인당 자본이 증가하고 1인당 생산이 증가한다.

② 그러나, 기술진보로 1인당 생산함수가 상방으로 이동하더라도 생산함수의 오목한 형태가 그대로 유지되기 때문에 여전히 수확체감 법칙이 작동한다. 따라서 새로운 균제상태에서는 지속적인 성장률의 증가를 가져올 수 없다.

③ 만일 기술진보가 꾸준히 지속적으로 이루어진다면, 1인당 자본과 1인당 소득이 지속적으로 증가, 성장하게 되므로 오직 지속적인 기술진보만이 지속적인 경제성장을 가져올 수 있다.

제9편

4 황금률   2020 국7   2013 국7   2011 국9

1) 황금률의 의의

① 균제상태의 최적성을 판단함에 있어서 무조건 1인당 소득이 높다고 하여 좋은 것이 아니라 1인당 소비 수준이 높아야 후생이 커지는 것이다.

② 자본의 황금률 수준은 1인당 소비를 극대화하는 1인당 자본의 수준을 의미한다.

2) 균제상태에서 1인당 소비

① 균제상태 $\dot{k} = sf(k) - nk = 0$ 인 k^* 도출

② 균제상태에서 1인당 소득 $y^* = f(k^*)$

③ 균제상태에서 1인당 저축 $sy^* = sf(k^*) = nk^*$

④ 균제상태에서 1인당 소비 $c^* = y^* - sy^* = f(k^*) - nk^*$

3) 균제상태에서의 1인당 소비를 극대화하는 k^*

① 균제상태에서 1인당 소비 $c^* = y^* - sy^* = f(k^*) - nk^*$ 가 극대화되려면

② $f(k)$의 기울기와 nk의 기울기가 같은 점을 찾아야 한다.

③ ∴ $f'(k) = n$ 을 만족하는 k^*를 구하면 된다. 이것이 황금률의 자본축적량이 된다.

④ $f'(k)$ 는 자본의 한계생산성을 의미한다.

4) 균제상태에서의 1인당 소비를 극대화하는 k^*를 달성시키는 저축률

① 위에서 구한 k^*를 이용하여 $k = k^*$직선을 표시

② $k = k^*$와 자본유지 nk의 교점을 $sf(k)$가 통과하도록 만들어주는 저축률 s^G를 도출

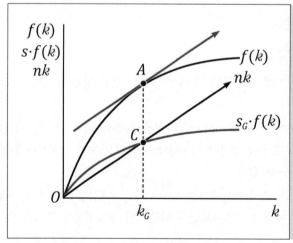

황금률의 상태를 수식으로 표현하면 다음과 같다.

$C = f(k) - sf(k)$,
$sf(k) = (n + \delta)k$,
$Max\ C$의 조건을 의미한다.

이때 황금률의 1인당 자본량 k_G은

$\dfrac{dC}{dk} = 0$ ∴ $f'(k) = (n + \delta)$를 풀면

k_G가 도출된다.

5 수렴성　2017 국7　2015 지7　2012 국9

1) 의의

저소득 국가들이 선진국보다 빨리 성장하여 결국은 저소득 국가들과 선진국 간에 소득수준이 비슷해지는 성질이나 현상을 수렴성 혹은 수렴현상이라고 한다.

2) 수렴성이 나타나는 이유

① 솔로우 모형에서 가정하고 있는 생산함수의 수확체감의 법칙 때문이다.

② 1인당 자본 축적 수준이 높은 부유한 국가에서는 자본의 한계생산성이 낮다. 그러나 1인당 자본축적 수준이 낮은 가난한 국가에서는 자본의 한계생산성이 높다.

③ 따라서 부유한 나라보다는 가난한 나라에서 자본축적의 유인이 커질 뿐만 아니라 부유한 나라에서 가난한 나라로 자본이 이동하게 되어 더욱 자본축적의 속도가 빨라진다.

④ 결국, 두 나라 모두 장기 균제상태로 가게 되는데 균제상태에서 1인당 자본량과 1인당 생산량은 각각 같은 수준으로 수렴하게 된다.

3) 절대적 수렴

① 시간이 지나면서 반드시 국가 간 소득격차가 줄어드는 것을 의미한다.

② 처음에는 1인당 자본량에 차이가 있지만, 자본축적의 속도가 상이하므로(선진국의 축적속도는 느리고 후진국의 축적속도는 빠르다), 점차 그 격차가 줄어들게 된다.

③ 1인당 자본량에 차이가 있는 선진국과 후진국이 결국에 동일한 균제상태 수준을 달성하게 되고 이로 인해 동일한 1인당 자본량을 갖기 때문에 나타나는 현상이다.

4) 조건부 수렴

① 일정한 조건 하에서만 국가 간의 소득격차가 줄어드는 것을 말한다.

② 비슷한 경제여건을 가진 국가들 사이에서만 소득의 수렴현상이 나타난다.

③ 각 국가들의 경제여건(저축률, 인구증가율, 감가상각률 등)이 다르다면, 각각 국가별로 균제상태가 다르게 되며, 이는 각각 상이한 1인당 자본, 1인당 생산을 의미하므로 절대적 수렴은 나타나지 않는 것이다.

제9편

ISSUE 문제 📝

01 2017년 국가직 7급

경제성장에 대한 설명으로 옳은 것은?

① 솔로우 성장모형에서는 1인당 소득이 높은 나라일수록 경제가 빠르게 성장한다.
② 성장회계는 현실에서 이룩된 경제성장을 각 요인별로 분해해 보는 작업을 말한다.
③ 쿠즈네츠 가설에 따르면 경제성장의 초기 단계에서 발생한 소득불평등은 처음에 개선되다가 점차 악화된다.
④ 내생적 성장이론은 일반적으로 자본에 대한 수확체감을 가정한다.

출제이슈 경제성장이론 일반
핵심해설 정답 ②

① 틀린 내용이다.
솔로우 성장모형에서는 1인당 소득이 낮은 나라일수록 경제가 빠르게 성장한다. 1인당 자본 축적 수준이 높은 부유한 국가에서는 자본의 한계생산성이 낮다. 그러나 1인당 자본축적 수준이 낮은 가난한 국가에서는 자본의 한계생산성이 높다. 따라서 부유한 나라보다는 가난한 나라에서 자본축적의 유인이 커질 뿐만 아니라 부유한 나라에서 가난한 나라로 자본이 이동하게 되어 더욱 자본축적의 속도가 빨라진다. 결국, 두 나라 모두 장기 균제상태로 가게 되는데 균제상태에서 1인당 자본량과 1인당 생산량은 각각 같은 수준으로 수렴하게 된다. 이렇게 저소득 국가들이 선진국보다 빨리 성장하여 결국은 저소득 국가들과 선진국 간에 소득수준이 비슷해지는 성질이나 현상을 수렴성 혹은 수렴현상이라고 한다.

② 옳은 내용이다.
성장회계는 경제성장의 요인으로서 노동, 자본, 기술이 각각 경제성장에 기여하는 상대적 크기를 비교함으로써 경제성장에서 어떤 요인이 특히 중요한 역할을 하는지 분석하는 것을 의미한다. 거시경제의 총생산함수를 Cobb-Douglas 함수형태로 상정할 경우 경제성장률은 다음과 같다.

$Y = AK^\alpha L^{1-\alpha}$ (Y: 생산량, K: 자본, L: 노동, A: 기술수준 혹은 총요소생산성) $0 < \alpha < 1$
$\hat{Y} = \hat{A} + \alpha\hat{K} + (1-\alpha)\hat{L}$ (α: 자본의 분배몫, $1-\alpha$: 노동의 분배몫)
총요소생산성 증가율 + (자본의 분배몫×자본증가율) + (노동의 분배몫×노동증가율)

특히, 경제성장률에서 자본 및 노동에 의한 성장률을 뺀 나머지 부분을 생산성 증가율로 해석한다. 이를 잔여항, 솔로우 잔차항이라고 하는데, 여기에는 요소투입을 제외하고 경제성장에 기여하는 요소들이 모두 포함된다. 즉, 산업구조의 변화, 경제제도 및 문화, 사회관습 등 제반요인이 모두 포괄된다. 따라서 이를 총요소생산성(Total Factor Productivity, TFP)이라고도 한다. 이는 자본 및 노동의 투입량 증가로서는 설명되지 않는 생산의 증가율, 경제성장률을 측정한다.

③ 틀린 내용이다.
쿠즈네츠 가설에 따르면 경제성장의 초기 단계에서 발생한 소득불평등은 처음에는 악화되지만, 경제가 성장함에 따라서 점차 개선된다.

④ 틀린 내용이다.
내생적 성장이론은 일반적으로 자본에 대한 수확체감을 가정하지 않는다.

솔로우 모형은 자본의 한계생산은 지속적으로 감소함을 가정하고 있다. 1인당 자본이 축적되면서 1인당 자본의 한계생산은 계속 감소해 나가고 인구증가 및 감가상각으로 인해서 자본유지를 위해 필요한 투자는 계속 증가해 나간다. 결국은 1인당 자본이 더 축적되지 않는, 증가하지 않는 상태에 도달한다. 즉, 이러한 상태에 도달하게 되면 1인당 자본이 불변이며 1인당 생산도 고정이다. 이 경제는 더이상 성장하지 못하고 정체에 빠진다.

이러한 솔로우 모형의 한계를 극복하기 위해서 지속적인 기술진보가 필요하게 된다. 만일 기술진보가 꾸준히 지속적으로 이루어진다면, 경제는 한 곳에 수렴하지 않고 균제상태가 계속 이동하게 되고, 1인당 자본과 1인당 소득이 지속적으로 증가, 성장하게 된다. 결국 솔로우 모형에서는 오직 지속적인 기술진보만이 지속적인 경제성장을 가져올 수 있다.

그러나 솔로우 모형에서는 기술진보가 모형 밖에서 외생적으로 결정되는 것으로 가정한다. 경제성장의 유일한 원동력인 기술진보가 외생적으로 결정된다면, 기술개발을 위한 연구개발투자와 같은 생산과 직접적 관련이 없는 투자를 정당화할 수가 없게 된다. 따라서 이러한 솔로우 모형의 한계를 보완하기 위하여 기술의 내생적 결정을 도입한 내생적 성장모형이 대두되었다. 대표적인 내생적 성장모형에 의하면 기술진보는 인적자본의 축적과 R&D(지식자본의 축적)에 의하여 가능하며, 이를 통해서 자본의 한계생산 체감을 극복할 수 있게 된다.

먼저 내생적 성장모형의 하나로서 인적자본 모형을 보면 자본을 물적자본과 인적자본으로 구분하고 인적자본을 기계설비등의 실물자본과 구별되는 개념으로서 교육이나 기능훈련 등으로 습득되어 인간에 체화되는 자본이며 기술 및 지식과는 구별되는 것으로 본다. 인적자본의 증가에 의해서 물적자본 및 노동의 생산성이 지속적으로 향상될 수 있다. 자본을 이렇게 인적자본으로 확장할 경우 자본의 수확체감이 일어나지 않을 수 있다. 인적자본과 실물자본이 동시에 축적된다면, 실물자본의 생산성이 지속적으로 상승하여 자본의 수확체감현상이 발생하지 않을 수 있고, 지속적인 경제성장이 가능하다. 모형상 물적자본항과 인적자본항의 결합항에 대하여 수확불변 혹은 수확체증일 수 있다.

이어서 R&D 모형을 보면 일국의 기술수준은 외생적으로 주어진 것이 아니며 내생적으로 자본과 노동의 투입에 의해서 생산될 수 있는 것으로 상정한다. 즉, 경제 내의 노동을 두 종류로 구분하여 경제 내에 재화를 생산하는 생산부문과 기술을 생산하는 연구개발부문이 존재하는데 기술진보가 연구개발부문에서 이루어지는 정도는 연구개발 인력뿐만 아니라 기존의 지식스톡이 얼마나 많은지에 영향을 받는다. 기술 및 지식의 수준이 노동의 효율성을 결정하며, 노동의 효율성 즉 지식 및 기술은 경제 내에서 지속적으로 증가 가능하다. R&D 모형은 기술 및 지식이 모형 내에서 내생적으로 결정되는 모형으로서 자본의 한계생산이 감소하지 않게 된다. (경제학자에 따라서는 자본의 한계생산은 감소하지만, 기술진보에 의해서 생산함수가 지속적으로 상방 이동하는 것으로 보는 경우도 있다.)

02 ｜2014년 국가직 7급｜

솔로우(Solow)의 성장모형에 대한 설명으로 옳은 것만을 모두 고른 것은?

> ㄱ. 생산요소 간의 비대체성을 전제로 한다.
> ㄴ. 기술진보는 균형성장경로의 변화 요인이다.
> ㄷ. 저축률 변화는 1인당 자본량의 변화 요인이다.
> ㄹ. 인구증가율이 상승할 경우 새로운 정상상태(steady-state)의 1인당 산출량은 증가한다.

① ㄱ, ㄴ　　　　　　　② ㄴ, ㄷ
③ ㄷ, ㄹ　　　　　　　④ ㄱ, ㄹ

출제이슈 솔로우 모형의 특징
핵심해설 정답 ②

ㄱ. 틀린 내용이다.
생산요소 간의 비대체성은 솔로우 모형이 아니라 해로드 모형의 가정이다. 경제성장에 대한 접근법은 크게 두 가지가 있다. 먼저 고전학파적 접근은 총생산함수 및 생산요소의 투입을 중심으로 성장이론을 전개하고 있다. 한편 케인즈적 접근은 투자 (I)=저축(S)을 중심으로 동태화하여 성장이론을 전개하고 있다.

해로드 모형은 케인즈적 접근에 기반을 둔 모형으로서 투자 측면에서 도출된 투자의 속도를 나타내는 가속도계수와 저축 측면에서 도출된 저축률, 그리고 인구증가율에 의해서 경제성장이 외생적으로 결정된다. 특히 경제의 자연성장률이 인구증 가율이 되는데 이는 생산요소 간 대체가 불가능하다는 전제에서 도출되는 것이다. 따라서 설문에서 생산요소 간 비대체성은 솔로우 모형이 해로드 모형의 가정이다.

ㄴ, ㄷ, ㄹ.에서 균제상태를 결정하는 요인이 변화할 경우 균형성장경로가 변화하게 된다.
균제상태를 결정하는 요인은 저축률, 인구증가율, 감가상각률, 기술진보 등이며 이들이 변화할 경우 균제상태는 변화한다.

ㄴ. 옳은 내용이다.
기술진보로 인하여 생산함수가 상방 이동하면, 균제상태에서 1인당 자본이 증가한다.

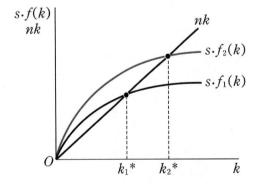

즉, 기술진보로 산출이 증가하여 투자가 증가함으로 인해서 자본의 축적량이 많아지고 1인당 생산이 증가한다. 그러나 주의할 것은 기술진보로 1인당 생산함수가 상방으로 이동하더라도 생산함수의 오목한 형태가 그대로 유지되기 때문에 여전히 수확체감 법칙이 작동한다는 것이다. 따라서 새로운 균제상태에서는 지속적인 성장률의 증가를 가져올 수 없다. 만일 기술진보가 꾸준히 지속적으로 이루어진다면, 경제는 한 곳에 수렴하지 않고 균제상태가 계속 이동하게 되고, 1인당 자본과 1인당 소득이 지속적으로 증가, 성장하게 된다. 결국 솔로우 모형에서는 오직 지속적인 기술진보만이 지속적인 경제성장을 가져올 수 있다.

ㄷ. 옳은 내용이다.
저축률이 상승하여 저축함수가 상방 이동하면, 균제상태에서 1인당 자본이 증가한다.

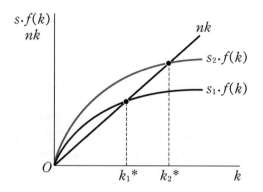

즉, 저축이 증가하여 투자가 증가함으로 인해서 자본의 축적량이 많아지고 1인당 생산이 증가한다(수준효과는 있음). 1인당 생산의 증가율의 경우, 현재 상태에서 저축이 증가할 경우 새로운 균제상태로 이동하는 경로에서 성장률을 높인다. 그러나 이러한 성장률의 상승은 일시적이며, 결국 경제는 균제상태에 도달하게 되고, 1인당 생산의 증가율은 다시 0이 된다(성장효과는 없음). 저축률의 증가는 장기적으로 더 높은 생산수준, 소득수준으로 갈 수 있게 해주고(저축률이 높은 나라일수록 균제상태의 소득수준이 높아질 것), 일시적인 성장률은 높일 수 있지만, 결국 장기균제상태에서의 성장률을 높이지는 못한다.

ㄹ. 틀린 내용이다.
인구증가율이 상승하여 1인당 필요투자선이 상방 이동하면, 균제상태에서 1인당 자본이 감소한다.

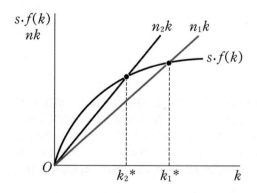

즉, 인구가 증가하여 1인당 자본유지를 위해서 투자가 소모되므로 결국 1인당 자본은 감소하게 되고 1인당 생산은 감소한다. 그러나 인구증가율의 상승은 1인당 생산은 감소시키지만, 경제의 규모를 증가시키기 때문에 경제 전체의 성장률은 상승한다. 왜냐하면, 1인당 생산 $\dfrac{Y}{L} = y$의 증가율 = Y의 증가율 − L의 증가율 = Y의 증가율 − n = 0 ∴ 총생산 Y의 증가율 = n 이기 때문이다.

03 2018년 국가직 7급

다음 중 솔로우(Solow) 성장 모형에 대한 설명으로 옳은 것은?

① 자본 투입이 증가함에 따라 경제는 지속적으로 성장할 수 있다.
② 저축률이 상승하면 정상상태(steady state)의 일인당 자본은 증가한다.
③ 자본투입이 증가하면 자본의 한계생산이 일정하게 유지된다.
④ 인구 증가율이 상승하면 정상상태의 일인당 자본이 증가한다.

출제이슈 솔로우 모형의 특징
핵심해설 정답 ②

①, ③ 둘 다 틀린 내용이다.
자본투입이 증가함에 따라서 자본의 한계생산은 체감하게 되고 결국 경제는 지속적으로 성장할 수 없게 된다.

솔로우 모형은 자본의 한계생산은 지속적으로 감소함을 가정하고 있다. 1인당 자본이 축적되면서 1인당 자본의 한계생산은 계속 감소해 나가고 인구증가 및 감가상각으로 인해서 자본유지를 위해 필요한 투자는 계속 증가해 나간다. 결국은 1인당 자본이 더 축적되지 않는, 증가하지 않는 상태에 도달한다. 즉, 이러한 상태에 도달하게 되면 1인당 자본이 불변이며 1인당 생산도 고정이다. 이 경제는 더이상 성장하지 못하고 정체에 빠진다.

② 옳은 내용이다. 저축률이 상승할 경우 저축률이 상승하여 저축함수가 상방 이동하면, 균제상태 혹은 정상상태에서 1인당 자본이 증가한다.

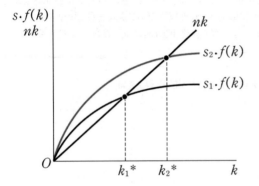

즉, 저축이 증가하여 투자가 증가함으로 인해서 자본의 축적량이 많아지고 1인당 생산이 증가한다(수준효과는 있음). 1인당 생산의 증가율의 경우, 현재 상태에서 저축이 증가할 경우 새로운 균제상태로 이동하는 경로에서 성장률을 높인다. 그러나 이러한 성장률의 상승은 일시적이며, 결국 경제는 균제상태에 도달하게 되고, 1인당 생산의 증가율은 다시 0이 된다(성장효과는 없음). 저축률의 증가는 장기적으로 더 높은 생산수준, 소득수준으로 갈 수 있게 해주고(저축률이 높은 나라일수록 균제상태의 소득수준이 높아질 것), 일시적인 성장률은 높일 수 있지만, 결국 장기균제상태에서의 성장률을 높이지는 못한다.

④ 틀린 내용이다. 인구증가율이 상승하여 1인당 필요투자선이 상방 이동하면, 균제상태에서 1인당 자본이 감소한다.

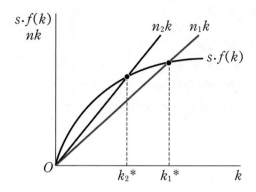

즉, 인구가 증가하여 1인당 자본유지를 위해서 투자가 소모되므로 결국 1인당 자본은 감소하게 되고 1인당 생산은 감소한다. 그러나 인구증가율의 상승은 1인당 생산은 감소시키지만, 경제의 규모를 증가시키기 때문에 경제 전체의 성장률은 상승한다. 왜냐하면, 1인당 생산 $\dfrac{Y}{L}$ = y의 증가율 = Y의 증가율 − L의 증가율 = Y의 증가율 − n = 0 ∴ 총생산 Y의 증가율 = n 이기 때문이다.

04 2013년 국가직 7급

솔로우 성장 모형에 대한 설명으로 옳지 않은 것은?

① 인구증가를 고려할 경우, 국가별 1인당 GDP가 다름을 설명할 수 있다.

② 지속적인 기술진보는 1인당 GDP의 지속적인 성장을 설명할 수 있다.

③ 저축률은 1인당 자본량을 증가시키므로 항상 저축률이 높을수록 좋다.

④ 자본량이 황금률 안정상태보다 큰 경우 저축을 감소시키면 소비가 증가한다.

출제이슈 솔로우 모형의 특징
핵심해설 정답 ③

① 옳은 내용이다.

인구증가율이 상승하여 1인당 필요투자선이 상방 이동하면, 균제상태에서 1인당 자본이 감소하고 1인당 생산은 감소한다. 따라서 인구의 증가와 같은 변화는 국가별로 1인당 소득의 상이를 설명할 수 있다.

② 옳은 내용이다.

기술진보로 인하여 생산함수가 상방 이동하면, 균제상태에서 1인당 자본이 증가하고 1인당 생산이 증가한다. 그러나, 기술진보로 1인당 생산함수가 상방으로 이동하더라도 생산함수의 오목한 형태가 그대로 유지되기 때문에 여전히 수확체감 법칙이 작동한다. 따라서 새로운 균제상태에서는 지속적인 성장률의 증가를 가져올 수 없다. 만일 기술진보가 꾸준히 지속적으로 이루어진다면, 1인당 자본과 1인당 소득이 지속적으로 증가, 성장하게 되므로 오직 지속적인 기술진보만이 지속적인 경제성장을 가져올 수 있다.

③ 틀린 내용이다.

저축률이 상승하여 저축함수가 상방 이동하면, 균제상태에서 1인당 자본이 증가하고 1인당 생산이 증가한다(수준효과는 있음). 1인당 생산의 증가율의 경우, 현재 상태에서 저축이 증가할 경우 새로운 균제상태로 이동하는 경로에서 성장률이 상승한다. 그러나 이러한 성장률의 상승은 일시적이며, 결국 경제는 균제상태에 도달하게 되고, 1인당 생산의 증가율은 다시 0이 된다(성장효과는 없음). 따라서 무조건적으로 저축률을 올리는 것이 장기적으로 지속적인 경제성장을 위한 대안이 될 수는 없다.

또한 지속가능한 소비의 극대화라는 관점에서 볼 때, 균제상태의 최적성을 판단함에 있어서 1인당 소비 수준이 높아야 후생이 커지는 것이다. 즉, 무조건 저축률을 올려서 자본축적을 통해 생산 및 소득을 증가시키더라도 과도한 저축률로 인해서 소비가 감소하게 되면 지속가능한 소비의 극대화 관점에서 바람직하지 않다.

④ 옳은 내용이다.

자본량이 황금률 안정상태보다 큰 경우 저축을 감소시키면 소비가 증가한다.

다음에서 황금률의 개념과 설문 ④가 옳은 이유를 보도록 한다.

일국의 경제가 어느 한 균제상태에 도달하게 되면 1인당 자본의 변화가 없으며 1인당 자본이 일정하게 유지되어 매우 안정적인 상태이다. 따라서 균제상태에서는 1인당 소비가 지속된다는 특징이 있다. 이러한 균제상태의 최적성을 판단함에 있어서 무조건 1인당 소득이 높다고 하여 좋은 것이 아니라 1인당 소비 수준이 높아야 후생이 커지는 것이다.

자본의 황금률 수준은 1인당 소비를 극대화하는 1인당 자본의 수준을 의미하며 이는 다음과 같이 기하적으로 도출할 수 있다.

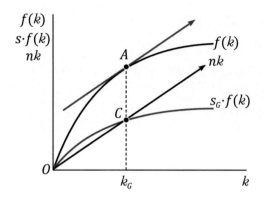

이를 수식으로 표현하면 $C = f(k) - s\,f(k)$, $s\,f(k) = (n+\delta)k$, $Max\ C$의 조건을 의미한다.

이때 황금률의 1인당 자본량 k_G은 $\dfrac{dC}{dk} = 0$ $\therefore$ $f'(k) = (n+\delta)$를 풀면 k_G가 도출된다.

황금률의 자본량 수준보다 자본량이 더 크다는 것은 저축률이 높아서 과도하게 투자되고 자본으로 축적되고 있음을 의미한다. 이로 인해 황금률의 자본량 수준에서 가능한 소비극대화 달성에 실패하고 있는 것이다. 이 경우에는 과도한 저축률을 낮춰서 소비를 늘릴 수 있게 된다.

제9편

05 2010년 국가직 7급

경제성장에 관한 솔로우(Solow) 모형의 내용으로 옳지 않은 것은?

① 노동과 자본의 상대가격이 조정되어 생산요소의 과잉상태는 해소된다.
② 노동과 자본의 완전고용이 달성되는 성장의 상태를 균제상태(steady state)라고 한다.
③ 지속적인 성장은 지속적 기술진보에 의해서 가능하다.
④ 기술진보는 경험을 통한 학습효과 등 경제 내에서 내생적으로 결정된다.

출제이슈 솔로우 모형의 특징
핵심해설 정답 ④

① 옳은 내용이다.
솔로우 모형은 성장요인으로서 노동과 자본은 각각 노동시장과 자본시장에서 균형을 가정하기 때문에 균제상태에서 완전고용이 달성되므로 생산요소의 과잉상태는 없다. 경제성장 모형은 매우 긴 시간을 고려한 거시경제균형으로서 장기에서 완전고용이 달성되므로 노동과 자본은 완전고용상태에 있다. 특히, 해로드 모형과는 달리 노동과 자본의 대체가 가능하며, 이에 따라 요소 간 상대가격이 조정가능하다.

② 견해에 따라서 옳을 수도 틀릴 수도 있는 내용이다. 다만, ④와 같이 확실히 틀린 내용이 있으므로 옳은 내용으로 선해하기로 한다.
노동과 자본의 완전고용이 달성되는 그 자체가 균제상태를 의미하는 것은 아니다. 균제상태란 요소시장의 균형을 포함하여 경제의 장기적인 균형성장경로로서 경제에 거시적으로 요구되는 필요자본축적량과 이를 위한 투자량이 일치할 때 달성된다. 즉, 시간이 지나도 1인당 자본량의 변화 없이 일정하게 유지되는 상태가 균제상태이며 이를 수리적으로 표시하면 다음과 같다.

1인당 자본의 변화를 나타내는 자본축적의 방정식 $\dot{k} = sf(k) - nk = 0, \ sf(k) = nk$
자본축적방정식은 1인당 총투자가 1인당 필요투자와 같은 경우 1인당 자본량은 불변임을 의미한다.

③ 옳은 내용이다.
기술진보로 인하여 생산함수가 상방 이동하면, 균제상태에서 1인당 자본이 증가하고 1인당 생산이 증가한다. 그러나, 기술진보로 1인당 생산함수가 상방으로 이동하더라도 생산함수의 오목한 형태가 그대로 유지되기 때문에 여전히 수확체감 법칙이 작동한다. 따라서 새로운 균제상태에서는 지속적인 성장률의 증가를 가져올 수 없다. 만일 기술진보가 꾸준히 지속적으로 이루어진다면, 1인당 자본과 1인당 소득이 지속적으로 증가, 성장하게 되므로 오직 지속적인 기술진보만이 지속적인 경제성장을 가져올 수 있다.

④ 틀린 내용이다.
솔로우 모형에서는 기술진보율이 모형 밖에서 외생적으로 결정되는 것으로 가정한다. 따라서 무엇이 인구증가율을 결정하는지에 대한 설명이 부족하다. 경제성장의 유일한 원동력인 기술진보가 외생적으로 결정된다면, 기술개발을 위한 연구개발투자와 같은 생산과 직접적 관련이 없는 투자를 정당화할 수가 없게 된다. 이러한 솔로우 모형의 한계를 보완하기 위해서 기술의 내생적 결정을 도입한 내생적 성장모형이 등장하게 되었다.

06 [2016년 서울시 7급]

솔로우의 경제성장 모형에 대한 설명으로 가장 옳지 않은 것은?

① 균제상태에서 자본량과 국민소득은 같은 속도로 증가한다.

② 기술수준이 높을수록 균제상태에서 일인당 국민소득의 증가율이 높다.

③ 균제상태에서 자본의 한계생산물은 일정하다.

④ 인구증가율이 낮아지면 균제상태에서 일인당 국민소득은 높아진다.

출제이슈 솔로우 모형의 특징

핵심해설 정답 ②

① 옳은 내용이다.

균제상태는 경제의 장기적인 균형성장경로로서 경제에 거시적으로 요구되는 필요자본축적량과 이를 위한 투자량이 일치할 때 달성된다. 즉, 시간이 지나도 1인당 자본량의 변화 없이 일정하게 유지되는 상태가 균제상태이며 이를 수리적으로 표시하면 다음과 같다.

1인당 자본의 변화를 나타내는 자본축적의 방정식 $\dot{k} = sf(k) - nk = 0$, $sf(k) = nk$
자본축적방정식은 1인당 총투자가 1인당 필요투자와 같은 경우 1인당 자본량은 불변임을 의미한다.

따라서 균제상태에서는 1인당 자본, 1인당 생산, 1인당 저축, 1인당 투자 모두 불변이다. 1인당 자본, 1인당 생산 모두 증가율이 0이다. 그러나 총자본, 총생산은 모두 인구증가율(n)과 같은 속도로 증가한다. 그 이유는 다음과 같다.

i) 1인당 자본 $\dfrac{K}{L} = k$의 증가율 = K의 증가율 $-$ L의 증가율 = K의 증가율 $- n = 0$

∴ 총자본 K의 증가율 $= n$

ii) 1인당 생산 $\dfrac{Y}{L} = y$의 증가율 = Y의 증가율 $-$ L의 증가율 = Y의 증가율 $- n = 0$

∴ 총생산 Y의 증가율 $= n$

② 틀린 내용이다.

높은 기술 수준으로 생산함수가 상방에 위치하는 경우, 균제상태에서 1인당 자본은 높은 수준이다. 즉, 기술진보로 산출이 증가하여 투자가 증가함으로 인해서 자본의 축적량이 많아지고 1인당 생산도 높은 수준이다. 그러나 여전히 균제상태에서는 지속적인 성장률의 증가를 가져올 수 없다. 균제상태에서는 1인당 자본, 1인당 생산, 1인당 저축, 1인당 투자 모두 불변이다. 1인당 자본, 1인당 생산 모두 증가율이 0이다. 참고로, 만일 기술진보가 꾸준히 지속적으로 이루어진다면, 경제는 한 곳에 수렴하지 않고 균제상태가 계속 이동하게 되고, 1인당 자본과 1인당 소득이 지속적으로 증가, 성장하게 된다. 결국 솔로우 모형에서는 오직 지속적인 기술진보만이 지속적인 경제성장을 가져올 수 있다.

③ 옳은 내용이다.

균제상태에서는 $\dot{k} = sf(k) - (n+\delta)k = 0$, $sf(k) = (n+\delta)k$이 되어 1인당 자본량의 변화가 없으며 1인당 자본은 일정하게 유지되어 자본의 한계생산도 불변이다.

④ 옳은 내용이다.

인구증가율이 증가하여 1인당 필요투자선이 상방 이동하면, 균제상태에서 1인당 자본이 감소하고 1인당 생산은 감소한다. 역으로 설문에서와 같이 인구증가율이 감소하여 1인당 필요투자선이 하방 이동하면, 균제상태에서 1인당 자본이 증가하고 1인당 생산은 증가한다.

제9편

07 2017년 지방직 7급

솔로우(Solow) 성장모형에 대한 설명으로 옳지 않은 것은?

① 기술진보 없이 지속적인 성장을 할 수 없다.
② 정상상태(steady state)에서 인구증가율의 변화는 1인당경제성장률에 영향을 미치지 않는다.
③ 한계생산이 체감하는 생산함수와 외생적인 기술진보를 가정한다.
④ 자본축적만으로도 지속적인 성장이 가능하다.

출제이슈 솔로우 모형의 특징
핵심해설 정답 ④

① 옳은 내용이다.
기술진보가 발생하면, 생산함수가 상방 이동하면, 균제상태에서 1인당 자본이 증가하고 1인당 생산이 증가한다. 그러나, 기술진보로 1인당 생산함수가 상방으로 이동하더라도 생산함수의 오목한 형태가 그대로 유지되기 때문에 여전히 수확체감 법칙이 작동한다. 따라서 새로운 균제상태에서는 지속적인 성장률의 증가를 가져올 수 없다. 만일 기술진보가 꾸준히 지속적으로 이루어진다면, 1인당 자본과 1인당 소득이 지속적으로 증가, 성장하게 되므로 오직 지속적인 기술진보만이 지속적인 경제성장을 가져올 수 있다.

② 옳은 내용이다.
균제상태에서는 1인당 자본, 1인당 생산, 1인당 저축, 1인당 투자 모두 불변이다. 따라서 1인당 자본, 1인당 생산, 1인당 저축, 1인당 투자 모두 증가율이 0이다. 즉 1인당 성장률은 0이 된다. 인구증가율이 변화하여 1인당 필요투자선이 이동하더라도, 결국 균제상태에서 1인당 자본 및 1인당 생산의 증가율은 0이 된다. 즉, 인구증가율의 변화는 1인당 경제성장률에 영향을 주지 않는다. 그러나 총자본, 총생산은 모두 인구증가율(n)과 같은 속도로 증가한다. 그 이유는 다음과 같다.

i) 1인당 자본 $\dfrac{K}{L} = k$의 증가율 = K의 증가율 − L의 증가율 = K의 증가율 − n = 0

∴ 총자본 K의 증가율 = n

ii) 1인당 생산 $\dfrac{Y}{L} = y$의 증가율 = Y의 증가율 − L의 증가율 = Y의 증가율 − n = 0

∴ 총생산 Y의 증가율 = n

따라서 인구증가율의 변화는 총자본, 총생산의 증가율에는 영향을 줄 수 있다.

③ 옳은 내용이다.
솔로우 성장모형은 생산에 있어서 한계생산의 체감과 기술에 있어서 외생적 결정을 가정하고 있다.

④ 틀린 내용이다.
위의 ③의 가정인 한계생산의 체감 때문에 솔로우 모형에서는 1인당 자본이 축적되면서 1인당 자본의 한계생산은 계속 감소해 나가고 인구증가 및 감가상각으로 인해서 자본유지를 위해 필요한 투자는 계속 증가해 나간다. 결국은 1인당 자본이 더 축적되지 않는, 증가하지 않는 상태에 도달하게 되어 이 경제는 더이상 성장하지 못하고 정체에 빠진다. 이때, 정체에 빠진 경제는 오직 지속적인 기술진보를 통해 지속적인 경제성장을 이룰 수 있다. 자본축적만으로는 지속적인 성장이 불가능하다. 이를 성장률 관점에서 보면, 다음과 같다. 균제상태에서는 1인당 자본, 1인당 생산, 1인당 저축, 1인당 투자 모두 불변이다. 따라서 1인당 자본, 1인당 생산, 1인당 저축, 1인당 투자 모두 증가율이 0이다. 즉 1인당 성장률은 0이 된다. 자본축적을 통해서는 1인당 생산을 영구적으로, 지속적으로 증가시킬 수 없다.

08 ｜2014년 지방직 7급｜

솔로우 성장모형에 대한 설명으로 옳지 않은 것은?

① 해로드－도마 모형의 대안으로 제시되었다.

② 인구증가율이 낮아지면 균제상태(steady state)에서의 일인당 국민소득은 증가한다.

③ 저축률이 높아지면 균제상태에서의 일인당 국민소득은 증가한다.

④ 자본의 감가상각률이 높아지면 균제상태에서의 일인당 국민소득의 증가율은 감소한다.

출제이슈 솔로우 모형의 특징
핵심해설 정답 ④

① 옳은 내용이다.

해로드－도마 모형에서는 노동과 자본의 비대체성을 가정하고 있다. 이를 통해 해로드－도마 모형에서는 균형이 달성되기도 어려울 뿐만 아니라 달성되었다고 하더라도, 한번 균형이 깨지면, 다시 균형으로 회복되기가 어려워서 면도날 위에 있는 것과 같은 성장의 모습을 보일 수밖에 없다. 그러나 솔로우 성장 모형은 노동과 자본의 대체성과 자본축적의 방정식을 통해서 경제성장에 있어서 안정적인 균제상태의 존재가 가능함을 입증하였다.

② 옳은 내용이다.

인구증가율이 상승하여 1인당 필요투자선이 상방 이동하면, 균제상태에서 1인당 자본이 감소하고 1인당 생산은 감소한다. 역으로 설문에서와 같이 솔로우 모형에서 인구증가율이 감소하면, 아래 그래프에서 보는 바와 같이 1인당 필요투자선이 하방으로 이동하여, 균제상태에서 1인당 자본이 증가하고 1인당 생산도 증가한다. 그에 따라서 1인당 소비도 증가한다.

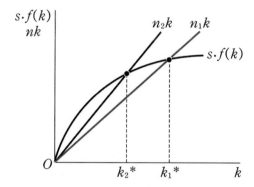

③ 옳은 내용이다.

저축률이 상승하여 저축함수가 상방 이동하면, 균제상태 혹은 정상상태에서 1인당 자본이 증가하고 이에 따라서 1인당 국민소득도 증가한다. 즉, 저축이 증가하여 투자가 증가함으로 인해서 자본의 축적량이 많아지고 1인당 생산이 증가한다(수준효과는 있음). 1인당 생산의 증가율의 경우, 현재 상태에서 저축이 증가할 경우 새로운 균제상태로 이동하는 경로에서 성장률을 높인다.

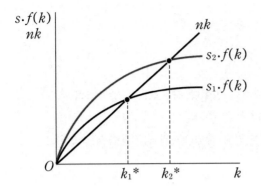

그러나 이러한 성장률의 상승은 일시적이며, 결국 경제는 균제상태에 도달하게 되고, 1인당 생산의 증가율은 다시 0이 된다 (성장효과는 없음). 저축률의 증가는 장기적으로 더 높은 생산수준, 소득수준으로 갈 수 있게 해주고(저축률이 높은 나라일수록 균제상태의 소득수준이 높아질 것), 일시적인 성장률은 높일 수 있지만, 결국 장기균제상태에서의 성장률을 높이지는 못한다.

④ 틀린 내용이다.

감가상각률이 상승하여 1인당 필요투자선이 상방 이동하면, 균제상태에서 1인당 자본이 감소하고 1인당 생산은 감소한다. 감가상각율이 변화하여 1인당 필요투자선이 이동하더라도, 결국 균제상태에서 1인당 자본 및 1인당 생산의 증가율은 0이 된다. 균제상태에서는 1인당 자본, 1인당 생산, 1인당 저축, 1인당 투자 모두 불변이다. 따라서 1인당 자본, 1인당 생산, 1인당 저축, 1인당 투자 모두 증가율이 0이다. 즉 1인당 성장률은 0이 된다. 설문에서 자본의 감가상각률이 높아지면 균제상태에서의 일인당 국민소득은 감소하고 일인당 국민소득의 증가율은 0이 된다.

09 2015년 국가직 9급

솔로우 성장모형에 대한 설명으로 옳은 것을 모두 고른 것은?

> ㄱ. 기술진보는 외생적으로 결정된다.
> ㄴ. 자본(인적자본 포함)의 한계생산성은 일정하게 유지된다.
> ㄷ. 인구증가율이 높아져야 1인당 소득이 높아지는 경제성장이 가능해진다.
> ㄹ. 기술 진보에 의한 1인당 생산함수 곡선의 상방 이동은 균제상태(steady state)에서의 1인당 자본을 증가시킨다.

① ㄱ, ㄴ
② ㄴ, ㄷ
③ ㄷ, ㄹ
④ ㄱ, ㄹ

출제이슈 솔로우 모형의 특징
핵심해설 정답 ④

ㄱ. 옳은 내용이다.
솔로우 성장모형은 기술에 있어서 외생적 결정을 가정하고 있다.

ㄴ. 틀린 내용이다.
솔로우 성장모형은 생산에 있어서 자본의 한계생산의 체감을 가정하고 있다. 자본의 한계생산이 일정하다는 것은 틀린 내용이다.

ㄷ. 틀린 내용이다.
솔로우 성장모형은 인구증가율이 상승하여 1인당 필요투자선이 상방 이동하면, 아래 그래프에서 보는 바와 같이 균제상태에서 1인당 자본이 감소하고 1인당 생산은 감소한다.

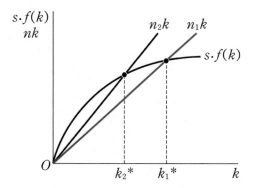

즉, 인구가 증가하여 1인당 자본유지를 위해서 투자가 소모되므로 결국 1인당 자본은 감소하게 되고 1인당 생산은 감소한다. 그러나 인구증가율의 상승은 1인당 생산은 감소시키지만, 경제의 규모를 증가시키기 때문에 경제 전체의 성장률은 상승한다. 왜냐하면, 1인당 생산 $\dfrac{Y}{L} = y$의 증가율 = Y의 증가율 $- L$의 증가율 = Y의 증가율 $- n = 0$ ∴ 총생산 Y의 증가율 $= n$ 이기 때문이다.

제9편

ㄹ. 옳은 내용이다.

솔로우 성장모형은 기술진보로 인하여 생산함수가 상방 이동하면, 아래 그래프에서 보는 바와 같이 균제상태에서 1인당 자본이 증가하고 1인당 생산이 증가한다.

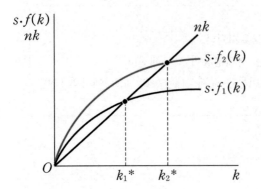

즉, 기술진보로 산출이 증가하여 투자가 증가함으로 인해서 자본의 축적량이 많아지고 1인당 생산이 증가한다. 그러나 주의할 것은 기술진보로 1인당 생산함수가 상방으로 이동하더라도 생산함수의 오목한 형태가 그대로 유지되기 때문에 여전히 수확체감 법칙이 작동한다는 것이다. 따라서 새로운 균제상태에서는 지속적인 성장률의 증가를 가져올 수 없다. 만일 기술진보가 꾸준히 지속적으로 이루어진다면, 경제는 한 곳에 수렴하지 않고 균제상태가 계속 이동하게 되고, 1인당 자본과 1인당 소득이 지속적으로 증가, 성장하게 된다. 결국 솔로우 모형에서는 오직 지속적인 기술진보만이 지속적인 경제성장을 가져올 수 있다.

10 2020년 국가직 9급

솔로우(Solow) 성장 모형에서 장기적으로 1인당 소득을 증가시키는 요인으로 옳은 것만을 모두 고르면?

> ㄱ. 생산기술의 향상
> ㄴ. 국민저축률의 감소
> ㄷ. 인구증가율의 증가

① ㄱ
② ㄱ, ㄴ
③ ㄴ, ㄷ
④ ㄱ, ㄴ, ㄷ

출제이슈 솔로우 모형의 특징
핵심해설 정답 ①

ㄱ. 옳은 내용이다.
솔로우 성장모형은 기술진보로 인하여 생산함수가 상방 이동하면, 아래 그래프에서 보는 바와 같이 균제상태에서 1인당 자본이 증가하고 1인당 생산이 증가한다.

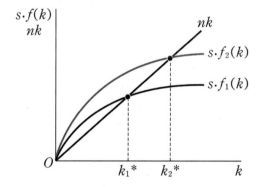

즉, 기술진보로 산출이 증가하여 투자가 증가함으로 인해서 자본의 축적량이 많아지고 1인당 생산이 증가한다. 그러나 주의할 것은 기술진보로 1인당 생산함수가 상방으로 이동하더라도 생산함수의 오목한 형태가 그대로 유지되기 때문에 여전히 수확체감 법칙이 작동한다는 것이다. 따라서 새로운 균제상태에서는 지속적인 성장률의 증가를 가져올 수 없다. 만일 기술진보가 꾸준히 지속적으로 이루어진다면, 경제는 한 곳에 수렴하지 않고 균제상태가 계속 이동하게 되고, 1인당 자본과 1인당 소득이 지속적으로 증가, 성장하게 된다. 결국 솔로우 모형에서는 오직 지속적인 기술진보만이 지속적인 경제성장을 가져올 수 있다.

ㄴ. 틀린 내용이다.
저축률이 감소할 경우 이로 인해 저축함수가 하방 이동하고, 균제상태 혹은 정상상태에서 1인당 자본이 감소하고 이에 따라서 1인당 국민소득도 감소한다. 즉, 저축이 감소하여 투자가 감소함으로 인해서 자본의 축적량이 적어지고 1인당 생산이 감소한다.

제9편

ㄷ. 틀린 내용이다.
솔로우 성장모형은 인구증가율이 상승하여 1인당 필요투자선이 상방 이동하면, 아래 그래프에서 보는 바와 같이 균제상태에서 1인당 자본이 감소하고 1인당 생산은 감소한다.

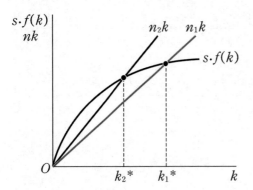

즉, 인구가 증가하여 1인당 자본유지를 위해서 투자가 소모되므로 결국 1인당 자본은 감소하게 되고 1인당 생산은 감소한다. 그러나 인구증가율의 상승은 1인당 생산은 감소시키지만, 경제의 규모를 증가시키기 때문에 경제 전체의 성장률은 상승한다. 왜냐하면, 1인당 생산 $\frac{Y}{L} = y$의 증가율 = Y의 증가율 − L의 증가율 = Y의 증가율 − $n = 0$ ∴ 총생산 Y의 증가율 = n 이기 때문이다.

11 2013년 국가직 9급

솔로우(R. Solow) 경제성장 모형의 가정에 해당하지 않는 것은?

① 생산요소의 한계생산이 체감한다.
② 저축률은 일정하다.
③ 효용의 극대화를 추구한다.
④ 총생산함수는 규모에 대한 수익불변이다.

출제이슈 솔로우 모형의 특징
핵심해설 정답 ③

솔로우 성장모형의 가정은 다음과 같다.

1) 생산함수

① 생산함수 $Y = F(L, K)$
② 규모수익불변의 1차동차 생산함수 $jY = F(jL, jK)$
③ 생산요소의 한계생산은 감소한다.

2) 노동과 자본

① 성장요인으로서 노동과 자본은 대체가 가능하다.
② 인구증가율 $\dfrac{\dot{L}}{L} = n$
③ 노동이 일정한 상황에서 자본투입에 대한 한계생산은 감소한다.
④ 자본의 감가상각률은 일정하다. (감가상각률$= \delta$)
⑤ 자본의 축적은 투자(I)를 통해서 이루어진다. ($\dot{K} = I$)

3) 수요 측 가정

① 투자(I)는 저축(S)을 통해서 이루어진다.
② 저축(S)은 소득에 의해서 결정된다. $S = sY$, $0 < s < 1$, 저축률은 s로 일정하다.
③ 정부부문은 없으며, 폐쇄경제를 가정한다.
④ 수요 측 균형으로서 투자(I)=저축(S)이 성립한다.

따라서 설문에서 솔로우 모형의 가정으로서 생산요소의 한계생산 체감, 일정한 저축률, 생산함수의 규모수익불변은 옳은 내용이나 효용극대화는 가정에 해당하지 않는다.

12 2012년 국가직 9급

다른 조건이 같은 경우, 상대적으로 가난한 상태에서 출발하는 나라가 빠른 속도로 성장하기 쉽다는 따라잡기 효과(catch-up-effect)의 배경이 되는 이론은?

① 자본의 한계수확체감의 법칙
② 인적자본투자의 플러스 외부효과
③ 내생적 경제성장 이론
④ 인구증가의 1인당 자본량 감소효과

출제이슈 솔로우 모형의 특징
핵심해설 정답 ①

설문에서 빈국이 부국의 경제상태와 유사해지는 따라잡기 효과는 솔로우 모형의 수렴성과 관련이 있으며, 수렴성은 자본의 한계생산이 체감하기 때문에 나타나는 현상이다.

저소득 국가들이 선진국보다 빨리 성장하여 결국은 저소득 국가들과 선진국 간에 소득수준이 비슷해지는 성질이나 현상을 수렴성 혹은 수렴현상이라고 한다.

수렴성이 나타나는 이유는 솔로우 모형에서 가정하고 있는 생산함수의 수확체감의 법칙 때문이다. 즉, 1인당 자본 축적 수준이 높은 부유한 국가에서는 자본의 한계생산성이 낮다. 그러나 1인당 자본축적 수준이 낮은 가난한 국가에서는 자본의 한계생산성이 높다. 따라서 부유한 나라보다는 가난한 나라에서 자본축적의 유인이 커질 뿐만 아니라 부유한 나라에서 가난한 나라로 자본이 이동하게 되어 더욱 자본축적의 속도가 빨라진다. 결국, 두 나라 모두 장기 균제상태로 가게 되는데 균제상태에서 1인당 자본량과 1인당 생산량은 각각 같은 수준으로 수렴하게 된다.

그러나 현실적으로 따라잡기 효과와 수렴성이 제대로 나타나고 있지는 않다. 이는 조건부 수렴을 통해 설명이 가능하다.

조건부 수렴이란 일정한 조건 하에서만 국가 간의 소득격차가 줄어드는 것을 말하는데 비슷한 경제여건을 가진 국가들 사이에서만 소득의 수렴현상이 나타난다는 것이다. 각 국가들의 경제여건(저축률, 인구증가율, 감가상각률 등)이 다르다면, 각각 국가별로 균제상태가 다르게 되며, 이는 각각 상이한 1인당 자본, 1인당 생산을 의미하므로 절대적 수렴은 나타나지 않는 것이다.

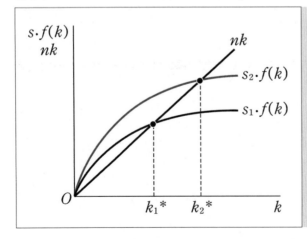

① 경제여건이 다른 두 국가에서 저축률이 s_1, s_2로 상이한 경우 두 나라는 각각 도달하게 되는 균제상태가 k_1^*, k_2^*로 다르게 되어 1인당 생산은 수렴하지 않게 된다.

② 초기 자본축적을 $k_1 < k_2$ 라고 할 경우, 오히려 부국이 빈국보다 자본축적속도도 더 빠르게 된다. ($\dot{k_1} < \dot{k_2}$)

13 2011년 국가직 9급

최근 자녀 수 감소가 사회문제로 떠오르고 있다. 기술진보가 없는 솔로우(Solow) 모형에서 노동인구 증가율이 감소하는 경우 다음 설명 중 옳은 것으로만 묶은 것은?

ㄱ. 자본의 황금률수준(golden rule level)이 변화한다.
ㄴ. 새로운 균제상태에 도달할 때까지 1인당 자본량이 감소한다.
ㄷ. 새로운 균제상태에 도달할 때까지 1인당 생산과 1인당 소비는 감소한다.
ㄹ. 새로운 균제상태에서의 전체 생산 증가율은 노동인구 증가율 감소전의 전체 생산 증가율보다 낮다.

① ㄱ, ㄴ
② ㄱ, ㄹ
③ ㄴ, ㄷ
④ ㄷ, ㄹ

출제이슈 솔로우 모형의 특징
핵심해설 정답 ②

ㄱ. 옳은 내용이다.
일국의 경제가 어느 한 균제상태에 도달하게 되면 1인당 자본의 변화가 없으며 1인당 자본이 일정하게 유지되어 매우 안정적인 상태이다. 따라서 균제상태에서는 1인당 소비가 지속된다는 특징이 있다. 이러한 균제상태의 최적성을 판단함에 있어서 무조건 1인당 소득이 높다고 하여 좋은 것이 아니라 1인당 소비 수준이 높아야 후생이 커지는 것이다.

자본의 황금률 수준은 1인당 소비를 극대화하는 1인당 자본의 수준을 의미하며 이는 다음과 같이 도출할 수 있다.

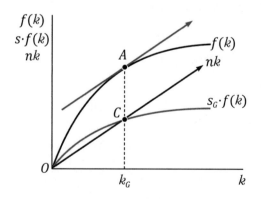

이를 수식으로 표현하면 $C = f(k) - sf(k)$, $sf(k) = (n+\delta)k$, $Max\ C$의 조건을 의미한다.

이때 황금률의 1인당 자본량 k_G은 $\frac{dC}{dk} = 0$ ∴ $f'(k) = (n+\delta)$ 를 풀면 k_G가 도출된다.

따라서 자본의 황금률수준은 인구증가율에 의하여 결정된다. 설문에서 노동인구증가율이 감소하는 경우 자본의 황금률 수준이 변화한다고 하였으므로 옳은 내용이다.

ㄴ, ㄷ. 모두 틀린 내용이다.

솔로우 모형에서 인구증가율이 감소하면 아래 그래프에서 보는 바와 같이 1인당 필요투자선이 하방으로 이동하여, 균제상태에서 1인당 자본이 증가하고 1인당 생산도 증가한다.

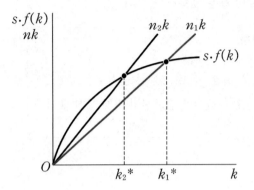

ㄹ. 옳은 내용이다.

인구증가율이 감소하면 균제상태에서 1인당 자본이 증가하고 1인당 생산도 증가한다. 인구증가율의 감소는 경제의 규모를 감소시키기 때문에 경제 전체의 성장률은 하락한다. 따라서 설문 ㄹ.에서처럼 새로운 균제상태에서의 전체 생산 증가율은 노동인구 증가율은 감소전의 전체 생산 증가율보다 낮다.

이를 수식으로 분석하면 다음과 같다.

새로운 균제상태에서는 1인당 자본, 1인당 생산, 1인당 저축, 1인당 투자 모두 불변이다. 따라서 1인당 자본, 1인당 생산, 1인당 저축, 1인당 투자 모두 증가율이 0이다. 즉 1인당 성장률은 0이 된다. 인구증가율이 변화하여 1인당 필요투자선이 이동하더라도, 결국 균제상태에서 1인당 자본 및 1인당 생산의 증가율은 0이 된다. 즉, 인구증가율의 변화는 1인당 경제성장률에 영향을 주지 않는다. 그러나 총자본, 총생산은 모두 인구증가율(n)과 같은 속도로 증가한다. 그 이유는 다음과 같다.

1) 1인당 자본 $\dfrac{K}{L} = k$의 증가율 = K의 증가율 − L의 증가율 = K의 증가율 − n = 0

 ∴ 총자본 K의 증가율 = n

2) 1인당 생산 $\dfrac{Y}{L} = y$의 증가율 = Y의 증가율 − L의 증가율 = Y의 증가율 − n = 0

 ∴ 총생산 Y의 증가율 = n

따라서 인구증가율이 감소하면, 총자본의 증가율과 총생산의 증가율도 감소한다.

14 2012년 지방직 7급

솔로우 성장모형에서 A국의 저축률이 B국의 저축률보다 높을 때, 균제상태(steady state)에서의 A국과 B국에 대한 설명으로 옳은 것은? (단, 두 나라의 생산기술, 기술진보율, 인구증가율 등 다른 여건은 동일하다)

① A국의 경제 성장률이 B국보다 높다.
② A국의 일인당 국민소득이 B국보다 많다.
③ A국의 일인당 국민소득 증가율이 B국보다 높다.
④ A국의 일인당 자본량이 B국보다 적다.

출제이슈 솔로우 모형의 특징
핵심해설 정답 ②

① 틀린 내용이다.
양국의 균제상태에서는 1인당 자본, 1인당 생산, 1인당 저축, 1인당 투자 모두 불변이다. 따라서 1인당 자본, 1인당 생산, 1인당 저축, 1인당 투자 모두 증가율이 0이다. 그러나 총자본, 총생산, 총저축, 총투자는 모두 인구증가율(n)과 같은 속도로 증가한다. 따라서 A국과 B국의 인구증가율이 동일하므로 경제성장률도 동일하다.

② 옳은 내용이다.
저축률이 높은 A국의 경우 균제상태에서 1인당 자본과 1인당 생산이 모두 B국보다 더 크다.

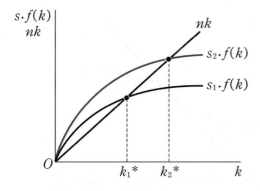

③ 틀린 내용이다.
양국의 균제상태에서는 1인당 자본, 1인당 생산, 1인당 저축, 1인당 투자 모두 불변이다. 따라서 1인당 자본, 1인당 생산, 1인당 저축, 1인당 투자 모두 증가율이 0이다. 따라서 A국, B국 모두 1인당 국민소득증가율은 0이 된다.

④ 틀린 내용이다.
위의 그래프에서 보듯이 저축률이 높은 A국의 경우 균제상태에서 1인당 자본이 B국보다 더 크다.

제9편

15 2015년 지방직 7급

솔로우 성장모형을 따르는 A국은 최근 발생한 지진과 해일로 인해 자본스톡의 10%가 파괴되었다. A국은 천재지변이 발생하기 전 정상상태(steady state)에 있었으며 인구증가율, 저축률, 감가상각률 등 경제 전반의 펀더멘털(fundamentals)은 바뀌지 않았다. 향후 A국에 발생할 것으로 예상되는 현상에 대한 설명으로 옳은 것은? (단, A국의 외생적 기술진보율은 0이라고 가정한다)

① 지진과 해일이 발생하기 이전과 같은 정상상태로 향할 것이다.
② 지진과 해일이 발생하기 이전보다 높은 정상상태로 향할 것이다.
③ 지진과 해일이 발생하기 이전보다 낮은 정상상태로 향할 것이다.
④ 아무런 변화도 나타나지 않을 것이다.

출제이슈 솔로우 모형의 특징
핵심해설 정답 ①

솔로우 모형의 균제상태는 경제의 장기적인 균형성장경로로서 경제에 거시적으로 요구되는 필요자본축적량과 이를 위한 투자량이 일치할 때 달성된다. 즉, 시간이 지나도 1인당 자본량의 변화 없이 일정하게 유지되는 상태가 균제상태이며 이를 수리적으로 표시하면 다음과 같다.

1인당 자본의 변화를 나타내는 자본축적의 방정식 $\dot{k} = sf(k) - nk = 0$, $sf(k) = nk$
자본축적방정식은 1인당 총투자가 1인당 필요투자와 같은 경우 1인당 자본량은 불변임을 의미한다.

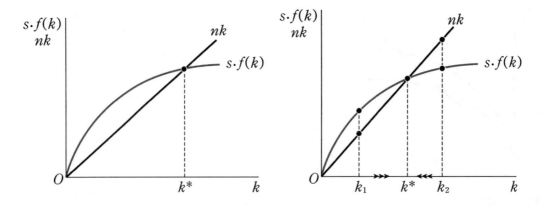

설문에서 자본스톡의 파괴로 인하여 1인당 자본이 기존의 균제상태인 k^* 수준에서 k_1 수준으로 감소하더라도 자본의 투자가 자본의 유지분(필요소모분)보다 더 크기 때문에 자본이 축적되어 이 경제는 다시 균제상태로 복귀하게 된다.

솔로우 모형 : 균제상태 계산

2020 지7 | 2019 국7 | 2019 국9 | 2017 국7 | 2015 국7 | 2015 서7

1 모형의 설정

1) 일반함수모형

① $Y = F(K, L)$

② $\dfrac{Y}{L} = F(\dfrac{K}{L}, \dfrac{L}{L}) = F(\dfrac{K}{L}, 1)$

③ $y = F(k, 1)$

④ $y = f(k)$

⑤ $\dot{k} = s\,y - (n + \delta)\,k$

$$\frac{\dot{k}}{k} = (\widehat{\frac{K}{L}}) = \hat{K} - \hat{L} = \frac{\dot{K}}{K} - n = \frac{I - \delta K}{K} - n = \frac{s\,Y - \delta K}{K} - n = \frac{s\,\dfrac{Y}{L} - \delta\,\dfrac{K}{L}}{\dfrac{K}{L}} = \frac{s\,y - \delta k}{k} - n$$

2) C−D함수모형

① $Y = A K^{\alpha} L^{1-\alpha}$

② $\dfrac{Y}{L} = A(\dfrac{K}{L})^{\alpha}(\dfrac{L}{L})^{1-\alpha} = A(\dfrac{K}{L})^{\alpha} 1^{1-\alpha}$

③ $y = A k^{\alpha} 1^{1-\alpha}$

④ $y = A k^{\alpha}$

⑤ $\dot{k} = s\,f(k) - (n + \delta)\,k = s\,A\,k^{\alpha} - (n + \delta)k$

2 균제상태

1) 일반함수모형

① 균제조건 $\dot{k} = s\,f(k) - (n + \delta)\,k = 0$

② 균제상태에서의 1인당 자본량 k^{*}

2) C−D함수모형

① 균제조건 $\dot{k} = s\,A\,k^{\alpha} - (n + \delta)k = 0$

② 균제상태에서의 1인당 자본량 $k^{*} = (\dfrac{s\,A}{n + \delta})^{\frac{1}{1-\alpha}}$

제9편

ISSUE 문제 📝

01 　2019년 국가직 9급

어떤 경제에서 솔로우 모형(Solow growth model)의 1인당 생산함수가 $y = \sqrt{k}$ 이고, 인구증가와 기술진보가 없다고 한다. 저축률과 감가상각률이 각각 0.3, 0.1일 때 균제상태에서의 1인당 생산량은? (단, y는 1인당 생산량, k는 1인당 자본량이다)

① 2
② 3
③ 9
④ 16

출제이슈 솔로우 모형의 균제상태
핵심해설 정답 ②

솔로우 성장모형에서 C−D함수모형은 다음과 같다.

① $Y = AK^{\alpha}L^{1-\alpha}$

② $\dfrac{Y}{L} = A(\dfrac{K}{L})^{\alpha}(\dfrac{L}{L})^{1-\alpha} = A(\dfrac{K}{L})^{\alpha}1^{1-\alpha}$

③ $y = Ak^{\alpha}1^{1-\alpha}$

④ $y = Ak^{\alpha}$

⑤ $\dot{k} = s\,f(k) - (n+\delta)\,k = s\,Ak^{\alpha} - (n+\delta)k$

⑥ 균제조건 $\dot{k} = s\,Ak^{\alpha} - (n+\delta)k = 0$

⑦ 균제상태에서의 1인당 자본량 $k^{*} = (\dfrac{s\,A}{n+\delta})^{\frac{1}{1-\alpha}}$

먼저 1인당 생산함수가 $y = \sqrt{k}$ 로 주어져 있다.

설문의 자료를 위의 산식 ⑦에 대입하면 다음과 같다.

1인당 자본량은 $k^{*} = (\dfrac{s\,A}{n+\delta})^{\frac{1}{1-\alpha}} = (\dfrac{0.3}{0+0.1})^{\frac{1}{1-0.5}} = 9$이다.

따라서 1인당 생산량은 $y = \sqrt{k}$ 이므로 $y^{*} = \sqrt{k} = \sqrt{9} = 3$이 된다.

02 2020년 지방직 7급

갑국의 생산함수는 $Y = [K(1-u)L]^{1/2}$이다. 자연실업률이 4 %, 저축률, 인구성장률, 자본의 감가상각률이 모두 10 %일 때, 솔로우(Solow) 모형의 균제상태(steady state)에서 1인당 생산량은? (단, Y는 총생산량, L은 노동량, K는 자본량, u는 자연실업률이다)

① 0.24

② 0.48

③ 0.72

④ 0.96

출제이슈 솔로우 모형의 균제상태

핵심해설 정답 ②

솔로우 성장모형에서 C−D함수모형은 다음과 같다.

① $Y = AK^{\alpha}L^{1-\alpha}$

② $\dfrac{Y}{L} = A(\dfrac{K}{L})^{\alpha}(\dfrac{L}{L})^{1-\alpha} = A(\dfrac{K}{L})^{\alpha}1^{1-\alpha}$

③ $y = Ak^{\alpha}1^{1-\alpha}$

④ $y = Ak^{\alpha}$

⑤ $\dot{k} = sf(k) - (n+\delta)k = sAk^{\alpha} - (n+\delta)k$

⑥ 균제조건 $\dot{k} = sAk^{\alpha} - (n+\delta)k = 0$

⑦ 균제상태에서의 1인당 자본량 $k^{*} = (\dfrac{sA}{n+\delta})^{\frac{1}{1-\alpha}}$

먼저 생산함수는 $Y = [K(1-u)L]^{1/2}$로 주어져 있다.

솔로우 균제상태에서는 노동시장이 균형을 이루고 있으므로 위의 식에 자연실업률 수준 4%를 고려하면 $Y = [K(1-0.04)L]^{1/2} = 0.96^{0.5}K^{0.5}L^{0.5}$가 된다.

이제 1인당 생산함수를 도출하면 다음과 같다.

$\dfrac{Y}{L} = 0.96^{0.5}\left(\dfrac{K}{L}\right)^{0.5}$ 따라서 $y = 0.96^{0.5}k^{0.5}$가 된다.

설문의 자료를 위의 산식 ⑦에 대입하면 다음과 같다.

1인당 자본량 $k^{*} = (\dfrac{sA}{n+\delta})^{\frac{1}{1-\alpha}} = (\dfrac{0.1 \times 0.96^{0.5}}{0.1+0.1})^{\frac{1}{1-0.5}} = \dfrac{0.96}{4} = 0.24$이다.

따라서 1인당 생산량은 $y = 0.96^{0.5}k^{0.5}$이므로 $y^{*} = 0.96^{0.5}0.24^{0.5} = 0.48$이 된다.

제9편

03 2015년 서울시 7급

어느 한 국가의 생산함수가 $Y = K^{\frac{1}{2}} L^{\frac{1}{2}}$ 이며 40,000단위의 자본과 10,000단위의 노동을 보유하고 있다고 하자. 이 국가에서 자본의 감가상각률은 연 10%라고 한다면, 솔로우(Solow) 모형에 따를 때 주어진 자본/노동 비율이 안정상태(steady state)에서의 자본/노동 비율이 되기 위해서는 저축률이 얼마가 되어야 하는가? (인구변화 및 기술진보는 없다고 가정)

① 20%
② 30%
③ 40%
④ 50%

출제이슈 솔로우 모형의 균제상태
핵심해설 정답 ①

솔로우 성장모형에서 C-D함수모형은 다음과 같다.

① $Y = AK^{\alpha}L^{1-\alpha}$

② $\dfrac{Y}{L} = A(\dfrac{K}{L})^{\alpha}(\dfrac{L}{L})^{1-\alpha} = A(\dfrac{K}{L})^{\alpha}1^{1-\alpha}$

③ $y = Ak^{\alpha}1^{1-\alpha}$

④ $y = Ak^{\alpha}$

⑤ $\dot{k} = sf(k) - (n+\delta)k = sAk^{\alpha} - (n+\delta)k$

⑥ 균제조건 $\dot{k} = sAk^{\alpha} - (n+\delta)k = 0$

⑦ 균제상태에서의 1인당 자본량 $k^{*} = (\dfrac{sA}{n+\delta})^{\frac{1}{1-\alpha}}$

먼저 생산함수는 $Y = K^{\frac{1}{2}} L^{\frac{1}{2}}$ 로 주어져 있다. 따라서 1인당 생산함수는 $y = k^{0.5}$ 이 된다.

설문에서 균제상태의 1인당 자본량 $k^{*} = \dfrac{40,000}{10,000} = 4$ 가 되도록 저축률을 구해야 한다.

설문의 자료를 위의 산식 ⑦에 대입하면 다음과 같다.

1인당 자본량 $k^{*} = (\dfrac{sA}{n+\delta})^{\frac{1}{1-\alpha}} = (\dfrac{s}{0+0.1})^{\frac{1}{1-0.5}} = 4$ 이다.

따라서 위의 식을 풀면 저축률은 $s^{*} = 0.2$ 가 된다.

04 2015년 국가직 7급

솔로우(Solow)의 경제성장 모형 하에서 A국의 생산함수는 $Y = 10\sqrt{LK}$, 저축률은 30%, 자본 감가상각률은 연 5%, 인구증가율은 연 1%, 2015년 초 A국의 1인당 자본량은 100일 경우 2015년 한 해 동안 A국의 1인당 자본의 증가량은? (단, L은 노동, K는 자본을 나타낸다)

① 24

② 25

③ 26

④ 27

출제이슈 솔로우 모형의 자본축적방정식
핵심해설 정답 ①

솔로우 성장모형에서 C−D함수모형은 다음과 같다.

① $Y = AK^{\alpha}L^{1-\alpha}$

② $\dfrac{Y}{L} = A(\dfrac{K}{L})^{\alpha}(\dfrac{L}{L})^{1-\alpha} = A(\dfrac{K}{L})^{\alpha}1^{1-\alpha}$

③ $y = Ak^{\alpha}1^{1-\alpha}$

④ $y = Ak^{\alpha}$

⑤ $\dot{k} = sf(k) - (n+\delta)k = sAk^{\alpha} - (n+\delta)k$

⑥ 균제조건 $\dot{k} = sAk^{\alpha} - (n+\delta)k = 0$

⑦ 균제상태에서의 1인당 자본량 $k^* = (\dfrac{sA}{n+\delta})^{\frac{1}{1-\alpha}}$

먼저 생산함수는 $Y = 10\sqrt{LK}$로 주어져 있다. 따라서 1인당 생산함수는 $y = 10k^{0.5}$이 된다.

설문에서 2015년 초 1인당 자본량은 100으로 주어져 있다.

설문에서 1인당 자본량을 구하라고 했으므로 위의 산식 ⑤에 자료를 대입하면 다음과 같다.

$$\dot{k} = sf(k) - (n+\delta)k = sAk^{\alpha} - (n+\delta)k$$

$$\dot{k} = 0.3 \times 10(100)^{0.5} - (0.01 + 0.05)100 = 24$$

따라서 1인당 자본의 증가분은 $\dot{k} = 24$가 된다.

제9편

05 2017년 국가직 7급

생산함수가 $Y = L^{\frac{2}{3}} K^{\frac{1}{3}}$ 인 경제의 저축률이 s, 감가상각률이 δ 이다. 인구증가나 기술진보가 없다고 가정할 때, 정상상태(steady state)에서 1인당 생산량을 s 와 δ 의 함수로 바르게 나타낸 것은?

① $(\frac{s}{\delta})^{\frac{1}{3}}$

② $(\frac{s}{\delta})^{\frac{1}{2}}$

③ $(\frac{s}{2\delta})^{\frac{1}{3}}$

④ $(\frac{s}{2\delta})^{\frac{2}{3}}$

출제이슈 솔로우 모형의 균제상태
핵심해설 정답 ②

솔로우 성장모형에서 C-D함수모형은 다음과 같다.

① $Y = AK^{\alpha} L^{1-\alpha}$
② $\frac{Y}{L} = A(\frac{K}{L})^{\alpha}(\frac{L}{L})^{1-\alpha} = A(\frac{K}{L})^{\alpha} 1^{1-\alpha}$
③ $y = Ak^{\alpha} 1^{1-\alpha}$
④ $y = Ak^{\alpha}$
⑤ $\dot{k} = s f(k) - (n+\delta)k = s Ak^{\alpha} - (n+\delta)k$
⑥ 균제조건 $\dot{k} = s Ak^{\alpha} - (n+\delta)k = 0$
⑦ 균제상태에서의 1인당 자본량 $k^* = (\frac{sA}{n+\delta})^{\frac{1}{1-\alpha}}$

먼저 생산함수가 $Y = L^{\frac{2}{3}} K^{\frac{1}{3}}$ 로 주어져 있다. 따라서 1인당 생산함수는 $y = k^{\frac{1}{3}}$ 이 된다.

설문의 자료를 위의 산식 ⑦에 대입하면 다음과 같다.

$k^* = (\frac{s}{\delta})^{\frac{1}{1-\frac{1}{3}}} = (\frac{s}{\delta})^{\frac{3}{2}}$

따라서 1인당 생산량은 $y = k^{\frac{1}{3}}$ 이므로 $y^* = \left[(\frac{s}{\delta})^{\frac{3}{2}}\right]^{\frac{1}{3}} = (\frac{s}{\delta})^{\frac{1}{2}}$ 이 된다.

06 2019년 국가직 7급

기술진보가 없으며 1인당 생산(y)과 1인당 자본량(k)이 $y = 2\sqrt{k}$ 의 함수 관계를 갖는 솔로우 모형이 있다. 자본의 감가상각률(δ)은 20%, 저축률(s)은 30%, 인구증가율(n)은 10%일 때, 이 경제의 균제상태(steady state)에 대한 설명으로 옳은 것은?

① 균제상태의 1인당 생산은 4이다.
② 균제상태의 1인당 자본량은 2이다.
③ 균제상태의 1인당 생산 증가율은 양(+)으로 일정하다.
④ 균제상태의 1인당 자본량 증가율은 양(+)으로 일정하다.

출제이슈 솔로우 모형의 균제상태
핵심해설 정답 ①

솔로우 성장모형에서 C−D함수모형은 다음과 같다.

① $Y = AK^{\alpha}L^{1-\alpha}$

② $\dfrac{Y}{L} = A(\dfrac{K}{L})^{\alpha}(\dfrac{L}{L})^{1-\alpha} = A(\dfrac{K}{L})^{\alpha}1^{1-\alpha}$

③ $y = Ak^{\alpha}1^{1-\alpha}$

④ $y = Ak^{\alpha}$

⑤ $\dot{k} = sf(k) - (n+\delta)k = sAk^{\alpha} - (n+\delta)k$

⑥ 균제조건 $\dot{k} = sAk^{\alpha} - (n+\delta)k = 0$

⑦ 균제상태에서의 1인당 자본량 $k^{*} = (\dfrac{sA}{n+\delta})^{\frac{1}{1-\alpha}}$

먼저 1인당 생산함수는 $y = 2k^{0.5}$로 주어져 있다.

설문의 자료를 위의 산식 ⑦에 대입하면 다음과 같다.

1인당 자본량 $k^{*} = (\dfrac{0.3 \times 2}{0.1+0.2})^{\frac{1}{1-0.5}} = 4$가 된다.

따라서 1인당 생산량은 $y = 2k^{0.5}$이므로 $y^{*} = 2 \times (4)^{0.5} = 4$가 된다.

균제상태에서는 1인당 자본, 1인당 생산, 1인당 저축, 1인당 투자 모두 불변이다. 따라서 1인당 자본, 1인당 생산, 1인당 저축, 1인당 투자 모두 증가율이 0이다. 따라서 설문에서 ① 균제상태의 1인당 생산은 4이다는 옳은 내용이고 나머지는 모두 틀린 내용이다.

제9편

솔로우 모형 : 황금률 계산

1 황금률 모형

1) 일반함수모형

① 황금률 조건

$C = f(k) - s f(k)$

$s f(k) = (n + \delta)k$

$Max\ C$

② 황금률의 1인당 자본량 k_G

$\therefore \dfrac{dC}{dk} = 0$　$\therefore f'(k) = (n + \delta)$를 풀면 k_G 도출

③ 황금률의 저축률 s_G

앞에서 구한 k_G를 제약식에 대입하면 s_G 도출

$\therefore s_G = \dfrac{(n + \delta)k_G}{f(k_G)}$

2) C-D함수모형

① 황금률 조건

$C = Ak^\alpha - s Ak^\alpha$

$s Ak^\alpha = (n + \delta)k$

$Max\ C$

② 황금률의 1인당 자본량 k_G

$\therefore \dfrac{dC}{dk} = 0$　$\therefore A\alpha k^{\alpha-1} = (n + \delta)$를 풀면 k_G 도출

$\therefore k_G = \left(\dfrac{\alpha A}{n + \delta}\right)^{\frac{1}{1-\alpha}}$

③ 황금률의 저축률 s_G

앞에서 구한 k_G를 제약식에 대입하여 구한다.

$\therefore$ 황금률의 저축률 $s_G = \alpha$가 된다.

2 자본축적의 황금률과 실질이자율

1) 자본축적의 황금률은 $f'(k) = n$ 을 만족하는 k^* 의 균제상태에서 달성된다.

2) 감가상각을 고려하면 $f'(k) = n + \delta$ 이다.

3) $f'(k)$ 가 자본의 한계생산성임을 고려하면, $MP_K = n + \delta$ 이다.

4) 따라서 $n = MP_K - \delta$

5) 그런데 $MP_K - \delta = r$ (실질이자율)

6) 따라서 실질이자율과 인구증가율이 같을 때 자본축적의 황금률이 달성될 수 있다.

3 자본축적의 황금률과 동태적 비효율성

1) 저축률이 지나치게 높아서 황금률의 저축률 수준을 상회할 경우, 현재 균제상태가 과다한 자본축적 상태임을 의미한다.

2) 즉, 높은 저축률로 인해서 그만큼 소비가 희생되었으며, 소비 희생을 통해서 과다하게 자본을 축적한 것이다.

3) 이런 경우에는 저축률을 영구적으로 낮추어서 1인당 자본량을 감소시켜서 균제상태에서 1인당 소비 수준을 높일 수 있다.

4) 이렇게 높은 저축률, 과다한 자본축적 상태를 동태적 비효율성이라고 한다.

제9편

ISSUE 문제 📝

01 2019년 지방직 7급

한 국가의 총생산함수는 $Y = AL^{\frac{2}{3}}K^{\frac{1}{3}}$ 이고, 1인당 자본량의 변동은 $\Delta k = (1-b)y - \delta k$ 라고 할 때, 생산물 시장의 균형조건이 $Y = C + I$이며, 소비함수는 $C = bY$, $0 < b < 1$인 솔로우 성장모형에서 황금률 수준의 소비율 b는? (단, Y는 총생산량, L은 인구(노동량), K는 자본량, A는 기술수준, y는 1인당 생산량, k는 1인당 자본량, C는 소비, I는 투자, b는 소비율, δ은 감가상각률을 의미한다)

① $\dfrac{1}{9}$ ② $\dfrac{1}{3}$

③ $\dfrac{4}{9}$ ④ $\dfrac{2}{3}$

출제이슈 솔로우 모형의 황금률
핵심해설 정답 ④

황금률의 균제상태는 1인당 소비수준의 극대화를 달성시키는 상태로서 $f'(k) = n + \delta$을 만족하는 k^*의 균제상태에서 달성된다.

황금률의 균제상태는 그래프에서 $f(k)$의 접선의 기울기인 $f'(k)$와 자본유지선 $(n+\delta)k$의 기울기인 $(n+\delta)$가 일치할 때 달성된다.

균제상태에서 소비가 극대화되는 이른바 자본축적의 황금률 모형에서 C-D함수모형은 다음과 같다.

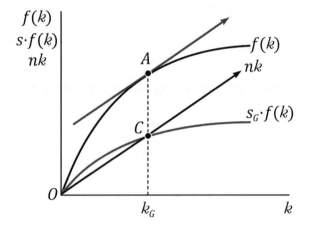

① 황금률 조건
$C = Ak^\alpha - sAk^\alpha$, $sAk^\alpha = (n+\delta)k$, $Max\ C$

② 황금률의 1인당 자본량 k_G

$\therefore \dfrac{dC}{dk} = 0$ $\therefore Aak^{\alpha-1} = (n+\delta)$를 풀면 k_G 도출 $\therefore k_G = (\dfrac{\alpha A}{n+\delta})^{\frac{1}{1-\alpha}}$

③ 황금률의 저축률 s_G

앞에서 구한 k_G를 제약식에 대입하여 구한다. $\therefore$ 황금률의 저축률 $s_G = \alpha$가 된다.

위의 내용에 따라서 설문을 검토하면 다음과 같다.

먼저 설문에서 총생산함수가 $Y = AL^{\frac{2}{3}}K^{\frac{1}{3}}$ 로 주어져 있다.

따라서 1인당 생산함수를 구하면 $y = Ak^{\frac{1}{3}}$ 이 된다.

황금률의 저축률은 위의 산식 ③에 따라서 $s_G = \alpha = \frac{1}{3}$ 이 된다.

그리고 황금률의 소비율은 $C_G = 1 - \alpha = 1 - \frac{1}{3} = \frac{2}{3}$ 가 된다.

제9편

02 [2017년 지방직 7급]

어느 폐쇄경제에서 총생산함수가 $y = k^{1/2}$, 자본 축적식이 $\Delta k = sy - \delta k$, 국민소득계정 항등식이 $y = c + i$인 솔로우 모형에 대한 설명으로 옳지 않은 것은? (단, y는 1인당 산출, k는 1인당 자본량, c는 1인당 소비, i는 1인당 투자, δ는 감가상각률이다. 이 경제는 현재 정상상태(steady state)에 놓여 있으며, 저축률 s는 40%로 가정한다)

① 저축률이 50%로 상승하면 새로운 정상상태에서의 1인당 산출은 현재보다 크다.
② 저축률이 50%로 상승하면 새로운 정상상태에서의 1인당 소비는 현재보다 크다.
③ 저축률이 60%로 상승하면 새로운 정상상태에서의 1인당 산출은 현재보다 크다.
④ 저축률이 60%로 상승하면 새로운 정상상태에서의 1인당 소비는 현재보다 크다.

출제이슈 솔로우 모형의 황금률
핵심해설 정답 ④

황금률의 균제상태는 1인당 소비수준의 극대화를 달성시키는 상태로서 $f'(k) = n + \delta$을 만족하는 k^*의 균제상태에서 달성된다.

황금률의 균제상태는 그래프에서 $f(k)$의 접선의 기울기인 $f'(k)$와 자본유지선 $(n+\delta)k$의 기울기인 $(n+\delta)$가 일치할 때 달성된다.

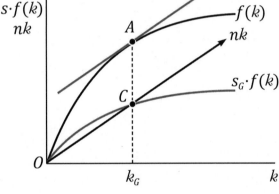

균제상태에서 소비가 극대화되는 이른바 자본축적의 황금률 모형에서 C−D함수모형은 다음과 같다.

① 황금률 조건

$C = Ak^{\alpha} - sAk^{\alpha}$, $sAk^{\alpha} = (n+\delta)k$, $Max\ C$

② 황금률의 1인당 자본량 k_G

$\therefore \dfrac{dC}{dk} = 0$ $\therefore A\alpha k^{\alpha-1} = (n+\delta)$를 풀면 k_G 도출 $\therefore k_G = \left(\dfrac{\alpha A}{n+\delta}\right)^{\frac{1}{1-\alpha}}$

③ 황금률의 저축률 s_G

앞에서 구한 k_G를 제약식에 대입하여 구한다. $\therefore$ 황금률의 저축률 $s_G = \alpha$가 된다.

먼저 설문에서 1인당 생산함수는 $y = k^{0.5}$로 주어져 있다.
따라서 황금률의 저축률은 위의 산식 ③에 따라서 $s_G = \alpha = 0.5$가 된다.
그리고 균제상태의 저축률은 위에서 40%로 주어졌다.

위의 내용에 따라서 설문을 검토하면 다음과 같다.

① 옳은 내용이다.

현재 저축률이 40%인데 황금률의 저축률은 50%이다. 저축률이 50%로 상승하는 경우 투자증가로 인하여 1인당 자본량이 증가하고 1인당 산출이 증가한다.

② 옳은 내용이다.

현재 저축률이 40%인데 황금률의 저축률은 50%이다. 저축률이 50%로 상승하는 경우 투자증가로 인하여 1인당 자본량이 증가하고 1인당 산출이 증가한다. 특히 새로운 정상상태는 황금률 상태가 되기 때문에 1인당 소비는 이전보다 증가한다.

③ 옳은 내용이다.

현재 저축률이 40%인데 황금률의 저축률은 50%이다. 저축률이 60%로 상승하는 경우 투자증가로 인하여 1인당 자본량이 증가하고 1인당 산출이 증가한다.

④ 틀린 내용이다.

현재 저축률이 40%인데 황금률의 저축률은 50%이다. 저축률이 60%로 상승하는 경우 투자증가로 인하여 1인당 자본량이 증가하고 1인당 산출이 증가한다. 특히 새로운 정상상태는 황금률 상태보다 저축률이 높은 상태가 되기 때문에 황금률 수준의 극대화된 소비는 아니다. 구체적으로 소비량을 구해서 현재 소비보다 늘었는지 여부를 판단해 보면 아래와 같다.

ⅰ) 저축률이 40%인 현재상태에서의 소비

균제상태에서의 1인당 자본량 $k^* = (\dfrac{s\,A}{n+\delta})^{\frac{1}{1-\alpha}}$ 산식에 자료를 대입하면 다음과 같다.

$k^* = (\dfrac{0.4}{\delta})^{\frac{1}{1-0.5}} = \left(\dfrac{0.4}{\delta}\right)^2$, 이때 $y = k^{0.5}$ 이므로 $y^* = \left[\left(\dfrac{0.4}{\delta}\right)^2\right]^{0.5} = \dfrac{0.4}{\delta}$

저축률이 40%이므로 이때의 소비는 $0.6y^* = 0.6\left[\left(\dfrac{0.4}{\delta}\right)^2\right]^{0.5} = 0.6\dfrac{0.4}{\delta} = \dfrac{0.24}{\delta}$ 가 된다.

ⅱ) 저축률이 60%인 새로운 상태에서의 소비

균제상태에서의 1인당 자본량 $k^* = (\dfrac{s\,A}{n+\delta})^{\frac{1}{1-\alpha}}$ 산식에 자료를 대입하면 다음과 같다.

$k^* = (\dfrac{0.6}{\delta})^{\frac{1}{1-0.5}} = \left(\dfrac{0.6}{\delta}\right)^2$, 이때 $y = k^{0.5}$ 이므로 $y^* = \left[\left(\dfrac{0.6}{\delta}\right)^2\right]^{0.5} = \dfrac{0.6}{\delta}$

저축률이 60%이므로 이때의 소비는 $0.6y^* = 0.4\left[\left(\dfrac{0.6}{\delta}\right)^2\right]^{0.5} = 0.4\dfrac{0.6}{\delta} = \dfrac{0.24}{\delta}$ 가 된다.

ⅲ) 결국 저축률이 40%, 60% 모두 소비는 동일하다. 따라서 저축률이 60%로 상승해도 새로운 정상상태에서의 1인당 소비는 현재 저축률이 40%일 때의 1인당 소비와 같다. 따라서 ④는 틀린 내용이 된다.

제9편

03 2020년 국가직 7급

A국 경제의 인구와 기술 수준은 고정되어 있다. 안정상태(steady state)에서 자본의 한계생산물은 0.125, 감가상각률은 0.1이다. 현재 안정상태의 자본량에 대한 설명으로 옳은 것은? (단, 표준적인 솔로우 모형이다)

① 황금률수준(golden rule level)의 자본량보다 많다.
② 황금률수준의 자본량보다 적다.
③ 황금률수준의 자본량과 동일하다.
④ 황금률수준의 자본량보다 많을 수도 적을 수도 있다.

출제이슈 솔로우 모형의 황금률
핵심해설 정답 ②

황금률의 균제상태는 1인당 소비수준의 극대화를 달성시키는 상태로서 $f'(k) = n+\delta$을 만족하는 k^*의 균제상태에서 달성된다.

황금률의 균제상태는 그래프에서 $f(k)$의 접선의 기울기인 $f'(k)$와 자본유지선 $(n+\delta)k$의 기울기인 $(n+\delta)$가 일치할 때 달성된다.

균제상태에서 소비가 극대화되는 이른바 자본축적의 황금률 모형은 다음과 같다.

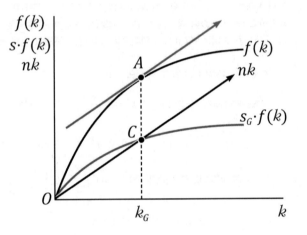

① 황금률 조건
$C = f(k) - sf(k)$, $\quad sf(k) = (n+\delta)k$,
$Max\ C$

② 황금률의 1인당 자본량 k_G
$\therefore \dfrac{dC}{dk} = 0$ $\therefore f'(k) = (n+\delta)$ 를 풀면 k_G 도출

③ 황금률의 저축률 s_G
앞에서 구한 k_G를 제약식에 대입하면 s_G 도출 $s_G = \dfrac{(n+\delta)k_G}{f(k_G)}$

위의 내용을 적용하여 자본축적의 황금률과 실질이자율 간의 관계를 구하면 다음과 같다.

① 자본축적의 황금률은 $f'(k) = n$을 만족하는 k^*의 균제상태에서 달성된다.
② 감가상각을 고려하면 $f'(k) = n+\delta$이다.
③ $f'(k)$가 자본의 한계생산성임을 고려하면, $MP_K = n+\delta$이다.
④ 따라서 $n = MP_K - \delta$

⑤ 그런데 $MP_K - \delta = r$ (실질이자율)
⑥ 따라서 실질이자율과 인구증가율이 같을 때 자본축적의 황금률이 달성될 수 있다.
⑦ 만일 황금률이 달성되지 않는 상태라면 다음을 의미한다.

ⅰ) $f'(k) > n+\delta$ 즉 $MP_K > n+\delta$
이때는 황금률의 자본량 수준보다 낮은 수준을 의미한다.

ⅱ) $f'(k) < n+\delta$ 즉 $MP_K < n+\delta$
이때는 황금률의 자본량 수준보다 높은 수준을 의미한다.

위의 내용에 따라서 설문을 검토하면 다음과 같다.

인구와 기술 수준은 고정되어 있으므로 특히 인구증가율은 0이 된다.
안정상태(steady state)에서 자본의 한계생산물은 0.125, 감가상각률은 0.1을 위의 산식 ⑦에 대입하면 다음과 같다.

$f'(k) > n+\delta$ 즉 $MP_K = 0.125 > n+\delta = 0.1$
이때는 황금률의 자본량 수준보다 낮은 수준을 의미한다. 따라서 ②가 옳은 내용이 된다.

제9편

04 | 2017년 국가직 7급

기술진보가 없는 솔로우 성장모형의 황금률(Golden Rule)에 대한 설명으로 옳은 것은?

① 황금률 하에서 정상상태(steady state)의 1인당 투자는 극대화된다.

② 정상상태(steady state)의 1인당 자본량이 황금률 수준보다 많은 경우 소비 극대화를 위해 저축률을 높이는 것이 바람직하다.

③ 솔로우 성장모형에서는 저축률이 내생적으로 주어져 있기 때문에 황금률의 자본축적이 항상 달성된다.

④ 황금률 하에서 자본의 한계생산물은 인구증가율과 감가상각률의 합과 같다.

출제이슈 솔로우 모형의 황금률
핵심해설 정답 ④

황금률의 균제상태는 1인당 소비수준의 극대화를 달성시키는 상태로서 $f'(k) = n + \delta$를 만족하는 k^*의 균제상태에서 달성된다.

황금률의 균제상태는 그래프에서 $f(k)$의 접선의 기울기인 $f'(k)$와 자본유지선 $(n+\delta)k$의 기울기인 $(n+\delta)$가 일치할 때 달성된다.

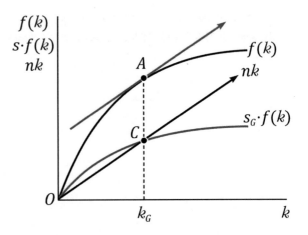

① 틀린 내용이다.
황금률 하에서 균제상태 혹은 정상상태에서는 1인당 투자가 아니라 1인당 소비가 극대화된다.

② 틀린 내용이다.
정상상태에서 1인당 자본량이 황금률 수준보다 많은 경우는 황금률의 자본축적 수준보다 과다축적되었음을 의미한다. 이는 저축률이 지나치게 높아서 황금률의 저축률 수준을 상회하여서 나타날 수 있다. 즉, 높은 저축률로 인해서 그만큼 소비가 희생되었으며, 소비 희생을 통해서 과다하게 자본을 축적한 것이다. 이로 인해서 소비가 황금률 수준보다 낮은 상태이다. 이런 경우에는 저축률을 영구적으로 낮추어서 1인당 자본량을 감소시켜서 균제상태에서 1인당 소비 수준을 높일 수 있다. 이렇게 높은 저축률, 과다한 자본축적 상태를 동태적 비효율성이라고 한다.

③ 틀린 내용이다.
솔로우 성장모형에서는 저축률이 모형 밖에서 외생적으로 결정되어 주어져 있다. 이때, 외생적으로 주어진 저축률(인구증가율은 주어진 것으로 가정)에 따른 균제상태가 가져다주는 1인당 소비수준을 검토하여 1인당 소비를 극대화할 수 있는 특정의 균제상태로서의 황금률 상태인지를 판단할 수 있다. 따라서 균제상태라고 해서 항상 황금률의 자본축적이 달성되는 것은 아니다. 소비극대화가 달성되는 균제상태의 자본량이 황금률의 자본축적량이며, 그러한 황금률 상태를 달성시키는 저축률을 황금률의 저축률이라고 한다.

④ 옳은 내용이다.

황금률 하에서 자본의 한계생산물은 인구증가율과 감가상각률의 합과 같다. 그 이유는 다음과 같다.

1) 자본축적의 황금률은 $f'(k) = n$ 을 만족하는 k^* 의 균제상태에서 달성된다.

2) 감가상각을 고려하면 $f'(k) = n + \delta$ 이다.

3) $f'(k)$ 가 자본의 한계생산성임을 고려하면, $MP_K = n + \delta$ 이다.

4) 따라서 $n = MP_K - \delta$

5) 그런데 $MP_K - \delta = r$ (실질이자율)

6) 따라서 실질이자율과 인구증가율이 같을 때 자본축적의 황금률이 달성될 수 있다.

제9편

05 2014년 지방직 7급

황금률의 균제상태(steady state)를 A, 이보다 적은 자본을 갖고 있는 균제상태를 B라고 할 때, B에서 A로 가기 위해 저축률을 높일 경우 나타나는 변화에 대한 설명으로 옳지 않은 것은?

① 저축률을 높인 직후의 소비수준은 B에서의 소비수준보다 낮다.
② B에서 A로 가는 과정에서 자본량과 투자는 증가한다.
③ A에 도달했을 때의 소비수준은 B에서의 소비수준보다 낮다.
④ 미래세대보다 현재세대를 중시하는 정책당국은 B에서 A로 가는 정책을 추구하지 않을 수 있다.

출제이슈 솔로우 모형의 황금률
핵심해설 정답 ③

황금률의 균제상태는 1인당 소비수준의 극대화를 달성시키는 상태로서 $f'(k) = n+\delta$을 만족하는 k^*의 균제상태에서 달성된다.

황금률의 균제상태는 그래프에서 $f(k)$의 접선의 기울기인 $f'(k)$와 자본유지선 $(n+\delta)k$의 기울기인 $(n+\delta)$가 일치할 때 달성된다.

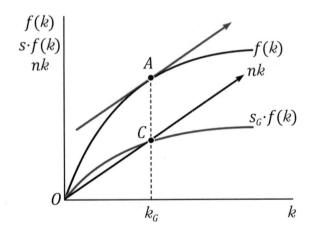

설문을 검토하면 다음과 같다.
설문에서는 황금률의 균제상태(steady state)를 A, 이보다 적은 자본을 갖고 있는 균제상태를 B라고 하고 B에서 A로 가기 위해 저축률을 올린 경우에 대해 묻고 있다.

① 옳은 내용이다.
황금률의 균제상태보다 적은 자본을 갖고 있는 균제상태 B에서 저축률을 높인 직후에는 생산은 곧바로 증대되지 않는 반면 저축으로 인해서 소비만 곧바로 감소하기 때문에 저축률 상승 직후의 소비는 저축률 상승 바로 직전의 소비수준보다 낮다. 시간이 흘러서 저축률 상승으로 투자가 증가하여 자본이 축적되고 생산이 증가하여 자연스럽게 소비가 증가하게 되는 원리이다.

② 옳은 내용이다.
B에서 A로 가는 과정에서 저축률을 높였기 때문에 투자가 증가하고 1인당 자본이 축적되고 생산과 소비가 증가하게 된다.

③ 틀린 내용이다.
새로 도달한 A상태는 황금률의 균제상태이므로 그때의 소비수준은 극대화된 소비로서 이전의 상태 B에서의 소비수준보다 높다. A에서는 저축률은 높아졌으나 생산 역시 증가했기 때문에 소비가 증가할 수 있었던 것이다.

④ 옳은 내용이다.
새로 도달하게 될 A상태는 지금 당장 실현되는 상태가 아니라 현재세대가 소비를 줄이고 저축을 하는 희생을 하게 되면 시간이 흘러서 미래세대가 그 과실로서 높은 생산과 높은 소비수준을 향유할 수 있게 되는 것이다. 따라서 만일 미래세대보다 현재세대를 중시하는 정책당국이라면, 현재세대의 소비수준이 중요하기 때문에 현재세대의 소비수준을 감소시킬 수 있는 저축률 상승을 유도하는 정책을 추구하지 않을 수도 있다.

ISSUE 04 성장회계

| 2020 국7 | 2020 지7 | 2018 지7 | 2018 국9 | 2016 국7 | 2016 지7 |

| 2015 지7 | 2014 국9 | 2012 국7 | 2012 지7 | 2011 지7 | 2010 지7 |

1 Cobb-Douglas 생산함수의 설정

1) $Y = AK^\alpha L^{1-\alpha}$

   Y:생산량, K:자본, L:노동, A:기술수준 혹은 총요소생산성, $0 < \alpha < 1$

2) **자연로그로 변형** $\ln Y = \ln A + \alpha \ln K + (1-\alpha)\ln L$

   시간에 대하여 미분 $\widehat{Y} = \widehat{A} + \alpha \widehat{K} + (1-\alpha)\widehat{L}$

3) $Y = AK^\alpha L^{1-\alpha}$ 에서 $MP_L = AK^\alpha(1-\alpha)L^{-\alpha}$ 이며, 이는 노동의 보수이다.

   노동의 총보수는 $LMP_L = AK^\alpha(1-\alpha)L^{1-\alpha} = (1-\alpha)Y$ 가 된다.

4) $Y = AK^\alpha L^{1-\alpha}$ 에서 $MP_K = A\alpha K^{\alpha-1}L^{1-\alpha}$ 이며, 이는 자본의 보수이다.

   자본의 총보수는 $KMP_K = A\alpha K^\alpha L^{1-\alpha} = \alpha Y$ 가 된다.

2 성장회계의 해석   2017 국7

1) $\widehat{Y} = \widehat{A} + \alpha \widehat{K} + (1-\alpha)\widehat{L}$

   α : 자본의 분배몫, $1-\alpha$: 노동의 분배몫

2) **경제성장률**

   총요소생산성 증가율 + (자본의 분배몫 × 자본증가율) + (노동의 분배몫 × 노동증가율)

3 1인당 성장회계로의 변형

1) $\widehat{Y} = \widehat{A} + \alpha \widehat{K} + (1-\alpha)\widehat{L}$ 의 양변에서 노동증가율을 뺀다.

2) $(\widehat{Y} - \widehat{L}) = \widehat{A} + \alpha(\widehat{K} - \widehat{L}) \rightarrow \widehat{y} = \widehat{A} + \alpha\widehat{k}$

3) 1인당 소득의 증가율은 총요소생산성 증가율 + (자본의 분배몫 × 1인당 자본의 증가율)

4) 1인당 소득의 증가는 결국 1인당 자본의 축적 또는 기술진보에 의하여 가능하다.

제9편

ISSUE 문제 📝

01 2018년 지방직 7급

어느 경제의 총생산함수는 $Y = AL^{1/3}K^{2/3}$ 이다. 실질GDP 증가율이 5%, 노동증가율이 3%, 자본 증가율이 3%라면 솔로우 잔차(Solow residual)는? (단, Y는 실질GDP, A는 기술수준, L은 노동, K는 자본이다)

① 2% ② 5%

③ 6% ④ 12%

출제이슈 성장회계
핵심해설 정답 ①

경제성장의 요인으로서 노동, 자본, 기술이 각각 경제성장에 기여하는 상대적 크기를 비교함으로써 경제성장에서 어떤 요인이 특히 중요한 역할을 하는지 분석하는 것을 성장회계라고 한다.

특히 Cobb-Douglas 생산함수에서 성장회계방정식은 다음과 같다.
1) $Y = AK^{\alpha}L^{1-\alpha}$,
   Y:생산량, K:자본, L:노동, A:기술수준 혹은 총요소생산성, $0 < \alpha < 1$
2) 자연로그로 변형 $\ln Y = \ln A + \alpha \ln K + (1-\alpha)\ln L$
   시간에 대하여 미분 $\widehat{Y} = \widehat{A} + \alpha\widehat{K} + (1-\alpha)\widehat{L}$
3) $Y = AK^{\alpha}L^{1-\alpha}$ 에서 $MP_L = AK^{\alpha}(1-\alpha)L^{-\alpha}$ 이며, 이는 노동의 보수이다.
   노동의 총보수는 $LMP_L = AK^{\alpha}(1-\alpha)L^{1-\alpha} = (1-\alpha)Y$ 가 된다.
4) $Y = AK^{\alpha}L^{1-\alpha}$ 에서 $MP_K = A\alpha K^{\alpha-1}L^{1-\alpha}$ 이며, 이는 자본의 보수이다.
   자본의 총보수는 $KMP_K = A\alpha K^{\alpha}L^{1-\alpha} = \alpha Y$ 가 된다.
5) $\widehat{Y} = \widehat{A} + \alpha\widehat{K} + (1-\alpha)\widehat{L}$, α: 자본의 분배몫, $1-\alpha$: 노동의 분배몫
   경제성장률 = 총요소생산성증가율 + (자본분배몫×자본증가율) + (노동분배몫×노동증가율)
6) $\widehat{Y} = \widehat{A} + \alpha\widehat{K} + (1-\alpha)\widehat{L}$ 의 양변에서 노동증가율을 뺀다.
   $(\widehat{Y} - \widehat{L}) = \widehat{A} + \alpha(\widehat{K} - \widehat{L}) \rightarrow \widehat{y} = \widehat{A} + \alpha\widehat{k}$
7) 1인당 소득의 증가율은 총요소생산성 증가율 + (자본의 분배몫×1인당 자본의 증가율)
   1인당 소득의 증가는 결국 1인당 자본의 축적 또는 기술진보에 의하여 가능하다.

설문에서 주어진 자료를 위의 산식 5)에 대입하면 다음과 같다.

$\widehat{Y} = \widehat{A} + \alpha\widehat{K} + (1-\alpha)\widehat{L}$
$5\% = \widehat{A} + (\frac{2}{3}\times 3\%) + (\frac{1}{3}\times 3\%)$ 따라서 $\widehat{A} = 2\%$ 가 된다.

02 2014년 국가직 9급

총생산이 $Y = AK^\alpha L^{1-\alpha}$인 경제에서 총생산($Y$)의 증가율이 5%, 자본($K$)의 증가율이 9%, 노동($L$)의 증가율이 1%이고 $\alpha = \dfrac{1}{3}$이라면 총요소생산성(A)의 증가율은?

① $\dfrac{2}{3}$% ② 1%

③ $\dfrac{4}{3}$% ④ $\dfrac{5}{3}$%

출제이슈 성장회계
핵심해설 정답 ③

경제성장의 요인으로서 노동, 자본, 기술이 각각 경제성장에 기여하는 상대적 크기를 비교함으로써 경제성장에서 어떤 요인이 특히 중요한 역할을 하는지 분석하는 것을 성장회계라고 한다.

특히 Cobb–Douglas 생산함수에서 성장회계방정식은 다음과 같다.

1) $Y = AK^\alpha L^{1-\alpha}$,
Y:생산량, K:자본, L:노동, A:기술수준 혹은 총요소생산성, $0 < \alpha < 1$

2) 자연로그로 변형 $\ln Y = \ln A + \alpha \ln K + (1-\alpha)\ln L$
시간에 대하여 미분 $\widehat{Y} = \widehat{A} + \alpha \widehat{K} + (1-\alpha)\widehat{L}$

3) $Y = AK^\alpha L^{1-\alpha}$에서 $MP_L = AK^\alpha(1-\alpha)L^{-\alpha}$이며, 이는 노동의 보수이다.
노동의 총보수는 $L MP_L = AK^\alpha(1-\alpha)L^{1-\alpha} = (1-\alpha)Y$가 된다.

4) $Y = AK^\alpha L^{1-\alpha}$에서 $MP_K = A\alpha K^{\alpha-1}L^{1-\alpha}$이며, 이는 자본의 보수이다.
자본의 총보수는 $K MP_K = A\alpha K^\alpha L^{1-\alpha} = \alpha Y$가 된다.

5) $\widehat{Y} = \widehat{A} + \alpha \widehat{K} + (1-\alpha)\widehat{L}$, α : 자본의 분배몫, $1-\alpha$: 노동의 분배몫
경제성장률 = 총요소생산성증가율 + (자본분배몫 × 자본증가율) + (노동분배몫 × 노동증가율)

6) $\widehat{Y} = \widehat{A} + \alpha \widehat{K} + (1-\alpha)\widehat{L}$의 양변에서 노동증가율을 뺀다.
$(\widehat{Y} - \widehat{L}) = \widehat{A} + \alpha(\widehat{K} - \widehat{L}) \rightarrow \widehat{y} = \widehat{A} + \alpha \widehat{k}$

7) 1인당 소득의 증가율은 총요소생산성 증가율 + (자본의 분배몫 × 1인당 자본의 증가율)
1인당 소득의 증가는 결국 1인당 자본의 축적 또는 기술진보에 의하여 가능하다.

설문에서 주어진 자료를 위의 산식 5)에 대입하면 다음과 같다.

$\widehat{Y} = \widehat{A} + \alpha \widehat{K} + (1-\alpha)\widehat{L}$
$5\% = \widehat{A} + \dfrac{1}{3}9\% + (1-\dfrac{1}{3})1\%$ 따라서 $\widehat{A} = \dfrac{4}{3}\%$가 된다.

03 | 2012년 국가직 7급

어느 경제의 국민총생산함수가 $Y = AL^{\frac{1}{2}}K^{\frac{1}{2}}$로 주어진다. 어느 기간 동안의 자료를 분석한 결과 국민총생산 증가율($\frac{\Delta Y}{Y}$)이 10%, 노동증가율($\frac{\Delta L}{L}$)이 4%, 자본증가율($\frac{\Delta K}{K}$)이 4%로 나타났다. 이 기간 동안의 총요소생산성증가율은? (단, Y는 국민총생산, L은 노동, K는 자본이다)

① 2% ② 4%
③ 6% ④ 8%

출제이슈 성장회계(*2012 지방직 7급에서 동일하게 출제)
핵심해설 정답 ③

경제성장의 요인으로서 노동, 자본, 기술이 각각 경제성장에 기여하는 상대적 크기를 비교함으로써 경제성장에서 어떤 요인이 특히 중요한 역할을 하는지 분석하는 것을 성장회계라고 한다.

특히 Cobb-Douglas 생산함수에서 성장회계방정식은 다음과 같다.
1) $Y = AK^\alpha L^{1-\alpha}$,
   Y:생산량, K:자본, L:노동, A:기술수준 혹은 총요소생산성, $0 < \alpha < 1$
2) 자연로그로 변형 $\ln Y = \ln A + \alpha \ln K + (1-\alpha)\ln L$
   시간에 대하여 미분 $\hat{Y} = \hat{A} + \alpha\hat{K} + (1-\alpha)\hat{L}$
3) $Y = AK^\alpha L^{1-\alpha}$에서 $MP_L = AK^\alpha(1-\alpha)L^{-\alpha}$이며, 이는 노동의 보수이다.
   노동의 총보수는 $LMP_L = AK^\alpha(1-\alpha)L^{1-\alpha} = (1-\alpha)Y$가 된다.
4) $Y = AK^\alpha L^{1-\alpha}$에서 $MP_K = A\alpha K^{\alpha-1}L^{1-\alpha}$이며, 이는 자본의 보수이다.
   자본의 총보수는 $KMP_K = A\alpha K^\alpha L^{1-\alpha} = \alpha Y$가 된다.
5) $\hat{Y} = \hat{A} + \alpha\hat{K} + (1-\alpha)\hat{L}$, α: 자본의 분배몫, $1-\alpha$: 노동의 분배몫
   경제성장률 = 총요소생산성증가율 + (자본분배몫 × 자본증가율) + (노동분배몫 × 노동증가율)
6) $\hat{Y} = \hat{A} + \alpha\hat{K} + (1-\alpha)\hat{L}$의 양변에서 노동증가율을 뺀다.
   $(\hat{Y} - \hat{L}) = \hat{A} + \alpha(\hat{K} - \hat{L}) \rightarrow \hat{y} = \hat{A} + \alpha\hat{k}$
7) 1인당 소득의 증가율은 총요소생산성 증가율 + (자본의 분배몫 × 1인당 자본의 증가율)
   1인당 소득의 증가는 결국 1인당 자본의 축적 또는 기술진보에 의하여 가능하다.

설문에서 주어진 자료를 위의 산식 5)에 대입하면 다음과 같다.

$\hat{Y} = \hat{A} + \alpha\hat{K} + (1-\alpha)\hat{L}$
$10\% = \hat{A} + (\frac{1}{2} \times 4\%) + (\frac{1}{2} \times 4\%)$ 따라서 $\hat{A} = 6\%$가 된다.

04 2012년 지방직 7급

B국의 총생산함수는 $Y = AL^{1/2}K^{1/2}$ 이다. Y 가 10% 성장, L 과 K 가 각각 4%씩 성장했다면 총요소생산성의 변화분은? (단, Y 는 총생산수준, A 는 총요소생산성, L 과 K 는 각각 노동투입량과 자본투입량을 나타낸다)

① 2%　　　　　　　② 4%
③ 6%　　　　　　　④ 8%

출제이슈 성장회계
핵심해설 정답 ③

경제성장의 요인으로서 노동, 자본, 기술이 각각 경제성장에 기여하는 상대적 크기를 비교함으로써 경제성장에서 어떤 요인이 특히 중요한 역할을 하는지 분석하는 것을 성장회계라고 한다.

특히 Cobb-Douglas 생산함수에서 성장회계방정식은 다음과 같다.
1) $Y = AK^\alpha L^{1-\alpha}$,
   Y:생산량, K:자본, L:노동, A:기술수준 혹은 총요소생산성, $0 < \alpha < 1$
2) 자연로그로 변형 $\ln Y = \ln A + \alpha \ln K + (1-\alpha)\ln L$
   시간에 대하여 미분 $\widehat{Y} = \widehat{A} + \alpha \widehat{K} + (1-\alpha)\widehat{L}$
3) $Y = AK^\alpha L^{1-\alpha}$ 에서 $MP_L = AK^\alpha(1-\alpha)L^{-\alpha}$ 이며, 이는 노동의 보수이다.
   노동의 총보수는 $L\,MP_L = AK^\alpha(1-\alpha)L^{1-\alpha} = (1-\alpha)Y$ 가 된다.
4) $Y = AK^\alpha L^{1-\alpha}$ 에서 $MP_K = A\alpha K^{\alpha-1}L^{1-\alpha}$ 이며, 이는 자본의 보수이다.
   자본의 총보수는 $K\,MP_K = A\alpha K^\alpha L^{1-\alpha} = \alpha Y$ 가 된다.
5) $\widehat{Y} = \widehat{A} + \alpha \widehat{K} + (1-\alpha)\widehat{L}$, α: 자본의 분배몫, $1-\alpha$: 노동의 분배몫
   경제성장률 = 총요소생산성증가율 + (자본분배몫 × 자본증가율) + (노동분배몫 × 노동증가율)
6) $\widehat{Y} = \widehat{A} + \alpha \widehat{K} + (1-\alpha)\widehat{L}$ 의 양변에서 노동증가율을 뺀다.
   $(\widehat{Y} - \widehat{L}) = \widehat{A} + \alpha(\widehat{K} - \widehat{L}) \rightarrow \widehat{y} = \widehat{A} + \alpha\widehat{k}$
7) 1인당 소득의 증가율은 총요소생산성 증가율 + (자본의 분배몫 × 1인당 자본의 증가율)
   1인당 소득의 증가는 결국 1인당 자본의 축적 또는 기술진보에 의하여 가능하다.

설문에서 주어진 자료를 위의 산식 6)에 대입하면 다음과 같다.

$\widehat{Y} = \widehat{A} + \alpha \widehat{K} + (1-\alpha)\widehat{L}$
$10\% = \widehat{A} + (0.5 \times 4\%) + (0.5 \times 4\%)$ 따라서 $\widehat{A} = 6\%$ 가 된다.

05 | 2010년 지방직 7급

한 국가의 총생산함수가 다음과 같은 Cobb–Douglas 생산함수 형태로 주어져 있다. 이 국가의 연간 평균 노동성장률은 5%이며, 자본성장률은 7.5%이고 규모계수는 연간 평균 2%씩 성장한다. 이 국가의 연간 경제성장률은?

$$Y = AL^a K^{-b}$$
(단, 여기서 $Y=$ 산출고, $A=$ 규모계수, $L=$노동투입량, $K=$ 자본투입량, $a=0.6$, $b=0.4$이다)

① 6% 　　　　　② 8%
③ 12.5% 　　　　④ 14.5%

출제이슈 성장회계
핵심해설 정답 ②

경제성장의 요인으로서 노동, 자본, 기술이 각각 경제성장에 기여하는 상대적 크기를 비교함으로써 경제성장에서 어떤 요인이 특히 중요한 역할을 하는지 분석하는 것을 성장회계라고 한다.

특히 Cobb–Douglas 생산함수에서 성장회계방정식은 다음과 같다.

1) $Y = AK^{\alpha} L^{1-\alpha}$,
   Y:생산량, K:자본, L:노동, A:기술수준 혹은 총요소생산성, $0 < \alpha < 1$

2) 자연로그로 변형 $\ln Y = \ln A + \alpha \ln K + (1-\alpha) \ln L$
   시간에 대하여 미분 $\hat{Y} = \hat{A} + \alpha \hat{K} + (1-\alpha) \hat{L}$

3) $Y = AK^{\alpha} L^{1-\alpha}$에서 $MP_L = AK^{\alpha}(1-\alpha) L^{-\alpha}$이며, 이는 노동의 보수이다.
   노동의 총보수는 $LMP_L = AK^{\alpha}(1-\alpha) L^{1-\alpha} = (1-\alpha) Y$가 된다.

4) $Y = AK^{\alpha} L^{1-\alpha}$에서 $MP_K = A\alpha K^{\alpha-1} L^{1-\alpha}$이며, 이는 자본의 보수이다.
   자본의 총보수는 $KMP_K = A\alpha K^{\alpha} L^{1-\alpha} = \alpha Y$가 된다.

5) $\hat{Y} = \hat{A} + \alpha \hat{K} + (1-\alpha) \hat{L}$, α: 자본의 분배몫, $1-\alpha$: 노동의 분배몫
   경제성장률 = 총요소생산성증가율 + (자본분배몫 × 자본증가율) + (노동분배몫 × 노동증가율)

6) $\hat{Y} = \hat{A} + \alpha \hat{K} + (1-\alpha) \hat{L}$ 의 양변에서 노동증가율을 뺀다.
   $(\hat{Y} - \hat{L}) = \hat{A} + \alpha(\hat{K} - \hat{L}) \rightarrow \hat{y} = \hat{A} + \alpha \hat{k}$

7) 1인당 소득의 증가율은 총요소생산성 증가율 + (자본의 분배몫 × 1인당 자본의 증가율)
   1인당 소득의 증가는 결국 1인당 자본의 축적 또는 기술진보에 의하여 가능하다.

설문에서 주어진 자료를 위의 산식 5)에 대입하면 다음과 같다.

$\hat{Y} = \hat{A} + \alpha \hat{K} + (1-\alpha) \hat{L}$
$\hat{Y} = 2\% + (0.4 \times 7.5\%) + (0.6 \times 5\%) = 8\%$가 된다. 따라서 경제성장률은 8%가 된다.

06 2011년 지방직 7급

甲국의 생산함수가 $Y = AK^{\frac{1}{3}}L^{\frac{2}{3}}$ 이고, 노동자 1인당 생산량 증가율이 5%, 노동인구 증가율은 1%, 기술수준 증가율이 3%일 때, 자본량의 증가율은? (단, Y, A, K, L은 시간의 함수이며, Y는 생산량, A는 기술수준, K는 자본량, L은 노동인구를 나타낸다)

① 4% ② 5%

③ 6% ④ 7%

출제이슈 성장회계
핵심해설 정답 ④

경제성장의 요인으로서 노동, 자본, 기술이 각각 경제성장에 기여하는 상대적 크기를 비교함으로써 경제성장에서 어떤 요인이 특히 중요한 역할을 하는지 분석하는 것을 성장회계라고 한다.

특히 Cobb-Douglas 생산함수에서 성장회계방정식은 다음과 같다.

1) $Y = AK^{\alpha}L^{1-\alpha}$,
   Y :생산량, K :자본, L :노동, A :기술수준 혹은 총요소생산성, $0 < \alpha < 1$
2) 자연로그로 변형 $\ln Y = \ln A + \alpha \ln K + (1-\alpha)\ln L$
   시간에 대하여 미분 $\widehat{Y} = \widehat{A} + \alpha \widehat{K} + (1-\alpha)\widehat{L}$
3) $Y = AK^{\alpha}L^{1-\alpha}$ 에서 $MP_L = AK^{\alpha}(1-\alpha)L^{-\alpha}$ 이며, 이는 노동의 보수이다.
   노동의 총보수는 $LMP_L = AK^{\alpha}(1-\alpha)L^{1-\alpha} = (1-\alpha)Y$ 가 된다.
4) $Y = AK^{\alpha}L^{1-\alpha}$ 에서 $MP_K = A\alpha K^{\alpha-1}L^{1-\alpha}$ 이며, 이는 자본의 보수이다.
   자본의 총보수는 $KMP_K = A\alpha K^{\alpha}L^{1-\alpha} = \alpha Y$ 가 된다.
5) $\widehat{Y} = \widehat{A} + \alpha \widehat{K} + (1-\alpha)\widehat{L}$, α : 자본의 분배몫, $1-\alpha$: 노동의 분배몫
   경제성장률 = 총요소생산성증가율 + (자본분배몫 × 자본증가율) + (노동분배몫 × 노동증가율)
6) $\widehat{Y} = \widehat{A} + \alpha \widehat{K} + (1-\alpha)\widehat{L}$ 의 양변에서 노동증가율을 뺀다.
   $(\widehat{Y} - \widehat{L}) = \widehat{A} + \alpha(\widehat{K} - \widehat{L}) \rightarrow \hat{y} = \widehat{A} + \alpha \hat{k}$
7) 1인당 소득의 증가율은 총요소생산성 증가율 + (자본의 분배몫 × 1인당 자본의 증가율)
   1인당 소득의 증가는 결국 1인당 자본의 축적 또는 기술진보에 의하여 가능하다.

설문에서 주어진 자료를 위의 산식 6)에 대입하면 다음과 같다.

$(\widehat{Y} - \widehat{L}) = \widehat{A} + \alpha(\widehat{K} - \widehat{L})$

$5\% = 3\% + \dfrac{1}{3}(\widehat{K} - 1\%)$ 이 된다. 따라서 $\widehat{K} = 7\%$ 가 된다.

07 2020년 국가직 7급

다음 성장회계(growth accounting)식에서 노동자 1인당 GDP 증가율이 4%, 노동자 1인당 자본 증가율이 6%일 때, 총요소생산성 증가율은?

• 성장회계식: $\dfrac{\triangle Y}{Y} = \dfrac{\triangle A}{A} + \dfrac{1}{3}\dfrac{\triangle K}{K} + \dfrac{2}{3}\dfrac{\triangle L}{L}$

(단, $\dfrac{\triangle Y}{Y}, \dfrac{\triangle A}{A}, \dfrac{\triangle K}{K}, \dfrac{\triangle L}{L}$ 은 각각 GDP 증가율, 총요소생산성 증가율, 자본 증가율, 노동자 증가율이다)

① 1% ② 2%
③ 3% ④ 4%

출제이슈 성장회계
핵심해설 정답 ②

경제성장의 요인으로서 노동, 자본, 기술이 각각 경제성장에 기여하는 상대적 크기를 비교함으로써 경제성장에서 어떤 요인이 특히 중요한 역할을 하는지 분석하는 것을 성장회계라고 한다.

특히 Cobb-Douglas 생산함수에서 성장회계방정식은 다음과 같다.
1) $Y = AK^{\alpha}L^{1-\alpha}$,
   Y:생산량, K:자본, L:노동, A:기술수준 혹은 총요소생산성, $0 < \alpha < 1$
2) 자연로그로 변형 $\ln Y = \ln A + \alpha \ln K + (1-\alpha)\ln L$
   시간에 대하여 미분 $\hat{Y} = \hat{A} + \alpha \hat{K} + (1-\alpha)\hat{L}$
3) $Y = AK^{\alpha}L^{1-\alpha}$ 에서 $MP_L = AK^{\alpha}(1-\alpha)L^{-\alpha}$ 이며, 이는 노동의 보수이다.
   노동의 총보수는 $LMP_L = AK^{\alpha}(1-\alpha)L^{1-\alpha} = (1-\alpha)Y$ 가 된다.
4) $Y = AK^{\alpha}L^{1-\alpha}$ 에서 $MP_K = A\alpha K^{\alpha-1}L^{1-\alpha}$ 이며, 이는 자본의 보수이다.
   자본의 총보수는 $KMP_K = A\alpha K^{\alpha}L^{1-\alpha} = \alpha Y$ 가 된다.
5) $\hat{Y} = \hat{A} + \alpha \hat{K} + (1-\alpha)\hat{L}$, α: 자본의 분배몫, $1-\alpha$: 노동의 분배몫
   경제성장률 = 총요소생산성증가율 + (자본분배몫 × 자본증가율) + (노동분배몫 × 노동증가율)
6) $\hat{Y} = \hat{A} + \alpha \hat{K} + (1-\alpha)\hat{L}$ 의 양변에서 노동증가율을 뺀다.
   $(\hat{Y} - \hat{L}) = \hat{A} + \alpha(\hat{K} - \hat{L}) \rightarrow \hat{y} = \hat{A} + \alpha \hat{k}$
7) 1인당 소득의 증가율은 총요소생산성 증가율 + (자본의 분배몫 × 1인당 자본의 증가율)
   1인당 소득의 증가는 결국 1인당 자본의 축적 또는 기술진보에 의하여 가능하다.

설문에서 주어진 자료를 위의 산식 6)에 대입하면 다음과 같다.

$(\hat{Y} - \hat{L}) = \hat{A} + \alpha(\hat{K} - \hat{L})$
$4\% = \hat{A} + \dfrac{1}{3} \times 6\%$ 따라서 $\hat{A} = 2\%$ 가 된다.

08 2018년 국가직 9급

다음은 A국, B국, C국을 대상으로 지난 10년 기간의 성장회계(growth accounting)를 실시한 결과이다. 이에 대한 설명으로 옳은 것은?

(단위 : %)

	경제성장률	자본배분율	노동배분율	자본증가율	노동증가율
A국	9	40	60	10	5
B국	7	50	50	4	4
C국	8	50	50	10	4

① 경제성장에 대한 자본의 기여도가 가장 큰 국가는 A국이다.
② A국의 경우 노동이나 자본보다 총요소생산성 증가가 경제성장에 가장 큰 기여를 했다.
③ 총요소생산성 증가의 경제성장에 대한 기여도가 가장 큰 국가는 B국이다.
④ C국의 총요소생산성의 경제성장에 대한 기여도는 2%이다.

출제이슈 성장회계
핵심해설 정답 ③

경제성장의 요인으로서 노동, 자본, 기술이 각각 경제성장에 기여하는 상대적 크기를 비교함으로써 경제성장에서 어떤 요인이 특히 중요한 역할을 하는지 분석하는 것을 성장회계라고 한다.

특히 Cobb-Douglas 생산함수에서 성장회계방정식은 다음과 같다.
1) $Y = AK^{\alpha}L^{1-\alpha}$,
   Y :생산량, K :자본, L :노동, A :기술수준 혹은 총요소생산성, $0 < \alpha < 1$
2) 자연로그로 변형 $\ln Y = \ln A + \alpha \ln K + (1-\alpha)\ln L$
   시간에 대하여 미분 $\widehat{Y} = \widehat{A} + \alpha\,\widehat{K} + (1-\alpha)\,\widehat{L}$
3) $Y = AK^{\alpha}L^{1-\alpha}$ 에서 $MP_L = AK^{\alpha}(1-\alpha)L^{-\alpha}$ 이며, 이는 노동의 보수이다.
   노동의 총보수는 $L\,MP_L = AK^{\alpha}(1-\alpha)L^{1-\alpha} = (1-\alpha)\,Y$ 가 된다.
4) $Y = AK^{\alpha}L^{1-\alpha}$ 에서 $MP_K = A\alpha K^{\alpha-1}L^{1-\alpha}$ 이며, 이는 자본의 보수이다.
   자본의 총보수는 $K\,MP_K = A\alpha K^{\alpha}L^{1-\alpha} = \alpha Y$ 가 된다.
5) $\widehat{Y} = \widehat{A} + \alpha\,\widehat{K} + (1-\alpha)\,\widehat{L}$, α : 자본의 분배몫, $1-\alpha$: 노동의 분배몫
   경제성장률 = 총요소생산성증가율 + (자본분배몫 × 자본증가율) + (노동분배몫 × 노동증가율)
6) $\widehat{Y} = \widehat{A} + \alpha\,\widehat{K} + (1-\alpha)\,\widehat{L}$ 의 양변에서 노동증가율을 뺀다.
   $(\widehat{Y} - \widehat{L}) = \widehat{A} + \alpha(\widehat{K} - \widehat{L}) \rightarrow \hat{y} = \widehat{A} + \alpha\,\hat{k}$
7) 1인당 소득의 증가율은 총요소생산성 증가율 + (자본의 분배몫 × 1인당 자본의 증가율)
   1인당 소득의 증가는 결국 1인당 자본의 축적 또는 기술진보에 의하여 가능하다.

제9편

설문에서 주어진 자료를 위의 산식 5)에 대입하면 다음과 같다.

$$\widehat{Y} = \widehat{A} + \alpha \widehat{K} + (1-\alpha)\widehat{L}$$

1) A국의 경우: $9\% = \widehat{A} + (0.4 \times 10\%) + (0.6 \times 5\%), \quad \widehat{A} = 2\%$

2) B국의 경우: $7\% = \widehat{A} + (0.5 \times 4\%) + (0.5 \times 4\%), \quad \widehat{A} = 3\%$

3) C국의 경우: $8\% = \widehat{A} + (0.5 \times 10\%) + (0.5 \times 4\%), \quad \widehat{A} = 1\%$

위의 결과를 해석하여 설문을 검토하면 다음과 같다.

① 틀린 내용이다.
경제성장에 대하여 자본이 기여한 정도를 구하면 다음과 같다.
A국: $(0.4 \times 10\%) = 4\%$
B국: $(0.5 \times 4\%) = 2\%$
C국: $(0.5 \times 10\%) = 5\%$
따라서 경제성장에 대하여 자본이 기여한 정도는 C국이 가장 크다.

② 틀린 내용이다.
A국의 경우, 성장회계에 의하여 경제성장률은 $9\% = \widehat{A} + (0.4 \times 10\%) + (0.6 \times 5\%), \quad \widehat{A} = 2\%$ 와 같이 분해될 수 있다. 따라서 경제성장에 대하여 총요소생산성의 기여는 2%이고 노동의 기여는 3%, 자본의 기여는 4%로서 자본이 경제성장에 가장 큰 기여를 했다.

③ 옳은 내용이다.

1) A국의 경우: $9\% = \widehat{A} + (0.4 \times 10\%) + (0.6 \times 5\%), \quad \widehat{A} = 2\%$

2) B국의 경우: $7\% = \widehat{A} + (0.5 \times 4\%) + (0.5 \times 4\%), \quad \widehat{A} = 3\%$

3) C국의 경우: $8\% = \widehat{A} + (0.5 \times 10\%) + (0.5 \times 4\%), \quad \widehat{A} = 1\%$

따라서, 각국의 총요소생산성증가율을 비교해 보면, 총요소생산성의 증가가 경제성장에 기여한 정도는 A국 2%, B국 3%, C국 1%로서 B국이 가장 크다.

④ 틀린 내용이다.
C국의 경우: $8\% = \widehat{A} + (0.5 \times 10\%) + (0.5 \times 4\%), \quad \widehat{A} = 1\%$ 이다.
따라서 C국의 총요소생산성의 경제성장에 대한 기여도는 1%이다.

09 | 2020년 지방직 7급

갑국의 생산함수는 $Y_갑 = A_갑 L_갑^{0.5} K_갑^{0.5}$, 을국의 생산함수는 $Y_을 = A_을 L_을^{0.3} K_을^{0.7}$ 이다. 두 국가 모두 노동증가율이 10 %, 자본증가율이 20 %일 때, 두 국가의 총생산증가율을 같게 하기 위한 설명으로 옳은 것은? (단, Y는 각국의 총생산량, A는 각국의 총요소생산성, L은 각국의 노동량, K는 각국의 자본량이다)

① 갑국의 총요소생산성 증가율은 을국의 총요소생산성 증가율보다 2 % 포인트 더 높아야 한다.
② 갑국의 총요소생산성 증가율은 을국의 총요소생산성 증가율보다 2 % 포인트 더 낮아야 한다.
③ 갑국의 총요소생산성 증가율은 을국의 총요소생산성 증가율보다 4 % 포인트 더 높아야 한다.
④ 갑국의 총요소생산성 증가율은 을국의 총요소생산성 증가율보다 4 % 포인트 더 낮아야 한다.

출제이슈 성장회계
핵심해설 정답 ①

경제성장의 요인으로서 노동, 자본, 기술이 각각 경제성장에 기여하는 상대적 크기를 비교함으로써 경제성장에서 어떤 요인이 특히 중요한 역할을 하는지 분석하는 것을 성장회계라고 한다.

특히 Cobb-Douglas 생산함수에서 성장회계방정식은 다음과 같다.

1) $Y = AK^{\alpha}L^{1-\alpha}$,
   Y:생산량, K:자본, L:노동, A:기술수준 혹은 총요소생산성, $0 < \alpha < 1$
2) 자연로그로 변형 $\ln Y = \ln A + \alpha \ln K + (1-\alpha)\ln L$
   시간에 대하여 미분 $\hat{Y} = \hat{A} + \alpha\hat{K} + (1-\alpha)\hat{L}$
3) $Y = AK^{\alpha}L^{1-\alpha}$에서 $MP_L = AK^{\alpha}(1-\alpha)L^{-\alpha}$이며, 이는 노동의 보수이다.
   노동의 총보수는 $LMP_L = AK^{\alpha}(1-\alpha)L^{1-\alpha} = (1-\alpha)Y$가 된다.
4) $Y = AK^{\alpha}L^{1-\alpha}$에서 $MP_K = A\alpha K^{\alpha-1}L^{1-\alpha}$이며, 이는 자본의 보수이다.
   자본의 총보수는 $KMP_K = A\alpha K^{\alpha}L^{1-\alpha} = \alpha Y$가 된다.
5) $\hat{Y} = \hat{A} + \alpha\hat{K} + (1-\alpha)\hat{L}$, α : 자본의 분배몫, $1-\alpha$: 노동의 분배몫
   경제성장률 = 총요소생산성증가율 + (자본분배몫 × 자본증가율) + (노동분배몫 × 노동증가율)
6) $\hat{Y} = \hat{A} + \alpha\hat{K} + (1-\alpha)\hat{L}$ 의 양변에서 노동증가율을 뺀다.
   $(\widehat{Y-L}) = \hat{A} + \alpha(\hat{K}-\hat{L}) \rightarrow \hat{y} = \hat{A} + \alpha\hat{k}$
7) 1인당 소득의 증가율은 총요소생산성 증가율 + (자본의 분배몫 × 1인당 자본의 증가율)
   1인당 소득의 증가는 결국 1인당 자본의 축적 또는 기술진보에 의하여 가능하다.

설문에서 주어진 자료를 위의 산식 5)에 대입하면 다음과 같다.

$$\hat{Y} = \hat{A} + \alpha\hat{K} + (1-\alpha)\hat{L}$$

1) 갑국의 경우

$\widehat{Y_갑} = \widehat{A_갑} + (0.5 \times \widehat{K_갑}) + (0.5 \times \widehat{L_갑})$

$\widehat{Y_갑} = \widehat{A_갑} + (0.5 \times 20\%) + (0.5 \times 10\%) = \widehat{A_갑} + 15\%$

따라서 $\widehat{Y_갑} = \widehat{A_갑} + 15\%$ ------- ①

제9편

2) 을국의 경우

$\widehat{Y_{을}} = \widehat{A_{을}} + (0.7 \times \widehat{K_{을}}) + (0.3 \times \widehat{L_{을}})$

$\widehat{Y_{을}} = \widehat{A_{을}} + (0.7 \times 20\%) + (0.3 \times 10\%) = \widehat{A_{을}} + 17\%$

따라서 $\widehat{Y_{을}} = \widehat{A_{을}} + 17\%$ ------ ②

3) 그런데 설문에서 두 국가의 총생산증가율을 같도록 해야 하므로 $\widehat{Y_{갑}}$ 과 $\widehat{Y_{을}}$ 이 같다.

따라서 위의 ①에서 ②를 빼면 $\widehat{Y_{갑}}$ 과 $\widehat{Y_{을}}$ 이 같으므로 $0 = \widehat{A_{갑}} - \widehat{A_{을}} - 2\%$ 가 된다.

즉, $\widehat{A_{갑}} - \widehat{A_{을}} = 2\%$ 이므로 갑국의 총요소생산성은 을국의 총요소생산성보다도 2%P 높아야 한다.

10 2016년 지방직 7급

어떤 국가의 총생산함수는 $Y = AK^{0.3}L^{0.5}H^{0.2}$이다. 여기서 A, K, L, H는 각각 총요소생산성, 자본, 노동, 인적자본을 의미한다. 총요소생산성 증가율이 1%, 자본 증가율이 3%, 노동 증가율이 4%, 인적자본 증가율이 5%인 경우 이 국가의 경제성장률은?

① 3.2% ② 4.9%
③ 5.5% ④ 6.8%

출제이슈 성장회계
핵심해설 정답 ②

경제성장의 요인으로서 노동, 자본, 기술이 각각 경제성장에 기여하는 상대적 크기를 비교함으로써 경제성장에서 어떤 요인이 특히 중요한 역할을 하는지 분석하는 것을 성장회계라고 한다.

특히 Cobb-Douglas 생산함수에서 성장회계방정식은 다음과 같다.
1) $Y = AK^\alpha L^{1-\alpha}$,
   Y:생산량, K:자본, L:노동, A:기술수준 혹은 총요소생산성, $0 < \alpha < 1$
2) 자연로그로 변형 $\ln Y = \ln A + \alpha \ln K + (1-\alpha)\ln L$
   시간에 대하여 미분 $\widehat{Y} = \widehat{A} + \alpha \widehat{K} + (1-\alpha)\widehat{L}$
3) $Y = AK^\alpha L^{1-\alpha}$에서 $MP_L = AK^\alpha(1-\alpha)L^{-\alpha}$이며, 이는 노동의 보수이다.
   노동의 총보수는 $LMP_L = AK^\alpha(1-\alpha)L^{1-\alpha} = (1-\alpha)Y$가 된다.
4) $Y = AK^\alpha L^{1-\alpha}$에서 $MP_K = A\alpha K^{\alpha-1}L^{1-\alpha}$이며, 이는 자본의 보수이다.
   자본의 총보수는 $KMP_K = A\alpha K^\alpha L^{1-\alpha} = \alpha Y$가 된다.
5) $\widehat{Y} = \widehat{A} + \alpha \widehat{K} + (1-\alpha)\widehat{L}$, α : 자본의 분배몫, $1-\alpha$: 노동의 분배몫
   경제성장률 = 총요소생산성증가율 + (자본분배몫 × 자본증가율) + (노동분배몫 × 노동증가율)

설문에서 주어진 생산함수는 성장요인을 자본, 노동, 인적자본, 총요소생산성으로 구별하였다. 이 경우에도 성장회계방정식의 원리는 그대로 적용되므로 성장회계방정식을 구해보면 다음과 같다.

$Y = AK^{0.3}L^{0.5}H^{0.2}$,
A, K, L, H는 각각 총요소생산성, 자본, 노동, 인적자본

주어진 생산함수를 성장률 형태로 변형하면 $\widehat{Y} = \widehat{A} + 0.3\widehat{K} + 0.5\widehat{L} + 0.2\widehat{H}$ 가 된다.

설문에서 주어진 자료를 위의 산식에 대입하면

$\widehat{Y} = 1 + (0.3 \times 3\%) + (0.5 \times 4\%) + (0.2 \times 5\%) = 4.9\%$가 된다. 따라서 경제성장률은 4.9%가 된다.

11 | 2016년 국가직 7급

A국의 1인당 $GDP(y)$, 1인당 물적자본스톡(k), 그리고 1인당 인적자본스톡(h)의 연평균 증가율은 각각 1.54%, 0.84%, 0.63%이며, 총생산함수는 $y = zk^\alpha h^{1-\alpha}$이다. 이 경우 Q국의 총요소생산성의 연평균 증가율은? (단, z는 총요소생산성이며, $\alpha = \dfrac{1}{3}$이다)

① 0.07%   ② 0.70

③ 0.84%   ④ 1.09%

출제이슈   성장회계
핵심해설   정답 ③

경제성장의 요인으로서 노동, 자본, 기술이 각각 경제성장에 기여하는 상대적 크기를 비교함으로써 경제성장에서 어떤 요인이 특히 중요한 역할을 하는지 분석하는 것을 성장회계라고 한다.

특히 Cobb-Douglas 생산함수에서 성장회계방정식은 다음과 같다.

1) $Y = AK^\alpha L^{1-\alpha}$,
   Y:생산량, K:자본, L:노동, A:기술수준 혹은 총요소생산성, $0 < \alpha < 1$
2) 자연로그로 변형 $\ln Y = \ln A + \alpha \ln K + (1-\alpha)\ln L$
   시간에 대하여 미분 $\hat{Y} = \hat{A} + \alpha \hat{K} + (1-\alpha)\hat{L}$
3) $Y = AK^\alpha L^{1-\alpha}$에서 $MP_L = AK^\alpha(1-\alpha)L^{-\alpha}$이며, 이는 노동의 보수이다.
   노동의 총보수는 $L MP_L = AK^\alpha(1-\alpha)L^{1-\alpha} = (1-\alpha)Y$가 된다.
4) $Y = AK^\alpha L^{1-\alpha}$에서 $MP_K = A\alpha K^{\alpha-1}L^{1-\alpha}$이며, 이는 자본의 보수이다.
   자본의 총보수는 $K MP_K = A\alpha K^\alpha L^{1-\alpha} = \alpha Y$가 된다.
5) $\hat{Y} = \hat{A} + \alpha \hat{K} + (1-\alpha)\hat{L}$, α : 자본의 분배몫, $1-\alpha$: 노동의 분배몫
   경제성장률 = 총요소생산성증가율 + (자본분배몫 × 자본증가율) + (노동분배몫 × 노동증가율)

설문에서 주어진 생산함수는 성장요인을 인적자본, 물적자본, 총요소생산성으로 구별하였다. 이 경우에도 성장회계방정식의 원리는 그대로 적용되므로 성장회계방정식을 구해보면 다음과 같다.

$y = zk^\alpha h^{1-\alpha}$, 1인당 $GDP(y)$, 1인당 물적자본스톡(k), 그리고 1인당 인적자본스톡(h)

주어진 1인당 생산함수를 성장률 형태로 변형하면 $\hat{y} = \hat{z} + \alpha\hat{k} + (1-\alpha)\hat{h}$ 가 된다.

설문에서 주어진 자료를 위의 산식에 대입하면 다음과 같다.

$1.54\% = \hat{z} + (\dfrac{1}{3} \times 0.84\%) + (\dfrac{2}{3} \times 0.63\%)$

따라서 $\hat{z} = 0.84\%$가 된다.

12 2015년 지방직 7급

다음 표는 생산함수가 $y = z\sqrt{k}\sqrt{h}$ 로 동일한 두 국가(A국과 B국)의 1인당 GDP(y), 1인당 물적자본스톡(k), 1인당 인적자본 스톡(h)을 나타내고 있다. B국의 1인당 GDP가 A국의 1인당 GDP의 2.4배라고 할 때, B국의 생산성은 A국 생산성의 몇 배인가? (단, z는 생산성을 나타낸다)

구분	A국	B국
1인당 GDP(y)	100	( )
1인당 물적자본스톡(k)	100	100
1인당 인적자본스톡(h)	25	64

① 1.2   ② 1.5
③ 2.0   ④ 2.4

출제이슈 성장회계
핵심해설 정답 ②

경제성장의 요인으로서 노동, 자본, 기술이 각각 경제성장에 기여하는 상대적 크기를 비교함으로써 경제성장에서 어떤 요인이 특히 중요한 역할을 하는지 분석하는 것을 성장회계라고 한다.

특히 Cobb-Douglas 생산함수에서 성장회계방정식은 다음과 같다.
1) $Y = AK^\alpha L^{1-\alpha}$,
   Y:생산량, K:자본, L:노동, A:기술수준 혹은 총요소생산성, $0 < \alpha < 1$
2) 자연로그로 변형 $\ln Y = \ln A + \alpha \ln K + (1-\alpha)\ln L$
   시간에 대하여 미분 $\hat{Y} = \hat{A} + \alpha\hat{K} + (1-\alpha)\hat{L}$
3) $Y = AK^\alpha L^{1-\alpha}$에서 $MP_L = AK^\alpha(1-\alpha)L^{-\alpha}$이며, 이는 노동의 보수이다.
   노동의 총보수는 $LMP_L = AK^\alpha(1-\alpha)L^{1-\alpha} = (1-\alpha)Y$가 된다.
4) $Y = AK^\alpha L^{1-\alpha}$에서 $MP_K = A\alpha K^{\alpha-1}L^{1-\alpha}$이며, 이는 자본의 보수이다.
   자본의 총보수는 $KMP_K = A\alpha K^\alpha L^{1-\alpha} = \alpha Y$가 된다.
5) $\hat{Y} = \hat{A} + \alpha\hat{K} + (1-\alpha)\hat{L}$, α : 자본의 분배몫, $1-\alpha$: 노동의 분배몫
   경제성장률 = 총요소생산성증가율 + (자본분배몫 × 자본증가율) + (노동분배몫 × 노동증가율)

설문에서 주어진 생산함수는 성장요인을 물적자본, 인적자본, 총요소생산성으로 구별하였다. 이 경우에도 성장회계방정식의 원리는 그대로 적용된다. 다만, 설문에서는 성장회계방정식을 직접적으로 묻는 것이 아님에 주의하자. 그러나 성장회계의 원리에 따라서 두 국가 간 경제성장의 원동력을 비교하는 것이 본 문제의 핵심이다.

주어진 생산함수는 다음과 같다.
$y = z\sqrt{k}\sqrt{h}$, 1인당 GDP(y), 1인당 물적자본스톡(k), 1인당 인적자본스톡(h)

설문에서 주어진 자료를 위의 생산함수에 대입하면
1) **A국의 경우** : $y = z\sqrt{k}\sqrt{h}$에서 $100 = z\sqrt{100}\sqrt{25} = 50z$가 된다. 따라서 $z = 2$가 된다.
2) **B국의 경우** : $y = z\sqrt{k}\sqrt{h}$에서 $240 = z\sqrt{100}\sqrt{64} = 80z$가 된다. 따라서 $z = 3$이 된다.
3) 따라서 B국은 A국의 생산성의 1.5배가 됨을 알 수 있다.

ISSUE 05 내생적 성장이론

2019 국7 | 2019 지7 | 2017 국7 | 2017 서7 | 2017 국9
2016 국9 | 2015 국7 | 2014 국7 | 2010 국7

1 솔로우 모형의 한계

1) 저축률의 외생적 결정

2) 인구증가율의 외생적 결정

3) 기술진보율의 외생적 결정

4) 국가별 소득격차의 문제

2 AK 모형

1) 자본을 지식자본 및 인적자본으로 포괄하는 개념으로 확장할 경우 자본의 수확체감이 일어나지 않을 수 있다. 따라서 기술진보 없이 지속적 성장이 가능할 수 있다.

2) 그러나 엄밀하게는 이 모형에도 기술이 지식자본, 인적자본으로 포섭될 수 있기 때문에 기술진보를 고려하지 않는다기보다는 수확체감이 일어나지 않도록 고안된 모형이다. 즉, 지식을 자본의 한 형태로 보고 있다.

3) 생산요소의 축적만으로도 지속적인 경제성장이 가능하다. 이를 위해서 저축률이 성장률을 결정하는 중요한 요소이다. 따라서 저축률을 증가시키는 다양한 정부정책이 지속적인 경제성장을 가져올 수 있다.

4) AK 모형에 의하면, 자본을 지식자본 및 인적자본으로 확장하여 자본의 수확체감이 일어나지 않기 때문에 솔로우 모형과 달리 수렴성이 나타나지 않고 국가 간 소득격차가 유지될 수 있는 근거가 된다.

3 인적자본 모형: 인적자본의 경합성과 배제가능성

1) 자본을 물적자본과 인적자본으로 구분하여 인적자본의 증가에 의해서 물적자본 및 노동의 생산성이 지속적으로 향상될 수 있다.

2) 인적자본과 실물자본이 동시에 축적된다면, 실물자본의 생산성이 지속적으로 상승하여 자본의 수확체감현상이 발생하지 않을 수 있고, 지속적인 경제성장이 가능하다.

4 R&D 모형 : 지식자본 모형, 지식의 비경합성과 배제가능성

1) 경제 내의 노동을 두 종류로 구분하여 경제 내에 재화를 생산하는 생산부문과 기술을 생산하는 연구개발부문이 존재한다.

2) 기술진보가 연구개발부문에서 이루어지는 정도는 연구개발 인력뿐만 아니라 기존의 지식스톡이 얼마나 많은지에 영향을 받는다.

3) 지식의 수준이 노동의 효율성을 결정하며, 노동의 효율성 즉 지식 및 기술은 경제 내에서 지속적으로 증가 가능하다. 그러나 지식의 생산 정도에 따라서 정체될 수도 있다.

4) 개별기업의 지식자본수준은 경제 전체의 물적자본수준에 의존하여 개별기업의 생산수준은 결국 그 개별기업의 자본량뿐만 아니라 경제 전체의 자본량에도 의존한다.

5) 이를 자본의 외부경제성이라고 하며, 자본에 의해 축적되는 지식의 비경합성과 비배제성으로 인해 자본으로부터의 사적 이득이 사회적 이득보다 낮게 된다.

6) 그런데 지식은 다른 사람이 이를 사용하는 것을 방지할 수 있다는 점에서 어느 정도는 배제가능성을 가진다. 이는 기술에 대한 지식재산권 관련 법, 제도적 장치에 달려있으며, 이러한 제도가 잘 정비되어 있을 경우 지대추구행위에 의하여 지식, 기술이 축적된다.

7) R&D 모형은 기술 및 지식이 모형 내에서 내생적으로 결정되는 모형으로서 자본의 한계생산이 감소하지 않게 된다. (모형에 따라서는 자본의 한계생산은 감소하지만, 기술진보에 의해서 생산함수가 지속적으로 상방 이동하는 것으로 보는 경우도 있다.)

8) R&D 모형을 매우 단순화하면 AK 모형과 일치하게 된다.

ISSUE 문제 📝

01 2016년 국가직 9급

솔로우 모형과 내생적 성장이론에 대한 설명으로 옳지 않은 것은?

① 솔로우 모형에서는 기술진보율이 균제상태에서의 1인당 소득의 증가율을 결정한다.
② 내생적 성장이론에서는 수확체감을 극복하면서 1인당 소득의 지속적인 증가가 가능하다.
③ 솔로우 모형에서는 경제성장의 요인인 기술진보율과 인구증가율이 외생적으로 결정된다.
④ 내생적 성장이론에서는 국가 간 소득격차가 시간이 흐름에 따라 감소한다.

출제이슈 솔로우 모형과 내생적 성장이론
핵심해설 정답 ④

① 옳은 내용이다.
기술진보로 인하여 생산함수가 상방 이동하면, 균제상태에서 1인당 자본이 증가한다.

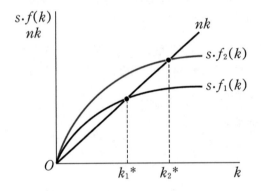

즉, 기술진보로 산출이 증가하여 투자가 증가함으로 인해서 자본의 축적량이 많아지고 1인당 생산이 증가한다. 주의할 것은 기술진보로 1인당 생산함수가 상방으로 이동하더라도 생산함수의 오목한 형태가 그대로 유지되기 때문에 여전히 수확체감 법칙이 작동한다는 것이다. 따라서 새로운 균제상태에서는 지속적인 성장률의 증가를 가져올 수 없다.

그러나 만일 기술진보가 꾸준히 지속적으로 이루어진다면, 경제는 한 곳에 수렴하지 않고 균제상태가 계속 이동하게 되고, 1인당 자본과 1인당 소득이 지속적으로 증가, 성장하게 된다. 결국 솔로우 모형에서는 오직 지속적인 기술진보만이 지속적인 경제성장을 가져올 수 있다. 따라서 설문에서 기술진보율이 균제상태에서의 1인당 소득의 증가율을 결정한다는 것은 옳은 내용이다. 즉, 1인당 소득의 증가율은 기술진보율과 동일하게 된다.

② 옳은 내용이다.
솔로우 모형은 자본의 한계생산은 지속적으로 감소함을 가정하고 있다. 1인당 자본이 축적되면서 1인당 자본의 한계생산은 계속 감소해 나가고 인구증가 및 감가상각으로 인해서 자본유지를 위해 필요한 투자는 계속 증가해 나간다. 결국은 1인당 자본이 더 축적되지 않는, 증가하지 않는 상태에 도달한다. 즉, 이러한 상태에 도달하게 되면 1인당 자본이 불변이며 1인당 생산도 고정이다. 이 경제는 더 이상 성장하지 못하고 정체에 빠진다. 이러한 솔로우 모형의 한계를 극복하기 위한 내생적 성장이론에 의하면, 자본의 한계생산이 체감하지 않고 따라서 1인당 소득이 지속적으로 증가할 수 있다.

③ 옳은 내용이다.

솔로우 모형의 가정으로서 기술진보율과 인구증가율은 외생적으로 결정된다. 이를 보완하기 위해서 기술의 내생적 결정을 도입한 내생적 성장모형과 출산의사결정을 도입한 배로우와 베커 모형 등이 등장하였다.

④ 틀린 내용이다.

내생적 성장이론에서는 국가 간 소득격차가 시간이 흐름에 따라 감소하지 않을 수 있다. 저소득 국가들이 선진국보다 빨리 성장하여 결국은 저소득 국가들과 선진국 간에 소득수준이 비슷해지는 성질이나 현상을 수렴성 혹은 수렴현상이라고 한다. 솔로우 모형에서는 수렴성이 나타나는데 이는 솔로우 모형에서 가정하고 있는 생산함수의 수확체감의 법칙 때문이다.

그러나 내생적 성장이론에서는 자본의 한계생산이 체감하지 않기 때문에 수렴현상이 나타나지 않게 된다. 솔로우 모형과 달리 국가 간 소득격차가 유지될 수 있는 근거는 내생적 성장이론에 따라서 다음과 같다.

ⅰ) AK 모형에 의하면, 자본을 지식자본 및 인적자본으로 포괄하는 개념으로 확장할 경우 자본의 수확체감이 일어나지 않을 수 있다.

ⅱ) 인적자본 모형에 의하면, 자본을 물적자본과 인적자본으로 구분하여 인적자본의 증가에 의해서 물적자본 및 노동의 생산성이 지속적으로 향상될 수 있다. 인적자본과 실물자본이 동시에 축적된다면, 인적자본에 의하여 실물자본의 생산성이 지속적으로 상승하여 자본의 수확체감현상이 발생하지 않을 수 있고, 지속적인 경제성장이 가능하다.

ⅲ) R&D 모형에 의하면, 지식의 수준이 노동의 효율성을 결정하며, 노동의 효율성 즉 지식 및 기술은 경제 내에서 지속적으로 증가 가능하므로 자본의 한계생산이 감소하지 않게 된다. 혹은 학자에 따라서는 자본의 한계생산은 감소하지만 지속적인 기술진보가 생산함수의 지속적인 상방 이동을 가져오기 때문에 지속적으로 소득과 생산의 증가가 가능하다고 주장한다.

02 2019년 지방직 7급

내생적 성장이론의 다양한 시사점이 아닌 것은?

① 이윤극대화를 추구하는 민간기업의 연구개발투자는 양(+)의 외부효과와 음(−)의 외부효과를 동시에 발생시킬 수 있다.
② 연구개발의 결과인 기술진보는 지식의 축적이므로 지대추구행위를 하는 경제주체들에 의하여 빠르게 진행될 수 있다.
③ 교육에 의하여 축적된 인적자본은 비경합성과 배제가능성을 가지고 있다.
④ 노동력 중 연구개발부문의 종사자는 기술진보를 통하여 간접적으로 생산량 증가에 기여한다.

출제이슈 내생적 성장이론
핵심해설 정답 ③

먼저 ③부터 검토한다.

③ 틀린 내용이다.
내생적 성장모형의 하나로서 인적자본 모형을 보면 자본을 물적자본과 인적자본으로 구분하고 인적자본을 기계설비 등의 실물자본과 구별되는 개념으로서 교육이나 기능훈련 등으로 습득되어 인간에 체화되는 자본이며 기술 및 지식과는 구별되는 것으로 본다. 인적자본의 증가에 의해서 물적자본 및 노동의 생산성이 지속적으로 향상될 수 있다. 자본을 이렇게 인적자본으로 확장할 경우 자본의 수확체감이 일어나지 않을 수 있다. 인적자본과 실물자본이 동시에 축적된다면, 실물자본의 생산성이 지속적으로 상승하여 자본의 수확체감현상이 발생하지 않을 수 있고, 지속적인 경제성장이 가능하다. 모형상 물적자본항과 인적자본항의 결합항에 대하여 수확불변 혹은 수확체증일 수 있다. 특히 인적자본 모형에서 핵심적인 인적자본은 지식자본과는 달리 경합성과 배제가능성을 갖는다는 특징이 있다. 따라서 ③은 틀린 내용이 된다.

이어서 지문 ①, ②, ④를 검토한다.

①, ②, ④는 모두 옳은 내용이며, 내생적 성장이론 중 R&D 모형과 관련이 있다.

R&D 모형에 의하면 일국의 기술수준은 외생적으로 주어진 것이 아니며 내생적으로 자본과 노동의 투입에 의해서 생산될 수 있는 것으로 상정한다. 즉, 경제 내의 노동을 두 종류로 구분하여 경제 내에 재화를 생산하는 생산부문과 기술을 생산하는 연구개발부문(지문 ④)이 존재하는데 기술진보가 연구개발부문에서 이루어지는 정도는 연구개발 인력뿐만 아니라 기존의 지식스톡이 얼마나 많은지에 영향을 받는다. 어느 개별기업이 다른 기업에 의해 축적된 지식을 이용할 수 있음을 고려하면, 개별기업의 지식자본수준은 경제 전체의 지식수준에 의해서 결정된다.

특히 자본의 투입량이 많을수록 생산이 많아지기 때문에 자연스럽게 생산의 과정에서 계속적인 지식의 축적이 발생하게 될 것이다. 따라서 지식자본의 축적은 자본량의 증가함수라고도 할 수 있다. 결국, 앞에서 살펴본 경제 전체의 지식수준과 자본량을 모두 고려하면, 개별기업의 생산수준은 그 개별기업의 자본량뿐만 아니라 경제 전체의 자본량에도 의존하게 된다.

즉, 개별기업의 지식자본수준은 경제 전체의 지식자본 및 물적자본의 수준에 의존하여 개별기업의 생산수준은 결국 그 개별기업의 자본량뿐만 아니라 경제 전체의 자본량에도 의존한다. 이를 자본의 외부경제성(지문 ①, 양의 외부효과)이라고 하며, 자본에 의해 축적되는 지식의 비경합성과 배제불가능성으로 인해 자본으로부터의 사적 이득이 사회적 이득보다 낮게 된다. 그러나 지식은 다른 사람이 이를 사용하는 것을 방지할 수 있어서 어느 정도는 배제가능성을 갖는 측면도 있다. 이는 기술에 대한 지식재산권 관련 법, 제도적 장치에 달려있으며, 이러한 제도가 잘 정비되어 있을 경우 지대추구행위에 의하여 지식, 기술이 축적될 수 있다(지문 ②).

그런데 자본으로부터의 사적 이득이 사회적 이득보다 높은 경우에는 과도한 지식과 기술이 오히려 사회에 해악을 끼치고 있음을 의미하는데 이를 자본의 외부불경제성(지문 ①, 음의 외부효과)이라고 한다. 다른 기업들도 곧 발명할 수 있었던 기술을 특정기업이 먼저 발명함으로써 오히려 다른 기업들과 사회 전체적으로 손해를 끼칠 수도 있다. 실증연구에 따르면, 음의 외부효과보다는 양의 외부효과가 더 큰 것으로 나타나고 있다.

이렇게 축적된 기술 및 지식의 수준이 노동의 효율성을 결정하며, 노동의 효율성 즉 지식 및 기술은 경제 내에서 지속적으로 증가 가능하다. R&D 모형은 기술 및 지식이 모형 내에서 내생적으로 결정되는 모형으로서 자본의 한계생산이 감소하지 않게 된다. (경제학자에 따라서는 자본의 한계생산은 감소하지만, 기술진보에 의해서 생산함수가 지속적으로 상방 이동하는 것으로 보는 경우도 있다.)

제9편

03 2019년 국가직 7급

신성장이론(New Growth Theory)에 대한 설명으로 옳지 않은 것은?

① 기술혁신은 우연한 과학적 발견 등에 의해 외생적으로 주어진다고 간주한다.
② 기업이 연구개발에 참여하거나 기술변화에 기여할 때 경제의 지식자본스톡이 증가한다.
③ 개별 기업이 아닌 경제 전체 수준에서 보면 지식자본의 축적을 통해 수확체증(increasing returns)이 나타날 수 있다.
④ 지식 공유에 따른 무임승차 문제를 완화하기 위해 지적재산권에 대한 정부의 보호가 필요하다고 강조한다.

출제이슈 내생적 성장이론
핵심해설 정답 ①

먼저 ①은 틀린 내용이다.
내생적 성장이론은 기술혁신에 대해 막연히 외생적으로 주어진다고 간주하지 않는다. 솔로우 모형의 가정으로서 기술진보율은 외생적으로 결정된다. 이를 보완하기 위해서 기술의 내생적 결정을 도입한 내생적 성장모형이 등장하였다. 내생적 성장이론 중 R&D 모형의 특징은 다음과 같다.

경제 내의 노동을 두 종류로 구분하여 경제 내에 재화를 생산하는 생산부문과 기술을 생산하는 연구개발부문이 존재한다. 지식의 수준이 노동의 효율성을 결정하며, 노동의 효율성 즉 지식 및 기술은 경제 내에서 지속적으로 증가 가능하다(지문 ①, ②).

나아가 어느 개별기업이 다른 기업에 의해 축적된 지식을 이용할 수 있음을 고려하면, 개별기업의 지식자본수준은 경제 전체의 지식수준에 의해서 결정된다.

특히 자본의 투입량이 많을수록 생산이 많아지기 때문에 자연스럽게 생산의 과정에서 계속적인 지식의 축적이 발생하게 될 것이다. 따라서 지식자본의 축적은 자본량의 증가함수라고도 할 수 있다. 결국, 앞에서 살펴본 경제 전체의 지식수준과 자본량을 모두 고려하면, 개별기업의 생산수준은 그 개별기업의 자본량뿐만 아니라 경제 전체의 자본량에도 의존하게 된다. 따라서 경제 전체적으로 수확체증이 가능하게 된다(지문 ③).

개별기업의 지식자본수준은 경제 전체의 지식자본 및 물적자본의 수준에 의존하여 개별기업의 생산수준은 개별기업 및 경제 전체의 지식과 자본량에 의존하게 되며 이를 자본의 외부경제성(양의 외부효과)이라고 한다. 그런데 자본에 의해 축적되는 지식의 비경합성과 배제불가능성으로 인해 자본으로부터의 사적 이득이 사회적 이득보다 낮게 된다. 그러나 지식은 다른 사람이 이를 사용하는 것을 방지할 수 있어서 어느 정도는 배제가능성을 갖는 측면도 있다. 이는 기술에 대한 지식재산권 관련 법, 제도적 장치에 달려있으며, 이러한 제도가 잘 정비되어 있을 경우 지대추구행위에 의하여 지식과 기술이 축적될 수 있다(지문 ④).

04 2015년 국가직 7급

내생적 성장이론은 신고전학파의 경제성장이론의 대안으로 제시된 이론이다. 내생적 성장이론에서 고려되는 경제성장 요인으로 가장 적합한 것은?

① 이자율 상승에 따른 저축률의 증가
② 새로운 지식 및 기술에 대한 연구투자의 증가
③ 자본 감가상각률의 상승
④ 인구 증가

출제이슈 내생적 성장이론
핵심해설 정답 ②

솔로우 모형의 가정으로서 기술진보율은 외생적으로 결정된다. 이를 보완하기 위해서 기술의 내생적 결정을 도입한 내생적 성장이론이 등장하였다. 내생적으로 결정된 지식과 기술이 바로 경제성장의 원동력이 되는 것이다.

내생적 성장이론으로서 R&D 모형에 의하면, 일국의 기술수준은 외생적으로 주어진 것이 아니며 내생적으로 자본과 노동의 투입에 의해서 생산될 수 있는 것으로 상정한다. 즉, 경제 내의 노동을 두 종류로 구분하여 경제 내에 재화를 생산하는 생산부문과 기술을 생산하는 연구개발부문이 존재하는데 기술진보가 연구개발부문에서 이루어지는 정도는 연구개발 인력뿐만 아니라 기존의 지식스톡이 얼마나 많은지에 영향을 받는다. 어느 개별기업이 다른 기업에 의해 축적된 지식을 이용할 수 있음을 고려하면, 개별기업의 지식자본수준은 경제 전체의 지식수준에 의해서 결정된다. 생산된 지식의 수준은 노동의 효율성을 결정하며, 노동의 효율성 즉 지식 및 기술은 경제 내에서 지속적으로 증가 가능하다.

05 2010년 국가직 7급

신성장이론에서 가정하는 AK 모형에 대한 설명으로 옳지 않은 것은?

① 부국과 빈국 사이의 성장률 수렴현상이 강해진다.
② 저축률의 상승이 영구적으로 경제성장을 높일 수 있다.
③ 수확 체감의 법칙이 성립되지 않는다.
④ 자본(K)에는 물적자본 외에 인적자본도 포함한다.

출제이슈 내생적 성장이론
핵심해설 정답 ①

내생적 성장이론 중 AK 모형에 따르면 자본을 물적자본 이외에 지식자본 및 인적자본으로 포괄하는 개념으로 확장할 경우 자본의 수확체감이 일어나지 않을 수 있다(지문 ③, ④). 따라서 기술진보 없이 지속적 성장이 가능할 수 있다. 그러나 엄밀하게는 이 모형에도 기술이 지식자본, 인적자본으로 포섭될 수 있기 때문에 기술진보를 고려하지 않는다기보다는 수확체감이 일어나지 않도록 고안된 모형이다. 즉, 지식을 자본의 한 형태로 보고 있다. 자본을 지식자본 및 인적자본으로 확장하여 자본의 수확체감이 일어나지 않기 때문에 솔로우 모형과 달리 수렴성이 나타나지 않고 국가 간 소득격차가 유지될 수 있는 근거가 된다. 따라서 ①은 틀린 설명이 된다.

AK 모형은 솔로우 모형과는 달리 생산요소의 축적만으로도 지속적인 경제성장이 가능하다. 이를 위해서 저축률이 성장률을 결정하는 중요한 요소이다. 따라서 저축률을 증가시키는 다양한 정부정책이 지속적인 경제성장을 가져올 수 있다(지문 ②).

06 2017년 국가직 9급

내생적 성장모형을 중심으로 하는 신성장이론의 대표 모형인 AK 모형에 대한 설명으로 옳지 않은 것은?

① 저소득 국가의 경제성장률은 고소득 국가의 경제성장률보다 높기 때문에 저소득 국가의 경제성장률은 고소득 국가의 경제성장률에 수렴하게 된다.
② 저축률의 상승이 영구적으로 경제성장률을 높일 수 있다.
③ 노동단위당 자본에 대하여 수확체감의 법칙이 성립하지 않는다.
④ 자본의 개념에 물적자본 외에 인적자본을 포함한다.

출제이슈 내생적 성장이론
핵심해설 정답 ①

내생적 성장이론 중 AK 모형에 따르면 자본을 물적자본 이외에 지식자본 및 인적자본으로 포괄하는 개념으로 확장할 경우 자본의 수확체감이 일어나지 않을 수 있다(지문 ③, ④). 따라서 기술진보 없이 지속적 성장이 가능할 수 있다. 그러나 엄밀하게는 이 모형에도 기술이 지식자본, 인적자본으로 포섭될 수 있기 때문에 기술진보를 고려하지 않는다기보다는 수확체감이 일어나지 않도록 고안된 모형이다. 즉, 지식을 자본의 한 형태로 보고 있다. 자본을 지식자본 및 인적자본으로 확장하여 자본의 수확체감이 일어나지 않기 때문에 솔로우 모형과 달리 수렴성이 나타나지 않고 국가 간 소득격차가 유지될 수 있는 근거가 된다. 따라서 ①은 틀린 설명이 된다.

AK 모형은 솔로우 모형과는 달리 생산요소의 축적만으로도 지속적인 경제성장이 가능하다. 이를 위해서 저축률이 성장률을 결정하는 중요한 요소이다. 따라서 저축률을 증가시키는 다양한 정부정책이 지속적인 경제성장을 가져올 수 있다(지문 ②).

07 | 2014년 국가직 7급

내생적 성장이론에 대한 설명으로 옳지 않은 것만을 모두 고른 것은?

> ㄱ. 기술진보 없이는 성장할 수 없다.
> ㄴ. 자본의 한계생산성 체감을 가정한다.
> ㄷ. 경제개방, 정부의 경제발전 정책 등의 요인을 고려한다.
> ㄹ. AK 모형의 K는 물적자본과 인적자본을 모두 포함한다.

① ㄱ, ㄴ   ② ㄱ, ㄹ
③ ㄴ, ㄷ   ④ ㄷ, ㄹ

출제이슈 내생적 성장이론
핵심해설 정답 ①

내생적 성장이론 중 AK 모형에 따르면 자본을 물적자본 이외에 지식자본 및 인적자본으로 포괄하는 개념으로 확장할 경우 자본의 수확체감이 일어나지 않을 수 있다(ㄱ, ㄹ). 따라서 기술진보 없이 지속적 성장이 가능할 수 있다(ㄱ). 그러나 엄밀하게는 이 모형에도 기술이 지식자본, 인적자본으로 포섭될 수 있기 때문에 기술진보를 고려하지 않는다기보다는 수확체감이 일어나지 않도록(ㄴ) 고안된 모형이다. 즉, 지식을 자본의 한 형태로 보고 있다. 자본을 지식자본 및 인적자본으로 확장하여 자본의 수확체감이 일어나지 않기 때문에 솔로우 모형과 달리 수렴성이 나타나지 않고 국가 간 소득격차가 유지될 수 있는 근거가 된다.

경제성장에서 중요한 것은 바로 기술진보이다. 솔로우 모형은 기술진보의 중요성을 인지하였으나 외생적 결정을 가정하여 비판을 받았으며 내생적 성장이론에서는 기술진보가 내생적으로 어떻게 결정되는지를 중요하게 여긴다. 그렇다면, 내생적으로 결정되는 기술진보를 위해서 정부의 역할이 중요해진다. 기술진보를 위해서 정부는 기술투자에 있어서 인센티브가 확보되도록 하는 것이 필요하다. 이를 위해 세금을 감면하거나 보조금을 지급할 수 있다. 또한 기술개발에 필요한 유능한 인적자본이 확보될 수 있도록 효율적인 교육시스템 및 인프라구축에 정부가 나설 필요가 있다. 뿐만 아니라 경제개방전략을 통해서 선진국의 우수한 기술을 도입하고 발전시켜 나갈 초석을 정부가 놓아야 할 것이다. 이러한 모든 요인들이 내생적 성장이론에서는 기술진보와 관련하여 중요하게 고려된다(ㄷ). 특히 AK 모형은 솔로우 모형과는 달리 생산요소의 축적만으로도 지속적인 경제성장이 가능하다. 이를 위해서 저축률이 성장률을 결정하는 중요한 요소이다. 따라서 저축률을 증가시키는 다양한 정부정책이 지속적인 경제성장을 가져올 수 있다(ㄷ).

08 2017년 서울시 7급

내생적 성장이론에 대한 다음 설명 중 가장 옳지 않은 것은?

① R&D 모형에서 기술진보는 지식의 축적을 의미하며, 지식은 비경합성과 비배제성을 갖는다고 본다.

② R&D 모형과 솔로우(Solow) 모형은 한계수확체감의 법칙과 경제성장의 원동력으로서의 기술진보는 인정한다는 점에서는 동일하다.

③ 솔로우(Solow) 모형과 달리 AK 모형에서의 저축률 변화는 균제상태에서 수준효과뿐만 아니라 성장효과도 갖게 된다.

④ AK 모형에서 인적자본은 경합성과 배제가능성을 모두 가지고 있다.

출제이슈 내생적 성장이론
핵심해설 정답 ①

R&D 모형에 의하면 일국의 기술수준은 외생적으로 주어진 것이 아니며 내생적으로 자본과 노동의 투입에 의해서 생산될 수 있는 것으로 상정한다. 즉, 경제 내의 노동을 두 종류로 구분하여 경제 내에 재화를 생산하는 생산부문과 기술을 생산하는 연구개발부문이 존재하는데 기술진보가 연구개발부문에서 이루어지는 정도는 연구개발 인력뿐만 아니라 기존의 지식스톡이 얼마나 많은지에 영향을 받는다. 어느 개별기업이 다른 기업에 의해 축적된 지식을 이용할 수 있음을 고려하면, 개별기업의 지식자본수준은 경제 전체의 지식수준에 의해서 결정된다.

특히 자본의 투입량이 많을수록 생산이 많아지기 때문에 자연스럽게 생산의 과정에서 계속적인 지식의 축적이 발생하게 될 것이다. 따라서 지식자본의 축적은 자본량의 증가함수라고도 할 수 있다. 결국, 앞에서 살펴본 경제 전체의 지식수준과 자본량을 모두 고려하면, 개별기업의 생산수준은 그 개별기업의 자본량뿐만 아니라 경제 전체의 자본량에도 의존하게 된다.

즉, 개별기업의 지식자본수준은 경제 전체의 지식자본 및 물적자본의 수준에 의존하여 개별기업의 생산수준은 결국 그 개별기업의 자본량뿐만 아니라 경제 전체의 자본량에도 의존한다. 이를 자본의 외부경제성(양의 외부효과)이라고 하며, 자본에 의해 축적되는 지식의 비경합성과 배제불가능성(지문 ①)으로 인해 자본으로부터의 사적 이득이 사회적 이득보다 낮게 된다. 그러나 지식은 다른 사람이 이를 사용하는 것을 방지할 수 있어서 어느 정도는 배제가능성을 갖는 측면도 있다. 이는 기술에 대한 지식재산권 관련 법, 제도적 장치에 달려있으며, 이러한 제도가 잘 정비되어 있을 경우 지대추구행위에 의하여 지식, 기술이 축적될 수 있다.

축적된 기술 및 지식의 수준이 노동의 효율성을 결정하며, 노동의 효율성 즉 지식 및 기술은 경제 내에서 지속적으로 증가 가능하다. R&D 모형은 기술 및 지식이 모형 내에서 내생적으로 결정되는 모형으로서 자본의 한계생산이 감소하지 않게 된다. 경제학자에 따라서는 자본의 한계생산은 감소하지만, 기술진보에 의해서 생산함수가 지속적으로 상방 이동하는 것으로 보는 경우도 있다(지문 ②).

AK 모형에 따르면 자본을 물적자본 이외에 지식자본 및 인적자본으로 포괄하는 개념으로 확장할 경우 자본의 수확체감이 일어나지 않을 수 있다. 따라서 기술진보 없이 지속적 성장이 가능할 수 있다. 특히, AK 모형은 솔로우 모형과는 달리 생산요소의 축적만으로도 지속적인 경제성장이 가능하다. 이를 위해서 저축률이 성장률을 결정하는 중요한 요소이다. 솔로우 모형에서는 저축률의 상승은 수준효과만 있고 성장효과는 없다. 그러나 AK 모형에서는 수준효과와 성장효과 모두 있다(지문 ③).

인적자본의 경우 경합성과 배제가능성을 모두 가진다. AK 모형의 자본은 지식자본 및 인적자본으로 포괄하는 개념이다(지문 ④).

제 **10** 편

재무금융이론

issue 01 효율적 시장가설

issue 02 채권평가

issue 03 이자율의 기간구조와 위험구조

issue 04 주식평가

issue 05 포트폴리오 이론

issue 06 자본자산 가격결정 모형

**조경국
경제학
워크북**

거시편

ISSUE 01 효율적 시장가설

2019 서7   2012 지7   2010 국7

1 자본시장의 효율성

1) 배분의 효율성

증권이 수요자와 공급자 사이에서 균형가격에 의하여 거래가 이루어지고, 이를 통해 자금의 배분이 최적으로 이루어지는 것을 의미한다.

2) 운영의 효율성

증권의 거래에 있어서 각종 정부규제 및 거래비용 등 거래의 제약요인이 최적화되어 있어서 증권거래가 원활하게 이루어지는 것을 의미한다.

3) 정보의 효율성

시장에서 이용 가능한 정보가 신속, 정확하게 시장가격에 반영되는 것을 의미하며, 이러한 증권시장에서는 당해정보를 이용하여 초과수익 혹은 비정상적 수익을 얻을 수 없다.

2 효율적 시장 가설과 이용 가능한 정보의 범위

1) 효율적 시장가설

① 증권시장에서 이용 가능한 정보는 신속, 정확하게 증권의 가격에 반영된다는 것이다.

② 그러나 이용 가능한 정보가 모두 반영되지 않을 수도 있다. 즉, 효율적 시장가설이 성립하지 않을 수도 있다.

③ 어느 정도의 정보까지가 증권가격에 반영되었는지에 따라서 효율적 시장가설은 나뉜다.

2) 약형 효율적 시장가설

① 과거의 모든 정보가 현재의 증권가격에 반영되어 있는 시장이 약형 효율적 시장이다.

② 과거의 정보(예: 과거의 주가 움직임 등)를 이용하여서는 미래의 증권가격을 예측할 수 없다.

3) 준강형 효율적 시장가설

① 과거의 모든 정보와 공개된 모든 정보가 현재의 증권가격에 반영되어 있는 시장이 준강형 효율적 시장이다.

② 과거의 정보(예: 과거의 주가 움직임 등), 공개된 정보(예: 공개된 회계자료 등)를 이용하여서는 미래의 증권가격을 예측할 수 없다.

4) 강형 효율적 시장가설

① 과거의 모든 정보, 공개된 모든 정보, 비공개된 모든 정보가 현재의 증권가격에 반영되어 있는 시장이 강형 효율적 시장이다.

② 과거의 정보(예 : 과거의 주가 움직임 등), 공개된 정보(예 : 공개된 회계자료 등), 미공개된 정보(예 : 내부의 미공개 정보 등)의 어떤 것을 이용하더라도 미래의 증권가격을 예측할 수 없다.

3 효율적 시장가설의 유형 간의 관계

① 강형 효율적 시장가설이 성립하면 약형, 준강형 효율적 시장가설은 자동으로 성립한다.

② 약형 효율적 시장가설이 성립한다고 해서 준강형, 강형 효율적 시장가설이 자동으로 성립하는 것은 아니다.

③ 준강형 효율적 시장가설이 성립하면 약형 효율적 시장가설은 자동으로 성립하지만, 강형 효율적 시장가설이 자동으로 성립하는 것은 아니다.

4 효율적 시장가설과 랜덤워크가설

1) 증권시장의 가격은 무작위로 움직이기 때문에 예측할 수 없다는 것이 주가의 랜덤워크가설이다.

2) 이렇게 랜덤워크 행보를 보이는 주가는 마치 무질서하고 시장의 비효율성을 노정하는 것처럼 보이지만 실은 그렇지 않다.

3) 효율적인 증권시장에서 이미 이용 가능한 정보들이 증권가격에 반영되었기 때문에 이용 가능한 정보들로는 도저히 미래의 증권가격을 예측할 수 없고, 그렇기 때문에 마치 임의보행하는 것처럼 보이는 것일 뿐이다.

5 효율적 시장가설과 차익거래

1) 효율적 시장가설이 성립하지 않는다면, 이용 가능한 정보가 모두 증권가격에 반영된 것이 아니기 때문에 특정정보를 이용할 경우 이익을 얻을 수 있다.

2) 이러한 차익거래의 기회는 시간이 지남에 따라서 정보가 증권가격에 반영되기 때문에 사라져서 시장의 효율성을 회복하게 된다.

ISSUE 문제 📝

---

01 2019년 서울시 7급

자산가격이 그 자산의 가치에 관한 모든 공개된 정보를 반영한다는 이론은?

① 효율적 시장 가설
② 공개정보 가설
③ 자산시장 가설
④ 위험프리미엄 가설

출제이슈 효율적 시장가설

핵심해설 정답 ①

먼저 효율적 시장가설에 대한 기본적인 내용은 다음과 같다.

1. 자본시장의 효율성

1) 배분의 효율성
증권이 수요자와 공급자 사이에서 균형가격에 의하여 거래가 이루어지고, 이를 통해 자금의 배분이 최적으로 이루어지는 것을 의미한다.

2) 운영의 효율성
증권의 거래에 있어서 각종 정부규제 및 거래비용 등 거래의 제약요인이 최적화되어 있어서 증권거래가 원활하게 이루어지는 것을 의미한다.

3) 정보의 효율성
시장에서 이용 가능한 정보가 신속, 정확하게 시장가격에 반영되는 것을 의미하며, 이러한 증권시장에서는 당해정보를 이용하여 초과수익 혹은 비정상적 수익을 얻을 수 없다.

2. 효율적 시장가설

1) 증권시장에서 이용 가능한 정보는 신속, 정확하게 증권의 가격에 반영된다는 것이다.
2) 그러나 이용 가능한 정보가 모두 반영되지 않을 수도 있다. 즉, 효율적 시장가설이 성립하지 않을 수도 있다.
3) 어느 정도의 정보까지가 증권가격에 반영되었는지에 따라서 효율적 시장가설은 나뉜다.

3. 효율적 시장 가설과 이용 가능한 정보의 범위

1) 약형 효율적 시장가설
① 과거의 모든 정보가 현재의 증권가격에 반영되어 있는 시장이 약형 효율적 시장이다.
② 과거의 정보(예 : 과거의 주가 움직임 등)를 이용하여서는 미래의 증권가격을 예측할 수 없다.

2) 준강형 효율적 시장가설

① 과거의 모든 정보와 공개된 모든 정보가 현재의 증권가격에 반영되어 있는 시장이 준강형 효율적 시장이다.
② 과거의 정보(예 : 과거의 주가 움직임 등), 공개된 정보(예 : 공개된 회계자료 등)를 이용하여서는 미래의 증권가격을 예측할 수 없다.

3) 강형 효율적 시장가설

① 과거의 모든 정보, 공개된 모든 정보, 비공개된 모든 정보가 현재의 증권가격에 반영되어 있는 시장이 강형 효율적 시장이다.
② 과거의 정보(예 : 과거의 주가 움직임 등), 공개된 정보(예 : 공개된 회계자료 등), 미공개된 정보(예 : 내부의 미공개 정보 등)의 어떤 것을 이용하더라도 미래의 증권가격을 예측할 수 없다.

위의 내용에 따라서 설문을 검토하면 다음과 같다.

자산가격이 그 자산의 가치에 관한 모든 공개된 정보를 반영한다는 이론은 효율적 시장가설이다. 특히 본 문제와 관련있는 효율적 시장가설의 유형은 약형 효율적 시장가설과 준강형 효율적 시장가설이다. 약형 효율적 시장가설에 의하면, 과거의 모든 정보가 현재의 증권가격에 반영되어 있는 시장이 약형 효율적 시장으로서 과거의 정보(예 : 과거의 주가 움직임 등)를 이용하여서는 미래의 증권가격을 예측할 수 없음을 나타낸다. 그리고 준강형 효율적 시장가설에 의하면, 과거의 모든 정보와 공개된 모든 정보가 현재의 증권가격에 반영되어 있는 시장이 준강형 효율적 시장이다. 이는 과거의 정보(예 : 과거의 주가 움직임 등), 공개된 정보(예 : 공개된 회계자료 등)를 이용하여서는 미래의 증권가격을 예측할 수 없음을 의미한다.

02   2012년 지방직 7급

효율적 시장가설에 대한 설명으로 가장 적절한 것은?

① 시장참가자에게 공개된 정보로 증권의 미래가격의 변동을 예측할 수 있다면 그 정보집합에 대해 효율적이다.
② 과거의 정보뿐 아니라 현재 이용 가능한 모든 공개정보도 즉각 주가에 반영된다면 강형 효율적 시장가설이 성립한다.
③ 차익거래는 비합리적 투자자들에 의한 시장왜곡현상을 바로잡는 역할을 한다.
④ 약형 효율적 시장가설이 성립하면 준강형과 강형 효율적 시장가설도 성립한다.

출제이슈 효율적 시장가설
핵심해설 정답 ③

먼저 효율적 시장가설에 대한 기본적인 내용은 다음과 같다.

1. 자본시장에서 정보의 효율성

시장에서 이용 가능한 정보가 신속, 정확하게 시장가격에 반영되는 것을 의미하며, 이러한 증권시장에서는 당해정보를 이용하여 초과수익 혹은 비정상적 수익을 얻을 수 없다.

2. 효율적 시장가설

1) 증권시장에서 이용 가능한 정보는 신속, 정확하게 증권의 가격에 반영된다는 것이다.
2) 그러나 이용 가능한 정보가 모두 반영되지 않을 수도 있다. 즉, 효율적 시장가설이 성립하지 않을 수도 있다.
3) 어느 정도의 정보까지가 증권가격에 반영되었는지에 따라서 효율적 시장가설은 나뉜다.

3. 효율적 시장 가설과 이용 가능한 정보의 범위

1) 약형 효율적 시장가설

① 과거의 모든 정보가 현재의 증권가격에 반영되어 있는 시장이 약형 효율적 시장이다.
② 과거의 정보(예: 과거의 주가 움직임 등)를 이용하여서는 미래의 증권가격을 예측할 수 없다.

2) 준강형 효율적 시장가설

① 과거의 모든 정보와 공개된 모든 정보가 현재의 증권가격에 반영되어 있는 시장이 준강형 효율적 시장이다.
② 과거의 정보(예: 과거의 주가 움직임 등), 공개된 정보(예: 공개된 회계자료 등)를 이용하여서는 미래의 증권가격을 예측할 수 없다.

3) 강형 효율적 시장가설

① 과거의 모든 정보, 공개된 모든 정보, 비공개된 모든 정보가 현재의 증권가격에 반영되어 있는 시장이 강형 효율적 시장이다.
② 과거의 정보(예: 과거의 주가 움직임 등), 공개된 정보(예: 공개된 회계자료 등), 미공개된 정보(예: 내부의 미공개 정보 등)의 어떤 것을 이용하더라도 미래의 증권가격을 예측할 수 없다.

4) 효율적 시장가설의 유형 간의 관계

강형 효율적 시장가설이 성립하면 약형, 준강형 효율적 시장가설은 자동으로 성립한다.

4. 효율적 시장가설과 차익거래

1) 효율적 시장가설이 성립하지 않는다면, 이용 가능한 정보가 모두 증권가격에 반영된 것이 아니기 때문에 특정정보를 이용할 경우 이익을 얻을 수 있다.

2) 이러한 차익거래의 기회는 시간이 지남에 따라서 정보가 증권가격에 반영되기 때문에 사라져서 시장의 효율성을 회복하게 된다.

위의 내용에 따라서 설문을 검토하면 다음과 같다.

① 틀린 내용이다.
시장참가자에게 공개된 정보로 증권의 미래가격의 변동을 예측할 수 있다면 이는 이용 가능한 그 정보가 모두 증권가격에 반영된 것이 아니기 때문에 그 정보집합에 대해 효율적이라고 할 수 없다.

② 틀린 내용이다.
과거의 정보뿐 아니라 현재 이용 가능한 모든 공개정보도 즉각 주가에 반영된다면 강형 효율적 시장가설이 아니라 준강형 효율적 시장가설이 성립한다.

③ 옳은 내용이다.
효율적 시장가설이 성립하지 않는다면, 이용 가능한 정보가 모두 증권가격에 반영된 것이 아니기 때문에 특정정보를 이용할 경우 이익을 얻을 수 있다. 이러한 차익거래의 기회는 시간이 지남에 따라서 정보가 증권가격에 반영되기 때문에 사라져서 시장의 효율성을 회복하게 된다. 따라서 차익거래가 시장의 비효율성이나 시장왜곡현상을 바로잡는 역할을 할 수도 있다.

④ 틀린 내용이다.
약형 효율적 시장가설이 성립한다고 해서 준강형 효율적 시장가설과 강형 효율적 시장가설이 자동으로 성립하는 것은 아니다. 그러나 강형 효율적 시장가설이 성립하면 약형, 준강형 효율적 시장가설은 자동으로 성립한다.

03 2010년 국가직 7급

효율적 시장가설(Efficient Market Hypothesis)에 대한 설명으로 옳은 것은?

① 자본시장이 효율적이라면 금융자산의 가격에는 이미 공개된 모든 정보가 반영되어 있다.
② 시장에서 오랫동안 주식 투자를 하면 지속적으로 초과수익을 얻을 수 있다.
③ 계속 6개월 이상 하락했던 주식의 가격은 조만간 올라 갈 것이라고 예상된다.
④ 금융자산의 가격 추세에 따라 지속적으로 초과수익을 얻을 수 있다.

출제이슈 효율적 시장가설
핵심해설 정답 ①

먼저 효율적 시장가설에 대한 기본적인 내용은 다음과 같다.

1. 자본시장에서 정보의 효율성

시장에서 이용 가능한 정보가 신속, 정확하게 시장가격에 반영되는 것을 의미하며, 이러한 증권시장에서는 당해정보를 이용하여 초과수익 혹은 비정상적 수익을 얻을 수 없다.

2. 효율적 시장가설

1) 증권시장에서 이용 가능한 정보는 신속, 정확하게 증권의 가격에 반영된다는 것이다.
2) 그러나 이용 가능한 정보가 모두 반영되지 않을 수도 있다. 즉, 효율적 시장가설이 성립하지 않을 수도 있다.
3) 어느 정도의 정보까지가 증권가격에 반영되었는지에 따라서 효율적 시장가설은 나뉜다.

3. 효율적 시장 가설과 이용 가능한 정보의 범위

1) 약형 효율적 시장가설

① 과거의 모든 정보가 현재의 증권가격에 반영되어 있는 시장이 약형 효율적 시장이다.
② 과거의 정보(예: 과거의 주가 움직임 등)를 이용하여서는 미래의 증권가격을 예측할 수 없다.

2) 준강형 효율적 시장가설

① 과거의 모든 정보와 공개된 모든 정보가 현재의 증권가격에 반영되어 있는 시장이 준강형 효율적 시장이다.
② 과거의 정보(예: 과거의 주가 움직임 등), 공개된 정보(예: 공개된 회계자료 등)를 이용하여서는 미래의 증권가격을 예측할 수 없다.

3) 강형 효율적 시장가설

① 과거의 모든 정보, 공개된 모든 정보, 비공개된 모든 정보가 현재의 증권가격에 반영되어 있는 시장이 강형 효율적 시장이다.
② 과거의 정보(예: 과거의 주가 움직임 등), 공개된 정보(예: 공개된 회계자료 등), 미공개된 정보(예: 내부의 미공개 정보 등)의 어떤 것을 이용하더라도 미래의 증권가격을 예측할 수 없다.

4) 효율적 시장가설의 유형 간의 관계

강형 효율적 시장가설이 성립하면 약형, 준강형 효율적 시장가설은 자동으로 성립한다.

4. 효율적 시장가설과 차익거래

1) 효율적 시장가설이 성립하지 않는다면, 이용 가능한 정보가 모두 증권가격에 반영된 것이 아니기 때문에 특정정보를 이용할 경우 이익을 얻을 수 있다.

2) 이러한 차익거래의 기회는 시간이 지남에 따라서 정보가 증권가격에 반영되기 때문에 사라져서 시장의 효율성을 회복하게 된다.

위의 내용에 따라서 설문을 검토하면 다음과 같다.

① 옳은 내용이다.
자본시장에서 정보의 효율성이란 시장에서 이용 가능한 정보가 신속, 정확하게 시장가격에 반영되는 것을 의미하며, 이러한 증권시장에서는 당해정보를 이용하여 초과수익 혹은 비정상적 수익을 얻을 수 없다. 따라서 자본시장이 효율적이라면 금융자산의 가격에는 이미 공개된 모든 정보가 반영되어 있다는 것은 옳은 내용이며, 특히 약형 효율적 시장가설과 준강형 효율적 시장가설을 의미한다.

② 틀린 내용이다.
시장에서 오랫동안 주식 투자를 하면 지속적으로 초과수익을 얻을 수 있는 것은 아니다. 만일 효율적 시장가설이 성립하지 않는다면, 즉 이용 가능한 정보가 모두 증권가격에 반영된 것이 아니라면, 특정정보를 이용할 경우 초과이익을 얻을 수 있다. 그러나 이러한 차익거래의 기회는 시간이 지남에 따라서 정보가 증권가격에 반영되기 때문에 사라져서 시장의 효율성을 회복하게 되므로 초과이익을 계속하여 얻을 수는 없다.

③ 틀린 내용이다.
6개월 이상 하락했던 주식의 가격이라는 정보는 과거정보로서 이러한 정보는 모두 효율적인 증권시장에 반영되어 있다. 따라서 과거의 주가와 같은 역사적인 정보를 분석해봤자 효율적 시장가설이 성립하는 주식시장에서 미래주식가격을 예측하는 것은 무의미할 뿐만 아니라 불가능하다.

④ 틀린 내용이다.
금융자산의 가격 추세라는 정보는 과거정보로서 이러한 정보는 모두 효율적인 증권시장에 반영되어 있다. 따라서 과거의 주가와 같은 역사적인 정보를 분석해봤자 효율적 시장가설이 성립하는 주식시장에서 지속적으로 초과수익을 얻는 것은 불가능하다. 만일 효율적 시장가설이 성립하지 않는다면, 즉 이용 가능한 정보가 모두 증권가격에 반영된 것이 아니라면, 특정정보를 이용할 경우 초과이익을 얻을 수 있다. 그러나 이러한 차익거래의 기회는 시간이 지남에 따라서 정보가 증권가격에 반영되기 때문에 사라져서 시장의 효율성을 회복하게 되므로 초과이익을 계속하여 얻을 수는 없다.

제10편

1 채권의 종류

1) 순수할인채권, 무이표채(zero-coupon bond)

이자 없이 만기 후에 원금을 상환하는 채권으로서 미래에 돌려받게 될 원금의 현재가치로 평가할 수 있다.

2) 확정이자부채권, 이표채(coupon bond)

매기 확정된 이자를 지급하고 만기에 원금을 상환하는 채권으로서 미래 이자 및 원금의 현재가치로 채권을 평가할 수 있다.

2 채권의 가치평가 [2019 국9] [2017 지7] [2016 국9] [2016 지7] [2015 지7] [2013 국9] [2012 지7]

매기 이자 a, 만기인 n기에 이자 a와 원금 A를 돌려주는 채권이 있고 현재 시장이자율은 r이라고 하자. 이 채권의 현재가치는 다음과 같다.

$$PV = \frac{a}{(1+r)} + \frac{a}{(1+r)^2} + \cdots + \frac{a+A}{(1+r)^n} \ (a : \text{이자}, \ A : \text{원금}, \ r : \text{할인율})$$

특히 이자 a를 영구히 지급하는 채권의 경우 현재가치는 다음과 같다.

$$PV = \frac{a}{(1+r)} + \frac{a}{(1+r)^2} + \frac{a}{(1+r)^3} + \cdots = \frac{a}{r} \ (a : \text{고정된 이자}, \ r : \text{할인율})$$

3 채권의 발행 [2014 국7]

1) 채권의 액면이자율과 시장이자율

채권의 가치평가에 의하면, 액면이자율과 시장이자율이 일치하는 경우 채권의 가치와 액면가액이 일치하고 액면이자율이 시장이자율보다 낮은 경우 채권의 가치는 액면가액보다 낮게 된다.

2) 채권의 발행

① 액면발행: 채권의 액면가액 = 시장가격, 채권의 액면이자율 = 시장이자율

② 할인발행: 채권의 액면가액 > 시장가격, 채권의 액면이자율 < 시장이자율

③ 할증발행: 채권의 액면가액 < 시장가격, 채권의 액면이자율 > 시장이자율

4 채권의 위험

1) 이자율 위험

① 미래의 이자율은 불확실하며 시간이 흐름에 따라서 변동할 가능성이 있다. 따라서 이에 따라 미래수익이 변동함으로써 발생하는 위험을 이자율 위험이라고 한다. 이는 시장이자율의 변동으로 인해서 채권의 시장가격이 변동하는 것으로 나타난다.

② 시장이자율이 상승하면, 채권가격이 원래 예상했던 것보다 하락하므로 불리하게 작용하며, 시장이자율이 하락하면, 채권가격이 원래 예상했던 것보다 상승하므로 유리하게 작용한다. 이를 특히 가격위험이라고도 한다.

③ 액면금액과 액면이자가 "거의" 확정적으로 지급되는 "안전"한 국채의 경우에도 당연히 이자율 변동에 따른 위험은 존재한다.

2) 채무불이행 위험

① 채권을 발행한 회사가 채권구입자(투자자)에게 약속한 액면금액과 액면이자를 제대로 지급하지 못할 위험이 존재하며, 이를 채무불이행 위험(default risk)이라고 한다.

② 채무불이행 위험의 존재로 인하여 프리미엄이 나타나며 이를 수익률스프레드라고 한다.

5 채권의 가격과 이자율

1) 채권을 발행할 때의 가격

① 액면발행 : 채권의 액면가액 = 시장가격, 채권의 액면이자율 = 시장이자율

② 할인발행 : 채권의 액면가액 > 시장가격, 채권의 액면이자율 < 시장이자율

③ 할증발행 : 채권의 액면가액 < 시장가격, 채권의 액면이자율 > 시장이자율

2) 채권을 발행한 이후의 가격

① 시장이자율이 상승하면 채권가격은 하락한다.

② 시장이자율이 하락하면 채권가격은 상승한다.

3) 채권가격과 이자율의 변화

① 채권가격이 이자율에 영향을 받긴 하지만, 모든 채권이 동일하게 영향을 받는 것은 아니다.

② 동일한 이자율 변화에도 불구하고 어떤 채권은 가격이 큰 폭으로 변동하고 다른 채권은 가격이 작은 폭으로 변동하기도 한다.

③ 만기가 길수록 이자율 변화에 대하여 채권가격이 크게 변동한다.

④ 이표채보다는 순수할인채가 이자율 변화에 대하여 채권가격이 크게 변동한다.

제10편

4) 듀레이션(duration)

① 듀레이션은 채권의 실질만기 혹은 실효만기(effective time to maturity)로서 투자원금이 회수되는 평균기간을 의미한다.

② 듀레이션은 채권투자로 인한 매기 현금흐름의 현재가치를 가중치로 하여 매기 현금흐름이 실현되는 기간을 평균한 것이다.

③ 듀레이션은 채권가격의 이자율탄력성과 같다. 채권가격의 이자율탄력성이란 이자율이 1% 변할 때 채권가격이 몇 % 변화하는지를 측정하는 지표이다.

6 채권의 위험과 수익률스프레드(프리미엄)

1) 위험프리미엄

기대수익률과 무위험채권의 수익률 간의 차이(유동성, 수의상환조건 등으로 위한 위험)

2) 채무불이행위험프리미엄

약속수익률과 기대수익률 간의 차이(액면금액과 이자를 상환받지 못할 위험)

ISSUE 문제 📝

01 2019년 국가직 9급

어떤 사람에게 두 가지 선택권이 있다. 첫 번째는 현재 200만 원을 받고 1년 뒤에 추가로 200만 원을 받는 것이고, 두 번째는 현재 100만 원을 받고 1년 뒤에 추가로 305만 원을 받는 것이다. 두 가지 선택의 현재가치를 동일하게 하는 이자율은?

① 1%
② 3%
③ 5%
④ 7%

출제이슈 채권의 기초와 현재가치평가
핵심해설 정답 ③

1) Case 1의 경우 현재가치

$$PV_1 = \frac{200}{(1+r)} + \frac{200}{(1+r)^2} \ , \ r: \text{할인율}$$

2) Case 2의 경우 현재가치

$$PV_2 = \frac{100}{(1+r)} + \frac{305}{(1+r)^2} \ , \ r: \text{할인율}$$

3) 위 두 경우에 있어서 현재가치가 동일하기 위해서는 다음과 같다.

$$\frac{200}{(1+r)} + \frac{200}{(1+r)^2} = \frac{100}{(1+r)} + \frac{305}{(1+r)^2} \ , \ r: \text{할인율}$$

따라서 위의 방정식을 풀어서 이자율 r을 구하면 다음과 같다.

$200(1+r)+200 = 100(1+r)+305$
$100r = 5, \ r = 0.05$
따라서 이자율은 5%이다.

제10편

02 2011년 국가직 9급

영희는 10년 후에 만기가 되는 A기업 발행 채권을 구입하였다. 다음 설명 중 옳지 않은 것은?

① 영희는 만기 이전에 이 채권을 팔 수 있다.
② 영희는 A사에게 채권자이다.
③ 영희가 구입한 채권은 채무불이행위험(default risk)이 존재한다.
④ A사는 영희에게 배당금(dividend)을 지급한다.

출제이슈 채권의 기초
핵심해설 정답 ④

먼저 채권의 기본적인 내용은 다음과 같다.

채권(bond)이란 회사나 국가와 같은 발행자가 자금을 조달하기 위하여 발행하는 유가증권으로서 특정 기간 동안 일정한 이자를 지급하고 특정 기간이 경과한 이후에는 약속한 금액(액면금액)을 상환할 것을 약속하는 증서를 말한다.

채권은 발행자에 따라서 국채, 공채, 회사채, 특수채 등으로 나눌 수 있다. 국채와 공채는 국가나 지자체가 재정적자를 보전하거나 특정사업에 필요한 자금을 조달하기 위하여 발행하는 채권이며 회사채는 기업이 사업자금을 조달하기 위하여 발행한 채권이고 특수채는 특정법률에 의하여 설립된 법인이 자금을 조달하기 위하여 발행하는 채권이다(예 : 산업은행이 발행하는 산업금융채권).

설문을 검토하면 다음과 같다.

① 옳은 내용이다.
채권 만기가 도래하기 이전이더라도 채권의 소지자는 채권을 언제든지 매각하여 현금으로 유동화할 수 있다. 물론 채권의 만기까지 보유하면서 그 기간 동안 쿠폰채의 경우 이자를 받고 만기에 약속된 금액을 상환받을 수도 있다.

② 옳은 내용이다.
채권을 구입한 자는 채권자로서 채권발행자에 자금을 대여하는 것이며 채권 발행자는 채무자로서 만기에 자금을 상환할 의무가 있다.

③ 옳은 내용이다.
회사가 발행한 채권은 대표적인 위험자산으로서 채무불이행위험, 수의상환위험 등의 위험성이 존재한다. 다만, 국채 등의 경우는 무위험자산으로 분류될 수 있다.

④ 틀린 내용이다.
채권 중에서 이표채의 경우 이자를 지급하며 만기에 액면금액을 상환한다. 한편, 주식은 배당금을 지급받을 수 있으며 보유하던 주식을 팔아서 주식매각대금이라는 현금흐름을 얻는다는 차이가 있다.

03 | 2016년 국가직 9급

㉠~㉢에 들어갈 내용을 바르게 나열한 것은?

> 시장이자율이 (㉠)하면, 채권수익률이 (㉡)하며, 채권가격이 (㉢)하게 된다.

	㉠	㉡	㉢
①	감소	상승	상승
②	하락	하락	상승
③	상승	하락	하락
④	상승	상승	상승

출제이슈 채권가격과 이자율
핵심해설 정답 ②

1. 채권의 현금흐름과 이자율 → 채권의 가격(이론적 가격)

매기 이자 a, 만기인 n기에 이자 a와 원금 A를 돌려주는 채권이 있고 현재 시장이자율은 r이라고 하자. 이 채권의 현재가치는 다음과 같다.

$$PV = \frac{a}{(1+r)} + \frac{a}{(1+r)^2} + \cdots + \frac{a+A}{(1+r)^n}, \quad a: \text{이자}, \ A: \text{원금}, \ r: \text{할인율}$$

따라서 채권가격(이론적 가격)과 이자율은 역의 관계에 있다.

2. 채권의 가격(시장가격)과 채권의 현금흐름 → 채권의 수익률

① 채권으로부터 나오는 미래현금흐름의 현재가치를 현재 채권가격과 일치시켜 주는 수익률
② 현재 채권을 매입하여 만기까지 보유할 경우 얻을 수 있는 평균투자수익률을 의미한다.
③ 확정이자부채권, 이표채(coupon bond)의 가격을 이용하여 역산을 통해 구할 수 있다.
④ 1년 후 이자 a, 2년 후 이자 a와 원금 A를 돌려주는 채권이 있고 채권의 가격은 P라고 하자. 이 채권의 수익률 y은 다음과 같다.
  $P = \dfrac{a}{(1+y)} + \dfrac{a+A}{(1+y)^2}$ 인 y가 채권의 수익률이 된다.

만일 채권의 이론적 가격과 실제 가격이 차이가 있을 경우, 무차익거래원리에 의하여 결국 동일하게 되고 이 과정에서 채권의 수익률은 시장이자율 r이 된다. 따라서 채권가격(시장가격)과 수익률은 역의 관계에 있다.

위의 내용에 따라서 설문을 검토하면 다음과 같다.

시장이자율이 하락하면, 채권가격(이론가격)이 상승하고, 채권가격(시장가격)이 상승하면, 채권수익률이 하락하는 관계에 있다. 그런데, 채권의 이론가격과 시장가격은 무차익거래원리에 의하여 동일해지므로 시장이자율과 수익률도 동일해진다.

제10편

04 | 2012년 지방직 7급 |

매년 24만 원을 받는 영구채(원금상환 없이 일정 금액의 이자를 영구히 지급하는 채권)가 있다. 연 이자율이 6%에서 8%로 오른다면 이 채권가격의 변화는?

① 108만 원 감소한다.
② 108만 원 증가한다.
③ 100만 원 감소한다.
④ 100만 원 증가한다.

출제이슈 채권가격과 이자율
핵심해설 정답 ③

채권의 현금흐름과 할인율로부터 채권의 가치를 구할 수 있다.

매기 이자 a, 만기인 n기에 이자 a와 원금 A를 돌려주는 채권이 있고 현재 시장이자율은 r이라고 하자. 이 채권의 현재가치는 다음과 같다.

$$PV = \frac{a}{(1+r)} + \frac{a}{(1+r)^2} + \cdots + \frac{a+A}{(1+r)^n}, \ a : \text{이자}, \ A : \text{원금}, \ r : \text{할인율}$$

특히 이자 a를 영구히 지급하는 채권의 경우 현재가치는 다음과 같다.

$$PV = \frac{a}{(1+r)} + \frac{a}{(1+r)^2} + \frac{a}{(1+r)^3} + \cdots = \frac{a}{r}, \ a : \text{고정된 이자}, \ r : \text{할인율}$$

설문에서 주어진 자료를 위의 두번째 산식에 대입하여 풀면, 다음과 같다. (단위: 만 원)

① 시장이자율이 6%인 경우 $PV = \dfrac{24}{0.06} = 400(\text{만 원})$

② 시장이자율이 8%인 경우 $PV = \dfrac{24}{0.08} = 300(\text{만 원})$

③ 따라서 시장이자율의 상승으로 인하여 채권의 가격은 100만 원 감소한다.

05 2016년 지방직 7급

시중금리가 연 5%에서 연 6%로 상승하는 경우, 매년 300만 원씩 영원히 지급받을 수 있는 영구채의 현재가치의 변화는?

① 30만 원 감소
② 60만 원 감소
③ 300만 원 감소
④ 1,000만 원 감소

출제이슈 채권가격과 이자율
핵심해설 정답 ④

채권의 현금흐름과 할인율로부터 채권의 가치를 구할 수 있다.

매기 이자 a, 만기인 n기에 이자 a와 원금 A를 돌려주는 채권이 있고 현재 시장이자율은 r이라고 하자. 이 채권의 현재가치는 다음과 같다.

$$PV = \frac{a}{(1+r)} + \frac{a}{(1+r)^2} + \cdots + \frac{a+A}{(1+r)^n}, \; a : \text{이자}, \; A : \text{원금}, \; r : \text{할인율}$$

특히 이자 a를 영구히 지급하는 채권의 경우 현재가치는 다음과 같다.

$$PV = \frac{a}{(1+r)} + \frac{a}{(1+r)^2} + \frac{a}{(1+r)^3} + \cdots = \frac{a}{r}, \; a : \text{고정된 이자}, \; r : \text{할인율}$$

설문에서 주어진 자료를 위의 산식에 대입하여 풀면, 다음과 같다. (단위: 만 원)

1) 시장이자율이 5%인 경우 $PV = \dfrac{300}{0.05} = 6,000$(만 원)

2) 시장이자율이 6%인 경우 $PV = \dfrac{300}{0.06} = 5,000$(만 원)

3) 따라서 시장이자율의 상승으로 인하여 채권의 현재가치는 1,000만 원 감소한다.

---

06 [2015년 지방직 7급]

다음의 조건을 지닌 만기 3년짜리 채권 중 가격이 가장 싼 것은? (단, 이표(coupon)는 1년에 1번 지급하며, 이표율(coupon rate)은 액면가(face value) 대비 이표 지급액을 의미한다)

	액면가	이표율	금리
①	10,000원	10%	10%
②	10,000원	8%	8%
③	10,000원	10%	7%
④	10,000원	8%	10%

출제이슈 채권가격과 이자율

핵심해설 정답 ④

1. 채권의 가치평가

매기 이자 a, 만기인 n기에 이자 a와 원금 A를 돌려주는 채권이 있고 현재 시장이자율은 r이라고 하자. 이 채권의 현재가치는 다음과 같다.

$$PV = \frac{a}{(1+r)} + \frac{a}{(1+r)^2} + \cdots + \frac{a+A}{(1+r)^n}, \quad a : \text{이자}, \ A : \text{원금}, \ r : \text{할인율}$$

2. 채권의 발행

1) 채권의 액면이자율과 시장이자율

채권의 가치평가에 의하면, 액면이자율과 시장이자율이 일치하는 경우 채권의 가치와 액면가액이 일치하고 액면이자율이 시장이자율보다 낮은 경우 채권의 가치는 액면가액보다 낮게 된다.

참고로 액면이자율이란 설문에 제시된대로 이표율(coupon rate), 즉 액면가(face value) 대비 이표 지급액을 의미한다. 예를 들어 액면금액이 원금상환금액으로서 A라고 하면, 액면이자율은 $\frac{a}{A}$가 된다. 액면이자율과 시장이자율이 같다면, $r = \frac{a}{A}$이 되며 따라서 $a = rA$가 된다. 이를 위의 채권가치 산식에 대입하면, 채권의 가격과 액면가가 일치함을 알 수 있다. 따라서 이를 바탕으로 아래와 같은 내용을 도출할 수 있다.

2) 채권의 가격

① 액면발행 : 채권의 액면가액 = 시장가격, 채권의 액면이자율 = 시장이자율
② 할인발행 : 채권의 액면가액 > 시장가격, 채권의 액면이자율 < 시장이자율
③ 할증발행 : 채권의 액면가액 < 시장가격, 채권의 액면이자율 > 시장이자율

위의 내용에 따라서 설문을 검토하면 다음과 같다.

액면가	이표율	금리
① 10,000원	10%	10%

액면이자율 10%와 시장이자율 10%가 동일하므로, 채권의 가격은 액면가와 동일하다. 따라서 채권의 가격은 10,000원이 된다.

액면가	이표율	금리
② 10,000원	8%	8%

액면이자율 8%와 시장이자율 8%가 동일하므로, 채권의 가격은 액면가와 동일하다. 따라서 채권의 가격은 10,000원이 된다.

액면가	이표율	금리
③ 10,000원	10%	7%

액면이자율이 시장이자율보다 더 크므로 채권의 가격은 액면가보다 높다. 따라서 채권의 가격은 10,000원 초과가 된다.

액면가	이표율	금리
④ 10,000원	8%	10%

액면이자율이 시장이자율보다 더 작으므로 채권의 가격은 액면가보다 낮다. 따라서 채권의 가격은 10,000원 미만이 된다.

정리하면, 설문에서 ④의 경우가 10,000원 미만으로서 가장 싸다.

제10편

07 2017년 지방직 7급

시장이자율이 상승할 때 동일한 액면가(face value)를 갖는 채권의 가격변화에 대한 설명으로 옳지 않은 것은?

① 무이표채(discount bond)는 만기가 일정할 때 채권가격이 하락한다.
② 이표채(coupon bond)는 만기가 일정할 때 채권가격이 하락한다.
③ 실효만기가 길수록 채권가격은 민감하게 변화한다.
④ 무이표채의 가격위험은 장기채보다 단기채가 더 크다.

출제이슈 채권가격과 이자율
핵심해설 정답 ④

1. 채권의 종류

1) 순수할인채권, 무이표채(zero-coupon bond)
이자 없이 만기 후에 원금을 상환하는 채권으로서 미래 돌려받게 될 원금의 현재가치로 평가할 수 있다.

2) 확정이자부채권, 이표채(coupon bond)
매기 확정된 이자를 지급하고 만기에 원금을 상환하는 채권으로서 미래 이자 및 원금의 현재가치로 채권을 평가할 수 있다.

2. 채권의 가치평가

매기 이자 a, 만기인 n기에 이자 a와 원금 A를 돌려주는 채권이 있고 현재 시장이자율은 r이라고 하자. 이 채권의 현재가치는 다음과 같다.

$$PV = \frac{a}{(1+r)} + \frac{a}{(1+r)^2} + \cdots + \frac{a+A}{(1+r)^n}, \ a : 이자, \ A : 원금, \ r : 할인율$$

특히 이자 a를 영구히 지급하는 채권의 경우 현재가치는 다음과 같다.

$$PV = \frac{a}{(1+r)} + \frac{a}{(1+r)^2} + \frac{a}{(1+r)^3} + \cdots = \frac{a}{r}, \ a : 고정된 이자, \ A : 원금, \ r : 할인율$$

위의 내용에 따라서 설문을 검토하면 다음과 같다.

① 옳은 내용이다.
무이표채의 경우 채권의 가격은 다음과 같이 결정된다.

$$PV = \frac{A}{(1+r)^n}, \ A : 액면가(원금), \ r : 할인율, \ n : 만기$$

따라서 무이표채(discount bond)는 만기가 일정할 때 시장이자율이 상승하면 채권가격이 하락한다.

② 옳은 내용이다.
이표채의 경우 채권의 가격은 다음과 같이 결정된다.

매기 이자 a, 만기인 n기에 이자 a와 액면가(원금) A를 돌려 주고 현재 시장이자율은 r 이라고 하자. 이 채권의 현재가치는 다음과 같다.

$$PV = \frac{a}{(1+r)} + \frac{a}{(1+r)^2} + \cdots + \frac{a+A}{(1+r)^n}, \ a : 이자, \ A : 원금, \ r : 할인율$$

따라서 이표채(coupon bond)는 만기가 일정할 때 시장이자율이 상승하면 채권가격이 하락한다.

③ 옳은 내용이다.
채권가격과 이자율의 변화 간의 관계를 보면 채권가격이 이자율에 영향을 받긴 하지만, 모든 채권이 동일하게 영향을 받는 것은 아니다. 동일한 이자율 변화에도 불구하고 어떤 채권은 가격이 큰 폭으로 변동하고 다른 채권은 가격이 작은 폭으로 변동하기도 한다.

정리하면, 만기가 길수록 이자율 변화에 대하여 채권가격이 크게 변동한다. 그리고 이표채보다는 순수할인채가 이자율 변화에 대하여 채권가격이 크게 변동한다.

그리고 듀레이션(duration)은 채권의 실질만기 혹은 실효만기(effective time to maturity)로서 투자원금이 회수되는 평균기간을 의미한다. 듀레이션은 채권투자로 인한 매기 현금흐름의 현재가치를 가중치로 하여 매기 현금흐름이 실현되는 기간을 평균한 것이다. 특히, 듀레이션은 채권가격의 이자율탄력성과 같다. 채권가격의 이자율탄력성이란 이자율이 1% 변할 때 채권가격이 몇 % 변화하는지를 측정하는 지표이다.

따라서 설문을 검토하면, 채권의 실효만기와 채권가격의 이자율탄력성은 같기 때문에 채권의 실효만기가 길수록 채권은 이자율변화에 대해 민감하게 반응한다고 할 수 있다.

④ 틀린 내용이다.
채권가격과 이자율의 변화 간의 관계를 보면 채권가격이 이자율에 영향을 받긴 하지만, 모든 채권이 동일하게 영향을 받는 것은 아니다. 동일한 이자율 변화에도 불구하고 어떤 채권은 가격이 큰 폭으로 변동하고 다른 채권은 가격이 작은 폭으로 변동하기도 한다.

정리하면, 만기가 길수록 이자율 변화에 대하여 채권가격이 크게 변동한다. 그리고 이표채보다는 순수할인채가 이자율 변화에 대하여 채권가격이 크게 변동한다.

따라서 설문을 검토하면, 이자율변화에 대하여 만기가 짧은 단기채보다 만기가 긴 장기채가 더 민감하게 반응하기 때문에 무이표채의 가격위험은 장기채가 더 크다고 할 수 있다.

제10편

08 2014년 국가직 7급

매년 이자를 지급하는 일반 이표채권(straight coupon bond)의 가격 및 이자율과 관련된 설명으로 옳지 않은 것은?

① 이 이표채권의 가격은 액면가 아래로 낮아질 수 있다.
② 이 이표채권의 가격이 액면가보다 높다면 이 채권의 시장수익률은 이표이자율보다 낮다.
③ 이미 발행된 이 이표채권의 이표이자액은 매년 시장수익률에 따라 다르게 지급된다.
④ 이표채권 가격의 상승은 그 채권을 매입하여 얻을 수 있는 수익률의 하락을 의미한다.

출제이슈 채권가격과 이자율
핵심해설 정답 ③

1. 채권의 평가

매기 이자 a, 만기인 n기에 이자 a와 원금 A를 돌려주는 채권이 있고 현재 시장이자율은 r 이라고 하자. 이 채권의 현재가치는 다음과 같다.

$$PV = \frac{a}{(1+r)} + \frac{a}{(1+r)^2} + \cdots + \frac{a+A}{(1+r)^n}, \ a : 이자, \ A : 원금, \ r : 할인율$$

2. 채권의 발행

1) 채권의 액면이자율과 시장이자율
채권의 가치평가에 의하면, 액면이자율과 시장이자율이 일치하는 경우 채권의 가치와 액면가액이 일치하고 액면이자율이 시장이자율보다 낮은 경우 채권의 가치는 액면가액보다 낮게 된다.

2) 채권의 발행
① 액면발행 : 채권의 액면가액 = 시장가격, 채권의 액면이자율 = 시장이자율
② 할인발행 : 채권의 액면가액 > 시장가격, 채권의 액면이자율 < 시장이자율
③ 할증발행 : 채권의 액면가액 < 시장가격, 채권의 액면이자율 > 시장이자율

위의 내용에 따라서 설문을 검토하면 다음과 같다.

① 옳은 내용이다.
채권의 액면이자율이 시장이자율보다 낮은 경우에는 채권의 시장가격은 채권의 액면가격보다 낮다. 따라서 이표채권의 가격은 시장이자율에 따라서 액면가 아래로 낮아질 수 있다.

② 옳은 내용이다.
채권의 시장가격이 액면가격보다 높은 경우에는 채권의 할증발행이라고 하며, 채권의 액면이자율이 시장이자율보다 높다.

③ 틀린 내용이다.
이미 발행된 이 이표채권의 이표이자액은 매년 시장수익률에 따라 다르게 지급되는 것이 아니라 정해진 액면이자율에 따라서 지급된다.

④ 옳은 내용이다.

채권가격과 시장이자율(채권의 수익률)은 역의 관계에 있다. 따라서 이표채권 가격의 상승은 그 채권을 매입하여 얻을 수 있는 수익률의 하락을 의미한다.

채권의 수익률이란 채권으로부터 나오는 미래현금흐름의 현재가치를 현재 채권가격과 일치시켜 주는 이자율을 의미한다. 현재 채권을 매입하여 만기까지 보유할 경우 얻을 수 있는 평균투자수익률을 의미한다. 이는 확정이자부채권, 이표채(coupon bond)의 가격을 이용하여 역산을 통해 구할 수 있다.

1년 후 이자 a, 2년 후 이자 a와 원금 A를 돌려주는 채권이 있고 채권의 가격은 P라고 하자. 이 채권의 수익률 y은 다음과 같다.

$$P = \frac{a}{(1+y)} + \frac{a+A}{(1+y)^2}$$ 인 y가 채권의 수익률이 된다.

만일 채권의 이론적 가격과 실제 가격이 차이가 있을 경우, 무차익거래원리에 의하여 동일하게 되고 이 과정에서 채권의 수익률은 시장이자율 r이 된다. 따라서 채권가격(시장가격)과 수익률은 역의 관계에 있다.

09 2013년 국가직 9급

신용등급이 낮은 기업이 1년 후 1,040만 원을 상환하는 채권을 발행한다면, 현재 할인율의 기준이 되는 무위험수익률이 4%라고 할 때, 이 회사채의 가격은? (단, 중도 이자 지급은 없다)

① 1,000만 원 미만
② 1,000만 원
③ 1,000만 원 초과 1,040만 원 이하
④ 1,040만 원 초과 1,080만 원 이하

출제이슈 채권가격과 위험
핵심해설 정답 ①

1. 채권의 가치

채권의 현금흐름과 할인율로부터 채권의 가치를 구할 수 있다.

매기 이자 a, 만기인 n기에 이자 a와 원금 A를 돌려주는 채권이 있고 현재 시장이자율은 r이라고 하자. 이 채권의 현재가치는 다음과 같다.

$$PV = \frac{a}{(1+r)} + \frac{a}{(1+r)^2} + \cdots + \frac{a+A}{(1+r)^n}, \ a : 이자, \ A : 원금, \ r : 할인율$$

따라서 설문에서 주어진 자료를 위의 산식에 대입하여 풀면, 다음과 같다. (단위 : 만 원)

$$PV = \frac{1,040}{(1+0.04)} = 1,000(만 \ 원)$$

2. 채권의 가치와 위험

그런데 당해 채권 발행기업은 신용등급이 낮아서 채무불이행위험이 상당하다고 볼 수 있다. 따라서 1년 후에 1,040만 원을 모두 돌려받지 못할 위험이 있는 것이다. 결국 이를 고려하면, 채권의 가격은 1,000만 원 미만의 금액으로 결정될 것이다. 이는 다음과 같이 해석하는 것도 가능하다. 당해 채권 발행기업은 신용등급이 낮기 때문에 당해 채권의 수익률은 무위험수익률 4%에 위험프리미엄이 할증된 수익률로 결정되어야 한다. 따라서 이 경우에도 당해 채권의 가격은 1,000만 원 미만이 될 것임을 쉽게 알 수 있다.

참고로 채권의 위험과 수익률스프레드는 다음과 같다.

1) 이자율 위험

① 미래의 이자율은 불확실하며 시간이 흐름에 따라서 변동할 가능성이 있다. 따라서 이에 따라 미래수익이 변동함으로써 발생하는 위험을 이자율 위험이라고 한다. 이는 시장이자율의 변동으로 인해서 채권의 시장가격이 변동하는 것으로 나타난다.

② 시장이자율이 상승하면, 채권가격이 원래 예상했던 것보다 하락하므로 불리하게 작용하며, 시장이자율이 하락하면, 채권가격이 원래 예상했던 것보다 상승하므로 유리하게 작용한다. 이를 특히 가격위험이라고도 한다.

③ 액면금액과 액면이자가 "거의" 확정적으로 지급되는 "안전"한 국채의 경우에도 당연히 이자율 변동에 따른 위험은 존재한다.

2) 채무불이행 위험

① 채권을 발행한 회사가 채권구입자(투자자)에게 약속한 액면금액과 액면이자를 제대로 지급하지 못할 위험이 존재하며, 이를 채무불이행위험(default risk)라고 한다.

② 채무불이행 위험의 존재로 인하여 프리미엄이 나타나며 이를 수익률스프레드라고 한다.

3) 수익률스프레드

① 위험프리미엄
기대수익률과 무위험채권의 수익률 간의 차이(유동성, 수의상환조건 등으로 위한 위험)

② 채무불이행위험프리미엄
약속수익률과 기대수익률 간의 차이(액면금액과 이자를 상환받지 못할 위험)

제10편

10 2016년 국가직 9급

신용등급이 낮은 어떤 국내 기업이 1년 후 105만 원을 상환하는 회사채를 오늘 발행하였다. 현재 1년 만기 국채의 이자율이 연 5%라고 할 때, 이 회사채의 현재 가격은?

① 100만 원 미만
② 100만 원
③ 100만 원 초과 105만 원 이하
④ 105만 원 초과

출제이슈 채권가격과 위험
핵심해설 정답 ①

1. 채권의 가치

채권의 현금흐름과 할인율로부터 채권의 가치를 구할 수 있다.

매기 이자 a, 만기인 n기에 이자 a와 원금 A를 돌려주는 채권이 있고 현재 시장이자율은 r이라고 하자. 이 채권의 현재가치는 다음과 같다.

$$PV = \frac{a}{(1+r)} + \frac{a}{(1+r)^2} + \cdots + \frac{a+A}{(1+r)^n}, \ a : 이자, \ A : 원금, \ r : 할인율$$

따라서 설문에서 주어진 자료를 위의 산식에 대입하여 풀면, 다음과 같다. (단위 : 만 원)

$$PV = \frac{105}{(1+0.05)} = 100(만\ 원)$$

2. 채권의 가치와 위험

그런데 당해 채권 발행기업은 신용등급이 낮아서 채무불이행위험이 상당하다고 볼 수 있다. 따라서 1년 후에 105만 원을 모두 돌려받지 못할 위험이 있는 것이다. 결국 이를 고려하면, 채권의 가격은 105만 원 미만의 금액으로 결정될 것이다. 이는 다음과 같이 해석하는 것도 가능하다. 당해 채권 발행기업은 신용등급이 낮기 때문에 당해 채권의 수익률은 무위험수익률 5%에 위험프리미엄이 할증된 수익률로 결정되어야 한다. 따라서 이 경우에도 당해 채권의 가격은 105만 원 미만이 될 것임을 쉽게 알 수 있다.

참고로 채권의 위험과 수익률스프레드는 다음과 같다.

1) 이자율 위험

① 미래의 이자율은 불확실하며 시간이 흐름에 따라서 변동할 가능성이 있다. 따라서 이에 따라 미래수익이 변동함으로써 발생하는 위험을 이자율 위험이라고 한다. 이는 시장이자율의 변동으로 인해서 채권의 시장가격이 변동하는 것으로 나타난다.

② 시장이자율이 상승하면, 채권가격이 원래 예상했던 것보다 하락하므로 불리하게 작용하며, 시장이자율이 하락하면, 채권가격이 원래 예상했던 것보다 상승하므로 유리하게 작용한다. 이를 특히 가격위험이라고도 한다.

③ 액면금액과 액면이자가 "거의" 확정적으로 지급되는 "안전"한 국채의 경우에도 당연히 이자율 변동에 따른 위험은 존재한다.

2) 채무불이행 위험

① 채권을 발행한 회사가 채권구입자(투자자)에게 약속한 액면금액과 액면이자를 제대로 지급하지 못할 위험이 존재하며, 이를 채무불이행위험(default risk)라고 한다.

② 채무불이행 위험의 존재로 인하여 프리미엄이 나타나며 이를 수익률스프레드라고 한다.

3) 수익률스프레드

① 위험프리미엄
기대수익률과 무위험채권의 수익률 간의 차이(유동성, 수의상환조건 등으로 위한 위험)

② 채무불이행위험프리미엄
약속수익률과 기대수익률 간의 차이(액면금액과 이자를 상환받지 못할 위험)

제10편

이자율의 기간구조와 위험구조

1 채권수익률의 종류

1) 현물이자율(현재의 이자율)

① 현재부터 미래의 특정 기간에 적용되는 이자율

② 0−1기 현물이자율 r_1, 0−2기 현물이자율 r_2

cf. 구별개념

1−2기 미래의 기대현물이자율 r_{12}(현재로선 알 수 없으므로 기댓값 사용),

1−2기 미래의 선도이자율 r_f

③ 현물이자율을 모르는 경우 순수할인채권, 무이표채(zero-coupon bond)의 가격을 이용하여
역산을 통해 구하며 이는 기간당 평균수익률을 의미한다.

④ 현물이자율의 적용

0−1기 현물이자율 r_1, 0−2기 현물이자율 r_2, 1년 후 이자 a, 2년 후 이자 a와 원금 A를
돌려주는 채권이라고 하자. 이 채권의 현재가치는 다음과 같다.

$$PV = \frac{a}{(1+r_1)} + \frac{a+A}{(1+r_2)^2}$$

2) 만기수익률

① 채권으로부터 나오는 미래현금흐름의 현재가치를 현재 채권가격과 일치시켜 주는 이자율

② 현재 채권을 매입하여 만기까지 보유할 경우 얻을 수 있는 평균투자수익률을 의미한다.

③ 확정이자부채권, 이표채(coupon bond)의 가격을 이용하여 역산을 통해 구하며 이는 기간당
평균수익률을 의미한다.

④ 만기수익률의 적용

0−1기 현물이자율 r_1, 0−2기 현물이자율 r_2, 1년 후 이자 a, 2년 후 이자 a와 원금 A를
돌려주는 채권이라고 하자. 이 채권의 현재가치는 위와 같을 때 만기수익률은 다음과 같다.

$$PV = \frac{a}{(1+r)} + \frac{a+A}{(1+r)^2}$$

3) 선도이자율(미래의 이자율)

① 미래의 특정 기간 동안에만 적용되는 이자율

② 선도이자율의 적용

0−1기 현물이자율 r_1, 0−2기 현물이자율 r_2, 2년 후 원금 A를 돌려주는 채권이라고 하자.

이 채권의 현재가치는 $PV = \dfrac{A}{(1+r_2)^2}$ 가 되므로 $A = PV(1+r_2)^2$ 가 된다.

이때, $A = PV(1+r_2)^2 = PV(1+r_1)(1+r_f)$ 로 분해할 수 있으므로 r_f 가 선도이자율이 된다.

4) 보유기간 수익률

① 채권을 중도매각하기 전까지 보유한 기간 동안의 수익률

② 이자수익률과 자본이득률로 구성

2 이자율의 기간구조(Term Structure of interest rates)

2020 국7 　 2020 지7 　 2011 국7 　 2010 지7

1) 의의

① 채권의 만기에 따라 이자율이 어떤 모습을 나타내는지 보여주는 구조

② 현물이자율과 만기의 관계를 설명하는 곡선

③ 장기이자율과 단기이자율 간의 관계

2) 기대이론

① 미래의 기대현물이자율이 선도이자율과 일치하게 된다. 쉽게 말해서, 미래의 이자율은 현재의 기대를 평균적으로 반영하여 결정된다.

② 미래 단기이자율이 현재보다 상승하리라고 기대되는 경우에 장기이자율이 단기이자율보다 높아지며, 수익률곡선은 우상향한다. 미래 단기이자율인 선도이자율이 상승하므로 장기이자율이 상승한다.

③ 산식은 다음과 같다.

　ⅰ) 0-1기 현물이자율 r_1, 0-T기 현물이자율 r_T, 1-2기 미래의 현물이자율(선도이자율) r_{12}, 1-2기 미래의 기대현물이자율이 $E(r_{12})$ 라고 하면

$$(1+r_T)^T = \left[1 + E(r_{0,1})\right]\left[1 + E(r_{1,2})\right] \cdots \left[1 + E(r_{T-1,T})\right] \text{ 가 성립한다.}$$

　ⅱ) 따라서 $(1+r_T) = \sqrt[T]{\left[1 + E(r_{0,1})\right]\left[1 + E(r_{1,2})\right] \cdots \left[1 + E(r_{T-1,T})\right]}$ 이 된다.

　ⅲ) 즉, 만기이자율은 기대현물이자율의 기하평균이 되며, 이는 산술평균으로 근사한다.

　ⅳ) 만일, 2기만을 가정할 경우,

$$(1+r_2)^2 = \left[1+r_1\right]\left[1+E(r_{1,2})\right], \quad (1+r_2) = \sqrt{\left[1+E(r_{0,1})\right]\left[1+E(r_{1,2})\right]}$$

$$r_2 = \frac{r_1 + E(r_{1,2})}{2} \text{ 이므로 } E(r_{1,2}) = 2r_2 - r_1$$

제10편

ⅴ) 만일 3기를 가정할 경우

$$(1+r_3)^3 = [1+r_1][1+E(r_{1,2})][1+E(r_{2,3})],$$

$$(1+r_3) = \sqrt[3]{[1+r_1][1+E(r_{1,2})][1+E(r_{2,3})]}$$

$$r_3 = \frac{r_1 + E(r_{1,2}) + E(r_{2,3})}{3} \text{이므로}$$

$$E(r_{2,3}) = 3r_3 - r_1 - E(r_{1,2}) = 3r_3 - r_1 - (2r_2 - r_1) = 3r_3 - 2r_2$$

④ 사례

현재 1, 2, 3년 만기 채권만 존재하며, 1년 만기 채권이자율은 3%, 2년 만기 채권이자율은 5%, 3년 만기 채권이자율을 6%라고 하자. 기대이론에 따를 경우 <u>미래 3년차 1년 만기 채권이자율(미래 현물이자율, 미래 선도이자율)</u>의 예상치를 구해보면 다음과 같다.

$(1+0.03)^1 = [1+E(r_1)]$ 이 성립하므로 $E(r_1) = 0.03$

$(1+0.05)^2 = [1+0.03][1+E(r_2)]$ 이 성립하므로 $E(r_2) = 0.07$

$(1+0.06)^3 = [1+0.03][1+0.07][1+E(r_3)]$ 이 성립하므로 $E(r_3) = 0.08$

따라서 미래 3년차 1년 만기 채권이자율의 기대값은 8%가 된다.

만일 기하평균의 근사치로서 산술평균을 이용할 경우는 다음과 같이 간단히 구할 수 있다.

$$5 = \frac{3 + E(r_{1,2})}{2} \quad \therefore E(r_{1,2}) = 7, \quad 6 = \frac{3 + 7 + E(r_{2,3})}{3} \quad \therefore E(r_{2,3}) = 8, \text{ (단위: %)}$$

3) 유동성 프리미엄이론(유동성 선호이론, 수정된 기대이론)

① 미래 단기이자율은 현재 예상하는 기대현물이자율보다 더 높고, 장기이자율이 단기이자율보다 높아지며, 수익률곡선은 우상향한다. 그 이유는 다음과 같다.

② 미래이자율은 유동성 포기 및 위험을 반영하기 때문에, 미래의 기대현물이자율보다 선도이자율이 더 높아야 한다. 미래의 기대현물이자율과 선도이자율의 차이가 유동성 프리미엄이 된다.

ⅰ) 만기가 긴 채권일수록, 장기간 투자하는 대가로 예상되는 미래 현물이자율(선도이자율) 외에 추가적으로 프리미엄을 요구한다.

ⅱ) 단기채권에 비하여 장기채권은 유동성을 크게 상실하고 큰 위험을 부담하므로 위험을 회피하는 투자자들은 이에 대한 대가를 요구한다.

ⅲ) 장기채권은 채무불이행 위험이 단기채권보다 더 크고, 미래이자율의 변화에 따라서 채권가격이 변동할 위험도 단기채권보다 더 크기 때문에 이에 대한 대가를 요구한다.

ⅳ) 만일 단기채권과 장기채권이 완전대체재라고 가정할 경우, 유동성 프리미엄은 0이 되며, 대체가 불완전할 경우 유동성 프리미엄은 양수가 되며, 만기가 길어질수록 커지게 된다.

③ 쉽게 말해서, 미래의 이자율은 현재의 기대 수준보다 더 높이 결정된다. 그리고 미래 단기이 자율인 선도이자율이 유동성 포기, 위험을 반영하여 상승하므로 장기이자율이 상승한다.

④ 유동성 선호이론에 따를 경우, 기대이론보다 이자율의 기간구조가 상향으로 조정되어야 한 다(선도이자율 곡선은 미래기대현물이자율 곡선에 유동성 프리미엄을 가산하여 상방으로 이 동한다는 의미).

⑤ 따라서 유동성 프리미엄이 극단적으로 높게 형성되는 경우에는 미래기대현물이자율이 하락 하리라고 기대되더라도 극단적으로 높은 유동성 프리미엄을 고려하면, 결국 미래의 선도이 자율은 상승하는 것으로 나타날 수도 있다.

4) 시장분할이론

① 서로 다른 만기를 가진 채권시장은 각각 완전히 분리되어 있으며 수요 및 공급 상황이 서로 다르다.

② 장기채권과 단기채권은 투자계층이 서로 다르기 때문에 수요 및 공급의 여건이 다르고 각각 의 분리된 시장에서 수익률이 독립적으로 결정된다. 따라서 장기이자율과 단기이자율은 다 르다.

③ 이는 단기채권의 수익률곡선과 장기채권의 수익률곡선이 서로 달리 독립적으로 형성되는 것 을 의미한다.

5) 선호영역이론

① 투자자, 차입자는 자신이 선호하는 만기가 있기는 하지만, 그 만기만을 절대적으로 고집하지 않으며, 선호하는 만기 이외에도 다른 만기 채권이 유리할 경우, 그 채권시장에도 참여한다.

② 즉, 시장분할이론과는 달리 선호영역이론에서는 투자자들이 자신이 선호하는 영역을 벗어나 서 다른 만기의 채권에도 투자하는 것으로 본다.

③ 결국 다른 채권의 수익률이 충분히 크지 않다면, 투자자들은 원래 그들이 선호하는 채권에만 투자하므로 시장은 부분적으로 분할되어 있다.

④ 투자자들이 자신의 선호영역을 넘어서 다른 만기의 채권에 투자하도록 만들기 위해 요구되 는 추가적 수익률을 선호영역프리미엄이라고 한다.

⑤ 선호영역이론에 따르면, 각 만기 수익률은 미래 단기이자율과 투자자들의 선호도에 의하여 결정된다.
　 i) 해당 만기를 선호하는 투자자들이 많을수록 해당 만기 이자율은 낮아진다.
　 ii) 만일 단기채권을 장기채권보다 선호하는 투자자들이 많다면 단기이자율은 낮아진다.

제10편

3 이자율의 위험구조(Risk Structure of interest rates) 2014 국7

1) 의의

① 채권의 위험도에 따라 채권의 수익률이 어떻게 차이가 나는지 보여주는 구조

② 만기수익율과 위험도의 관계를 설명하는 곡선

③ 약속수익률과 기대수익률, 무위험수익률 간의 관계

2) 수익률 스프레드

① **무위험수익률**: 채무불이행 위험이 없는 국공채 등 무위험채권의 만기수익률

② **약속수익률**: 채무불이행 위험이 있는 당해 유위험채권의 만기수익률

③ **기대수익률**: 약속수익률과 채무불이행 위험을 고려한 수익률

④ 수익률 스프레드 = 약속수익률 − 무위험수익률

                  = (약속수익률−기대수익률) + (기대수익률−무위험수익률)

                  = 채무불이행 프리미엄 + 위험프리미엄

⑤ 약속수익률(만기수익률) = 무위험수익률 + 위험프리미엄 + 채무불이행 위험프리미엄

3) 이자율의 위험구조

① 채무불이행 위험

   i) 채무불이행 위험이 높을수록 유위험채권의 만기수익률은 높아진다.

   ii) 약속수익률(만기수익률) = 무위험수익률 + 위험프리미엄 + 채무불이행위험프리미엄

② 수의상환 위험

   i) 수의상환채권(callable bond)이란 발행자가 만기 이전에 특정한 가격으로 채권을 재매입할 수 있는 권리를 가지고 있는 채권이다.

   ii) 수의상환채권의 발행자는 시장이자율이 높을 때에 높은 액면이자율의 채권을 발행하여 자금을 조달한 후, 시장이자율이 하락하면 낮은 액면이자율의 채권을 신규로 발행하여 기존의 채권을 모두 상환해버린다. 이 경우, 발행자는 이자부담을 줄일 수 있다.

   iii) 수의상환조건은 미래에 미리 특정된 상환가격으로 매입할 수 있도록 하고 있다.

   iv) 수의상환조건으로 인해 발행자는 이자율이 낮아지는 시기에는 채권을 특정상환가격으로 상환할 것이므로 수의상환채권에 투자한 투자자에게는 예상치 못한 위험이 된다(현금흐름의 변화).

ISSUE 문제 📝

01 [2011년 국가직 7급]

이자율 기간구조에 대한 설명으로 옳은 것을 모두 고른 것은?

> ㄱ. 기대이론에 의하면, 미래의 단기 이자율 상승이 예상된다는 것은 수익률곡선이 우상향함을 의미한다.
> ㄴ. 기대이론에 의하면, 미래의 단기 이자율 하락이 예상된다는 것은 수익률곡선이 우하향함을 의미한다.
> ㄷ. 유동성 프리미엄이론에 의하면, 미래의 단기 이자율 상승이 예상된다는 것은 수익률곡선이 우상향함을 의미한다.
> ㄹ. 유동성 프리미엄이론에 의하면, 미래의 단기 이자율 하락이 예상된다는 것은 수익률곡선이 우하향함을 의미한다.

① ㄱ, ㄴ, ㄷ 　　　　② ㄱ, ㄴ, ㄹ
③ ㄱ, ㄷ, ㄹ 　　　　④ ㄴ, ㄷ, ㄹ

출제이슈 이자율의 기간구조
핵심해설 정답 ①

이자율의 기간구조는 채권의 만기에 따라 이자율이 어떤 모습을 나타내는지 보여주는 구조로서 현물이자율과 만기의 관계를 설명하는 곡선을 의미한다. 즉, 단기이자율과 장기이자율의 관계이다.

이자율의 기간구조를 설명하는 이론 중 기대이론과 유동성 프리미엄이론의 내용은 다음과 같다.

1) 기대이론

① 미래의 기대현물이자율이 선도이자율과 일치하게 된다. 쉽게 말해서, 미래의 이자율은 현재의 기대를 평균적으로 반영하여 결정된다.

② 미래 단기이자율이 현재보다 상승하리라고 기대되는 경우에 장기이자율이 단기이자율보다 높아지며, 수익률곡선은 우상향한다. 미래 단기이자율인 선도이자율이 상승하므로 장기이자율이 상승한다.

2) 유동성 프리미엄이론(유동성 선호이론, 수정된 기대이론)

① 미래 단기이자율은 현재 예상하는 기대현물이자율보다 더 높고, 장기이자율이 단기이자율보다 높아지며, 수익률곡선은 우상향한다. 그 이유는 다음과 같다.

② 미래이자율은 유동성 포기 및 위험을 반영하기 때문에, 미래의 기대현물이자율보다 선도이자율이 더 높아져야 한다. 미래의 기대현물이자율과 선도이자율의 차이가 유동성 프리미엄이 된다.

ⅰ) 만기가 긴 채권일수록, 장기간 투자하는 대가로 예상되는 미래 현물이자율(선도이자율) 외에 추가적으로 프리미엄을 요구한다.

ⅱ) 단기채권에 비하여 장기채권은 유동성을 크게 상실하고 큰 위험을 부담하므로 위험을 회피하는 투자자들은 이에 대한 대가를 요구한다.

iii) 장기채권은 채무불이행 위험이 단기채권보다 더 크고, 미래이자율의 변화에 따라서 채권가격이 변동할 위험도 단기채권보다 더 크기 때문에 이에 대한 대가를 요구한다.

iv) 만일 단기채권과 장기채권이 완전대체재라고 가정할 경우, 유동성 프리미엄은 0이 되며, 대체가 불완전할 경우 유동성 프리미엄은 양수가 되며, 만기가 길어질수록 커지게 된다.

③ 쉽게 말해서, 미래의 이자율은 현재의 기대 수준보다 더 높게 결정된다. 그리고 미래 단기이자율인 선도이자율이 유동성 포기, 위험을 반영하여 상승하므로 장기이자율이 상승한다.

④ 유동성 선호이론에 따를 경우, 기대이론보다 이자율의 기간구조가 상향으로 조정되어야 한다(선도이자율 곡선은 미래기대현물이자율 곡선에 유동성 프리미엄을 가산하여 상방으로 이동한다는 의미).

⑤ 따라서 유동성 프리미엄이 극단적으로 높게 형성되는 경우에는 미래기대현물이자율이 하락하리라고 기대되더라도 극단적으로 높은 유동성 프리미엄을 고려하면, 결국 미래의 선도이자율은 상승하는 것으로 나타날 수도 있다.

위의 내용에 따라서 설문을 검토하면 다음과 같다.

ㄱ. 옳은 내용이다.
기대이론에 의하면, 미래의 기대현물이자율이 선도이자율과 일치하게 된다. 설문에서 미래의 단기 이자율 상승이 예상된다는 것은 미래의 기대현물이자율이 상승하므로 선도이자율이 상승하는 것을 의미한다. 따라서 미래 단기이자율인 선도이자율이 상승하므로 장기이자율이 상승한다. 결국 장기이자율이 단기이자율보다 높아지므로, 수익률곡선은 우상향한다.

ㄴ. 옳은 내용이다.
기대이론에 의하면, 미래의 기대현물이자율이 선도이자율과 일치하게 된다. 설문에서 미래의 단기 이자율 하락이 예상된다는 것은 미래의 기대현물이자율이 하락하므로 선도이자율이 하락하는 것을 의미한다. 따라서 미래 단기이자율인 선도이자율이 하락하므로 장기이자율이 하락한다. 결국 장기이자율이 단기이자율보다 낮아지므로, 수익률곡선은 우하향한다.

ㄷ. 옳은 내용이다.
유동성 프리미엄이론에 의하면, 기대현물이자율보다 더 높은 수준에서 선도이자율이 결정된다. 왜냐하면, 미래이자율은 유동성 포기 및 위험을 반영하기 때문에, 미래의 기대현물이자율보다 선도이자율이 더 높아져야 한다. 미래의 기대현물이자율과 선도이자율의 차이가 유동성 프리미엄이 된다. 설문에서 미래의 단기 이자율 상승이 예상된다는 것은 미래의 기대현물이자율이 상승하므로 여기에 유동성 프리미엄을 가산한 선도이자율도 상승하는 것을 의미한다. 따라서 따라서 미래 단기이자율인 선도이자율이 상승하므로 장기이자율이 상승한다. 결국 장기이자율이 단기이자율보다 높아지므로, 수익률곡선은 우상향한다.

ㄹ. 틀린 내용이다.
유동성 프리미엄이론에 의하면, 기대현물이자율보다 더 높은 수준에서 선도이자율이 결정된다. 왜냐하면, 미래이자율은 유동성 포기 및 위험을 반영하기 때문에, 미래의 기대현물이자율보다 선도이자율이 더 높아져야 한다. 미래의 기대현물이자율과 선도이자율의 차이가 유동성 프리미엄이 된다. 설문에서 미래의 단기 이자율 하락이 예상된다는 것은 미래의 기대현물이자율이 하락하는 것인데 여기에 유동성 프리미엄을 가산한 선도이자율의 방향은 불확실하다. 왜냐하면, 유동성 프리미엄이 극단적으로 높게 형성되는 경우에는 미래기대현물이자율이 하락하리라고 기대되더라도 극단적으로 높은 유동성 프리미엄을 고려하면, 결국 미래의 선도이자율은 상승하는 것으로 나타날 수도 있다.

02 2020년 지방직 7급

이자율의 기간구조에 대한 설명으로 옳지 않은 것은?

① 만기가 서로 다른 채권들이 완전대체재일 경우 유동성 프리미엄이 0에 가까워지더라도 양 (+)의 값을 갖는다.

② 기대이론에 따르면 현재와 미래의 단기이자율이 같을 것이라고 예상하는 경제주체들이 많을 수록 수익률곡선은 평평해진다.

③ 유동성 프리미엄이론에 따르면 유동성 프리미엄은 항상 양(+)의 값을 갖고 만기가 길어질수록 커지는 경향을 보인다.

④ 미래에 단기이자율이 대폭 낮아질 것으로 예상되면 수익률곡선은 우하향한다.

출제이슈 이자율의 기간구조
핵심해설 정답 ①

이자율의 기간구조는 채권의 만기에 따라 이자율이 어떤 모습을 나타내는지 보여주는 구조로서 현물이자율과 만기의 관계를 설명하는 곡선을 의미한다. 즉, 단기이자율과 장기이자율의 관계이다.

이자율의 기간구조를 설명하는 이론 중 기대이론과 유동성 프리미엄이론의 내용은 다음과 같다.

1) 기대이론

① 미래의 기대현물이자율이 선도이자율과 일치하게 된다. 쉽게 말해서, 미래의 이자율은 현재의 기대를 평균적으로 반영하여 결정된다.

② 미래 단기이자율이 현재보다 상승하리라고 기대되는 경우에 장기이자율이 단기이자율보다 높아지며, 수익률곡선은 우상향한다. 미래 단기이자율인 선도이자율이 상승하므로 장기이자율이 상승한다.

2) 유동성 프리미엄이론(유동성 선호이론, 수정된 기대이론)

① 미래 단기이자율은 현재 예상하는 기대현물이자율보다 더 높고, 장기이자율이 단기이자율보다 높아지며, 수익률곡선은 우상향한다. 그 이유는 다음과 같다.

② 미래이자율은 유동성 포기 및 위험을 반영하기 때문에, 미래의 기대현물이자율보다 선도이자율이 더 높아져야 한다. 미래의 기대현물이자율과 선도이자율의 차이가 유동성 프리미엄이 된다.

ⅰ) 만기가 긴 채권일수록, 장기간 투자하는 대가로 예상되는 미래 현물이자율(선도이자율) 외에 추가적으로 프리미엄을 요구한다.

ⅱ) 단기채권에 비하여 장기채권은 유동성을 크게 상실하고 큰 위험을 부담하므로 위험을 회피하는 투자자들은 이에 대한 대가를 요구한다.

ⅲ) 장기채권은 채무불이행 위험이 단기채권보다 더 크고, 미래이자율의 변화에 따라서 채권가격이 변동할 위험도 단기채권보다 더 크기 때문에 이에 대한 대가를 요구한다.

ⅳ) 만일 단기채권과 장기채권이 완전대체재라고 가정할 경우, 유동성 프리미엄은 0이 되며, 대체가 불완전할 경우 유동성 프리미엄은 양수가 되며, 만기가 길어질수록 커지게 된다.

③ 쉽게 말해서, 미래의 이자율은 현재의 기대 수준보다 더 높게 결정된다. 그리고 미래 단기이자율인 선도이자율이 유동성 포기, 위험을 반영하여 상승하므로 장기이자율이 상승한다.

제10편

④ 유동성 선호이론에 따를 경우, 기대이론보다 이자율의 기간구조가 상향으로 조정되어야 한다(선도이자율 곡선은 미래기대현물이자율 곡선에 유동성 프리미엄을 가산하여 상방으로 이동한다는 의미).

⑤ 따라서 유동성 프리미엄이 극단적으로 높게 형성되는 경우에는 미래기대현물이자율이 하락하리라고 기대되더라도 극단적으로 높은 유동성 프리미엄을 고려하면, 결국 미래의 선도이자율은 상승하는 것으로 나타날 수도 있다.

위의 내용에 따라서 설문을 검토하면 다음과 같다.

① 틀린 내용이다.
유동성 프리미엄이론에서 만일 극단적으로 단기채권과 장기채권이 완전대체재라고 가정할 경우, 유동성 프리미엄은 0이 된다. 그러나 대체가 불완전할 경우 유동성 프리미엄은 양수가 되며, 이는 만기가 길어질수록 커지게 된다.

② 옳은 내용이다.
기대이론에 의하면, 미래의 기대현물이자율이 선도이자율과 일치하게 된다. 미래 단기이자율이 현재보다 상승하리라고 기대되는 경우에 장기이자율이 단기이자율보다 높아지며, 수익률곡선은 우상향한다. 설문에서와 같이 현재와 미래의 단기이자율이 같을 것이라고 예상하는, 즉 이자율이 변하지 않을 것으로 예상하는 경제주체들이 많다면, 장기이자율과 단기이자율이 차이가 없게 되어 수익률곡선은 수평이 된다.

③ 옳은 내용이다.
유동성 프리미엄이론에 의하면, 미래이자율은 유동성 포기 및 위험을 반영하기 때문에, 미래의 기대현물이자율보다 선도이자율이 더 높아져야 한다. 미래의 기대현물이자율과 선도이자율의 차이가 바로 유동성 프리미엄이 된다. 만기가 긴 채권일수록, 장기간 투자하는 대가로 예상되는 미래 현물이자율(선도이자율) 외에 추가적으로 프리미엄을 요구하게 되고 단기채권에 비하여 장기채권은 유동성을 크게 상실하고 큰 위험을 부담하므로 위험을 회피하는 투자자들은 이에 대한 대가를 요구하는 것이다. 또한 장기채권은 채무불이행 위험이 단기채권보다 더 크고, 미래이자율의 변화에 따라서 채권가격이 변동할 위험도 단기채권보다 더 크기 때문에 이에 대한 대가를 요구한다. 따라서 유동성 프리미엄은 항상 양(+)의 값을 갖고 만기가 길어질수록 커지는 경향을 보인다는 설문의 내용은 옳다.

④ 옳은 내용이다.
기대이론에 의하면, 미래의 기대현물이자율이 선도이자율과 일치하게 된다. 설문에서 미래의 단기 이자율 하락이 예상된다는 것은 미래의 기대현물이자율이 하락하므로 선도이자율이 하락하는 것을 의미한다. 따라서 미래 단기이자율인 선도이자율이 하락하므로 장기이자율이 하락한다. 결국 장기이자율이 단기이자율보다 낮아지므로, 수익률곡선은 우하향한다.

03 2010년 지방직 7급

2010년 9월 현재 미국의 3개월 만기국채금리는 5.11%이며 10년 만기 장기국채금리는 4.76%라고 할 때, 향후 미국경기에 대한 시사점으로 가장 적절한 것은?

① 미국경기는 침체될 가능성이 높다.
② 미국경기는 호전될 가능성이 높다.
③ 미국경기는 호전되다가 다시 침체할 가능성이 높다.
④ 미국경기는 침체되다가 다시 호전될 가능성이 높다.

출제이슈 이자율의 기간구조
핵심해설 정답 ①

이자율의 기간구조는 채권의 만기에 따라 이자율이 어떤 모습을 나타내는지 보여주는 구조로서 현물이자율과 만기의 관계를 설명하는 곡선을 의미한다. 즉, 단기이자율과 장기이자율의 관계이다.

이자율의 기간구조를 설명하는 이론 중 기대이론의 내용은 다음과 같다.

1) 미래의 기대현물이자율이 선도이자율과 일치하게 된다. 쉽게 말해서, 미래의 이자율은 현재의 기대를 평균적으로 반영하여 결정된다.

2) 미래의 단기이자율이 현재보다 상승하리라고 기대되는 경우에 장기이자율이 단기이자율보다 높아지며, 수익률곡선은 우상향한다. 미래의 단기이자율인 선도이자율이 상승하므로 장기이자율이 상승한다.

위의 내용에 따라서 설문을 검토하면 다음과 같다.

설문에 의하면, 현재 미국의 3개월 만기국채금리는 5.11%이며 10년 만기 장기국채금리는 4.76% 수준이다. 즉, 단기금리가 장기금리보다 높은 수준이다. 기대이론에 의하면, 미래의 기대현물이자율이 선도이자율과 일치하게 된다. 만일 미래 단기이자율의 하락이 예상되는 경우 미래의 기대현물이자율이 하락하므로 선도이자율이 하락하는 것을 의미한다. 따라서 미래 단기이자율인 선도이자율이 하락하므로 장기이자율이 하락한다. 결국 장기이자율이 단기이자율보다 낮아지므로, 수익률곡선은 우하향한다. 따라서 설문과 같은 단기금리가 장기금리보다 높은 경우는 바로 미래에 이자율이 하락할 것이라는 기대가 반영되어 있다고 할 수 있다.

제10편

그런데 이자율과 경기의 관계를 살펴보면, 이자율은 약하게나마 경기역행적 모습을 보일 수 있다. 경기침체가 이자율 하락을 항상 의미하는 것은 아니라는 뜻이다. 다만, 실질공급보다는 실질수요가 이자율을 결정하는데 큰 역할을 한다고 할 경우, 이자율 하락이 예상된다는 것은 실질수요가 감소하여 경기가 침체될 가능성이 크다는 것을 의미하게 된다. 따라서 설문에서는 미국의 경기는 침체될 가능성이 높다고 할 수 있다.

04 2020년 국가직 7급

현재 시점에서 A국 경제의 채권시장에 1년 만기, 2년 만기, 3년 만기 국채만 존재하고 각각의 이자율이 3%, 5%, 6%이다. 현재 시점으로부터 2년 이후에 성립하리라 기대되는 1년 만기 국채의 이자율 예상치에 가장 가까운 값은? (단, 이자율의 기간구조에 대한 기대이론이 성립한다)

① 4%

② 6%

③ 8%

④ 10%

출제이슈 이자율의 기간구조

핵심해설 정답 ③

이자율의 기간구조는 채권의 만기에 따라 이자율이 어떤 모습을 나타내는지 보여주는 구조로서 현물이자율과 만기의 관계를 설명하는 곡선을 의미한다. 즉, 단기이자율과 장기이자율의 관계이다.

이자율의 기간구조를 설명하는 이론 중 기대이론의 내용은 다음과 같다.

1) 미래의 기대현물이자율이 선도이자율과 일치하게 된다. 쉽게 말해서, 미래의 이자율은 현재의 기대를 평균적으로 반영하여 결정된다.

2) 미래의 단기이자율이 현재보다 상승하리라고 기대되는 경우에 장기이자율이 단기이자율보다 높아지며, 수익률곡선은 우상향한다. 미래의 단기이자율인 선도이자율이 상승하므로 장기이자율이 상승한다.

3) 산식은 다음과 같다.

① 0-1기 현물이자율 r_1, 0-T기 현물이자율 r_T, 1-2기 미래의 현물이자율(선도이자율) r_{12}, 1-2기 미래의 기대현물이자율이 $E(r_{12})$ 라고 하면

$$(1+r_T)^T = [1+E(r_{0,1})][1+E(r_{1,2})]\cdots[1+E(r_{T-1,T})]$$ 가 성립한다.

② 따라서 $(1+r_T) = \sqrt[T]{[1+E(r_{0,1})][1+E(r_{1,2})]\cdots[1+E(r_{T-1,T})]}$ 이 된다.

③ 즉, <u>만기이자율은 기대현물이자율의 기하평균이 되며, 이는 산술평균으로 근사한다.</u>

④ 만일, 2기만을 가정할 경우,

$$(1+r_2)^2 = [1+r_1][1+E(r_{1,2})], \ (1+r_2) = \sqrt{[1+E(r_{0,1})][1+E(r_{1,2})]}$$

$$r_2 = \frac{r_1 + E(r_{1,2})}{2}$$ 이므로 $E(r_{1,2}) = 2r_2 - r_1$

위의 내용에 따라서 설문을 검토하면 다음과 같다.

현재 1, 2, 3년 만기 채권만 존재하며, 1년 만기 채권이자율 3%, 2년 만기 채권이자율 5%, 3년 만기 채권이자율을 6%라고 하자. 기대이론에 따를 경우 <u>미래 3년차 1년 만기 채권이자율(미래 현물이자율, 미래 선도이자율)</u>의 예상치를 구해보면 다음과 같다.

$(1+0.03)^1 = \left[1+E(r_1)\right]$ 이 성립하므로 $E(r_1)=0.03$

$(1+0.05)^2 = \left[1+0.03\right]\left[1+E(r_2)\right]$ 이 성립하므로 $E(r_2)=0.07$

$(1+0.06)^3 = \left[1+0.03\right]\left[1+0.07\right]\left[1+E(r_3)\right]$ 이 성립하므로 $E(r_3)=0.08$

따라서 미래 3년차 1년 만기 채권이자율의 기대값은 8%가 된다.

만일 기하평균의 근사치로서 산술평균을 이용할 경우는 다음과 같이 간단히 구할 수 있다. (단위: %)

$$5=\frac{3+E(r_{1,2})}{2} \quad \therefore\ E(r_{1,2})=7\ , \qquad 6=\frac{3+7+E(r_{2,3})}{3} \quad \therefore\ E(r_{2,3})=8$$

따라서 현재 시점으로부터 2년 이후에 성립하리라 기대되는 1년 만기 국채의 이자율 예상치는 미래 3년차 1년 만기 채권이자율의 기대값을 의미하므로 8%로 예상된다.

05 | 2014년 국가직 7급

다음 그래프는 경기가 회복되고 있는 A국에 존재하는 금융상품의 기대수익률 추이를 나타낸다. 각 기대수익률을 해당 금융상품에 바르게 짝지은 것은? (단, 채권의 만기기간은 5년이고 위험기피 투자자를 가정한다)

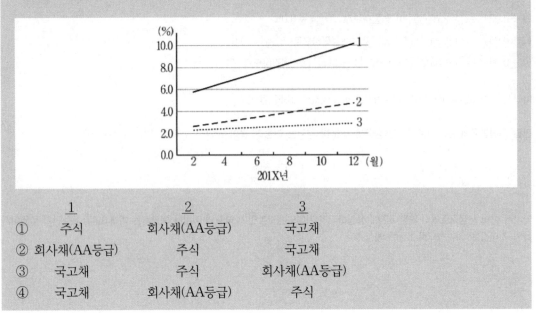

	1	2	3
①	주식	회사채(AA등급)	국고채
②	회사채(AA등급)	주식	국고채
③	국고채	주식	회사채(AA등급)
④	국고채	회사채(AA등급)	주식

출제이슈 이자율의 위험구조
핵심해설 정답 ①

이자율의 위험구조는 채권의 위험도에 따라 채권의 수익률이 어떻게 차이가 나는지 보여주는 것으로서 약속수익률과 기대수익률, 무위험수익률 간의 관계를 나타낸다. 이를 수익률 스프레드라고 한다.

① 약속수익률 : 채무불이행 위험이 있는 당해 유위험채권의 만기수익률
② 기대수익률 : 약속수익률에서 채무불이행 위험을 고려한 수익률
③ 무위험수익률 : 채무불이행 위험이 없는 국공채 등 무위험채권의 만기수익률
④ 수익률 스프레드 = 약속수익률 − 무위험수익률
　　　　　　 = (약속수익률 − 기대수익률) + (기대수익률−무위험수익률)
　　　　　　 = 채무불이행 프리미엄 + 위험프리미엄
⑤ 약속수익률(만기수익률) = 무위험수익률 + 위험프리미엄 + 채무불이행 위험프리미엄

즉, 채무불이행 위험프리미엄은 약속된 수익률을 얻지 못할 위험을 고려한 것이고, 위험프리미엄은 국채와 같은 무위험채권에 비교되는 위험을 고려한 것이다.

설문에서 만기가 동일하지만, 국채, 회사채, 주식 간에 수익률 차이가 나타나는 이유는 위험프리미엄 때문이다. 위험도가 높을수록 위험프리미엄이 존재하므로 기대수익률이 높게 된다. 이때문에 기대수익률의 크기는 주식>회사채>국채의 순이 된다.

2016 국9

1 기본모형

1) 미래 예상되는 배당금의 현재가치로 주식을 평가한다.

2) $P = \dfrac{D_1}{(1+r)} + \dfrac{D_2}{(1+r)^2} + \dfrac{D_3}{(1+r)^3} + \cdots = \sum_{i=1}^{\infty} \dfrac{D_i}{(1+r)^i}$ (D_i : i기의 배당, r : 할인율)

3) 배당금의 현금흐름이 증가할수록 주식의 가치는 높아진다.

4) 할인율이 상승할 경우 주식의 가치는 낮아진다.

5) 할인율에는 위험이 반영되므로 미래 현금흐름 변동성 위험이 증가할수록 할인율은 상승하여 주식의 가치는 낮아진다.

2 성장 없는 주식의 평가

1) 미래 고정된 배당금의 현재가치로 주식을 평가

2) $P = \dfrac{D_1}{(1+r)} + \dfrac{D_1}{(1+r)^2} + \dfrac{D_1}{(1+r)^3} + \cdots = \dfrac{D_1}{r}$ (D_1 : 고정된 배당, r : 할인율)

3) 기업의 성장이 전혀 없어서 이익이 항상 일정한 것에 더하여 만일 이익을 남김없이 모두 배당한다고 가정하면, 그 배당금이 바로 주당순이익이 된다.

4) 따라서 배당이 주당순이익(earning per share, EPS)인 경우 할인율은 주당순이익을 주식가격으로 나눈 것이 된다. 그런데 주식가격/주당순이익을 주가수익비율(price earning ratio, PER)라고 하므로 결국 할인율은 주가수익비율의 역수이다.

3 성장하는 주식의 평가: 고든의 항상성장모형

1) 미래 배당금이 매기 일정비율로 성장하는 경우의 주식 평가

2) $P = \dfrac{D_1}{(1+r)} + \dfrac{D_1(1+g)}{(1+r)^2} + \dfrac{D_1(1+g)^2}{(1+r)^3} + \cdots = \dfrac{D_1}{r-g}$ (D_1 : 고정배당, g : 배당증가율, r : 할인율)

ISSUE 문제 📝

01 2016년 국가직 9급

기업 A의 현재 주식 가격은 이 기업의 기대 배당금 흐름을 할인한 현재가치들의 합인 5만 원에 형성되어 있다. 이와 관련한 설명으로 옳지 않은 것은?

① 기업 A의 할인율이 상승하면 이 기업의 주식가격은 상승한다.
② 기업 A의 기대 배당금 흐름이 증가하면 이 기업의 주식가격은 상승한다.
③ 기업 A의 미래 현금흐름 변동성 위험이 증가할수록 이 기업의 할인율은 상승한다.
④ 기업 A의 미래 현금흐름이 위험해질수록 이 기업의 주식가치는 하락한다.

출제이슈 주식의 평가
핵심해설 정답 ①

주식의 가치는 주식 투자로부터 기대되는 미래의 현금흐름(배당금의 흐름)을 적절한 할인율로 할인하여 구할 수 있다. 주식시장이 효율적인 경우, 주식의 시장가격과 주식의 이론적 가치는 무차익거래원리에 의하여 수렴하게 될 것이다.

따라서 미래 배당금과 할인율을 이용한 주식의 평가는 다음과 같다.

① 미래 예상되는 배당금의 현재가치로 주식을 평가한다.

② $P = \dfrac{D_1}{(1+r)} + \dfrac{D_2}{(1+r)^2} + \dfrac{D_3}{(1+r)^3} + \cdots = \sum_{i=1}^{\infty} \dfrac{D_i}{(1+r)^i}$ (D_i : i기의 배당, r : 할인율)

위의 산식을 해석해보면 당연히 배당금의 현금흐름이 증가할수록 주식의 가치는 높아진다는 것을 알 수 있다. 그리고 할인율이 상승할 경우 주식의 가치는 낮아진다. 할인율에는 위험이 반영되므로 미래 현금흐름 변동성 위험이 증가할수록 할인율은 상승하여 주식의 가치는 낮아질 것이다.

위의 내용에 따라서 설문을 검토하면 다음과 같다.

① 틀린 내용이다.
할인율이 상승하면 이 기업의 주식가격은 하락한다. 할인율의 상승은 위험의 증가 등에 기인할 수 있다.

② 옳은 내용이다.
기업 A의 기대 배당금 흐름이 증가하면 이 기업의 주식가격은 상승한다.

③ 옳은 내용이다.
기업 A의 미래 현금흐름 변동성 위험이 증가할수록 이 기업의 할인율은 상승하고 주식의 가치는 하락한다.

④ 옳은 내용이다.
기업 A의 미래 현금흐름이 위험해질수록 이 기업의 할인율은 상승하고 주식의 가치는 하락한다. 이 기업의 주식가치는 하락한다.

1 기대효용이론

1) 기대효용

① 투자는 미래를 위한 현재의 희생으로서 미래 불확실성에 따라 위험이 필연적으로 수반된다.

② 따라서 투자자의 효용은 확실성 하의 효용이 아니라 불확실성 하의 기대효용이 된다.

2) 기대효용과 미래수익

① 기대효용은 투자에 따른 미래수익의 확률분포를 알아야 한다.

② 만일 미래수익이 정규분포를 따른다고 하면, 기대효용은 단순히 미래수익의 평균과 분산으로 표시할 수 있다.

2 개별자산 또는 투자안의 수익과 위험 | 2020 지7

1) 투자안의 수익은 수익률의 평균(기댓값)으로 나타낼 수 있다.   예: $E(r_1)$ 혹은 $E(r_2)$

$E(r_1) = a\,r_a + br_b,$

a 또는 b : 상황 a 또는 상황 b가 발생할 확률, r_a, r_b : 상황 a 또는 b일 때 자산 1의 수익률

2) 투자안의 위험은 수익률의 분산(표준편차)으로 나타낼 수 있다.   예: $Var(r_1)$ 혹은 $Var(r_2)$

$Var(r_1) = a\,(r_a - E(r_1))^2 + b(r_b - E(r_1))^2,$

a 또는 b : 상황 a 또는 상황 b가 발생할 확률, r_a, r_b : 상황 a 또는 b일 때 자산 1의 수익률

제10편

3 포트폴리오 이론 | 2017 국7 | 2015 지7 | 2013 지7 | 2010 국7

1) 포트폴리오

① 포트폴리오는 여러 투자자산의 집합으로 구성된다.

② 포트폴리오를 이루고 있는 개별자산의 구성비율을 w_i라고 하면 구성비율의 합은 1이 된다.

2) 포트폴리오의 위험과 수익

① 포트폴리오의 수익은 포트폴리오 수익률의 평균으로 나타낼 수 있다.

② 포트폴리오의 위험은 포트폴리오 수익률의 분산(표준편차)으로 나타낼 수 있다.

③ 포트폴리오 수익률

 ⅰ) 포트폴리오를 구성하는 자산의 수익률을 자산구성비율로 가중평균

 ⅱ) $r_p = w_1 r_1 + w_2 r_2 + \cdots + w_n r_n = \sum_{i=1}^{n} w_i r_i$

r_i : 개별자산의 수익률, w_i : 개별자산의 구성비율, $\sum_{i=1}^{n} w_i = 1$

3) 포트폴리오의 수익률의 평균과 분산

① 포트폴리오 수익률의 평균(기대수익률)

$E(r_p) = E(w_1 r_1 + w_2 r_2 + \cdots + w_n r_n)$

r_i : 개별자산의 수익률, w_i : 개별자산의 구성비율, $\sum_{i=1}^{n} w_i = 1$

② 포트폴리오 수익률의 분산

$Var(r_p) = Var(w_1 r_1 + w_2 r_2 + \cdots + w_n r_n)$

r_i : 개별자산의 수익률, w_i : 개별자산의 구성비율, $\sum_{i=1}^{n} w_i = 1$

4) 포트폴리오 위험의 분해

① 포트폴리오의 위험을 나타내는 분산(variance)을 2개의 자산만을 가정하여 다시 쓰면 다음과 같다.

$Var(r_p) = Var(w_1 r_1 + w_2 r_2) = w_1^2 \sigma_1^2 + w_2^2 \sigma_2^2 + 2w_1 w_2 \sigma_{12}$

r_1, r_2 : 개별자산 1, 2의 수익률, w_1, w_2 : 개별자산 1, 2의 구성비율, $w_1 + w_2 = 1$

② 위에서 σ_{12}는 두 자산수익률의 공분산을 의미한다. 공분산이란 두 자산수익률이 서로 어느 정도 관련되어 있는지를 나타내는 척도로서 각 자산수익률과 기대수익률의 차이 즉 편차를 곱하여 평균한 값이다.

공분산 $\sigma_{12} = E\left[\{r_1 - E(r_1)\}\{r_2 - E(r_2)\}\right]$

r_1 : 자산 1의 수익률, r_2 : 자산 2의 수익률, $E(r_1)$: 자산 1의 수익률의 평균, $E(r_2)$: 자산 2의 수익률의 평균

③ 공분산을 표준화한 것을 상관계수 ρ_{12}라고 하는데 상관계수는 공분산을 각 자산의 표준편차로 나눈 값이다.

상관계수 $\rho_{12} = \dfrac{\sigma_{12}}{\sigma_1 \sigma_2}$

σ_{12} : 자산 1, 2 수익률의 공분산, σ_1 : 자산 1 수익률의 표준편차, σ_2 : 자산 2 수익률의 표준편차

④ 분산−공분산 행렬은 포트폴리오의 위험을 나타내는 분산(variance)을 분해한 것이다.

 i) $Var(r_p) = Var(w_1 r_1 + w_2 r_2) = w_1^2 \sigma_1^2 + w_2^2 \sigma_2^2 + 2w_1 w_2 \sigma_{12}$

  $= w_1^2 \sigma_1^2 + w_2^2 \sigma_2^2 + w_1 w_2 \sigma_{12} + w_1 w_2 \sigma_{12}$

 ii) 즉, 포트폴리오의 위험은 구성자산들의 위험을 모두 합성한 것으로 해석할 수 있다. 이를 그림으로 도해하면 다음과 같다.

구분	개별자산 1, 비율 w_1	개별자산 2, 비율 w_2
개별자산 1 비율 w_1	$w_1 w_1 \sigma_{11}$	$w_1 w_2 \sigma_{12}$
개별자산 2 비율 w_2	$w_1 w_2 \sigma_{12}$	$w_2 w_2 \sigma_{22}$

5) 포트폴리오 위험의 분산(diversification)

① 개별자산들 간의 상관계수가 −1과 1 사이인데, −1에 가까울수록 위험을 분산할 수 있다.

 i) 상관계수가 −1일 경우 자산들 간의 움직임이 정반대이므로 서로를 상쇄하는 작용을 한다.

 ii) 예를 들어 상관계수가 −1이라면, 어느 주식의 가격이 내리면, 다른 주식의 가격이 오르기 때문에 포트폴리오의 위험은 제거된다.

 iii) 상관계수가 1인 경우를 제외하면, 크기의 차이는 있지만, 분산효과는 항상 나타난다.

② 위험은 분산 가능한 비체계적 위험(개별자산고유의 위험)과 분산 불가능한 체계적 위험(시장위험)으로 나뉜다.

 i) 비체계적 위험

   분산투자로써 제거될 수 있는 위험으로서 종업원의 파업, 판매 부진, 소송문제 등 개별자산의 발행자인 기업의 고유한 상황과 관련된 위험이다. 기업고유위험(firm-specific risk)이라고도 한다. 예를 들어 어느 회사의 판매부진과 관련한 위험은 다른 회사의 판매호조로 상쇄시킬 수 있다.

 ii) 체계적 위험

   분산투자로써 제거될 수 없는 위험으로서 인플레이션, 디플레이션, 정부정책에 따른 이자율 변화 등 시장의 전반적인 상황과 관련된 위험이다. 시장위험(market risk)이라고도 하며 이는 여러 기업들에게 공통적으로 영향을 미치기 때문에 자산의 분산투자로도 제거할 수 없다.

6) 효용함수 : 무차별곡선

① 포트폴리오의 위험과 수익에 대한 투자자의 선호에 따라서 무차별곡선의 형태가 결정된다.

② 위험은 비재화적 성격이므로 포트폴리오 무차별곡선은 우상향하는 형태가 된다.

제10편

7) 예산선 : 효율적 투자선

① 개별자산의 구성비율에 따라서 선택 가능한 포트폴리오의 위험과 수익을 선택한다.

② 특히, 이는 개별자산 간의 공분산에 영향을 받는다.

8) 최적선택

① 효율적 투자선을 제약조건으로 하여 투자자의 기대효용을 극대화하도록 최적선택한다.

② 효율적 투자선과 무차별곡선의 접점에서 최적선택이 이루어진다.

9) 피셔의 분리정리

① 효율적 투자선의 포트폴리오의 구성요소를 선택하는 것은 포트폴리오 생산자의 책임이다.

② 만들어진 포트폴리오에서 최적의 구성비율을 선택하는 것은 포트폴리오 투자자의 책임이다.

③ 포트폴리오 생산자와 투자자의 의사결정이 각각 분리되어 있는 것, 효율적 투자선의 구성단계와 투자자의 기대효용을 극대화시키는 단계가 분리되어 있는 것을 포트폴리오 분리정리라고 한다.

ISSUE 문제 📝

01 2020년 지방직 7급

갑은 사업안 A와 B를 고려하고 있다. 두 안의 성공 및 실패에 따른 수익과 확률은 다음과 같다. 이에 대한 설명으로 옳은 것만을 모두 고르면? (단, 위험은 분산으로 측정한다)

구분 / 사업안	성공		실패	
	확률	수익(만 원)	확률	수익(만 원)
A	0.9	+100	0.1	+50
B	0.5	+200	0.5	−10

ㄱ. A안의 기대수익은 95만 원이다.

ㄴ. B안의 기대수익은 95만 원이다.

ㄷ. 갑이 위험을 회피하는(risk averse) 사람인 경우 A안을 선택할 가능성이 더 크다.

ㄹ. A안의 기대수익에 대한 위험은 B안의 기대수익에 대한 위험보다 더 크다.

① ㄱ, ㄴ, ㄷ   ② ㄱ, ㄴ, ㄹ

③ ㄱ, ㄷ, ㄹ   ④ ㄴ, ㄷ, ㄹ

출제이슈 투자안의 수익과 위험

핵심해설 정답 ①

먼저 개별자산 혹은 투자안의 수익과 위험을 구하는 방법은 다음과 같다.

1) 투자안의 수익은 수익률의 평균(기댓값)으로 나타낼 수 있다. 예: $E(r_1)$ 혹은 $E(r_2)$

   $E(r_1) = a\,r_a + br_b,$

   a 또는 b: 상황 a 또는 상황 b가 발생할 확률, r_a, r_b: 상황 a 또는 b일 때 자산 1의 수익률

2) 투자안의 위험은 수익률의 분산(표준편차)으로 나타낼 수 있다. 예: $Var(r_1)$ 혹은 $Var(r_2)$

   $Var(r_1) = a(r_a - E(r_1))^2 + b(r_b - E(r_1))^2,$

위의 산식에 주어진 데이터를 적용하여 풀면, 다음과 같다.

참고로 위의 산식은 수익률에 초점을 맞춘 것인 반면, 설문에서는 수익으로 주어져있음에 유의하자.

1) 각 사업안의 수익 구하기(단위: 만 원)

① 사업안의 수익은 기대수익으로 구할 수 있다.

② 사업안 A의 기대수익: $E(A) = 0.9 \times 100 + 0.1 \times 50 = 95$

③ 사업안 B의 기대수익: $E(B) = 0.5 \times 200 + 0.5 \times (-10) = 95$

제10편

2) 각 사업안의 위험구하기(단위 : 만 원 혹은 만 원의 제곱)

① 사업안의 위험은 분산이나 표준편차로 구할 수 있다.
② 사업안 A의 분산 : $Var(A) = 0.9 \times (100-95)^2 + 0.1 \times (50-95)^2 = 225$ (단위 : 만 원의 제곱)
③ 사업안 B의 분산 : $Var(B) = 0.5 \times (200-95) + 0.5 \times (-10-95) = 11,025$ (단위 : 만 원의 제곱)

위의 내용에 따라서 설문을 검토하면 다음과 같다.

ㄱ. 옳은 내용이다.
사업안의 수익은 기대수익으로 구할 수 있다.
사업안 A의 기대수익 : $E(A) = 0.9 \times 100 + 0.1 \times 50 = 95$, A안의 기대수익은 95만 원이다.

ㄴ. 옳은 내용이다.
사업안의 수익은 기대수익으로 구할 수 있다.
사업안 B의 기대수익 : $E(B) = 0.5 \times 200 + 0.5 \times (-10) = 95$, B안의 기대수익은 95만 원이다.

ㄷ. 옳은 내용이다.
사업안의 위험은 분산이나 표준편차로 구할 수 있다.
사업안 A의 분산 : $Var(A) = 0.9 \times (100-95)^2 + 0.1 \times (50-95)^2 = 225$ (단위 : 만 원의 제곱)이고
사업안 B의 분산 : $Var(B) = 0.5 \times (200-95) + 0.5 \times (-10-95) = 11,025$ (단위 : 만 원의 제곱)이므로 사업안 A가
더 위험하다고 할 수 있다. 그러므로 갑이 위험을 회피하는(risk averse) 사람인 경우 A안이 B안에 비해 수익은 동일하지만,
위험이 낮기 때문에 A안을 선택할 가능성이 더 크다.

참고로 실제 시험장에서는 굳이 각 사업안의 분산을 구할 필요는 없다. 각 사업안의 수익이 동일한 상황에서 사업안 A의
수익의 범위는 50만 원에서 100만 원 사이이고 사업안 B의 수익의 범위는 -10만 원에서 200만 원 사이이므로 사업안 B가
분산이 더 클 것임을 직관적으로 알 수 있다.

ㄹ. 틀린 내용이다.
바로 앞 ㄷ.에서 본 바대로 사업안 A의 위험이 B에 비하여 더 작음을 알 수 있다.
A안의 기대수익에 대한 위험은 B안의 기대수익에 대한 위험보다 더 크다.

02 2013년 지방직 7급

다음과 같은 조건에서 어떤 투자자가 두 주식 A 또는 B에 투자하거나, A와 B에 각각 50%씩 분산투자하는 포트폴리오 C에 투자할 계획을 갖고 있다. A, B, C 간의 기대수익률을 비교한 결과로 옳은 것은?

- A의 수익률은 좋은 해와 나쁜 해에 각각 20% 및 −10%이다.
- B의 수익률은 좋은 해와 나쁜 해에 각각 10% 및 5%이다.
- 올해가 좋은 해일 확률은 60%이고 나쁜 해일 확률은 40%이다.

① A > C > B   ② A < C < B
③ A = B > C   ④ A = B = C

출제이슈 포트폴리오의 수익
핵심해설 정답 ④

먼저 개별자산과 포트폴리오의 수익의 측정치로서 기대수익률을 구하는 방법은 다음과 같다.

1) 개별자산의 기대수익률

① 개별자산의 기대수익률은 수익률의 평균(기댓값)으로 나타낼 수 있다. 예: $E(r_1)$ 혹은 $E(r_2)$

② $E(r_1) = a r_a + b r_b$,

   a 또는 b : 상황 a 또는 상황 b가 발생할 확률, r_a, r_b : 상황 a 또는 b일 때 자산 1의 수익률

2) 포트폴리오의 기대수익률

① 포트폴리오의 수익률

$r_p = w_1 r_1 + w_2 r_2 + \cdots + w_n r_n = \sum_{i=1}^{n} w_i r_i$, r_i : 개별자산의 수익률, w_i : 개별자산의 구성비율, $\sum_{i=1}^{n} w_i = 1$

② 포트폴리오 기대수익률

$E(r_p) = E(w_1 r_1 + w_2 r_2 + \cdots + w_n r_n)$, r_i : 개별자산의 수익률, w_i : 개별자산의 구성비율, $\sum_{i=1}^{n} w_i = 1$

위의 산식에 주어진 데이터를 적용하여 풀면, 다음과 같다.

1) 주식 A의 기대수익률 : $E(r_A) = 0.6 \times 20\% + 0.4 \times (-10\%) = 8\%$
2) 주식 B의 기대수익률 : $E(r_B) = 0.6 \times 10\% + 0.4 \times 5\% = 8\%$
3) 포트폴리오의 기대수익률
① 포트폴리오의 수익률 $r_P = 0.5 \times r_A + 0.5 \times r_B$
② 포트폴리오의 수익률의 평균 $E(r_P) = 0.5 \times E(r_A) + 0.5 \times E(r_B) = 8\%$

따라서 주식 A의 기대수익률, 주식 B의 기대수익률, 포트폴리오의 기대수익률 모두 8%로 동일하다.

03 2010년 국가직 7급

포트폴리오 이론에 대한 설명으로 옳은 것은?

가. 자산 수익률간의 상관계수가 0이면 위험분산의 효과가 전혀 없다.
나. 분산투자를 통해 자산선택에서 발생하는 체계적인 위험을 모두 제거할 수 있다.

① 가   ② 나
③ 가, 나   ④ 가, 나 모두 옳지 않다.

출제이슈 포트폴리오의 위험
핵심해설 정답 ④

먼저 포트폴리오의 위험의 측정치로서 포트폴리오 수익률의 분산을 구하는 방법은 다음과 같다.

1) 포트폴리오 수익률(포트폴리오를 구성하는 자산의 수익률을 자산구성비율로 가중평균)

$$r_p = w_1 r_1 + w_2 r_2 + \cdots + w_n r_n = \sum_{i=1}^{n} w_i r_i \,,$$

r_i : 개별자산의 수익률, w_i : 개별자산의 구성비율, $\sum_{i=1}^{n} w_i = 1$

2) 포트폴리오 수익률의 분산

$$Var(r_p) = Var(w_1 r_1 + w_2 r_2 + \cdots + w_n r_n)$$

r_i : 개별자산의 수익률, w_i : 개별자산의 구성비율, $\sum_{i=1}^{n} w_i = 1$

3) 포트폴리오 위험의 분해

① 포트폴리오의 위험을 나타내는 분산(variance)을 2개의 자산만을 가정하여 다시 쓰면 다음과 같다.

$$Var(r_p) = Var(w_1 r_1 + w_2 r_2) = w_1^2 \sigma_1^2 + w_2^2 \sigma_2^2 + 2 w_1 w_2 \sigma_{12}$$

r_1, r_2 : 개별자산 1, 2의 수익률, w_1, w_2 : 개별자산 1, 2의 구성비율, $w_1 + w_2 = 1$

② 위에서 σ_{12}는 두 자산수익률의 공분산을 의미한다. 공분산이란 두 자산수익률이 서로 어느정도 관련되어 있는지를 나타내는 척도로서 각 자산수익률과 기대수익률의 차이인 편차를 곱하여 평균한 값이다.

공분산 $\sigma_{12} = E\left[\{r_1 - E(r_1)\}\{r_2 - E(r_2)\}\right]$

r_1 : 자산 1의 수익률, r_2 : 자산 2의 수익률, $E(r_1)$: 자산 1의 수익률의 평균, $E(r_2)$: 자산 2의 수익률의 평균

③ 공분산을 표준화한 것을 상관계수 ρ_{12}이며 상관계수는 공분산을 각 자산의 표준편차로 나눈 값이다.

상관계수 $\rho_{12} = \dfrac{\sigma_{12}}{\sigma_1 \sigma_2}$

σ_{12} : 자산 1, 2 수익률의 공분산, σ_1 : 자산 1 수익률의 표준편차, σ_2 : 자산 2 수익률의 표준편차

④ 분산−공분산 행렬은 포트폴리오의 위험을 나타내는 분산(variance)을 분해한 것이다.

ⅰ) $Var(r_p) = Var(w_1 r_1 + w_2 r_2) = w_1^2 \sigma_1^2 + w_2^2 \sigma_2^2 + 2 w_1 w_2 \sigma_{12} = w_1^2 \sigma_1^2 + w_2^2 \sigma_2^2 + w_1 w_2 \sigma_{12} + w_1 w_2 \sigma_{12}$

ⅱ) 즉, 포트폴리오의 위험은 구성자산들의 위험을 모두 합성한 것으로 해석할 수 있다. 이를 그림으로 도해하면 다음과 같다.

구분	개별자산 1, 비율 w_1	개별자산 2, 비율 w_2
개별자산 1 비율 w_1	$w_1 w_1 \sigma_{11}$	$w_1 w_2 \sigma_{12}$
개별자산 2 비율 w_2	$w_1 w_2 \sigma_{12}$	$w_2 w_2 \sigma_{22}$

이제 포트폴리오 위험의 분산(diversification)에 대한 내용은 다음과 같다.

1) 개별자산들 간의 상관계수가 −1과 1 사이인데, −1에 가까울수록 위험을 분산할 수 있다.

① 상관계수가 −1일 경우 자산들 간의 움직임이 정반대이므로 서로를 상쇄하는 작용을 한다.
② 예를 들어 상관계수가 −1이라면, 어느 주식의 가격이 내리면, 다른 주식의 가격이 오르기 때문에 포트폴리오의 위험은 제거된다.
③ 상관계수가 1인 경우를 제외하면, 크기의 차이는 있지만, 분산효과는 항상 나타난다.

2) 위험은 분산 가능한 비체계적 위험(개별자산고유의 위험)과 분산 불가능한 체계적 위험(시장위험)으로 나뉜다.

① 비체계적 위험
분산투자로써 제거될 수 있는 위험으로서 종업원의 파업, 판매 부진, 소송문제 등 개별자산의 발행자인 기업의 고유한 상황과 관련된 위험이다. 기업고유위험(firm−specific risk)이라고도 한다. 예를 들어 어느 회사의 판매부진과 관련한 위험은 다른 회사의 판매호조로 상쇄시킬 수 있다.

② 체계적 위험
분산투자로써 제거될 수 없는 위험으로서 인플레이션, 디플레이션, 정부정책에 따른 이자율 변화 등 시장의 전반적인 상황과 관련된 위험이다. 시장위험(market risk)이라고도 하며 이는 여러 기업들에게 공통적으로 영향을 미치기 때문에 자산의 분산투자로도 제거할 수 없다.

위의 내용에 따라서 설문을 검토하면 다음과 같다.

가. 틀린 내용이다.
개별자산들 간의 상관계수가 −1과 1 사이인데, −1에 가까울수록 위험을 분산할 수 있다. 상관계수가 1인 경우를 제외하면, 크기의 차이는 있지만, 분산효과는 항상 나타난다. 따라서 자산 수익률 간의 상관계수가 0이라고 해서 위험분산의 효과가 전혀 없는 것은 아니다.

나. 틀린 내용이다.
체계적 위험은 인플레이션, 디플레이션, 정부정책에 따른 이자율 변화 등 시장의 전반적인 상황과 관련된 위험으로서 시장위험이라고도 한다. 이는 여러 기업들에게 공통적으로 영향을 미치기 때문에 자산의 분산투자로도 제거할 수 없다.

제10편

04 2017년 국가직 7급

위험자산 A와 B의 기대수익률은 각각 5%, 20%이고, 표준편차는 각각 5%, 10%이다. 이 두 자산으로 구성된 포트폴리오가 무위험이기 위한 조건으로 옳은 것은? (단, 위험자산 A와 B의 상관계수는 -1이다)

① A의 비중이 $\frac{1}{3}$, B의 비중이 $\frac{2}{3}$가 되게 포트폴리오를 구성한다.

② A의 비중이 $\frac{1}{2}$, B의 비중이 $\frac{1}{2}$이 되게 포트폴리오를 구성한다.

③ A의 비중이 $\frac{2}{3}$, B의 비중이 $\frac{1}{3}$이 되게 포트폴리오를 구성한다.

④ A의 비중이 $\frac{3}{4}$, B의 비중이 $\frac{1}{4}$이 되게 포트폴리오를 구성한다.

출제이슈 포트폴리오의 위험
핵심해설 정답 ③

이 문제는 이론적으로 엄밀하게 풀 수 있고 또 한 번은 그렇게 하는 것이 필요하다. 그러나 꽤 복잡하다. 따라서 실제 시험장에서는 직관적으로 접근하는 것이 더 중요하다.

먼저 두 자산 간의 상관계수가 -1이기 때문에 위험을 완전히 분산할 수 있는 기본적인 요건은 충족되었다. 남은 문제는 두 자산의 구성비율을 어떻게 하는 것이다. 그냥 절반으로 구성하는 것은 위험의 완전한 분산이 되질 않는다. 왜냐하면, 두 자산의 위험인 표준편차가 다르기 때문이다. 따라서 표준편차로 인한 위험이 상쇄되도록 하기 위해서 표준편차의 비와 반대로 구성비율을 취하면 된다. 왜냐하면, 표준편차가 작을수록 위험이 낮기 때문에 표준편차가 작을수록 더 높은 구성비중을 취하면 된다. 자산 A, B의 표준편차가 각각 5%, 10%이므로 자산 A, B의 구성비율은 10:5 즉, 2:1이 되도록 한다.

참고로 이론적으로 엄밀하게 풀면 다음과 같다.

먼저 포트폴리오의 위험의 측정치로서 포트폴리오 수익률의 분산을 구하는 방법은 다음과 같다.

1) 포트폴리오 수익률(포트폴리오를 구성하는 자산의 수익률을 자산구성비율로 가중평균)

$$r_p = w_1 r_1 + w_2 r_2 + \cdots + w_n r_n = \sum_{i=1}^{n} w_i r_i,$$

r_i : 개별자산의 수익률, w_i : 개별자산의 구성비율, $\sum_{i=1}^{n} w_i = 1$

2) 포트폴리오 수익률의 분산

$$Var(r_p) = Var(w_1 r_1 + w_2 r_2 + \cdots + w_n r_n)$$

r_i : 개별자산의 수익률, w_i : 개별자산의 구성비율, $\sum_{i=1}^{n} w_i = 1$

3) 포트폴리오 위험의 분해

① 포트폴리오의 위험을 나타내는 분산(variance)을 설문과 같이 2개의 자산만을 가정하여 다시 쓰면 다음과 같다.

$$Var(r_p) = Var(w_A r_A + w_B r_B) = w_A{}^2 \sigma_A{}^2 + w_B{}^2 \sigma_B{}^2 + 2 w_A w_B \sigma_{AB}$$

r_A, r_B : 개별자산 A, B의 수익률, w_A, w_B : 개별자산 A, B의 구성비율, $w_A + w_B = 1$

② 위에서 σ_{AB}는 두 자산수익률의 공분산을 의미한다. 공분산이란 두 자산수익률이 서로 어느정도 관련되어 있는지를 나타내는 척도로서 각 자산수익률과 기대수익률의 차이 즉 편차를 곱하여 평균한 값이다.

$$\text{공분산 } \sigma_{AB} = E\left[\{r_A - E(r_A)\}\{r_B - E(r_B)\}\right]$$

r_A : 자산 A의 수익률, r_B : 자산 B의 수익률, $E(r_A)$: 자산 A의 수익률의 평균, $E(r_B)$: 자산 B의 수익률의 평균

③ 공분산을 표준화한 것을 상관계수 ρ_{AB}라고 하는데 상관계수는 공분산을 각 자산의 표준편차로 나눈 값이다.

$$\text{상관계수 } \rho_{AB} = \frac{\sigma_{AB}}{\sigma_A \sigma_B}$$

σ_{AB} : 자산 A, B 수익률의 공분산, σ_A : 자산 A 수익률의 표준편차, σ_B : 자산 B 수익률의 표준편차

따라서 설문을 위의 내용에 따라 풀면, 다음과 같다.

$$Var(r_p) = Var(w_A r_A + w_B r_B) = w_A{}^2 5^2 + (1 - w_A)^2 10^2 + 2 w_A (1 - w_A) \sigma_{AB}$$

이때, 상관계수가 -1이므로 상관계수 $\rho_{AB} = \dfrac{\sigma_{AB}}{\sigma_A \sigma_B}, \quad \sigma_{AB} = -\sigma_A \sigma_B = -5 \times 10 = -50$

σ_{AB} : 자산 A, B 수익률의 공분산, σ_A : 자산 A 수익률의 표준편차, σ_B : 자산 B 수익률의 표준편차

따라서 $Var(r_p) = Var(w_A r_A + w_B r_B) = w_A{}^2 5^2 + (1 - w_A)^2 10^2 + 2 w_A (1 - w_A)(-50)$

$$= 25 w_A^2 + 100(1 - w_A)^2 - 100 w_A (1 - w_A)$$

$$= 25(3 w_A - 2)^2$$

제10편

결국 무위험이 되기 위해서는 포트폴리오의 분산이 0이 되어야 하므로 자산 A에의 투자비중은 $w_A = \dfrac{2}{3}$가 되어야 한다.

따라서 자산 B에의 투자비중은 $w_B = \dfrac{1}{3}$이 된다.

05 2015년 지방직 7급

최근 해외투자가 급증하고 있는 가운데 투자자들은 투자 포트폴리오의 미래가치에 대한 분산(불확실성)을 최소화 하고자 한다. 세 프로젝트 중 2개에 동일한 비중으로 투자할 때, 불확실성을 최소화 하기 위한 포트폴리오는? (단, 각 프로젝트에서 발생할 수 있는 수익은 동일하고 프로젝트 간 분산 및 공분산 행렬(variance covariance matrix)은 아래와 같다)

구분	중동	동남아	남미
중동	0.4	–	–
동남아	0.5	0.6	–
남미	0.25	0.4	0.2

① 프로젝트 중동과 동남아
② 프로젝트 중동과 남미
③ 프로젝트 동남아와 남미
④ 세 프로젝트 모두 차이가 없음

출제이슈 포트폴리오의 위험
핵심해설 정답 ②

먼저 포트폴리오의 위험의 측정치로서 포트폴리오 수익률의 분산을 구하는 방법은 다음과 같다.

1) 포트폴리오 수익률(포트폴리오를 구성하는 자산의 수익률을 자산구성비율로 가중평균)

$$r_p = w_1 r_1 + w_2 r_2 + \cdots + w_n r_n = \sum_{i=1}^{n} w_i r_i,$$

r_i : 개별자산의 수익률, w_i : 개별자산의 구성비율, $\sum_{i=1}^{n} w_i = 1$

2) 포트폴리오 수익률의 분산

$$Var(r_p) = Var(w_1 r_1 + w_2 r_2 + \cdots + w_n r_n)$$

r_i : 개별자산의 수익률, w_i : 개별자산의 구성비율, $\sum_{i=1}^{n} w_i = 1$

3) 포트폴리오 위험의 분해

① 포트폴리오의 위험을 나타내는 분산(variance)을 2개의 자산만을 가정하여 다시 쓰면 다음과 같다.

$$Var(r_p) = Var(w_1 r_1 + w_2 r_2) = w_1^2 \sigma_1^2 + w_2^2 \sigma_2^2 + 2 w_1 w_2 \sigma_{12}$$

r_1, r_2 : 개별자산 1, 2의 수익률, w_1, w_2 : 개별자산 1, 2의 구성비율, $w_1 + w_2 = 1$

② 위에서 σ_{12} 는 두 자산수익률의 공분산을 의미한다. 공분산이란 두 자산수익률이 서로 어느정도 관련되어 있는지를 나타내는 척도로서 각 자산수익률과 기대수익률의 차이인 편차를 곱하여 평균한 값이다.

공분산 $\sigma_{12} = E\left[\left\{r_1 - E(r_1)\right\}\left\{r_2 - E(r_2)\right\}\right]$

\# r_1 : 자산 1의 수익률, r_2 : 자산 2의 수익률, $E(r_1)$: 자산 1의 수익률의 평균, $E(r_2)$: 자산 2의 수익률의 평균

③ 공분산을 표준화한 것을 상관계수 ρ_{12} 이며 상관계수는 공분산을 각 자산의 표준편차로 나눈 값이다.

상관계수 $\rho_{12} = \dfrac{\sigma_{12}}{\sigma_1\,\sigma_2}$

σ_{12} : 자산 1, 2 수익률의 공분산, σ_1 : 자산 1 수익률의 표준편차, σ_2 : 자산 2 수익률의 표준편차

④ 분산−공분산 행렬은 포트폴리오의 위험을 나타내는 분산(variance)을 분해한 것이다.

ⅰ) $Var(r_p) = Var(w_1 r_1 + w_2 r_2) = w_1^2 \sigma_1^2 + w_2^2 \sigma_2^2 + 2w_1 w_2 \sigma_{12} = w_1^2 \sigma_1^2 + w_2^2 \sigma_2^2 + w_1 w_2 \sigma_{12} + w_1 w_2 \sigma_{12}$

ⅱ) 즉, 포트폴리오의 위험은 구성자산들의 위험을 모두 합성한 것으로 해석할 수 있다. 이를 그림으로 도해하면 다음과 같다.

구분	개별자산 1, 비율 w_1	개별자산 2, 비율 w_2
개별자산 1 비율 w_1	$w_1 w_1 \sigma_{11}$	$w_1 w_2 \sigma_{12}$
개별자산 2 비율 w_2	$w_1 w_2 \sigma_{12}$	$w_2 w_2 \sigma_{22}$

위의 내용에 따라서 설문을 검토하면 다음과 같다.
위의 포트폴리오 위험을 도해한 표를 보면, 포트폴리오의 위험을 구하기 위해서는 분산−공분산 행렬의 구성요소를 더하면 된다는 것을 쉽게 알 수 있다. (단, 동일한 비중으로 투자하는 것을 가정하고 있기 때문에 위의 도해표에서 w_1, w_2는 무시해도 된다)

① 프로젝트 중동과 동남아의 분산

구분	중동	동남아	남미
중동	0.4	—	—
동남아	0.5	0.6	—
남미	0.25	0.4	0.2

② 프로젝트 중동과 남미의 분산

구분	중동	동남아	남미
중동	0.4	—	—
동남아	0.5	0.6	—
남미	0.25	0.4	0.2

③ 프로젝트 동남아와 남미의 분산

구분	중동	동남아	남미
중동	0.4	—	—
동남아	0.5	0.6	—
남미	0.25	0.4	0.2

제10편

따라서, 설문에서 각 프로젝트의 수익은 동일하고, 세 프로젝트 중 2개에 동일한 비중으로 투자할 때, 불확실성을 최소화해야 하므로 분산이 가장 작아서 위험이 최소화된 프로젝트 중동과 남미를 선택한다.

참고로 각 프로젝트의 분산과 공분산을 적시하면 다음과 같다.

구분	중동	동남아	남미
중동	0.4	—	—
동남아	0.5	0.6	—
남미	0.25	0.4	0.2

1) 각 프로젝트의 분산
① 프로젝트 중동의 분산은 0.4
② 프로젝트 동남아의 분산은 0.6
③ 프로젝트 남미의 분산은 0.2

2) 프로젝트 간 공분산
① 프로젝트 중동과 동남아의 공분산은 0.5
② 프로젝트 중동과 남미의 공분산은 0.25
③ 프로젝트 동남아와 남미의 공분산은 0.4

3) 불확실성의 최소화 포트폴리오 판단
① 프로젝트 중동과 프로젝트 남미의 분산이 프로젝트 동남아의 분산보다 작을 뿐만 아니라
② 프로젝트 중동과 남미의 공분산이 다른 것보다 공분산이 가장 작기 때문에
③ 프로젝트 중동과 남미의 불확실성이 최소인 것을 알 수 있다.

1 자본배분선(capital allocation line, CAL)

1) 자본배분선의 의의

① 앞의 포트폴리오 이론에서는 개별자산의 위험성을 전제로 하였으나 포트폴리오 구성 시 국 공채 등 무위험자산을 포함시킬 수도 있다(무위험자산과 위험자산).

② 이와 같이 무위험자산이 포함된 포트폴리오의 효율적 투자선을 자본배분선이라고 한다.

③ 자본배분선에 따르면, 무위험자산과 위험자산으로 구성된 포트폴리오의 위험은 위험자산에 대한 투자비율에 선형적으로 비례한다는 것이다.

2) 자본배분선의 도출

① 자본배분선은 포트폴리오의 기대수익률과 위험(포트폴리오 수익률의 표준편차) 간의 관계식 으로서 무위험수익률과 효율적 투자선의 한 점을 연결한 선으로 구할 수 있다.

② 산식

ⅰ) 포트폴리오 수익률 $r_p = wr_i + (1-w)r_f$

ⅱ) 포트폴리오 기대수익률 $E(r_p) = r_f + w\left[E(r_i) - r_f\right]$

ⅲ) 포트폴리오 표준편차 $\sigma(r_p) = w\sigma_i$

ⅳ) 자본배분선 $E(r_p) = r_f + \left[\dfrac{E(r_i) - r_f}{\sigma_i}\right]\sigma_p$

r_f : 무위험자산 수익률, r_i : 위험자산의 수익률, σ_i : 위험자산 수익률의 표준편차, σ_p : 포트폴리오 수익률의 표준편차

4) 자본배분선의 기울기

위험 1단위에 대해 보상되는 수익률의 크기로서 위험보상비율, 위험의 가격을 의미한다.

5) 가장 효율적인 자본배분선

① 무위험자산의 수익률과 효율적 투자선을 연결하여 얻는 다수의 자본배분선 중에서 지배원리 에 의하여 가장 효율적인 자본배분선을 도출한다.

② 가장 효율적인 자본배분선은 효율적 투자선과 접하게 되며, 그때의 접하는 점을 접점포트폴 리오라고 한다.

③ 따라서 무위험자산의 수익률과 접점포트폴리오를 연결한 선이 가장 효율적인 자본배분선이 된다.

제10편

④ 산식 $E(r_p) = r_f + \left[\dfrac{E(r_T) - r_f}{\sigma_T} \right] \sigma_p$

$E(r_p)$: 포트폴리오의 기대수익률, r_f : 무위험자산 수익률, r_T : 위험자산의 수익률, $E(r_T)$: 위험자산의 기대수익률, σ_T : 위험자산 수익률의 표준편차, σ_p : 포트폴리오 수익률의 표준편차

2 자본시장선(Capital Market Line, CML)   2017 국9 2013 지7

1) 자본시장선의 의의

① 앞에서 구한 접점포트폴리오는 시장이 균형일 경우, 시장포트폴리오와 일치한다.

   i) 모든 투자자가 똑같은 비율로 위험자산을 보유하고 그만큼의 비율로 정확하게 시장에서 공급되어야 초과수요나 초과공급 없이 균형이 이루어진다.

   ii) 증권시장에서 거래되는 모든 위험자산을 그 시장가치의 비율에 따라서 구성한 포트폴리오를 시장포트폴리오라고 한다.

② 무위험자산과 시장포트폴리오 간의 관계식이 자본시장선이므로 이는 가장 효율적인 자본배분선과 일맥상통한다.

③ 이는 투자자가 선택하는 포트폴리오와 시장포트폴리오는 구성비율이 동일하다는 뜻이다.

2) 자본시장선의 도출

① 자본시장선은 무위험수익률과 시장포트폴리오(효율적 투자선의 접점, 접점포트폴리오)를 연결하여 구할 수 있다.

② 산식 $E(r_p) = r_f + \left[\dfrac{E(r_m) - r_f}{\sigma_m} \right] \sigma_p$

r_f : 무위험자산 수익률, r_m : 포트폴리오m 수익률, σ_m : 포트폴리오m 수익률의 표준편차, σ_p : 포트폴리오 수익률의 표준편차

③ 의미

   i) 포트폴리오의 위험(표준편차)과 기대수익률 간의 선형관계로서 이는 시장포트폴리오와 무위험자산에 대한 배분을 통하여 구성할 수 있는 있는 여러 투자기회들의 기대수익률과 위험 간의 관계를 나타내고 있다.

   ii) 포트폴리오의 기대수익률은 무위험수익률에 위험프리미엄을 더한 것을 의미한다.

   iii) 위험프리미엄이란 시장포트폴리오가 가지는 위험의 단위당 가격에 포트폴리오 위험의 크기를 곱한 값이 된다.

3) 자본시장선의 기울기 $\left[\dfrac{E(r_m) - r_f}{\sigma_m} \right]$

① 위험 1단위에 대한 보상으로서 위험의 시장가격을 의미한다.

② 자본시장선의 기울기의 결정요인

$E(r_m)$: 시장포트폴리오 기대수익률, r_f : 무위험자산 수익률, σ_m : 시장포트폴리오 수익률의 표준편차에 의하여 결정된다.

3 증권시장선(Security Market Line, SML)과 자본자산 가격결정 모형(Capital Asset Pricing Model, CAPM) 2014 국7 2010 국7

1) 증권시장선의 의의

① 자본시장선은 효율적 포트폴리오의 위험(표준편차)과 기대수익률 간의 선형관계를 나타낸다.

② 문제는 자본시장선을 통해서는 비효율적인 포트폴리오라든지 개별적인 자산들의 위험과 수익률 간의 관계는 알 수 없다는 것이다.

③ 증권시장선은 모든 개별자산의 위험과 기대수익률 간의 선형관계를 나타낸다.

2) 증권시장선의 도출

① 증권시장선은 무위험자산의 수익률과 개별자산의 체계적 위험을 나타내는 베타를 연결하여 도출한다. 이를 자본자산 가격결정 모형(capital asset pricing model : CAPM)이라고 한다.
※ 자산의 기대수익률이 결정된다는 것은 그 자산의 가격이 결정되는 것과 같은 의미이다.

② 산식 $E(r_i) = r_f + \left[E(r_m) - r_f \right] \beta_i$

r_i : 개별자산의 수익률, r_f : 무위험자산 수익률, r_m : 포트폴리오 M 수익률,

$\beta_i = \dfrac{Cov(r_i, r_m)}{Var(r_m)}$: 개별자산의 체계적 위험

③ 의미

 i) 개별자산의 위험(베타)과 기대수익률 간의 선형관계

 ii) 개별자산의 기대수익률은 무위험수익률에 위험프리미엄을 더한 것을 의미한다.

 iii) 위험프리미엄이란 시장포트폴리오의 위험프리미엄에 개별자산의 체계적 위험인 베타를 곱한 값이 된다.

 iv) 증권시장선 $E(r_i) = r_f + \left[E(r_m) - r_f \right] \beta_i$ 를 변형하면 다음과 같다.

   $E(r_i) - r_f = \left[E(r_m) - r_f \right] \beta_i$

   이는 개별주식의 위험프리미엄과 시장포트폴리오의 위험프리미엄의 관계식이 된다.

3) 증권시장선의 기울기

시장포트폴리오의 위험프리미엄으로서 시장포트폴리오의 기대수익률에서 무위험자산의 수익률을 차감한 값이다.

제10편

4 시장모형(단일지수모형)

1) 증권시장선의 추정과 활용

① 증권시장선 $E(r_i) = r_f + [E(r_m) - r_f]\beta_i$ 을 활용하여 개별자산의 기대수익률을 구하게 되면, 개별자산의 가격을 구하는 것이고 이를 개별자산의 투자에 활용할 수 있다.

② 이를 위해서 증권시장선과 베타값을 추정해야 하는데 이는 무위험이자율, 시장포트폴리오의 기대수익률, 베타값의 추정모형이 필요하다.

    i) 무위험이자율은 국공채 이자율로 대용 가능하고, 시장포트폴리오의 기대수익률은 코스피 지수를 활용하여 구한다.

    ii) 베타값을 구하기 위해서는 별도의 추정모형이 필요하며 이를 시장모형이라고 한다.

2) 시장모형

① 베타는 개별자산의 체계적 위험으로서 이는 결국 시장수익률의 변화에 따라서 개별자산의 수익률이 변화하는 정도라고 할 수 있다. 그러므로 시장수익률과 개별자산 수익률 간의 관계를 회귀분석으로 추정하여 베타를 추정할 수 있다.

② 산식 $r_i = \alpha_i + \beta_i r_m + e_i$

    r_i : 개별자산 수익률, r_m : 시장포트폴리오 수익률, e_i : 잔차항

③ 의미

    i) α_i 는 시장포트폴리오 수익률과 관계없이 일정하게 기대되는 개별자산의 수익률이다.

    ii) $\beta_i r_m$ 는 시장포트폴리오 수익률에 따라서 결정되는 개별자산의 수익률이다.

    iii) e_i 는 개별자산의 고유한 요인에 따른 비체계적 위험이다.

5 차익거래가격결정이론(Arbitrage Pricing Theory, APT)

1) 다요인모형

① 자본자산 가격결정 모형은 개별자산의 기대수익률이 개별자산의 체계적 위험 베타에 선형적으로 비례함을 나타내며 베타는 시장수익률이라는 특정 요인의 변화에 따라서 개별자산의 수익률이 변화하는 정도이다.

② 그러나 자산은 시장수익률이라고 특정 요인의 변화에 의해서 설명된다기보다는 여러 요인에 의하여 설명될 수 있는데 이를 다요인모형이라고 한다.

2) 무차익거래 원리

① 개별자산의 기대수익률을 통하여 개별자산이 시장에서 과대 혹은 과소 평가되고 있는지를 파악하여 결국 이러한 자산 간 거래를 통하여 이익을 얻을 수 있게 된다(차익거래).

② 만일 자산시장이 균형이라면, 이러한 차익거래가 더이상 존재하지 않을 것이므로 자산의 수익률과 가격은 차익거래기회가 사라지는 곳에서 결정된다.

ISSUE 문제 📝

01 2017년 국가직 9급

위험자산 K의 기대수익률과 표준편차는 각각 24%와 28%이고, 무위험자산 F의 수익률은 4%이다. 이 두 가지 자산으로 구성된 포트폴리오 P의 기대수익률이 15%라면, 포트폴리오 P의 수익률의 표준편차는?

① 14.0% ② 15.4%
③ 16.8% ④ 18.2%

출제이슈 자본시장선(Capital Market Line, CML)
핵심해설 정답 ②

1) 자본시장선(Capital Market Line, CML)의 의의

① 증권시장에서 거래되는 모든 위험자산을 그 시장가치의 비율에 따라서 구성한 포트폴리오를 시장포트폴리오라고 한다.

② 무위험자산과 시장포트폴리오 간의 관계식을 자본시장선이라고 한다.

2) 자본시장선의 도출

① 자본시장선은 무위험수익률과 시장포트폴리오(효율적 투자선의 접점, 접점포트폴리오)을 연결하여 구할 수 있다.

② 산식 $E(r_p) = r_f + \left[\dfrac{E(r_m) - r_f}{\sigma_m}\right]\sigma_p$

r_f : 무위험자산 수익률, r_m : 포트폴리오m 수익률, σ_m : 포트폴리오m 수익률의 표준편차, σ_p : 포트폴리오 수익률의 표준편차

설문에 주어진 자료를 위의 산식에 대입하여 풀면 다음과 같다.

$15 = 4 + \dfrac{24-28}{28}\sigma_p$ 따라서 $\sigma_p = 15.4\%$이 된다.

$E(r_p)$: 포트폴리오 기대수익률 → 15%
r_f : 무위험자산 수익률 → 4%
r_m : 포트폴리오m 수익률 → 24%
σ_m : 포트폴리오m 수익률의 표준편차 → 28%
σ_p : 포트폴리오 수익률의 표준편차 → ?

제10편

02 | 2013년 지방직 7급 |

자본자산 가격결정 모형(Capital Asset Pricing Model)에서 자본시장선(Capital Market Line)의 기울기를 결정하는 요소가 아닌 것은?

① 시장포트폴리오의 기대수익률
② 시장포트폴리오의 수익률의 표준편차
③ 무위험자산의 수익률
④ 개별 자산수익률의 시장수익률에 대한 민감도지수인 베타

출제이슈 자본시장선(Capital Market Line, CML)
핵심해설 정답 ④

1) 자본시장선(Capital Market Line, CML)의 의의

① 증권시장에서 거래되는 모든 위험자산을 그 시장가치의 비율에 따라서 구성한 포트폴리오를 시장포트폴리오라고 한다.

② 무위험자산과 시장포트폴리오 간의 관계식을 자본시장선이라고 한다.

2) 자본시장선의 도출

① 자본시장선은 무위험수익률과 시장포트폴리오(효율적 투자선의 접점, 접점포트폴리오)을 연결하여 구할 수 있다.

② 산식 $E(r_p) = r_f + \left[\dfrac{E(r_m) - r_f}{\sigma_m} \right] \sigma_p$

r_f : 무위험자산 수익률, r_m : 포트폴리오m 수익률, σ_m : 포트폴리오m 수익률의 표준편차, σ_p : 포트폴리오 수익률의 표준편차

위의 내용에 따라서 설문을 검토하면 다음과 같다.

설문에서는 자본시장선의 기울기를 결정하는 요소들을 묻고 있다.

자본시장선의 기울기 $\left[\dfrac{E(r_m) - r_f}{\sigma_m} \right]$ 는 $E(r_m)$: 시장포트폴리오 기대수익률, r_f : 무위험자산 수익률, 그리고 σ_m : 시장포트폴리오 수익률의 표준편차에 의하여 결정된다.

①, ②, ③은 자본시장선의 기울기를 결정하는 요소들로서 모두 옳은 내용이다.

④ 틀린 내용이다.
개별 자산수익률의 시장수익률에 대한 민감도지수인 베타는 시장모형에서 개별자산의 체계적 위험으로서 이는 결국 시장수익률의 변화에 따라서 개별자산의 수익률이 변화하는 정도라고 할 수 있다. 그러므로 시장수익률과 개별자산 수익률 간의 관계를 회귀분석으로 추정하여 다음과 같이 베타를 추정할 수 있다.

$r_i = \alpha_i + \beta_i r_m + e_i$
r_i : 개별자산 수익률, r_m : 시장포트폴리오 수익률, e_i : 잔차항

03 [2010년 국가직 7급]

J씨는 특정한 주식(A)에 투자하여 수익을 얻으려고 한다. 이때 시장포트폴리오의 기대수익률과 분산은 각각 2%와 3%이며, 무위험자산의 수익률은 1%이다. 주식(A)와 시장포트폴리오의 공분산은 6%이다. 자산가격 결정모형(CAPM)에 의하면 주식(A)의 기대수익률은?

① 1%   ② 2%
③ 3%   ④ 4%

출제이슈 증권시장선(Security Market Line, SML)과 자본자산 가격결정 모형
핵심해설 정답 ③

1) 증권시장선의 의의

① 자본시장선은 효율적 포트폴리오의 위험(표준편차)과 기대수익률 간의 선형관계를 나타낸다.

② 문제는 자본시장선을 통해서는 비효율적인 포트폴리오라든지 개별적인 자산들의 위험과 수익률 간의 관계는 알 수 없다는 것이다.

③ 증권시장선은 모든 개별자산의 위험과 기대수익률 간의 선형관계를 나타낸다.

2) 증권시장선의 도출

① 증권시장선은 무위험자산의 수익률과 개별자산의 체계적 위험을 나타내는 베타를 연결하여 도출한다.

② 산식 $E(r_i) = r_f + [E(r_m) - r_f]\beta_i$

r_i : 개별자산의 수익률, r_f : 무위험자산 수익률, r_m : 포트폴리오 M 수익률, $\beta_i = \dfrac{Cov(r_i, r_m)}{Var(r_m)}$: 개별자산의 체계적 위험

설문에 주어진 자료를 위의 산식에 대입하여 풀면 다음과 같다.

특히 베타값은 직접적으로 주어지지 않았기 때문에 개별자산과 시장포트폴리오 간 공분산과 시장포트폴리오의 분산을 통해서 구해야 함에 유의할 필요가 있다.

$$E(r_i) = r_f + [E(r_m) - r_f]\beta_i = 1\% + (2\% - 1\%) \times 2 = 3\%$$

r_f : 무위험자산 수익률 → 1%
$E(r_m)$: 시장 포트폴리오 M 기대수익률 → 2%
$\beta_i = \dfrac{Cov(r_i, r_m)}{Var(r_m)}$: 개별자산의 체계적 위험 → $\dfrac{6\%}{3\%}$

04 2014년 국가직 7급

현재 자본시장은 균형 상태에 있으며 A주식의 기대수익률은 14%이고, 무위험자산의 수익률은 2%이다. 이 경우 시장 포트폴리오(Market portfolio)의 기대수익률은? (단, A주식과 시장 포트폴리오의 공분산은 6%이며, 시장 포트폴리오의 분산은 5%이다)

① 8% ② 10%
③ 12% ④ 14%

출제이슈 증권시장선(Security Market Line, SML)과 자본자산 가격결정 모형
핵심해설 정답 ③

1) 증권시장선의 의의

① 자본시장선은 효율적 포트폴리오의 위험(표준편차)과 기대수익률 간의 선형관계를 나타낸다.

② 문제는 자본시장선을 통해서는 비효율적인 포트폴리오라든지 개별적인 자산들의 위험과 수익률 간의 관계는 알 수 없다는 것이다.

③ 증권시장선은 모든 개별자산의 위험과 기대수익률 간의 선형관계를 나타낸다.

2) 증권시장선의 도출

① 증권시장선은 무위험자산의 수익률과 개별자산의 체계적 위험을 나타내는 베타를 연결하여 도출한다.

② 산식 $E(r_i) = r_f + [E(r_m) - r_f]\beta_i$

r_i : 개별자산의 수익률, r_f : 무위험자산 수익률, r_m : 포트폴리오 M 수익률, $\beta_i = \dfrac{Cov(r_i, r_m)}{Var(r_m)}$: 개별자산의 체계적 위험

설문에 주어진 자료를 위의 산식에 대입하여 풀면 다음과 같다.

특히 베타값은 직접적으로 주어지지 않았기 때문에 개별자산과 시장포트폴리오 간 공분산과 시장포트폴리오의 분산을 통해서 구해야 함에 유의할 필요가 있다.

$E(r_i) = r_f + [E(r_m) - r_f]\beta_i = 2\% + [E(r_m) - 2\%] \times \dfrac{6}{5} = 14\%$

$E(r_i)$: 개별자산 i 기대수익률 → 14%

r_f : 무위험자산 수익률 → 2%

$E(r_m)$: 시장 포트폴리오 M 기대수익률 → ?

$\beta_i = \dfrac{Cov(r_i, r_m)}{Var(r_m)}$: 개별자산의 체계적 위험 → $\dfrac{6\%}{5\%}$

따라서 위의 식을 풀면, $E(r_m) = 12\%$가 된다.

조경국

학력

- 고려대학교 경제학과
- 서울대학교 행정대학원
- 미국 University of California, Davis 대학원

이력

- 행정고등고시 재경직 합격
- 공정거래위원회 사무관
- 공정거래위원회 경제분석전문관
- 숭실대학교 경제학과 교수
- 일본 Waseda University 방문교수

저서

- 조경국 경제학
- 조경국 경제학 워크북
- 조경국 경제학 연습서(근간)
- 조경국 경제학 고급연습서(근간)

조경국 경제학 워크북 거시편

초판인쇄 | 2021. 6. 15. **초판발행** | 2021. 6. 21. **편저자** | 조경국
발행인 | 박 용   **발행처** | (주)박문각출판   **등록** | 2015년 4월 29일 제2015-000104호
주소 | 06654 서울시 서초구 효령로 283 서경 B/D   **팩스** | (02)584-2927
전화 | 교재 주문·내용 문의 (02)6466-7202

저자와의
협의하에
인지생략

정가 25,000원   ISBN 979-11-6704-105-0